(연정교육문화연구소 학술총서 5)

중국교육사략(상)

~상고사회로부터 청 말까지~

김경식 지음

출판의 변

노을 진 석양을 향하여 묵묵히 걸어가고 있는 지금
마음은 과거만으로 향하고 있습니다.
지나온 세월..
그것은 自然과 社會에 빛만을 남긴 삶의 여정이었습니다.
그러나 自然에서 眞實함을 배웠고 社會에서 나의 存在함을 알았습니다.

아침마다 걷는 강변길에서 항상 접하는
가식도, 욕심도 없이 모질게 살며 꽃을 피우는
야생화
그것은 내게 있어서
意志와 勇氣를 주는 의미 있는 벗이었습니다.

眞實과 存在 때문에 나는 나의 길을 걷고 있습니다.
오늘도 내일도 굳은 意志와 勇氣에 힘입어
옛 先學들이 그랬듯이
힘겨운 法古創新의 그림을 그리며
노을 진 석양을 향하여 걸어가렵니다.

이 자그마한 책자가
내 뒤를 저만큼 떨어져 따라오는 세대들이
중국이라는 이웃의 한 모퉁이를
바르게 인식하는데 도움이 된다면
그저 그로서 만족할 따름입니다.

기축년 윤오월
延亭書室에서
연정 金璟植 합장

서문

필자는 대학에서 정년퇴직한 지 벌써 6년이 되었다. 그 동안 필자는 「고창의 전통과 생활사」, 「재중한민족교육전개사」(상, 하), 「중국교육전개사」 「한민족교육문화사」 등 5권의 학술저서를 낸바 있으나 이들은 대학 재직시절부터 그 연구가 수행되어 왔던 것이다. 이번에 내 놓는 본서는 서기 2007년 봄에 구상되고 틈틈이 집필되어 온 것이다.

필자가 본서를 집필하게 된 것은 주위의 후학들과 고향의 동배들이 중국교육사를 이해하는데 평이하게 간편한 책을 써 달라는 권유가 있었던 것이 직접적인 동기였다. 그러나 다음과 같은 나름대로의 평소의 생각이 집필의 의욕을 불러일으킨 것 같다.

그것은 우선 중국의 역사를 교육사의 한 모퉁이에서나마 정화하게 이해하자는 것이다. 중국은 수천 년래의 문화대국으로 우리와는 문화적 정치적인 면에서 좋은 의미든 나쁜 의미든 역사적으로 깊은 관계를 가져왔다. 교육사도 역시 그 예외는 아니다. 중국교육사는 중국이라는 무대 위에서 한족(漢族)과 소수민족 간에 존재해 온 교육의 전개사이며 중국 인구 구성의 절대다수를 차지하고 있는 한족지배만의 교육사가 아니란 것을 우선 인식해야 할 것이다.

한족의 지배 시는 화이사상(華夷思想) 또는 중화주의(中華主義)의 단일성, 전제성, 확장성이 강하게 나타났고 소수민족이 지배할 때는 문화의 다양성, 융합성, 교류성이 두드러지게 나타났다. 교육의 상황에서도 우리는 그것을 발견할 수 있다. 이와 같은 상황을 인식한다면 서기 1950년대 이후 전개된 티베트 병합과 관련된 서남공정, 고구려 영토와 관련된 동북공정, 그리고 최근에 벌어지고 있는 한국과 티베트, 몽골의 전통의학을 중의학(中醫學)에 포함시키는 중의학 공정 등 일련의 상황 속에서 우리는 한족들의 혈맥에 흐르고 있는 화이사상, 중화주의의 근성(根性)을 주의 깊게 읽을 수 있으며 한족의 이러한 공정이 얼마나 허구적이고 상식이하의 짓인지는 역사는 준엄하게 심판할 것이다.

한국교육사의 전개에 대한 인식에서 우리는 중국교육사의 인식을 배제할 수 없다는 것이다. 교육사상, 교육면에서 우리는 중국교육의 영향을 많이 받아왔고 또는 모방하면서도 단순한 모방만이 아니라 창의적으로 우리 문화에 내면화시키기도 했다. 따라서 한국교육사의 이해에 있어서는 중국교육사의 이해가 불가피한 일이다.

본서의 시대적 공간은 전설의 시대인 삼황오제시대로부터 신해혁명 직전 청조 말까지이다. 그리고 이 공간을 다시 12장으로 설정하여 교육의 상황을 제도적으로 접근하였다.

집필의 태도는 단순히 교육사상(教育事象)만을 기술한 것이 아니라 각 시대의 일반적인 정치, 문화, 경제와 관련지우고 또한 전후시대의 관련성을 염두 해 두고 기술하였다. 각 시대의 제1장 총설에서 정치, 경제, 문화, 사회를 다룬 것은 일반 사학도가 아니면 좀처럼 중국사에 접할 수 있는 기회가 없는 상황에서 중국사의 이해를 위하고 교육사의 배경을 튼튼히 하자는 의도였다. 집필 내용의 분량은 각 장을 일률적으로 동일한 량으로 통제하지 않고 경우에 따라 상세하게 또는 간단하게 기술하였다. 이러한 태도는 다른 저서들과 다른 점일 것이다.

그리고 집필에 있어서는 되도록 쉽게 쓰도록 노력하였다. 연대표기는 서력으로 통일하였으며 연대표기에 있어서 '서기'라는 표기를 지겹도록 낱낱이 표시했다. '서기' 표시 없이 연대표기에 익숙해져 있는 우리네지만 이것은 무의식중에 서구화 되어가는 증거의 한 단면 아닌가? 반성할 일이다.

아무튼 본서가 교사, 대학생 또는 일반인들이 중국교육사를 이해하는데 도움이 된다면 필자로서는 그 이상 즐거움이 없겠다.

끝으로 필자는 본서의 원고 정리에 궂은 일 마다 않고 힘써준 동신대 김현정양의 노고를 치하하며 편집에 정성을 다하고 출판계의 불경기 속에서 출판을 맡아준 장서원 장석홍 사장께 각별히 고마운 마음을 전한다.

기축년 광복절에

연정서실에서

金環植

<제목 차례>

제 1장 상고사회의 교육(전설 ~ 서기전 770) 11

1. 총설 11

2. 전설시대와 교육 12

1) 전설시대 개관 2) 고전상 전설에서 본 교육제도의 면모

3. 하(夏)대 사회의 교육제도 15

1) 총설 2) 하대의 문교정책 3) 하대의 학제와 그 실시 4) 하대 교육의 주요 내용과 특징

4. 은(殷)대 사회의 교육제도 17

1) 총설 2) 은대의 문교정책 3) 은대의 학제 및 그 실시

5. 서주(西周) 사회의 교육제도 19

1) 총설 2) 서주의 문교정책 3) 서주의 교육행정체제 4) '학재관부' 체제하의 학교제도

5) 서주학교의 교학 내용

제 2장 춘추전국 사회의 교육(서기전 770 ~서기전 221) 26

1. 총설 26

2. 춘추전국 사회의 교육의 변혁 원인 27

1) 주 왕실의 '천자실관(天子失官)'과 '학재사이(學在四夷)'

2) 각 제후국은 왕실 관학을 유지하지 않았다. 3) 사인(士人)의 출현 4) 사회생산력의 발전

3. 춘추전국 사회의 문교정책의 분란과 약화 28

1) 예(禮)를 문(文)으로 하고 군사를 위주로 하였다. 2) 상법·상무(尙法·尙武)

3) 백가쟁명(百家爭鳴) 4) 양사용사(養士用士)

4. 춘추전국 사회의 사학의 발흥 30

1) 관학의 쇠퇴와 사학의 발흥 2) 양사제도와 사인강학

5. 춘추전국 사회의 전형적인 사학 34

1) 공자가 창립한 사학 2) 묵가의 사학

제3장 진·한 사회의 교육(서기전 221 ~서기 220) 38

1. 총설 38

1) 진의 사회 2) 한의 사회

2. 진대 사회의 문교정책 및 그 조치 43

1) '숭법상형(崇法尙刑)'의 국책(國策) 2) 백가(百家)의 축출 3) 분서갱유(焚書坑儒)
4) 문자의 서체통일 5) 사학의 엄금 6) 이사제도(吏師制度)

3. 진대 사회의 교육 실시 개관 47

1) 학궁(學宮)의 설치 2) 관리의 재교육 3) 진대 교육의 공헌

4. 한대 사회의 문교정책 51

1) 한초(漢初)의 문교정책 2) 한 무제의 독존유술(獨尊儒術)의 문교정책

5. 한대 사회의 관학교육제도 57

1) 개관 2) 태학(太學) 3) 홍도문학과 궁저학 4) 지방관학

6. 한대 사회의 사학제도 70

1) 사학의 발전 개황과 그 원인 2) 사학교육의 기본적 유형과 그 내용 3) 사학교육의 공헌

7. 한대 사회의 찰거선사제도 76

1) 찰거선사제도의 발전과 그 변화 2) 찰거취사(察擧取士)의 주요 과목과 내용

제4장 위진남북조 사회의 교육(서기 220 ~ 589) 80

1. 총설 80

2. 위진남북조 사회의 교육행정제도 89

1) 삼국 양진(兩晋)의 교육행정제도 2) 남조의 교육행정제도 3) 북조의 교육행정제도

3. 위진남북조 사회의 학교교육제도 92

1) 3국의 학교교육 2) 양진(兩晋)의 학교교육 3) 5호16국(五胡十六國)의 교육
4) 남북조의 학교교육 93

4. 위진남북조 사회의 사학의 번영 106

1) 사인강학(私人講學)의 다양한 발전 2) 가문교육(家門敎育) 세력의 등장

3) 사학 '백가(百家)'의 부흥

5. 위진남북조 사회의 인재선발제도 : 구품중정제 121

1) 서설 2) 구품중정제

제5장 수 · 당대 사회의 교육(서기 581~960) 128

1. 총설 128

2. 수·당대 사회의 문교정책 135

1) 숭유흥학(崇儒興學) 사상의 확립과 그 시행 2) 불교에 대한 도교의 제창과 그 이용
3) 유·불·도의 융합의 경향

3. 수대 사회의 교육 142

1) 수대의 관학교육제도 2) 수대의 사학제도

4. 당대 사회 예부의 교육관리 체제와 직능 145

5. 당대 사회의 중앙관학제도 148

1) 당대의 중앙관학의 기간제도 2) 중앙관학의 방계학교 3) 학생모집과 학교의 보충
4) 교사 5) 교육과정과 수업연한 6) 휴가제도 7) 시험제도 8) 교학형식과 방법

6. 당대 사회의 지방관학제도 155

7. 당말·오대 사회의 교육 158

1) 당 말기 사회의 교육의 상황 2) 5대 사회의 교육 3) 당말 5대의 서원 159

8. 당대 사회의 과거제도 162

1) 과거제도의 발달 2) 과거시험의 과정, 과목과 방법

9. 당대 사회의 유학생제도 171

1) 유학생의 관리제도 2) 유학생과 유학승 3) 당대 교육제도의 주변국의 학제에 대한 영향

제 6장 송대 사회의 교육(서기 960~1276) 179

1. 총설 179

2. 송대 사회의 문교정책 186

1) 존공숭유(尊孔崇儒)와 경학(經學)교육의 강화 2) 과거의 중시와 사인(士人)의 중용
3) 흥학(興學)과 학교설립의 확장 4) 주이유학(主以儒學), 보이불학(輔以佛學)

3. 송대 사회의 교육의 구조 198

4. 송대 사회의 국가교육행정체계 201
1) 중앙행정관리기구와 그 직능 2) 지방교육행정관리와 그 직능
5. 송대 사회의 관학제도 207
1) 개설 2) 국자감 3) 태학 4) 국자감 계통의 기타 관학 5) 국자감 계통 이외의 전문학교
6) 귀주학교(貴胄學校) 7) 송대의 지방관학
6. 송대 사회의 서원 223
1) 서원의 기원과 그 발전 2) 서원의 구성과 그 내용
7. 송대 사회의 사학과 기타 교육의 형식 232
1) 사인강학활동(私人講學活動) 2) 몽양교육(蒙養教育) 3) 사회교육
8. 송대 사회의 과거제도 239
1) 과거제도의 의의 2) 과거제도의 내용 3) 과거제도의 중요한 변화 4) 과거제도의 폐단

제 7장 요·금·원 사회의 교육(서기 916~1368) 245
1. 총설 245
2. 요(遼)대 사회의 교육 250
1) 문교정책 2) 요대의 교육제도 3) 과거제도
3. 금(金)대 사회의 교육 256
1) 문교정책 2) 교육제도 3) 과거제도
4. 원(元)대 사회의 교육 266
1) 문교정책 2) 관학 3) 사학과 서원 4) 과거제도

제 8장 명대 사회의 교육(서기 1368~1644) 287
1. 총설 287
2. 명대 사회의 문교정책과 교육의 구조 290
1) 명대의 문교정책 2) 명대 교육의 구조
3. 명대 사회의 관학제도 296
1) 중앙관학 2) 지방관학
4. 명대 사회의 서원 309
5. 명대 사회의 과거제도 313
1) 과거제도 서설 2) 향시(鄕試)

제 9장 청대 사회의 교육(서기 1644~1862) 323
1. 총설 323
2. 청대 사회의 문교정책 325
1) 통치관료의 육성 2) 유가 경술(儒家 經術)의 존중과 정주이학(程朱理學)의 제창
3) 학교설립의 확대와 학규의 개정 4) 회유와 규제
3. 청대 사회의 교육 관리체제 330
4. 청대 사회의 국자감 334
1) 국자감의 발전 2) 옹정제에서 건륭제까지의 규제 3) 국자감의 관리체계
4) 국자감생 5) 교육내용과 교학 및 평가
5. 청대 사회의 산학관과 천문생의 양성 344
6. 청대 사회의 아라사학관 346
7. 청대 사회의 만족관학 347
1) 팔기관학 2) 상서방, 종학, 각라학 3) 내무부 관학 4) 기타 만족관학
8. 청대 사회의 지방관학 355
1) 부, 주, 현학의 제도와 그 발전 2) 학규와 학생관리 4) 교육과정과 교재 5) 지방관학의 시험
9. 청대 사회의 서원 365
1) 청대 서원정책과 관학화의 발전 2) 서원의 유형과 교학의 특징 3) 교학의 과정과 학제
4) 서원의 내부관리
10. 청대 사회의 몽학과 사회교육 378
1) 몽학과 사회교육의 의의 2) 몽학의 유형 3) 몽학의 과정과 교제 4) 사회교육
11. 청대 사회의 과거제도 386
1) 동시(童試) 2) 향시(鄕試) 3) 회시(會試) 4) 전시(殿試 또는 廷試)
5) 8기사자(八旗士子)의 향시, 회시, 전시 6) 무과(武科)와 제과(制科)
7) 팔기 종실과거와 번역과 8) 청대 과거시험의 폐단

제 10장 만청시기(晩淸時期) 교육(1) 400
1. 총설 400
2. 당시 교육의 상황 402
1) 청대 교육제도의 쇠퇴 2) 청대 학자들의 혁신주장
3. 태평천국의 교육 405
1) 교육정책과 교육사상 2) 태평천국의 과거제도

제 11장 만청시기(晩淸時期) 교육(2) 411

1. 양무운동의 기본적 인식 411

2. 양무운동기의 교육사조 개설 412

1) 무실서학(務悉西學) 2) 과거제도의 개혁 3) 신학의 건립 4) 중체서용(中體西用)

3. 양무운동기의 신식 학교의 설립 : 전통교육의 개혁 420

1) 외국어학당(語言學校)의 설립 2) 군사학당의 설립 3) 전문기술학당의 설립

4. 양무운동기의 외국 유학교육의 흥기 428

5. 양무운동기의 기독교계 학교 교육의 확장 431

제 12장 만청시기(晩淸時期) 교육 (3) 441

1. 개화기 교육사조의 개관 441

1) 교육위본(教育爲本) 2) 서정(西政)과 서체(西體) 3) 구교육의 개혁

2. 유신운동 중 개화파의 교육활동 450

1) 신문사 설립과 변법의 홍보 2) 신식 학당의 설립 3) 학회건립과 세력의 확대

3. 백일유신 중의 교육개혁 455

1) 경사대학당의 설립 2) 3급 학당과 전문학교의 설립 3) 팔고(八股)폐지와 과거제도의 개혁

4. 개화기 신교육제도의 건립 459

1) 신교육제도의 건립 2) 교육행정기구의 개혁

| 참고문헌 | 466

제 1장 상고사회의 교육(전설 ~ 서기전 770)

– 교육의 기원과 학교교육의 맹아 –

1. 총설

우리는 본서에서 상고시대(上古時代)의 시대적 범위를 규정하되 전통적 역사관에서 인정하는 삼황오제의 시대를 상한선으로 하여 서주(西周)시대를 그 하한선으로 설정하였다. 그리하여 여기서 상고사회란 삼황오제가 다스리던 시대, 하, 은, 주(서주)의 시대를 일컫는다.

상고사회를 좀 더 분류해 보면 전설의 시대와 역사시대로 나눌 수 있다. 전자는 삼황오제의 시대로부터 하 왕조 말년까지의 구백년간을 가리키고 있다. 역사시대에 진입하게 된 것은 은(殷) 사회로부터임을 알 수 있다.[1)]

우리는 여기서 중국인이 전통적으로 인식하였던 전설의 시대와 그에 따른 지어낸 교육의 면모, 그리고 역사시대로 들어선, 은, 서주의 교육의 면모를 살피고자 한다.

---

1) 그러나 최근 고고학적 연구로 하(夏)의 실체가 벗겨지기 시작하고 있다. 이에 관한 몇 가지의 논문들 : 宋豫秦, 夏文化探索評議, 1982-2, 田昌五, '夏文化 探索", 文物, 1981-5.

2. 전설시대와 교육

1) 전설시대 개관

중국의 역사는 농경사회적인 배경 하에서 형성된 중국민족의 독자적인 문화 창달과 국가형성의 사실로 압축할 수 있는바, 중국인의 상고사회에 대한 의식 속에는 그 시원부터 농경사회와 거기에 터하여 형성된 문화를 인식하고 있다 하겠다.

형식적 교육 발생의 기반 : 우리는 형식적 교육 발생의 기반으로서 우선 원시 조기 교육활동의 기본적 특질을 이해해야 할 것이다. 그것은

첫째, 교육대상의 전민화(全民化)이다.
둘째, 교육내용의 생활화이다.
셋째, 교육의 장(場)의 생활화이다.
넷째, 교육과정의 평생화이다.
다섯째, 교육가치의 실용화이다.

학교교육의 맹아의 전제조건 : 학교교육은 좁은 의미이고 전문적인 교육의 양태이며 그 이전의 교육은 광의의 교육이며 생활교육이다. 후자는 전자가 생장하는 기반이며 전자는 후자에 비하여 여러 가지 변화를 주도하였다.

첫째, 계급의 분화이다.
둘째, 전문적 수요이다.
셋째, 공간적 고정(固定)이다.
넷째, 시간의 단축이다.
다섯째, 인문과 실업의 병중이다.

문자의 발생과 학교의 출현 : 일반적으로 교육사에서는 문자와 학교의 관계에 주의하면서 문자의 발명을 학교가 발생할 수 있는 직접적인 조건으로 인정하고 있다.

이들 양자 간의 관계는 다음과 같다.[2)]

공리1. 문자가 없는 부락, 민족, 국가는 자발적으로 학교를 창립할 수 없다.

공리2. 학교의 창설은 문자의 형성보다는 늦다.

서기 1980년대 말 협서성(陝西省) 고고학자들은 서안시(西安市) 서쪽 외각에서 원시인들이 각한 갑골문자를 발굴했던 바 탄소동위원소 측정에 의하면 4,500 ~ 5,000년 전의 것이다. 창현(創譣)이 글자를 만들었다는 것이 문자에 관한 최초의 전설이다. 이것은 지금으로부터 오천년 전의 일이다. 오늘날 우리가 흔히 중국 민족이 오천년의 문명사가 있다고 하는 것은 이를 두고 하는 표현이다. 따라서 중국의 문자는 적어도 오천년 이전에 발생했다는 점에는 별다른 이론이 없다.

공리(公理)에 의하면 중국의 맹아상태의 학교는 약 5천년이 못되나 은 사회의 학교전설인 갑골문에서 추론할 수가 있다. 갑골문에서 '교(敎)'와 '학(學)'의 글자형태를 분석한다면 비록 생산노동과 밀접한 관계가 있지만 그들은 이미 하나의 전문적 활동임에는 조금도 의심할 바가 없다. '학(學)'자는 그 후 금문(金文) 중 글자 형태에서 문자와의 어떤 관계를 반영하여 왔을 뿐만 아니라 글자의 의미에서도 '시교(施敎)' 장소라는 뜻을 갖고 있다. 이리하여 비교적 보수적인 추정에 근거하여도 학교의 형성은 지금으로부터 삼천년 전으로 소급된다 할 것이다.

2) 고전상 전설에서 본 교육제도의 면모

전설에서의 학교는 명당, 사도, 전악, 성균, 상, 서, 교 등을 들 수 있다.

명당(明堂) : 전설에 의하면 신농씨(神農氏)가 처음으로 명당을 설립하였다하는데 후세인들은 이것을 '대교지궁(大敎之宮)'이라 일컬었다. 교육사학계의 일반적인 의견의 경향은 '명당'은 이러한 회의장소 또는 공동생활장소의 명칭이며 사회교육의 실행도 그 직능의 하나였을 것이라는 데 동의하고 있다. 그러나 명당은 전문화의 특성을 구비하지 아니하였으므로 학교와 동일시할

---

2)『史記』'五帝本記' 참고.

수는 없을 것이다.

사도(司徒)와 전악(典樂) : 교육기관인 '사도(司徒)'와 '전악(典樂)'으로 하여금 오교(五敎)를 비롯한 윤리교육과 팔음(八音)의 화해(和諧)까지 발전한 음악교육을 실시하였다.[3] 이것이 중국에 있어서 교육에 관한 최초의 기록으로 되어 있다.

요·순시대의 교육내용은 부의(父義), 모자(母慈), 형우(兄友), 제공(弟恭), 자효(子孝)의 이른바 오교(五敎)[4]와 시(時), 가(歌), 음(音), 율(律)의 음악을 위주로 하였다. 전자는 인륜(人倫)을 중시 여겨 백성(成人)을 대상으로 하였으며, 후자는 예악(禮樂)에 편중하여 아동(冑子: 제왕이나 귀족의 자손)을 대상으로 하였다. 이로 보면 아동기에는 정서교육을, 성년들에게는 윤리교육을 중시한 내용으로 볼 수 있다.

성균(成均) : 전하는 바에 의하면 성균은 오제(五帝)때의 학교의 명칭으로 명당의 설치보다는 조금 늦지만 적어도 사천여 년의 역사를 가지고 있다. '성균'은 맹아형태의 학교라고 할 것이다. 그것은 언어, 음악, 문자의 기초를 구비하였을 뿐만 아니라 현저한 전문화의 경향성을 나타내고 있었기 때문이다.

상(庠) : '상'의 의미는 양가적(兩價的)이다. 하나는 '곡창(穀倉)'을 의미하며[5] 또 하나는 노인을 공양하는 곳을 의미한다.[6] 노인과 관계있는 '상(庠)'은 점차적으로 교육의 장소로 변하였다. 이곳에서의 효도와 경로(敬老)의 교육내용은 필연적으로 노인들이 좋아하는 것이었다. '상'의 교육전문화의 기능은 하(夏)의 건국을 전후하여 초보적으로 구비하였으므로 전국시대에는 모두 이것을 '우상의 학(虞庠之學)'이라 불렀다.

서(序) : 여러 전적(典籍)에서 모두 서(序)는 활쏘기를 배우는 장소라고 하였다. 인류의 초기 수렵활동과 전쟁의 수요와 관련시키면 이와 같은 훈련하는 것도 반드시 필요할 것이나 문자와의 관련은 크지 않다. 그러나 맹아형태의 학교로 추론은 할 수 있을 것이다. 후대인들은 '상(庠)', '서(序)'를 합하여 고대의 '향학(鄕學)'이라고 하였던바 일리가 있는 말이다.

---

3) "帝曰契百姓不親 五品不遜汝作司徒敬敷五敎 …… 夔命汝典樂 敎冑子 …… 詩誌 歌永言 聲依永 律和聲八音克諧無相奪倫 神人以和" (『尙書』堯典)

4) 『左傳』 文公十八年條 참고.

5) "……米廩 有虞氏之庠也……" 『禮記』'明堂位'

6) "設爲庠序學校以敎 之庠者 養也……" 『孟子』 滕文公 章句上 (註) 庠以養老爲義

교(校) :「주례(周禮)」 '하관(夏官)'에 "6저의 말우리가 교(校)를 이룬다(六廐成校)"라고 설명이 있다. "교(校')를 가르친다."는 기록과 관련시켜 보면 교(校)'의 초기 기능은 대개 전마(戰馬)를 기르는 군영과 관계가 있는바, 좀 더 나아가 추론하건데 기율의 강화와 군사적인 지식기능의 전수는 필요하였을 것이라는 것이다. 그러므로 맹아형태의 '교(校)'는 후대의 모든 교육시설에 대한 명칭과 다르며 이것은 다만 '군교(軍校)'로서 고대 그리스 스파르타의 '군영교육'과 유사점이 있다 할 것이다.

우리는 이상에서 고전 상으로 본 전설 중의 학교를 개관하였으나, '명당'만은 오늘의 학교와는 멀다. 그 외의 것은 오늘날의 학교와 일맥상통하는 점이 있다. 이것은 모두 역사상 '전설시대' 초기에 처했으므로 보다 신뢰성이 있고 보다 상세한 자료를 발굴하기 전에는 오직 하나의 반신반의하는 입장을 가져야 할 것이다.

3. 하(夏)대 사회의 교육제도

1) 총설

하(夏), 은(殷), 서주(西周)는 중국역사상 '삼대(三代)'라고 불러지고 있다. 삼대는 중국문명사에 있어서 초성기(初盛期)였으며 또한 중국의 학교교육이 정식적으로 창립되는 시기였다.

하 왕조는 '죽서기년(竹書紀年)'에 따르면 우(禹)를 시조로 하여 14세(世)를 17대가 부자상전(父子相傳)되어 기원전 21세기부터 기원전 16세기까지 472년('삼통역(三統歷)'에 의하면 432년) 동안 계속되었다고 한다. 하 왕조는 이두리문화(二頭里文化)가 발전한 지역에 존재했다. 하 왕조를 지속하는 동안 초기에는 수렵과 농경이 평행적으로 행하여졌으나 점점 농경생활을 영위하면서 정착적인 생활태도가 굳혀졌고 여기에서 혈연을 의식한 사회조직도 형성되어 왔다. 하왕조의 건립은 씨족제도의 붕괴와 사유재산제도의 확립을 선언하였을 뿐만 아니라 전제적 국가제도를 가져왔다.

2) 하대의 문교정책

교육은 국가의 중대한 사업의 하나로 간주되어 국가 행정관리기구 중 육경(六卿) 정무관의 하나인 사도(司徒)가 관장하였다.

오늘날 '정책'이라는 시각으로 본다면 하대의 문교정책은 '이사조사(以射造士 : 활 쏘는 것으로 병사를 만들었다)'로 표현할 수 있을 것이다.

3) 하대의 학제와 그 실시

「맹자(孟子)」에서는 다음과 같이 기술하고 있다.

> 상·서·학·교를 설치하여 '백성'을 가르치십시오. 상(庠)이란 노인을 봉양한다는 뜻이요, 교(校)란 백성을 교도한다는 뜻이요, 서(序)란 활쏘기를 익힌다는 뜻입니다. 하(夏)나라에서는 교(校)라 하고 은(殷)나라에서는 서(序)라 했습니다. 또한 학(學)이라는 것은 3대 공통된 제도였습니다. 이 모든 것은 다 인륜(人倫)을 밝히기 위한 것이다.[7]

또 「예기(禮記)」에서는 다음과 같이 기술하고 있다.

> 하후씨(夏后氏)는 국로(國老)[8]를 기르는 예를 동서(東序)에서 거행하고 서로(西老)[9]를 기르는 예를 서서(西序)에서 거행하였다.[10]

하대의 학교의 명칭은 위에서도 보았듯이 교(校), 서(序), 상(庠) 등 3가지가 있다. 우리는 문헌상 전설 속의 학교를 개관할 때 그들의 속성을 기술한 바 있다. 역사 발전의 연속성에 의하면 이들 3종의 학교는 그 존재가 모두 가능한 일일 것이다.

4) 하대 교육의 주요 내용과 특징

---

7) 「孟子」滕文公 章句上 참고
8) 경대부로서 치사(致仕)한다.
9) 서민신분의 노인
10) 「禮記」「王」

하대 학교교육의 목적, 내용은 하대 정권의 성격과 직접적인 관계가 있다.

교육내용에 있어서 통치자들은 군사훈련을 매우 중시하였다. 당시 활은 중요한 무기였기 때문에 교련의 주요한 항목을 이루고 있었다. 또 하나의 중요한 것은 종교교육이다. 「예기」에서는 "하의 도는 명령을 존중한다. 귀(鬼)를 섬기고 신(神)을 공경해서 멀리하고 사람을 가까이해서 충성한다."[11] 이것은 일종의 종교교육으로서 경천존조(敬天尊祖)를 중심으로 하였다 할 것이다. 그리고 인륜도덕교육도 학교교육의 중요한 내용으로 하였다.

4. 은(殷)대 사회의 교육제도

1) 총설

은(殷) 왕조는 하(夏) 왕조 말 걸(桀)이 폭정하므로 서기전 16세기경 탕(湯)은 하 왕조를 멸말시키고 호(毫)에 나라 이름을 '상(商)'이라 하였다. 상부족은 원래 하남성 복양현(僕陽縣)에 이러났다. 탕왕으로부터 반경(盤庚)에 이르기까지 10대 사이에 5회의 천도가 있었다. 그러나 반경 때 지금의 하남성 안양현 소둔촌에 천도한 이래 주의 무왕에 의하여 멸망할 때까지 3백여 년간(서기전 1600~ 서기전 1028)은 은의 도성(都城)으로 번영한 곳이 이른바 은허(殷墟)이다.

은대는 개인이 정치적으로 예속된 단위는 읍제국가(邑制國家:도시국가)인바, 이는 신석기 시대의 읍락(邑落)이 발달한 형태로서 춘추시대까지 존속하였다. 은대가 농경사회로 정착하여 발전하면서 정치는 신권정치, 사회제도는 전자제도, 문자의 사용(갑골문자) 그리고 현대인도 경탄할 역학이 발달하고 있었다. 은대는 농업이 발달함에 따라 그들의 가족제도를 확립하였던바 그것은 전자제도(傳子制度)로서 종법제도(宗法制度)의 기원을 이루고 있다. 종법

---

11) "夏道尊命 事鬼敬神而遠之近人而忠焉"(「禮記」'表記')

제도는 전통 사상의 관념 즉 종법제를 위주로 한 것이다. 이러한 종법론을 전해 준 사람은 이윤(伊尹:은의 현신으로 재상이었음)이었다. 그가 주장한 전통론의 3관념은 ①덕행(德行)의 전통 ②법제의 전통 ③공훈의 전통이었다.[12] 이로 보면 이미 은대에는 그 이전의 사회와 한 선을 긋는 것으로 교육도 그러한 배경 하에서 상당한 수준으로 발달하였을 것으로 추측된다.

2) 은대의 문교정책 – 이악조사(以樂造士)

하의 문교정책이 '이사조사(以射造士)'였다면 은의 문교정책은 '이악조사(以樂造士)'라고 총괄할 수 있다. 제사와 점복 활동 중 가무(歌舞)를 수단으로 하여 흥을 돋우는 것은 없어서는 안 되는 것이었기 때문에 이와 같은 예능을 갖춘 무사(巫師)도 전문적인 훈련을 거쳐야 했다. 그러므로 '이악조사(以樂造士)'도 논리상의 근거를 구비하였다 할 것이다.

활, 창, 칼 등 유령의 무기로 통치를 강화하는 것 외에 또한 종교와 같은 무형의 정신적 무기로 보조함으로써 은대 통치자들의 문, 무 지도는 더욱더 성숙되었다. 우리는 은대 문교정책의 2대 중요한 표준 중의 하나가 학교교육이 경험형에서 지식형의 과도기적 계기를 제공해 주었다고 생각한다.

3) 은대의 학제 및 그 실시

은대의 학교 명칭은 '서(序)'와 '고종(瞽宗)', 또는 '숙(塾)'이 있다. 이 외로 또한 '좌학(左學)'과 '우학(右學)'이 기록되어 있으며 갑골문 중에는 '대학(大學)'의 명칭도 보인다. 은대에는 왕도에만 대학, 소학이 있는 것이 아니라 지방에도 학교가 있었다.

은대 학교교육의 실시 상황은 대체로 다음과 같이 요약할 수 있다.[13]

첫째, 전문교육의 맹아로 볼 수 있다.

둘째, 관리의 교원겸임이다.

---

12) 楊孝榮, 中國社會思想史 臺北:五南圖書出版公司, 中華民國 17년, 16~17면

13) 喻本伐, 能賢君, 中國教育發展史, 華中師範大學出版社, 2000, 18면.

셋째, 시교(施敎)에 있어서 고정적인 일정한 장소를 갖기 시작하였다.

넷째, 글자 읽기(認字), 글자를 세기는 것(刻字), 읽기(閱讀)는 학교교육에 있어서 기본 요소로 되기 시작하였다.

다섯째, 신(神明)과 선조에게 제사하는 것은 중요한 교학내용으로 되었다. 이것은 갑골문에서 증명해 주고 있다.

여섯째, 회초리, 곤봉 등 강제적인 체벌수단은 효과적인 교육방법이였다.

5. 서주(西周) 사회의 교육제도

1) 총설

주족(周族)은 은을 대신하여 중국을 지배하였던 바 그 중심은 서북의 섬서성 지역을 근거지로 하였다. 주 왕조는 시대적으로 보면 호경(鎬京)을 도읍으로 약 3백 년간의 서주시대(西周時代)와 북방 이민족 견융(犬戎)의 침략으로 그 근거지를 낙양(洛陽)으로 옮긴 이른바 주실동천(周室東遷)이후 550년간의 동중(東周)시대로 구분된다.

주의 건설 내지 정복사업을 주도한 이는 문왕(文王), 무왕(武王)이었고 무왕이후 재상의 위치에서 주의 영역을 확대시키는데 공헌한 자는 주공(周公)이었다. 서주시대의 문물제도는 상고시대에 발전된 문화의 집적으로 중국의 전통에 있어서는 실재하는 이상적 제도로서 간주되고 있다.

서주의 정치, 사회제도에 근간을 이루고 있는 것은 봉건제도(封建制度)이다. 봉건제도는 이미 온대에서 발아하여 서주에 이르러 확립된 제도이다. 주의 봉건제도의 특색은 제후국의 자치권을 허락하여 정치적 독립을 인정하고 세습되었다는데 있다 할 것이다. 주의 봉건제도는 혈연적 관계에 의하여 조직된 정치적 지배체제로서 주왕과 동족제후의 군, 신관계라기보다는 본가와 분가 즉 종법관계에 기초하며 이는 순수한 계약관계에 의하여 군신관계가 맺어지는 서구 중세사회의 봉건제도와는 성격상 다르다.

주의 사회는 종법제도로 일관하였다. 종법제도는 조상의 종묘(宗廟)를 중심으로 형성된 동일혈족의 제사조직이다. 이는 혈통의 원, 근을 근거 하에 적서(嫡庶), 친소(親疎)를 구별하는 일종의 등급제도이다. 주대는 이와 같은 가정의 승계제도(종법제도)를 정치에까지 확대하여 천하 전체를 가정화시켰다고 할 수 있다.[14]

주는 은과 같이 모두 신권정치이기는 하였으나 그 존재방식을 달리하였다. 즉 은대에 있어서는 모든 현상(자연계, 인간계)이 신의(神意)에 의하여 결정된다는 결정론에 대하여 주대에는 '천명(天命)'이라하며 이것은 반드시 일정불변한 것이 아니라 후천적인 행동 즉 수양을 쌓고 도덕의 실천으로 어느 정도 바꿀 수 있다고 생각하였다. 주의 천명사상의 수용은 단순히 주의 은에 대한 무력적 정벌을 합리화시키고 은의 유인을 포섭, 동화하는데 공헌했을 뿐만 아니라 더 나아가 주왕의 천자(天子)로의 승화, 주 왕실의 진성성과 합법성 그리고 주 통치의 유일성을 확립하는데 결정적인 역할을 하였다.

또한 주대에는 주술신앙(呪術信仰)을 절대시한 은인(殷人)과는 달리 귀신을 "공경하되 멀리할 것"과 예(禮)로서 대할 것을 강조했다.[15] 이리하여 주의 종법질서를 위한 예(禮)문화의 기초가 확립되기에 이르렀다. 예의 문화는 독자적인 것으로 중국 유교(儒教)의 기원이 되었다. 이러한 예(禮)의 확립은 주공에 의하여 이루어졌는데 이것은 중대한 의미가 있다. 선천적이고 절대적인 '천(天)'에 의하여 인간의 수양에 의한 후천적인 지배의 가능성을 인정한 것은 종교적 전통의 절대성에 대하여 인간의 도덕적 자유를 조금이라도 확보한 것으로 중국 상고정신사상의 일대 진보를 획한 것이었다.[16]

주의 통치자들이 '천명(天命)'에 근원한 예제(禮制)를 인식하고 예제를 준수하는 것도 '경덕(敬德)'이며 오직 '경덕'에는 '보민(保民)'과 귀족전제를 할 수 있을 뿐이었다. 서주는 중국 상고사회 교육발전의 중요한 시기였다. 서주의 교육은 하·은대 교육의 많은 전통을 계승했을 뿐만 아니라 독자적으로 특색 있는 유형을 형성하였다. 위에서 말한 경덕, 보민사상은 서주교육을 좀 더 유익한 방향으로 끌고 갔음은 물론 다음에 도래할 춘추시대 유교교육사상의 창건에 중요한 사상적 자료를 제공해 주었다.

---

14) 傅樂成, 中國通史(上冊), 臺北 : 中國圖書公司, 中華民國 69년, 36면
15) 「禮記」'表記' 참고
16) 曺佐鎬, 東洋史大觀, 明文堂, 1986, 61면

서주시대에는 왕실에서 제후의 열국(列國)에 이르기까지 대체적으로 연계된 학교체제를 가지고 있었으며 예악(禮樂)을 핵심으로 하고 교육내용을 형성하였다. 이러한 내용은 점진적으로 심화발전하며 비교적 완비된 중국 상고(上古)교육의 내적 기초를 다졌으며 그 후 공자를 위시한 선진(先秦)유가학파의 계승과 발전을 거쳐 중국에 있어서 수천 년간의 봉건적 교육에 심원한 영향을 주었다.

서주교육의 특색은 첫째로 정치, 도덕, 교육의 합일성에 있으며 둘째로는 학재관부(學在官府)의 상황이라 할 것이다. 정치, 도덕, 교육의 합일성이라고 하는 것은 『주례(周禮)』에 근거해서 보면 서주의 사회에 있어서 교육과 도덕의 색채를 띠고 있기 때문이다. 결국 정치, 도덕, 교육의 합일성은 서주의 종법제도와 정치조직의 근본적인 성질에 오는 것이었다. '학재관부'의 상황도 결과적으로는 서주의 귀족정권에서 오는 당연한 것이었다. 서주의 정치에 있어서는 국가기구에 있어서 귀족이 모든 면을 전담하였으며 이의 인적 자원을 충원하기 위해서는 교육기관이 필요했고 그에 따라 '학술관수(學術官守)'의 현상도 당연하였다. 그 결과 오직 관(官)에서만 교육기관이 있었고 학술도 민간에 존재하지 않았기 때문에 전문지식을 학습하고자 하려면 관부에 있어야만 가능했다. 그러므로 '학재관부'의 현상은 당연한 특징이었다.

2) 서주의 문교정책 - '이예조사(以禮造士)'

원대 마서림(馬瑞臨)은 서주의 교육정책은 "예로써 인재 양성함에 있다(以禮造士)."고 표현하였다. 서주는 전대(前代)의 문치(文治)와 무공(武功) 두 가지를 계승하였다. 그러나 문치의 핵심은 신(神) 중심적인 것을 예(禮)를 존경하는 것으로 환치하였다.

주대는 '존례상시(尊禮尙施)', '선례후귀(先禮後鬼)'의 사회풍토였다. 그러므로 '이례조사(以禮造士)'란 정책은 타당했으며 이것은 계급적 명분을 심어 주었다. 중국의 봉건적 교육에 있어서 덕을 중시하고 지식을 경시(重德輕智)하는 전통 그리고 정치와 교육의 폐쇄적 체계의 완성도 이로부터 시작되었다 할 것이다.

3) 서주의 교육행정체제

‘학재관부(學在官府)’는 정치상 귀족의 전제정치와 관련된다. ‘학재관부’의 역사적 현상의 형성에는 그 객관적 원인이 있는바 우리는 2개의 원인을 생각할 수 있다. 그 하나는 오직 관가에만 책이 있고 민간에는 책이 없다는 것이다. 또 하나는 관에만 기구가 있고 민간에는 없었다. 상고시대 학술, 예컨대 예, 악, 무(舞), 사(射) 등 제 파는 모두 기구를 구비하고 있었던바, 학습하려면 모두 관에서 해야 했다. 또 하나는 관에서만 기구가 있고 민간에는 없었다. 상고시대 학술 예컨대 예·악·사(射) 등 제과는 모두 기구를 구비하고 있었던바, 학습하려면 모두 관에서 해야 했다.

서주시대 중앙에서 교육행정과 가장 밀접한 관리의 중요한 것에는 국학의 책임자인 ‘대사악(大司樂)’과 3덕으로써 국자(國子)를 가르쳤던 ‘사씨(師氏)’ 그리고 왕의 잘못을 간(諫)하며 육예(六藝), 육의(六儀)로서 국자(國子)를 가르치는 ‘보씨(保氏)’와 국학의 사무를 관리하였으며 국자(國子)에게 소무(小舞)를 가르쳤던 ‘악사(樂師)’가 있다.

관, 사 불가분의 교육행정체제는 적어도 다음과 같은 몇 가지의 문제가 있었다.

첫째, 서주시대 사회적 분업은 별로 명확치 않고 사회 관리 전문화가 당시로서는 불분명하였다.
둘째, 교육행정은 일반 행정에 의존하였다.
셋째, 서주의 교사는 독립적인 사회적 직업이 되지 못하였다.

4) ‘학재관부’ 체제하의 학교제도

서주의 학교는 하, 은대의 집대성이며 또한 학제의 모형도 갖추어 후대에 많은 영향을 주었다. 따라서 교육제도 역시 그 이전에 비하면 상당히 발달하였다. 학교제도에 대하여 전에는 주로 고전상의 것만이 인용되었으나 최근에 오면서 금문(金文)상으로 그 실재성이 증명되고 있다. 서주의 학교제도는 크게는 중앙정부가 설립한 국학(國學)과 지방정부가 설립한 향학(鄉學)으로 나누어

지며 전자는 다시 대학과 소학 그리고 후자는 다시 상(庠), 서(序), 교(校), 숙(塾) 등이 있다. 또한 교육 받는 정도와 계제별로 본다면 일반 초등교의 성질을 갖는 '소학'과 고등교육의 성질을 갖는 '대학'으로 분류할 수 있다.

중앙관학 : 서주의 중앙관학은 '국학'이라고 하며 이는 소학과 대학으로 나누어지는 바, 일정한 진급관계를 수립하였다. 국학 소학의 학생 자원은 왕실 자제만으로 국한된 것은 아니었다. 지방에서도 우수한 자를 모집하였다.[17] 국학 소학의 입학연령은 문헌상으로는 일치하지 않으나 차이는 서주 귀족의 등급성을 반영한 것이요, 또 하나는 입학연령이 다르다 하더라도 일정한 규정이 있어 8세~15세에 한정하고 있다는 점이다.[18] 서주 소학의 입학연령은 종법의 등급제와도 관계되었다 할 것이다. 그것은 왕자들은 직접 국학인 소학에 입학할 수 있으나 제후의 자제들은 우선 제후의 소학에 입학하여 다시 선발을 거쳐 세공(歲貢)을 바친 후 국학인 소학에 입학할 수 있으며 중, 저급 귀족자제들은 늦게야 입학할 수 있었기 때문이다.

대학입학에는 일정한 제한이 있어 소수의 자격에 부합하는 자만이 대학교육을 받을 수 있었다. 입학자격이 제한된 것은 서주 사회의 귀족적 등급성이라는 성격의 반영이라 할 것이다. 대학의 교학은 통치자 육성의 수요에 따라 대례(大禮)를 배우고 대절(大節)을 이행하였다. 주왕조 정무의 2대 중요한 면은 "국가의 대사는 제사와 전쟁에 있다."[19] 제사는 예악이 필요하며 군사(軍事)는 사어(射御)가 요구된다. 이리하여 대학의 분과교육은 예악을 첫째로 중시하며 그 다음은 '사어'였다.

지방관학 : 서주의 지방관학은 '향학(鄕學)'인바 왕도 교외 6향(鄕) 행정구역 중의 지방학교이다. 서주의 학제는 향 밑에 4학이 있었던바, 향교(鄕校), 주서(州序), 당상(棠庠), 가숙(家塾)이 있다. 향학은 민정(民政)을 관리하는 사도(司徒)가 총체적으로 지도하였다.

'상(庠)'이란 지방학교는 지방의 민중교화기관이었다.

'숙(塾)'도 소수의 지방에 존재하였다. '숙'의 작용 중 중요한 것은 상로(上

17) "十月事訖 父老教于校室 八歲字學小學 十五者大學其有秀者移于 鄕學 鄕學之秀者移于庠 庠之受者 移于 國學學于小學. 諸侯歲貢小學之秀者于天子 學宇大學." 何休, 春秋公羊傳注疏, 卷十六卷, 中央書局 『十三經注疏(下)』, 1980, 2287면.

18) 張瑞璠, 中國教育史 硏究. 先秦分卷, 註1, 華東師大出版社, 1991, 19면.

19)"國之大事 在祀與戎" (『左傳』 '成公十三年')

老), 서로(序老)가 드나드는 사람에 대하여 검사하는 것으로서 연령에 따라 그 순서를 정하고 젊은 사람은 노인의 물건을 대리로 짊어지게 하였다. 비록 일부 관리(管理)와 교계(敎誡)의 작용을 일으켰지만[20] 실제적 의미로서는 학교와는 거리가 멀었다.

'교(敎)'도 역시 '숙'과 같다.

이상의 국학과 향학을 도식화하면 다음과 같다.

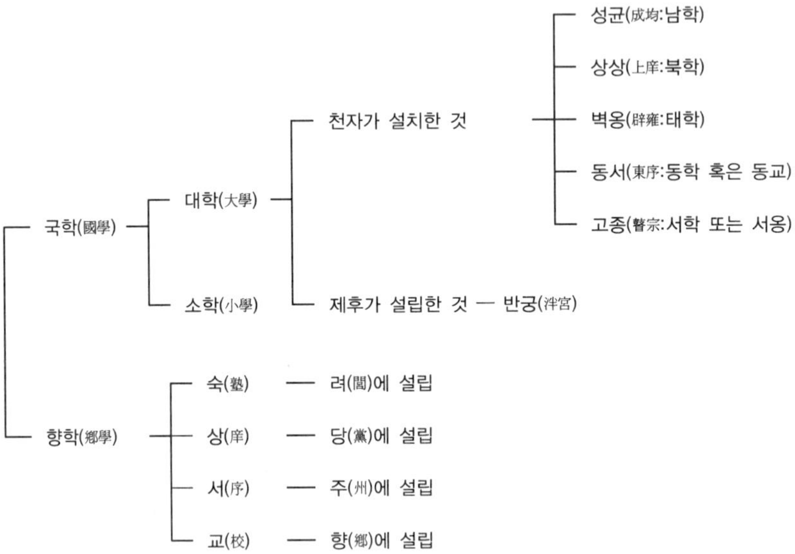

서주학제체제

5) 서주학교의 교학내용

서주학교의 국학의 대상은 귀족 자제였다. 그리고 시(詩)·서(書)·예(禮)·악(樂) 4교를 교육내용의 중심으로 삼았다. 「예기(禮記)」 '왕제(王制)'에서는 "봄가을에는 시·서를 가르친다."고 한 것은 이를 말해 주고 있다. 또한 주례(周禮)」에서는 "대사악은 국자(國子)에게 악덕(樂德), 악어(樂語), 악무(樂舞)

20)"距冬至四十五日 始出學傅農事 上老 平明左右右塾 庶老左右左塾 余子卒出 然后皆歸 夕亦如之 余子皆入 父之齒遂行 兄之齒雁行 朋友不相逾 經任并 重任分 頒白者 不提携 出入皆如之 "(『尙書大傳』'略設')

를 가르치고, 사씨(師氏)는 세 가지의 덕(德)과 세 가지 행(行)을 가르치며, 보씨(保氏)는 여섯 가지 예(禮)와 의(儀)를 가르쳤다."[21]고 전하고 있다.

이를 종합해 보면 서주의 국학의 교학내용은 덕·행·예·의 등 4개 면을 포괄하고 예·악·사·어·서·수 등 6예를 기본내용으로 하고 있다. 대학에서는 시서예악에 중점을 두고 소학에서는 서(書)·수(數)를 중점으로 하였다. 그리고 사(射)·어(御)의 학습과 그와 관련 지식과 기능을 전수하고 배양하는 외에 예악의 교학도 더 하였다. 향학의 교학내용은 국학에 관한 기록과 같이 상세하지는 않다. 그러나 「예기(禮記)」 '왕제(王制)'에 따르면 육예(六禮), 칠교(七敎), 팔정(八政), 향삼물(鄕三物)을 향학의 교학내용으로 하고 있다. 이들의 내용을 보면 다음과 같다.

· **육예** : 관·혼·상·제·향(饗)·상견(相見) 등의 예의

· **칠교** : 부자·형제·부부·군신·장유·붕우·빈객 등에서 민덕(民德)을 일으킴.

· **팔정** : 음식·복장·사위(事爲)·이별(異別)·도(度)·량(量)·수·제(制 :원단 폭 넓이) 등으로 방종을 방지

· **향삼물(鄕三物)**은 육덕, 육행, 육예를 일컫는 바 선현공사(選賢貢士)의 표준이며 학교의 교학내용이기도 하였다.

이의 내용을 보면 다음과 같다.

육덕(六德) : 지(知)·인(仁)·성(聖)·의(義)·충(忠)·화(和) 이는 윤리도덕 관념이다.

육행(六行) : 효(孝)·우(友)·목(睦)·인(婣)·임(任)·휼(恤) 등으로서 이는 반드시 실행하여야 한다.

육예(六藝) : 예(禮)·악(樂)·사(射)·어(御)·서(書)·수(數) 등으로 이는 예의 등급 명분 윤리규범 교육이다.

여기서 '악'은 음악교육으로 오늘의 경우로는 미육(美育)과 유사하며 이는 시가(詩歌), 무도(舞蹈), 희극 등이 내용을 포괄하고 있다. '사'는 군사체육교육이라 할 것이며 '서'는 문자 교육으로서 식자(識字)와 습자(習字)교육을 내용으로 한다. '수'는 산술, 수학교육으로 천문, 역산(歷算) 등 자연과학 지식을 내용으로 하고 있다 할 것이다.

---

21) 「周禮」'地宮' 참고

제 2장 춘추전국 사회의 교육(서기전 770 ~ 221)

– 백가쟁명과 사학의 발흥 –

1. 총설

춘추전국시대 이른바 동주(東周)는 주 왕실의 동천(東遷: 鎬京 → 洛陽)에서 진(秦)의 중국 최초의 통일(서기전 221)까지의 약 550년간을 그 시대적 공간으로 하고 있다. 그리고 동주는 다시 양분되는바, 전기를 춘추시대(春秋時代 : 서기전 770~453)[1], 후기를 전국시대(戰國時代 : 서기전 453~221)[2]라 한다. 춘추시대에는 중국이 종전의 읍제국가의 단계를 벗어나 주권영토국가로 정리, 통합되어 가던 과정이었다. 그 결과 춘추초기 170여국이나 되었던 열국(列國)이 춘추 말에는 10여국으로 정리되었다.

춘추 전국시대에 접어들면서 서주의 봉건제도 해체과정에 들어간 결과 종래의 씨족적 질서 속에 매몰되었던 개인(個人)이 해방되어 자유로운 계약관계를 맺기도 했고 종래 인간의 사유구조를 지배했던 주술적(呪術的), 신정적(神政的) 세계관은 인간중심의 합리적 사고의 세계관으로 대체해 갔으며 그것은 마침내 제자백자(諸子百家)의 꽃을 피우기도 했다.[3] 제자백가의 사상중

---

1) 춘추시대라는 명칭은 공자가 찬술했다고 하는 春秋에서 유래하였다.
2) 전국시대라는 명칭은 전국시대의 사실(史實)을 기록한 戰國策에서 유래하였다.

당시 사회나 후세의 사상으로는 유가(儒家), 묵가(墨家), 도가(道家), 음양가(陰陽家)일 것이다. 그 중 특히 유가의 공자(孔子)는 후대의 중국인들에게 신(神)과 대화하지 않는 합리주의자로서의 모범을 보여주었다는 점에 그의 사상적인 공로가 있다 하겠다.

동주시대는 정치적 분열과 도덕의 위기시대였다. 또한 동주시대는 중국 역사상 일대 변혁의 시기로 정치제도, 사회조직, 경제체제, 교육제도 등이 모두 근본적으로 변혁되었다. 춘추전국시대에 있어서 문화와 교육에 최대의 영향을 준 것은 바로 '양사(養士)'의 풍이 성행한 것과 제자백가의 발흥이라 할 것이다. 전자는 관학(官學)의 폐쇄와 사학(私學)의 발달을 가져왔고 후자는 학술사상의 발달을 가져왔다.

2. 춘추전국 사회의 교육의 변혁 원인

춘추전국 사회의 교육 변혁의 원인은 다음과 같이 지적할 수 있다.

1) 주 왕실의 '천자실관(天子失官)' 과 '학재사이(學在四夷)'

주대 학관 쇠퇴의 가장 직접적인 원인은 자연히 왕실을 지탱할 수 없어 '천자실관'과 '학재사이' 국면이 조성된 점에 있었다 할 것이다. 동주(東周)이후는 '천자실관', '학재사이'의 현상에서 서적이 유포되었다.

2) 각 제후국은 왕실 관학을 유지하지 않았다.

각국 제후는 일찍이 주나라 천자가 제정한 예제(禮制)를 따르지 않고 왕실의 관학교육을 더욱 중시하지 않았다. 그러다가 춘추시대 이후 각 제후국은 그들 스스로 정국을 운영하고 교육을 전개하였다.

---

3) 서울대학교 東洋史學會편, 槪說東洋史, 90면

3) 사인(士人)의 출현

'사(士)'는 서주시대에는 귀족에 속했지만 그 후 하층에 속하며 그 지위는 낮아졌다. '사'는 사회계층상 귀족등급에서 가장 낮았고 그 아래에 서민과 노예가 있다. '사' 계층에 유입되는 사람들은 점점 많았고 어느 경우는 상층 귀족자제 중 분리되어 '사'로 하강하기도 하였다.

춘추전국시대 '사인'을 구성하는 근원은 대체로 3가지가 있다.

하나는 몰락귀족자제들이다.

둘은 원래 주왕실의 사례악(司禮樂)의 관원이 민간에 유랑하였던바, 예지컨대 일찍이 주왕실의 '수장실(收藏室)의 사관(史)'이었던 노자(老子)는 이러한 류의 사인의 전형이었다.

셋은 농·공·상 등 서민계층이 상승 이동한 경우이다.

4) 사회생산력의 발전

사회생산력의 발전은 생산기구의 개혁과 방법의 개선과 밀접한 관계가 있다. 춘추전국시대의 정치, 학문 등의 발달은 경제적, 특히 생산력의 발전과 결부된 것으로서 당시에 성취된 생산력의 발전이 여러 분야에서 변화를 촉진시켰다. 춘추전국시대 사학(私學)의 발전은 사회의 생산 발전과 동시의 번영에 적극적인 영향을 주었다. 이상에서 보듯 춘추전국시대는 일정한 물적 조건을 구비하였기에 교육의 변혁도 역동적으로 추진되었다고 볼 수 있다.

3. 춘추전국 사회의 문교정책의 분란과 약화

춘추전국시대는 전란이 빈번한 시대였다. 주의 천자는 기나긴 기간 동안 그의 명맥을 유지했지만(서기전 256) 권력과 영향은 오히려 점점 하강했고 각 제후국은 자행자지 하면서 약자를 능욕하기 다반사였다. 이리하여 정치의 다양화는 바로 춘추전국시대의 기본적 특징을 이루고 있었다.

1) 예(禮)를 문(文)으로 하고 군사를 위주로 하였다.

이것은 춘추시대 많은 제후국들의 국책 선정의 총체적인 특징이었다. '이례이문(以禮以文)'은 제후국이 흔히 예를 장식으로 하던 것을 가리키는바, 이것은 이전처럼 예의 깃발을 드는 격이라 할 것이다. '이융위주(以戎爲主)'는 각국 제후가 예의 표면적인 문장에 만족하지 않고 중요한 정력을 군사력의 축적에 두는 것을 가리킨 것인데 그것은 군사적 대결이 예의에 비하여 퍽 설득력이 있기 때문이었다.

2) 상법·상무(尙法·尙武)

법(法)과 무(武)를 숭상하는 것은 전국 7웅이 국책을 선정함에 있어서 총체적인 특징이었다. 변법(變法)은 국력의 강성함을 가져다주는 것으로 예를 법으로 대체했던 것은 역사적인 필연이 아니었을까 생각된다. 기치를 바꾸기는 했으나 본(本)은 바꾸지 않았다. 무력이 여전했던 것은 정권유지의 근본이다. 문·무의 천하평정의 양극에서 허례적인 예는 이미 쓸모가 없어졌고 그것이 만들어 낸 간접적 반응은 춘추시대 전기와 다름없었다.

3) 백가쟁명(百家爭鳴)

제가백가들은 제 각각 상이한 주장을 내세우기는 했지만 한결같이 서주시대와는 다른 새로운 인간 질서를 구축하려 했다. 유가는 요, 순 및 하, 은, 주 3대를 근간으로 하여 주대의 봉건질서 위에서 모였고, 묵가는 유가처럼 요, 순과 3대를 숭상하기는 했지만 하도(夏道)를 학습대상으로 하였으며, 도가는 복희나 신농의 '자연무위'와 인간의 순진한 생명을 추구하였으며 법가는 법을 통해 바른 사회를 만들려고 하였으니 그에 따른 교육의 양상도 달랐음은 당연하다. 따라서 당시의 문교정책은 문자 그대로 백가쟁명의 경향에 있었다 할 것이다.

4) 양사용사(養士用士)

춘추전국시기에는 사(士)·농(農)·공(工)·상(商)의 이른바 '사민(四民)'의 개념이 성립하였던바, '사인(士人)'은 지식의 관료 내지 관료예비군을 일컫고 있다. 당시 사(士)를 양성하는 기풍이 각국에 만연되고 사문(私門)과 공실(公室)에서는 '사'를 다투어 양성하고 초치(招致)하는 데 막대한 재물과 노력을 기울였다. 이와 같은 양사제도(養士制度)는 실제적으로 서주의 학교 양사제도에서 변화되어 온 것이다. 중국 고대의 양사(養士)와 용사(勇士)는 바로 이와 같은 투입-산출이론의 초보적인 실천이었다고 볼 수도 있다.

4. 춘추전국 사회의 사학의 발흥

1) 관학의 쇠퇴와 사학의 발흥

서주 사회 이전에 중국의 정치와 사회구조는 일반적으로 정교합일(政敎合一), 관사합일(官師合一)의 사회였다. 그러나 주의 동천 이후 왕조의 관리는 그 본분을 소홀히 하고 전문가(천문, 역사 등)는 사방으로 흩어져 '관사합일'의 제도는 폐쇄되기 시작했고 드디어 사학이 일어나게 되었다. 관학은 쇠퇴하기 시작하여 결국은 폐쇄되었고 그 뒤를 이어 일어난 것이 양사제도(養士制度)와 사인강학(私人講學)이었다. 우리는 이제 사학 발생의 역사적 조건에 대하여 기술하고자 한다.[4)]

첫째, 정치상으로 다원적인 기구 및 그 연속적인 분열과 조합은 '정교합일'의 폐쇄적인 봉건적 모형도 해체되기 시작했다.

둘째, 철기시대의 도래는 생산기구로 하여금 질적인 변화를 가져왔고 생산력의 향상도 결과하였다.

셋째, 육체와 정신 분담의 결과는 '사인'계층의 발생을 유도하였다.

---

4) 喩本伐 熊賢君著, 中國敎育發展史, 華中師范大學出版部, 2000.

넷째, 붓의 발명, 간서(簡書)와 백서(帛書)의 유행 및 서적과 지식의 누적은 모두 학교교육의 시행에 보다 편리한 조건을 제공하여 주었다.

2) 양사제도와 사인강학

춘추전국시대에 양사(養士)와 사인강학(士人講學)은 당시로서는 최대의 중요한 교육활동이었다. 전자는 인재선발의 기능을 발휘하였고 후자는 인재육성의 역할을 담당하였다. 당시 공실(公室)의 양사나 사적인 양사를 막론하고 모두 학교발전의 경향을 나타내고 있다. 교육적 의미로 본다면 양사, 용사의 공실 혹은 개인은 모두 하나의 사학(私學) 또는 일부 사학의 집합체 같았으나 당시 영향을 미쳤던 교육기구는 제(齊)나라의 직하학궁(稷下學宮)이었다.

양사제도 : 양사의 추세는 춘추시기에 기원되어 전국시기에 이르러서는 점점 확대되었다. 양사의 현상은 궁중에서 사회 최하층에 이르기까지 어디서든 볼 수 있었다. 전국시대의 사(士)는 대체적으로 3분되었던바, 하나는 무사(武士)로서 국가의 무장 세력을 포괄하며 둘은 문사(文士) 그리고 하급관리이다. 전국시대 '사'의 지능과 재능은 정국(政局)에서 아주 중요한 작용을 하였다. 이러한 경우를 우리는 「전국책(戰國策)」과 「맹자(孟子)」에서 볼 수 있다.[5] 양사의 방법은 다양하였다. 하나는 사우(師友)로서 상대하고 주빈(主賓)의 예를 갖추었고, 또 사인에게 관(官)·작(爵)·록(祿)을 수여했다.

직하학궁(稷下學宮)[6] : 직하학궁은 전국시기 제(齊)나라의 유명한 대학 성격의 학교였다. 이는 전국(戰國) 백가쟁명의 중심과 축소판이었던 이상 당시 교육상 중요한 창조적인 산물이었다. 이는 또한 중국 고대학술과 문화 그리고 교육의 발전에 있어서 중대한 영향을 끼쳤다.

· **하학궁의 성립 연원** : 직하학궁의 창립요인은 역사적인 요인으로는 전국시기 양사(養士)의 기풍 발전이라는 면과 현실적인 요인으로는 제나라 통치자의 창립 요구 그리고 경제적으로 당시 제나라의 봉건경제의 발전은 또한

---

5) 「戰國策」'秦策一', 「孟子」'滕文公章勾下' 참조

6) '직하(稷下)'는 제나라의 수도였던 임치(臨淄:학궁), 학궁(學宮)을 설립하였던바, 직하학궁의 명칭은 이로부터 유래한다.(戰國策·濟策 참고)

직하학궁의 창립에 실현 가능성을 제공해 주었다.[7]

첫째, 직하학궁은 전국시기 양사(養士), 용사(用士) 풍의 발전 결과이다.

둘째는 직하학궁은 제나라 경제발전의 결과였다.

셋째, 직하학궁의 출현은 제나라 위왕(威王)의 개명한 문교정책과도 상관된다.

· **직하학궁의 성격** : 직하학궁의 양사(養士), 용사(用士)와는 달리 교사, 학생과 교수·학습이 있는 사인(士人) 육성의 학교로서 봉건관료제도를 위한 것이었다. 직하학궁의 출현은 전국시기 역사적인 조류에 부응한 것이었다. 직하학궁의 성격으로는,

첫째, 직하학궁은 관에서 설립했으나 기본적인 것은 사가(私家)에서 주관하는 특수형태의 학교였다.

둘째, 직하학궁의 직하선생[8]들은 제나라 통치자들의 두뇌집단의 작용을 발휘하였는데 이는 이른바 '불치이의론(不治而議論)' 심지어는 제나라 왕은 직하학궁을 '순의기구(詢議機構)' 또는 '대의사(代議士)'로 간주하였다.

셋째, 직하학궁은 강습, 저술, 인재 육성 등 활동을 포함한 대학이었다.

· **직하학궁의 특징** : 직하학궁은 전국시기 교육과 학술의 중심지이며 제자백가 학술쟁명의 중심지였다. 직하학궁의 특징을 들면 다음과 같다 할 것이다.

첫째, 직하학궁의 학자들은 정치적인 지위가 높고 생활 대우도 후하였다. "통치에 참여하지 않고 의논만 한다(不治而論議)"는 것은 제자와 군주가 학자들에게 내린 아주 높은 정치적 대우였다.

둘째, 직하학궁은 각가(各家) 각 학파를 모두 수용하고 또한 각가 각파 간의 왕래가 자유로웠다. 직하학궁의 기본적인 성격은 제자(諸子)의

---

7) 「左傳」昭公三年條 및 「韓非子」外儲說上右 참고

8) 직하희 학자들은 '先生(선생)'이라 호칭되었으며 모두 상대부(上大夫)라는 관직을 하사받았다. "정치는 하지 않고 논의했다."

사학으로 이루어졌다. 직하에서 각 학파의 수령 및 그 제자들은 왕래의 자유 외에 개인의 왕래 심지어는 한 사람이 많은 학생을 대동하고 자유도 있었다.

셋째, 학술의 자유이다. 학술의 자유는 직하학궁의 기본적인 특징이다. 제나라의 통치자들인 학자들에게 "불치이의론(不治而議論)"하도록 하고 또한 직하선생과의 관계는 신하 아닌 사우(師友)의 관계를 유지하여 학술의 자유가 확보되었으며 상호논쟁과 상호흡수는 학술자유의 또 다른 표현이었다. 춘추전국시기 정치의 다양화는 백가쟁명과 논쟁의 풍조를 형성하였다. 직하는 각자 학파가 모이는 곳이어서 더욱 쉽게 토론 내지 논쟁이 전개 되었다.

사인강학 : 사학(私學)은 중국의 상고교육사상 최초의 중대한 교육혁명이라 할 수 있다. '혁명적'이라 함은 교육을 받을 기회를 귀족으로부터 민중에까지 끌어 내렸으며 또한 종래 귀족만이 오로지 했던 문화와 지식을 대중에게 했다는 의미에서이다. 사학은 춘추시대 사회변혁의 역사적인 산물로서 이의 출현 내지 발전은 서주시대 이른바 '학재관부(學在官府)'의 전통을 타파하고 문화와 지식을 민간에 전락하였다. 또한 사학의 자유스러운 강학(講學)과 자유스러운 전수(傳授)도 각 학파의 형성을 촉진하였다. 그리고 당시 사인(士人)은 바로 사학을 통해서 배출 되었고 각 제후국의 통치자들인 자신들의 통치적 지위의 유지와 그 세력 확장을 위하여 많은 인재를 구하고 있었기 때문에 제후국의 흥망은 바로 유능한 사(士)의 확보와도 관련 있었으므로 이것은 사학의 발전과도 직접적인 관련성이 있었다.

사학은 일종의 민간교육기관으로 육사(育士)의 성격을 띠었다. 사학은 전국 각지에 산재했으며 수락하고 학생은 계층 여하를 불문하고 그 대상도 한정되지 않았다. 또한 사학에 들어가기 전에 학생의 신분 내지 직업도 각양각색이었다. 다만 그들은 성인(成人)이었을 뿐이었다.

사학을 최초로 창설한 자는 공자(孔子)였다. 사학은 관학에 대치되어 일어난 것이므로 이를 의식하여 사학의 역사적 의의 내지 특색을 들면 다음과 같다.

첫째, 사학은 '정교(政敎)분리, 관사(官師)분리'로 교육을 하나의 전문 분야로 하고 교사를 전문직으로 하였다.

둘째, 사학은 '학재관부(學在官府)' '예불하서인(禮不下庶人)'의 국면을 타파하여 문화의 하강이동 운동을 추진시켰으며 교육의 대상을 확대하여 중국의 고대문화의 전파와 발전을 촉진하였다. 특히 공자의 '유고무류(有敎無類)', '학이우칙사(學而優則仕)'의 주장은 교육이 인간을 조성하는데 더욱 강화하고 또한 인간을 개조하는 중요한 수단이라는 의미가 있다.

셋째, 사학은 교육이론의 발생과 발전을 촉진하였다. 학교교육의 독립은 교육이론이 필요하고 가능해야 했다. 인재양성의 관심에 따라 당시 사람들은 교육의 정의, 인재의 성장의 규율을 논의하기 시작했고 교육방법을 탐색하기 시작했다.

넷째, 사학은 백가쟁명(百家爭鳴) 국면의 형성을 초래하였다. 춘추전국시기의 사회변혁은 사상논쟁을 활발하게 했다. 사학의 흥기는 직접적으로 각종 학파의 발전을 추진했고 많은 제자(諸子)의 출현을 형성하여 백가쟁명의 국면을 초래했다.

다섯째, 사학의 발생과 흥기(興起)는 당시 교육사업의 발전을 촉진시켰을 뿐만 아니라 이와 같은 사인의 학교 설립, 경영의 형식은 중국에 있어서 이천 수백여 년을 내려오는 오랜 전통이었다.

5. 춘추전국 사회의 전형적인 사학

우리는 여기서 공자, 묵자가 창시한 사학만을 기술하기로 한다.

1) 공자가 창립한 사학

공자는 춘주 중기에 사학을 창립하였던바, 춘추시기에 최대 규모였으며 가장 오래된 역사를 가지고 있고 조직 역시 최대의 완비된 사학이었다. 그는 사학을 창설하여 교육사에 있어서 많은 제자를 육성하였고 교육의 이론과 실천에 있어서 전인들이 해결하지 못했던 많은 것을 해결하였다. 이러한 의미에서 일부 학자들을 중국교육사에 있어서 사학의 창립의 공을 모두 공자에게 돌리고 있다.

공자의 학생 모집에는 두 가지의 원칙이 있었다. 하나는 "속수(束脩)의 예(禮) 이상을 치른 사람들에게 내 일찍이 가르치지 않는바 없다."[9]는 것으로 여기서 '속수'는 일종의 예물이다. 이의 의미는 그 물질성에 있는 것이 아니라 선생에게 가르침을 받고자 할때 반드시 예를 갖추어야 한다는데 있다.

또 하나는 '유교무류(有敎無類)'[10]의 원칙인바, 이에는 아주 중요한 의미가 있다. 하나는 공자가 제기한 '유교무류'는 서주가 규제한 관학제도에 대한 일차적으로 중요한 타파이며 사학이 학생을 모집하는 것은 왕실귀족에 한하지 않았다. 또 하나의 의미는 '유교무류'에 있어서 '류(類)'자는 지능, 품덕면의 차별로 이해해야 하며 교육을 받고 나면 지(知)와 우(愚), 현명하거나 그렇지 않는 것이 없어진다는 것이다.[11]

공자사학의 기본과정은 서주의 관학은 예악사어서수(禮樂射御序數)의 '6예'를 위주로 했는데 공자의 사학은 '6예'는 중요시했으나 '6경(六經)'을 더욱 중시했다. 공자의 교육방법은 「논어」·「예기」 등에서 볼 수 있는바, 이를 종합해 보면 다음과 같다.

첫째, 인격감화(人格感化), 이것은 스승의 인격의 위대함을 보고 감화 받는 것이다. 이는 교육에 있어서 사표(師表)의 중요성을 이야기해 주고 있다.

둘째, 획일적인 교육보다 개별적인 지도에 힘썼다.

셋째, 개발교육을 실시하였다. 여기서 개발교육이라고 하는 것은 사고의 개발을 지도하여 그 사고로 하여금 스스로 이해할 수 있는 것을 말하는 것이다.

넷째, 점진적 교육방법을 실시했다. '온고이지신(溫故而知新)', '학이시습

9) 「論語」 '述而' 참고

10) 「論語」'衛靈公' 참고

11) 朱啓新, 中國春秋敎育史(中國全史18), 人民出版社, 1994, 122면

(學而時習)'이 이를 말해 주고 있다.

다섯째, 학습방법에 있어서 귀납(歸納)과 연역(演繹)의 두 가지 방법의 사용을 역설하였다. 바로 "배우기만 하고 생각하지 않으면 어리석고 생각하기만 하고 배우지 않으면 위태로우니라"[12]는 학사병용(學思並用)의 학습방법 내지 태도를 말하는 것이다.

2) 묵가의 사학

묵가(墨家)의 사학은 그 문화의 심원성(深遠性)은 유가(儒家)와 비슷하나 도시 공업발전과 독립적인 상공업 계층의 형성에 따라 창립되었다. 묵가는 전국시대 유가와 같이 '현학(玄學)'이라 칭하였으나 자연과학, 생산기술과 논리학이 주요 특색을 이루고 있으며 그 교학제도는 선진(先秦) 사학(私學) 중에서도 하나의 독특한 경향을 나타내고 있다. 묵가사학의 학생모집의 대상은 공자의 사학보다도 더욱 하류계층의 출신이었다.

첫째, 먼저 고역(苦役)했던 것이 입학요건으로 되었다.

둘째, 인고(忍苦)의 실천정신을 학생모집의 유일한 표준으로 하였다. 이는 일반적으로 수공업에 종사하는 공장들의 고유한 성질로서 그것은 묵가제자가 모두 이와 같은 성질을 갖도록 하기 위한 것이다.

이렇기 때문에 묵자가 모집했던 학생들의 대부분은 영세 생산노동자(일반인도 이러한 묵자의 학생모집에 부합하기 어려운 것을 요구했음)였다. 묵자는 학자와 공장(工匠)의 결합체로서 그 성립과정체계는 대체적으로 구분할 수 있다.

첫째부분은 유가(儒家)의 얼마간의 전통이다. 즉 유교의 교육내용 중 좋은 것을 선택하여 사용하였다.

둘째부분, 교육내용은 자연과 기술지식이였다.

셋째부분, 교육내용은 인식론과 논리학이었다. 「묵자」 중의 '묵경(墨經)'은 이에 상응하는 교재였으며 이것은 묵자교학과정의 가치 있는 것으로 이

---

12) 論語」 '爲政' 참고

른바 '육예(六藝)'의 교육적 전통을 타파하였다. 형식적으로 본다면 묵자의 논리학 체계성과 완전성은 모두 강하지는 않다. 그러나 묵가들은 사유의 논리적 필연성을 객관적 실제성에서 출발점을 강조하여 모든 사유형식은 반드시 논리의 구체적 내용과 연계시켰다. 그리하여 사유에 있어서 객관적 진리의 존재에 대한 사유의 논리는 오직 인간이 획득한 진리의 인식의 기능을 강조하고 있다. 이것의 특징은 바로 묵자 논리학의 장점을 이루고 있다.

묵자는 사유형식을 자기들의 연구대상으로 하여 중국역사상 처음으로 논리학체계를 형성하였던바, 그것을 사유형식(개념, 판단, 추리 같은 것), 사유규율(동일률 : 모순률, 배중률(排中律) 같은 것)과 사유방법(귀납, 연력, 유추 같은것) 등의 면을 포괄하고 있다.[13]

---

13) 「墨子」 '小取' 참고

제3장 진·한 사회의 교육(서기전 221 ~ 서기 220)

– 관·사학의 폐지·학교교육의 부흥 –

1. 총설

중국역사상 진(秦)·한(漢)시대는 선후(先後) 상관적 관계에 있을 뿐만 아니라 시대적 공간으로는 동일한 시기에 속하고 있다. 이것은 중국의 역사적 발전 면에서 본 것이지만 진과 한은 그 이전의 사회와는 완전히 다른 사회이다. 춘추전국시대는 주지하듯 중국역사상 사회변동의 최대의 시기였다. 그러나 진(秦)은 이러한 사회 변동을 수습하고 최초의 통일국가를 형성하였으며 또한 한(漢)에 계승되었다.

1) 진의 사회

진(秦)은 시황제로부터 3세 황제까지 3대 14년간의 단명한 사회(서기전 221 ~ 서기전 206)였으나 시황제는 법치주의를 중시하고 춘추전국시대에 교란된 봉건제도를 철폐하고 군현제도(郡縣制度)를 수립하여 중앙집권을 강행하여 중국역사상 일대 전환을 가져오는 획기적인 정책을 수행하였다. 진(秦)에 있어서 중앙정부 조직은 삼공(三公)인 승상(丞相)·태위(太衛)·어사대부

(御史大夫)와 그 밑으로 경(卿)을 두었고 지방조직은 군현제도의 채용에 따라 전국을 36군(郡)으로 분할하였다. 각 군마다 현(縣), 현 아래는 향(鄕)이 있었다.

토목사업에 있어서 도로의 건설과 정비, 만리장성의 구축, 도량형의 통일, 특히 사상을 통일하기 위한 분서갱유(焚書坑儒)의 사건은 유명하다. 이와 같이 진(秦)이 통일정책을 수행할 수 있었던 중요한 원인은 법가사상(法家思想)을 수용하여 법을 고치고 강력해지려고 하였기 때문이다. 그러나 법가(法家)가 진(秦)을 도와 천하를 통일시켰지만 통일을 성취한 뒤에는 법가 역시 그 외의 학파와 마찬가지로 동시에 압제를 받았다. 진조(秦朝)에서는 어떠한 사상이든 모두 크나큰 좌절을 겪게 되었으며, 분서(焚書)의 행동은 실제적으로 진시황이 황위(皇位)를 자손들 즉 2세, 3세로부터 백세, 천세에 이르기까지 물려주려고 생각했던 중요한 정책이었다.[1]

2) 한의 사회

한(漢)은 진(秦)이 멸망한 후 등장한 제국으로 유방(劉邦)이 세웠다(서기 202). 한은 정치면에서는 군현제(郡縣制)와 봉건제(封建制)를 병용함으로써 이른바 군국제(郡國制)를 실시하였다. 그러나 무제(武帝) 때 이르러서는 봉건당국에 소속된 군(郡)은 거의 없고 군(郡)을 직접 중앙에서 통치하고 황제지배체제를 성립시켰으므로 제도상으로 볼 때는 봉건제는 사라지게 되었다.[2] 그리하여 무제에 의한 황제지배체제의 성격은 정치적으로는 중앙집권적 전제군주체제의 완성으로 나타났다.

그런데 한(漢)은 보통 서한(西漢)과 동한(東漢)으로 구분하고 있다. 서한은 전한(前漢)이라고도 하는바 유수(劉秀)가 건국한 후한에 대하여 명칭이 붙여졌다. 그 기간은 서기전 212년 유방이 장안(長安)에 정도한 때부터 서기 9

---

1) 楊孝栄, 中國社會思想史, 臺灣 : 五南圖書出版社, 中華民國 7년, 123면.

2) 金燁,“中國古代의 地方統治와 鄕里社會,”大邱史學. 37. 1970. 56면.
한고조 말년의 군국(君國 ;王國)은 56개였고 문·경(文景) 때에는 여기에다 10여 국을 증설하였다. 무제(武帝)의 태초(太初) 원년(BC 104)에 군국은 110개였고 이 중 군(郡)이 89, 국(國)이 21개였다. 평제(平帝) 2년(AD 2)에 군국이 103개이고 이 중 군이 83, 국이 20이었다. 그러나 무제 이후 지방의 제후는 이름뿐이었고 실권은 완전히 박탈되었다.

년 왕망(王莽)이 신(新)을 건국할 때까지 12대왕 210년간이다. 도읍인 장안이 후한의 도읍인 낙양의 서쪽에 있으므로 서한이라고 한다. 왕망은 신(新)을 세웠으나 얼마가지 않아 농민의 봉기로 15년 만에 멸망하고 다시 유수(劉秀)가 한(漢)을 중건하여 수도를 낙양(洛陽)에 정하였던바, 이를 역사상 동한(東漢;후한)이라고 한다. 동한은 서기 25년으로부터 서기 220년 위(魏)의 조비(曹丕)가 칭제(稱帝)하고 헌제(獻帝)를 폐위시킬 때까지 12대왕, 196년간 유지하였다. 그러나 서한·동한을 통하여 중국은 대체적으로 중국 전통사회에 있어서 첫 번째로 번영한 시기로 정치, 경제, 문화, 민족관계와 의국과의 교류 면에 있어서 모두 중대한 업적을 남겼다.

한대의 정치는 또한 유가(儒家)와 법가(法家)의 양대 사상이 그 중심을 이루었다. 한 무제(漢武帝)는 국가를 통치하는 기본 목표로 법가적 부국강병주의를 채택하였으며 국가를 다스려 나가는 유능한 인재의 등용기준은 유교적 교육을 받은 인재를 충원하였다. 특히 한 무제는 유가(儒家)이론을 존중하여 일체의 제도와 그 내용은 유가이론에 따르게 되었다. 그리하여 유가 원리는 한대의 최대의 권위로 되었으며 이때부터 유교는 국교(國教)로 되어 중국 수천 년간 치국평천하(治國平天下)의 대도(大道)가 되었다.

한의 중앙 및 지방관제는 진의 제도를 그대로 계승하였다. 경제면에 있어서도 농업과 수공업의 발달은 자연히 상업의 신장과 함께 화폐경제와 도시의 발달을 촉진하게 되었다.

한대의 사회계층은 지배계층과 피지배계층으로 되어 있다. 지배계층은 황족과 관료 그리고 호족(豪族)이었다. 호족은 서한시대에는 아직 발전하지는 못하였으나 동한시대에 이르러서는 지배계층으로서의 지위가 확립되었다.

사회질서 유지 면에서 보면 서한시대에는 향촌의 기본 단위인 리(里)는 부로(父老)라는 경험이 풍부하고 통솔력 있고 신뢰받는 연장자를 중심으로 자치제를 형성하고 리민(里民)들은 서로 공동체 관계로 결합되어 유지되었으며 유교적 이념도 이와 같은 향촌공동체 질서와 밀접하게 결부되어 있고 그러한 사회질서를 유지하려는 경향을 지니고 있었다.[3)]

그러나 동한시대에 들어서면서 호족세력이 지방의 유력자로 등장하면서

---

3) 東洋史學會, 概觀東洋史, 지식산업사, 1983. 56~61면.

황제지배체제가 약화됨은 물론 지방의 향촌질서도 향촌공동체에 의한 자치적인 질서도 호족에 의한 타율적 사회로 변화되어 갔다. 이러한 과정에서 위·진(魏晉)시대의 귀족사회의 싹이 형성되고 있었다. 피지배계층은 평민으로 사민(士民)·농민·상인·공인(工人)이 이에 속하고 그 아래 천민계층인 노비가 있었다. 특히 우리가 유의할 것은 사민(士民)이다. 사민은 평민의 범주에 속하기는 하지만 교육을 통해 학문과 교양을 갖추고 있어서 그들은 언제나 관인(官人)으로 진출할 수 있는 관료 예비 집단과 같은 성격을 띠고 있었다. 따라서 관계(官界)에 진출하면 지배계층으로 상승되고 그렇지 않은 후에도 향리사회에서 일반 백성의 교육과 지방민의 교화(敎化)를 맡았기 때문에 존경받는 지위를 유지하였다.[4)]

문화면에서 보면 한대 초기에는 황로사상(黃老思想)이 크게 발달하여 한의 정치사상을 주도하였을 뿐만 아니라 지배계층 간에도 신봉, 유행되어 일세를 풍미하였으며 참위설(讖緯說) 역시 유가사상과 밀접한 관계를 유지하면서 발전하였다. 그러나 첫째로 유의할 것은 한대는 유교이념(儒教理念)이 정착된 사회라는 점이다. 즉 유교는 한대 무제(武帝)에 의해 관학(官學)으로 채택되면서 중국 역대 왕조의 통치이념이 되고 유교주의 문화를 형성시켰다. 그리하여 주변지역 특히 한반도, 일본 열도에 전파되어 정치사상, 사회윤리에 많은 영향을 주었다.[5)] 그리고 유교와 관련하여 한자(漢字)는 아직 문자를 갖지 못한 주변국가에 전파되어 동아시아 세계의 한자문화권을 형성하고 나아가 중국의 사상과 학술 그리고 제도의 전파수단으로 이용되었다. 그리하여 유교, 율령체제(律令体制) 그리고 불교도 역시 한자를 매개체로 하여 각국으로 전파되어 갔다.

또한 한대에 있어서 불교의 중국 전파는 중국의 사상과 종교계에 새로운 바람을 일으켰다. 불교는 서역지방을 거쳐 동한의 명제(明帝) 영평(永平) 8년(서기 67)에 중국에 전래되었다. 그러나 불교는 유교이념의 사회에서 쉽게

4) 申採湜, 東洋史概論, 三榮社 , 1994, 196면.

5) 여기서 '황로(黃老)'는 황제(黃帝)와 노자(老子)를 의미하며 그 중심 사상은 노자의 사상 또는 도가(道家)의 사상을 기본으로 하고 있다. 그러므로 '청정무위(淸淨無爲)', '무위치지(無爲治之)', '무위자연(無爲自然)' 등이 중심 사상을 이루고 있다. 그런데 이 황노학(黃老學)이 한 초기에 정치사상으로 등장하여 한의 경제적 사회적 기틀을 공고히 하는 데 적잖은 공헌을 하였으나 유교가 관학으로 채택된 이후에는 점차로 쇠퇴하기 시작하였다.

한대의 사상계에 받아들여지지는 못하였고 도교(道敎)와 긴밀한 관계를 유지하면서 전래되었다. 불교가 본격적으로 발전하기 시작한 것은 위·진 남북조 시대로 넘어가서였다.

그리고 한대에 있어서는 학술과 과학기술이 또한 발달하였다. 문학은 고대의 운문(韻文 ; 詩가 대표적인 작품으로 순수한 미(美)인 문학이라 하겠다.)과 산문(散文 ;『시경』,『좌전』 그리고 제자백가의 서(書)로 대표된다.)의 고대문체를 종합하여 새로운 문체를 발전시켰던바 이것이 사부(辭賦)이다. 그리고 이 외로 시가(詩歌), 산문(散文)이 크게 발달하였다.

역사학에 있어서도 한대에는 위대한 금자탑을 이룩하였다. 무제 때 사마천(司馬遷)에 의하여『사기(史記)』가 편찬됨으로써 사학의 독창적인 길이 열리게 되었고, 동한의 반고(班固)『한서(漢書)』를 저술하여 학문상 사학이 확고한 위치를 구축할 수가 있었다.

과학기술면에서 특이한 것은 제지법의 발명과 인쇄기술이다. 제지법은 후한의 환관인 채륜(蔡倫)에 의해 발명되었다(서기 105). 제지술은 중국의 3대 발명의 하나로 이후 더욱 발전을 거듭하였다. 당나라 시대에는 중앙아시아를 거쳐 서양에 전파되어 인류문화 발전에 큰 공헌을 하였다. 종이의 발명은 자연히 도서의 인쇄와 보급에도 큰 발전을 가져와 목판인쇄술이 크게 발달하게 되었다.

진한 교육은 중국 봉건교육의 추형(雛形;모형)을 확립하였으며 특히 한대 교육의 종지(宗旨), 관학과 사학의 시설, 교육의 내용, 조직형식과 교학방법 등 각 방면에서 모두 전반적인 봉건시대의 교육을 위하여 튼튼한 기초를 닦았다. 그리고 양사(養士)와 취사(取士)를 상호 결합하여 "학이우칙사(學而優則仕; 학교성적이 우수하면 임용)"의 제도화 등은 한대 교육 중에서 모두 이미 그 명확한 실마리를 볼 수 있다. 그렇기 때문에 진한 교육은 특히 한대의 교육은 중국교육사에 있어서 아주 중요한 지위를 점유하고 있다.

진대의 "이법위교(以法爲敎), 분서금학(焚書禁學)"은 물론 한대의 "파출백가(罷黜百家), 독존유술(獨尊儒術)"도 모두 사상과 문화의 전제주의의 본질적 속성을 띠고 있고 다른 점은 그 실시 수단에 있다. 진대는 하나의 "금(禁)"자를 드러내어 취한 것은 강압적인 진압이었으며 한대는 "존(尊)"자를 표방하여 취한 것은 상대적으로 온화한 유도방식이었으며 그 작법(作法)은 유가의 다른 학설을 관도(官途)에서 배제하고 오직 유가의 경술과 유가가 창도한 윤리 도덕을 인재선발의 주요 기준으로 삼았다. 이리하여 유학(儒學)의 독존적 지위를 확립하였다.

동주서(董仲舒)가 한 무제(漢武帝)에 건의한 3대 문교정책 즉 "파출백가(罷黜百家), 독존유술(獨尊儒術)", "흥태학(興太學), 치명사(置明師)", "중선거(重選擧), 광취사(廣取士)"는 하나의 "교육-선사(選士)-존유(尊儒)"의 학교교육을 이용한 관방(官方)정통(正統)의 의식적인 형태를 위해 봉사하는 유효한 모델을 제안하였던바, 이러한 교육정책이 "유술독존"으로 정치, 법률과 기율(紀律), 사상의식의 "대통일"의 작용을 확보했다는 것을 역사는 말해 주고 있다. 교육-선사-존유는 일편으로는 그것은 선진유가(先秦儒家)의 이른바 "학이우칙사(學而優則仕)"의 사상을 제도화하여 확보했으며 또 한편으로는 학교는 유학(儒學)을 전파하는 전문적인 장소로 하여 사인(士人)도 모두 유생(儒生)으로 전환시켰다. 그것은 봉건통치를 수호하는 데 아주 유효했으나 과학 분야에 대해서는 불리한 점도 있었다. 또한 이것은 독서인의 지력(智力)을 낭비하여 광대한 지식인이 보다 넓은 분야에서 문화와 학술을 발전시키는데 불리한 면이 있었다는 것도 부정할 수 없다.

2. 진대 사회의 문교정책과 그 조치

1) **'숭법상형(崇法尚刑)' 의 국책(國策)**

전국시대 진나라의 국책은 '숭법상형'으로 개괄할 수 있다. 천하를 평정한 후 초기에 상무정신에 대한 제창은 장치구안(長治久安)의 통치목표에 불리하므로 진시황은 상형(尙刑)을 '상무(尙武)'의 위치에 대체하였다. 그리하여 고압적이고 강제적으로 통일을 추진하는 정령(政令)들이 출현하였다. 이러한 국책방침은 실제적으로 교육의 거시적 측면에서 하나의 지도사상으로 되었다 할 것이다.

2) 백가(百家)의 축출

진나라가 6국을 멸망시키고 하나의 통일국가로 나타날 때 새로 겸병한 국가 중에서 유가(儒家)를 위시한 여러 개 학파가 여전히 상당한 세력을 가지고 있었었다. 당시 유가의 대표적 인물이었던 순우월(淳于越) 등은 법가의 국책에 대하여 진시황에게 상소하기를, "옛것을 스승으로 하지 않고 오래된 것을 (통치한 것을) 들어 보지 못했다(事不師古而能長久者 非聞也)."고 진언하였다. 이에 대하여 이사(李斯)는 순우월이 실제를 불문하고 오로지 옛사람만 숭상하고 허언(虛言)으로 현실을 공격하는 것은 민심을 혼란시키는 데 목적이 있다고 반박하였다.[6] 진시황은 이사의 의견을 지지하여 제자백가를 축출하고 오직 법가를 "하나로 정하는" 표준으로 할 것을 명령으로 내려 문화교육 모두를 관방(官方)의 궤도로 끌어들이며 법가의 사상이 관방에서 법적으로 존재하는 유일한 의식적인 형태로 되게 하였다.

백가를 축출한 것은 백가쟁명의 종결이며 또한 백과쟁명의 반동이기도 하였다. 교육이 정권분쟁의 틈 속에서 곧바로 자유롭게 벗어날 때 또다시 백가를 축출하는 광풍을 맞이했었다.

3) 분서갱유(焚書坑儒)

'분서(焚書)'는 이미 진나라가 6국을 통일하기 전부터 개시되었다. 상앙(商鞅)이 먼저 '분서'의 의견을 제시하였다.[7] 그러나 분서는 사학(私學)을 금지하고 여럿이 모여 상담하는 것을 금지하는 구체적인 조치로서는 이사가 진시황에게 건의하면서 시작되었다. 진시황은 이사의 건의를 받아드려 이른바 '협서령(挾書令)'을 반포하였다.[8] 이리하여 진나라의 법령 중에는 '장서죄'가 하나 더 추가되었다. 당시 서적을 검사하고 서적을 소각한 후 고적(古籍)이 소실되는 현상이 매우 엄하였다. 많은 서적이 절판되어 6경의 하나인『악경』(樂經 : 이 책은 원래 존재치 않았다는 설도 있다)이 없어졌다. 그러므로 이

---

6) 兪本伐·熊賢君 著, 中國教育發展史, 華中師范大學出版社, 2000, 95면.

7)『한비자(韓非子)』에는 상앙이 진효공(秦孝公)에게 "…… 또 국정을 비판하는 자가 많다고 하여『시경』『서경』등의 서적을 불태우고……"[1]라며 가르쳐 주었다는 말이 있다.

8) "收去詩書百家之語 以愚百姓 史使天下之 無以古非今 明法度 定律令……" (『史記』·'李斯·列傳')

러한 조치는 문화, 교육에 대해 말하자면 한 차례의 혹독한 수난이 아닐 수 없다.

이와 같은 '분서'사건이 있던 2년 후에는 '갱유'(坑儒)라는 엄청난 사건이 일어났다.[9] 분서갱유는 진나라가 문교 부분에서 추진했던 전제주의의 극단적인 산물이었다. 국가경영상 강력한 리더십과 국가기구의 고차적인 통합은 필요할 것이다. 그러나 문교 영역에서 이와 같은 단순한 폭압한 조치를 취하는 것은 확실히 처음의 동기와는 어긋났다. 진왕조가 단명한 것도 이와 같은 정책과 무관할 수 없었다.

4) 문자서체의 통일

진나라가 6국을 통일하기 이전에는 서주의 문자를 사용하였으며 각국의 문자는 통일되어 있지 않았다. 그리하여 문자는 그 혼란상이 너무나 커 정령(政令)의 통일을 추진하는 데 큰 장애가 되었음은 물론 각 지역 간의 문화교류에도 장애가 되었다. 이러한 현실적 상황과 필요에 따라 진시황은 이사의 건의를 받아들여 문자의 정리와 통일의 작업을 진행하여 '서동문자(書同文字)'의 하명을 내렸다. 문헌에 의하면 이사는 진나라의 자형(字形)을 기초로 하여 6국의 문자 모형을 흡수, 새로운 글자체인 소전(小篆, 또는 秦篆)[10]을 만들어 편성한 자서(字書)를 전국에 반포하였다. 이 책은 '창힐편(倉頡篇)'의 자서라 명하여 아동들의 습자교본으로 하였다. 이 외에 조고(趙高)가 지은 애력편(愛歷篇), 호무경(胡毋敬)의 '박학편(博學篇)' 등이 있다. 이들은 모두 한나라 이후 아동 습자교과서의 선구가 되었다.

문자의 개혁과 그 통일은 교육의 실천과 작업의 효율성을 높이는 데는 유리하였다. 그러나 사람들로 하여금 법을 배우고 법을 지키는 데 유리하게 하기 위한 것에 그 진의가 있었다. 문자의 통일은 중국 문화와 교육발전에 대하여 매우 중대한 공헌을 하였으며 중국의 통일과 그 유지에 있어서 또한

---

9) 이 사건이 일어나게 된 것은 유가의 문도인 후생(侯生), 노생(盧生)은 '직언극간(直言極諫)'하여 진시황의 성격의 난폭함과 자의적으로 중형을 처하고 사람을 죽이는 정책을 비판하자 진시황은 대노하여 영을 내려 두 사람을 심문하도록 했으며 후에 460여 명이 연루되었다. 진시황은 영을 내려 모두 함양에서 매장하였다.

10) 한자 팔자체의 하나, 대전(大篆)을 간략하게 변형하여 만들었다.

중화민족 통일을 형성하는 심리적인 면에도 경시할 수 없는 작용을 하고 있다. 문자의 통일과 관련하여 우리는 이른바 행동륜(行同倫)의 실행을 들지 않을 수 없다. '행동륜' 실행의 중요한 것은 진시황의 순시를 통하여 비석을 건립하여 법령을 홍보한 것으로 민중의 풍속과 습관을 통일하였다는 점이다. 진시황이 5차에 걸쳐 순시하는 그 위엄을 과시하는 일면도 있으나 "풍속을 바로 잡고" "법도를 같게 하는" 동기도 부정할 수는 없었다. '행동륜'의 추진은 여러 민족의 풍속습관을 보다 융합하게 하는 데 대하여 그리고 통일된 한족의 공동문화심리의 형성에 대하여 또한 후세의 교육발전에 대하여 모두 일정한 작용을 하였다 할 것이다. 여기에서 한 가지 주의할 것은 '법도(法度) 본위'와 '윤리 본위'를 혼돈했다는 것이다.

5) 사학의 엄금

중국교육사상 춘추전국 시기는 사학 발전의 전성기를 이룬 시기였다. 진시황은 6국을 통일한 후 중앙집권적 전제군주제 정치의 수요 상 사학에 대하여 엄격한 금지의 정책을 취하였다. 진나라가 국가를 통일한 후 정치사상의 통일을 필요로 하였던바, 그저 사학의 금지, 서적의 소각을 수단으로 하여 이루어져 백성을 하나의 몽매한 지적 상태에 놓아두었다. 그러나 이러한 것은 문화적 전제의 반영이었으며 또한 우민정책의 반영이기도 하였다. 진나라가 사학을 금지한 이후 '백가쟁명(百家爭鳴)'의 기풍은 비로소 막을 내렸다. 이러한 사상적 전제의 주장은 원래 한비자에 의해 유래되었고 진시황과 이사는 이를 실시하였으며 집행 중에 미치지 않은 것이 없었다.

6) 이사제도(吏師制度)

한비(韓非)는 "명군(明君)의 나라에는 서간(書簡)의 글이 없으며 법으로써 교를 삼고 선왕(先王)의 말이 없으며 관리(吏)로써 스승을 삼는다."[11]고 하였던바, 이는 진나라가 수립한 문교정책의 사상적 기초가 되고 있다. 이사는

11) "明主之國 無書簡之文 以法爲教 無先王之語 以吏爲師" (『韓非子 』·'五蠹')

일찍이 "이제 천하가 이미 평정되어 법령이 하나로 나오며 백성들은 집에서 농·공업에 힘쓰며 사인(士)은 법령을 학습한다."[12]는 정부규정은 교육내용을 법령으로 한정하고 이의 직접 목적은 사람들로 하여금 법을 알고 법을 지키며 통치에 복종하는 순민(順民)케 하는 데 있었다. 이러한 규정이 공허하게 되지 않도록 하기 위하여 이사는 또한 "분서"를 제의한 후 "만약 법령을 배우고자 하면 관리로서 스승을 삼는다."는 건의를 하였던바 진시황은 이를 받아들여 시행하게 되었다.

정부기관이 부설한 '학실(學室)'은 관리가 제자들에게 교훈하였으며 하급관리를 양성하였다. 진·한은 일차적으로 관리와 스승의 결합을 시도하여 전문직 교사제를 폐지하였으니 이는 교육발전사상 일대 후퇴의 상황을 초래하였다.

3. 진대 사회의 교육 실시 개관

1) 학궁(學宮)의 설치

진나라는 관리를 스승으로 하여 이들로 하여금 국가법령의 홍보와 집행인이 되게 하였다. 진정한 학관은 역사 문화유산을 보전하고 통치자의 고문 또는 사부(師傅) 혹은 민간에서 문화와 지식을 전파하는 임무를 맡고 있었다. 이것은 바로 중앙에 설치한 박사, 태부(太傅), 소부(小傅) 제도와 지방에 설치한 삼로(三老) 제도이다. 이들 제도를 개관하면 다음과 같다.

첫째, 박사(博士) : 박사는 하나의 관직으로서 이미 전국시대에 설치되었었다.[13] 진나라의 박사제도는 6국의 제도를 답습하였다. 역사서에 의하면 진나라의 박사는 70여 명에 이르렀으며 여기에는 유가(儒家)

12) 孫培靑, 같은 책, 101면.

13) 『송서(宋書)』에는 "6국에는 항상 박사가 있다"고 하였다. 예지컨대 "노박사(魯博士)" (『사기』·순이전(循吏傳)) "위박사(魏博士)"(『한서』·'가산전(賈山傳)'」) "남방지박사(南方之博士)"(『戰國策(전국책)』·'월책 (越策)'」)의 표현이다.

도 포함하였으며 모두 박사로 한다고 기재되어 있다.[14]

진시황이 군·현을 순시할 때에는 항상 박사를 대동하였다. 박사는 측근의 신하로서 진시황과 국가의 대사를 논했다고 설명되고 있다. 그러나 법가(法家)를 지도사상으로 하는 진나라의 정치노선은 법가를 중시하고 유가를 경시하였다. 이리하여 "박사는 비록 70명이나 숫자만을 충족시켰을 뿐 중용하지 않았다."[15]는 기록이다.

진대는 이른바 '이사제도(吏師制度)'를 실행했지만 그러나 관리가 반드시 스승이 되는 것은 아니었다. 관리라 하더라도 고금(古今)의 역사지식에 정통하고 『시(詩)』, 『서(書)』에 능숙한 박사라야 '이사(吏師)'로 임명되어 자제를 교수할 수 있었다.[16] 우리는 비록 박사가 진나라의 교육관(教育官)이라는 것을 설명한 사적 사료는 발견치 못했다 하더라도 그들 중 일부가 이미 교사(혹은 '이사)를 담임하였다는 것은 역사적 사실과 부합된다. 그러므로 진나라 때의 박사는 문화·교육 면에서 일정한 작용을 하였다는 것을 부정할 수 없을 것이다.

둘째, 태부(太傅)·소부(小傅) : 진나라와 통일 후의 진나라 정부에서는 관립학교의 설립이 보이지 않지만 귀족자제들의 교육은 단절되지 않았다. 태부·소부는 태자를 교육, 지도하는 교관이었다. 『한서』·'백관공경표(百官公卿表)'에 의하면 진나라의 태부·소부는 고관(高官)이었다.

셋째, 3로(三老) : 진나라는 사회교육을 실시하는 중요한 조치로서 삼로(三老)를 설치하여 교화(教化)를 담당케 하였다. '3로'는 기층 지방의 향관(鄕官)으로서 전국시대 위(魏)나라에서 처음으로 설치되었다. 진대에 설치된 '3로'에 대하여서는 사료의 제한으로 서술하기가 어렵다. 그러나 한대(漢代)에 실행된 '3로제'에 의하면 진대의 3로가 주관했던 교화의 모습을 추리할 수 있을 것도 같다.

위에서 볼 수 있는 바와 같이 삼로(三老)에 대한 '수행(修行)'의 요구는 '행동윤

---

14) 당시 박사의 직책으로는 고금사사(古今史事), 대문자순(待問咨詢), 의례의정(儀禮議政)을 장악하고 이사(吏師)로 임명되어 자제를 교수하였다. 이러한 박사의 사적(事迹)은 『사기』, 『한서』, 『신당서』, 『설원(說苑)』 등에 보이고 있다.

15) "博士雖七十人 特備員弗用" (『史記』·'秦始皇本記')

16) 胥川外1, 中國秦漢教育史(中國全史 28), 北京;人民出版社, 1994, 16면.

(行同倫)'의 정책과 기본적으로 일치하고 있다. '능수중(能帥衆)'은 '이법위교(以法爲教)'의 반드시 구비해야 할 전제조건이었다. '3로'에 대한 연령적 요구는 씨족 또 부족사회의 유풍의 발로일 뿐만 아니라 노년의 심리가 보수적이고 일처리에 심중하여 통치에 유리하다는 것과 상관적이라 할 것이다.

'3로'를 설치하여 교화를 담당케 한 조치는 정령(政令) 전륜(傳倫)이 향리까지 스며들게 할 수 있었다. 이러한 사회적 모델은 이미 서주 사회에서 보였는데 좀 더 변화한 것은 진나라에 와서 더욱 형(刑)의 위엄을 강압적으로 강화하였으며 인간의 내부적 역량(力量)을 감화시키는 것은 출시하였다.[17] 그리하여 '교화'는 진나라에 있어서 극히 적절치 않았다.

2) 관리의 재교육

진시황은 전국통일 전에는 전쟁수행에 분주하였고 통일 후에는 규장제도(規章制度)의 제정에 분주하였음은 물론 사회질서의 안정과 생산의 회복에 바빠 진나라의 각급 관리는 학습할 시간적 여유가 없었다. 당시 관리들이 정치에 종사함에 있어서 중요하게 의거했던 것은 장기적인 실천과 풍부한 사실상의 경험뿐이었으며 대다수 관리들은 책을 읽지 않았다.

한비자는 "명주(明主)의 관리는 재상은 반드시 주·군에서 나오고 맹장은 반드시 졸오(卒伍)에서 나오다"[18]고 하였다. 또한 현실도 이와 같았다. 그러나 "천하를 얻는다는 것"(得天下)과 "천하를 다스리는 것"(治天下)의 상황은 결코 같지 않으며 그것은 지식을 필요로 하며 이것은 바로 봉건적 사회 건설의 수요였다. 진나라는 '이이위사(以吏爲師)'를 제창하여 관리는 우선 교육을 받아야 했다. 호북지방 운몽현(云夢縣) 수호지(睡虎地)에서 출토된 진간(秦簡) 중에 『위이지도(爲吏之道)』라는 1편이 있었던바, 연구자에 의하면 이것은 바로 관리들의 학습에 쓰이는 문화·정치 교본이었다.[19]

바로 '여씨춘추(呂氏春秋)'와 같이 '위이지도(爲吏之道)'의 사상 내용도 거시적으로는 '이법위교(以法爲教)'의 범위를 초월하고 있다. 그 중 '관유충신

---

17) 兪本伐·熊賢君著, 中國教育發展史, 中華師范 大學出版社, 2000, 99면.

18) "明主之吏 宰相必起于州郡 猛將必發于卒伍" (『韓非子』·'顯學')

19) 高時良, 中國教育史綱(古代之部), 人民教育出版社, 1991, 137면.

(寬裕忠信)·화평하고 미워하지 않음(和平毋窓)' 공경과 양보(恭敬多讓)·관이치지(寬以治之)·유엄불치(有嚴不治)·자하불능(慈下不凌)과 같은 항목은 완전히 유가적 표현이다. 『한비자』 책의 법 가운데 유가적인 것이 있다. 예지컨대 『충효』 편에서 말하는 바와 같이 "신하는 임금을 섬기고 아들은 아버지를 섬기며 처는 남편은 섬기는 것. 이 3자를 따르면 천하가 다스려지고 이를 역행하면 천하가 어지럽다."고 하고 이를 천하의 "상도(常道)"라 하였다. 이와 같은 '상도'는 곧 유가사상의 표현이다. 이와 같이 유가사상은 일차 여과를 거쳐 법가사상과 어깨를 나란히 하였다.

3) 진대 교육의 공헌

진시황은 문화적인 면에서의 분서갱유와 같은 큰 실책도 있으나 다음과 같은 면의 공헌도 하였다.

첫째, 문자의 개혁과 통일이다. 원래 전국시대의 각국의 문자는 서로 같지 않았다. 진은 본래 서주(西周)의 고지(故地)였기 때문에 서주의 주문(籒文)[20]을 사용하였다. 진은 이것을 간략하게 소전(小篆)이라 부르고 이것을 전국에 통용케 하였던바, 그 후에 정막(程邈)이라는 이가 소전을 줄여 예서(隸書)라고 하였던바, 이것도 진대에 통용되었던 문자였다. 진대는 15년간의 단명이었지만 4차의 문자개혁을 단행하여 번거로운 것을 간단하게 하고 어려운 것을 쉽게 그리고 혼잡한 것을 통일하였다. 이것은 바로 교육을 촉진하는 필요조건이었다.[21]

둘째, 토끼털 붓을 창안하여 사용한 점이다. 고대의 붓은 고목의 관, 사슴털을 주로 하고 염소털을 피로 하였으나 대나무 관에 토끼털로 붓을 만들어 필기에 편리하게 함으로써 문화적인 교육을 촉진하는 데 더욱 크게 공헌하였다.

20) 한자의 자체(字體)한 한 가지. 소전(小篆)의 전신으로서 대전(大篆)이라고도 한다. 주(周) 선왕(宣王) 때의 태사(太史)였던 주(籒)가 창작하였다.

21) 王鳳喈, 中國敎育史, 臺北; 國立編譯館, 中華民國 37년, 76~77면.

4. 한대 사회의 문교정책

1) 한초(漢初)의 문교정책

여기서 한초라 함은 한의 건국으로부터 무제(武帝) 즉위까지 즉 한 고조(漢高祖), 혜제(惠帝), 여후치(呂后雉), 문제(文帝), 경제(景帝) 등 군주에 이르기까지 대략 60여 년의 시대적 공간을 일컫고 있다. 한은 진의 제도를 계승하였으나 여러 면에 있어서 다른 점이 있다.

한초의 통치자들은 진이 멸망한 것을 교훈삼아 도가(道家)의 이른바 "청정무위(淸淨無爲)"를 정치 지도이념으로 삼았다. 한초에는 진의 사상통제가 해제되었으므로 음양가(陰陽家), 명가(名家), 법가(法家), 도가(道家) 등의 학문과 사상이 전국시대와 같이 자유롭게 발달하기 시작하였다. 이 중 특히 황로사상(黃老思想)이 제일 먼저 발달하여 크게 유행하고 당시 사상계의 주류를 형성하였다.

황로사상의 중심 사상은 노자의 사상 또는 도가의 사상을 기본으로 하고 있다. 도가사상의 정수(精髓)는 "무위(無爲)"로서 자연에 맞게 두는 것은 "무위이불위(無爲而不爲)"를 이룬다. 이러한 사상이 정치사상으로 등장하여 한초의 사회·경제적 기틀을 공고히 하는 데 공헌을 하였다. 이러한 정치사상의 변천에 따라 한초에는 진대(秦代)와는 전혀 다른 문교정책을 시행하였다.

지식인의 역할 중시[22] : 한고조 유방은 한초전(漢楚戰)과 건국 초기에 무공(武功)을 세운 무리들을 중시하고 지식인은 경시하여 더욱이 유생(儒生)들을 미워하였다. 그러나 그 후 육가(陸賈) 등 명신들의 충고에 따라 유방은 점차적으로 정치에 있어서 지식인의 역할을 중시하여 유능한 인재를 구하는 조(詔)를 내려 인재를 구하여 관직과 녹봉을 주는 등 그 대우를 후하게 하여 각파의 지식인을 모두 정치에 참여할 기회를 주었다. 그리하여 한초의 여러 통치자들은 지식인을 비교적 중시하게 되었지만 특히 문제(文帝)는 적극적이었다.[23] 또한 전국에 명을 내려 인재를 지방에서 추천토록 하여 중앙에서

---

22) 孫培靑, 中國敎育史, 上海; 華東師范人學出版社 , 1992, 180~182면.

23) 그는 전국의 유명한 학자들을 수도인 장안(長安)에 모이게 하여 박사(博士)직에 봉하였던바 예컨대 경박사(經博士), 전기박사(傳記博士) 등이 그것이다.

일정한 시험을 거쳐 인재를 구해하기도 하였다.

사학(私學) 설립의 허용 : 한의 건국 초기도 정치적 불안정으로 정식적인 학교교육제도를 갖기에는 여유가 없어 관학은 창립되지 않았다. 그리하여 사학(私學)이 실제적으로 인재를 양성하고 문화를 전파하며 학술을 발전시키는 역할을 하였다. 사인강학(私人講學) 활동은 통치자들의 간섭을 받지 않았으며 반대로 조정에서는 저명한 학자를 예우(禮遇)하고 거기에 더하여 황제는 계속적으로 인재를 구하는 조서(詔書)를 내려 실제상으로 사학은 장려되는 원인이 되기도 하였다.

『협서율(挾書律)』의 폐지 : 진대에는 전술한 바 있듯이 개인들이 시(詩)·서(書) 등의 소장과 그 휴대를 금지하였으며 법률 중에 "협서율" 항목이 있었던바, 이는 서적을 가지고 있는 자를 처벌하기 위한 것이었다.

한의 혜제(惠帝) 4년(서기전 191)에는 이 '협서율'을 폐지하여 사람들은 자유로이 『시』·『서』를 소장하고 휴대할 수 있도록 허용하였다. 그러고 『협서율』이 폐지된 후로는 의욕적인 학자들은 서적을 필사하거나 초록하였다. 조정에서도 서적을 헌납하는 자를 채용하여 개인들이 국가에 서적을 헌납하도록 장려하였다. 『협서율』을 폐지한 것은 법적으로 보면 한초의 학술번영과 교육발전의 한 장애가 되고 있는 법적 요인을 제거한 것이라 하겠다.

한 초의 통치자들은 문화와 교육의 통제에는 관대하였다. 그리하여 교육의 발전과 학술의 번영을 가져오는 계기를 형성하였다. 이 시기에 제자백가는 다시 일어나 활발하였으며 사학을 통한 학술의 전수도 일가(一家) 일파(一派)가 아니었다. 그 중 특히 유학(儒學)은 복구되어 대대적으로 전파되었다.[24]

한 초의 황로학(黃老學)은 이미 말한 바 있지만 정치지도사상으로 되었기 때문에 도가사상은 아주 깊이 뿌리를 내렸으며 황로학의 학습과 전수하는 자도 많았다. 이 외에도 한 초에는 법가(法家), 형명(刑名)학 등 각 가의 학술을 공부하고 조정에서 중시하였음도 적지 않았다. 그러나 문화와 교육에 있어서 이와 같은 정부의 관용적 태도는 결국 각파가 모두 발전할 수 있는 기회를

---

24) 복생(伏生)은 제(濟)와 노(魯)에서 『상서(尙書)』로서, 한영(韓嬰)은 연(燕), 조(趙)에서 『시경(詩經)』과 『역(易)』으로 교수하였으며 신공(申公), 원고생(轅固生)은 『시(詩)』학의 대사(大師)로 호무생(胡毋生)은 『춘추(春秋)』로 교수하였던바, 모두 명성이 높았으며 당시 학자들의 존경과 조정의 예우를 받았다.

갖게 되었고 그 중에서도 특히 유가(儒家)는 더욱더 발전하여 황로학파가 가지고 있던 사회적 사상적 지위를 이어 받게 되었다. 이리하여 한무제 때는 유학이 단 하나의 존경받는 지위가 되었는데 밀접한 관계가 있다 하겠다.

2) 한 무제의 독존유술(獨尊儒術)의 문교정책

독존유술(獨尊儒術)의 확립 : 한 무제(漢武帝)는 19세의 어린 나이로 제위에 올라 54년(서기전 140~서기전 87)간 제위에 있으면서 황제를 정점으로 한 고대 통일제국의 정치적 이상을 실현하여 중국역사상 불멸의 치적을 남겼다.

무제가 즉위할 때까지의 당시의 사회상을 보면 황로사상이 팽배하여 사회기풍은 무기력하였고 한편으로는 수공업과 상업의 발달에 의해 사치와 방종이 유행하기 시작하였다. 이리하여 한(漢) 통치의 정당성과 정통성을 이론적으로 옹호하고 역설해 줄 새로운 이념과 사상이 필요했던바 바로 그것이 유가사상이였다. 이러한 점에서 볼 때 주대(周代)의 전통문화와 사상을 계승하고 삼강오륜(三綱五倫)에 의해 존비고하(尊卑高下)의 차등적 사회질서를 윤리적으로 강조하고 군주를 정점으로 한 사회의 가부장적 질서를 옹호하고 충·효를 역설하며 한(漢)의 통치자를 천명(天命)을 받은 수명(受命)의 군주로 부각시키는 유가(儒家)사상이야말로 한(漢) 제국이 절대로 필요했던 사상과 이념이었다.[25)]

이러한 시대적 상황 속에서 무제(武帝)는 즉위 전부터 유교를 좋아하였다. 또한 건원(建元) 원년(기원전 140년)에 무제는 대신들에게 "현량방정, 직언극간(賢良方正, 直言極諫)"의 인재를 천거하도록 하고 스스로 이들을 "대책(對策)"[26)]으로 시험하여 그 결과 유학(儒學)을 배운 동중서(董仲舒) 같은 인물이 등용되고 "법가, 종횡(縱橫)의 학"을 배운 사람은 모두 축출되었다. 또한 그는 노유(老儒)인 80여 세의 신공(申公)을 태중대부(太中大夫)로 삼아

---

25) 李春植, 中國史序說, 教保文庫, 1991, 120면.

26) '대책(對策)'이란 추천된 자가 황제가 제기한 경문, 정치, 경제, 문화 기타 등의 문제에 관련된 책문(策問)에 답한 것을 말한다. 한대에는 이러한 형식으로 현량한 선비를 선발했기 때문에 '대책'을 '대현량책(對賢良策)' 또는 '현량대책(賢良對策)'이라 한다.

고문으로 하였다.[27] 이러한 조치는 이른바 "파출백가 독존유술(罷黜百家 獨尊儒術 : 백가를 쫓아내고 유가만을 숭상)의 표현이었다.

이와 같은 "독존유술(獨尊儒術)"의 문교정책이 확립된 것은 동중서가 무제의 책문에 대하여 전후 3차에 걸쳐 제출한 3개조의 문교정책[28]을 건의한 것을 무제는 받아들여 전후 다음과 같은 조치를 취하였다.

· **오경박사의 설립** : 건원 5년(서기전 136)에 수도 장안(長安)에 5경(五經)의 박사(博士)를 두고 전문으로 교육하도록 하였다.

· **찰거제의 완전 확립** : 한대에 있어서 사진제도(仕進制度)의 주체를 이루고 있는 찰거제(察擧制)는 문제(文帝) 때부터 시작되었으나 그것이 제도로서 완성된 무제 때였다.

· **태학의 설립** : 원삭(元朔) 5년(BC 124)에는 무제는 대상(大常)과 승상(丞相)·공손홍(公孫弘)에 조령(詔令)을 내려 박사제자 홍은 박사제자 제도를 구체적으로 정하여 "(오경)박사 아래 50명의 관선학생(弟子; 官選學生)을 배치"[29]하여 국립대학격인 태학(太學)을 창설하였다. 이로 보면 박사(博士)는 일종의 조정의 고문의 관이었던 것이 교수가 주요 직능인 학관(學官)으로 전환한 것이라 할 수 있다. 박사제자는 즉 태학생(太學生)이다. 태학의 설립은 중국교육사상 일대 중요한 사건으로 이후 역대 왕조에서는 모두 설립하게 되었다.

이와 같이 유학의 경전(經典)이 중앙을 중심으로 지방에서까지 대대적으로 교수되기 시작하고 관리임용의 시험과목으로 됨에 따라 유학의 윤리, 도덕 및 관습이 사회에 침투하기 시작하였다. 더욱이 태학의 졸업생 가운데 우수한 자가 선발되어 관료로 진출함으로써 유교적 교육을 받은 자가 국가의 관료직을 독점하게 되었다. 그 결과 유학을 배우고 유교적 소양을 익힌 자가 정치를 담당하였으므로 유교주의는 왕도정치(王道政治) 이후 근대에 이르기까지 계속되었고 이러한 유교국가의 기초가 무제의 의해서 성립되었다.

---

27) 傅樂成, 같은 책, 156~157면.

28)『漢書』, 董仲序傳 ; 참고

① 推明孔氏 抑黜百家

② 興太學以養士

③ 重視選擧 任賢使能

29)『漢書』·'儒林傳' 참고.

그리고 마침내 선제(宣帝) 이후에는 법가(法家) 출신 관료들은 유가 출신의 관료로 대체되기 시작하였다. 그리하여 서한(西漢) 말기 내지 왕망(王莽) 시대에는 위로는 유학정치가 실시되고 아래로는 유학의 윤리, 도덕, 가치관이 사회에 팽배하여 사회의 공덕(公德) 즉 예의범절로 자리 잡기 시작하였다. 여기에서 한대(漢代)에는 유학일존(儒學一尊)의 사상 통일이 이루어지고 유학 이외의 모든 제자백가의 사상은 배척을 받게 되었다. 동시에 현재 동아시아 문화권의 한 특징을 이루고 있는 유교 문화권의 기반이 이때에 이루어지기 시작하였다.

· **독존유술(獨尊儒術)의 교육적 영향** : 이른바 독존유술은 우선 교육의 지위를 높여 교육의 발전을 촉진하게 되었다. 유가(儒家)의 덕치론(德治論)의 핵심은 "이교위본(以敎爲本)"이다. 이것은 통치정책면에서 도덕교화(道德敎化)의 중요성과 필요성을 논증해 주고 있다. 삼강오륜(三綱五倫)의 도덕규범은 교육의 중요한 내용을 이루고 있으며 법술(法術)과 이사(吏事)가 중요 내용이 아니다.

"독존유술(獨尊儒術)" 이것은 바로 당시의 상황에서 통치사상을 규제하는 국가적인 중요한 조치였으며 이리하여 이것은 "이이위사(以吏爲師)", "이법위본(以法爲本)"에 대한 유력한 비판이었으며 교육의 향상으로 치국평천하(治國平天下)의 근본 전략의 지위로 삼았다. 이로부터 교육은 점차적으로 "정치의 제일 중요한 임무"로 인정되기에 이르렀으며 "교(敎)는 정치의 본(本)이며, 형(刑), 정(政)은 말(末)이다."라는 사상은 날로 사람들의 마음속에 인식되어 중국은 교육을 중시하는 우수한 전통을 형성하였다.[30] 이러한 정책의 추진 하에 한대(漢代)는 태학(太學)을 일으키고 학교를 설립하여 널리 인재를 기르는 중대한 개혁으로 중국의 관학(官學) 제도를 확립하고 효과적으로 중국 전통교육의 발전을 촉진하게 되었다.

그리고 "독존유술"은 교육의 정치의 이론화를 촉진시켰다. "독존유술"은 통치자가 교육을 실력적인 정치수단과는 다르게 보는 것으로 의미하고 있으며 이는 이른바 "교화(敎化)를 세우면 간사(奸邪)한 것은 다 그치게 된다."[31]

30) 消川, 何雪艷, 中國秦漢敎育史(中國全史28), 北京; 人民出版社. 1994. 62~64면.

31) "敎化立而奸邪皆止"(『漢書』·'董仲舒傳')

는 것이다.

유가의 정치는 주대(周代) 종법(宗法)의 정치 즉 윤리화(倫理化)의 정치이다. 유가의 학자들은 일관되게 교육의 정치적 작용을 인정하며 법으로써 교민(敎民)하는 데 있는 것이 아니고 강상명교화(綱常明敎化)로써 화민성속(化民成俗)하는 데 있다고 보았다. 유가의 교육내용은 동중서가 말한 바 있는 이른바 5도(五道)[32] 즉 인륜도덕으로서 교(敎)를 삼아 교육의 윤리화를 촉진하였다. 교육의 정치윤리화는 오랜 연원을 가지고 있는바, 주공(周公)은 예(禮)를 제정하고 악(樂)을 만들고 덕(德)을 일으키고 교(敎)를 육성하여 그 단서를 열고 공자는 유가(儒家)의 사학(私學)창설하여 주공의 예악을 진일보하여 완선하게 하였으며 무제의 "독존유술"에 이르러서는 주례(周禮)의 교(敎)를 한대에서는 전국적으로 추진하였다.

이러한 문교정책은 중국교육에 있어서 정치윤리화라는 특성을 형성하는 결정적인 작용을 하였다. 이러한 정치윤리화의 교육은 역대 통치자들에 의하여 사회생활의 전 영역에 침투되었으며 이리하여 봉건적 통치를 유지하고 공고히 하는 데 중대한 역할을 하였다. 또한 유가의 윤리도덕교육은 상고사회로부터 연원하여 내려오는 도덕인 전통 예를 들면 경로자유(敬老慈幼), 성실과 화목, 단결과 상조(相助)들을 보존시키고 이러한 전통과 역사적으로 장기간에 형성된 풍습은 상호 밀접하게 결합되었으며, 이 때문에 교화를 추진하여 중국의 독특한 생활양식과 미풍양속을 형성하는 데 중대한 영향을 주었다.

또한 "독존유술"은 백가쟁명(百家爭鳴)을 정리하고 교육의 "유학화(儒學化)"를 실현하였다. 중앙집권적 강화에 따라 필연적으로 문화의 전제정책의 관철도 따랐다. 한 무제는 진(秦)의 멸망에서 교훈을 얻어 문화규제정책을 추진할 때 폭력적인 수단을 쓰지 않고 문화를 개혁하는 교육의 방법을 사용하여 중국의 봉건 종법사회에 적합한 유학(儒學)을 선택, 국가의 지도이념으로 삼고 그리하여 사상통치를 강화하는 목적에 이르게 되었다.

"분서갱유"나 "독존유술"은 비록 다 같이 문화의 전제(專制)를 추진하였지만 양자가 택한 수단과 실시한 내용은 달랐다. 그러므로 역사상 그 작용 또

32) "敎以愛, 使以忠, 敬長老, 親親而尊尊"(『春秋繁露』·'五道')

한 달랐다. “독존유술”은 “백가쟁명(百家爭鳴)”을 종결시켜 한정된 학술사상(유학 ; 儒學)이 자유롭게 발전하는 소극적 작용을 하였다. 그러나 ‘독존유술’은 신흥 봉건전제제도를 수호하고 공고히 하여 한대에 있어서 봉건 사회가 상승하는 시기로서 모두 진보적인 의미를 가지고 있다. 또한 교육면에 있어서 유교의 경전(經典)에 의하여 양사(養士)와 취사(取士)의 유일한 근거로 삼는 것은 교육의 유교화를 실현하였고 문화교육에 의하여 신흥(新興) 봉건제도에 적응하는 중대한 교육개혁을 완성시켰다.

“독존유술”의 정책시행은 “백가쟁명”의 종결을 가져왔으나 “백가(百家)”를 절대적으로 금지한 것은 아니다. 유학(儒學)의 존숭(尊崇)과 백가(百家)의 파출(罷黜)은 주로 정치상의 고려에 의한 것으로서 봉건적 전제도에 방해되지 않는 학술사상에 대해서는 한대의 통치자들은 시종 그 연구와 전수(傳授)를 허용하였다. ‘독존유술(獨尊儒術)’의 실시 상황에서 보면 한대의 통치자들은 이미 정치와 학술의 구별을 알기 시작하였으며 문화와 교육의 정책에 있어서도 비교적 활발한 정책을 폈음을 알 수 있는바, 이것은 한대의 교육이 비교적 크게 성취한 중대한 원인이었다.

5. 한대 사회의 관학교육제도

1) 개관

한대(漢代) 교육제도의 상황을 대략적으로 살펴보면 교육행정면에 있어서는 진제(秦制)에 그 연원을 두고 있으며 태상(太常 ; 秦의 ‘奉相’에 해당)이 교육행정을 전담하였다. 그리고 지방에 있어서는 교육행정을 전담하는 기구를 설정하지 않고 지방장관(태수 ‘太守’와 현령 ‘縣令’ 등) 등으로 하여금 교육행정사무를 주관하게 하였다.

학교제도로서는 관학(官學)과 사학(私學)으로 나누어졌으며 관학은 다시 중앙의 관학과 지방의 관학으로 나누어졌다. 중앙의 관학으로서 제일 중요한 것은 유교의 경전을 위주로 교육하는 태학이었으며 동한(東漢)에 이르러서는 다시 홍도문학(鴻都門學) 등 특수학교를 증설하였으나 이는 일종의 특수학교로서의 성질을 가지고 있다. 지방의 관학으로서의 중요한 것은 군국학(君國學)이다. 사학으로서는 그 정도에 따라 서관(書館)과 경사강학(經師講學)의 양종이 있다.

한대의 학교제도는 대체적으로 말한다면 대학과 소학의 2급제를 취하고 있는바, 현대의 3급제에 비하면 매우 완비되었다고는 할 수 없다. 그러나 2천 년 전 중국은 이미 건전한 교육제도와 시설을 갖추고 있었으며 특히 이는 근대화 전까지 변경되지 않았다. 더욱이 귀중한 것은 서한(西漢)이 건립한 학교제도는 단선형 제도의 정신에 입각하고 있어 상고시대의 귀족과 평민이 각기 입학하던 학교와 달랐다는 점을 생각할 때 이는 평등정신을 갖는 학제라 할 수 있다. 그러나 동한(東漢)의 명제(明帝) 때 일종의 귀족성을 띤 사성소후학(四姓小候學)이 건립되어 평등정신에 입각한 단신형 학교제도는 다시 파괴되고 말았다.[33]

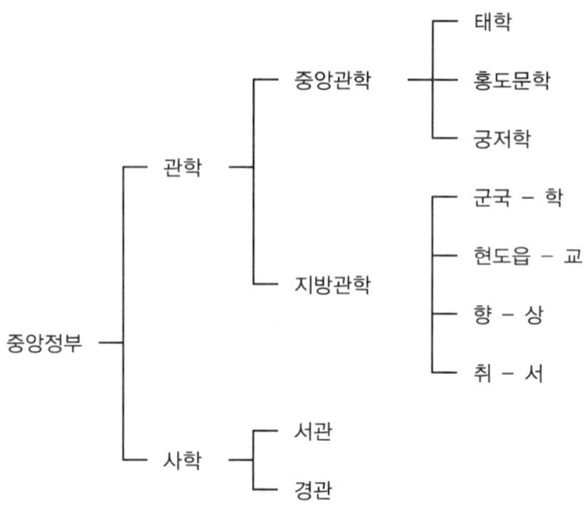

한대 학교 계통도

2) **태학(太學)**

---

33) 伍振鷟, 中國大學教育發展史, 臺北; 國立教育資料館, 中華民國, 74년, 52면.

태학의 설립과 그 발전 : 태학은 원삭(元朔) 5년(서기전 124년)에 무제(武帝)가 동중서(董仲舒)의 건의를 받아들여 설립하고 50명을 학생을 입학시켰던 것으로부터 비롯된다. 태학의 설립은 바로 경학(經學) 교육으로 그 기본을 이루고 있는 중국 전통교육의 제도적 확립을 의미하고 있다. 태학의 설립 이전에는 중앙정부에서도 학교를 설립하지 않았으며 지식의 전수와 인재의 양성은 주로 사학(私學)이 그 역할을 담당하였다.

태학의 설립은 한 무제가 실시했던 "독존유술(獨尊儒術)" 정책의 일환이었다. 정부는 교육의 대권을 장악하여 교육을 이용하여 이것을 유일한 수단으로 학술의 발전 방향을 규제하였다. 태학 성립 후 그 규모는 계속적으로 확대되어 동한(東漢)에 이르러서는 대단히 발전하였다. 태학의 설립 당시 학생수가 50명이었던 것이 역대 제왕이 계속 확장하여 성제(成帝) 말에는 3,000명 그리고 동한의 순제(順帝) 이후에는 30,000여 명에 달하였으며 당시에는 흉노(匈奴)에서도 학생을 파견 입학시켰다.[34]

태학의 교사와 학생 : 한대 태학의 정식적인 교사는 박사(博士)였다. 오늘로 치면 대학의 교수 급에 해당한다. 진대(秦代)의 박사관(博士官)의 직책은 국사(國事)에 관하여 자문에 응하는 것이었다. 그러나 한대에 이르러 태학이 설립된 후로는 태학의 교관(教官)으로 되어 중요한 일은 교학(教學)하는 것이었다. 그리고 부분적으로는 원래대로 국사에 자문하기도 하며 정부의 정치와 학술활동에도 참여하였다. 박사는 보통 덕망이 높은 자를 추천하여 박사의 우두머리로 삼았으며 그 우두머리를 서한에서는 복사(僕射), 동한에서는 박사제주(博士祭酒)라 하였다.[35]

태학이 발전함에 따라 박사의 선발 임용제도도 엄격하고 제도화되어 갔다. 서한시대에는 태학박사는 황제가 임용하기도 하였으며 혹은 사회에서 학술이 저명한 자를 공경대부가 추천하여 이에 충당하였던바 인원수에도 엄격한 제한이 있었고 조정의 비준이 있어야 했다. 동한시대에 이르러 천거(薦擧)와 시험이 결합된 방식으로 박사를 선발하였다. 우선 박사는 봉건적인 도덕의 기풍이 있어야 하고 유학(儒學)에 있어서는 그 기초에 박통(博通)해야 하

34) 王鳳喈, 中國教育史, 臺北 國立編譯館, 中華民國73, 85~86면.
35) 劉光華主編, 歷代職官小辭典, 甘肅省, 甘肅出版社, 1989, 참고.

나 그 중 1경(一經)에 대해서는 아주 깊은 조예가 있어야 하고 또한 일정한 교학(教學)의 경험이 있는 자로 50세 이상인 자에 한하였다. 사법(師法)과 가법(家法)의 준수[36]도 박사가 되는 조건의 하나였다. 이로 보면 한대에 있어서 박사 자격요건은 도덕, 전문지식, 교육의 경험, 교직준거의 준수 그리고 원숙한 연령을 고려하고 있다고 하겠는바, 오늘날 대학 교수를 선발하는 기준이 형식적인 면에 치중하여 학벌위주, 그리고 되도록이면 나이의 상한선을 30대로 하고 있는 한국의 상황을 생각할 때 한 대의 박사 임용은 매우 신중을 기한 것 같다. 한대의 박사는 결코 높은 관직은 아니었다. 다만 임직의 기준이 높고 인원수가 비교적 적어 일반적으로 사회의 존경과 조정의 예우를 한 몸에 지녔다. 태학의 학생은 박사제자 또는 제자(弟子)라 하였다. 특히 동한시대에는 태학생(太學生) 또는 제생(齋生)이라고도 하였다.[37]

태학생의 입학자격 요건은 2가지가 있다.[38] 그 하나는 태상(太常)이 직접 18세 이상으로 용모와 예의가 단정한 자를 선발하는 경우와 또 하나는 군국(君國)의 현관(縣官)이 호문학(好文學), 경장생(敬長生), 숙정교(肅政教), 순향리(順鄉里), 출입불패(出入不悖)한 자를 선발하여 태상이 인가한 자의 2가지가 있다.[39] 이에 의거하여 입학한 태학생은 정규적인 태학생이다. 이러한 규정으로 보면 평민의 자제를 위주로 하여 선발한 것임을 알 수 있다. 그리고 정규적인 학생은 부역을 면제받음은 물론 일정한 녹봉과 특별한 대우를 받았다.

그리고 이러한 정규적인 학생 외로 지방의 수령이 파견하여 보낸 관리도 수업을 받았던바[40] 이를 "여제자(如弟子)"라고 하였다. 이는 오늘날 청강생과 유사한 것이었다. 태학 설립 후 학생 수가 증가함에 따라 입학자격 조건의 심사도 갈수록 엄격하였다.

서한시대의 태학은 원래 천하의 사(士)를 기르는 것에 주된 임무가 있었으

---

36) 서한시대에는 사법(師法)을, 동한시대에는 가법(家法)을 각각 중시하였다. 이것은 모두 경학(經學)의 학습과 연구를 반영한 사적 발전이다. 사법(師法)이란 학자가 교사로서 전수하는 것을 빙자하는 것으로 사승(師承)과 그 연원을 밝히는 것을 중시하였다.
가법(家法)이란 자기가 속하고 있는 류파(流派)의 설을 세우고 강하는 것을 중히 여겼다.

37) 伍振鷟 같은 책, 59면.

38) 『漢書』, '儒林傳' 참고.

39) 『漢書』, '循吏傳' 참고.

40) 『漢書』, '循吏傳' 참고.

며 귀족과 고급관리들의 자제의 교육문제를 해결하기 위한 것은 아니었다. 동한시대에 이르러서는 정부는 고위관료의 자제들도 태학에 입학하여 교육을 받을 수 있는 특권을 규정하였던바 여기에서 비로소 입학조건의 차등성이 증강되기 시작하였다.

태학의 교학내용과 방법 : 태학은 실질적으로 유학(儒學)을 전문적으로 가르치는 유학대학의 성격을 갖고 있었다. 태학이 전수(傳授)하는 지식은 유교경전의 내용에 관한 것 이었다. 유교의 경전에 대한 교수는 박사가 담당하여 그가 전공한 1경(經)을 학생들에게 교수하였다. 서한시대에는 문제(文帝) 때 1경(一經)박사를 설치하였던바 그때는 학관(學官)에 오직 시(詩)의 박사만을 두었다. 무제 건원 5년에 이르러서야 5경 박사를 두었던바, 즉 『역(易)』, 『서(書)』, 『시(詩)』, 『예(禮)』, 『춘추(春秋)』가 그것이다. 이 5경 박사는 태상(太常)[41]이 관장하였다. 평제(平帝) 때에는 다시 6경(六經)을 증설하여 각 경(經)마다 5명의 박사를 두어 모두 30명의 박사가 있었다.

각 경의 과정마다 서로 다른 전수 과정(傳授過程)이 있어 이 과정을 거치게 하였던바, 이는 유교 각 경(經)의 전본(傳本)을 형성하여 각기 유학을 연구하는 자의 학술사상을 대표하였다. 박사는 각 경(經)을 전공한 교수이며 또한 경(經)은 태학의 과정과 교과서였다. 이는 서한시대 통용되었던 예서(隷書)로써 쓰이어졌다. 글은 베껴 썼으며 뜻(義)은 말로 가르쳤다.

양한(西·東)시대에는 경학(經學)을 전수하였는데 금문(今文)과 고문(古文)으로 나뉘고 있다. 위에서 본 박사들이 전수하는 경학은 모두가 금문경(今文經)이었으며 금문경은 경세치용(經世致用)을 중시하였다. 그런데 한대 유학계의 가장 특징을 이루었던 것은 거의 양한대를 통하여 금문학파(今文學派)와 고문학파(古文學派) 간의 대립이라고 할 수 있다. 이러한 대립의 무대를 주도했던 것은 박사를 중심으로 한 당시 최대의 학자들이었기 때문에 여기에서 잠깐 이해할 필요가 있다.

우선 양 학파의 형성을 개관하면, 진대(秦代) '분서갱유' 사건 이래로 경서(經書)가 거의 소실되어 버렸으므로 당시 학자들은 구전(口傳)에 의해 내려

41) 진(秦)대의 봉상(奉常)을 태상(太常)으로 개명하였고 서의 왕망은 질종(秩宗)으로 다시 개창하였다. 이것은 오늘날 교육부장관에 해당한다.

오던 유학의 경서와 주석이 당시의 문자인 예서(隸書)로 다시 기록되고 정리되어 통용되었던바, 이것이 금문학(今文學)의 형성이다. 그런데 선진(先秦) 시대의 고문자(古文字)로 기록된 고경전(古經典)과 주석서(注釋書)가 민간에 은닉되어 오다가 한대(漢代)에 발견되었다. 이에 따라 이 고문경서와 주석을 따르는 학파가 새로이 형성되었던바 이를 고문학파(古文學派)라고 한다.

서한시대에는 금문학이 국학(國學)으로 채택되었고 고문학은 달리 민간의 학문으로 연명하면서 이 기간 중에 고문학파는 문자훈고(文字訓詁)를 거쳐 학설을 정비하고 체계화하였다. 그리고 서한 말기에는 대학자 유향(劉向) 등이 고문경적(古文經籍)의 토론 운동을 일으키고 금문학파의 경서와 주석에 대한 이론적 도전도 감행하였다. 이와 같이 학문적 이론과 체계를 정비한 고문학파는 서한 말기 정치사회의 혼란에 편승하여 당시 신흥세력이었던 왕망(王莽)과 결탁하여 고문학을 신(新)왕조의 새로운 이론적 기반으로 하였다. 이에 고문학이 크게 우대되어 사회적 각광을 받게 되었다. 그리고 고문학 특히 주례(周禮)에 입각한 왕망의 정치개혁을 주도하기도 하였다.

신(新)이 망하고 동한(東漢)이 건국하자 다시 금문학을 채용하였으므로 금문학이 크게 융성하였다. 그러나 민간에서의 고문연구는 여전히 계속 되었으므로 많은 학자들이 배출되었다.

금문학은 『공양전(公羊傳)』과 『예기(禮記)』를, 고문학은 『좌전(左傳)』과 『주례(周禮)』를 중심 학문으로 삼았다. 특히 『춘추(春秋)』에 있어서 양자의 주장이 예리하게 대립되었고 고문과 금문의 논쟁은 주로 『좌전』 대 『공양전』의 대립 형태로 집약되었다.

서한에서는 유학자가 1경(經) 전문이었음에 비해 동한에서는 금문학과 고문학을 겸비하는 '통유(通儒)'들이 나타나게 되었다. 그런데 정부에서는 금문학(今文學)의 학자들을 태학박사로 임명하여 자연히 경학(經學)이 대세는 모두 금문학이었다.

양한(兩漢)의 황제들은 때때로 저명한 학자들을 초대하여 유학에 대한 토론을 하였던바, 이러한 기회를 빌려 경학(經學)을 통일하려 했던 것이다. 이 중 제일 중요한 경학회의는 선제(宣帝) 감로(甘露) 원년(BC 53)의 석거각(石渠閣) 회의와 장제(章帝) 건초(建初) 4년(AD 79)의 백호관(白虎觀) 회의였다.

백호관회의 토론 결과 『백호통의(白虎通義) ; 또는 일명 백호통덕론(白虎通德論)』을 편성하였다. 이 책은 정부 당국의 재정(裁定) 방식을 이용하여 경학을 통일하기 위한 것으로, 말하자면 봉건적 도덕의 "삼강육기(三綱六紀)"의 법전화라 할 수 있다. 이것은 금문경학의 입장에 선 것이나 고문경학가인 반고(班固)의 기록을 정리하여 완성한 것이다. 이것도 금문경학이 박통(博通)한 경사(經史)로서는 결핍되어 있다는 하나의 반영이라 할 수 있다.[42)]

유학의 종파화는 경문(經文)의 해석상 이견이 있을 뿐만 아니라 본경문자(本經文字)에 대한 논쟁에 있어서도 본경문자의 다름을 나타내고 있어서 사람들은 각각 파별로 이견을 제시하게 되었다. 그렇기 때문에 경학(經學) 교재의 통일을 기하기 위하여 동한 때 희평(喜平) 4년(175)에는 채옹(蔡邕) 등의 제안으로 석경(石經)을 각하여 태학의 문 밖에 세웠던바, 모두 46매의 석경상에 각한 상서(尙書), 주역(周易), 춘추공양전(春秋公羊傳), 예기(禮記), 논어(論語) 등의 본문은 경학 교과서의 기준이 되었다.

경학회의는 경학연구와 교육의 기준적인 사상을 제공해 주었고 석경의 창립은 경학의 기준적인 교과서를 제공하였다. 이는 모두 교육에 대한 정치적 결정의 반영이었다.

태학의 교학은 경서(經書)의 장구(章句)를 강(講)하는 것이 중요하였지만 "선왕의 유언(先王之遺言)"을 교수하였다. 그리고 학생으로 하여금 서로 교학에 보조하게도 하였다. 그리고 경사(經師)의 강학(講學) 외로 학생들은 여유 있게 자학(自學)도 하였다. 태학은 학생들이 자유롭게 연구, 토론하고 사회 저명인사로부터 가르침을 받는 것도 허락하였다. 이러한 학생에 대한 학교 당국의 방법은 선진유학(先秦游學)의 유풍(遺風)이었다. 한대 태학이 이러한 자학(自學)을 제창한 것은 연구능력 있고 학식이 박학한 인재를 기르자는 데 있었다.[43)] 자학(自學)을 교육 발전 면에서 보면 태학의 교학은 교학과 연구가 결합한 제도로서 확립하게 되었고 송대(宋代) 이후 서원(書院)은 이러한 전통을 계승 발전한 것이라 할 수 있다. 태학이 학생들의 자유토론을 허가한 것은 정치에 있어서 사상통일의 전제하에 진행된 것이다.

---

42) 孫培靑, 中國敎育史, 上海; 華東師范, 大學出版社,1992, 188면.

43) 宵川, 河雪艶, 같은 책, 72면.

태학생의 시험 : 태학에서는 엄격한 수업과 학년제도가 없었으므로 시험은 학생들의 학습을 촉구하고 평가하며 학생의 지식 정도를 평가하는 중요한 수단으로서 중시되었다. 시험 방법으로는 사책(射策)과 대책(對策)이 있다. 사책의 내용은 경의(經義)의 해석과 그 설명을 명확히 하는 것에 중점을 두는 것으로서 학생들의 학술경쟁의 성질을 갖고 있다. 즉 각 경(經)의 박사는 본경(本經)의 범위 내에서 출제하는데 책(策)에 대하여 여러 개의 안(案)을 밀봉하여 학생들에 주고 학생으로 하여금 문제를 선택하여 답하게 하는 형식의 시험이다. 최초의 사책(射策)은 난이도에 의거 갑·을 양과(경우에 따라 갑·을·병 3과로 분류하기도 하였다)로 나누었으며 시험 생이 실제로 취득하는 등급의 정원과 관직은 같지 않았다. 예컨대 갑과는 40명 랑중(郎中), 을과는 20명, 태자사인(太子舍人), 병과는 40명 문학장고(文學掌故)의 관직이 수여되었다.[44] 대책(對策)은 황제(皇帝)나 혹은 학관(學官)이 출제한 중대한 정치에 관한 것이나 이론에 관한 문제로 이에 대한 것을 글로 짓는 것을 말한다. 대책은 조정의 천거(薦擧)에 많이 사용되었다.

사책은 태학 내의 시험으로 이것은 학생들의 독경(讀經)과 경의(經義)를 밝히는 것을 촉진하는 데 역할을 하였다. 그리고 대책은 태학 외의 시험으로 학생들의 무본(務本) 즉 경세치용(經世致用)의 능력을 기르고 고찰하는 데 그 장점이 있다. 사책은 서한 때에는 1년에 1회, 동한 때에는 2년에 1회씩 실시하였다. 왕망 때에는 양과를 3과로 개정하였으나 동한 때 다시 양과로 하였다.

태학생의 학술활동과 정치운동 : 한대의 태학은 경사(經師)들의 강학(講學) 외로 학생들은 자학(自學)하는 시간이 많았다. 학교 당국은 학생들이 자유롭게 학문을 토론하는 사회 저명인사에게 사사할 수 있게 허락하였다. 이러한 것은 선진유학(先秦游學)의 유풍이었다. 교육의 발전 면에서 본다면 태학의 교학은 직하학궁(稷下學宮)을 계승하여 교학과 연구를 상호 결합한 제도를 확립하였고 이것은 송대(宋代) 이후 서원이 또한 계승 발전하여 중국의 고대 고등교육이 비교적 높은 질을 확보하게 되었다.

태학이 학생들의 자유스러운 연구를 허용한 것은 정치사상의 통일의 전제

---

44) 『漢書書』, '儒林傳' 참고.

하에서 이루어진 것이다. 당시 정부는 태학생에 대하여 여러 가지 규제수단을 가지고 있었다. 그러나 한대의 태학생들은 환관(宦官)들이 관리 임명을 오로지 한 데 대한 반대로 하나의 정치운동을 전개하였으나 잔혹한 정치탄압을 받았던바, 이것이 그 유명한 2차에 걸친 '당고(党錮)의 화(禍)'이다.

태학생들의 정치운동은 중앙정부의 통치계층 내부의 뒤얽힌 복잡한 것에 관계되는 투쟁에 불과하였으나 다수의 학생들은 투쟁 중 모두 암흑정치에 반대를 표명하였던바, 그들은 강권에 굴하지 않고 꿋꿋한 정신을 발휘하였다. 이로 보아 중국의 학생운동사는 양한시대에 그 단서를 열었다 할 것이며 이는 또한 중국 고대 학생운동사의 한 페이지를 장식하고 있다 할 것이다.

3) 홍도문학과 궁저학

동한(東漢)에 이르러서는 중앙의 학교제도로서 태학 외로 일종의 특수학교로 홍도문학과 궁저학이 있었다. 이들 학교는 교육행정면에서 보면 정통적인 것이 아니고 방계적인 학교였다.

홍도문학(鴻都門學) : 홍도문학은 동한의 영제(靈帝) 때인 광화(光和) 원년(서기 178년)에 설립된 것으로 그 성격은 일종의 예술학교라 할 수 있다. 학교의 명칭이 '홍도문학'이라고 한 것은 학교의 소재지가 낙양의 홍도문 근처에 있었기 때문에 그에서 유래한 것이다.

홍도문학의 설립 동기는 첫째로 영제 자신이 척독(尺牘)과 서화를 애호하였던 점과 둘째는 중앙정치무대에서 위정자들의 내부의 정파(政派)의 교육상의 반영에 있다 할 것이다. 당시 태학의 학생들은 유가(儒家)의 자제들로 충원되었고 정치면에 있어서는 환관 집단들의 정치세력이 팽창하고 있었다. 이러한 상황에서 태학생들은 환관들의 관리 임용의 독점에 반대하는 입장이었다. 그렇기 때문에 환관들은 영제를 종용하여 홍도문학을 설립하고 그들 자신을 옹호하는 세력을 육성하는 데 이용하고자 하였다.[45)]

---

45) 동한(東漢: 후한) 환제(桓帝)때 환관이 조정의 전권을 쥐고 주·군(州·郡)의 관리 등용을 마음대로 하자 호족 출신 이응(李膺), 진번(陳蕃) 등의 관료와 태학생 곽태(郭泰) 등이 연합하여 환관에 대응하였다. 연희(延熹) 9년(166) 환관들을 이응 등이 당인(黨人)을 만들어 조정을 헐뜯는다고 무고하였다. 이로 인해 이응 등 당인 200여 명이 체포되었다. 이듬해 이들은 모두 사면되어 고향으로 돌아갔으나 종신토록 금고(禁錮)를 당하였다. 이것이 제1차 '당고'사건이다. 영제(靈帝)가 즉위하고 외척 두무(竇武)가 집정하면서 두무는 이응과 진번을 기용하여 환관들을 주살할 것을 밀모하였다. 그러나 일이 누설되어 세 사람이 죽고 연이어 그들의 친척 및 당인

홍도문학의 학생들은 신분이 낮은 지주의 자제들로 모두 사족(士族)이라 할 수 없는 평범한 자들의 자제들이었다. 홍문학의 주요 학습내용은 척독(尺牘), 소설(小說), 사부(辭賦), 자화(字畵)였다. 척독은 고대 서신의 명칭으로 당시의 서신은 모두 간독(簡牘)에 쓰여 있었으며 그 규격이 1차 1치였는데 여기에서 유래하며 척독은 척간(尺簡), 척첩(尺牒)이라고도 하였다. 척독은 원래 실용적인 문체로 일정한 격식이 있었던바, 장(章), 주(奏), 표(表), 박(駁) 등을 포괄하였다. 척독은 한대에 이르러서는 척독 속에는 이에 훌륭한 산문(散文)이 들어 있었다. 그렇기 때문에 척독의 학습은 실용성과 문학성이 있었다.[46)]

소설(小說)은 오늘날의 소설과는 다르며 신화 또는 전설, 여론 같은 것이다. 요컨대 홍도문학에서는 문학, 예술을 위주로 학습하였던 바, 이는 관학에서 유학(儒學)을 위주로 학습한 것과 대조적이었다. 홍도문학을 졸업하면 자사(刺史), 태수(太守)로 나갈 수 있고 중앙에서는 상서(尙書), 시중(侍中)으로 진출할 수 있으며 많은 녹봉과 후한 대우를 받을 수 있었다. 그렇기 때문에 관료들의 맹렬한 비난을 받았다.

홍도문학의 학생들은 정치적인 면에서는 부패한 환관집단의 이익을 대표하고 있었으나 홍도문학 자체는 교육면에서 독특한 의의를 가지고 있었다. 그것은 첫째로 유학(儒學) 독존(獨尊)이라는 교육적 전통을 타파했다는 것으로 사회생활에서 필요로 하는 시(詩), 부(賦), 서화(書畵)를 학습내용으로 하였던바, 이는 교육의 일대 혁신이라 할 수 있는 점이요, 둘째는 홍도문학은 일종의 전문학교로서 학교의 설립 내지 경영에 있어서 당시로서는 새로운 형식이며 이는 그 후 전문학교의 발전에 있어서 하나의 경험을 제공해 주었다는 점인 것이다.

궁저학(宮邸學) : 한대의 궁저학은 2종이 있는바 그 하나는 황실(皇室)과 귀족의 자녀교육을 위한 귀주학교(貴胄學校)이며 또 하나는 궁인(宮人)을 위한 학교이다. 귀주학교는 동한 명제(明帝) 때인 영평(永平) 9년(서기 66년)에

600여 명이 처형되거나 금고를 당하였다. 이것이 2차 당고사건이다. 이로 인해서 동한 왕조세력이 극히 미약해졌으며 정치는 더욱 부패해졌다. 당인들을 황건기의(黃巾起義) 발생 후 비로소 사면되었다.(李炳甲 엮음, 같은 책, 91면)

46) 宵川, 河雪艶, 같은 책, 73면.

창설된 것으로 이것은 "사성소후학(四姓小侯學)"이라고 하였다. 여기서 4성은 왕의 외척인 번(樊), 곽(郭), 음(陰), 마(馬)씨 등 4성이었으며 "소후(小侯)"는 이들 4씨 성을 가리키는바, 이는 모두 열후(列侯)가 아니었다.

'사성소후학'의 창립에는 2개의 의미가 있다. 그 하나는 동한시대에는 외척의 세력이 강대했다는 것의 반영으로 교육에도 특권을 누렸다는 점이며 또 하나는 황제권력 강화의 수요를 실현하였다는 점인 바, 즉 황제는 최고통치자로서 외척의 자제들을 유학(儒學)에 의한 교화를 시도하여 그들로 하여금 진일보한 정통관념(正統觀念)을 수립케 하여 분권(分權)의 모의를 방지하였다는 점이다.[47]

'사성소후학'은 위에 말한 외척인 4성씨의 자제들을 교육하기 위한 학교였던바, 정부에서는 직접 오경사(五經師)를 설치하여 『효경(孝經)』을 위주로 하고 『상서(尙書)』 등의 유학을 가르쳤다. 또한 이 학교는 태학과 비교하여 조금도 뒤지지 않는 설비와 훌륭한 교사를 보유하였다. 후에는 학생의 대상을 확대하여 4성씨의 자제 외로 심지어는 흉노의 유학생도 받아들였다.[48]

그리고 '사성소후학' 외로 안제(安帝) 6년(서기 119년)에는 등태후(鄧太后)[49]의 제창에 의하여 또 하나의 귀주학교가 설립되었다. 즉 황태자를 비롯 황족(皇族)의 어린이의 교육을 위하여 학교를 설립하고 사보(師保)를 배치하여 5세 이하의 남녀 40여 명의 "유아반"을 두었다. 등태후는 친히 참석하여 감시하고 학습을 독려하였다.[50] 이로 보면 등태후가 설립한 이 학교는 귀족학교로서 중국 역사상 최초의 유아교육과 남녀혼합 학급의 기원을 이룬다고 할 수 있다.

4) 지방관학

한은 처음에 지방조직으로 진(秦)의 군현제와 주(周)의 봉건제를 병행한 군국제(郡國制)를 채용하였다. 그리하여 한대의 지방기구는 군국(郡國), 현

---

47) 宵川, 河雪艷 같은 책, 72면.

48) 외국인의 중국유학은 한나라 때 시작하여 당나라 때는 전성기였으며 북송 이후 점점 감퇴하여 청나라 때는 없었다.

49) 『後漢書』'鄧太后紀' 참고.

50) 宵川, 河雪艷, 같은 책, 72면.

(縣), 도(道), 향(鄕), 취(聚)의 계선을 이루고 있었다. 군국은 지방의 최대 행정단위로서 여기에는 지방의 관학으로서 군국학교를 설립하고 또한 군국의 하부의 지방행정단위에 따라 그에 상응하는 학교를 설립하였다.

군국학(郡國學)의 기원과 제도적 확립 : 한대에 처음으로 지방학교가 설립된 것은 중앙정부에 의해서가 아니라 일개 지방관의 노력으로 시작되었다. 군국에 학교를 설립한 것은 촉군(蜀郡)의 문옹(文翁)에서 비롯된다. 촉군(蜀郡)은 지금의 사천성(四川省)으로서 벽지에 위치해 있고 문화가 낙후되어 한초(漢初)에는 오랑캐의 풍속이 있어 미개한 지역이었다. 문옹은 한 유학자로서 유가의 인정(仁政)의 설을 추진하여 교화를 중시하였다.[51] 그는 촉군의 태수로 임명된 후 현지에 임하여 당시의 미개한 지역에서는 교화(敎化)를 펴는 데는 학교교육이 으뜸이라고 생각하고 각 지방의 하급관리 중에서 총명한 청년 10여 명을 선발하여 당시 문화의 중심지였던 서울 장안(長安)에 파견하여 박사(博士) 밑에서 유교의 경전과 한대의 "율령(律令)"을 공부하게 하였다. 이리하여 그들이 학업을 마치고 촉(蜀)에 돌아와 중원(中原)의 선진문화를 도입하게 되었다. 문옹은 이들에게 그들의 성적에 따라 관직을 주었으며 또한 문옹은 성도(城都)에 관학('學官'이라 함)을 설립하고 학생들을 모아 그들에 요역(徭役)을 면제해 주고 학업을 마친 후에는 관직에 중용(重用)하였다. 그 결과 유가사상은 빠른 속도로 촉(蜀)에서 발전하기 시작하였고 당시의 미개한 풍속을 바꾸었으며 경제발전도 촉진하였다.

한 무제는 즉위 후 문옹(文翁)의 흥학(興學)에 대한 이와 같은 소문을 듣고 그의 공적을 높이 칭송하고 각 지방에 조서(詔書)를 내려 문옹의 예에 따라 교사(校舍)를 짓고 교관(校官)을 임명하여 지방의 교화를 펴 나가도록 하였다.[52] 그러나 정식적인 군국학교가 성립한 것은 아니었고 각 현·읍에까지 보급되지는 아니하였다.

태학의 건립 후 군국(郡國)은 태학의 박사제자를 추천하는 직책이 부여 되었고 이러한 정책의 추진 하에 한대의 지방관학은 진일보한 발전을 하기 시작하였다. 평제(平帝) 원시(元始) 3년(서기 3년) 왕망(莽王)이 집권하고 있을 때 그

---

51) 『漢書』, '循吏傳' 참고.
52) 『漢書』, '文翁傳' 참고.

의 주장과 책임 하에 정부에서는 지방관학 제도를 반포하였던바, 한대의 군국학(郡國學)은 제도적인 확립을 보게 되어 동한(東漢) 말까지 계속되었다.

한대의 지방관학은 지방행정구역과 서로 일치하였다. 그리하여 군국에서 설립한 것을 학(學), 현읍(縣邑)에서 설립한 것을 교(校), 향(鄕)에서 설립한 것을 상(庠), 마을에서 세운 것을 서(序)라 하고 각 행정구역에 1개교를 설치하였다.

학교의 수준에 있어서는 학(學)은 중학 정도의 수준으로 이를 마치면 태학에 입학할 수 있는 자격이 주어졌으며 교(校), 상(庠), 서(序)는 소학 정도의 수준이었다. 그러므로 한대의 지방관학은 중학과 소학의 2급제라 할 것이다. 이와 같은 지방의 관학이 성립한 이후 동한 말까지 개정 없이 줄곳 계속되었으나 다만 『상』, 『서』만은 오래가지 못하였다.

지방관학에 있어서 교사로서는 학(學)과 교(校)에는 경사(經師)를 두었던바 그 명칭을 '박사'라 하지 않고 '문학(文學)'이라 하였다.[53] 그리고 상(庠)과 서(序)에는 역시 경사를 두었던바, 이를 '효경사(孝經師)'라 하였다.

한대에는 전문적인 교육행정기구와 지방관학의 예속관계, 문헌상의 기록이 없어 자세히 알 수 없다. 군국의 학(學)의 경사(經師)인 문학(文學)은 당시 저명한 학자들이 담임하였으며 동한 때는 그 직명을 문학제주(文學祭酒) 또는 학과제주(學課祭酒)라 하였으며 지방문교행정의 장관을 겸임하였으며 이것은 삼국(三國)시까지 계속되었다.

지방교육의 목적과 내용 : 지방관학의 목적은 대체로 2가지로 생각할 수 있다. 그 하나는 지방의 하급관리의 양성과 동시에 지방관학의 학생 중 특히 우수한 자를 중앙정부에 추천하는 데 있으며 또 하나는 지방의 관학에서 정기적으로 행사하는 '향음주례(鄕飮酒禮)'와 '향사(鄕射)' 등의 전통적인 행사를 통하여 도덕적인 교화를 추진하는 데 있었다. 그렇기 때문에 관학에서는 유교의 경전을 학습하고 예교(禮敎)를 중시하였던 것이다. 도덕적인 교화를 중시한 것은 각 지에서 관학을 설립한 취지에서도 볼 수 있다. 예컨대, 문옹(文翁)은 '촉(蜀)' 지방은 벽지이고 고루한 오랑캐의 풍습이 있었던 상황이어서 흥학(興學)한 이유가 있었고 단양(丹陽) 태수인 이충(李忠)은 '세속에서

53) 『漢書』, '焦不疑傳' 참고.

벗어나 배움을 좋아하지 아니하고 가취(嫁娶)의 예의가 국중에 쇠퇴하여 학교를 일으키게 되었다.'[54]고 하였다. 즉 유교적인 교화를 통하여 세속을 변화시키자는 것이다. 그렇기 때문에 유교의 경전을 학습하고 특히 예교(禮教)를 중시하였던 것이다.

6. 한대 사회의 사학제도

1) 사학의 발전 개황과 그 원인

진시황의 분서개유 중 극단적인 조치가 있었으나 사학은 근절되지 않았고 진말 전란기에도 사인강학은 여전히 계속되었다. 한 초 제왕들은 흥학설교(興學設教)까지는 힘쓸 겨를이 없었으며 문화, 교육 사업은 다만 사인교학(私人教學)으로 유지되었으며 한 초 문교사업의 회복과 건설에서 중요한 공헌을 했던 학자들은 진대 이래 그들 대부분이 민간에 은거했던 사인강학의 대사(大師)와 그 제자 문도(門徒)들이었다. 사학의 사생(師生)은 한초 조정 관리의 중요한 공급원의 하나였고 한대가 유생(儒生)을 중시하여 임용한 것은 바로 여기서부터 비롯되었다.

한초 사인교학 발전의 중요한 원인은 2가지를 생각할 수 있다.

첫째, 점차적으로 잡다해지는 각급 관료기구를 건립함에 많은 정치적인 인재가 필요했지만 흥학설교(興學設教)로 인재를 양성하여 충원하기에는 여유가 없었다. 그리하여 민간의 은거한 인재를 발탁할 수밖에 없었던바, 그것은 많은 사인교학(私人講學)에 종사하는 학자와 그 제자들을 등용하는 것뿐이었다.

둘째, 한초에 휴양생식(休養生食)의 상태를 통하여 정치는 비교적 안정되었고 경제 역시 점차적으로 회복하였던바, 특히 지주계층과 도시와 농촌의 부호는 그의 자제들도 사인교학에 참여시켰으나 국가에서는

54) 『後漢書·李忠傳』 참고.

> 당시로서는 학교를 창건할 여력이 없었다. 따라서 국가는 사학에 의거하여 교육에 대한 대리 만족할 수밖에 없었으며 이러한 것은 또한 하나의 필연적 추세였다.

한 무제 때 동중서 등의 건의에 의하여 태학을 세우고 명사(明師)를 두어 관학의 창건과 발전을 개시하였다. 그러나 사학은 그로 인하여 침체되지 않고 반대로 관학발전의 영향 하에 진일보하게 번영하였다.

서한은 무제 때 사인교학이 상당히 발전하였다. 당시 일부 석학명유(碩學名儒)들은 말기에 정치에 참여하거나 박사를 받기 전에 계속 사인교학에 종사하였었다. 서한의 관학은 박사를 설치할 것을 계속 노력하였으며 박사를 두지 않은 경학대사(經學大師)는 여전히 사인전수(私人講學)를 유지했으며 점차 금고문경학(今古文經學)의 장기적인 격렬한 논쟁으로 발전하였다. 이것이 또한 사학의 발전을 촉진하였다. 그 후 동한시기에는 사학이 더욱더 번영하였다. 주지하듯 사인교학은 진나라 말기로부터 서한, 동한에 이르기까지 사인교학은 시종 장기적으로 성행하고 쇠퇴하지 않았다. 관학의 건립 전에 사인교학은 교육사업의 주체로 되었고 관학건립 후에도 사학교육은 계속적으로 존재하였음은 물론 보다 더 발전하였다.

사인강학은 역사적으로 교육의 중요한 임무를 수행하면서 관학교육을 보충하는 교육제도의 유기적인 구성 부분으로 되었다. 바로 관학과 사학은 대립 속에서 상호 보충관계에 있으면서 상호 그 발전을 촉진하였다. 이것은 한대 교육제도의 하나의 특징을 이루고 있으며 또한 중국교육제도의 하나의 중요한 특징도 이루고 있다.

2) 사학교육의 기본적 유형과 그 내용

한대의 사인교학(私人教學) 또는 사학교육(私學教學)은 선진(先秦) 사학 발전의 기초 위에서 각각 다른 유형의 사학을 건립하기 시작하였다. 오늘날 자료에 근거하여 보면 한대 사학교육은 대체적으로 3가지 기본 유형을 볼 수 있다. 이것은 또한 수준별로 보면 초·중·고의 3단계로 인식할 수 있다. 이것은 '서관(書館)'을 주요 형식으로 하는 몽학교육(蒙學教育), '향숙(鄕塾)'을 주요 형식으로 하는 일반 경서(經書)학습과 '정사(精舍)' 또는 '정려(精廬)'를 주요 형식으로 하는 전경교육(專經敎育)이다. 이 중에서 일반 경서의 학습은 사학교육의 기본 유형으로서 당시로서는 안정되지 않아 때로는 '서관'의 몽학교육과 관련되기도 하고 전경(專經)교육의 과도기적 또는 예비로 되기도 하였다. 그러나 이것은 서한 말 동한 초에 이르러 하나의 유형화가 되기 시작하였다.

계몽교육 : 한대 계몽교육의 장소로 주요한 것은 '서관(書館)'이었으며 교사를 '서사(書師)'라 하였다. 이것은 한대에서 시작되었으며 사학의 성격을 가졌다.[55] '서사'는 사인교학의 몽사(蒙師)가 담임하였다. 학습의 주요한 내용은 식자(識字 : 글자해독)와 습자였다.

서관은 또한 2가지로 나누었다. 하나는 한 명의 서사가 집안 또는 공용장소에서 교육을 실시하는 경우로 주위의 아동이 모여 공부하는 것인데 학동(學童)의 수는 적게는 십 수 명, 많게는 수백 명에 달하였다. 또 하나는 귀족 또는 부호가 서사를 초빙하여 자기 집에서 교육을 하는 경우로 자기 또는 동족의 학동들이 교육을 받았다. 이런 경우를 가관(家館)이라고도 하였다. 동한 명제(明帝) 영평(永平) 9년 (서기 66) 궁저학(宮邸學)을 설치하여 귀족자제를 교육하기 전에 황제의 자녀도 사학의 성격을 띤 '가관'을 통해 동몽교육을 받기도 했다.[56]

한대의 계몽교육 단계의 사학은 이미 비교적 안정된 교재가 통용되었으며 교학내용은 통일성을 띠게 되었다. 중국은 일찍이 식자·습자의 교재가 있었던바, 이를 '자서(字書)'라 하였다.

한대 계몽교육의 단계인 사학은 식자, 습자 외로 산술을 학습하였다. 『구장산술(九章算術)』은 서관의 통용교재였다. 계몽교육은 그 일단계로 품덕윤상(品德倫常)과 일상 행위 규범의 배양을 중시하였으며 또한 교재와 교학 중에 서산(書算)을 사용하여 수업 과정이 간단하였다.

초독경서(初讀經書) : 다음은 경서를 처음 읽는 단계이다. 아동은 '식자'를 배운 후 처음으로 경서를 읽는 단계에 들어간다. 이러한 단계는 일반적으로

---

55) 毛禮銳外2, 中國敎育史,北京; 人民出版社,1989, 171면.

56) 『後漢書』·'儒林傳論' 참고.

'향숙(鄕塾)'에서 담당하고 교사를 '숙사(塾師)' 혹은 직접적으로 '효경사(孝經師)'라고 부른다. 학습의 중요한 것은 『효경』, 『논어』이나 경우에 따라서는 『상서(尙書)』, 혹은 『시경』을 배우며 개별적으로는 『춘추(春秋)』도 배운다. 그러나 『효경』과 『논어』는 필수과목이다. 이와 같이 학습내용이 거의 같지 않지만 식자, 습자 등을 배운 후에 일반 경서의 학습단계로 들어가는 것은 일반적이요 상식적이었다.

'초독경서'의 단계는 식자, 습자의 성과를 더욱 공고히 하기 위한 것이었으며 또한 더욱 높은 학습단계에 진입하기 위한 준비와 과도기적 단계였다. 또한 진일보한 품덕 교육의 심화를 필요로 하였다. 한대에 많은 사람들은 모두 이 단계의 학습을 통하여 재행(才行)이 출중한 사람으로 되었다.

제 2단계로는 학생들의 사고와 윤리도덕에 중점을 두었다. 교재로서는 『효경(孝經)』과 『논어(論語)』를 사용하였다. 이 외에도 『이아(爾雅)』를 가르쳤다. 서관에서는 개별수업이었으며 구술과 암기를 중시하였다. 서관을 졸업한 후에는 그 중 소수만이 지방관학과 태학 그리고 좀 더 높은 사학에 진학하고 대부분은 생산에 종사하였다.

서한 말 지방관학은 잇따라 성립되어 평제(平帝), 원시(元始) 3년에 학관(學官)을 두었다. 광제(光帝) 후 지방관학은 비교적 보편화되었으나 그 수에 있어서는 제한이 있었으며 지방교육은 여전히 지방사학에 의존하였다.

일반 경서를 송독하는 것은 하나의 독립된 교육단계로 점차 분화되어 나왔고 대량적으로 식자(識字)를 집중시킨 데로부터 전경연습(專經硏習)의 과도기적 교량적인 단계로서, 이것은 교육제도 발전상 중요한 의미가 있다. 『논어』와 『효경』은 일반적으로 통용되는 초, 중급 경학교재로 되었다. 한대 이후 사학은 물론 관학에서 『논어』는 모두 경학교육의 기본 교재가 되었다.

전경연습(專經硏習) : 한대 교육의 기본 내용은 경학(經學)교육이었다. 오직 경술(經術)을 통과하기만 하면 출세할 수 있었다. 경술을 통달하여 사자(士子)가 되는 것은 교육을 받는 주요한 목적이었다. 관학은 물론 사학도 예외는 아니었다. 식자, 습자, 『논어』, 『효경』 등의 송독은 모두 경(經)을 통달하기 위한 준비로서 '강경연습'의 단계로 진입할 것을 요구하였다. 한대의 사인강학 대사(大師)는 모두 1경 또는 몇 개경에 정통한 자로서 그들은 각자의 특기로 제자에게 전수하였고 많은 제자들을 그의 문하(門下)에 끌어들였다.

가학(家學) : 가학은 사학교육의 하나의 특수한 형식이다. 이것은 역시 더욱 보편적인 계몽교육의 성격을 가지고 있다. 가학은 지식, 기능을 전수할 뿐만 아니라 치학(治學) 태도와 방법을 강구하고 더욱이 사람의 처세와, 사람을 대하고 사물을 대하는 등 윤리도적을 중시하였다.

한대에 독존유술의 기본 정책을 확립한 후 기타 각 파 학설의 전수는 완전히 중단되지 않았고 또한 다 같이 진일보한 발전이 있었다. 일면으로는 조정에서는 인적 조직으로 정리 연구하고 또 일면으로는 사학교육 특히 가학을 통하여 전수하였다. 역율(歷律), 천문, 수학, 의학 등 자연과학에 관한 지식과 전문기술은 가학의 중요한 내용이었다.

상술한 사학교육의 기본 유형과 그 내용은 계몽교육으로부터 경서송독과 전경연습에 이르기까지 가학을 포함하고 있으며 그 대상은 모두 중, 상류층 지주들과 관리들의 자제이고 일반 농민에 있어서는 최저한도의 사학교육도 향유할 권리와 기회도 갖기 어려웠으며 다만 사학교육은 초보적인 식자교육과 윤리도덕의 교화를 받을 수 있는 것뿐이었다.

주요한 것은 가학은 사학과 가정교육을 통해서였다. 일부 기예(技藝)는 항상 부자(父子)나 사도(師徒) 간에 전수되는 것이었다. 그러므로 가전세업(家傳世業)과 사도전수(師徒傳授)는 노동자들의 교육을 받는 주요 방식으로 되어 있다. 이러한 방식은 생활의 실천과 노동 과정에서 진행되었다. 특정된 시간이나 고정된 장소는 물론 전문적인 교재도 없고 하나의 원시적 교육방법으로 진행될 뿐이었다.

생각건대 봉건적인 고대사회에 있어서 정치, 경제는 교육의 방법과 내용을 결정했으며 관학의 발전을 제약하고 있을 뿐만 아니라 사학의 발전도 제약하였다. 관학교육에서 일반 농민과 노동자는 사회적 지위가 없었음은 물론 사학교육에서도 배제되다시피 하였다. 바로 이 점은 한대 교육의 하나의 기본적 특징을 이루고 있음은 물론 봉건 사회 교육의 하나의 특징을 이루고 있다는 것도 간과할 수 없다 하겠다.

3) 사학교육의 공헌

한대 사학교육은 장기적인 발전 속에서 풍부한 경험을 축적하였고 고대 교육의 이론과 실천에 중요한 공헌을 하였다.

첫째, 관학제도가 성립하기 전 사학교육은 거의 전면에 걸친 교육을 담당하여 중국 고대 교육이 중단되지 않고 상당한 발전이 있게 하였다. 관학제도의 건립 후에는 사학교육은 관학교육을 보완하였고 계속적으로 크나큰 교육의 임무를 담당하였다. 관학 계통에는 계몽교육이 없었으며 동몽교육은 모두 사학이나 가학이 담당하였다. 특히 서관의 서사(書師)는 수십만 아동 교육을 책임지는 중대한 역할을 수행하였다. 사학의 교육가와 교사는 고대 중국의 문화교육의 발전에 커다란 공헌을 하였다.

둘째, 사학교육은 여러 학파의 발전을 촉진하였다. 진대의 법률숭상, 분서갱유, 이법위교(以法爲敎), 법가 외의 학술 성취는 사학금지의 법령실시 중 계속 전파와 발전을 하게 되었으나 그것은 주로 사학을 통해서였다.

셋째, 사학교육은 풍부한 교학의 경험을 축적하였으며 그 많은 경험을 관학에서 응용, 보급하였다. 우선 사학교육은 몽학교육의 경험을 창조하고 축적하였던바, 그것은 특히 식자, 습자교학의 경험에서 그렇다. 식자교학은 하나의 막중한 임무였다. 한대의 자서(字書)는 이미 여러 가지였으며 이는 한자의 응용범위에 따라 몇 가지의 유형으로 분류하였던바, 어떤 것은 부수에 따라 편찬하여 읽기 쉽고 기억하기 쉬워 교학에 매우 편리하였다. 한대의 자서는 상대적으로 변동이 없었으며 또한 그에 따라 증감이 없어 계몽교육에 좋은 효과를 가져 왔다.

다음으로 사교육은 식자를 공고히 한 성과를 가져왔고 고차적인 것을 향하는 과도기적 교량의 역할을 하였다. 한대 사학은 식자, 습자에 집중한 후, 곧바로 송독(誦讀) 단계로 들어갔다. 당시로서는 문자가 잘 통하고 논쟁이 적고 실용적인 전적을 택했는데 예컨대 『논어』, 『효경』이 그 경우이다. 이들 전적의 송독은 깊은 연구를 하지 않고 대의를 통하기도 하며 읽기에 어려움이 없다. 이와 같은 전적의 송독의 경험도 후대에 영향을 주었다.

넷째, 사학교육은 학풍과 지조의 훈련과 배양을 중시하였다. 한대 학풍은 특히 경전을 열심히 연구하고 장구(章句)에 정통하는 데 진력하고 실용에 주의하였다. 이러한 학풍은 사학교육에서 현저하였다. 사학교육은 사인(士人)의 기개(氣慨)배양을 특히 중시하였으며 특히 정치적 부패, 사회 기풍이 폐쇄할 때 많은 '강직한' 인사는 세속에 야합하지 않았으며 그들은 절개를 숭상하고 은둔하며 사학에 종사하며 투쟁을 전개하였다.

7. 한대 사회의 찰거선사제도

1) 찰거선사제도의 발전과 그 변화

한고조 유방은 정권의 쟁취와 그 확립 과정에서 인재의 선발과 임용을 매우 중시하였다. 그는 건국 초 진대의 무공(武功), 법령에 의한 취사제도를 개혁하고자 령을 내려 다방면으로 어진 자를 구하였고 정권의 건설을 강화하였다. 조정에서 현능한 자를 택함에 있어 형상, 품명, 연령을 등록하여 일일이 관찰하여 보고하는 방법을 제정하였던바, 여기서 처음으로 찰거제도(察擧制度)의 단서를 열었다.

정식적으로 관리를 선발하는 찰거제도는 문제(文帝) 때부터 시작되었다. 이것은 각급 관원(官員)이 천거한 현량(賢良)을 조정에 보내어 황제가 친히 책문(策問)하고 시정(時政: 당시의 정치상황)에 맞서 건의를 제출할 것을 요구하여 "주도면밀하게" 대답하고 답책을 황제 자신이 친히 뜯어보고 평정하였으며 관직을 참작하는 방법은 찰거제도의 정식적인 시작일 뿐만 아니라 과거시험제도의 모형을 내포하였다. 그러나 문제가 현량한 자를 조거(詔擧)한 것은 우연히 한 번 시도한 것으로서 천거 기한과 천거 인원수를 정하지 않았으며 하나의 제도로서는 형성되지 않았었다. 그러나 현량하고 직접 간언(諫言)한 자를 천거하는 이러한 1과목은 보류되었지만 양한 찰거제도는 통용되었다.[57]

그러나 한대의 찰거제도가 비교적 완비한 제도로 된 것은 한무제 때였다. 한무제의 늘 유가사상을 통치하고 있었으므로 유술(儒術)로 인재를 선발하는

---

57) 漢書, 文帝紀 참고.

찰거제도도 시대의 요구에 따라 나타났다. 한대 찰거제도의 핵심은 유술(儒術)로 인재를 선발하는 정신에 따른 양한의 통치 인재 선발의 주요 경로라는 점이다. 찰거제도는 실시 과정 중에서 부단한 조정을 거쳐 점차적으로 비교적 완비하고 엄격한 법규로 되었다.

한대 시험은 대체적으로 네 가지로 나눌 수 있다.[58]

① 황제책시(皇帝策試)이다. 이것은 조령(詔令)에 의하여 사인(士人)을 특거(特擧)하는 것으로 황제가 친시 책시를 가한다. 무제 때 시작되어 제도화되었다.

② 공부복시(公府復試)이다. 군국 세거(歲擧)의 효렴, 무제(茂材)는 수도에 이르러 과목에 의하여 추천되는 자의 상황을 공부(公俯)에서 나누어 시험을 실시하였다. 이 제도는 동한 때 시행되었으며 후에 좌웅(左雄)의 건의에 따라 관리로 천거된 자는 먼저 공부에서 시험하고 또 단문(端門:궁전 앞에 있는 정문)에서 복시를 실시하였던바, 여기서 복시제도가 창립되어 동한은 시험에 대한 중요시 정도를 더욱 제고하였다.

③ 박사3과(博士三科)이다. 박사는 원래 찰거, 천거, 정소(征召)에 의하여 되었지만 박사가 된 후에는 반드시 시험을 거쳐 그 지위의 고하로 분류하였다.

④ 박사제자과시(博士弟子課試)이다. 한 무제는 5경 박사를 설립한 때부터 제자박사원(弟子博士員)을 두어 박사제자는 반드시 시험을 거쳐 관리로 충원하였다.

2) 찰거취사(察擧取士)의 주요 과목과 내용

한대 찰거의 과목은 아주 많았는데 이의 목적은 다방면의 인재를 선발하여 각급 각류의 통치 인재의 수요에 응하는 데 있었다. 한대의 찰거과목은 여러 가지가 있으나 여기서는 중요한 몇 가지만을 설명하고자 한다.

효렴(孝廉) : 효렴과는 효자 청렴한 관리를 찰거하는 것으로서 한대 찰거

58) 肖川·何雪艷, 같은 책, 93면.

제도에서 가장 통상적인 과목이다. 이것은 혜제 때 조(詔)를 내려 "효제역전(孝悌力田)"을 찰거토록 한 데서 그 단서를 볼 수 있으나 한무제는 독존유술(獨尊儒術)의 기본 정책으로 확립하여 인재 선발에 있어서 사람의 품덕을 특히 중시하였다. 유가사상에 근거하여 입신(立身)은 효제를 본으로 하고 임관(任官)은 정(政)에서 청렴함을 방(方)으로 할 것을 강조하였다. 이리하여 효렴을 찰거하는 것은 인재 선발에 있어서 제일 중요한 과목으로 되어 한대 찰거제도상 가장 대표적이고 전형적인 과목으로 되었다.

효렴을 찰거하는 것은 원래 2개 과목이었고 한 무제 원광(元光) 원년(BC 134) 초에 령을 내려 군국에서 효렴 각 1인을 선거토록 하였다.[59] 그러나 효렴은 항상 1과로 하여 뽑았다. 효렴으로 뽑힌 자는 대게 주, 군의 관리로 되고 또는 유경(儒經)을 통달한 유생은 선거 후 관직이 없는 자는 관직을 수여하고 원래 소관(小官)인 자는 대관(大官)으로 승진시켰다. 한 무제 이후 동한에 이르기까지 지방관리로부터 조정의 각 공(公)·경(卿)에 이르기까지 효렴 출신이 많아 한대 정치에 많은 영향을 주었다.

"효렴"의 선발은 사회적으로 "가정에서는 효도하고 출세해서는 청백한 관리로 되는" 여론과 풍조를 조성하여 사회 교화의 작용을 하였다. 효렴의 찰거는 서한시대에는 비교적 엄격했으나 동한 중기 이후에는 그 평가가 제대로 역할을 하지 못하였다.

무제(茂材) : 무제도 한때 찰거의 중요한 과목의 하나였다. 서한 때에는 '수제(秀材)'라 불렀으나 동한 광무제(光武帝) 이후는 '무제'라 하였다. 무제과는 주로 재주와 지혜가 뛰어난 사인을 선발하였기 때문에 보통 "무제도등(茂材導等)" 또는 "무제특립지사(茂材特立之士)"라 하였다.

무제를 찰거한 것은 한 무제 때 시작되었으나 동한 광무제 때 '세거(歲擧)'로 하여 항상 병칭되었다. 효렴은 군거(郡擧)이고 무제는 주거(州擧)[60]였던 관계로 무제의 인원수는 효렴보다는 아주 적었다. 무제로 천거된 자는 대부분이 현직 관리로 되고 특별히 재능과 품행 그리고 현저한 공헌이 있는 관리는 승진과 발탁되었다. 이로 보면 무제는 효렴에 비하여 임용이 중했다는

59) 漢書, 武帝紀 참고.
60) 三國志·號志·號主傳 참고.

것을 알 수 있다.

현량(賢良)[61] : 한대 현량의 찰거는 특거(特擧)에 속한다. 현량과의 구체적인 명칭은 고정되어 있지 않았고 일반적으로 '현량방정(賢良方正)' 또는 '현량문학(賢良文學)'이라고 불렀다. 현량방정의 찰거는 한문제 2년(BC 178)에 시작되었으며 이후 현량방정을 뽑는 령이 종종 있었다. 한대의 현량방정은 항상 '문학'과 상호 관련되어 불렸으며 어떤 때는 현량을 문학과 함께 2과를 두었다. 그리고 어떤 때는 현량문학이라고 함께 불렀다.

현량의 선거는 특거에 속하며 세거(歲擧)가 아니었다. 그러나 기타의 특거(特擧)와 비교해 보면 찰거의 횟수가 많은 과목이었다. 현량을 찰거하는 것은 황제가 내린 조령의 규정에 의하였던바, 공경 제후왕 군수 등 고급관리가 천거하여 조정에 보내 황제 자신이 묻고 고하를 구별하며 관직을 수여하였다.

동자(童子) : 한대 찰거는 전문적인 동자과(童子科)를 설치하였으며 아동이 12세~16세에 "경전에 통달"하면 뽑힐 수 있다고 규정하였다. 동 찰거제는 일종의 천재적인 아동을 장려하는 방법으로서 중국은 일찍이 한대에 재능이 특출한 아동에 대한 파격적인 거용(擧用)이었으며 특수한 배양을 중요시했다는 것을 의미하고 있다. 그러나 동자과는 아동을 어린 시기에 경학이라는 울타리에 묶어 놓고 사상을 속박하였으며 동시에 아동으로 하여금 경학을 외우게 하는 기계화의 폐단도 있었다는 것을 간과해서는 안 될 것이다.

61) 俞啓定·施克燦, 같은 책, 436~469면.

제4장 위진남북조 사회의 교육(서기 220 ~ 589)

– 호(胡)· 한(漢) 체제하의 교육의 다양화 –

1. 총설

진·한시대 460여 년은 한족(漢族)의 극성기였으나 위진남북조(魏晋南北朝) 370년은 한민족의 입장으로서는 처음 겪은 쇠락의 시기였으며 분열과 증오의 시대였다. 또한 이 기간은 정치적으로 보면 대혼란기라 할 수 있으나 문화사적으로는 빛나는 특색을 지닌 시대였다.

동한 말 황건란(黃巾亂)을 계기로 동한제국의 고대 통일제국의 질서가 무너지기 시작하자 위(魏, 서기 220-265)[1], 촉(蜀,서기 221-254)[2], 오(吳, 222- 280)[3]가 동한의 중국 천하를 구분하여 3국으로 분립하였다.

이와 같이 형성된 위·촉·오의 3국은 이후 상호 연합과 이탈을 반복하면서 천하통일을 위요하고 대립 항쟁하였다. 그 과정을 보면 위가 먼저 촉을 병합

1) 3국 중 가장 우세한 나라는 위(魏)였다. 위는 황건란을 평정하는 데 공이 컸던 환관(宦官)계의 가문 출신인 조조(曹操)가 죽자 그 아들 조비(曹丕)가 서기 220년 후한의 헌제로부터 선양(禪讓)의 형식으로 제위를 이어받아 낙양(洛陽)에 정도하고 서기 221년 국호를 위(魏)라 하였다.

2) 한편 한의 종실 출신으로 황건란의 평정에 공이 컸던 유비(劉備)도 성도(成都)에서 자립하여 국호를 촉한(蜀漢)이라 하였던바, 그가 소열제(昭列帝)이다.

3) 강남에서는 손권(孫權)이 그의 형 손책(孫策)이 이룩한 기반을 공고히 하여 227년 칭제(稱帝)하고 황룡(黃龍)이라 개원하였던바, 이가 곧 오(吳)의 대제(大帝)이다.

하였고(서기 263) 이어 위나라를 찬탈한(서기 265) 진(晋 : 西晉)이 강남지방의 오나라를 합병하였다(서기 280). 이 같은 과정의 3국 시대는 정치·군사적으로는 대립, 항쟁의 시대였지만 후세에 영향을 준 많은 개혁과 혁신이 있었다. 3국 중 특히 위가 새로 만든 각 제도는 다음에 올 남북조시대의 원형이 되었다.[4] 즉 관리 등용제에 있어서 창안한 9품중정제(九品中正制)는 위진남북조시대에 관리등용의 전형적인 제도가 되었고 부자형제에게 병역의 의무를 부과하여 상속시켰던 병호제(兵戶制)가 이 때 발생하였으며 조조(曹操)가 창안한 둔전제(屯田制)는 균전제(均田制)의 형성에 영향을 주었다.

그러나 무엇보다도 중요했던 것은 3국이 상호 대립과 항쟁을 통한 약육강식의 와중에서 부국강병책을 위요하고 진행되었던 대외 팽창과 발전이었다.

삼국의 분립은 반세기 만에 막을 내리고 위(魏)에서 나온 진(晋; 西晋, 서기 265-316)에 의하여 잠시 통일되었다(서기 280). 그러나 진(晋) 역시 결국 통일된 지 36년 만에 단명으로 남흉노에게 멸망하였다(서기 316). 한의 멸망 원인 중 영가의 난은 한 제국이 구축하여 놓은 중화주의(中華主義) 질서를 무너뜨리고 호한(湖漢)체제를 연출하는 새로운 역사적 변화의 출발점이 되고 있다. 그리고 진의 존립 기간 중 혼란 상황에서 한대의 유교주의를 대신하여 노장사상과 불교사상이 발전하게 되었다.

서북방 민족 중 진·한시대에는 흉노족이 활약하였으나 위진남북조시대에는 흉노와 함께 새로이 오호(五胡)의 각축이 전개되었다. 오호(五胡)란 흉노(匈奴)를 비롯한 선비(鮮卑), 저(氐), 강(羌), 갈(羯) 등을 말한다. 이들 서북방 민족은 후한 말 중국의 혼란과 삼국의 분립시대에 서서히 남하하기 시작하였다. 이리하여 4세기 초 서진 사회의 내분을 틈타 호족(胡族)들은 흉노의 유연(劉淵)이 서진을 멸망시키고 한(漢)을 건국하자 일시에 남침을 개시하여 부족사회를 탈피하여 민족국가를 수립함과 아울러 일찍이 한족이 경험하지 못한 호한체제(胡漢体制; Sino-Barharian Syntheics)를 이룩하게 되었다.[5]

5호16국시대란 서기 304년 남흉노의 유연(劉淵)이 한(漢, 후의 前趙)을 세운 때로부터 439년 북위(北魏)가 화북지방을 통일하기까지의 123년간을

---

4) 東洋史學會 편, 概觀東洋史, 지식산업사, 1991, 71면.
5) 朴漢濟, 中國中世胡漢體制 硏寇, 一潮閣.

말한다. 이 시대는 역사상 처음으로 북방 민족이 만리장성을 넘어 화북지방에 진출하여 민족국가를 건설한 격동의 시대였다. 또한 이 시기는 정권의 다극화와 불안정이 극에 달한 호·한(胡·漢) 양민족이 병존하는 시기이기도 하였다. 이 시대에 가장 강성했던 국가는 저(氐)족이 세운 전진(前秦)이었는데 군주인 부견(苻堅, 서기 338-385) 때에는 한때 화북을 통일하기도 하였으나 동진(東晋)에게 붕괴되었다. 5호16국의 시대는 북위(北魏)에 의하여 통일되었다.

5호의 상대 대립의 전쟁과 그들의 화북지역 통일이 중원의 문화·사회·경제에 많은 파괴를 가져온 것은 부인할 수 없는 엄연한 사실이지만 그들은 한족의 전통적인 백관제도(百官制度), 조세제, 봉작제(封爵制) 등을 채용하고 한족 출신 명족을 통치기구에 참여시켜 스스로가 중국적인 제왕화(帝王化), 중국적인 국가화를 그 정치목표로 삼아 북위(北魏)의 선구가 되었다. 서진이 멸망하자 화북에는 5호16국이 난립하고 한족은 강남으로 피란하였다. 이에 사마씨(司馬氏)의 일족이었으며 당시 강남지방을 경략하고 있던 사마예(司馬睿)가 명신 왕도(王導)와 왕돈(王敦)의 보필을 받아 오(吳)의 옛 도읍지인 건업(建業)에 동진(東晋)을 수립하니 이가 동진의 원제(元帝)이다(서기 317-420).

동진은 북방에서 이민족의 지배를 피하여 도피해 오는 북방의 관료, 호족, 농민들을 받아들여 그 기반을 확고히 하는 한편 이를 주축으로 하여 당시까지 미개발지였던 강남(江南)지방을 개발하여 백여 년이 지난 뒤에는 경제적으로 그 기반을 굳건히 하였다. 그리고 화북을 통일한 전진(前秦)의 부견(苻堅)이 동진을 정벌하려 하였으나 이때의 승리로 일단 북방의 위협을 제거할 수가 있었다. 그러나 북방의 귀족들은 토착민에 대한 불평등정책[6]은 내부적으로 심화되어 가고 있었다. 또한 내부적으로 귀족 간의 정치적 압력과 반목이 더욱 심해지고 사치와 방종 그리고 부패가 아주 심해져 있었다. 이 무렵 전진(前秦)의 정벌을 퇴치하는 등 혁혁한 공을 세웠고 여러 차례의 내란을 평정했던 유유(劉裕)는 마침내 420년 동진의 안제(安帝)를 살해하고 그 동생 덕문(德門)을 공제(恭帝)로 즉위시키고 이어 곧 폐하고 자신이 자립하여 국

6) 북방귀족들이 중앙정부의 요직을 독점하고 '백적(白籍)' 黃籍의 호적을 가진 토착 귀족들과의 구별, 북방의 본적지인 주·군의 명칭을 그대로 사용하고 또한 북방 귀족들이 소유한 방대한 토지에 대해서도 조세면제의 혜택을 주었다.

호를 송(宋)이라 하였다. 이가 곧 송의 무제(武帝)이다(서기 420).

송(宋)의 건국 후 북방의 북위는 화북을 통일하여 이후 중국은 남북의 2대 세력으로 나누어지게 되었다. 그 이후 150여 년간 6세기 말 수(隨)의 통일을 보기까지 대립상황이었으므로 남북조(南北朝)시대라 한다.

남조(南朝)는 송(宋: 서기 420-478), 제(帝: 서기 479-501), 양(梁: 서기 502-556), 진(陳: 서기 559-589)의 4왕조의 교체로, 북조(北朝)는 북위(北魏: 서기 535-556), 북제(北齊: 서기 550-597), 북주(北周: 서기 557-580) 5왕조의 교체로 각각 발전해 갔다.

남북왕조의 전개 과정에서 한족 통치의 기준에서 본다면 남조의 계열은 정통(正統)이라 할 수 있고 북조의 계열은 비 정통이라 할 것이다. 이로서 알 수 있는 것은 한족과 이민족의 2개 집단이 중국 천하를 평등하게 나누어 그 형세도 그에 상응하였다.

또한 북방 민족은 강인·호전적이었으나 문물(文物)의 조건이 남방에 미치지 못하여 침범의 일이 불가피하였다. 그러나 남조는 북벌의 뜻을 세워 잃었던 땅을 수복하려 했기 때문에 송(宋)과 위(魏), 제(帝)와 위(魏), 양(梁)과 위(魏), 진(薺)과 북제(北齊) 등 모두 수차의 충돌 내지는 대규모적인 전쟁을 유발하게 되었다. 남북조의 내부에 있어서도 남조는 종실(宗室)의 난과 호족의 우환이 연속인 데 대하여 북조는 예컨대 위(魏) 내부에서 보는 바와 같이 내로는 호태후(胡太后)의 난[7], 외로는 육진(六鎭)의 반란[8], 이주영(爾朱榮)의 화(禍)[9]가 일어나 위(魏)의 조정의 관리 수천여 명을 즉살하여 이로써 국운은 날로 쇠하여 서위·동위로 분열된 것 등을 볼 수 있다.

남북조에 있어서 극성기는 남조에서는 양(梁), 북조에서는 북위(北魏)시대였다. 양대(梁代) 무제(武帝)는 박학능문(博學能文)의 왕으로 유학을 장려하고 예악(禮樂)을 정비하였으며 율정을 제정하고 의제(衤制)를 통일하며 불교

---

7) 북위 효명제(孝明帝)의 모친 호태후(胡太后)가 정권을 잡고 환관과 벽신을 중용하여 정치가 문란하였다. 효명제가 성장하면서 호태후와 충돌이 생겨 태후는 효명제를 독살하고 유제(幼帝)를 옹립하였다.

8) 효명제의 부친 효문제의 한화정책(漢化政策)의 영향으로 선비 부족사회에는 심각한 문제와 갈등이 벌어져 효명제 때에는 여러 군진(軍鎭)에 파급되어 결국 군진의 난에 촉발되어 각지에 민중이 봉기하였던바 이를 말한다.

9) 군진의 난이 일어났을 때 이주영이 산서삭주(山西朔州)에서 일어나 이를 진정하였으며 낙양에 들어와 폐립을 단행하고 조정의 관리 수천 명을 학살하였다. 이런 사건들은 낙양의 문벌귀족들의 반감을 사서 이주영은 피살되고 이주영의 보복전으로 낙양의 정계와 화북지방은 혼란에 빠지게 되었다.

의 신봉으로 중원문화를 남방에 이식하여 남조의 극성기를 이루었다.

북위는 중국역사상 처음으로 호한사회(胡漢社會)를 성립시켰으며 동시에 문벌 사회를 이룩하였다. 특히 효문제는 한화정책(漢化政策)의 일환으로 삼국시대 위(魏)의 대신 진군(陳群)이 창안한 구품중정제(九品中正制)를 확립시킨 것은 그 후 많은 영향을 주었다.

특히 남조는 귀족세력이 강대하여 이들의 정권다툼을 둘러싸고 천자의 폐립, 왕조의 교체가 빈번하였으나 이 동안에 강남개발이 진행되어 여기서는 북조와는 다른 성격을 달리한 풍부한 문화를 낳았다. 삼국 이래 강남의 건업(建業; 南京)에 도읍한 6왕조 즉 오(吳), 동진(東晋), 송(宋), 제(帝), 양(梁), 진(陳)을 육조(六朝)라 한 바, 이 육조가 지니고 있던 특이하고도 풍부한 문화를 이른바 육조문화(六朝文化)라 하며 이는 동양문화상 한 시대를 장식하고 있다.

4세기 초 5호(胡)의 화북 진출은 중국대륙의 정치와 사회질서를 근본적으로 재편성하는 결과를 가져왔다. 여기에서 가장 특징적인 현상은 남·북조가 다 같이 귀족사회로 발전하였다는 점이다.

남조의 사회는 대체적으로 사인(士人), 평민, 부곡(部曲), 노예의 4계층으로 이루어졌다.

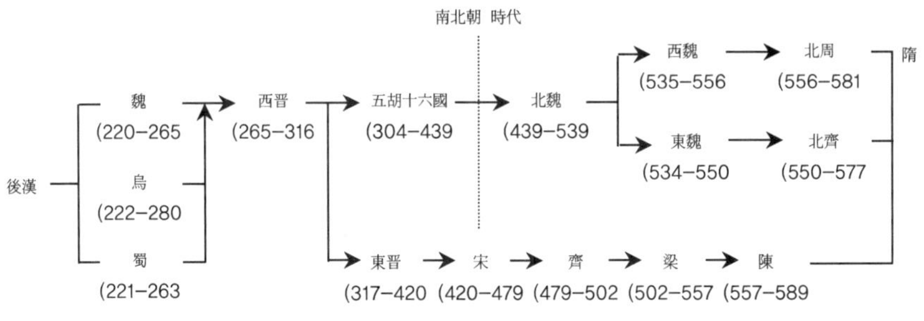

위·진·남북조의 변천도

이와 같은 계층으로 형성된 남조 사회의 특징은 일부 특수 귀족층이 정권을 장악하고 이 정치적 우월성에 의해 소수지배 귀족 위주의 요지부동한 문벌(門閥)귀족 사회를 형성한 점에 있다.[10)]

---

10) 李春植, 같은 책. 193면.

북위의 사회구조는 정복만으로서 선비족(鮮卑族)과 피정복민인 한족(漢族)으로 구성되어 있었다. 선비족은 그 수에 있어서 한족보다는 월등하게 적었으나 정치·군사권을 장악하고 또한 광활한 토지를 소유하여 선비귀족으로 변모하여 갔다. 원래 선비족은 기질이 조폭하고 미개했지만 그들은 정복민족으로서의 보다 높은 문화화를 기해야 했다. 그러한 시도가 효문제(孝文帝; 서기 471-499)의 일관된 한화정책(漢化政策)으로 나타났다. 즉 호성(胡姓)의 한성화(漢姓化), 호한통혼(胡漢通婚), 호속(胡俗), 호어(胡語)의 금지와 한어의 강제사용, 성족분정정책(姓族分定政策), 유교의 숭배, 중국식 관제의 채용 등이 바로 그것이다. 이러한 한화정책의 기본 정신은 정복자인 선비족의 부족문화에서 탈피하여 피정복자인 한족문화로 전환하려는 데 있었다.[11] 이러한 정책의 현상은 하류 문화에서 상류 문화에로의 재편성을 의미하는 것이었고 그 후 정복국가로서 요·금·원·청에서도 그대로 문화변성현상이 나타났다. 또한 이와 같은 한화정책은 북위로 하여금 선비족의 부족국가적 성격에서 탈피하여 한·위·진을 계승한 중화의 천자로 군림하려는 호한체제국가의 성격을 확연하게 내포하고 있었다.[12] 결국 야만족으로서 선비족은 피정복민족인 한족의 문화를 흡수하면서 중국역사의 주체로 등장하였다 하겠다.

위·진·남북조시대는 앞에서도 본 바 있으나 정치적으로 보면 대혼란기라 할 수 있으나 문화사적으로 보면 빛나는 특색을 지닌 시대였다. 한대 이래 국가적 공인을 받고 정통학문으로 모든 분야를 지배하였던 유교도 그 권위는 옛날과 같지 않았다. 특히 육조시대 사대부 층이 유학을 수학하는 풍습은 옛날과 같았으나 그것은 사대부로서의 교양이었지 한대처럼 '수신제가치국평천하(修身齊家治國平天下)'라는 유교이념을 구현하기 위한 것은 아니었다.[13] 종교적인 면에서는 불교가 비로소 식자 간에 보급·발전되어 가고 도교가 종교로서의 체계를 확립하며 문학·예술이 유교의 속박을 벗어나서 그 독립성을 얻게 된 것도 이 시대에 일어난 문화적 현상이다.

이 시대의 지배계층은 귀족이었고 귀족이 문화를 지배했기 때문에 귀족문화가 발달하게 되었다. 그리고 서방문화의 유입으로 한대에 성숙된 중국의

11) 申採植, 같은 책. 258면.

12) 朴漢齊, "北魏 洛陽社會와 胡漢體制 - 도시계획과 주민분포를 중심으로-" 泰東古典研究 (6), 1990, 13면.

13) 東洋史學會編, 같은 책. 94면.

고유문화가 더욱 다양성을 지니게 되었다는 것이다. 즉 한대의 유학이 퇴색하고 서역문화의 전파로 이국적인 요소가 문화 전반에 침투되었고 동·서 문화의 교류도 문화는 물론 다양성을 갖게 되었다. 그러나 정치적 불안한 시대가 계속되면서 염세주의가 유행하고 호족사회의 발전에 따라 유교에서 강조되던 충성과 효도라고 하는 유교의 근본윤리가 퇴색하였다. 그 대신 인생의 근본을 사색하게 되면서 자연히 노장사상(老莊思想)이 발달하고 불교가 번창하며 개성이 크게 부각된 것도 이 시대 문화적 성격의 특색이라 할 것이다. 그 결과 한대와는 달리 인간중심주의 예술을 발달시켰고 육조의 예술문화의 또 하나의 특색을 부각시켰다.

정치적으로 격변하던 위·진 남북조시대에는 한대의 사상적 지주를 이루었던 유교는 현실 사회의 윤리의 관심으로서의 대상이 되었을 뿐 퇴조하게 되었다. 대신에 지식인은 사회의 불난 속에서 인간문제 특히 생사에 대한 깊은 관심을 갖게 되었다. 이러한 인간의 고뇌와 갈등을 해소하여 준 것이 바로 노장사상과 불교이며 남북조시대 불교와 도교 발전의 시대적 배경은 바로 여기에 있었다.

특히 청담사상[14]과 더불어 유명했던 것은 북위의 효문제 때 이안세(李安世)의 경제사상이다. 그의 경제사상은 "균전사상(均田思想)"으로 요약할 수 있는데 이 균전사상은 "정전(井田)"과 "한전(限田)"의 핵심을 포함하여 종합한 것이었다. 이 균전사상은 마침내 북위 효문제 때(서기 485) 균전제도로 채택됨에 따라 중국토지제도사에서 획기적인 의미를 갖게 되었다.

우리는 위에서도 인식했지만 한대의 유교일존(儒敎一尊)에 대하여 이 시대에는 새로이 불교가 전래 발전되고 또한 이의 자극을 받아 민간신앙과 노장사상이 합성하여 도교가 성립하여 이후 유·불·도의 3교의 사상적 교류가 중국문화의 주류를 형성하게 되었다.

불교 전래는 일반적으로는 진한 말 동한 초에 서역지방으로부터 전래되었다고 하나 불교가 중국의 지식인의 관심을 끌고 사상적으로 연구되기 시작한 것은 불교 전래 이후 3백여 년이 지난 4세기 초 5호(五胡)의 남침과 동

---

14) 청담에는 불교사상이 깊은 영향을 주었다. 그러나 청담의 주체는 노장사상에 있었으나 남북조에 수·당 시대에 걸쳐 불교가 발전하면서 청담도 점차적으로 불교사상 쪽으로 그 방향을 옮기게 되었다.

진시대에 들어서였다.

불교사상 가운데 특히 중국인에게 감명을 주었던 것은 중국사상에는 찾아볼 수 없는 윤회삼생(輪廻三生) 및 응보사상을 바탕으로 한 사후의 극락과 지옥의 관념이었다. 이리하여 현실생활의 절망감에서 해방되고 죽음의 공포에서 벗어날 수가 있었다. 뿐만 아니라 현생에서의 고난과 선악의 행동은 전생(前生)과 내세(來世)에 결정적인 영향을 준다고 삼보(三報; 三生)론이 전란에 시달려온 남북조 지식인의 마음을 사로잡기에 충분하였다.[15]

위·진 남북조시대의 불교는 시대적으로나 사상적으로나 몇 단계를 거치면서 발전하였다. 먼저 동진시대에는 노장사상을 가지고 불교를 이해하려 했으니 이를 격의불교(格義佛教)[16]라고 한다. 즉 동진 이후는 노장사상에 깊이 심취되어 처음에는 노장의 '무(無)'를 통해서 불교의 '공(空)'을 이해하려 했기 때문에 초기의 불교는 노장적 성격이 짙었다. 그러나 노장사상에 의한 불교해석으로는 불교의 참뜻을 파악하는 데는 그 한계가 있었다. 그리하여 직접 서역지방에 들어가 불교연구를 하였고 또는 외래승려가 중국에 와서 활발한 포교활동을 하기도 하였다. 특히 이때에 중국불교가 발전하는 데 큰 공헌한 사람이 바로 도안(道安)과 구마라집(鳩摩羅什 : 서기 350-409) 그리고 혜원(慧遠)이었다.

특히 구마라집의 불교 발전 공헌도는 대단하였다. 주목할 일은 당시까지의 중국에 번역 소개된 불경은 대부분 소승불교에 속하는 것이었으나 그에 의하여 비로소 대승불교의 경전이 번역되기 시작하였다는 점이다. 이로서 종래 노장사상을 빌려 잘못 이해된 불경의 진의가 많이 고쳐지게 되었다. 이러하여 노장사상으로 여과된 격의 불교가 아니라 불교원전을 직접 번역을 통하여 알게 되었으며, 대승불교의 발전을 가져오게 되는 동기가 되었다. 그 결과 동진에서 남북조시대가 되면서 위로는 왕에서 아래로는 서민에 이르기까지 불교에 귀의하게 되어 불교의 융성을 보게 되었다.

불교의 교리 면에서는 6세기 전반에 새로운 종파가 나타나고 유명한 담앵

---

15) 申採埴, 같은 책, 273면.

16) 格義의 '格'은 불교의 뜻(義)을 헤아린다는 의미로 산스크리트어로 된 불교경전의 原語를 노장사상으로 이해한 것이다. 예컨대 불교의 '空'은 노장의 '無'로, 涅槃(열반)을 '無爲'로, 보살을 '道'로 '眞如'를 '本務'로 해석한 것이 그것이다.

(曇鸞)의 정토정(淨土宗)과 달마(達磨)에 의한 선종(禪宗)이 나타나 수·당시대에 계승되면서 중국적 불교로 발전하게 되었다. 물론 위·진 남북조시대에 있어서 불교의 전성기는 남조의 양(梁)나라 무제(武帝)때 그 전성기를 맞게 되었지만 사상 면에서도 남조시대의 종파는 성실(誠實)·정토(淨土)·삼론(三論)·율(律)·선(禪)·천태종(天台宗)의 여섯 종파가 있었고 이 중 성실은 소승불교가 되었으나 나머지는 대승불교로 발전하였다.

이와 같은 불교의 전래·전개는 중국의 사상계에 새로운 요소를 더하여 그 면목을 일신시킨 한편 사탑, 불사의 건축, 불상의 조연, 의례의 수입으로 여러 가지 문물이 들어오고 특히 무술·공예에 많은 변화를 가져왔다. 또한 불교가 중국에 들어와 이 시대에 발전하고 더 나아가 한국, 일본, 월남 등으로 전파되면서 불교문화권을 형성시키고 아시아 문화권의 기본 요소로 발전해 가는 하나의 기점을 형성하였다.

불교 융성의 영향은 각 방면에 나타난 바이나 그 중 가장 현저한 것이 도교(道敎)의 성립이다. 도교는 신선장수설, 참위설, 주술 등의 민간신앙이 불교의 영향을 받아 이것이 합성하여 불교와 같은 조직과 체제를 갖춘 것 이었다.[17] 원래 중국의 도교는 춘추전국시대 이래 발전한 노장사상을 바탕으로 동한 말기에 출현하였던 태평도(太平道)와 오두미도(五斗米道)가 그 기원이 되고 있다. 황건란(黃巾亂) 이후에는 국가의 탄압을 받아 일시운동이 쇠퇴하였으나 위(魏)시대에는 다시 세력을 하게 되었는데 이때에는 천사도(天師道)라 불렀다. 5호16국시대가 되면서 사회가 더욱 불안하고 혼란이 더해지자 도교는 더욱 발전하였는데 이것이 신천사도(新天師道)였다. 그리고 이러한 과정에서 4세기 동진(東晋)의 갈홍(葛洪)은 『포박자(抱朴子)』를 저술하여 도교의 이론을 확립하였다. 그리고 5세기에 북위의 관염지(冠廉之)는 제도, 의례, 의식 등을 정비하여 도교를 종교로 발전시켰으므로 이로부터 도교는 대대적인 발전을 하게 되었다. 또한 이러한 과정에서 도교는 마침내 북위의 국교로서의 지위를 확보하게 되었다.

북위의 통치자가 도교를 국교로 받아들인 정치적 목적을 이민족 출신인 선비족의 북위정권이 유가의 이론인 천명설(天命說)에 입각하여 중국민족을

17) 曺佐鎬, 東洋史人觀, 서울 : 明文堂, 1986, 236면.

통치할 수 없기 때문에 도교적 천명을 빌려 중국민족의 민심을 수습하고 통치의 정당성을 얻으려는 데 있었다.[18] 북조에서는 도사(道士) 관염지는 북위의 재상 최호(崔浩)를 통해서 태무제(太武帝)의 신입을 얻어 폐불(廢佛)사건을 일으키기도 하였으며 남조에서는 명필로 유명한 왕희지(王羲之, 서기 306-365)·왕헌지(王獻之, 서기 344-388) 부자도 대대로 도교의 신자였다.

도교가 민간신앙으로서 성장·발전하였다지만 그 교리가 불로장생이나 등선(登仙)에 한정되어 현실의 인생을 그대로 연장하려는 의지가 있을 뿐 진정한 종교철학으로 일상적 현실을 부정하여 초극하려는 정신은 결핍되어 있다.[19] 도교 교리의 깊이는 도저히 불교에 미칠 수 없으며 도사들은 불교의 교리는 받아들여 그 모방에 힘쓸 뿐이었다.

위진남북조시기는 주지하는 바와 같이 왕조의 빈번한 변경과 정권이 활거하는 가운데 계속적인 전란으로 정치적 불안정과 한족과 북방 이민족의 공존시기였다. 이러한 상황은 교육에 영향을 주어 학교교육의 흥폐의 반복, 학교체제의 다양화를 결과하였다. 특히 관학의 중단과 회복의 과정을 거치는 동안 주로 사학과 가학은 교육의 보충적 역할을 하면서 거시적으로 교육의 연속성을 유지하였다. 교육내용에서는 이전까지의 독존유술의 한계를 벗어나 교육의 다양화를 가져왔으며 또한 이 시기의 교육제도 및 교육방법 그리고 인재선발제도는 후대에 많은 영향을 주었다.

2. 위진남북조 사회의 교육행정제도

위·진 남북조시대의 교육행정제도는 양한(兩漢)시대의 제도를 기초로 하여 발전·변환한 것이었다. 대체적으로 보면 한나라에서 수나라에 이르기까지 국학의 제관은 태상이 관할하였다.[20]

---

18) 李春植, 같은 책, 202면.
19) 동양사학회편, 같은 책, 95면.
20) 宋書 卷八0, 禮志五 참조.

1) 삼국 양진(兩晋)의 교육행정제도

삼국시대 약 50년간에 있어서 그 주도권은 위(魏)였다. 따라서 교육에 있어서 위의 제도가 사실상 삼국을 대표하였다. 위에 있어서 교육행정을 주관한 것은 9경(卿)의 하나인 태상(太常)이었다. 원래 위 초기에는 6경의 하나로 봉상(奉常)이 교육행정을 주관하였다. 그러나 문제(文帝) 즉위 후 6경을 9경으로 그리고 봉상을 '태상'으로 개칭(정3품) 하였다. 태상이 주관한 행정 분야는 종묘 의례, 제사와 교화에 관한 것이었다. 태상의 직책은 제전의 의례뿐만 아니라 교육과 선사(選士)의 일까지도 주관하였다.[21]

위에서는 또한 태학을 설립하고 태학에 박사, 박사제주(博士祭酒)로서 품관 제5의 19명을 두었다. 여기서 박사제도에는 태학박사(太學博士), 박사제주(博士祭酒), 태상박사(太常博士)[22], 율학박사(律學博士)를 말하고 있다. 박사제도는 춘추전국시대에 있던 것을 진나라가 제도화하였으나 이때까지의 박사직책은 교육과는 무관하였고 일반적으로 행정에 자문했을 뿐이었다. 한의 무제 때 5경박사를 두어 태학의 학생은 교수하기 시작하였다. 이때부터 박사는 교수직을 겸하여 중앙교육행정관리가 되었다.

지방교육행정에 있어서도 교학관(教學官)을 두어 교육행정을 담당케 하였다. 즉, 주에는 문학종사(文學從事: 학무 담당), 대중정(大中正: 選事 담당), 군에는 문연(文掾: 敎化 담당), 문학제주(文學祭酒: 敎化 담당), 현에는 문학(文學: 교화 담당) 등 관직을 두어 지방 교육행정을 담당케 하였다.

오(吳)·촉(蜀)의 교육행정도 위와 그 기능을 거의 같이 하였다. 즉, 촉·오의 중앙에서도 박사를 두어 태학(오에서는 學堂이라 했음)의 교육을 담당케 하였다. 지방교육행정에 있어서는 촉은 권학종사(勸學從事), 사우종사(師友從事), 전학교위(典學校尉), 유림교위(儒林校尉), 사우제주(師友祭酒) 등의 학관을 두어 지방교육에 종사케 하였던바 그 명칭이 많아 그 관장 분야가 어떠했는지 대단히 불명확하다. 오에 있어서도 지방학교에 사우종사(師友從事), 사우제주(師友祭酒), 사우결의(師友決疑) 등 학관을 두었다.[23]

---

21) 文獻通考, 卷五五, 職官九, 참조.

22) 위의 관직으로서 문제 때 설치된 것인바, 왕의 행차를 인도하고 시호(謚號) 결정에 자문하였다.

23) 卜憲群, 張南, 38, 人民出版社, 1994, 61면.

양진시대 서진(西晋) 초에는 위의 제도를 계승하여 태학박사 19명을 두었던바, 그 중에서 총명하고 위엄 있는 자 1명을 제주(祭酒)로 하였다. 함녕(咸寧 4년, 서기 278)에는 국자학(國子學)을 설치하고 국자제주(國子祭酒), 박사 각 1명, 조교(助敎) 15명을 두었다. 동진(東晋) 초에는 태학박사는 처음에는 5명이었으나 후에는 9명으로 확정하고 원제(元帝) 말기에는 16명으로 증원되었다. 국자박사 외에 조교를 둔 것은 전 시대에 비하면 하나의 완전한 학교행정체제를 구축한 것이라 볼 수 있다. 이러한 체제는 이후 남북조시대에도 다 같이 운용되었다. 박사의 조건으로는 행실이 청렴해야 할 것과 '경서의 뜻에 밝아야 할 것'을 갖추고 경(經)에 대한 시험을 거쳐야 했다.[24] 이로 보면 당시 박사가 되는 것은 상당히 엄격하였다 할 수 있다.

동진 초에는 또한 율학박사와 서학(書學)박사를 학관에 임명하였다. 산학(算學)박사는 사관(史官)으로만 재직하였지 국학에는 두지 않았다. 양진의 지방교육에 있어서는 주에는 전학종사(典學從事)를 두고 군에서는 문학연(文學掾) 1명을 배치하였다. 그리고 왕공(王公)의 집에도 학관을 두었으며 현에도 1천호(戶) 이상인 경우는 학관 1명을 두어 교육에 임하였다.[25]

2) 남조의 교육행정제도

남조의 중앙교육행정은 태상이 관할했으며 태상 밑에 제주, 박사, 조교 등을 두어 교육에 임하였다. 국자학에 국자제주 1명, 국자박사 2명, 국자조교 10명을 두었다. 특히 제(帝)의 명제(明帝) 때에는 악관제주(樂觀祭酒) 방거(訪擧) 각 1명을 설치하여 교학과 관리를 주관케 하였다. 송(宋)의 문제 때에는 이미 교사도 수리하고 학생을 모아 교육하였다 하나 상세히는 알 수 없다.

지방교육행정에 있어서는 주에 있어서 문학종사 또는 권학종사를 두어 교육을 관리하였으며 별도로 효경사(孝經師) 혹은 유림참군(儒林參軍)을 두어 학문을 담당케 하였다.[26] 양대(兩代)에는 5관(五館)과 국학(國學)에 국자제주, 5경박사를 설치하여 교육행정과 교육을 담당케 하였다.

---

24) 王壽南·陳水達, 같은 책, 176면.
25) 晋書 卷二四, 職官志 참조.
26) 王壽南·陳水達, 같은 책, 221.

그리고 양대의 지방교육행정제도에 있어서도 양의 무제는 박사, 제주를 군에 파견하여 학교를 설립케 하고 유림참군(儒林參軍), 권학종사(勸學從事), 문학종사 등을 설치하였다. 이로 보면 남조의 지방교육행정도 대체적으로 전대와 거의 같았음을 이해할 수 있다.

3) 북조의 교육행정제도

북조의 중앙교육행정의 관할은 태상이 담당하였다. 태상은 종1품의 품관으로 태상 밑에 태상승(太常承)과 여러 류의 박사가 있었다. 북제(北齊)에서는 태상을 태상시(太常侍)라 하였다. 북조의 각 군은 중앙의 관학과 지방의 관학에 제주, 박사, 조교 등을 설치하여 교육행정과 교육을 담당케 하였다. 이 점으로 보면 남·북조 교육행정 역시 그 체제에 있어서 모두 비슷하였음을 알 수 있다.

3. 위진남북조 사회의 학교교육제도

1) 3국의 학교교육

위의 학교교육 : 위는 건국 초부터 교육을 중시하여 관학을 설치하였던바 기본적으로는 한나라의 제도를 계승하였다. 동한 말 이래 천하의 분란으로 학교가 폐허가 되고 교육이 부진하였다. 이러한 상황 속에서 조조(曹操)는 흥학(興學)에 뜻을 두어 '건학령(建學令)'을 내렸던바 이로 보면 그 구체적인 상황은 볼 수 없으나 이미 위의 태동 전부터 교육의 중요성을 역설하고 있는 것을 짐작할 수가 있다.

조조의 아들 조비(曹丕)가 동한을 찬탈하여 황초(黃初) 5년(서기 224)에 태학을 낙양에 설치하고 5경박사를 두었다. 위문제(魏文帝) 또한 '오경과시법(五經課試法)'을 제정하였던바 이는 매 2년마다 시험에 의하여 다음 단계의 급수로 승진하는 것인바 오경에 통하는 것으로 그친다.[27] 이것은 바로 위 초기 태학제도의 상황으로서 태학생의 학습내용과 정기적인 시험제도를 말해 주고 있다.

위의 오경고과법은 한의 제도에 기초하여 형성된 것이다. 이것이 학교교육으로 확충되어 학교 내에서의 시험제도로 정착한 것이다. 교육과 관리 선발의 시험을 통일시켰다는 점에서 동한과 위의 제도가 다르다.

문제의 뒤를 이은 명제(明帝), 제왕방(齊王芳) 등은 숭유(崇儒)정책을 폈던 바, 명제가 내린 조서(詔書)의 이른바 "유(儒)를 존경하고 학(學)을 귀하게 여기는 것은 왕교(王敎)의 근본이다."[28]고 한 것과 왕이 태학에 행할 때는 공자에게 제사하였다는 것은 얼마나 숭유(崇儒)의 정책을 폈는지 짐작할 수가 있다. 정시(正始)년간(서기 240-249)에는 고(古), 전(篆), 예(隷) 서체의 글씨로 석경비(石經碑)를 각하여 태학 문밖에 건립하기도 하였다.

유가의 경전에 대한 이 시대의 변화는 고문경학(古文經學)이 관학에서는 우세하였다는 점이다. 위의 태학에 있는 19명의 박사 중 고문경학박사뿐만 아니라 그 수에 있어서도 압도적이었다. 그렇기 때문에 고문경학에 중점을 두면서 금문경학(今文經學)의 경향을 겸비한 정(鄭玄)학과 왕(王肅)학 모두 고금문학을 대표하였으며 정학(鄭學)을 전수받은 왕학경설(王學經說)의 박사가 15명을 차지하였다. 금고문경학(今古文經學)의 지위의 도치는 바로 위 태학의 특징의 하나를 이루었다.[29]

태학생의 입학연령은 약 15세였다.[30] 태학에 입학하고 나면 연령 안배는 장유의 순서에 따랐으며 부형의 관직 상 지위순위가 아니었다. 그리고 입학자격의 신분에 있어서도 엄격하지 아니하였고 조위(曹魏)의 피역(避役)자제들도 태학에서 교육을 받았으니 이로 보면 태학이 특권계층의 전유물이 아니었음을 알 수 있다. 이것은 바로 '유교무류(有敎無類)'의 교육사상의 표현이라 할 것이다.

위의 태학의 존재 면에서 보면 본래 창건할 때의 의도와는 달리 많은 문제가 발생하기 시작하였다. 그것은 태학생의 수적인 격증, 전란과 정국의 불

---

27) 三國志 魏志 王肅傳注 참조.

28) 『三國志』-'明帝記' 참조.

29) 孫培靑, 中國敎育史(修正版), 華東師範 大學出版社 2000, 참고 같은 책, 226면.

30) 三國志 魏書 卷二八 참조.

안정은 태학의 행정을 엄격하게 감독하지 못하는 결과를 초래하여 그 학풍은 허망할 뿐이었다. 그 결과 태학에 모여드는 학생들은 배우러 오는 것이 아니라 피역(避役)하기 위함이었기 때문에 겨울에 왔다가 봄에 나가는 등 대단히 자유 산만하였다. 그리하여 태학에 들어오는 자들은 독서는 멀리하고 서로의 교우하는 장소로만 여기는 경향이 있어 학풍은 아주 퇴보하였다. 이러한 상황은 결국 위 조정의 공경(公卿) 이하 4백여 인 중 붓으로 글을 쓸 수 있는 자 10여 명에 불과했다[31]는 결과를 초래했으니 태학의 발전이 부진했다는 것을 간접적으로 읽을 수 있다.

이미 교육행정제도에서 살핀바 있지만 위는 조조가 정권을 잡고 있을 때(서기 203) '흥학령'을 내리고 각 군국은 문학(文學)을 세울 것을 지시하였던 바 만 5백 호의 현에 있어서는 교관(校官)을 설치하고 그 지방의 이름 있는 선비를 골라 그로 하여금 교학케 하였다. 위의 정권이 건립된 후로 주에는 문학종사, 군에는 문학연, 현에는 교관연을 두어 지방교육을 담당케 하였다.

위가 교육제도상 새로운 발전을 하게 된 것은 율학(律學)의 창설이다.[32] 서기 227년 명제(明帝)는 율학박사를 두어 관리들에게 법률을 교수케 하였다. 그 자세한 기록은 볼 수 없으나 중국 역사상 율학설치의 단서를 발견할 수 있다.

촉·오의 학교교육 : 촉·오의 2국에 있어서도 중앙과 지방의 관학이 있었다. 촉의 유비(劉備)는 제위에 올라(서기 221) 태학을 설립하고 박사를 설치하여 학생을 교육하였다.[33] 당시 촉의 학술 경향은 고문경학(古文經學)이 위주였다. 또한 지방교육에 있어서는 주에는 주학을 설립하여 권학종사(勸學從事)를 두어 학관으로 하였다.[34]

오(吳)에 있어서는 손권(孫權)이 서기 229년 왕위에 올라 그 다음 해에는 국학(國學)을 설립하고 강제주(講祭酒)로서 제자(諸子)들은 교학할 것을 조서로 명하였다.[35] 이것은 손권이 국학을 세운 것은 물론 중국 남방에 있어서

---

31) 三國志 魏志 卷十四 劉放傳注引資別傳 참조.
32) 孫培靑, 같은 책, 184면.
33) 이 때 박사로는 윤묵(尹默), 허자(許慈), 초주(譙周) 등은 대표적 인물이었으며 이들의 자손들은 그들을 계승하여 박사가 되었다.
34) 三國志 蜀書 卷十二 許慈傳 참조.
35) 三國志 吳書卷二 吾主傳烏 참고.

국학의 개시를 의미하고 있다. 당시의 교육의 중심은 북방에 치우쳐 있었으며 남방은 그 문화가 상대적으로 낙후되어 있었다. 손권의 오국에 있어서의 학풍은 금문경학(今文經學)이 위주였다. 이것은 바로 한나라시대의 학풍을 이어 받았기 때문이다. 이 점이 바로 위·촉의 학풍과 다른 점이다. 오에 있어서는 위·촉과 같이 지방교육도 실시되었다.

2) 양진(兩晉)의 학교교육

서진(西晉)의 중앙관학 : 서진의 중앙관학으로는 태학과 국자학이 있다. 서진의 태학은 위의 태학을 계승하고 발전시켰다. 서진 초기에 박사 19명을 두고 태상이 총괄하였다. 태학생들은『상서(尙書)』,『옥숙주(玉肅注)』등 유가의 경전을 배웠다. 무제(武帝) 때인 태시(泰始) 8년(서기 272)에는 태학생이 7천여 명에 이르렀다. 그러나 조령을 내려 경(經)의 시험에 통과한 자는 재학케 하고 그 나머지는 군·국으로 돌려보냈다. 정부의 고관의 자제들은 교육을 받을 수 있는 자는 입학을 허가하였다.[36] 서진 초기의 태학생의 학생들은 군·국의 지방에서 모이는 학생이 많았고 심지어는 서역지방에서 온 학생도 많았다고 한다.

서진의 전통적인 고등교육기관으로서의 태학 외에 국자학(國子學)이 있었다. 무제는 함녕(咸寧) 2년(서기 276)에 조서를 내려 국자학을 세웠다. 그리고 함녕 4년(서기 278)에는 국자학의 학관제도를 확립하여 국자제주(國子祭酒), 박사 각 1명, 조교 15명으로 하였다.[37] 혜제(惠帝) 원강(元康) 3년(서기 293)에는 더 나아가 국자학의 입학자격을 규정하였던바 품관 5품 이상의 자제로 제한하였다. 국자학이 설립 초기에는 태학에 예속되어 있어 국자학의 국자제주는 태학박사제주가 겸임하였었다.[38] 그러나 원강(元康) 원년(서기 291)에 태학과 국자학의 구별이 명확하게 되었다.

국자학이 품관 5품 이상의 귀족자제들로 입학을 제한하고 있는바 이는 귀족자제들을 위한 고등교육기관이라 할 것이다. 이로 보면 진의 고등교육기관

---

36) 晋書 卷十九, 禮志上 참조.
37) 晋書 卷二四, 職官志 - 참조.
38) 같은 책, 187면.

은 복선형 학교제도를 택하고 있다 하겠다. 국자학의 창립은 서진의 정권과 밀접한 관계에 있다. 서진은 사족(士族)이 정치의 기본을 이루는 정권이었으므로 그의 정치노선은 문벌사족의 이익과 존귀(尊貴)에 있었으므로 국가학의 창립은 바로 당시 귀족문벌사족이 향유하고 있는 교육특권의 반영이라 할 것이다.

동진(東晋)의 중앙관학 : 건무(建武) 원년(서기 317)에 원제는 '사관(史官)'을 설치하고 태학을 건립하였으며[39] 대흥(大興) 2년(서기 319)에는 박사 5명을 두고 태자를 태학에 보내어 강경(講經)하고 석전례(釋奠禮)를 행하게 하였다. 그러나 동진 초기 전란 때문에 태학은 피폐되었다. 그 뒤 성제(成帝) 때 한강(韓康) 3년(서기 337)년에 재차 태학을 세웠으나 또다시 전란으로 피폐되었다.

효무제(孝武帝)년간 정권이 비교적 안정되자 태원(太元) 9년(서기 384)에는 상서(尙書)인 사석(謝石)의 주장으로 태학이 부흥되고 또한 국자학이 설치되었다. 그리하여 공경(公卿) 2천석 자제를 태학생으로 하고 교사도 증수하게 되었다. 이로 보면 동진에 있어서도 태학과 국자학의 구분을 인식할 수 있으나 양자의 구별은 명확하지 않다.

효무제 때 중당(中堂)에 태학을 설립하고 120여 명의 제생을 모아 태학생과 국자생은 각각 그 절반을 차지하였던바 이는 바로 당시의 고등교육을 중앙의 고관들이 독점하고 있는 사실의 반영이라 할 것이다.

동진의 학관과 학생은 서진에 비교하면 많은 감소현상을 보였다. 서진 때 태학은 19명의 박사를 두었으나 동진 원제(元帝) 때에는 단 9명의 박사를 두었다. 또한 서진의 국자조교는 15명을 두었으나 동진 때는 10명으로 줄였다. 서진의 태학생은 수천 명에 이르렀으나 동진의 태학, 국자학생은 불과 2백을 넘지 못하였다.[40]

양진의 지방학교 : 서진의 지방학교는 자유방임적이었다. 지방학교의 성쇠는 주·군·현의 관리 자신의 의지에 따랐다. 동진의 지방학교 교육은 효무제(孝武帝) 태원 9년(서기 384년)에 시작되었다. 그러나 그 구체적인 모습은

39) 晋書 卷六一五, 王導傳 참조.
40) 全晋文 卷一二五 참고.

볼 수 없다. 지방교육은 각 지방의 태수나 현령 그리고 그 지방의 명사가 자기들 스스로 학교를 세워 교육할 따름이었다.

3) 5호16국(五胡十六國)의 교육

5호16국시대는 서진(西晋) 말엽 전술한 바 있는 5호가 중원에 들어와 한족과 공존상태 속에서 이민족 국가를 건설한 시기로 135년간(서기 304~439)의 대전란의 시대였다. 이러한 혼란기에 훌륭한 교육적 발전은 기대할 수 없었겠지만 호족의 제왕들이 오랜 문화적 전통에 젖어 있는 한족을 원활히 통치해 보려고 애쓴 결과 속에서 교육의 면모를 대강 보면 다음과 같다 할 것이다.

흉노족이 세운 국가는 전조(前趙), 북량(北涼), 하(夏) 등이 있으나 북량과 하의 교육상황에 관한 기록은 찾아볼 수 없고 다만 전조에 대해서만 약간 살필 수 있다.

전조에 있어서 마지막 왕인 유요(柳曜)는 어렸을 때부터 경학(經學)을 좋아하였기 때문에 일족이 경사(京師)에 유학하고 후에 황제가 되자 교육면에 유의하며 "태학(太學)과 소학(小學)을 세우고 25세 이하 13세 이상의 민간 청소년 1500명을 선발 현신(賢臣)과 기유(耆儒)에게서 교육을 받게 하고 태학에 임석하여 시찰하며 친히 학생을 시험하여 우수한 자를 관리에 임용하였다."[41] 유요는 또한 태학에 국자제주(國子祭酒), 숭문제주(崇文祭酒)를 두었으며 교사를 숙유(宿儒)라 하였다.[42]

후조(後趙 : 서기 319~351)에서는 후조를 세운 석륵(石勒)이 제위에 오르기 전에 양국(襄國; 지금 하북 성태시 서남)에 정도했을 때는 태학을 설립하여 장좌(將佐)의 자제 3백여 명을 모아 가르치는 한편 계속하여 선문(宣文), 선교(宣敎), 숭유(崇儒), 숭훈(崇訓) 등의 이름을 가진 10여개소의 소학을 세워 소학박사(小學博士)를 두고 무신과 호족 자제 100여 명을 교육하였다.[43] 석륵이 제위에 올라서는 또한 군국(郡國)에 명하여 학관(學官)을 두고 각 군

41) 晋書 卷百三, 劉曜傳 참고.
42) 卜憲群·張南, 같은 책 32-33면.
43) 晋書 卷百四, 石勒載記上 참조.

마다 박사, 제주 각 1명을 두어 제자 150여 명을 교육하였다.[44] 석륵의 후계자 석호(石虎)도 즉위하여 국자박사와 조교를 두어 청소년을 교육하였다.

저(氐), 량(亮) 등 티베트족이 세운 국가 중 전진(前秦)과 후진(後秦)의 경우만 기록상 그 교육상의 면모를 살필 수 있다.

서진 말년 저(氐)는 이미 5호 중 가장 진보적인 소수민족이었으며 특히 전진은 부견(苻堅)에 이르러서는 제일 번영하였다.

부견은 현명한 신하들의 도움으로 수도 장안에 학교를 세우고 공경제제(公卿子弟) 중 1경(經)에 통한 자를 학관에 입학시켜 수학케 하고 한 번씩 태학에 나아가 학생들의 학습상황을 평정하여 열심히 수학하도록 격려하였다. 그리고 태학에서 수업한 자에게 문책상제자(問策上第者) 83명을 선발 그의 비서로 쓰기도 하였다.[45] 전진의 학교교육은 박사와 제주를 두어 교육을 하였다.

부견의 교육관은 정통 유교의 경전을 교육하는 것이었고 현학(玄學)이라든가 불교(佛敎)는 비정도(非正道)로 간주하여 교육을 금하였다. 그러나 그도 만년에는 불교적 경향을 띠었다.

부견은 일반 교육 외에도 군인과 후궁(後宮)에게도 수학할 수 있는 기회를 주고 서적과 학비를 제공하기도 하는 아량을 보였다.

후진을 세운 요장(姚萇)은 제위에 올라 교육을 중시하며 지방관에 하명하여 학교를 세우고 교관을 임명하여 교육한 다음에 시험으로 우수한 자를 선별하여 입관토록 하였다. 이것은 실제적으로 전진의 교육제도를 계승한 것이다. 요장이 사후 그의 아들 요흥(姚興)이 계승하였던바 그는 계속 유학을 장려하였다. 또한 후진의 학교교육 중 특별한 것은 율학(律學)을 설립한 데 있다.[46] 이로 보아 후진에서는 유학과 법률을 중시하고 있었음을 짐작할 수 있다. 또한 법외에 불학(佛學)에도 많은 관심을 가졌다.

선비족이 세운 국가 중 남량(南涼)은 박사제주를 두고 학교를 세워 정부고관이나 귀족의 자녀들을 교육했다고 간단한 기록만이 남아 있다. 이 외로 한족(漢族)이 세운 나라로서 북연(北燕)에서도 태학을 세우고 박사랑(博士郎)이

44) 위의 63) 참고.
45) 晋書卷 百一三, 苻堅傳 참고.
46) 위의 책 참조.

란 교수직을 두고 연봉 2천석 이하의 자제로서 10세 이상인 자를 선발하여 교육을 하였으며[47] 전량(前涼)에서는 국왕 장궤(長軌)가 량주장관 때부터 일찍이 숭문제주(崇文祭酒)라는 교수직을 두고 학교를 세워 고관과 귀족의 자제를 교육한 바 있다. 건국하여 제위에 올라서서는 지방에 있는 귀족의 자제 5백여 명을 모아 교육하는 한편 춘추로 향사(鄕射)의 예를 행하였다.[48] 이러한 조치로 전에 광주(洸州 : 지금의 감숙무위[甘肅武威])에 거주하던 중원의 한족 세가들을 대대적으로 흡수하였다. 장궤의 자손들은 대대로 문교활동에 종사하여 명유(名儒)들을 배출한 바 있다.[49]

서량(西涼)을 건국한 이고(李暠)는 롱서(隴西 : 지금 감숙성 천수, 天水) 대족으로서 어려서부터 학문을 좋아하고 성품이 민첩하고 너그럽고 온화하며 경사(經史)에 통하였으며 특히 문의(文義)에 능했다.[50] 진륭안(晋隆安) 4년(서기 400) 이고는 왕이 되어 반궁(泮宮)을 세움과 동시에 대가 집 학생 500명을 증가시켰다.[51] 서량도 유림제주를 설치하였으며 이고는 제자(諸子)에 교육을 엄격히 하였다. 그리하여 서량 경내에는 유풍(儒風)이 흥성하였으며 비록 병란 중이었으나 강송(講誦)이 계속 되었다.[52] 명유 유병(劉昞)은 이고에 의하여 유림제주가 되어 "비록 정무를 보았으나 손에서 책을 떼지 않았으며" '량서(亮書)', '돈황실록(敦皇實綠)', '방언(方言)' 등을 저술하여 하서(河西)지방의 학술문화발전을 추진하였다.

북연(北燕)계의 핑발(乒跋)도 교육으로서는 일정한 지위가 있었다. 태평(太平) 7년(서기 415)에 이미 태학을 설립하고 박사를 두어 교육하였다.[53] 여기에서 북연의 학교교육이 비롯되었다.

16국시기 학교교육의 지속성은 어려웠다. 각국의 교육상황은 통치자들의 자질의 차이를 가늠케 할 수 있으며 또한 다 같지도 않았다. 그러나 유학(儒學)은 핵심적인 전통교육으로서 그 단절을 볼 수가 없었다. 물론 각 소수민족국가 또는 한족이 설립한 국가들도 모두 유학을 교화의 중심으로 보았다.

---

47) 晋書卷 百二五, 馮跋傳 참조.
48) 晋書卷 八六, 張軌傳 참고.
49) 崔鴻, 十六國春秋·前秦錄·晋書卷 94, 隱逸傳各傳 참고.
50) 晋書卷 八七, '凉武昭王李玄成傳' 참고.
51) 앞의 글 참고.
52) 北史卷 三四, '劉延明傳' 참고.
53) 晋書卷 一二五, '濞跋載記' 참고.

이것은 민족 융합을 추진한 것으로서 매우 큰 역사적 의의가 있다.

생각하건대 중국역사상 한족이 지배하든, 한족이 지배를 받든 간에 이때부터 중국의 소수민족의 '한족화'라는 거대한 물줄기가 형성되어 흐르기 시작했다 할 것이다. 특히 전진의 부견, 후진의 요흥은 교육을 중시하여 학교를 일으켜 그 진보가 매우 빨랐다. 량주(凉州) 문화지역은 장기간 한문화를 보존했던바 이것은 양한시대를 계승하여 수당문화의 선하를 이루었다. 불교문화도 이 시기에 중국문화에 합류되어 한문화를 위하여 새로운 혈액을 공급했다 할 것이다.

4) 남북조의 학교교육

기술한 바 있지만 남조(南朝)는 유유(劉裕)가 동진을 멸망시키고 송(宋)을 수립하는 데서 남조 역사의 선하를 이루는데 이후 170년간 다시 제(齊), 양(梁), 진(陣) 3조(朝)를 이루는데 이를 '남조'라 한다. 북조(北朝)는 위(魏 : 북위, 동위, 서위), 제(齊), 주(周) 3조의 약 200년간을 지칭한다. 이 시기 북방사회도 격렬한 동요와 결합의 연속이었다.

유목민인 선비척발족(鮮卑拓撥族)이 먼저 중원에 들어와 북방을 약 150년 통일하여 북위정권을 건립하였다. 그러나 북위는 또다시 분열하여 동위, 서위로 분열되었다. 동위, 서위는 또다시 북제에 북주로 대치되었다. 이러한 분란 속에서 북방의 역사무대는 비장한 민족 교체와 융합의 극을 연출하였다. 그간 곡절과 파란(예컨대 북제의 반한화 교육)이 있었지만 총체적으로 본다면 그들은 선진 한족의 봉건적 문화를 대략적으로 받아들임과 아울러 이들 북조 민족의 문화는 한문화에 융합되어 역사는 바로 이러한 새로운 수혈로 수당문화의 융성을 가져왔다. 이와 같이 한족의 봉건제도를 받아들임에 한족의 봉건문화를 받아들였고 이와 같은 문화의 수용에 따라 유학이 핵심을 이루는 봉건문화 교육을 받아들였다. 이리하여 북조의 제왕은 대개 유교정책을 받아들이고 학교를 일으켜 학교교육의 점진적인 번영을 가져왔다.

남조의 학교교육 : 송대에는 무제의 다음 문제 때인 원가(元嘉) 15년(서기 438) 경사(京師)에 전문·종합성을 갖는 일종의 대학격인 '4학관'을 설립하였

다. 즉 유학관(儒學館), 현학관(玄學館), 사학관(史學館), 문학관(文學館)이 그것이다. 이로 보면 학교의 성질과 기능이 다원화했다는 것을 짐작할 수 있다. 다만 학관의 존립 기간이나 규제 등도 상세히 알 수 없는 것이 유감이다.

송대 국자학은 문제 때인 원가 19년(서기 442)에 건립되었다. 동년 문제는 "대계상서(大啓庠書 : 상서를 분리 펼치다)", "광훈주자(廣訓胄子)"의 조서[54]를 내렸으며 또한 로군(魯郡 : 지금 산동성의 다른 이름)은 학사(學舍)를 수축하고 학생을 모집하며 공자묘를 새로 정리하며 묘 옆으로 송백 600주를 심을 것을 명하였다. 익년인 서기 443년 국자학은 정식으로 개학하여 저명한 학자였던 하승천(何承天)을 국자박사로 초빙하였다.[55] 동년 국자학의 건립 후에는 이른바 4학관이 이에 병합되었으며 국자학 역시 겨우 7년 만에 폐지되고 말았다.

송명제(宋明帝)는 태시(泰始) 6년(AD 470) '총명관(總明觀)'을 설립하였던바 이것은 장서 및 연구기관의 성격을 띠었으며 동관제주(東觀祭酒), 방거(訪擧) 각 1인, 거사(擧士) 20인을 두었다.[56] 그러나 교육이 주요한 지위를 점유하지는 않았다. 총명관에는 5부 즉 유(儒), 도(道), 문(文), 사(史), 음양(陰陽 : 음양학은 연구자가 없어 취소됨)을 설치하고 문제의 분과교수제도를 계승하였다.

국자학과 동년에 설립한 '의학'이 있는바, 이것은 중국 의학전문교육의 단서를 제공해 주고 있다. 또한 양무제(梁武儕)는 천감(天監) 4년에 '율학'전과 학교를 설립하고 율학박사 1인을 두었다.

이에서 보듯 남조 학교교육의 하나의 특색은 전문학교의 건립이다. 이러한 분과교수제도는 중국의 전통적인 '경학(經學)'을 유일한 과정으로 하던 학교교육제도를 타파하여 이후 교육에 많은 영향을 주었으며 이것은 또한 수당(隋唐)기 전문학교 발전의 맹아를 이루어 이후 후대의 분과대학의 시초를 이루었다.

유송(劉宋)의 지방학교는 어떠한 정규적인 것은 없었으며 일반적으로 지방

---

54) 宋書卷 五 (文帝紀) 참고.
55) 宋書卷 六四 (何承天傳) 참고.
56) 宋書卷 五五 (傅隆傳) 참고.

관들이 스스로 학교를 설립하며 교육하였다.[57] 또한 일부 지방에서는 지방에서 창립한 사학에 석사(碩師), 숙유(宿儒 : 노학자, 대학자)가 속한 지방학교도 있었다.

· 제(齊) 나라에 있어서는 소도성(蕭道成) 등은 건원(建元) 4년(서기 482)에 국자학을 설치하였다. 장서(張緖)는 태상경(太常卿)으로서 국자제주를 이끌었고 왕준지(王遵之)를 국자박사로 하고 학생은 150명이었는데 이 중 록위(祿位)가 있는 자 50명이 입학하였다. 입학 연령은 15 ~ 20세였으며 주거는 자기 집으로부터 경도(京都)까지 2천리 내에 있어야 했다.[58] 동년 소도성의 병사로 국자학은 잠시 그 활동을 정지하였다. 그러나 무제 소색(蕭賾)은 영명(永明) 3년(서기 485)에 다시 국자학을 복원하여 건물을 신축하고 공경(公卿) 및 원외의 자제들을 국자학에 입학시켰으며 왕검(王儉)으로 하여금 국자제주로 삼았다. 왕검의 적극적 활동으로 유학이 크게 일어났다.[59] 영명 3년 총명관을 정지시키고 왕검은 자기 집에서 학사관(學士館)을 설립하여 총명관에 있던 장서를 학사관에 이전하여 남조의 연구기구를 계속화시켰다.

남제는 법률교육을 또한 중시하였다. 건원 원년에 황문시랑(黃門侍郎) 최조사(崔祖思)는 법률교육의 전통의 필요성을 역설했으며[60] 영명 9년(서기 491)에는 정위(廷尉) 공치규(孔稚珪)는 국학에 율조교(律助敎)를 두어 국자생의 선택에 따라 학습시킬 것[61]을 상소하였다. 비록 이러한 의견이 현실적으로 관철 집행은 되지 않았다 하더라도 훗날 양(梁)과 당(唐)이 율학을 설치하는 이론적 배경을 이루었다. 남제의 지방관학은 일부 군(郡)에서 학당을 설립했을 따름이다.

· 양(梁)이 성립해서는 양무제는 학문을 좋아하며 교육을 중시하였다. 천감 4년(서기 505) 오경박사(五經博士) 및 주자법률박사(冑子法律博士) 각 1인을 설치하였으며 또한 5관(五館)을 설립하였다.[62] 양의 지방교육에 있어서

57) 宋書卷 六六 (何尙之傳) 참고.
58) 南齊書 卷 九 禮志-上 참고.
59) 南齊書 卷 三 武帝記, 권 21 文惠太子傳 참고.
60) 南齊書 卷 二二 崔租思·孔稚珪傳 참고.
61) 南齊書 卷 二二 崔租思·孔稚珪傳 참고.

는 천감 년간에 박사제주를 주·군에 파견하여 학교를 설립케 하였다.[63]

· 진(陳)의 중앙관학은 국학과 태학이 병립한 것으로 이것은 이전과 같지 않다. 예컨대 천가(天嘉) 원년에 심덕위(沈德威)는 이미 태학박사에 임하였으며 심불해(沈不害)는 국자박사로 옮겼던바, 이것은 태학과 국학이 병설되었음을 설명해 주고 있다. 진의 관학체제도 제주, 박사, 조교의 3등급으로 나누어 전대와 동일하다. 이들은 모두 저명한 학자가 담임하였다.

총체적으로 보면 남조의 학교교육은 때로는 단절되기도 하고 계속되기도 하였으며 통치자는 중앙의 국학과 태학을 대체적으로 중시하였다. 지방학교는 기본적으로는 자생적이었다. 학술의 핵심은 유가의 경학이었으나 얼마 되지 않아 남방학술은 현학(玄學)과 불교(佛敎)를 수용하여 깊은 영향을 주었으며 학술사상 역시 활발하였다. 남조의 학교교육도 하나의 새로운 내용 예컨대 전문학교의 설립과 과거와 밀접하게 관련된 '명경(明脛)' 시험제도가 출현하였으며 이는 후대에 큰 영향을 주었다.

북조의 학교교육 : 북조의 학교교육은 체제상으로 보면 중앙에 국학(太學)과 지방의 향학(鄕學)으로 나눌 수 있다. 효문제는 낙양에 정도하고 전면적으로 한화정책(漢化政策)을 추진하여 제도에서 언어, 복장, 풍속에 이르기까지 전면적인 면모를 일신하여 호(胡)와 한(漢)을 구분할 수 없는 민족융합의 국면을 가져 왔다.

북위의 중앙학교는 태학, 국자학, 사문소학(四門小學), 황종학(皇宗學)과 이 외로 전문성을 갖는 율학(律學)과 산학(算學)이 있었다. 이들 중앙관학의 성립 과정을 보면 다음과 같다.

위도무제는 평성에 점도한 후 태학을 창립(서기 398)했으며 다음해에는 "국자 태학생을 증원하여 태학생원이 3천 명에 이르렀다."[64]

태무제(太武帝) 시광(始光) 3년(서기 426)에는 별도로 태학을 성동(城東)에 일으켰으며 각 주, 군에 명을 내려 재학(才學)의 사(士)를 천거토록 하여 오랜 전란 속의 북방지역은 유학이 크게 일어났다.[65] 북위의 학교교육이 최

62) 梁書卷 四八 儒林傳 참고.
63) 梁書卷 二 武帝記中 참고.
64) 北史 卷 八一 儒林傳序 참고.

고로 발달한 시기는 효문제와 선무제(宣武帝) 때였다.

효문제는 태화(太和) 10년(서기 486)에 중서학(中書學)을 국자학으로 개칭하고 16년(서기 492)에는 황종학(皇宗學)을 열었으며 19년(서기 496)에는 성벽 4문에 초등학교의 성질을 갖는 이른바 사문소학(四門小學)을 설치하였다.[66]

북위가 동위, 서위로 분열되어 전란이 계속됨에 따라 학교교육도 기본적으로는 정돈상태에 있었다. 중앙관학은 이상의 설명한 것 외로 율학과 산학이 있었다.[67]

북위의 중앙관학은 제주, 박사, 조교 등을 두어 교학과 관리를 수행케 하였다. 그 중 중서박사(中書博士)와 사문소학박사(四門小學博士), 황종박사(皇宗博士)는 위제도의 특유한 것이다. 북위는 박사 자격과 국학생의 자격에 대해서도 명확한 규정을 두었다.[68]

북위는 중앙관학 외에 주, 군, 현의 지방교육도 매우 중시하였다. 헌문제(獻文帝) 척발홍(拓跋弘)은 천안(天安) 원년(서기 466) 향학(鄉學)을 건립토록 하라고 조서를 내려 "군에 박사 2인, 조교 2인, 학생 60인"을 두도록 하였고 그 후 또 조서를 내려 "큰 군은 박사 2인, 조교 4인, 학생 100인, 다음 군은 박사, 조교 각 2인, 학생 80인, 중간의 군은 박사 1인, 조교 2인, 학생 60인, 하군은 박사 1인, 조교 1인, 학생 40인을 둘 것"[69]을 명하였다. '위서'(高允傳)에 의하면 군국의 학교는 바로 여기서 시작된다고 설명하고 있다. 실제로 군국학은 한대 촉군(蜀郡) 태수 문옹(文翁)이 이미 그 단서를 열었으며 한 무제는 이미 천하의 군국이 모두 학교관(學校官)을 세우도록 명하였으나 다만 일반적으로는 시행되지 않을 뿐이었다.[70] 주, 군의 학은 현 이하의 학교에 대해 말하면 '대학'이라 할 것이다. 현에는 강학(講學), 당(党)에는 교학(教學), 촌에는 소학(小學)을 각각 설치하였다.[71]

위의 지방학교 교육의 발달은 굴곡이 있었으며 또한 지방학교의 발달이

---

65) 北史 卷 八一 儒林傳序 참고.
66) 北史 卷 八一 儒林傳序 참고.
67) 魏書 卷 九一 藝術列傳 참고.
68) 北史 卷 四八 高允傳 참고.
69) 北史 卷 八一 儒林傳抒 참고.
70) 高時浪 著, 中國教育史綱(古代之部), 人民教育出版社, 1991, 204면.
71) 魏書 卷 五七 (高允傳) 참고.

비록 중앙의 정책에 달렸었지만 그 구체적 시설과 성취의 대소는 전적으로 지방 관리의 교육의 중시 여하에 달렸었다.

· 북제(北齊) 정권은 선비화(鮮卑化)한 한족과 선비족 중 제일 낙후하고 한족화의 정도가 제일 낮은 육진인(六鎭人)이 건립한 정권이었다. 바로 북제정권은 낙양의 한족화한 선비족의 불만과 육진의 선비족화 집단이익의 보호에 대하여 대대적으로 선비문화를 제창하고 나왔기 때문에 이것은 한족의 입장에서 보면 북위 이래 한화정책에 대한 일대 반동이라 할 것이다. 이리하여 북제 교육의 발전은 우여곡절이 심했으며 성취 효과도 미미하였다.

문선제(文宣帝) 고양(高洋)은 천보(天寶) 원년(서기 550) 국학과 군학을 조를 내려 설립하였다.[72] 그러나 북위와 같은 교육적인 붐도 없고 위로부터 밑에까지 교육에 대한 흥미를 갖지 않았다. 그리하여 국자학과 학생은 현실적으로는 허명에 불과했다.[73] 이러한 현상은 결과적으로 독서무용론이 전형적으로 나타났고 이에 따라 북제는 형식상으로 제도가 있어 어느 정도 교육적 조치는 있었으나 총체적으로 보면 하나의 교육적 퇴화하였고 학술 황폐의 시대였다.

그러나 제도적인 면에서는 하나의 교육체계를 가지고 있었다. 중앙관학으로는 국자시(國子侍), 태학, 사문학이 있었다. 국자시에는 제주 1명, 영박사(領博士) 15명, 조교 10명, 학생 72명이었으며 태학은 박사 10명, 조교 20명, 학생 200명, 그리고 사문학은 박사, 조교 각 20명, 학생 300명의 정원을 설치하였다.[74]

지방관학은 '북제서(北齊書), 유림전(儒林傳)'에 의하면 "군에는 학교를 세워 박사, 조교를 설치하고 경(經)을 교수했으며 학생을 충원하였다."[75] 하였으며 북조도 위제에 의거 학생의 성적을 평가하였다. 예컨대 견침(甄琛)은 주장관으로 있을 때 왕명을 받들어 군학에서는 "제생들을 간시(簡試)하였다."[76]

72) 北齊書 卷 四 (問宣帝紀) 참고.
73) 北史 卷 八一 (儒林傳) 참고.
74) 隋書 百官志 卷 二七 참고.
75) 北齊書 卷 四四 儒林傳 "諸郡幷入學 置博士 助教授經 學生俱差逼充員"
76) 北齊書 卷二一 高昂傳 "簡試諸生" 참고.

· 북주(北周) 역시 육진계의 민족이 수립하였으며 중앙관학으로는 태학, 인지학(麟趾學) 그리고 로문학(露門學)이 있었다.

인지학은 일시적으로 설립했던 연구기관적인 성격을 가진 학교로서 교학 외에 주요한 임무는 경사(經史)를 간행하고 총서(叢書)를 편집하는 것 이었다. 로문학은 주무제(周武帝) 때 설립되었으며(서기 567) 학생은 72명이었다. 이것은 귀주(貴冑 : 귀족의 자제) 학교였다. 또 하나의 주목할 사실은 대성(臺省)에 학(學)을 설치하여 승랑(丞郎) 및 덕행 있고 영민한 자를 학생으로 선발하였다. 그리하여 공무를 보면서 밤에 강습하였던바 "먼저 6경을 공부하고 나서 자사(子史)를 공부하였다. 또한 학생 중에서 간덕행순의자(簡德行淳懿者)는 태조를 뫼시고 독서하였다."[77]는 기록이 있다. 이로 보면 이 제도는 일종의 재직연수제도로서 직무시간 외 야간연수학교라 할 것이다.

지방관학은 발달하지는 않았으나 제도상으로는 주, 군, 현에 박사를 설치하여 교학의 임무를 담당케 하고 또한 지방의 덕행이 있는 자를 보고하여 표창케 하였다.[78]

4. 위진남북조 사회의 사학의 번영

위진남북조시대의 관학은 때로는 흥하기도 하고 폐하기도 한 상황이었으나 사학은 400여 년간에 걸쳐 그 발전은 부단히 계속되었고 그 조직형식, 교학내용, 교학방식, 사회영향 등에서 장족의 진보를 가져왔다. 이러한 변화를 일으킨 것은 급격히 발전하는 사회적 수요였다. 당시 동란의 국면은 관학의 정상적인 시운(時運)에 영향을 주었으며 사회발전의 수요는 필연코 사학이 그 공백을 메워 줄 것을 요구했다. 그러나 위진남북조 사학의 발전은 양한시대와는 같지 않았다. 즉 양한(兩漢)시기 사학의 발전은 독존유술(獨尊儒術)을 지침으로 한 국가의 교육규제 하에 전개되었지만 위진남북조시기에서는 어떠한 규제, 조정능력도 매우 약하였다.

---

77) 周書 卷三五 薛稹傳 참고.
78) 周書 卷三三 柳昻傳 참고.

이와 같이 사학의 발전은 독존유술의 속박을 벗어나 사회 발전의 수요에 따라 발전 중심을 확정하였다. 교과내용의 다양화, 사학건립 형식의 다양화는 당시 사학발전의 현저한 특징이었다. 학술과 교육의 중심이 사학으로 전이된 셈이다. 이것이 바로 위진남북조 교육발전의 주요한 특징이라 할 것이다. 또한 여기에서 위진남북조 사학 발전의 의의는 양한시대의 그것과는 다르다.

양한의 사학은 독존유술의 문교정책의 규제 하에 발달했지만 그것은 한대 교육체제를 유지하는 역할만 하였을 뿐이었다. 그러나 위진남북조의 사학은 오히려 사회발전의 수요와 학자들의 독존유술의 관학제체에 대하여 하나의 와해작용을 유발하여 위진남북조의 교육제체는 결국 독존유술의 범주를 벗어났다. 이러한 와해작용은 역사 발전 면에서 생각할 때 진보적의 의의가 있다 할 것이다.

1) 사인강학(私人講學)의 다양한 발전

춘추시대 이후 '천하실관, 학재사이(天下失官, 學在四夷)'의 국면은 사인강학의 바람을 일으켰다. 이리하여 형성되기 시작한 수백 년간 사학의 전통은 봉건적 전통사회 사대부 계층에 사학건립의 열의를 불러 일으켰으며 사학의 설립경영은 고대 지식인의 사회참여로 자신의 가치실현에 주요한 수단이었다. 위진남북조시기 사대부들도 그 예외는 아니었다.

삼국시대는 전란이 빈번하여 공명에 무심한 사대부들은 모두 두문불출하고 강학(講學)에 힘썼다. 또한 현직 관리들도 당시 정치의 암흑에 불만을 품고 사직하여 고향에 내려가 교학하는 경우가 허다하였다.[79] 양진(兩晋) 시기에는 문벌정치의 암흑기로 사인관리 사회는 실의에 빠져 관에서 물러나 귀향하여 삼국시대와 같이 두문불출하고 교수에만 진력하는 현상이 보다 증대하였다. 많은 명유(名儒)들은 관도(官途)에 오르는 것을 단념하고 학술연구에 전념하며 학생을 모아 강학하는 데만 힘을 다하였다.[80]

79) 『三國志』 卷五二 步騭傳, 卷十三 王朱傳, 卷十六 杜畿傳 등 참고.
80) 『晋書』 卷五一 束晳傳, 卷七七 蔡漠傳 등 참고.

진실(晋室)의 남천으로 북방은 여러 소수민족의 정권이 상호 권력투쟁의 곳이 되어 16국의 사학은 더욱더 산림 속에 은거하는 경우가 많았다.[81] 남조의 학자들은 관도에 오르지 않으려 했던 것은 옛날과 다름이 없었다. 그러나 남조의 정권은 교육에 대한 제창이 더욱 실제적이고 절박했기 때문에 사학의 발전을 위해 비교적 관대한 환경을 형성해 주었다. 그러나 정치적 상황은 여전히 온전치 못했기 때문에 남조의 사학도 산림 속이나 교외에서 성행했다.[82]

북조 사학의 발전은 일찍이 북위 도무제(道武帝)의 "금입사학(禁立私學)"이라는 간섭을 받았지만 시종 사학건립이 정지되지는 않았다. 이것은 역사서에서 쉽게 짐작할 수가 있다.[83] 끊임없는 사인강학의 풍조는 모두 남북조시기에 계속 되었다. 4백여 년의 평온치 못한 사회적 불안 속에서도 전통학술문화를 보존할 수 있었던 것은 산림에서 은거하며 생도를 모아 강학해 온 수많은 사학이 대사(大師)들의 노력의 결과였다는 것을 간과할 수는 없을 것이다.

위진남북조 사회의 동란과 변혁은 객관적인 면에서 학술사상이 상대적으로 발전할 수 있는 조건을 제공해 주었다. 이러한 다원화 한 학술사상의 사조 분위기 속에서 사학의 발전도 다양화 선택의 기회를 접하였다. 이는 위진남북조 사학의 발전에 좋은 토대를 제공해 주었을 뿐만 아니라 위진남북조 사학 발전의 다원화 구조를 형성해 주었다. 이것이 위진남북조 사학 발전의 하나의 현저한 특징이었다.

위진남북조 사학의 다원적 구조는 우선 사학 설립 경영의 다양화상에서 체현되었다. 사학 설립 경영 형식의 다양화는 위진남북조 사학 설립 경영방식의 천차백태를 가리킨다. 이것이 바로 양한의 사학과 다르다. 양한시대 사학은 앞에서 언급한 바 있지만 독존유술 문교정책 지도하에 사학설립형식은 아주 단조로웠으나 위진남북조 시대의 사학은 오히려 각각 달랐다는 특색이 있다.

위진남북조 사학의 천차만태의 양상은 당시 사회의 인격 추구 다양화의 반영이었다. 위진남북조 사학의 설립은 독존유술 교육정책의 규제에서 벗어나 사회발전의 실제수요와 학자들의 학술 특징에 근거하여 다각도로 사학발

---

81) 『晋書』 卷九四 隱逸傳 참고.
82) 『南齊書』 卷五四 高逸傳 참고.
83) 『魏書』 卷八四 儒林傳

전의 중심을 선택하게 되었다. 이러한 특성은 교학내용에 표현되어 다원화의 구조를 형성했다.

위진남북조 사학의 교학내용에서 볼 때 유학(儒學)은 여전히 사학에 있어서 교학의 주류를 이루었다.[84] 그러나 당시에 전문적으로 유학만 전수하는 사학은 많지 않았다. 그리고 이 때 유학을 깊이 연구하는 방법은 양한시대와는 많은 점에서 달랐다.

당시 사람들이 유학을 공부하는 하나의 새로운 시각은 유학과 현학, 불교, 도교의 의리를 상호 비교하여 이들의 융합된 일치점을 찾으려 했다는 것이었다. 이것은 위진남북조 학술발전의 하나의 새로운 시각이었다. 이러한 추세는 사학교육에 영향을 주어 교육내용면에서 유학 단일의 한계성을 벗어나 제자백가, 현학, 불교, 도교 등의 지식이 사학의 교학영역에 수용되어 유학과 현학이 같은 학당에 있고 유교와 불교를 함께 교수하기도 하여 여러 과를 함께 배우는 현상이 사학에서 아주 성행하였다.[85]

교학내용의 다원적인 구조는 학술이론의 다양화에만 국한하지 않고 신흥학과의 다원화에도 나타났다. 일부 전통적인 교육 가치 관념에 의해 소외 되었던 학과들이 위진남북조 사학의 영역으로 당당히 진입하였다. 예컨대 천문, 역산(曆算), 점복(占卜), 의학 등의 전통적인 학과들이 사학에서 뚜렷한 영역을 차지하였다.[86] 이리하여 교육내용의 다원적 구조의 형성은 위진남북조 사학의 다면적 발전의 총체적 추세를 말하고 있다. 바로 이러한 현상은 양한 사학에서는 볼 수 없었던 새로운 특징의 하나였다.

위진남북조의 사학에 있어서 다면적 발전 추세는 반대로 당시의 학풍에 심각한 영향을 주었다. 학술영역에서 선두를 차지하기 위하여 사람들은 전통적 장구지학(章句之學)을 고수하지 않고 훈고식(訓詁式)의 고증에 머물며 박학, 정심(精深)의 학술적 발전을 향해 여러 경서를 섭렵하며 그의 의리를 관통하여 일가의 학을 세우려 했다. 이러한 사례는 위진남북조 사학의 대사(大師) 중에서 흔히 볼 수 있었다.

위진남북조 사학이 학술과 교육의 중심으로 된 것은 교육발전에 대하여

---

84) 『晋書』 卷八八 孝友傳 참고.
85) 『梁書』 卷百一 劉元海幾재·『籞書』 卷三三 儒林傳 참고.
86) 『晋書』 卷九四 隱逸傳·卷九五 藝術傳, 『三國志』 卷二九 方技傳 등 참고.

적극적인 의의를 가지고 있다. 사학의 발전은 관학의 폐쇄에 의해 조성된 교육의 실추를 보완해 주었으며 사회발전의 수요에 적응한 교육의 사명을 담당하였다. 위진남북조는 400년에 달하는 동란의 연속이었지만 중국 고대의 문화와 교육은 결코 이로 인해 좌절되거나 파괴되지 않았다. 이것은 결코 사학에 공을 돌리지 않고는 불가능했다.

사학의 대사들은 산림 속에서 또는 향리에 은거하며 객관적으로 학술문화교육을 더욱더 광활한 지역으로 전파하여 문화와 교육의 저변 확대와 보급을 촉진하였다. 특히 북방의 소수민족 정권은 중원에 들어와 지배주체가 되어 사학은 한족의 봉건적 문화를 전파하여 중화민족을 융합하는 주요한 매체였다. 바로 이것은 하나의 역사적 의의를 부정할 수 없다.

위진남북조 사학 발전의 특수한 의의는 우선 독존유술의 전통적 교육의 패턴을 타파하고 다면적 발전의 패턴으로 사회발전의 다면적 수요에 적응하였다. 봉건적 교육이 발전의 기로에 처했을 때 위진남북조 사학은 사회적 수요를 본보기로 하고 학술의 특징을 기치로 하여 유학교육면에서 개혁의 길을 열었을 뿐만 아니라 전통 관념상 '하찮은' 것으로 보았던 신흥학과 내지 과학기술지식을 교육전당으로도 끌어들였다. 이러한 교육개혁의 새로운 추세는 새로운 학술과 교육을 중심으로 하고 사회가 그 수용을 승인했기 때문에 봉건적 교육개혁도 그 실천 효과로 인하여 귀감으로 삼았다. 이러한 의의는 위진남북조 사학이 봉건적 사회의 교육발전 과정에서 하나의 특수한 지위를 부여하였다 할 것이다.

2) 가문교육(家門教育) 세력의 등장

위진남북조의 가문교육은 상당히 성행하였던 바, 이것은 위진남북조 사학교육의 하나의 중요한 특징이었다. 이와 같은 현저한 특징을 구현한 상징적인 것은 바로 계자서(誡子書)의 부단한 출현이었다.[87)]

---

87) 예컨대 삼국의 제갈량(諸葛亮)의 계자서를 시작으로 양진(兩晋)의 계자서, 왕상(王祥)의 훈자손유령(訓子孫遺令), 도잠(陶潛)의 명자십장(命子十章), 책자서(責子書), 계자서(誡子書), 여자소(與子疏) 등과 남조의 뢰차종(雷次宗)의 여자질서(與子姪書), 안연(顔延)의 정고문(庭誥文), 장융(張融)·왕승건(王僧虔)·서면(徐勉) 등의 계자서, 위(魏)의 안지추(安之推)의 안씨가훈(顔氏家訓), 북위의 장열(張烈)의 가계(家誡), 견침(甄琛)의 가회(家誨), 습옹(習雍)의 교계(教戒) 등이 나왔다. 이들은 당시 사람들의 각기 후대에 대한 특별한 관심의 정을 쏟은 것들이었다. 이와 같이 관심이 특별했던 것은 당시 문벌제도(門閥制度)와 사회적 동란이 격심한 데서 온 것이라 생

우리는 가문교육을 이해함에 있어 당시 문벌제도를 인식할 필요가 있다. 문벌정치의 투쟁과 정권의 교체는 일반적으로 궁정(宮廷)에서 상층 권력층의 교체형식으로 진행되었으므로 문벌 사족(士族)들이 얻었던 기득권은 손해를 받지 않았다. 이러한 사회현상은 사람들의 의식을 변화시켜 국가를 위하는 순국의 정이 희박하고 가문을 보호하는 관념이 강해졌다. 그리하여 문제(門弟)[88]를 상실하면 가족의 일체 이익도 상실되었다. 그러므로 문제(門弟)는 바로 문벌사족의 생명선이었다. 이리하여 어떻게 문제를 공고히 할 것인가는 가문교육의 직접적인 원동력이었다.

가법(家法)은 가문 내부의 계율규정(戒律規定)이었을 뿐만 아니라 가문 구성원들의 입신처세의 준칙으로서 이것은 한 가문이 사회에서 독립한 상징이었다. 따라서 가문 교육의 중심은 가법이었다. 문벌사족이 가문교육을 강조함은 가법의 계승에만 국한된 것이 아니라 문제(門弟)를 공고히 하고 가족의 학술적 지위와도 직접적으로 관련되었다.

동한 이래 "권이관록(勸以官祿 : 관록을 장려)" 문교정책의 지도하에 "치경(治經 : 경학의 연구)"은 입사(入仕)의 지름길의 하나였다. 그리하여 가문 누대(累代)의 경학(經學)은 자연적으로 누세(累世) 공경(公卿)의 결과를 가져와 문제(門弟)는 여기서 발생했다. 마찬가지로 문제가 있다는 것은 또한 누대의 학업이 있다는 것과 같아서 가학은 바로 문제의 필수적인 도구였다.[89] 그러므로 가학은 더욱 확대 발전시키고 명성을 떨치는 것은 위진남북조시기 가학의 중요한 임무였다. 따라서 당시 문제 사인들은 자기의 자손들에게 가학을 계승하고 작위를 계승할 것을 기대하였다.[90] 그러기에 문벌 사족들은 가문 구성원의 교육을 매우 중시했다.

우리는 여기서 깊이 인식해야 할 것이 있다. 그것은 바로 모든 문벌 사족의 운명에 대해 우려하기 시작한 남북조 후기 생존 인물인 안지추(顔之推)에 대한 것이다. 그의 우려는 문벌 사족 어느 한 가문의 성쇠로부터 출발한 것이 아니라 봉건 사대부의 입장에서 더욱 넓은 시각으로 전체 문벌 사족 계

각된다.

88) 봉건 사회 지주계급 내부의 가문등급, 위진남북조 때 높은 지위의 가문은 '고문(高門)', '망문(望問)', '세족(勢族)' 등으로 불렸으며 세가 약한 가문은 '한문(寒門)', '한족(寒族)' 등으로 불리었다.

89) 宋大川 王建軍著, 같은 책, 120면.

90) 『梁書』 卷三三(王筠傳) 참고.

층의 부흥의 출로를 생각했다는 점이다. 이는 '안씨가훈(顔氏家訓)' 중 가족 교육사상의 심각한 소재였다. 그가 이 책에서 편달했던 현상은 실제상으로 문벌 사족은 이미 몰락하고 있다는 것을 반영하고 있다.[91)]

문제의 전도에 대한 기대와 우려는 문벌 사족 가족교육을 일으켰는데 이것이 바로 위진남북조 가문교육이 새롭게 등장한 근본 원인이었다. 문제교육은 세족문화(世族文化)의 중요한 면을 구성하고 있다. 위진남북조 문제교육의 내용은 아주 광범위하여 구체적으로 문화의 각 방면에 미치고 있으며 인생관, 처세철학 면에도 관련 있었다. 이를 개관하면 다음과 같다.

유학교육 : 위진남북조의 세족(世族)은 비록 청담(淸談)을 숭상하고 현풍을 경모했지만 유학의 사회적 기능은 현학(玄學)이 대체할 수는 없었다. 양한의 가법(家法) 전경(傳經)이 위진남북조에서는 많이 보이지 않지만 유학은 문제교육 중에도 적지 않게 보이고 있다.[92)] 특히 효와 예학을 중시하였다.

현학(玄學)교육 : 현학교육은 문제교육 중에도 중요한 지위를 차지하고 있다. 이것은 현학의 가치 관념이 문벌 세족의 보편적인 동의를 얻었기 때문이다. 이리하여 한동안 세족이 현풍이 몸에 베인 것은 그들 문제를 유지하는 중요한 수단이었다.[93)]

문학교육 : 문제교육 중 문학도 중요시되었다. 특히 남조(南朝)에서 문학은 더욱 중요한 지위를 차지하였다.

예술교육 : 기금서화(棋琴書畵)는 당시 사람들의 중요한 취미였다. 문벌 세족도 이에 대하여 아주 중시하고 문제교육을 구성하는 중요한 부분이었다.

가세문풍교육(家世門風敎育) : 이것은 한 가문의 긍지심과 정통성을 갖기 위한 것이었다.

3) 사학 '백가(百家)'의 부흥

사회의 동요와 불안, 왕조의 빈번한 교체, 정치제도의 조령모개. 관학 흥

91) 顔之推, 顔氏家訓·勉學篇, 참고.
92) 『梁書』 卷四一 王寶傳·宋書 卷六十 王准之傳·『晋書』 卷六八 賈循傳 참고.
93) 『南齊書』 卷二三 王儉傳 참고.

폐의 반복에 따라 통치자들로서는 진나라처럼 사학을 엄금할 수가 없었다. 위진남북조시대에는 여러 가지 사조가 전래하여 발전하면서 각각 그 학설을 전파함으로써 '백가(百家)'의 사학이 다시 번영하게 되었다. 우리는 여기서 유가, 도가, 불가 등 사학의 한 모습만을 논의하기로 한다.

유가사학과 그 특징 : 위진남북조 시기에는 한대 유가사학의 강학(講學) 풍습의 영향을 받아 유가사학이 끊이지 않았다. 양진(兩晋) 때 저명한 유학자들은 학도를 모아 강학하였는데 학도들은 백여 명 심지어는 몇 천 명에 달하였다.[94] 북조(北朝) 때는 사학을 세워 '오경'을 가르치는 자가 많았으며 사학에서 오경을 배운 자가 많았다.

'북사·유림전(北史·儒林傳)'에 의하면 다음과 같이 기술하고 있다.

> 때는 나라가 평화로우니 학업이 크게 성행하였는데 연(燕)·제(齊)·조(趙)·위(魏) 사이에 경학을 읽고 기록하는 자가 헤아릴 수 없었는데 크게는 1천여 명 적게는 수백에 이르렀다.……[95]

당 시기 유가사학의 설립 경영상의 특징은 다음과 같았다.

경비 면에서는 어떤 자는 면비로 입학하고 어떤 경우는 속수(束脩)를 받기도 하고 또한 학생들은 의복과 식사를 제공받았으며 경우에 따라서는 제왕의 '자급(資給)' 혹은 '궤증(饋贈)'이 있기도 했다.

학생 모집의 경우에 있어서는 가난한 가문의 자제들의 입학률이 상승추세를 보였다. 예컨대 "집안이 가난하고 일찍이 고아로 되어" 돈이 없던 병원(邴原)도 입학하여 공부했고 학생들은 자신의 사정에 따라 선생을 택할 수 있었다.

내용 면에서는 여전히 유가의 경전(經典)이었는데 훈고(訓詁) 고증에 편중한 것이 아니라 뜻과 의리(義理)를 풀이하는 것을 중시하였다. 또한 겸하여 천문학 혹은 기타 자연지식을 가르치는 사학도 출현하였다. 이 외로 유가사학이 도(道)·현학(玄學)을 겸하여 가르치는 사학도 출현하였다. 이것은 교육내

---

94) 예컨대 오나라 범평범(範平范)은 학식이 깊고 많아 그를 찾아 구학(求學)하려는 자가 끊일 줄 몰랐고 그의 장서는 7천여 권이나 되었다 한다. 그리고 그는 구학하는 자들에게 의복과 식량을 제공하였다. 또 제(濟)나라의 유조(劉兆)는 오경에 밝아 그에게 배우러 오는 자가 수천 명에 달하였다.

95) "時天下承平 學業大盛 故燕齊趙魏之間 橫經著錄 不可勝數 大者千余人 小者獲數百"(北史·儒林傳)

용면에서 백가 융합의 단서를 보여준 것이라 할 것이다.

불교사학과 그 설립 경영의 특징 : 당시 사대부들이 불·도교에 열중했던 것은 유교를 경시한 것이 아니라 유·불·도 3교중에서 정신 추구의 합일점을 찾기 위해서였다. 고대 의식의 형태면에서 3교 융합이라는 역사적 주제의 확립은 객관적으로 보면 불·도교 양교의 발전을 도와주었고 여기에서 종교교육의 독립적 전개를 추진하였다 할 것이다.

위진남북조 불교교육의 발전은 대체적으로 2단계로 분류할 수 있다. 첫째 단계는 개별 전수의 단계로서 지식 승려들은 불교의학(佛敎義學)을 추구하여 먼 길을 마다 않고 선생을 모시고 구학(求學)했다. 불교 대중계율의 광범위한 전래에 따라 중국의 승려단 조직과 제도도 점차적으로 정규화 되었고 사원교육의 형태도 점점 형성되었다. 이것이 바로 불교교육의 2단계이다. 사원교육의 전개는 또한 한 걸음 더 나아가 불교교육을 전 사회에 널리 보급하여 보다 더 큰 수준의 제속화인(濟俗化人)의 교육적 효과를 실현했다.[96)]

불교 최초의 수용은 외국승려와 소수의 한족 지식인의 합작 하에 이루어졌다. 그러나 중외 문화의 차이, 지리적 조건의 제한 때문에 불경번역이 일치하지 않고 전면적이 못되고 부정확한 폐단이 많았다. 불교의 참뜻을 이해하고 불교의 중국화 과정 중 독립적이고 발전적 지위를 갖기 위하여 조기의 지식 승려들은 갖은 고생을 감수하고 심지어 서역 인도에 가 구법(求法) 유학을 하기도 했다.

당시 노장사상에 의한 불교 해석으로는 불교의 참뜻을 파악하는 데는 한계가 있었다. 불교의 참뜻을 이해하려 시도한 최초의 인물은 삼국시대 위 말(魏末)의 주사행(朱士行)[97)]이었다. 그는 중국에 소개된 번역 불경으로는 불교의 본뜻을 이해할 수 없음을 깨닫고 직접 서역의 우전(于闐)국에 들어가 불교연구를 하였고 그의 제자들에 의해서 불교의 진의가 어느 정도 밝혀졌다. '제법계공(諸法階空)'의 이치를 설명한 '반야경전(般若經典)'은 주사행 및 그 제자들의 노력에 의한 것이다.

한편 동진(東晋)의 법현(法顯)도 구법유학의 저명한 인물이었다. 즉 그는

---

96) 丁鋼 ; 中國佛敎敎育 -儒佛道敎育比較硏究-, 四川敎育出版社, 1988, 47면.

97) 그는 소년시절에 출가하여 중국 제일의 진정한 사문비구(沙門比丘)가 되었다. 그는 천재적이고 총명하였으며 경전 연구에 전념하였다.

불경을 연구하기 위하여 천축국(天竺國)에 들어가고(서기 399) 다시 인도에 유학한 후 해로로 중국에 돌아와(서기 414) 유명한 불국기(佛國記)를 남겼다.

당시에 대소승불전(大小乘佛典)은 이미 상당히 번역되어 전파되었으나 계율(戒律)이 결핍되고 유행하던 율서(律書)가 적어 불완전하였다. 승려조직을 공고히 하며 승려제도를 완전하게 하고 승려교육을 촉진시키기 위하여 완전한 율서를 찾는 것이 당시로서는 급선무였다. 그리하여 동진 때(서기 399) 법현(法顯)과 혜경(慧景), 도정(道整)과 혜응(慧應) 그리고 혜외(慧嵬) 일동은 장안(長安)을 출발하여 천축국에 가 계율(戒律)을 구하였다. 그들의 활동기간은 15년간이었다. 특히 법현은 범어(梵語)학습과 경본(經本)의 필사에 주력하였다.[98] 이들은 현지에서 죽기도 하고 법현 등은 귀국했지만 이들의 '위도구불법(爲道求佛法)'의 정신은 실로 경탄하지 않을 수 없다.

'위도구불법'의 정신은 당시 지식승려들 간에 대단한 영향을 주었다. 이때 서역 각국에 나가 구법하고 「찬반야경(贊般若經)」 30권, 「정법화경(正法華經)」 10권 등 모두 175부의 번역서가 나온 것도 이 때였다. 또한 구법 유학은 남북조 시기에는 조정의 지원을 받았다. 예컨대 남조의 유송(劉松), 북조의 북위(北魏), 북제(北齊) 모두 지식 승려를 서역에 파견하여 경(經)을 구하도록 하였다. 이러한 비교적 광범위하고 지구적인 구법유학행위는 불교교육이 중국에서의 독립적 발전을 위한 튼튼한 기초를 닦아 놓았다. 그것은 불교교육의 내용을 풍부하게 했음은 물론 인도불교교육의 '스승들의 구전' 방식을 바꾸어 강학자(講學者)가 책을 가지고 강론하고 수학자(受學者)는 책을 가지고 읽을 수 있게 하였다. 불교대중계율의 대량적인 전입은 승려단 조직과 제도의 건립을 촉진했으며 결국에는 사원교육의 발전을 촉진하였다.

중국 불교사원은 비교적 일찍 건설되었는데 동한 명제 10년(서기 67)에 낙양(洛陽)에 설립한 백마사(白馬寺)는 바로 승려들이 거주하고 불상(佛像)을 모시며 경전(經典)을 장서하는 곳이었다. 불교전수교육의 확대에 따라 승려단 조직도 점차 정형화되었고 그 교육활동과 많은 제자들이 생활하며 교육을 받을 수 있는 비교적 안정된 장소가 필요했다. 그리하여 사원을 건립하고 강학하는 것이 필연적인 추세였다. 거기에 더하여 당시 통치자들과 문벌 사

98) 丁鋼, 같은 책, 55면.

족들의 지지로 동진남북조 시기 불교사찰 건립이 고조를 이루었으며 이에 따라 사원교육도 점차 규모를 형성해 갔다.

위진남북조시대 사원교육의 창도자는 동진 후조(后趙) 때의 불도징(佛圖澄)과 도안사도(道安師徒)였다. 서역의 승려인 불도징은 제자들을 받아들여 강학을 했는데 그를 따르는 자가 늘 수백 명에 달했으며 전후로 제자가 일만 명에 이르렀으며 사찰 893개소를 건립하였다.[99] 이러한 조직을 준비하여 그 교육활동을 정규화 하였던 바 이것은 사원교육의 최초를 이루고 있다.

불도징의 사후 그의 제자 도안(道安)은 스스로 1파를 형성하여 사찰을 건립하고 불교를 전수하였다. 사원교육을 보다 더 발전시키기 위하여 도안은 불도징의 계법의 결함과 부족한 점을 찾고 승려집단을 위한 「승니궤범(僧尼軌範)」[100]을 제정하였다. 이 궤범은 사원교육의 규범화를 위해 좋은 기초를 닦아 놓았다. 특히 도안은 불교의 영향을 확대화하기 위하여 전후 제자들을 남방에 분산 이주시켜 장강(長江)유역에서 계속 사찰을 건립하고 전교하였다. 그가 제정했던 '궤범'도 제자들을 통하여 널리 전파되었다.

사원교육의 규범화는 사원교육의 진일보한 발전을 촉진하였다. 그리하여 동진 16국 시기에는 불교 강학의 남방의 중심을 이루었다. 남방불교강학의 중심은 혜원(惠遠)이 주지로 있던 로산동림사(盧山東林寺)였다. 혜원은 도안의 제자로 도안이 로산에 파견해 제자를 모아 강학케 했다. 혜원은 로산의 동림사에서 많은 제자를 양성했고 저명한 자만도 100여 명이었다. 그리고 그는 동림사 30여 년의 생활에서 사원교육규정을 보다 더 완전화했던바 '사사절도(社寺節度)', '외사승절도(外寺僧節度)', '비구니절도(比丘尼節度)' 등의 장정(章程)이 바로 그것이다. 불학(佛學) 중의 규·계율(規·戒律), 선교(禪敎)제전이 남방에 전파되어 동림사는 불교 정토종(淨土宗)의 발상지의 하나가 되었다.

구마라집(鳩摩羅什)은 장안에 남방불교강학 중심인 동림사와 상응한 북방강학센터를 세웠다. 구마라집은 서역의 고승으로 중국에 들어와 불교발전에

---

99) '高僧傳' 卷九에서는 西域승려 佛圖澄의 授徒講學에 대하여 다음과 같이 기술하고 있다. "受業追隨者 常有數百 前后門徒 幾且一萬 所歷州郡 興立佛士 八百九十三所"

100) "安旣德爲物宗 學兼三藏 所制僧尼軌範 佛法憲章 條爲三例 一日行香定座上經下講之法 二曰 常日六時行道飮食唱時法 三曰 布薩差使悔過等法" (高僧傳 卷五 : 道安傳)

큰 공을 세웠다. 그의 업적 가운데 가장 주목되는 것은 지금까지 중국에 번역 소개된 불경은 대부분 소승불교에 속하는 것이었으나 구마라집에 의하여 비로소 대승경전이 번역되기 시작하였다는 점이다.[101] 이로써 종래 노장사상을 빌려 잘못 이해된 불경의 진의가 많이 고쳐지게 되었다. 이리하여 노장사상으로 여과된 격의불교(格義佛敎)가 아니라 불교원전의 직접 번역을 통하여 알게 되었으며 대승불교의 발전을 가져오게 되는 동기가 되었다.

사원교육제도의 하나의 중요한 특징은 여승에 대한 교육이었다. 불교의 출가(出家)는 남녀를 불문했다. 불교의 여승은 7세에서 20세까지 십계(十戒)를 받은 자로 '사미니(沙彌尼)'라 불렀고 20세 이후에 2년간 '육법계(六法戒)'를 수학한 자는 법에 따라 계를 받을 만한 자를 '비구니(比丘尼)'라 했다. 비구니가 점차 많아짐에 따라 각지에 니암(尼庵)이 설립되어 비구니가 정식으로 강경전학(講經傳學) 교육을 점차적으로 전개하였다.

위진남북조 사원교육의 발전에 따라 사원과 승려 수는 급격히 증가하였다. 통계에 의하면 서진 시기에는 불사(佛寺) 180개소, 승려 3,700여 명이었다. 동진 때는 사찰 1,768개소, 승려 2만 4천여 명이었다. 남조 전성기인 양(梁)대에는 사원이 이미 2,846개소에 달했으며 승려는 8만 2,700여 명이었다. 북조 전성기인 북위 때는 사묘(寺廟)가 3만여 개소에 달했으며 각지의 승려도 2백여만 명에 달했다.[102]

위진남북조 사원교육의 영향은 불교도에 대한 효과적인 교육에서만 표현된 것이 아니라 더욱 중요한 작용은 역시 그것이 결과한 사회적 효과 면에서 나타났다. 그것은 위로는 왕에서 밑으로는 백성에 이르기까지 불교에 대한 관심을 유발했다는 것이다. 그리고 강경전학(講經傳學)이 계속되었다는 점이다. 북위, 북주(北周)가 한때는 일시적으로 불교를 금지하였던바, 이것은 당시 불교교육이 발달했다는 것을 반증한 것이라 할 것이다.

도가교육의 전개 : 동한 말기 황건적의 실패로 한때 도교는 침체 상태에 있었다. 그러나 그 후 갈홍(葛洪), 구겸지(寇謙之), 도홍경(陶弘景) 등의 노력으로 민간 도교는 통치계층이 필요로 하는 관방(官方 : 정부당국) 도교로 개

---

101) 중국의 불경번역사에서는 구마라집 이전에 번역된 불경을 고역경(古譯經), 구마라집이 번역한 경전을 구역경(舊譯經), 그리고 당나라 때 현장(玄奘)이 번역한 불경을 신역경(新譯經)이라 한다.

102) 丁鋼著, 같은 책, 35면.

조되어 도교는 동진에서 또다시 흥성하기 시작했다. 도교교육은 '신(神)'에서 '인(人)'으로 전향하고 허무 표묘(縹眇 : 멀리 희미하게 보이는 모양)의 피안의 세계에서 속세의 현실세계로 전향하여 생도상보(生道相保) 치신치국(治身治國)을 강조하였기에 동진남북조 때는 광범위한 지지를 받는 사회적 기초를 쌓았다.[103)]

위진남북조 도교교육은 대체적으로 2개의 발전단계를 거쳤다. 제 1단계는 사승(師承)관계가 비교적 밀접하지 않은 단계, 제 2단계는 도교관(道教館)의 출현으로 도관제도(道館制度)가 형성되고 도교교육이 규범화 단계로 들어가기 시작한 단계이다.

동진에서 도교가 다시 등장하게 된 것은 당시 많은 명문가가 그에 대한 흥미를 가지고 위진의 현학이 유행되었고 문벌 사족이 노장(老莊)의 소요철학(逍遙哲學)에 관심을 가졌기 때문이다. 이리하여 불로장생을 추구하고 속세를 벗어나 명산대천을 소요하며 련단(鍊丹 : 불로장생의 약)을 채집하거나 혹은 조용한 방에서 경을 외고 예배하며 한없는 환상에 잠겨 있는 신선도교(神仙道教)에 문벌 사족은 더욱 깊이 추구했다. 이러한 추구는 다만 일종의 사상 감정만의 추구로서 종교의 열광으로까지는 상승치 못하였다.

도교는 문벌 사족이 각별한 흥미를 가졌기에 봉건적인 통치계층은 그들의 통치를 위해 도교가 봉사할 것을 요구하므로 당시 민간 도교는 개혁치 않으면 안 되었다. 북위 초 귀족 출신 고산도사(篙山道士) 구겸지(寇謙之)는 북방의 대족인 최호(崔浩) 지지 하에 천사도(天師道) 중 원시적인 요소인 무귀도술(巫鬼道術), 재의제도(齋儀制度)와 반란을 고무하는 교의를 없애버리고 유가의 강상윤리(綱常倫理)를 도교계규(道教戒規)의 내용에 열거하고 불교의 윤회사상(輪回思想)을 흡수하여 도교의 교의로 삼아 단(壇)을 세우고 공덕(功德)을 닦으며 송경지계(誦經持戒) 할 것을 주장하였다.[104)]

이리하여 동진 남조의 갈홍(葛洪), 육수정(陸修靜), 도홍경(陶弘景) 등은 신선방술(神仙方術)을 원본으로 하여 신선양생(神仙養生)을 내적으로 하고 유술응세(儒術應世)를 외적으로 하며 유도겸수(儒道兼修)의 장생이론(長生理論)

---

103) 宋大川·王建軍, 같은 책, 139면.
104) 宋大川·王建軍著, 같은 책, 140면.

을 점차적으로 형성하였다. 아울러 천사도(天師道)의 조직과 제도를 개혁하여 순수한 종교의 도사(道師)제자관계로 제주(祭酒)가 도민(道民)을 영도하는 정교합일의 제도로 초라한 시설을 도관교육(道館敎育)으로 대치하였다.

이와 같이 남북조 시기의 도교는 상당히 완전한 경전, 교의, 계율, 방술(方術)의식과 교회조직을 가지고 있는 성숙된 종교로 되었다. 그리하여 도교는 분산된 민간 종교단체에서 관방 정통의 순수종교로 변모하여 유교·불교와 병립할 수 있는 세력과 지위를 가지게 되었다. 그리하여 도교교육도 도관제도의 확립으로 교범화하게 되었다. 도관(道館)은 출가한 도사(道士)가 집단적으로 종교 활동과 집단생활을 하는 장소이다. 도관의 설립은 주로 지방정부나 부호의 지원 하에 이루어졌으며 제왕도 국가적으로 도관을 건립하여 도사들에게 후한 예를 베풀 때도 있었다.

도관에서 도사(道師)와 제자와의 관계는 순수한 종교교육의 사도관계였다. 도교의 제자들의 수업은 반드시 도교의 규율과 청규(淸規 : 스님이 지켜야 할 계율)를 준수해야 했다. 도교는 '수재(守齋)'를 매우 중시했다. 이른바 '재(齋)'라는 것은 간단히 강(講)하는 것으로서 이것은 수도자가 청허념정(淸虛恬靜)하고 겸비공경(謙卑恭敬)의 마음을 보게 하며 두려운 마음, 예컨대 살얼음 위를 걷는 심정으로 구도(求道)할 것을 요구했다. 재법(齋法)을 행하는 것은 대체적으로 3가지가 있다. 하나는 공재(供齋)를 올리는 것이요, 둘째 절식재(節食齋)요, 셋째는 심재(心齋)로 이 중 심재가 제일 중요하였다.

종교교육이 학교제도에 미친 영향 : 위진남북조의 종교교육의 발전은 당시 사학에 많은 영향을 주었다. 불교와 도교에 대한 지식의 전수는 사학교육 중에서 나타났는데 이것은 종교교육이 사학에 대해 나타난 영향 중 하나의 현저한 표현이라 할 것이다. 그러나 이러한 영향은 사학교육의 물질적 측면에만 국한된 것은 아니었다. 당시에는 종교지식의 학습과정 중 종교교육에서 얻는 계시(啓示)가 물질적 범주를 훨씬 능가했다. 당시 사학교육은 현저하게 변화하였다. 그 중요한 점을 개관하면 다음과 같다.

첫째, 교학내용이 확대되었다. 종교교육의 내용은 이미 세속의 교육기관에서 한 자리를 차지하였다. 한 예를 든다면 불경을 강하면서도 예

(禮), 전(傳)을 강하고 도속(道俗)을 수업 받는 자도 많았다.[105] 이 경우는 오경에 정통한 유학자의 경우이지만 이것은 당시의 사회풍조와 사회적 요구를 상상할 수 있다.

둘째, 교학목적에서 학술토론의 내용을 증가시켰다. 여기서 말하는 소위 '학술'이라는 것은 당시에는 유·불·도의 의리를 탐구하고 토론하는 것을 일컫고 있다. 당시 불교의 발전은 불교의 의리(義理 : 내용과 이치)에 대한 해석에 치우쳐 있었으며 도교의 개혁도 의리화(義理化)의 발전에 주시했다. 그리고 한유(漢儒)의 장구(章句)의 학도 당시 사람들은 싫어했다. 사람들은 오직 유·불·도 3교의 의리의 합일점을 탐구하여야만 3교의 융합을 촉성(促成)할 수 있다고 보았다. 이것은 당시 교육에 대한 사회발전의 요구였다. 그리고 종교교육은 의리의 교학목적의 중시는 자연적으로 사학의 교학에 영향을 주었다.

셋째, 교학형식에 일부 새로운 변화가 있었다. 교학은 전통적인 주강자(主講者)의 일방적인 강수(講授)로부터 주강자와 수강자 쌍방이 공동적으로 탐구 토론하는 것으로 변전되었는데 이것은 불교교학 도강제(都講制)의 영향의 소치이다.

도강제(都講制)란 위진남북조 시기 정형화(定型化)되고 성행되었던 강경(講經)방식이다. '도강(都講)'이란 법사(法師)에게 묻는 명칭으로서 이 제도는 두 명의 법사가 공동으로 벌이는 강경활동(講經活動)을 말한다. '개강(開講)' 전에 한 명의 '도강'이 질문하는 것을 책임지고 다른 한 명의 법사는 대답을 책임진다. 그 다음 일문일답하고 또한 질문에 따른 답변을 보고 수강자들은 배움을 얻게 됨으로써 강경의 임무가 끝나는데 이것은 일종의 불교 특유의 교학방식이라 할 것이다. 예지컨대 양무제는 불교를 강경할 때 지원사(枳圓寺) 법표(法彪)를 '도강'으로 하고 도강이 끊임없이 질문하면 무제는 이에 대하여 자유자재로 대답하고 또한 어떤 의심스러운 어려운 문제가 있으면 중점적으로 해석하였다.[106] 이 제도는 교학의 기풍을 활발히 하고 자주적인 사

105) "后東游 居于錢塘之 佳儀里 與諸僧討論 釋典 遂通'三論' 每日二時 講 日佛經 晩講禮傳 道俗受業者 數百人" (陳書 卷二六 : 徐孝克傳)

106) "…以積圓寺 法彪爲都講 由法彪不斷 提問 而武帝則 隋問隋答 幷對某些疑問題進行重点解闡釋" (梁書 卷三 武帝記下)

유를 계발하는 데 그 효과가 있었다.

불교교육이 채택한 도강제(都講制)는 당시 학교에서도 볼 수 있었다. 북조도 도강제가 있었다. 그러나 북조의 도강제는 동한(東漢)의 것과 유사했던바 도강은 학생이 충당하고 그 직책도 주로 어려운 문제를 제시하는 것이 아니라 송서(誦書)하는 것이었다. 선생이 먼저 강하기 전에 도강이 경을 암송하는데 그 효과가 비록 문답형식보다는 낫다고 할 수 없지만 교학과정에서 변화가 있게 했다. 더구나 수업 전에 학생들로 하여금 강수(講授) 내용을 예습하게 하는 것도 교학에 유리하였다. 북제(北齊)에서도 이러한 방법을 계승하였다.[107]

당시 교학형식의 다른 한 가지 변화는 강수(講授)하기 전에 문제를 제기하는 것이었다. 발제(發題)도 '개제(開題)'라 칭했다. 불교 강경(講經)전 모두 도강(都講)이 먼저 제목을 소리 내어 읽고 나서 그 다음 법사(法師)가 제목의 뜻을 강해(講解)하였다.[108] 이러한 법은 남북조 사학에서도 널리 보급되었다. "발제(發題)"란 즉 강수(講授)의 주지(主旨)를 제시하는 것이다. 이주지를 깊이 있게 분석할 수 있는 자의 가부는 주강자의 학술 능력에 달려 있는 것이다. 이에서 볼 수 있는 불교의 '개제'는 당시 학교의 교학에 깊은 영향을 주었다.

5. 위진남북조 사회의 인재선발제도 : 구품중정제

1) 서설

주지하는 바와 같이 위진남북조시대는 문벌통치시기였다. 위진남북조의 인재선발제도는 양한시대의 찰거제(察擧制)를 계속적으로 관철하는 외에 또한 구품중정제(九品中正制)를 창립하였다. 이러한 신제도는 동한 찰거제도에 대한 회고와 손익(損益)을 기초로 하여 발전한 것이다. 그러나 실제 조작 과정

107) "兼通 左氏春秋 少時 恒爲 李寶鼎都講 后亦白宥徒衆 諸儒稱之" (北齊書 卷四四 : 儒林傳)
108) "晋簡文帝請汰講 放光經 問題人會 帝親臨" (高僧傳 : 築法汰傳)

중 인재선발 대권은 문벌 사족에게 수탈되어 특권화로 나아갔다. 이것은 교육발전에 대하여 아주 불리하였다.

위진남북조의 역대 통치자들은 부득이 찰거제도에서 문벌 사족들의 인재선발에 대한 특권의 비정상적인 면을 억제할 수밖에 없었다. 찰거제와 구품중정제의 병행은 통치자의 왕권이 부득불 문벌 사족의 특권 요구에 굴복한 것뿐만 아니라 또한 문벌 사족이 부득불 군주의 권위에 대한 지나친 침탈을 방지해야 했던 것을 설명해 주고 있다. 그러므로 위진남북조의 인재선발 과정 중 "계자정품(計資定品)"과 시험에 의한 선발의 상충이 중요한 모순으로 되었다. 다만 문벌정치가 위진남북조 시기에는 우선적이었기 때문에 구품중정제의 발전이 당시에는 인제선발제도의 주류가 되었다. 이는 실시 과정 중 많은 폐단을 초래하여 위진남북조의 사풍(士風)과 교육발전에 많은 영향을 주었으며 찰거제의 전개에도 영향을 주었다.

남북조 말기에 많은 정권의 통치자들은 왕권의 지위를 강화하기 위하여 더욱더 한문서족(寒門庶族) 중에서 지지 세력을 찾는 것을 중시하고 관리의 재능적 요소를 더욱 중시했기 때문에 구품중정제는 일차적으로 중대한 개혁을 하였던 것으로 이것은 바로 과거제도의 맹아라 할 것인바, 북주(北周)와 양(梁)에서 발생하였다. 이리하여 중국 봉건사회의 3대 인재선발제도가 다 같이 이 시기에 생겼거나 혹은 존재하였다.

2) 구품중정제

위·진 시대에 들어와서 호족이 귀족화하는 데 결정적인 작용을 한 것이 바로 구품중정제(九品中正制)이다. 이는 구품관인법(九品官人法)이라고도 하는데 이 제도는 위(魏)가 건국하던 서기 220년에 이부 상서(尙書)인 진군(陳群)의 건의로 실시된 추천에 의한 관리 선발제도이다.[109] 그런데 동 제도가 수립된 서기 220년은 바로 조조의 아들 조비(曹丕 : 文帝)가 후한을 선양(禪讓)에 의하여 찬탈한 해로서 이 제도를 실시한 동기는 후한시대의 관리등용이 외척이나 환관 등에 의해 극도로 문란했기 때문에 이를 바로 잡으려 하

109) 李炳甲 엮음, 中國歷史事典, 학민사, 1995, 59면.

는 데 있었다. 그리하여 무능한 후한의 관리를 도태시키고 새 정부의 출범과 함께 지방에 숨어 있는 유능한 인재를 추천에 의하여 선발하려는 데 이 제도의 근본정신이 있었다.

동 제도의 내용을 보면 각 주·군에 중정관(中正官을) 두고 그들로 하여금 지방의 인재를 추천하도록 하였다. 중정관은 현지 사정에 밝은 그 지역 출신 고관(高官)이 임명된다. 각지의 중정관은 관할지역 내의 향론(鄕論 : 여론)을 살펴 덕망이 있고 재주가 뛰어난 인물을 9품(品)으로 분류하였는데 이를 향품(鄕品)이라 하였다. 이와 같은 지방에서 추천된 향품에 따라 중앙에서는 관리로 임명하는 관품(官品)을 주었는데 향품에서 4품을 내려 관품 즉 8품을 제수하는 것이 일반적이었다.[110]

이 제도의 정신은 향론(鄕論)에 따라 덕망과 제주를 겸비한 인물을 추천으로 선발하려고 하였으므로 그 취지는 훌륭한 것이었다. 그러나 그 당시 사회 분위기는 이미 호족세력이 지방의 여론인 향론을 좌우하고 있었으므로 자연히 호족의 자제가 상품(上品)에 추천되어 고관직을 독점하는 결과를 가져오게 되었다. 이와 같은 결점이 있었다 하더라도 관리 선발 면에서 볼 때는 9품중정제는 찰거제에 비해 적어도 다음과 같은 세 가지 진보가 있었다.

첫째, 지방 인사들을 고찰하는 대권이 지방의 태수(太守)로부터 전문적으로 고찰하는 중정관의 몫이 되어 선발작업이 독점화 제도화되었다.

둘째, 인물에 대한 품평은 분과품평(分科品評)에서 등급품평으로 전환하여 고찰표준의 양화(量化)의 추세가 나타났다.

셋째, 인물품평의 도향(導向)은 민간의 여론으로부터 관방의 손으로 넘어가 조정에서 인재선발에 대한 규제가 보다 더 강화되었다.

이와 같은 3가지 다른 점은 선발제도 면에서 볼 때 9품중정제가 찰거제보다 더 성숙되었다는 것을 나타내고 있다.

9품중정제의 창설은 실제적으로 한·위 때 사람들이 동한의 찰거제에 대한

110) "按九品之制 初因后漢建安中 天下與兵 衣冠士族 多離于本土 欲征源流 遽難威悉 魏氏革命 州郡縣俱置大小中正 各以本妻人任 諸府公卿及 台省郎 使有德允 才盛者爲之 區别所管人物 定爲九等 其有言行 修著則升進之 或以五升四 以六升五 徜或道義虧闕則 降下之 或自五退六 自六退七矣, 是以吏部 不能審定核 天下人才士庶 故委中正 銓第等級 憑之授受 謂免乘戾, 及法弊也 唯能知其閥閱 非復辨其賢愚 所以劉毅云 上品無寒門 下品無勢族 南朝至于梁陳 此朝至于周隋 選擧之法 雖互相相損益 以九品及 中正至 開皇中方罷 (通典一四 : 選敍)

비판과 반성에서 기원했다고 볼 수 있는데 그 출발점은 인재선발의 '구실무본(求實務本)'을 추구하기 위해서였다. 그 중에서도 '유재시거(唯才是擧)'의 인재선발 사상은 그 공로를 부정할 수 없다. 이에 대하여 후세 사람들은 의식적이든 무의식적이든 간에 이 점을 홀시하고 9품중정제를 창시한 공로를 조비에게만 무게를 두고 있는 것 같다.

9품중정제가 완비된 것은 주지하듯 조비(曹丕)가 왕위에 오른 후였다.[111] 동 제도가 위나라로부터 진(晋)나라에 이르기까지 완전하게 성숙된 것은 주로 2개면에서 착수하였던바 하나는 중정제도이고 또 하나는 품평제도였다.

중정관(中正官)은 지방의 한 지구에서 품평 선발을 책임진 책임자였다. 중정관의 설치목적은 관부의 품평으로 기왕의 명사 청의(淸議)를 대치하여 사인(士人)을 품제(品第)하는 권위와 집중을 확보하기 위함에 있었다. 그러므로 당시 중정제도의 수립은 반드시 2개의 문제를 해결해야 했다. 하나는 중정관료 계통을 완전하게 하는 것이었고 또 하나는 중정관의 담임자격을 명확히 하는 것이었다. 위·진 중정관료 계선은 주로 주(州)와 군(郡)의 2급으로 구성되었다. 군에는 소중정(小中正)을 두어 1개군의 품평 선발을 주관케 하였으며 주에는 대중정(大中正)을 두었는데 주도중정(州都中正) 또는 주중정(州中正)이라고도 불렀는데 주의 수개군의 품평 선발을 주관케 했다.[112]

이를 보면 중정관료계통은 전국의 선발을 하나의 독립적이고 완전한 망을 형성했다.

품평제도는 9품중정제의 임무계통으로서 그것은 품평방안, 기준, 순서 그리고 감독의 메커니즘 등의 요소로 구성되어 있다. 위진 시기 사람들은 한대의 찰거제의 장단에 비추어 관방의 규제력의 증가를 출발점으로 하여 일련의 비교적 완비된 품평제도를 수립하였다.

중정의 인물품평은 9품의 등급으로 하였는데 이것은 중국 고대의 선거에서 인물의 우열 고하를 평정 형식으로 정하는 중대한 조치였다.

중정의 인물 품평에는 몇 가지의 공식적인 사항이 있다.

중정이 인물 품평 후 이부에 보고하는 품평자료를 '품장(品狀)'이라 하였

111) "延康元年 吏部尙書 陳群以天朝選用不盡 人才乃立九品官人之法 州郡皆置 中正以定其選, 擇州郡 之賢有識鑒者李之 區別人物 第其高下" (通典·選擧二)

112) 『通典』·選擧二 참고.

다. 거기에는 다음과 같은 내용이 있었다. 하나는 사인의 가세(家世 : 가계와 문벌)로 이를 '자(資)'라 하였다. 둘째는 사인의 조행(操行 : 품행)과 재능으로서 이를 '행상(行狀)'이라 했다. 셋째는 품급(品級)이다. 이로부터 중정관의 품급작업은 다음과 같은 몇 가지 항목을 포함했다.

제 1 항 : 사인(士人)의 출신 가문에 대한 조사로 보첩(譜牒), 조부의 이력, 벼슬 상황과 작위의 고저 상황 포함

제 2 항 : 사인의 언행표현과 도덕 및 재간을 조사하고 심사평을 기재

제 3 항 : 고찰한 결과에 대하여 품급을 정함. 중정관이 내린 사인 평정의 품급은 종신토록 불변하는 것은 아니었다. 상례에 따르면 중정이 인물을 평가하는 것은 3년마다 1차적으로 조정하는데 이를 "청정(淸定)"이라고 한다.[113)]

9품 가운데 제 1품에 추천되는 경우는 아주 드물었다. 호족은 보통 제 2품으로 추천되었으므로 '문지이품(門地二品)'이란 말이 유행하게 되었고 여기에 호족과 관품(官品)이 밀착되면서 가문을 중요시하는 문벌 귀족이 탄생하게 되었다. 상품에서 제외된 세력 없는 사인(士人)은 한문(寒門) 또는 단문(單門)이라 하였다. 이리하여 "상품에는 한문이 없고 하품에는 세족(勢族)이 없다(上品無寒門, 下品無勢族)"[114)]란 말이 유행하게 되었다. 이것은 바로 구품중정제하의 가문의 고, 저간에 생겨난 하나의 품 등급이 분명한 한계성을 긋고 있다는 것을 심각하게 제시해 주고 있다.

사마염(司馬炎)이 위를 멸하고 진(晋)을 건국한 시기(서기 265)를 전후하여 문벌 귀족제도는 확립되었다. 9품중정제는 진대(晋代)를 거쳐 남북조시기에 이르는 약 200년간의 기간 내에도 약간의 변화는 있었으나 그대로 계속되어 위진남북조시대 귀족제도의 형성에 큰 작용을 하였다. 이와 같이 추천에 의한 관인(官人)의 선발 방법은 당시 사회구조와 밀접한 관련이 있었다.

한대(漢代)의 추천과 시험을 병행하던 향거리선제(鄕擧里選制)에서 9품중정제로의 전환은 바로 가(家)를 기반으로 하고 있던 한대의 향촌사회(鄕村社會)가 붕괴되고 위진남북조시대의 가문과 문벌을 중심으로 한 집단적 종족사

113) "魏始建九品之制 三年一淸定之 雖未盡弘美 亦縉紳之淸律 人倫之明鏡 從爾以來 遵用無改" (晋書 卷一七 : 石系龍載記)

114) 『晋書』 卷四五 : 劉毅傳에는 下品無世族이라고 표기하고 있다.

회(宗族社會)로 전환하고 있었음을 말해 주고 있다. 따라서 한대의 사람들은 가(家)에서 곧바로 국가의 관인으로 나아갈 수 있었으나 위진남북조시대에는 종족(宗族)의 추천이 있어야만 국가의 관리로 나아가게 됨을 의미하는 것이다. 이는 개인의 능력을 중요시하던 한대의 향촌사회 구조에서 능력보다는 가문이나 문벌 등 종족의 배경을 중요시하는 호족사회 체제로의 역사적 변혁을 그대로 반영했다 할 것이다.[115]

문벌의 고하에 따라 향품(鄕品)이 결정되고 이러한 향품에 의하여 다시 관품(官品)이 행해지는 9품중정제는 향촌에 뿌리를 두고 있는 호족이 그들의 가문(문벌)을 배경으로 하여 관직을 독점하게 되었음을 의미한다. 따라서 9품중정제는 국가가 관직을 수여하는 것이 아니고 국가는 다만 호족이 정한 향품에 따라 추천된 호족 자제의 관품(官品)을 승인한 것에 불과하였다 할 것이다.

위진남북조시대의 가문이나 종족(宗族)이 가(家)와 국가의 중간에 끼어들면서 절대적인 영향력을 발휘하게 된 것은 바로 향촌구조의 제도화를 의미하는 9품중정제라 할 것이며 이 9품중정제가 호족의 관직 독점과 귀족화를 촉진하면서 남북조시대에 줄기차게 발전할 수 있었던 사회적 배경이 바로 여기에 있었다 할 것이다.

위진남북조 9품중정제의 발전 과정을 거시적으로 본다면 동 제도는 초기에는 "유재시거(唯才是擧)"를 수립기점으로 하여 일종의 대규모 조사, 등재의 방식을 국가적 차원의 인재의 자원을 탐칙(探則)하여 천하의 현재(賢才)를 초빙하려 하였다. 그러나 문벌 사족세력의 강성함에 따라 9품중정제는 그들의 세력 확장과 문벌정치를 도구화하였다. 말하자면 9품중정제는 원래의 취지와 변칙적 현상으로 전락하고 말았다. 동 제도의 원래의 개방성에서 나중에는 봉쇄성으로의 탈바꿈으로 인하여 사회의 인재유동이 정지되고 결국에는 인재를 억압하는 것으로 끝을 맺었다.

이러한 선발제도가 위진남북조의 교학발전에 가져다 준 영향은 이중적 이었다. 9품중정제 보장하의 문벌 사족은 조정에서 유학(儒學)을 회복하려는 일련의 노력을 무시하고 조정의 흥학(興學) 시도를 파탄케 했다. 이것은 바

---

115) 申採湜, 東洋史槪論, 三英社, 1994, 253면.

로 위진남북조 관학이 침체되었던 중요한 원인의 하나로 지적할 수 있을 것이다. 그러나 객관적으로 9품중정제는 위진남북조 교육이 독존유술(獨尊儒術)의 울타리를 타파하는 데 부채질하였던바, 이것은 역사의 발전 과정에서 적극적인 의미를 가지고 있다. 당시의 지식집단주체로서의 사족(士族) 명사(名士)들은 철학, 문학, 예술 등 정신문화 영역의 자유발전에 도취했는데 이는 객관적인 면에서 또한 교육의 다학과(多學科) 발전을 위해 기초를 닦아놓았다 할 것이다. 바로 이 점은 위진남북조 교육을 인식할 때 당연히 주시해야 할 점이라 아니할 수 없다.

제5장 수 · 당대 사회의 교육(서기 581~960)

- 중원문화의 발전과 관학의 상대적 흥성 -

1. 총설

수(隋)·당(唐)은 위진남북조시대 360여 년간에 걸친 분열과 혼란을 수습하고 통일제국을 재현 발전시켰다. 수(隋 : 서기 581-618)는 문제(文帝), 양제, 공제 3대 38년에 이르는 단명한 왕조였으나 시종일관 통일정책과 중앙집권적으로 일관하였으며 당나라가 발전할 수 있는 기틀을 형성해 주었다. 수 문제는 개황율령(開皇律令)[1]을 발표하며 관제를 정비하였던바, 통치제도의 근간으로 3성 6부제(三省六部制)[2]를 채택하였다. 이 외에 관리의 비행을 고발 탄핵하는 어사대(御史臺)와 황실의 제사를 주관하는 구시(九寺) 그리고 황실의 종친 및 교육을 주관, 감시했던 제감(諸監)을 두었으며 지방제도를 개편 정비하였다. 양제 때에는 관리충원방식으로 종래의 구품중정제를 폐지하고 과거제(科擧制)를 창시하여 문벌 귀족들의 관직 독점과 정치세력의 부식을 제거하기도 하였다.

또한 토지제도로서 균전제(均田制)[3], 병제로서 부병제(府兵制)[4], 조·용·조(組

1) 개황율령의 골격은 군주 1인 지배하의 통치제도를 수립하려는 것이었다.

2) 3성(三省) 즉, 문하성(門下省), 내사성(內史省), 상서성(尙書省) 그리고 상서성 내에 실무를 담당하는 6부 즉, 이(吏), 예(禮), 호(戶), 병(兵), 형(刑), 공(工)으로 구성되었다.

3) 균전제는 북위(北魏)로부터 계승 받은 것이다.

庸調)의 경제정책 그리고 비상대비책으로서 관창(官倉)과 의창(義倉)[5], 토목 사업으로서 대운하[6]를 건설하기도 하였다.

이상에서 보듯 수는 중앙집권적 관료제도를 수립하고 통치제도를 완비 하였다. 이와 같은 수의 중앙집권적 관료제도는 한대의 정치제도에로의 복귀를 의미하는 것인데 실로 수대에 골격이 짜여 진 이 중앙집권적 관료제도는 당제국의 통치제도로 이행되어 그 완성을 보았으며 이로부터 청말에 이르기까지 중국 역대 왕조 지배체제의 근간이 되었다.[7] 또한 대운하의 건설 개통은 남북조 이래 남북으로 분리 격리되었던 지형이 완전히 타파되어 남북 간의 경제적 대동맥이 되었을 뿐만 아니라 이후 실제적 중국 통일을 형성하는 맥락이 되었다.[8]

수말의 혼란 속에서 수를 대신하여 중국을 재통일한 것은 이연(李淵 : 서기 556-626)[9]으로서 바로 당 고조(唐高祖)이다. 당(唐 : 서기 618-907)을 고조로부터 20대 애제(哀帝)까지 20대 290년간의 사회로서, 한족의 최극성의 시기였다.

통일적인 면에서 본다면 진·한의 경우와 같이 당의 제도는 수에 기초하여 당에 이르러 완성된 것이라 할 수 있다.

당의 지배체제는 당고조 무덕 연간으로 시작되어 태종 때에 대체적으로 완성되었다. 건국 초기에 최초의 율령인 무덕율령(武德律令)[10]이 완성되었다고 하나, 당의 제도가 완비된 것은 태종 때였다. 당시 제정된 당의 통치관료제도는 3성 6부제와 어사대, 9시(九寺), 5감(五監)이 따로 설치되었다. 지방은 10도(道)로 나누고 그 밑에 주(州)-현(縣)을 두고 각각 관찰사 자사(刺

---

4) 중앙에는 좌·우의 위(衛)를 두고 각 위에 장군 1명을 두어 지방의 부(府)를 통솔토록 하고 지방에 100여의 부를 두었다. 당시의 병제는 병농일치제에 기반을 둔 징집제도였다.

5) 관창은 군대와 관리에 필요한 비상식량을 저축했고 의창은 향(鄉)에 설치하였던바 기근과 가뭄으로 야기된 이재민을 구호하기 위해 설치한 것이다.

6) 최초의 운하건설로 문제 때의 광통거(廣通渠)였으며 양제 때에도 4개의 대운하가 건설되었다.

7) 李春植 中國史序說, 教保文庫, 1991, 207면.

8) 李春植, 같은 책, 209면.

9) 이연은 북주·수의 지배집단인 관롱집단(關隴集團)에 소속되고 수양제와는 이종간이었다. 차자 이세민의 권유로 617년 태원(太原) 유수의 지위를 이용하여 전·현직 문·무관으로 태원에 대장군부를 조직하고 병 3만 명을 일으켜 수도인 장안으로 진격 점령하였다. 이와 같은 과정을 거쳐 618년 수양제의 시살의 소식이 전해지자 그는 자신이 옹립한 수의 공제로부터 선양형식으로 즉위, 당을 건국, 연호를 무덕(武德)이라 하였다.

10) 그 내용은 알 수 없으며 대체로 수의 개황율령과 비슷한 것으로 생각된다. 이렇게 국가의 기본법이라 할 수 있는 율령을 제정한 후 고조는 다시 한·위 이래의 제도를 참고하고 북주(北周) 북제(北齊) 몇 수의 제도를 기반으로 중앙집권적 관료제를 확정하였다.

史)·현령(縣令)을 두어 행정을 맡도록 하였다.

당의 관제에 대하여 주목해야 할 것은 2가지 면이다. 하나는 유교가 한(漢)대 이후 관료학화하여 옴에 따라 당의 관제로 유교를 공부한 자들의 과거를 통한 다수의 관료예비군을 소화하여 적당히 배치할 수 있는 국가기구로 등장하였다는 것이며 또 하나는 당의 국정이 군주독재정치를 하지 못하도록 황제와 귀족적 관료의 협의 형식에 의해 이루어졌던 사실이라 할 것이다.

당은 관제를 원활히 하기 위하여 유명한 법제(法制)를 가지고 있었다.[11)]

그것이 바로 현존하며 완전한 당의 법원(法源)으로서 율·령·격·식(律令格式)[12)]의 5종의 제정법이다. 이 중에서 율과 령이 당의 2대 근본 법전이라 할 수 있다. 이 5종의 제정법은 그 자체는 각각 독립의 법이지만 서로 상호보완 관계를 가지고 있었다.

여기에서 주목할 것은 중국의 법제는 주로 관제와 형법인 공법이 대부분이요 사법이 별로 볼 것이 없는데 이는 중국의 법이 관료제 전제군주제도의 반영인 까닭이다.

당의 법제는 중국의 법제 중 가장 조직적인 것으로 그 때까지의 법제를 집대성하여 이후 중국법의 모법(母法)으로서 주도적인 위치에 있었을 뿐만 아니라 한국·일본·서역·해남 등에까지 계속되어 말하자면 동양의 법제가 되었다.[13)]

당은 방대한 관료의 충원을 위하여 수대의 선거(과제)제도를 답습 시행하여 천하의 준재를 가문을 불문하고 국가의 관료로 채용하는 길을 열었고 또한 이 선거제도를 위해 많은 학교를 개설하였다.

당은 토지·조세·병제 등에 있어서도 수의 제도를 거의 답습하였다.

토지제도로서는 균전제를 시행하였던 바 이에 있어서는 호족 또는 귀족세

---

11) 이세민은 제2대 태종이 되었으며 연호를 정관(貞觀)이라 하였던바 태종의 치세를 '정관의 치(貞觀의 治)'라 하여 후세에서 가장 숭배되었다.

12) '율'-소극적인 성격을 가진 금지법을 의미하는 것으로 형벌적 제제법 즉 형법이다. '령'-본래 적극적 성격을 가진 명령법을 의미하고 따라서 국가조직법과 행정법을 주로 하는 공법이다. '율', '령'이 같이 근본법이면서 변경할 수 있는 법이기 때문에 여기에 '격', '식'이 성립할 이유가 있는바 '격'은 율·령에 대하여 수정·변경을 가한 보충법이며 '식'은 율령에 대한 세칙의 법인 종위적 입법이었다. '예'는 의례·제도·정치·도덕을 내용으로 하는 편찬물이다.

13) 李恒寧, 法哲學概論, 博英社, 19전, 119면.

력을 배제하고 소농민 층을 대상으로 강력히 시행하였으며 조세 역시 균전제와 밀접한 관제에서 성립하였다. 즉 국가로부터 100묘(畝)의 토지를 지급받은 균전농민은 조·용·조의 세금[14]을 부담하였다.

병제에 있어서 부병제를 실시하였던바 서위(西魏)의 우문태(宇文泰)에 의해 시작되어 수에 계속되었던 것을 계승하였다.

이상과 같은 제도를 완비한 태종은 안으로는 선정을 시행하여 태평성태를 이룩하였고 밖으로는 또 무력으로 중국 역사상 최대의 영토를 넓혀 국위를 선양하였다. 그러나 중간에 무주혁명(武周革命)[15]과 위후(韋后)의 란정(亂政)이 있기는 하였으나 현종(玄宗)의 개원의 치(開元之治 : 서기 713-741)[16], 천보(天寶)[17]이후(서기 742-755)까지 당의 전성기는 계속되어 이 기간 중의 당의 문치와 무공은 전례 없는 것이었다.

사회면에 있어서는 오호란(五胡亂)의 수백 년 동안을 겪으면서 혈통이 혼합되어 한족은 더욱 풍유한 활력, 각종의 창조적 활동 즉 문학, 음악, 공예, 의학, 천문, 수학 등이 두드러졌다.

문학에 있어서는 시(詩)가 핵심을 이루고 있다. 당시(唐詩)는 수량뿐만 아니라 그 체제, 형식, 기교, 사상 등 여러 면에서 최고의 경지에 이르렀다. 문장에 있어서는 복고주의 사상이 흐르고 있었으며 대표적인 인물로는 유종원(柳宗元), 한유(韓愈), 미술에 있어서는 당조의 고개지(顧愷之), 글씨에 있어서 구양순(歐陽詢) 등의 활동도 두드러졌다.

유교는 남북조시대 이래 불교의 발전으로 침체되었으나 수·당대에 이르러서는 발전해 나갈 기반을 마련하였다. 당태종은 종래 유교경전의 해석이 구구한 것을 통일하기 위하여 공영달(孔潁達)에게 명하여 오경정의(五經正義) 170권을 편찬케 하였다. 이는 한대 이래의 훈고학을 하나로 통일하여 국정학설화함으로써 그 의의는 매우 크다 하겠다.

---

14) 조는 율(栗) 2석, 용은 20일간의 노역, 조는 특산물의 진상으로 비단 2필, 면 3량 등이었다.

15) 칙천무후는 고종이 황후 왕씨를 폐하고 맞이한 왕후이다. 그녀는 고종이 죽자 태자(哲)을 중종으로 앉히고 섭정, 정권을 오로지 하였다. 당시 시어사(侍御史) 부유예(傅遊藝)가 백성들을 이끌고 국호를 주(周)로 고치고 황제에게도 무씨(武氏)사용을 청하였던 바 마침내 스스로 즉위하여 성신(聖神)황제라 하고 예종을 후사로 정하고 각 씨에 무씨 일족을 왕으로 봉한 정변을 말한다.

16) 개원은 현종의 두 번째 연호로서 모두 29년간(712-741)이며 정관의치 이후 당의 두 번째 극성기였다.

17) 천보는 현종의 세 번째 연호로 위로는 개원 끝부터 아래로는 숙종 초년 직전까지 모두 14년(742-755)간 외간으로 보아 당은 여전히 부강하였으나 실제로는 안으로 정치가 문란해지기 시작하여 마침내 안·사의 난이 폭발하였다.

이후 오경정의는 학교에서 정규과목으로 채택되었고 과거시험에 있어서도 오경정의에 의한 유교경전의 해석만이 통용되었다.[18] 그 결과 사상의 통일은 기하였으나 사상의 자유는 상실되어 당대 유학을 고정시키는 것을 결과 하였다. 이 때문에 오경정의의 획일적인 유학사상은 학교교육과 과거시험에 깊은 관련을 맺었으나 현실적으로는 경학을 주로 하는 명경(明經)의 사(士)는 적었고 문학을 주로 하는 자가 많아 당대 시문학의 성행을 촉진 하였다.

그러나 8세기 중기의 안사(安史)의 난을 계기로 사회변동이 심하게 됨에 따라 학술 사상계에도 그대로 반영되어 오경정의에 의한 고정된 유학의 해석의 훈고학적인 학풍에서 벗어나 유학의 근원을 구명하고 이를 자신의 학설로 정립하려는 경향이 있었다.[19] 이와 같은 당의 후기의 학술의 경향은 다음에 올 송대의 학술에 영향을 주게 되었다.

불교는 남북조에서 발전하다가 6조 말기에는 억불의 경향이었다. 그러나 수나라가 건국하면서는 더욱 보급되었다. 그리하여 이로써 불교 종파의 성립을 보게 되었다. 당시 불교는 국내적으로 불교철학의 연구, 특히 귀족계급에 교화를 미쳤음은 물론 대외적으로는 특히 당대(唐代)의 불교는 한반도와 일본열도의 유학승에게 영향을 주어 신라와 불교의 발전에 큰 자극을 주었다.

도교 역시 남북조 이래 성행해 왔으나 당대에는 특히 불교의 성행에 자극되어 국가의 보호 아래 세력을 확대해 나갔다. 도교는 조사(祖師)인 노자(老子)가 당의 왕실의 성인 이씨(李氏)와 같은 성이라고 하여 존중되고 숭상되었기 때문에 한때는 유행하였다. 특히 당의 현종(玄宗)은 노자묘(廟)를 세우고 노자의 도덕경(道德經)을 반포하며 또 중앙에 숭현학(崇玄學), 지방에 도학(道學)을 세워 도덕경, 열자(列子), 장자(莊子) 등을 수학케 하고 도거(道學)라 하여 도사(道士)임용제까지 실시하였다.

수나라의 당에 대한 관계는 진나라의 한나라에 관한 관계와 흡사한 점이 많다. 그것은 양자 모두 대분열을 마감하고 통일에 들어선 과도기적 사회였다는 점이다. 정치문화면에 있어서도 수·당과 진·한은 서로 비슷한 점이 많았다. 대내적으로는 사상의 통일과 정치권력의 집중이란 면과 대외적으로는 무

18) 東洋史學會編, 개관東洋史, 지식산업사, 1981, 142면.
19) 東洋史學會編, 같은 책, 143면.

력으로 그 발전을 시도했다는 점에서는 수·당이나 진·한이 다 같다 할 것이다 그러나 진·한은 대외적으로 저항과 정복의 시대였으나 수·당은 저항과 정복 외에 또한 중원(中原)문화를 발전시켜 주위의 타민족의 동화를 시도하였다는 점일 것이다.

수·당 통일 이후에는 남북민족이 동시에 "한문화"라는 용광로에 용해되어 문화상 아무런 차이가 없었다. 이것이 바로 수·당의 대내적인 문화적 통일정책이었다 할 것이다.

수·당은 한족 역사상 최극성 시기로서 문화와 정치는 주위 각 민족에게 영향을 주었다. 당대의 명성은 태종(太宗) 현종(玄宗)의 2대를 거치는 동안에 북으로는 외몽고, 동으로는 고구려, 남으로는 월남 북부까지 미치게 되었다. 주변국 사람들의 왕래가 번잡함에 따라 당시의 수도인 장안(長安)은 인물 전시장처럼 되었다. 많이 모일 때는 승려들도 4천여 명에 달하였으며 동방의 조선인과 일본의 유학생도 많을 때는 기백 명을 넘었다. 신라의 최치원(崔致遠)의 활동도 그러한 국제상황 하에서 이루어졌다. 한편 각 국의 교민들은 또한 종교 활동 예컨대 회교·불교 및 경교(景敎: 기독교의 일종)의 포교활동을 전개하였다. 특히 불교의 세력이 제일 컸다. 다만 주위 국가들로부터의 당에 온 자들은 중국문화의 영향을 받지 않을 수 없었으니 이는 바로 당대의 대외적인 문화 확장의 작업이 아닐 수 없다.

교육면에서 보면 수·당의 교육은 중국 고대 교육에 있어서 가장 성과가 있는 시기였다. 수·당 교육은 중국 고대 교육의 발전상 중요한 지위와 특별한 의미를 가지고 중국 고대 사회의 문화의 진보와 발전에 각별한 공헌을 하였다. 그 중요한 것을 들면 다음과 같다.

첫째, 고대 사회 후기의 문교(文敎)를 중시하고 문흥(文興)으로서 국가의 기본 정책을 삼았다.

둘째, 중국 고대 사회에서 최초 중국 내의 다민족의 통일로 대제국을 형성하고 정치·경제발전의 필요에 적응되어 유학교육을 주체로 하는 단계가 주도면밀하게 계선화 되었다. 그리고 주된 것과 보조적인 것으로 나누어 보통교육과 전문교육, 직업교육이 상호 결합하는 완비된 학교체제를 수립하였다. 또한 교육정책, 교육방침, 교육목표, 교육설비, 교재, 교사, 학생 면에서 계통적인 보장책을 강구하였다. 특히 사학(私學)과 서원(書院)의 발전은 고대 국가교육의 일종의식으로 교육 세력의 증강을 위하여 새로운 활동을 주입하였다.

셋째, 비교적 객관적이며 공정하고 합리적인 인재선발제도와 인재고찰제도를 수립하였다. 그리고 사회의 인재선발과 학교교육을 긴밀하게 결합시켜 학교에서 인재를 양성하는 것과 사회에서 인재를 선발하여 쓰는데 양성과 선발의 순환적인 메커니즘이 있어 학교교육의 발전을 촉진하였으며 사회문화와 진보적 가치 향상과 적극적인 향학적 기풍을 형성하였다.

넷째, 계통적인 실과교육체계를 수립 실시하였으며 고대 교육에 있어서 다원적인 기구와 기능을 띠게 하였다.

다섯째, 교육사상으로는 유학사상의 제2차 변혁에 적응하였고 고대인들의 이들과 현실적 경험에 총괄하는 기초 위에서 경학(經學) 교육사상이 이학(理學) 교육사상의 일부 기본적인 범주와 개념을 제안했으며 이론적인 준비를 하였다.

이미 말한 바와 같이 수·당 시대는 정치·경제·문화가 전례 없이 번영하였다. 당시의 위정자들은 그들의 정권을 공고히 하고 유지하기 위하여 통일제국의 통치적 기초와 중앙집권을 강화하기 위하여 제반 영역에서 위로부터 아래로의 개혁을 단행하였다.

이러한 일련의 개혁은 교육개혁과 발전에 정치적 기초와 물질적 조건을 제공하였고 교육 운영도 활기를 띠게 되었다. 통일된 중앙집권적 제국의 건립과 발전은 필연적으로 그것과 상호 작용되는 중앙집권적이고 등급이 분명한 교육체제와 관리체계를 요구하였다. 그리고 통일된 표준 교육내용과 체계적 교육방법을 요구하며 또한 이러한 모든 것은 반대로 객관적으로 정치안정과 번영을 촉진하였다. 이러한 시기에 있어서 고대사회의 교육과 정치사회의 관계는 하나의 상당한 조화와 통일을 이루었다 할 것이다.

2. 수·당대 사회의 문교정책

수·당대의 통치자들은 유·불·도 3자간의 관계에 의하여 즉 유교를 주축으로 하고 불·도교를 양 날개로 하여 문교정책을 수립하였고 동시에 사회적 수요와 주관적으로 애호에 의하여 3자간의 관계를 부단히 조정하여 확고한 통치 목적을 달성하였다. 이하 문교정책을 개관하고자 한다.

1) 숭유흥학(崇儒興學) 사상의 확립과 그 시행

수대의 교육정책 : 수대의 교육정책의 특징은 숭불존유(崇佛尊儒)의 태도라 할 것이다. 도교(道敎)를 수용은 하였지만 그것은 중요한 위치를 점유하지는 못하였다.

수 문제는 무인 출신으로 시(詩)·서(書)를 좋아 하지 않았으나 다만 확고한 통치적인 필요로 유가의 예악교화(禮樂敎化)의 제창만은 적극적이었다. 그리하여 문제는 즉위 후 얼마 되지 않아 개황(開皇) 3년(서기 583)과 9년(서기 589)에 각각 잇따라 조서(詔書)를 내려 천하에 있는 유서(儒書)를 구매할 것과 배움을 권하고 예를 행하도록 하였으며[20] 개황 9년(서기 589)에는[21] 공이 있는 신하들에게 조서를 내려 문예에 유의할 것과 가문의 자제들은 각 1경(經)을 지키도록 하였다. 그러나 문제 말년에는 각종의 학교가 많이 설치되었으나 정밀하지 못하여 조서를 내려 간소하게 하였다. 즉 국자학에서만 78명을 남기고 태학·사문학과 주, 현학은 폐지하였다.

양제 역시 대업(大業) 3년(서기 607)에는 국자학을 또다시 국자감(國子監)으로 개칭하고 학교로서는 수도에 국자학(國子學), 태학(太學)과 사문학(四門學)과 외로 서학(書學)과 산학(算學)을 설치하였고 지방에는 국학(國學)과 현학(縣學)을 설치하는 등 흥학에 힘썼다. 그러나 국정이 쇠퇴함에 따라 사도(師徒)가 태만하고 흩어지므로 문자 그대로 학(學)은 이름뿐이었다.

당의 문교정책 : 당의 건국 초 최대의 현안문제는 당조를 어떻게 공고히

20) "購求遺書於天下 …… 天下勸學行禮"(隋書 ; 高祖紀一)

21) "……戎旅軍器 皆宜停罷 武力之子 但可學文人間甲仗悉皆除毁 有功之臣 降淸文藝 家門子姪 各守一經 今海內翕然 高山仰止 京邑庠序 爰及州縣"(隋書 ; 高祖紀一)

하고 새로운 통일국가로서의 다민족국가를 어떻게 다스릴 것인가 이였다. 그 때의 논의는 '창업(創業)'이 중하느냐 '수성(守成)'이 중하느냐의 논쟁이었다. 그러나 '수성이문(守成以文)'은 정관(貞觀)의 문치(文治)의 지도개념으로 확립하게 되었다. 이것은 '무공(武功)'으로 부터 '문치(文治)'로의 중대한 정책의 전환이었다.

이러한 정책의 전환 내지 확립은 당시 사회의 안정을 촉진하는 데 유리하였고 수 말 이후 갖가지 동란이 남긴 쇠퇴한 국면을 일신하고 사회문화의 발전을 위한 전제가 되었다.

당의 건국 초기 '수성이문'의 국가정책의 기조는 교육정책에 있어서 당연히 숭유흥학(崇儒興學)[22]이었다. 유교를 대단히 좋아했던 당고조 이연(李淵)은 건국 후 얼마 안 있어 대업(大業 13년 : 617)에는 조서를 내려 유교를 숭상하기를 요구하고 국자학 내에 주공(周公)과 공자의 묘(廟)를 건립하며 봄·여름·가을·겨울 제사를 올리고 그 후대를 예우하도록 하였다. 또한 그는 624년에는 친히 국자학의 대(臺)에 나아가 석전예(釋奠禮)를 행하였으며 흥학칙(興學勅)을 반포하여 "근본을 돈독히 하고 지엽적인 것은 그만둘 것이며 유교를 숭상하라"[23]고 명령을 내렸다. 이와 같은 당고조의 주장에 따라 학자들을 흠모하게 되었고 유교는 진흥하게 되는 국면을 갖게 되었다.

태종은 대신들과 반복된 논의 끝에 수왕조 멸망의 교훈을 받아들여 마침내 "전쟁을 멈추고 문교에 진력(偃武修文)"하는 지도이념을 확립하고 당 왕조의 정책 실현의 전이를 완성하였다.[24]

또한 태종은 두 번에 걸쳐 국자감에 나아가 석전(釋奠)을 행하고, 교학상황을 점검하고 사람들이 유가의 경전을 학습할 것을 격려하였다. 또한 경전의 학습지도에 있어서 선생들의 설명이 구구하고 장구(章句)가 번잡하고 해의(解意)가 다지(多枝)한 문제 때문에 이의 해결을 위하여 전술한 바 있지만 공영달에게 『오경정의』의 편찬을 명하고 이를 천하에 반포하여 사람들은 이를 전수 받아 익히기를 명하고 또한 이를 과거시험의 표준으로 삼았다.

이러한 시책은 유가학설을 통일하고 유가의 지위를 향상시켰다. 이 점은

---

22) 唐書高祖紀一, 같은 책.
23) "敦本息末 崇尙儒宗"(唐人詔令集卷一五)
24) 孫培青, 中國敎育史, 上海華東師范大學出版社, 1992, 264면.

바로 한족에게 있어서 최초로 한 무제가 유교를 국가의 지도이념으로 했던 것을 당태종은 더 나아가 유교의 지도이념의 실현을 더욱 구체화한 점에서 중요한 의미가 있다.

이리하여 당태종의 노력은 유교의 지도이념 하에 정책의 집행이 구체화되었다. 즉 학제의 정비 면에서는 주학(州學), 현학(縣學), 향학(鄕學), 의학(醫學)제 등의 수립으로 나타나 『대당육전』(大唐六典)에서 보는 바와 같이 당의 완비한 교육체제를 성립시켰다.

시설의 충실로는 정관(貞觀)년간에 영토 확장으로 인한 관료의 수요와 그에 따른 관료양성의 필요와 당시 주변국가와 교류 상, 당이 중심지였다는 점과 문화 향상 상 교육시설의 확장을 집행하였던바 그 대표적인 노력이 1천2백 칸의 학사의 중축, 서학과 산학에 박사제의 설치, 학생의 증원으로 나타났다. 그리하여 학생 수에서 보면 고조 때 최초의 학교를 설립했을 때의 3,420명에 비해 태종때 한때는 그 학생 수가 8천여 명에 이르렀다.[25] 그 당시는 주변의 백제, 고구려, 신라 등의 나라에서도 많은 유학생이 들어왔다. 학관(學官)의 충당에 있어서는 많은 학자들을 등용하였다.[26] 그리고 교제에 있어서는 『오경정의』가 선정되었다.

교육이념의 확립에 있어서는 선성선사(先聖先師)[27]의 문제가 해결되어야 함은 유교를 국가의 지도이념으로 한 이상 당연하였다. 한대에는 주대(周代)의 관례에 따라 주공을 선성으로 봉사(奉祀)하였지만 유교주의가 점차 성행함에 따라 위·진이래 북조는 공자를 선성(先聖)으로 받들어 왔으므로 당대에 있어서도 태종의 정관 2년(서기 628)에는 좌복사(左僕射)인 방현령(房玄齡)의 건의에 따라 공자를 선성, 안회(顔回)를 선사로 결정하였으나 다음 고종 때는 이에 이의를 제기하고 반대하는 자가 있어 다시 주공을 선성으로 하였다가 현경(顯慶) 2년(657)에 또다시 공자를 선성, 안회를 선사로 하였던바, 이것은 이후 청 말까지 계속되었다.[28]

---

25) 唐會要, 卷三五, 文獻通考 卷四一 學校二 참고.

26) 국자제주에는 『오경정의』를 수감했던 공영달. 당의 문교정책을 기획했던 장후윤(張後胤), 조홍안(趙弘安), 장복예(張復裔) 등, 국자사업(國子司業)에는 상서(尙書)·춘추(春秋)에 통달했던 조굉지(趙宏智), 역(易)에 정통했던 주자사(朱子奢), 국자박사에는 『力經의보고』라 칭하는 곡군율(谷郡律), 『史記地名』의 저자인 류백장(劉伯莊), 국자조교에는 오경정의(五經正義)의 선정을 맡았던 이선신(李善信), 사사홍(史士弘), 태학박사에는 삼예(三禮)에 밝았던 왕공(王恭), 왕덕소(王德韶)는 당시 많은 거유(巨儒)들이 등용 되었다.

27) 先聖은 학교에서 제사지내는 사당의 주신(主神)이며 先師는 그에 배향되는 것이었다.

고종은 전 2대의 미완 부분을 보완하는 정도에 지나지 않았다. 현경 2년(서기 657)에 낙양을 동도(東都)로 정하고 별도로 국자감을 두었다. 그리고 신분이 그리 높지 않거나 서민 자제 중에서 준수한 자들을 입학시키는 사문학을 크게 확장하고 이의 출신자들은 실제 행정면에 충원하였다.

그러나 고종 말년에는 정치에 뜻을 두지 않고 측천무후(則天武后)에게 정치를 맡겨 무씨(武氏)일족의 정치 참여에 따른 정치 기강의 문란과 무후의 불교신봉과 사원건축 등 불사에의 열중 등으로 유교이념에 입각한 관학은 날로 쇠퇴해 갔다.

현종(玄宗) 이후의 문교정책 : 현종은 어렸을 때부터 학문을 좋아하고 유가를 숭배하였으며 교육에도 지대한 관심을 가졌었다. 서기 726년 그는 『구유학조』(求儒學詔)를 발표하고 유술에 정통한 자를 천거할 것을 구하여 나라를 잘 다스려 안정시킬 수 있는 재능 있는 유생을 보유하였다. 그리고 서기 739년에는 공자를 문선왕(文宣王)으로 추중하고 또한 친히 국자감 의식에 참관하였다. 그리고 743년에는 『효경』(孝經)을 거듭 주석[29]하여 천하에 반포하고 학생들은 습독할 것을 명하였다.

유가사상에 의하여 더욱더 큰 위력을 갖기 위하여 그는 또한 사람들에게 예의로 바로 잡을 것을 명하였다. 『대당개원례』(大唐開元禮)를 제정하여 사람들로 하여금 사상에서 행동에 이르기까지 모두 유가의 교훈 조목을 준수하게끔 하였다. 더 나아가 유학을 통일하고 유교경전의 권위성을 유지 보호하기 위하여 문종 개성(開成) 2년(서기 837)에는 『개성석경』(開成石經) 모두 12경 그리고 장삼(張參)의 『오경정자』(五經正字)와 당원도(唐元度)의 『구경자양』(九經字樣)을 석각(石刻)케 하였다. 이들 석경은 지금도 서안(西安)의 비림(碑林)[30]에 보존되어 있다.

당대는 재차 유학을 통일하였고 기본적으로 유학 내부의 파별의 분쟁을 종결시키고 유학의 통치적 지위를 안정시켰다. 이후 무종(武宗)은 마구 불교를 훼손하였고 선종(宣宗)이 도사들의 행동을 박해한 것은 모두 유가를 숭상

---

28) 高時良, 中國教育史綱, 人民教育出版社, 1991, 238면.

29) 이것은 세칭 『개원어주』(開元御注)라는 것으로 당대의 학교에서 교과서로서는 채용된 것은 아니었다. 그러나 일본의 내량(奈良)시내에는 대학의 교과서로 사용되었다.

30) 섬서성 서안박물관에 보관되어 있는 많은 비.

하는 것과 일정한 관계가 있다 하겠다.

2) 불교에 대한 도교의 제창과 그 이용

우리가 여기서 지적할 것은 당왕조의 교육정책에 있어서 하나의 뚜렷한 특징이 있는바, 그것은 유술(儒術)를 숭상하면서 동시에 불교와 도교를 제창한 점에 있다.

불교가 한대에 전래되어 남북조시대의 발전을 거쳐 독자적인 종교 교단을 형성하면서 중국적으로 불교를 확립한 것은 수·당대에 이르러서였다. 그리하여 당 왕조의 제왕들은 불교를 중시하였다. 총체적으로 보면 당시 유·불·도의 3자는 형평을 이루고 있었다.

수·당대에는 불교는 바로 독창적인 분파를 형성하기 시작하여 중국화의 발전도상에 있었다. 수대에는 수 문제·양제의 노력으로 불교의 지위는 유학을 넘어서 수대는 불교연구의 중심을 이루었다. 그리하여 당시에 일본의 사신과 승려들 수십 인이 도당하여 불법을 학습하였다.

당대에도 통치자들도 아주 불교를 중시하였으나 존중하여 숭배하는 정도여서 결국 유·불·도 3자의 형평을 이루는 관계였다. 서기 624년에는 당고조는 유생 승려와 도사를 같은 곳에 소집하여 토론케 하였다. 그는 "3교는 비록 다르나 선행은 하나의 이치로 돌아온다."[31] 익년에는 국학을 방문 시찰하고 3교의 순서를 정하였던바 도교를 우선으로, 유교를 그 다음으로 하고 불교를 끝으로 하였다. 당태종은 비록 "내가 좋아하는 바는 오직 요순의 도와 주공과 공자의 교에 있다."[32] 하나 "불교에 관해서는 따르는바 뜻이 아니다."[33]는 것은 그가 불교의 발전에 대해서도 관용적 방침을 취한 것이라 할 수 있다.

현장(玄奬)이 경(經)을 가지고 돌아와 불경 5부를 번역한 것과 『서역기(西域記)』를 태종에게 바치는 서장(書狀)에 대하여 친히 답서를 보냈다. 당고종도 현장의 역경을 계속 지원했으며 현장이 죽었을 때는 수일 동안 조정의

---

31) 『冊府元龜』卷五十.
32) 『貞觀政要』 卷六.
33) 『舊唐書 蕭瑀傳』 卷六十三.

일을 보지 않기도 하였다.

서기 619년 칙천무후는 법령으로 불교를 도교 앞에 두었으나 현종은 집정 후 불교 세력의 확장을 억제하기 시작하였다. 1만여 명의 승려를 강제로 환속시켰고 민간에서 불상을 만드는 것과 불사의 창건을 금지하였다. 그리고 승려들의 관리를 강화하였다. 서기 843년에는 무종은 재차 불교에 타격을 가하여 불경의 소각, 승려들의 유배, 사찰의 철폐, 승려들의 명령에 의한 강제 환속 등을 감행하였다.

그러나 선종(宣宗), 의종(懿宗)과 희종(僖宗)등은 집권 시에 다시 불교를 부흥시켰다. 당대에 있어서 불교는 누차 타격을 받았음에도 대체적으로 말하면 당대의 불교는 여전히 장족의 발전을 하였다 하겠다.

도교는 중국의 자생적 종교로서 상고시대의 무술(巫術)에서 기원하여 동한 말년 장도릉(張道陵)이 창립한 오두미도(五斗米道)에서 형성되었다. 북위의 구겸지(寇謙之)의 개조를 거처 위진남북조시대에는 진일보한 발전을 하였다.

수대에 있어서 불교의 제창과 동시에 도교에 대해서도 중시되었으나 불교의 지위에는 미치지 못했으나 그 영향은 컸다.

당대에 이르러 도교는 통치자들의 지지 속에 활발해지기 시작하였다. 당의 왕씨는 이씨로서 도교의 비조의 성과 같다 하여 중시되었다. 서기 624년 당 고조는 노자사(老子祠)에 친히 행차하여 존조(尊祖)의 뜻을 표하였다. 익년에는 도교가 유·불 앞에 차지하는 정책을 수립하여 당대에 있어서도 도교를 존중하는 방침을 확립하였다. 당 태종도 이씨의 강산도 태산(太山) 노군(老君)의 신령스런 도움에서 힘을 얻었다 하여 도교를 황교(皇教)로서 받들었다. 서기 637년에는 그는 "도사는 승려의 앞에 있다."[34]고 규정하였다.

칙천무후는 숭불억도(崇佛抑道) 정책을 폈으나 중종이 복위하여 다시 도교를 진작시켰다. 그러나 현종은 집권 전기에는 도교의 발전에 대하여 제한을 가하고, 후기에는 도교를 맹신하여 노자를 대성조(大聖祖)로 존경하고 장안의 현원황제묘(玄元皇帝廟)를 태청군(太淸宮)으로 개칭하여 조정에서 제사하였다. 그리고 그는 친히 『노자』를 주해하여 천하에 반포하여 각 가정에서는 1권씩을 반드시 구비하도록 하였다. 수도에 도교를 전문적으로 강습하는 숭현학(崇

---

34) "道士女官可在僧尼之前"(大正藏 卷三)

玄學)을 설치하고 박사·조교 각 1명과 학생 100명을 두었다. 매년 공거(貢擧) 시험에 상서와 논어 그리고 1,2 도책(道策)을 빼고 『노자』의 시험을 가하였는바, 이것이 도거(道擧)이다. 그는 또한 사람을 각지에 파견하여 도경을 수집 정리하여 『일체도경음의』(一切道經音義)와 『삼동경강』(三洞瓊綱)의 도교경전을 집대성하였다. 현종 이후의 여러 왕도 도교를 대단히 중시하였다. 도교는 마침내 당대 통치자들의 적극적인 창조 하에 점점 발전하게 되었다.

3) 유·불·도의 융합의 경향

유·불·도는 상호 대립하기도 하였으나 사람들의 시야를 넓히고 사유 수준을 향상시켰을 뿐만 아니라 공동적으로 수당시대의 찬란한 문화를 형성하였다. 그러나 일반적으로 말하면 불교가 도교를 능가하지 못한 것과 마찬가지로 도교 역시 실제상으로는 유교를 넘지 못하였다.

유·불·도 3교의 특징을 말한다면 유가는 사회적인 것으로 사람들 현상유지적인 것을 요구하여 삼강오륜의 준수로 통치자가 필요로 하는 순신(順臣)과 양민(良民)이 되게 하였다. 불교는 모두 출세(出世)적이었다. 불교는 인과응보로서 윤회(輪回)사상을 주장하여 사람들의 행선금악(行善禁惡)을 요구하며 현세의 고난을 참고 내세의 행복을 추구하고자 하였다. 도교는 장생불로(長生不老)로써 신선이 되는 것을 목적으로 사람들에게 락선(樂善)을 베풀도록 하였다.

이러한 사상들은 통치자나 피지배계급 모두에게 유혹의 힘이 있어 어떤 한 사람이라도 모두 이 중에서 자기가 필요로 하는 내용을 찾았다. 그렇기 때문에 수·당 시대 제왕들은 그들이 좋아하든 싫어하든 주관적인 판단에 의거하여 때로는 숭상하기도 하고 억압하기도 하였다. 그러나 어느 것이나 독존적인 지위를 가질 수 없었다. 이것은 바로 한대 이래 통치자들의 사상 상 독존적인 지위는 가지고 있던 유가의 국면을 타파하고 사람들의 사상에 활기를 불어 넣어 송·명대(宋·明代) 성리학 형성에 기초를 제공하였다.

당대의 교육정책은 그의 교육발전에 중대한 영향을 주었다. 교육제도 면에서 말하면 유학으로써 대표적인 경학교육체계를 수립하여 여전히 수·당대 교육의 핵심이 되게 하였으며 그 외로 또한 도교를 공부하는 숭현학(崇玄學)은 도거(道擧)로써 취사(取士)하는 길을 얻었다. 불교 역시 비록 관학을 세운 바는 없으나 도처에 사찰을 건립하여 승도가 많았다. 사원은 불교 교도에 대하여 불교교육을 강의했을 뿐만 아니라 또한 불경의 역경사업으로 불교문화 발전에 큰 공헌과 영향을 주었다.

실제상으로 전통적인 유가교육이 유·불·도의 경쟁에서 승리는 하였지만 적극적으로 불·도의 교육내용과 형식, 방법 기타 조직 관리를 수용한 것도 하나의 특징을 이루고 있다. 이것은 서원 발생의 기초를 조성하였다.

교육사상으로 보면 역대 제왕들은 유·불·도를 중히 여기고 그 중 하나만을 존경하지는 않았다. 그렇기 때문에 당대의 교육사상은 융합적인 것을 출현시키고 특징을 나타내서 많은 교육사상가가 모두 불(佛)·로(老)에 출입하면서 유가에 귀결하는 인물이었다.

3. 수대 사회의 교육

수는 단명하였지만 정치·교육제도의 많은 개혁의 실시로 당대 교육제도 발전의 기반을 조성하여 주었다.

1) 수대의 관학교육제도

수대의 교육제도상의 최대의 공헌은 경학(經學)교육과 직업교육 및 실과교육 등의 교육체계를 대체적으로 수립했다는 점에 있다.

수 문제는 즉위 초에 교육을 중시하여 많은 조치를 취하였다. 교육행정 면에 있어서는 중앙에 국자시(國子寺, 후에 국자감으로 개칭됨)를 설치하여 태상(太常)에 예속시키지 않고 제주(祭酒) 1인으로 하여금 교육행정을 전담하게 하였다. 국자시와 제주의 설치는 중국 역사상 제1차로 설립된 전문적으로 교육을 관리하는 국가행정기구와 관리로서 중국고대 교육이 이미 발전했다는 것을 상징하는 것으로서 이것은 중국 교육 발전사상 중요한 의의를 갖

고 있다.[35)]

그리고 국자제주 관할 하에 국자학(國子學), 태학(太學), 사문학(四門學) 서학(書學), 산학(算學) 등 5개의 학교를 두었던바 전 3자는 경학교육기관이었고 후자는 일종의 실과교육기관이었다. 수 문제는 인수(仁壽)원년에 국자학을 폐하고 오직 태학 1개교만 두고 박사 5인 학생 72명의 정원을 두었다. 그러나 수양제는 즉위 후 문제의 제도를 다소 개혁하여 대업 3년(서기 607) 국자시를 국자감(國子監)으로 개칭하였다.[36)]

국자시의 교육 관리를 도표화하면 다음과 같다.

국자시 교육관할 도표

국자학제도는 진무제(晉武帝) 함녕(咸寧) 2년(서기 267)에 처음 설치되어 교수로는 박사와 조교를 배치했으나 그 정원은 변동이 있었다.

태학(太學)은 한 무제 때(서기 124) 동중서, 공손홍(公孫弘) 등의 건의로 설립되었다. 수나라 때는 인수 원년(서기 601) 국자학을 폐지하고 태학 1개교만 두고 박사 5인을 두어 교육 사무를 관할케 했다.

사문학은 북위 효문제 때인 대화(大和) 20년(서기 495)에 처음 설치되었

---

35) 孫培青編, 中國敎育史 (修訂版), 上海; 華東師範大學出版, 2000, 152면.

36) 「隋書」'百官志' 참조

다. 수나라에서도 설치되었다.

수나라는 경학교육제도 외로 실과교육제도를 처음 창시하였다. 수대 실과교육은 서학, 산학, 율학 및 의학으로 구성되었지만 전 2자는 국자시 관할이었고 후자 중 율학은 대리시(大理寺), 의학은 태상시(太常寺)에 예속되었다. 서학과 산학은 수대에 처음 설치되었다.

태의서는 교학임무는 물론 통상적으로 민간에게 의약을 공급하며 질병예방사업을 추진했다.

수대의 직업교육은 국가의 직능관계부에서 담임하였던바 비서성(秘書省)의 태사조(太史曹), 내시성(內寺省)의 액정국(掖庭局), 태상시(太常寺)의 태복서(太卜署) 등으로 이들은 모두 직업교육의 기능을 가졌다. 이들 기관은 관계부처에서 학생들을 양성하여 졸업 후에는 국가의 전문 인재로 기본적으로 관련 부처에서 전문적으로 일에 종사하게 하였다.[37]

지금까지 기술한 것은 중앙관학에 관한 것이다. 지방관학으로서 주·군·현학(州·郡·縣學)이 있었으나 그것이 통상적인 것은 아니었다.

2) 수대의 사학제도

수나라는 통일제국을 수립한 후 발전적인 문교정책을 실행하여 중앙관학교육은 대단히 빠르게 발전하였다. 그러나 수나라 일대를 볼 때 사학교육은 여전히 당시 사회의 교육의 주류를 이루어 관학교육을 대체하는 작용을 하기 시작하였다. 당대 이전에는 사학교육은 계속 국가교육의 중요한 형식이었다. 사학교육제도는 사승(師承)이 중시되어 교육내용도 다양했으며 수대의 관료와 사족(士族), 식자들은 문화를 상전(相傳)하였던바 가학(家學)의 연원은 일반적인 상황에서 사학을 비교적 중시하여 자기 자녀들을 가학에 보내거나 석학들에게 사사하기를 바랐다. 이것이 수대의 아주 기본적인 2종의 사학교육제도, 즉 가학과 사인강학(私人講學)이었다.

수대의 사학제도는 가학, 사인강학 외에도 관학의 교수가 사학을 설립한 경우도 있었다.

---

37) 宋大川 王建軍 著, 中國教育制度通史 第二劵 山東出版社 2000. 243면

수대 사학은 교재의 선택과 사용에 있어서 비교적 융통성이 있었다. 통용했던 교재 중 주역, 상서, 좌전, 3예, 시경 등이었다. 모시(毛詩), 3예(三禮), 효경, 논어 등은 기본적으로 북학에 속했으며 주역, 상서, 좌전은 남학에 속했다. 수대의 경학교육은 남북융합이 이미 현저했다고 하겠다.

위와 같이 통용되었던 교재 외에도 수대의 사학 교수들은 항상 자신의 저서와 학설이 있었으며 그들의 강학의 강수(講授)와 연구는 경험을 통하여 얻는 것 등도 있었다. 이러한 교재의 중요한 것으로는 주역강소(周易講疏) '13권, 상서술의(尙書述義) 20권' [국자제주 하타(河妥) 찬(撰)], 국자제주 류현(劉鉉)이 지는 모시술의(毛詩述義) 40권, 국자감조교 유현이 지은 '예기문외대의(禮記文外大義) 2권' 저휘(褚暉)가 지는 '고문효경술의(古文孝經述義) 5권' 유현이지는 '오경대의(五經大義) 5권' 등이었다.[38]

몽학교재로서 중요한 것은 민간에 널리 전해 내려온 '급취장(急就章)', '천자문', '연천자문(演千字文)' 등이었다. 그리고 몽학교재로서 또한 '발몽기(發蒙記)' 1권, 진속석(晋束皙)이 지은 '소학(小學)' 9권, 양방(楊方)이 지은 '시학(始學)' 1권, '권학(勸學)' 1권, 동한(東漢)의 채옹(蔡邕)이 지은 '소학편(小學篇)' 1권 등이 있었다.

4. 당대 사회 예부의 교육관리 체제와 직능

당대의 교육관리제도는 수대의 것을 계승하였는데 교육관리 직능, 관리방법 등의 면에서 모두 새로운 실적이 있었다. 예부는 교육의 최고관리기구로서 최고 행정관원은 예부상서(禮部尙書)와 예부시랑(禮部侍郞)이었으며 그의 직책은 천하예의, 사제(祠祭), 연향(宴饗), 공거(貢擧)의 정령(政令)을 주관 하였다.[39]

당대의 예부는 교육관리 기구뿐만 아니라 동시에 과거를 관리하는 기구로서 교육과 과거의 관련사항에 대하여 협조하는 작용을 하였다.

---

38) 宋大川, 王建軍著, 같은 책, 248면.
39) 大唐六典 卷四 (禮部) 참고.

예부의 교육관리 기능은 다음과 같이 4가지가 있다.

첫째, 숭성존유(崇聖尊儒)의 문교정책을 실시하였다.

둘째, 교육정책 법규를 제정하고 집행하였다. 당대의 예부는 문교정책, 법규의 제정과 집행에 대하여 대체적으로 다음과 같은 2개의 면이 있다. 하나는 당대의 학예(學禮)는 석전례(釋奠禮), 속수례(束脩禮)와 향음주례(鄕飮酒禮) 등으로 이는 모두 길례(吉禮)이다. 속수의례를 제외하고는 국자감에 집행하고 그 외 학례는 모두 예부에서 관리하였다. 또 하나는 중앙 각 학교 학생의 학적을 관리하는 것이었다. '대당육전(大唐六典)', '당회요(唐會要)' 등은 모두 예부가 선발한 국자감 학생을 기재하였으며 동시에 매년 국자감, 홍문관, 숭문관, 태의서 소속 학생들이 학업을 이수하면 모두 예부에 보내어 과거시험에 참가케 했다.

셋째, 관방교재를 반포하여 관·사학의 교육내용을 지도하였다. 안사고는 공영달(孔穎達)이 편찬했던 '오경정의(五經正義)'를 고증하였으며 당대 관·사학 공동의 경학교육내용을 확립하였다. 그러나 교육내용의 관리는 상서성 예부에 관할이었다.

넷째, 교육과 과거 실시에 대하여 종합적으로 관리하였다. 예부는 정책, 법규에 근거하여 교육과 과거를 관리했으며 관·사학 학생들로 하여금 국가가 규정한 교육내용에 따라 목적적으로 학습을 진행케 하였다.

예부의 교육관리 체제 및 직능의 특징을 들면 다음과 같다.

첫째, 예부는 입법과 집행의 양가적인 직능을 수행하였다. 예부는 문교정책법규의 제정을 관장하였다. 그러나 예부는 국가의 법령집행을 관철하는 상서성 관할 육부의 한 부처로서 학례(學禮), 학규, 학령의 제정은 물론 국가의 교육의 진행에 대해서도 관리하였다. 그리하여 중앙과 지방의 관학과 사학에 관하여 말한다면 예부는 하나의 교육입법기구이며 국가의 3성 6부 행정체계상 그것은 또한 정책과 법령을 집행하는 기구였다. 그러므로 예부는 교육 관리상 입법과 법집행의 양가적 직능을 가지고 있다 할 것이다.

둘째, 정교합일의 교육제도를 완전화, 건전화하였다. 진·한 이래 당대는 극히 예제(禮制)를 중시했던 왕조였으며 교육과 관련된 석전례(釋奠禮)와 시학례(視學禮) 등 모두 당대에 이르러 정식적으로 확립된 것이었다. 당대의 예제는 유가(儒家)에서 지켜지는 예제에 대하여 인식해 온 것이 제정된 것이다. 이것은 당대 초 숭성존유의 문교정책의 수립을 십분 반영한 후 역대 왕대들은 "예(禮)"에서 고도로 유가정치사상을 강화하는 목적을 도모하였다.

중국은 예로부터 예법사회(禮法社會)였으며 중국 고대의 예제(禮制)와 정치는 밀접한 관계가 있어 예제(禮制)는 중국 고대 정치의 하나의 중요한 구성 부분이었다.

당은 예제에 대하여 대규모적으로, 수정하여 만든 '대당개원예(大唐開元禮)'는 그 대표적인 것이었다. 당대 예제의 구성 부분인 학예(學禮)는 그 자체가 바로 정치제도의 구성 부분으로 간주되었다. 그리고 학예를 제정, 집행하는 기구는 바로 상서성 예부였으며 예부는 정교합일의 교육제도의 건전화와 완전화 상에서 관련된 지위에 있었으며 또한 중요한 작용을 하였다.

셋째, 예부는 관리를 조화하였다. 예부의 교육관리 직능은 또한 교육과 과거와의 관계에서 조화성을 나타냈다. 교육과 과거의 관계가 모순을 나타낼 때는 예부는 사회의 수요에 따라 정책의 조화를 가져 왔으며 교육목표를 정상적이고 순리적으로 완성하려고 노력하였다. 예컨대 당대 중엽 관 사학의 학생들이 벼슬하는 데만 급급하고 문자가 비교적 많은 유학의 경전을 공부하는 데는 뜻이 없자 '춘추(春秋)' 3전(三傳), '의례(儀禮)' '예기(禮記)' 및 일부 사서(史書)의 전습(傳習)은 점차적으로 감소하였다. 그리하여 예부는 상소하여 과거제에 3예과(三禮科), 3전과(三傳科), 1사과(一史科), 3사과(三史科)를 개설하여 학생들의 이러한 경서 공부를 격려하였다.[40]

넷째, 예부와 국자감과의 관계는 하나의 교육정령(教育政令) 제정과 그 구

---

40) 宋大川·王建軍著, 같은책, 289면

체적 실시와의 관계이다. 예부는 숭성존유의 문교정책을 따라 국가가 필요로 하는 교육의 발전을 기하고 과거의 계획을 조정하여 국자감은 예부가 육학(六學)을 관리하였다.

다섯째, 예부는 다방면의 교육을 관리하는 직능을 가지고 있다. 관학 교육제도 가운데서 예부는 국자감, 홍문관, 숭문관 및 지방관학에 대하여 행정령 관리를 하며 교육을 조직하였다. 또한 교육구조상 경학, 실과와 직업 등 3대 교육시스템에 대하여 목표관리를 진행하였다. 그리고 사학 교육제도 중에서 문교정책, 교육내용과 과거고목의 설치 상으로부터 사학 교육의 방향을 규제하며 교육과 과거와의 관계상에서는 국가의 정치, 경제, 그리고 문화 등의 수요에 따라 그 조화를 진행하였다.

5. 당대 사회의 중앙관학제도

1) 당대의 중앙관학의 기간제도

당대의 교육제도는 일반적으로 수대의 제도를 모체로 하여 더욱 완비·발전되었다. 당대의 학제는 우선 중앙관학과 지방의 학(學)으로 분류되고 있다.

중앙의 관학은 기간학제와 방계학제의 2종류가 있다.

기간학제는 『문헌통고(文獻通考)』에 의하면 "당제(唐制)에는 6학(學)이 있는바, 모두 국자감(國子監)에 귀속되어 있다."고 기술하고 있다. 기간학제로서 이른바 6학은 국자학(國子學)·태학(太學)·사문학(四門學)·율학(律學)·산학(算學)·서학(書學)을 가리키고 있다.

국자감은 상서성(尙書省)의 예부(禮部)[41]에 속하며 국자감의 장관은 국자제주(國子祭酒)라 칭하였다.

6학 중 전 3학—국자학·태학·사문학—은 대학의 성격을 가졌으며 재학생인

---

41) 당의 중앙정부는 중서(中書)·상서(尙書)·문하(門下)·비서(秘書)·전중(殿中)·내시(內侍)의 6성(省)이며 상서성 밑에 6부(部) 즉 이(吏)·호(戶)·예(禮)·병(兵)·형(刑)·공(工) 등이 있다.

출신가정의 품격에 따라 달랐으며 교육과정과 교수법은 대개 비슷하였다. 후 3자—율·서·산의 3학—는 전문적 성격을 띠고 있으며 각 학마다 전문성의 성격이 달랐다. 교육과정은 다르나 학생의 자격은 완전히 동일하였다.

6학의 주체를 이루고 있는 것은 국자학·태학·사문학으로 이는 유가(儒家) 경학(經學)교육의 핵심을 이루고 있으며 같이 대학의 성격을 지니고 있다.

이른바 경학대학은 유가의 경전을 연구·학습하는 것을 주요 교육내용으로 하고 있다. 경학교육은 고대의 관학이 전부 전문적으로 경학을 연구하는 학교로 출발한 데서 비롯되었다.

율·서·산의 이른바 3학은 국가행정에 있어서 필수적인 요원의 양성에 중점을 두었다.

방계학제로는 모두 5종이 있다. 첫째, 숭문관(崇文館)은 동궁(東宮)직할로 황실 그 외척(外戚)과 경관(京官) 3품의 자손을 교육하였다. 둘째, 홍문관(弘文館)은 문하성의 직할로 경관(京官) 5품 이상의 자손과 기서(嗜書) 책을 좋아하는 자를 교육하였으나 교육과정은 서법(書法)을 중시하였다. 이들 숭문관과 홍문관은 모두 귀족의 학교로서 경적도서(經籍圖書)를 주관하였으며 준대학의 성격을 가졌다. 셋째로, 의학은 태의서(太醫署)직할로 중서성에 속하였다. 넷째, 숭현관(崇玄館)은 통도학(通道學)이라 칭했으며 예부의 직할로서 상서성에 속하였다. 의학과 숭현관은 전문적 성격을 지녔다. 다섯째, 소학(小學)은 비서성 직할로 초등의 귀족학교 격이었다.

국자학 : 당대 국학의 학관은 박사, 조교, 직강(直講), 전학(典學), 장고(掌固) 및 문성(文成) 등의 명칭이 있었다. 학생은 무덕(武德) 초에는 72명, 용삭(龍朔) 때에는 80명, 개원(開元)·천보(天寶) 때에는 3백 명이였다. 그리고 동도(東都 ; 낙양)에 별도로 15명을 두었다.

태학(太學) : 태학은 이미 한 대(漢代) 이래 발전해 온 것이다. 태학의 학관은 박사 6명(정 6품 이상), 조교 6명(종 7품 이상) 전학 4명, 장고 6명 등을 두었다. 학생은 용삭(龍朔) 때에는 70명, 개원(開元)·천보(天宝) 때에는 5백 명이었다. 그리고 동도의 태학은 15명이었다.

사문학(四門學) : 그 설치 목적은 교육을 보급시키기 위하여 평민 출신의 학생을 위주로 모집하였으며 정도는 아마도 국자학·태학과 비교하여 조금 낮았으리라고 생각된다. 학관으로는 박사 6명(정 7품 이상), 조교 6명(종 8품 이상), 직강 4명, 전학 4명, 장고 6명이 배치되었다. 그리고 문성 20명이 있었다.[42] 학생은 무덕 초기에는 130명, 용삭 때는 300명, 개원·천보 때에는 1300명이었으나 이중 5백 명은 품관(品官)의 자손이었으며 800명은 민간의 준사(俊士)였다. 원화(元和) 2년(807)에는 300명이었으며 동도(東都: 낙양)의 사문학은 50명이었다.

3학─율학(律學)·서학(書學)·산학(算學) : 율학에 있어서 학관은 박사, 조교를 두었으며 국자감에 속하였다. 학생은 용삭 2년에는 20명, 개원 때에는 50명, 원화(元和) 때에는 동도율관(東都律館)에 별도로 10명이었다. 서학에 있어서 학관은 박사·조교를 두었다. 학생은 용삭(龍朔) 2년에는 10명, 개원 때에는 30명, 원화 때에는 10명이었다. 그리고 동도서관(東都書館)에는 3명이었다. 산학에 있어서 학관은 박사·조교를 두었다. 학생은 용삭 2년에는 10명, 개원 때는 30명, 원화 2년에는 10명이었으며 동도서관은 2명이었다.

위에서 보듯 3학은 전문직으로서 그 학생 수로 보더라도 국자학·태학·사문학과는 달리 성행하지 못했음을 짐작할 수 있다.

2) 중앙관학의 방계학교

중앙관학의 방계학교로는 숭문관(崇文館)·홍문관(弘文館)·의학(医學)·숭현학(崇玄學)·소학(小學)이 있다.

숭문관(崇文館)은 황가(皇家)의 사숙(私塾)이 변하여 귀족학교로 된 것이다. 학사(學士) 2명을 두고 경적과 도서를 관리케 하고 학생을 교수케 하였다. 홍문관(弘文館)은 일종의 특수한 교육기구로서 학사를 두어 도서를 관장하고 생도를 교수케 하였다.

홍문관(弘文館)은 점차 왕실의 최고급 도서관에서 고등 학관과 국가 정치 연구기관으로 변천하였으며 고적(古籍)을 연구하고 정리하는 성과 면도 특출하였다.

---

42) 舊唐書職官志 참조.

의학(医學)은 중서성하의 태의서(太医署) 직할이었다. 의학은 의과, 침과(針科), 안마(按摩), 주금(呪禁), 약원(藥園) 등의 과로 나누어져 있다. 학관은 박사·조교가 있으며 학생은 93명이었다.

숭현학(崇玄學)은 통도학(通道學)이라고도 하였던바 이는 사부(祠部)의 관할로 예부에 속했다. 숭현박사 1명을 배치하고 『도덕경(道德經)』, 『장자(壯子)』, 『문자(文字)』, 『열자(列子)』 등을 가르쳤다.

소학(小學)은 중서성하의 비서성에 속해 있는 바, 당고조 즉위 후에 설치되었다. 『신당서, 선거지』에 의하면 "종실의 자손과 공신의 자제를 가르친다."고 하고 있는바 이는 초등 귀족학교라 할 것이다.

3) 학생모집과 학교의 보충

중앙관학의 국자학·태학·사문학은 14세에서 18세까지의 학생을 모집한다고 규정하고 있다.[43] 다만 율학(律學)만이 18세~25세의 학생을 모집한다고 규정하고 있다. 이러한 규정은 왕의 친척 내지 공신 등의 자손들에 대한 입학 연령상의 제한일뿐이며 어느 학교에 입학할 수 있는가는 모두 출신 가정의 품격에 달랐다.

주·현의 평민 자제들은 법정 연령의 조건에 부합한다 하더라도 중앙관학에 입학할 수는 없으며 반드시 지방학교에서의 선발 절차를 거쳐야 했다. 즉 학문에 있어서 1경(經) 이상에 정통한 자로 천자(天資)가 총명하고 준수한 자이어야 중앙관학에 입학할 수 있는데 그것도 사문학에만 임할 수 있었다.

국자감은 학생모집 기준을 3품 이상의 자손으로 하였다. 즉 "문무(文武) 3품 이상 자손으로 하는데 2품 이상은 그의 증손까지며 훈관(勳官)은 3품, 현령, 경관 4품이 3품의 훈관의 아들로 봉해진 경우"이다.[44]

태학은 주로 5품 이상의 관리의 자손을 모집하였다.

학생들은 입학하면 반드시 예물 즉 속수(束脩: 혹은 포육)를 바쳐 선생에 대한 존경의 뜻을 표하였다.

---

43) 文獻通考(選擧學校) 참고.

44) 新唐書 選擧志上 참고.

'속수(束脩)'의 예는 공자의 시대에 이미 시행되었으나 당대에 이르러 국가에 시행하는 것을 법규로 확정하였다. 예물의 경중은 학교의 성격에 따라 차별이 있었으며 학교의 교사도 그 등급에 따라 예물을 받았다. 학생이 바치는 예물을 5분하여 그 중 3분(60%)은 박사에게, 2분(40%)은 조교에 바쳤다. 이와 같은 예물을 바치는 것은 상징성을 띠고 있다. 그것은 일종의 성대하고 엄숙한 입학의식으로 스승을 존경하며 가르침을 중시하는 의미 외로 또한 학생과 선생 간의 정신적인 면을 증진시키는 것이며 예물로써 선생이 생활을 유지하려는 것이 아니었다.

당조는 중앙 6학의 학생에 대하여 식비를 면제하였다. 사료(史料)에 의하면 천보(天宝) 15년(서기 756) 이후는 이러한 제도가 잘 지켜지지 않았다고 한다. 당대 중앙의 태학 중 정규학생 외에 많은 청강생(혹은 "유학생[游學生]"이 있었다. 당대에 시험으로 선발한 관리와 각지에서 온 인재들은 모두 대학에 입교하여 교육을 받을 권리를 향유하고 있었으나 그들은 정식적으로 정식 학적부에는 기재되지 않고 청강하는 시간에 학문을 배우려 하고자 결정 하였다. 종합해서 볼 때 국가의 정규교육과 성인교육을 태학에 집중시켜 정식적으로는 학생의 신분상의 등급을 엄격히 하면서도 동시에 사회계층에 따라 개방하여 이와 같은 2개의 방향은 당대 국가교육제도의 개척적인 공헌이라 할 것이다.

4) 교사

당대 중앙 6학의 교사는 박사, 조교, 직강(直講) 등이었다. 박사는 제생들에게 경(經)을 교수하고 조교는 박사의 경에 대한 교수를 보조하였다. 그리고 직강은 박사와 조교를 보조하였다. 박사는 주강(主講) 교사에 상당하였다. 중앙 6학 교사의 품계와 봉급은 차등이 있었다. 예지컨대 국자학 박사는 5품 이상, 조교는 7품 이상의 자격이 있어야 하며 태학 이하 품계는 점차로 낮았다.

교사의 대우는 모두 품계에 따른 봉록(俸祿)으로 지급하였다. 당의 제도는 봉급은 전(錢:중량의 단위:1량:兩의 10분의 1)으로 하였으며 월계(月計)를 계산하며 녹은 연봉으로 쌀을 지급하였다.[45] 그리고 별도로 국학에서는 학생이 재학할 때 속수(束脩)를 바쳐야 했는데 이는 실물로 하였으며 박사와 조교에게 귀속되었다.

5) 교육과정과 수업연한

당대 국자감 중의 국자학, 태학, 사문학과 귀족학교라 할 수 있는 홍문관·숭문관·그리고 지방의 부·주·현의 경학(經學)은 모두 유교의 경전을 교수하는 학교였다. 그리고 교육과정은 필수·선수(先修) 과정과 전문과정의 세 가지로 구분되었다.

국자감 내의 각 학은 수업연한의 최상한은 9년이며 율학은 6년으로 되어 있다. 일반적으로 이와 같은 학습기간 내에 과거급제를 못할 경우는 모두 주학(州學)으로 돌려보냈다.[46] 중앙의 각 관학과 지방의 주·현 학교의 학생은 학습과정을 마친 후에는 국자제주(國子祭酒)가 이들을 예부(禮部)에 보내 과거시험을 보며 불합격자는 각각 본교에 보내 계속 수학케 하였다. 일반적으로 "제 육학생(六學生)이 가르침을 따르지 않으면 이들을 들어내어 수학할 수 없게 하였다."[47]

6) 휴가제도

당대 각 학관과 학교의 휴가는 중앙에서 통일적으로 규정하였던바 상가(常暇)와 국가제가(國家制暇)의 두 종류가 있었다. 상가는 순가(旬假), 전가(田假)와 수의가(授衣假)로 나누어진다. 순가는 매 10일마다 하루 쉬는 것으로 오늘날 1주일마다 일요일에 쉬는 경우와 같다. 전가는 음력 5월, 수의가는 음력 9월 각 15일간의 휴가로서 이들 휴가에는 고향에 돌아갈 수 있는바, 이는 시기로 보아 요즈음 농번기 휴가에 해당한다 할 수 있다. 그리고 이 때 이백 리 밖에 집이 있는 자는 여기에 더하여 로정가(路程假)를 더 주

---

45) 新唐書卷五四 ; 食貨志卷四 참고.
46) 唐會要卷三五 ; 學校 참고.
47) "諸六學生 不有卒敎者 則擧而免之"(唐令拾遺)

었다. 학생의 집에 혼인이나 상사(喪事)가 있거나 또는 기타 사정으로 인하여 제때에 귀교치 못할 경우는 100일로 연장할 수 있다. 또한 직계존속의 병환으로 학생이 시중들어야 할 경우는 200일의 휴가를 주었다.[48]

국가제가는 전통적인 명절, 축하일과 탄생일에 허락하는 휴가인데 대략 원단(元旦)은 전국적으로 3일 휴무인데 학생도 예외는 아니었다.[49]

7) 시험제도

당대 중앙 6학은 시험에 있어서 일정한 규정을 두었으며 시험의 유형은 일반적으로 순고(旬考), 월고(月考), 연고(年考), 필업고(畢業考) 등으로 나누고 있다.[50]

순고(旬考)는 재학 중 휴가제도의 하나인 순가의 전날에 보는 것으로 매월 10일에 시행한다. 이 시험은 각 학교의 주강(主講)교사가 주관하여 암송과 해설 두 부분으로 나누어 실시한다. 평가는 2등급으로 평정하는데 시험문제의 2/3를 답하면 합격되고 그 이하는 불합격된다.

월고(月考)는 당의 헌종(憲宗) 원화(元和) 원년(서기 806)부터 시행되었는데 이는 일종의 월말고사라 할 수 있다. 월고가 시행되면서부터 사실상 순고는 폐지되다시피 하였다.

연고(年考)는 연말에 시행하는데 1년간 배운 과정을 구두로 대의(大義) 10개 항목을 시험 보는데 8개 항목에 통하면 상등, 6개 항목은 중등으로 하고, 5개 항목 이하면 불합격된다.

필업고(畢業考)는 일종의 졸업시험이라 할 것이다. 일반적으로 국자감생은 박사가 출제하며 국자제주가 감독한다. 최저한도 준사(俊士)는 삼경(三經)에 통해야 하며 기타 학생은 반드시 이경(二經)에 통해야 한다. 시험에 합격하면 학교를 졸업하고 성시(省試)에 응시할 수 있다.[51] 그리고 여전히 학교에 남아 계속 면학하려는 자 중 사문학의 졸업생은 태학에 입학하고 태학의 졸

---

48) 唐會要 卷八三, 休假 참고.
49) 唐會要 卷八三, 休假 참고.
50) 高時良, 中國教育史綱, 北京 : 人民教育出版社, 1991, 248면~249면.
51) 陳請之, 中國教育史, 培湾 ; 台務印書館, 中華民國 67년, 184~185면.

업생은 국자학에 입학하게 된다. 여기서 유의할 점은 이러한 성격이 그의 지위의 향상을 표시할 뿐이지 결코 학업의 진전을 표시하는 것은 아니다. 왜냐하면 사문학, 태학, 국자학의 학업의 정도가 결코 현격한 차이가 있지 않기 때문이다.[52]

8) 교학형식과 방법

교학방식은 대체적으로 강론(講論), 문난(問難 : 토론하는 것), 송독(誦讀)과 독서지도의 네 가지 였다. 이들 중 설명해야 할 것은 강론인바, 이것은 제강(制講)과 상강(常講)으로 나뉜다. 제강은 황제나 황태자의 시학(視學) 때, 공자의 춘추 석전(釋奠) 때에 거행되었다. 한 기록에 의하면 황제 혹은 황태자가 학교를 시찰할 때 문무백관이 함께 따르고 국자감의 교사가 강론을 한다. 강단에 올라 강론하는 자는 대개 당대의 명유(名儒)들이다. 이러한 강론의 취지는 유학을 넓히려 하는 데 있었으며 또한 이는 국가예의제도의 하나의 중요한 의전사항이었다.[53] 상강(常講)은 각 급 학교에서 일상적인 과정의 강론을 일컫는바, 이것은 지식의 전수와 교과내용의 상세한 뜻을 밝히는 것을 목적으로 하였다.

일반적으로 교학방식은 먼저 경전을 읽히고 암송(송독)시킨 다음에 그 뜻을 설명하여 내용을 파악시켰다.[54] 이 때 일정한 문항을 가지고 문난하기도 하였다.

6. 당대 사회의 지방관학제도

당고조 이연(李淵)은 즉위 전 조서를 내려 주·현의 관학으로 하여금 학생을 모집하게 하였다. 그리고 무덕 7년(624)에는 다시 령을 내려 "주·현 및

---

52) 馬小林, 中國全史 : 中國隋唐五代教育史, 北京 : 人民出版社, 1994, 66면.
53) 通典卷 117, 禮典 開元禮纂類卷一二 ; 皇太子視學 참조.
54) 新唐書卷 四八 百官志三 참조.

향리에서는 학(學)을 설치케 하였다.[55] 이리하여 학제는 지방행정단위의 급에 따라 그에 대응하는 학교를 두어 통상적으로 주(또는 부)에는 주학(州學 또는 府學), 각 현에는 현학(縣學)의 2급제로 운영하였다. 이들은 중학 정도의 성질을 가지고 있으나 중학의 명칭은 아니다. 현 이하에는 향학(鄕學) 혹, 진학(鎭學)을 설치하는 경우가 있었으나 이는 소학의 성격을 가지는 것으로 상설적인 것은 아니었다.[56]

당대의 지방관학은 이상과 같은 것 외에 현 이상에는 또한 의학과 숭현학(崇玄學)을 설치하였다. 이는 무덕(武德) 초에 수나라의 제도를 답습하여 경학박사를 설치하여 오경(五經)으로 학생을 교수하였다. 그 후 누차 변경이 있었다. 대종(代宗) 대력(大歷) 14년(서기 779)에는 제주·부학박사를 문학(文學)으로 개칭하였다.[57] 그리고 정관 3년(서기 629)에는 주·부에 의학을 설치하여 개원 11년(서기 723)에는 의약박사를 두었다. 그 후 의약박사를 의학박사로 개칭하고 많은 주에 조교를 설치하고 각 주마다 '본초(本草)'와 '백일집경방(百一集經方)'을 써서 보존케 하였다. 개원 년간 의학을 폐지한 바 있었으나 개원 27년(서기 739)에는 다시 두었다. 천보(天宝) 년간(서기 743)에는 지방의 숭현학을 통도학(通道學)으로 개칭하여 박사를 도덕박사(道學博士)라고 명명하기도 하였다.

경학(經學)은 장사(長史)가 관할하였던바 이는 오늘날 교육감에 해당한다. 그리고 의학과 숭현학은 중앙과 같이 태의서와 사부(祠部)가 각각 관할하였다.

위에서 보듯 당대 지방학제도 기간학제인 경학과 방계학제인 의학 숭현학의 복선형 학제를 유지하고 있었음을 알 수 있다. 그러나 사실상 당대 전 기간을 통하여 지방관학은 전국적으로 성행한 상황은 아니었다. 각 주·현학의 입학자격은 일반 서민의 자제들이었다. 교육과정은 9경이었고 문예도 있었으나 정도가 낮았다. 당시 지방 관학의 학생들은 1경을 통해야 졸업시험 자격이 있고 사문학에 입학할 수 있음을 알 수 있다.[58]

당대 지방관학은 중요한 것의 하나가 예(禮)를 행하는 곳이였지 학문만을

55) 唐人學令集卷 一0四 崇儒 置學館 備釋奠禮學 참조.
56) 陳請之, 같은 책, 185면.
57) 新唐書 選擧志上 참조.
58) 文獻通考學校 七, 참고.

학습하는 곳은 아니었다. 당시 관학을 묘학(廟學)이라고 함께 불렀던바 묘는 공자사당을 가리키며 학은 관학이라는 말이다. 여기에서 볼 수 있는 것은 관학의 주요한 활동은 예(禮)를 행하는 것을 주로 하고 교학은 부수적이라는 것이다. [59]

지방관학이 중앙관학과 하나의 다른 점이 있다. 즉 책에서 지식만을 구하는 것이 아니라 정규 학습 외로 길·흉례를 반드시 익히게 했다는 점이다. 이로 보면 당대 중앙관학은 인재에 중점을 둔 방면 지방관학은 덕(德)에 중점을 두었다 할 것이다.

당대 지방관학에 있어서도 말단에 있는 향리관학(鄕里官學)인 향학(鄕學)이 지방관학의 중요한 구성 부분을 이루고 있다. 당대에 있어서 어떤 때는 주·현의 1급의 관학을 향교라고도 불렀다. 당대 주·현학의 보편적 설치는 향리 학교의 설립을 촉진하였고 또한 당대 교육의 보급도 이에 대한 추진 작용을 하였다.

그러나 문헌 중에 당대의 '향학'에 관련된 기록은 대부분 향촌 학교를 가리키고 있다. 역대 통치자들은 기초교육을 담당할 향리학교를 대단히 중시하였다. 건국 후 얼마 안 되어서 무력 7년(서기 624)에 조서를 내려 주·현에 학교 설치를 명하여 그때부터 지방관학은 전국적으로 설치되기 시작하였다. 현종 때에 이르러 개원 26년(서기 738)에는 천하의 주·현을 각 향리마다 1개교씩 학교를 설립하며 우수한 교사를 두어 가르치게 하라는 조서가 내려진 후[60] 전국적으로 향학이 생기게 되어 유교적 학문이 서민문화에까지 확대되는 계기가 되었다. 향학은 요즈음 학자들이 말하고 있는 리학(里學)을 일컫고 있다.

당대 관학이라지만 향학의 교사, 학생들의 학비에 대해서는 통일된 규정이 없었고 일부 향학의 경비는 기부금에 의존하기도 하였다.[61] 향학에서 사용한 교재의 중요한 것으로는 민간에 유행하던 주흥사(周興嗣)가 편찬한 『천자문』, 몽학교과서인 『태공가교(太公家敎)』, 두사광(杜嗣光)이 편찬한 『토원책부(兎圓冊府)』, 천보 년간에 진사 이한(李翰)이 지은 『몽구(蒙求)』와 『개몽요훈(開

59) 唐會要 卷三五 學校 참고.
60) 唐會要 卷三五 學校 참고.
61) 舊唐書卷 一一三, 苗晉卿傳' 참고 "出俸錢 三萬爲 鄕學本"

蒙要訓』 등이 있다.

유가 경전의 교재로는 중요한 것을 들면 『시경』, 『서경』, 『역경』, 『예기』, 『춘추』 등 이른바 오경이 있으며 사용한 교재로는 당대 초기 공영달(孔潁達)과 안사고(顔師古)가 편찬한 '오경정의(五經正義)'였다. 이 외로 학생들은 또한 '논어집해'와 '효경(孝經)'을 공부하였다. 시부(詩賦)의 교학내용은 당시 일부 저명한 문장가의 작품이었다.

당대 향학의 광범위한 설치와 교육의 보급은 상당한 수준으로 과거에 의한 인재선발을 추진하였다. 그렇기 때문에 집이 곤란한 자제들도 독서에 진력하여 그들의 계층 상향 이동을 꾀하려고 하였다. 당대의 관학, 사숙(私塾) 그리고 향학에 입학하여 공부하려는 자는 대다수가 과거에 응시하고자 하기 위한 동기에서였다.

7. 당말·오대 사회의 교육

1) 당 말기 사회의 교육의 상황

당 말기에 이르러 대규모의 농민반란과 지방절도사의 당 왕실에 대한 배반은 심해 갔다. 특히 안사(安·史)의 난, 황소(黃巢)의 난 등으로 당 왕조는 그 멸망을 재촉하고 있었으며 그 결과 정치의 혼란은 물론 교육의 실제적 운영도 피폐할 수밖에 없었다. 이러한 상황 속에서 지방장관들이 지방교육을 복구시키려는 애쓴 흔적들은 열전(列傳) 속에서도 많이 발견할 수 있다.[62] [63][64][65][66]

전반적으로 볼 때 안·사의 난 이후 숙종·대종 대의 이십여 년간은 황폐된 학교들을 보수하고 우수한 학관을 배치하여 어느 정도 학교의 재건이 있었

---

62) 舊唐書卷 一八五, 兒若水傳 참고.
63) 新唐書卷 一四六, 李栖筠傳 참고.
64) 舊唐書卷 一一九, 常袞傳 참고.
65) 新唐書卷 一九七, 羅珦傳 참고.
66) 舊唐書卷 一五八, 鄭餘慶傳 참고.

으나 완전한 복구에는 미흡하였다. 특히 정부 내의 파쟁이 점차 심해지고 티베트인의 침략과 황소의 난이 오래 계속되어 번진(藩鎭)들의 세력이 강화함에 따라 중앙정부는 점차 쇠약하게 되어 국자감 수리에도 재정 곤란이 겹쳐 관리들의 녹봉에서 일부를 염출하여 충당할 지경에 이르렀다.[67]

2) 5대 사회의 교육

5대의 교육에 있어서 우리가 유의해야 할 것은 사학(私學)이라 할 것이다. 당대에 있어서는 학교는 관학(官學)이었으며 일반 민간은 학교를 설립할 수가 없었다.[68] 그러나 이것은 원칙적인 것 이었을 뿐 실제는 그렇지 않았다. 개원(開元) 21년 이전에는 사학설립에 대한 정부의 입장은 설립의 제한이었으나 그 후로는 제한을 두지 않았다. 이로 보면 사학설립은 설립의 제한에서 방임으로 변했음을 알 수 있다.

이와 같은 당대 사학의 정책은 사학의 발전을 가져와 하나의 중요한 교육형식으로 되었다. 당대 중기 이후부터는 관학이 쇠퇴하여 사학은 수와 질에 있어서 관학을 능가하였다. 사학의 형식은 다음과 같은 것이 있었다.

민간의 사가(私家)에서 강수(講授) 하는 경우 : 이는 유명한 학자가 경사(經史)를 섭렵하여 세상의 일에 관계치 않고 유궁(儒宮)을 설립하여 저술과 강학활동을 하는 경우이다.[69] 당대에 많은 명유 현신들이 이러한 종류의 교육형식으로 계몽교육을 받았다.

산림강학(山林講學) : 산림강학의 기풍은 이미 동한 때부터 존재하였지만 그것이 흥성하게 된 것은 당대 중엽에 이르러서이다. 명유들이 산림에서 강학하고 이와 더불어 선비들이 공부하는 중요한 원인은 당시의 명산이 교통이 편리했음은 물론 인문(人文)이 번영하였던 이유도 있었겠지만 당대 중엽 이후 과거 합격자 층이 넓어짐에 따라 집안 사정이 곤란한 선비들은 서적을 준비할 수 없어 산림강학에 참여했기 때문이다.

사원강학(寺院講學) : 당대에는 주지하는 바와 같이 불교가 성행했다. 많

---

67) 玉海卷 四一, 學校 2 참고.

68) 中華二千年史卷 3, 116면.

69) 舊唐書 卷一九八·王恭傳 참고.

은 사원들은 의학원(義學院)을 설립하여 다량의 장서를 구비하였기 때문에 많은 학생들이 앞을 다투어 모여 공부하게 되었다. 이것이 바로 사원교육의 발달을 촉진하였다. 일부 사원은 실용적인 의학지식을 전수하기도 하였다.[70]

당의 정부는 사학정책에 있어서 고무와 지지의 정책을 취하였다. 관학과 사학의 교재는 동일하였고 또한 관학과 사학의 학생은 졸업한 후에 시험을 거쳐 관리에 임용될 수 있었다. 그 결과 사학은 당시 교육체계에 있어서 지위가 뚜렷하게 되었다.

역사적으로 보면 사학은 당 초기와 성당(盛唐)기에는 관학의 보충적인 역할을 하였으나 당의 말기에 이르러서는 관학 폐쇄의 상황 속에서 이를 계승, 연속적인 작용을 하였다. 관학과 사학의 많은 종류의 전파 방식은 혼잡했으며 서로 영향을 끼쳐 당대 교육의 완전한 면모를 보여주었다.

가학(家學) : 5대의 전란 속에서 관학은 흥하지 못 하였으나 사학은 교육체제의 중심을 이루었다. 민간에서 사인(私人)이 전습(傳習)하고 학생을 모집하여 교수하는 것과 가정교육은 대단한 생명력을 가지고 있었다.

5대 시기에 가학(家學)은 지방교육의 유지와 그 발전에 의의가 있다. 5대의 존경숭유(尊經崇儒)의 기풍은 민간에게도 많은 영향을 주었고 그리하여 유가의 발전과 변화의 넓은 사회적 기초를 형성하였다. 비록 관학이 성행하지는 않았지만 일단 시기를 만나면 신속히 발전할 수 있는 기틀을 마련하였다 할 것이다.

3) 당말 5대의 서원

당말 5대의 서원은 관립과 사립의 양면에서 고찰할 수 있다.

관립서원 : 집현전서원(集賢殿書院) 서원의 명칭은 당대에서 시작되었던 바 집현전서원이 그것이다. 이는 관립서원으로서 이의 중요한 기능은 정부를 위한 책을 수집하는 것이었다. 개원 13년(서기 725)에 집선전(集仙殿) 여정서원(麗正書院)을 집현전서원으로 개칭하였다.[71]

70) 舊唐書 一行傳 참고
71) 新唐書, 卷四八 百官志, 唐六傳 참고.

집현전서원에는 상당히 조직적이었고 그 직책이 분명하였다. 즉 집현전서원에는 학사(學士), 직학사(直學士), 시강학사(侍講學士), 수찬관(修撰官), 교리관(教理官), 지서관(知書官) 등을 두었다. 집현전서원의 중요한 기능은 경저의 편찬 간행과 제왕이 경전서적을 이해함에 있어서 이를 도와주는 것으로서 관방학술기구였다.

사립서원 : 독서·학문하는 장소 진정한 교육기구로서의 서원은 사인(私人)의 저서를 강학하는 데서 기원한다. 서원은 사학의 최고의 표현 형식이다. 당대의 다수 사인들은 서원을 창건하였다. 초기에는 독서·학문의 장소를 서원이라 칭하였는데 뒤로 오면서 장서 건물을 짓고 생도들에 강학하는 서원으로 발전하였다.

『전당시(全唐詩)』에는 11개 처의 서원이 보이나[72] 당대에 건립된 서원으로서 강학 활동을 벌인 곳으로는 4개 처가 있다. 황료서원(皇寮書院)[73], 송주서원(宋洲書院)[74], 의문서원(義門書院, 일명 동가서당 : 東佳書堂)[75], 계암서원(桂岩書院)[76]이 그것이다.

이들 서원들은 당대에 사인들이 창건한 서원중에서 이미 풍부한 장서를 갖추고 교학활동을 벌였다. 이들 서원은 아주 보편성을 띠지도 않고 어떠한 계통이 있는 것도 아니며, 또한 규모도 적고 확정된 제도가 있는 것도 아니었다. 그러나 하나의 교육기구로서 객관적으로 존재한 것만은 분명하였다. 우리들은 다음에 당대 초 저명한 서원의 출현을 볼 수 있지만 그것은 거의 모두가 당 말 오대의 사인 독서·강학의 장소에서 발전하여 이루어진 것이다. 그러므로 우리들은 서원의 명칭은 애초에 관청에서 쓰던 것이었으나 교육기구로서의 서원은 사인 강학에서 기원하고 있다는 것을 알 수 있다.

백록동서원 : 송대 초 서원의 전형 : 백록동서원(白鹿洞書院)은 강서(江西) 성자현(星子縣) 려산(廬山)의 오로봉(五老峰) 밑에 있다. 당 정원(貞元) 년간

---

72) 예컨대 이관중수재서원(李寬中秀才書院), 심진진사서원(沈林進士書院), 두중승서원(杜中丞書院) 등이다. 이들 서원 이름들은 거의 사람의 이름을 붙인 것으로 어떤 안정된 정식 명칭과는 다른데 이것은 서원이 처음 건립될 때의 명칭에서 많이 볼 수 있었다.

73) "皇寮書院在永豊縣 二渝揄州 唐吉州通判劉慶霖流寓永豊建以講學, 其十二世孫炎修"(江西通志卷八一)

74) "松州書院在 漳州府二十四都 唐陳珦與士民講學處 今廢"(福建通志 卷六四)

75) "義門書院在 德安縣敷揚下鄉 去懸西北六十里東佳山下. 唐義門陳*卽居在建지. 聚書千卷 以資學者 子弟弱冠悉令就學. 至宋徐鍇爲之記, 今廢"(九江府志卷十)

76) "桂岩書院在高安懸 調露鄉洪城 唐辛南容創, 宋辛元龍重修 周必大書額 明成化問辛順迪修"(江西通志 卷八一)

(서기 785~805) 낙양인(洛陽人) 이발(李渤)과 형 이섭(李涉)이 여산에서 은거하면서 독서하였다. 보력(宝歷)년간(서기 825~827) 이발이 강주자사(江州刺史)로 부임하여 그가 독서했던 곳에 태사(台榭 : 누각과 정사)를 건축하고 이름을 백록동(白鹿洞)이라 하였다. 남당(南唐) 승원(升元) 4년(서기 940) 백록동에 학관(學館)이 세워지고 학전산(學田)이 마련되어 여러 곳에서 오는 학자들을 숙식을 제공했다. 국자감 구경교수(九經教授) 이선도(李善道)가 동주(洞主)가 되어 교수를 맡았다. 당시에는 여산국(廬山國學)이라 하였다. 송대에 들어서 백록동서원[77]으로 개칭되어 송대 초에 제일 성행했던 4대 서원 중의 하나였다.

8. 당대 사회의 과거제도

1) 과거제도의 발달

중국 역대의 관리 선발의 방법은 대체로 2가지가 있다. 하나는 추천에 의하여 선발하는 것이고 또 하나는 시험에 의하는 것이다. 전자의 경우는 위·진 남북조시대의 구품중정제(九品中正制)의 경우이며 후자는 수·당대의 선거(과거)제도이다.[78] 한대의 향거이선(鄕擧里選)은 덕행(德行)을 중시했으나 당대 이후의 과거시험은 덕행보다는 재능 쪽을 중시하여 관리를 선발하였다.[79]

당대에는 일면 지방관헌이 중앙정부에 재력을 겸비한 인재를 천거하였으며 또 한편으로는 과거제를 실시하고 시험과목을 확대하며 시험내용이 증가되어 시험 과정이 완전하고 추천 제도를 과거제도로 대치하였다.

당 태종이 집권했을 때는 언무수문(偃武修文)의 문교정책을 시행하여 한편

77) 송태종 태평흥국 2년(서기 977)에 9경을 하사했으며 인종 황우(皇祐) 5년(서기 1051)에 손침(孫琛)이 그 옛터에 학관 10칸을 세워 '백록동지서당(白鹿洞之書堂')이라는 간판을 걸고 제자로 하여금 거학(居學)케 하였다. 남송 순희(淳熙) 6년(서기 1179)에 주희(朱熹)가 남강 군주가 되어 중건하면서 '백록동서원교조(白鹿洞書院教條)'를 마련한 뒤 세상에 알려졌다.

78) 수나라 때에는 구품중정제를 폐지하고 시험에 의한 선거제를 실시하였다. 선거과목 중 수재(秀才), 명경(明經), 진사과(進士科)는 문제의 개황(開皇) 7년(서기 587)에 실시되었고 제과(制科 ; 임시선발)는 서기 598년에 실시되었다.

79) 申採湜, 東洋史概論 三英社 1994, 329면.

으로는 학교교육을 진흥시켜 국가의 인재를 양성하며 과거로써 인재를 선발할 수 있는 그 수량과 질을 확보했으며 다른 한편으로 과거를 통하여 인재를 선발, 그들의 사상을 공고히 하고 통치목적을 공고히 하였다.

당 태종은 경사(經史) 1부를 읽고 과거시험에 참가하려는 자는 매년 11월 1일 성(省)에 올라가 3월 21일 시험을 마친다고 규정하였다.[80] 이와 같이 학교와 과거를 다 같이 중시하는 지도방침을 세웠기 때문에 당태종 집권 시기에는 학교와 과거제도가 모두 발전하였다.

당 고종 영휘(永徽) 2년(서기 652)에는 처음으로 수재과(秀才科)를 정지시키고 상원(上元) 2년(서기 676년) 공사(貢士)에게 노자(老子) 책(策)의 시험을 가하였다. 무칙천(武則天)은 명경과 응시자에게 모두 '효경'과 '논어'를 학습하도록 하였으며 또한 이것을 과거시험 내용으로 하였다. 그 후 무칙천은 자기의 권위를 세우기 위하여 공거인은 '노자' 학습을 정지하고 그녀가 편찬한 '신궤(臣軌)'를 학습하게 하였다. 그 후 중종이 복위한 후에 다시 '노자' 학습이 부활되었다. 무칙천은 학교교육을 경시하고 과거제도를 극히 중시하였던바 이것은 과거제도 완비에 중대한 공헌을 하였다. 그녀는 친히 낙성전(洛城殿)에서 공사(貢士)에게 책문(策問)하여 과거시험제도상 전시의 형식을 창시하였다. 또한 그녀는 무술과를 연습시켰으며 장타(長垜), 마사(馬射), 마창(馬槍) 등을 시험내용으로 하였으며 무과를 통과한 자를 군의 인재로 선발하였으며 이로써 무과의 선례를 남겼다. 또한 선발 과정에서 부정을 방지하기 위하여 호명(糊名)의 시험 방법을 창안했던바 이것은 그 후로 계속 사용되었다.

현종이 즉위하여서는 학교교육과 과거제도의 관계를 조정하여 양자 다 같이 건전하게 발전시켰다. 개원 21년(서기 734) 천하에 조(詔)를 내려 매년 공사(貢士)들에게 '상서(尙書)'와 '논어'를 경감하고 '노자'시험을 가하였다.

천보 년간에 와서는 과거제 중의 대부분의 시험 방법이 이미 형성되었고 시험의 내용도 기본적으로 확립되었으며 시험의 형식도 고정되어 과거제는 이미 하나의 완비한 선사(選士)제도로 발전하였다. 그러나 과거만을 중시하고 학교교육을 경시하는 풍조를 개혁하기 위하여 천보 12년(서기 754)에는 현종

---

80) 通典卷一五, 選擧三 참고.

(玄宗)은 "천하에 령을 내려 향공(鄕貢) 거인(擧人)을 파하고 국자(國子)와 군현(郡縣)에서 배우지 않는 자는 과거에 응시치 못하게 하였다."[81] 이것은 바로 과거시험에 응시하려는 자는 반드시 중앙과 지방의 관학에서 학습해야 한다는 것을 설명해 주고 있다.

그러나 당 사회가 번창하여 많은 사람들이 물질적인 것에 심취하여 이(利)를 찾고 명예만을 탐내어 학풍은 일익 해이해졌다. 게다가 안사의 난의 영향으로 많은 학교가 유명무실하였다. 과거를 중시하고 학교교육을 경시하는 풍조는 비단 전환되기는커녕 도리어 심해 갔다. 그리하여 학교교육은 과거에 예속화되다시피 하여 독립적인 기능을 상실해 갔다.

당대 중기에는 환관이 정권을 오로지하여 정권이 정상화되지 못하였고 통치자들은 과거제도에 대한 규제를 늦추지 않았다. 당의 대종(大宗) 광덕(廣德) 2년(서기 765)에는 당시의 실제상황에 근거하여 장안과 낙양에서 별도로 과거시험을 시행하고 비용을 절약하고 응시생의 부담을 줄였다. 그리하여 장안과 낙양에서의 과거시험은 여기에서 비롯된다. 덕종 정원(貞元) 5년(서기 790년)에는 명경과의 시험내용을 개혁하여 이런 시험의 이아(爾雅)를 '도덕경(道德經)'으로 변경하였으며 그 다음 해에는 시험관의 허위 성적 작성을 방지하기 위하여 별실고시(別室考試)를 시행하였다. 이것은 곧 시험관의 친속을 이부(吏部)에서 책임지고 감독하는 것이었다. 이후에도 과거제도의 부분적인 조절이 계속되었다.

2) 과거시험의 과정, 과목과 방법

수험생의 자원과 응시 방법 : 당대에 있어서 과거시험의 수험생은 2개의 유형이 있다. 그 하나는 생도(生徒)요 또 하나는 향공(鄕貢)이다. 각류의 관학에서 재학생 중 선발하여 상서성(尙書省)에 보내어 과거에 응시하게 하였던바 이와 같은 시험 생을 '생도(生徒)'라 하였다.[82] 그리고 학관에서 공부하지 않고 사학(私學) 또는 자학(自學)자 중에서 주·현에 나아가 서면으로 응시

81) 十通分類總纂 選擧類 참고.

82) "唐制 取士之科 多用隨舊 然其人要 三有 由學館者生徒 由州縣者鄕貢 皆升于有司而 進退之此歲擧之常選也 其天子白調者曰制擧所以待非常之才焉" (新唐書 卷四四 選擧志)

를 신청하고 시험에 합격되면 주·현에서 상서성으로 보내어 시험에 참가하였다. 그들은 각 주·현에서 보낸 예품(禮品)인 '해송(解送)'[83]에 따라 추천되었으므로 '향공(鄕貢)'이라 하였다. 향공에 참가하는 자들은 자격의 구애가 없었으므로 평민도 관리가 될 수 있는 길이 있었다. 생도와 향공은 모두 상과(常科)의 시험 생이며 상과는 매년 도(都)에서 거행되었다.

시험의 응시일은 매년 11월 1일에 시작되어 학관과 지방 주·현의 시험을 거치며 여기에서 합격된 자를 선발하여 상서성에 보내어 제2년째의 성시(省試)에 참가한다.

응시방법은 매년 겨울 주·현·관·감거(監擧)에 합격된 자들이 자격을 갖는다. 중앙관학의 학생은 국자감의 제주(祭酒)의 책임 하에 선발되며 지방관학의 학생은 장사(長史)의 책임 하에 선발된다. 학관의 시험에 합격된 자는 상서성의 예부에 보내어 성시(省試)에 참가한다. 향공은 우선 주·현에 서면으로 신청하여 시험을 본 후 장관이 소집하여 지방의 덕망 있고 분과 합격자가 상면하고 환송의식을 거행하고 합격자는 공문을 가지고 중앙에 가 상서성 예부에서 거행하는 성시에 참가한다. 상서성에 모인 생도와 향공은 모두 이름을 적고 결관통보(結款通報)하고 3대의 이력을 적은 후에 호부(戶部)의 심사를 거쳐 그 명부를 예부에 이첩하고 난 후 예부에서는 정기적인 시험을 출제한다. 개원 24년 이후에는 응시자격이 더욱 엄격하였다.[84]

당시 왕들이 선사(選士)의 대권을 장악했으므로 과거에 합격된 자는 곧바로 왕의 문하생이었으며 모두 왕에게 충성하게 함으로써 이와 같이 하여 왕은 지식인을 자기 지배하에 넣게 되었다.

생도와 향공은 수도에 도착하여 배알선사(拜謁先師)의 성대한 의식을 거행하였다. 시험 당일에는 수험생은 각자 물, 탄, 초와 식기를 갖추고 시험관이 호명하면 시험장에 들어간다. 시험장 밖은 병사들이 보초를 서고 입장할 때에 시험관은 수험생의 몸을 수색하여 입장시킨다. 자기 좌석에 수험생들 착석시켜 하룻동안 시험을 본다. 만일 저녁까지 답안지를 제출하지 못하면 촛불을 켜고 써야 하나 초 3자루가 다하면 답안지를 내야 한다.

83) 추천의 요구에 부합되는 수험생이 시험에 참가하는 것을 일컬었다.
84) "擧人曾爲官司科罰 曾任州縣小吏 雖有辭藝 長吏不得擧送 違者擧送官停任 考試官貶黜"(舊唐書·憲總本記)

시험과목과 내용 : 과거시험은 대체로 두 가지가 있는바 상과(常科)와 제과(制科)로 나누어지는바 전자는 매년 정기적으로 시행되는 것이며 후자는 왕이 필요에 따라 시행하는 것이니 이는 부정기적 시험이라 할 수 있다.

상과의 과목은 수재(秀才), 명경(明經), 준사(俊士), 진사(進士), 명법(明法), 명자(明字) 명산(明算), 일사(一史), 3사(三史), 개원례(開元禮), 도거(道擧), 동자(童子) 등이 있다.

제과(制科)는 비범한 인재를 선발하기 위한 것이다. 제과에 응시하는 자는 관직에 있는 자나 상과에 합격한 자 그리고 출신이 청백한 백성도 가능하였다.[85] 그리고 제과는 왕이 친히 주관하였다.

상과와 제과 외도 무거(武擧)가 있었다. 무거는 무칙천(武則天) 장안(長安) 2년(702)에 처음 시행되었으며 무과 응시생은 명경, 진사의 향공과 마찬가지로 각 주에서 추천하며 다만 병부(兵部)에서 주관했을 따름이다. 시험의 내용은 마사(馬射), 보사(步射), 평사(平射), 마창(馬槍), 부중(負重) 등이었다.

상과, 제과, 무거 중 실제적으로 상시적으로 거행하는 것은 상과 중의 수재, 명경, 진사, 명법, 명자, 명산의 6과였다. 이제 이를 개관하면 다음과 같다.

수재과(秀才科) : 수재과는 박식하고 뛰어난 재주를 중시한다. 시험은 5문으로 출제되며 문리(文理)의 이해 정도로 상상(上上) 상중(上中) 상하(上下) 중상(中上)은 합격하였다.[86]

수·당은 모두 수재과를 최고급으로 간주하였다. 수나라에서는 수재과의 합격자가 모두 10명이었으며 당나라에서는 매회 1~2명 정도 선발하였다. 사대부 계층에서는 그들이 추구하는 것은 명경과와 진사과였다.

명경과(明經科) : 명경과는 유교의 경의(經義)를 중시하여 유가의 경전의 내용이 주 내용을 이루고 있다. 시험 실시의 주요 유형으로는 대경(大經)[87], 중경(中經)[88], 소경(小經)[89]으로 나누었다. 그리고 『논어』와 『효경』은 공통 필수과목이었다. 당대의 명경과와 관련된 문헌을 종합해 보면 대체적으로 보아

---

85) 中華文明史 第5卷, 河北敎育出版社 1989. 46면, 文獻通 考 卷二九, 選擧二 참고.

86) 唐六典卷二

87) 대경 : 예기(禮記)와 좌전(左傳)

88) 중경 : 모시(毛詩), 주례(周禮), 의례(儀禮)

89) 소경 : 주역(周易), 상서(尙書), 공양(公羊), 곡양(谷梁)

명경과는 먼저 첩경으로 하고 매 경 10첩과 매 첩 3언(三言)에 6이상이면 합격되었다.

그러나 명경과의 시험 내용도 통치자의 사상경향에 따라 변화하였다. 대체적으로 명경과는 주로 사람의 기억력을 고찰하였다. 다만 경문(經文)과 주소(注疏)를 숙독하면 일반적으로 통과할 수 있다. 그렇기 때문에 "삼십노명경(三十老明經)"이란 말이 있다. 대략 10명 1, 2명이 록취될 수 있기 때문에 매년 합격자가 백 명 정도에 달하였다.

진사과(進士科) : 진사란 '선비는 나아가 작록을 받을 수 있다.(士可進受爵綠)'란 뜻이었다. 진사과는 시부(詩賦)를 중시하였는데 수양제의 대업(大業) 년간에 시작한 것이었다. 고종 때에는 『노자』책 3조를 시험에 더하였다. 이후 진사과 시험도 첩경(貼經), 시잡문(詩雜文)과 시무책 3장(三場)이 포함되었다.[90]

진사과는 고종 때부터 성하기 시작하여 현종(玄宗) 개원(開元) 이후에는 더욱 사회의 존중을 받았다. 개원 이전에 조정의 명사들은 여러 과 출신들이 많았으나 개원 이후에는 진사 출신이 7, 8할을 차지하였다.[91] 그리고 진사과 출신은 매년 2, 30명을 초과하지 못하였다.

명경과는 진사과 시험에 비하여 훨씬 쉬웠기 때문에 "30세에 명경과 급제하면 너무 늦고 50세에 진사에 급제하면 너무 젊다(三十老 五十少)"라는 얘기가 있었다. 그러나 설혹 진사에 급제하지 못한 사람도 사람들의 존경을 받아 '백의공경(白衣公卿)' 또는 '일품백삼(一品白衫)'의 칭호가 있었다.

명법과(明法科) : 명법과는 법률지식을 시험하여 사법인의 인재를 선발한다.[92] 명법과를 처음 개설한 것은 당고조 무덕(武德) 5년(서기 622) 이후 태종 정관 20년 이전이다.[93] 명법과 시험을 주관하는 관서는 상서성이었다. 그러나 그 변동은 있었다. 현종 14년(서기 736) 이전에는 이부가 과거시험을 주관했으며 그 이후는 예부가 담당하였다.

명법과 시험의 과정과 과목은 법은 밝히고 율·령 일부를 시험하였는데 율·

---

90) 新唐書 卷四四 選擧志上

91) 唐摭言 卷一, 散書進士, "進士科始于隨大業中盛于貞觀 永徽之際 縉紳雖位極人臣 不由進士者終不爲美以支歲貢常不成人九百人"

92) "凡明法詩律令取識達義理問無疑帶者爲通" (大唐大典, 尙書禮部卷四 참고)

93) 馮小林著, 같은 책, 134면.

령 각 부는 10첩(帖: 필답), 책시(策試: 시무[時務]에 관하여 묻는 시험)은 10첩, 율은 7조(條) 령(令)은 3조[94]였다. 명법과에 급제한 자의 관직 배정 표준은 잡제는 종 9품 상, 을제는 종 9품 하로 하였다.[95]

명서과(明書科) : 명서과는 간단히 서과(書科)라고도 하였으며 명자과(明字科)라고도 하였다.[96] 명서과는 문자이론과 서법에 관한 시험이다. 명서과의 목적은 시험을 통하여 서법 ; 예술면의 국가 관리를 선발하는 데 있다. 그러나 이것은 제도상의 목적일 뿐이며 그것은 실제 중국 시험제도상에서 중요한 지위를 차지하고 있다. 서법은 오늘날과도 같이 일종의 예술적인 면의 성격을 갖고 있다. 그렇게 보면 명서과는 중국 역사상 예술면의 시험의 기원을 이룬다고 할 수 있다. 명서과는 또한 당(唐)대의 서법 발전에 많은 영향을 주었다.

명산과(明算科) : 당대의 명산과 창설이 언제였는지는 명확한 기록은 없다. 그러나 일반적으로는 그 창설은 고조 무덕 4년경에 이루어졌다고 이해되고 있다.[97] 명산과 시험은 산술과 그 상세한 이치를 시험함에 있다. 명산과 합격자는 관리에 임용될 수 있는 자격을 획득하고 관리에 임용되면 그 품계는 종 9품 하이다.

이상에서 기술한 6개 과에서 최초에는 수재과가 제일 높았으나 후에 폐지되었다. 명법·명산·명자과는 전문 과목이라 할 수 있으며 상시적으로 거행되는 것은 아니었다. 실제상으로는 상과(常科)로 거행되는 것은 명경과와 진사과였다. 그러기에 그 당시 사람들은 이 양과에 매우 관심을 가졌다. 이들 시험은 유가의 경전 내용을 중심으로 이루어졌으며 이 때 『오경정의(五經正義)』는 하나의 표준을 이뤘다. 이것도 당대 교육 중 유가사상이 의당 통치적 지위를 차지했다는 것의 반영일 것이다.

이상의 상설의 6과 외로 비교적 중요한 것은 이미 기술한 바 있는 무과(武科)와 제과(制科)라 할 것이다.

시험방법 : 과거제도의가 생긴 이후 시험방법은 부단히 탐색되었지만 당

---

94) "其明法, 試律令各一部所試律令每部試 10帖策試 10條律條令三條" (唐六典 卷二)
95) 新唐書卷 四五選擧下 참고.
96) 通典, 選擧三 참고.
97) 馮小林著 같은 책 137면.

대 2백여 년 간의 발전 과정에서 구시(口試), 첩경(帖經), 묵의(墨義), 책문(策問)과 시부(詩賦)의 5종으로 정착하였다.

· **구시(口試)** : 이것은 구술시험으로 응시생에게 구술로 문제에 답하는 것이다. 구시의 방법은 비교적 융통성이 있었으나 더러는 자의적으로 진행되었다. 그러므로 객관적 증거력의 결점이 있었으며 경우에 따라서는 시험관과 응시생 간의 부정행위가 게재할 경우가 있었다.

· **첩경(帖經)** : 첩경은 임의적으로 경서의 한 면을 펴 놓고 양쪽을 가리고 중간의 한쪽 부분만 남겨 놓고 또한 3자(字)를 가린 다음 경우에 따라서는 증손하여 응시생에게 답하라는 형식이다. 이것은 각과 시험의 보통적인 방법이었다.[98]

첩경은 한대(漢代)부터 사용해 온 것이지만 그것이 일반화되기는 당대에 이르러 보편화되었다. 그리하여 명경, 진사, 명법, 명서, 명산 등 각 과에서 모두 활용되었다. 그러나 이 방법을 응시생의 암송능력을 측정할 수 있을 뿐 기타 능력은 검사할 수 없었다.

· **묵의(墨義)** : 묵의는 첩경과 더불어 중요한 시험 형식으로 일종의 필기시험이라 할 수 있다. 이 방법은 응시생이 자기의 독창적인 사상을 발휘할 필요는 없으며 다만 자기가 숙독한 경문과 주석에 대한 숙독 정도에 따라 해답할 뿐이다. 이 방법의 주요한 것은 응시생의 기억력을 지필묵에 의하여 고찰하는 것이며 그 내용은 비교적 간단한 것들이기 때문에 1문에 몇십 조 심지어는 100조(항목)에 달하는 경우도 있다.

그러나 이러한 시험 방법이 우수한 관리를 선발하는 데 적당한 방법이 아니라는 비판이 일게 되었다. 그리하여 그때까지의 과거시험의 결점을 시정하려는 시도가 그 후 송나라 때 왕안석(王安石)의 신법(新法)에서 나타났다. 즉 경전이나 암송시키는 묵시나 첩경은 폐지하고 경의(經義)의 인식 정도를 시험할 수 있는 시험문제를 내도록 개혁한 것이었다. 이리하여 송의 태조인 조광윤(趙匡胤)이 개국한 이래(서기 960) 100여 년이 지난 신종(神宗) 희녕(熙寧) 4년(서기 1071)에 이르러 삼사법(三舍法)과 같이 개혁되었던 것이다.

---

98) "帖經者 以所習經掩其兩端中間開惟一行 裁紙委帖凡帖三字隨時綜損可否一, 得四或得五或得六爲通後擧人積多 故法益難務欲落之至有帖孤章絶句 疑似參互者以惑之" 通典卷 一五

· **책문(策問)** : 책문은 당시(當時)의 사회, 정치, 경제, 문화 등 시무(時務)에 대한 문제에 대하여 자기의 견해를 밝히는 시험의 형식이다. 책문은 서한(西漢) 이래 발전되어 온 것으로 당대에 이르러서는 이를 극히 중시하였다.[99]

책문은 구술시험인 구시(口試)와 암기력을 시험하는 첩경과 비하여 응시자가 자기의 의견을 자유롭게 표현할 수 있기 때문에 국가를 다스릴 수 있는 재능을 알아볼 수 있고 또한 응시생이 심사숙고하여 하나의 현실적 문제를 생각할 수 있으며 그리고 사람들의 사유 수준을 높일 수 있는 이점이 있다.

· **시부(詩賦)** : 시부시험은 응시자에게 시(詩)·부(賦) 각 1편씩을 짓게 했는데 이를 잡문(雜文)이라 불렀다. 시부시험의 중요한 것은 응시생의 문학적 수양과 문학의 창조 능력을 시험하는 데 있다.

시부에 의하여 관리를 채용하게 된 것은 남북조 시대에도 있었지만 처음으로 제도화한 것은 수나라에 들어서서이다. 남조에서 시·부가 크게 유행하고 남북조를 통일한 수나라가 시재(詩才)가 있는 자를 선발하는 과거제를 두었으나 수는 단명으로 망했기 때문에 당나라가 이 제도를 계승한 셈이다.

당나라에서 시·부에 의한 시험의 시작은 고종 영륭(永隆) 2년(서기 681)이며 당시 이부(吏部)의 고공원(考功員) 외랑(外郎) 유사립(劉思立)이 진사과에서 시무책만을 시험하는 것이 지식이 너무나도 협소하다는 이유로 잡문을 첨가할 것을 요청하였다.[100] 그리하여 잡문 2편(시·부 각각 1)를 시험에 가할 것을 정부에서 명하였다. 그러나 당시 시험은 책문이 위주였다.

지금까지 개관한 5종의 시험 방법은 여러 측면에서 응시생의 지식 정도를 고사하는 것이었음을 알 수 있다. 더욱이 각과 시험 중에서 보편적으로 채용하고 있는 것은 구시, 첩경과 묵의로 이는 응시생들의 기억력을 테스트하는 것이었다. 이것은 당의 통치자들이 자기들의 통치사상을 사람들에게 주입하고 유가의 교리를 강요했던 것으로 중국의 전통적 교육의 한 특징을 이루고 있는 것 중의 하나라 할 것이다.

과거제도와 학교교육과의 관계 : 국가의 교육목적은 인재양성에 있고, 과

---

99) 王鳳喈 中國敎育史 台灣, 正中書局, 中華民國 88年 178면.

100) 新唐書 卷四四, 選擧志上 참고.

거는 유용한 인재를 선발하는 하나의 방법이다. 따라서 과거제도와 학교교육제도는 제도적인 면에서는 양자 독립적인 제도이다. 과거제도의 출현 이전에 있어서 선사제도(選士制度)와 양사제도(養士制度)는 기본적으로는 관련성이 없었다. 그러나 과거제도의 출현은 선사제도와 양사제도를 긴밀하게 관련지었다.

당대의 학교는 현실적으로 과거시험의 수요에 따라 교육활동을 조직하였다. 그러므로 현실적으로는 그 당시의 학교교육은 과거제의 전제조건이었고 과거제 또한 학생들이 관도에 오를 수 있는 하나의 관문이었다. 이와 같은 의미에서 본다면 형식적으로는 과거제의 출현은 학생들의 적극적인 학습의 동기유발 수단이 되었고 이에 따라 학교교육을 발전시키기도 하였다.

당대의 과거제와 학교교육 간에는 상호간 일종의 제약적 관계가 나타났다. 학교교육의 성쇠는 과거제에 의한 인재 선발의 질과 수량에 직접 영향을 주었으며 과거제의 인재선발의 표준, 방법 등이 학교교육의 내용과 방법 등을 지도하였다. 학교교육은 과거제의 기초이며 과거제는 학교교육 발전의 견인차였다. 학교교육이 양성하는 학생은 과거시험을 통과하여 사회의 인정을 받고 봉건적 사회는 과거제를 통하여 학교교육의 발전을 조종하고 사람들의 사상을 규제하였다. 만일 학교교육과 과거제를 균형적으로 다 같이 중시했다면 이는 당대 사회를 공고히 하는 데 기여했을 것이다.

9. 당대 사회의 유학생제도

당대는 주지하는 바와 같이 정치, 경제, 문화가 전례 없이 번영하고 발전했던 시기였다. 이에 따라 외국과도 왕래가 빈번하였다. 주변 국가에서는 사신을 파견하기도 했는데 동으로는 고구려, 신라, 일본, 남으로는 진랍(眞臘 : 현 캄보디아에 있었음), 서쪽으로는 페르시아, 토번(吐藩 : 지금 티벳트에 웅거했던 종족), 견곤(堅昆), 북으로는 돌궐(突厥), 거란(契丹) 등으로서 당시 당은 실로 각 민족의 중심지였다 할 것이다. 각국에서 파견한 자 중에는 도당유학생(渡唐留學生)이 중요한 위치를 차지하였다. 그들이 배우고자 했던 것은 당시로서는 선진국이었던 당의 다방면의 문화였다.

1) 유학생의 관리제도

당대 유학생의 관리 기구는 홍려시(鴻臚寺)였다. 홍려시는 외교를 책임진 행정부서였을 뿐만 아니라 또한 외국 유학생을 관리하는 기구이기도 하였다. 홍려시의 연혁은 수대로 소급된다. 수 문제는 통일제국을 형성한 뒤 북제(北齊)의 제도를 계승하여 외교담당 부서인 '홍려시'를 설립하였다. 당대에는 수대의 제도를 이어 받아 홍려시를 설치했던바, 당 고종 용삭(龍朔) 2년(서기 662)에는 '동문시(同文寺)'로 개칭했다. 그러나 그의 명칭은 3번이나 개칭되었다.

홍려시에는 3서(署) 1원(院) 즉 전객서(典客署), 사의서(司儀署), 숭현서(崇玄署)와 예빈원(禮賓院) 등의 부서가 있었던바, 전객서(典客署)는 각국에서 온 사절(使節) 및 유학생의 환송·접대사무를 책임졌다. 수문제가 처음으로 설치했으며 수양제는 전객서를 전번서(典藩署)로 개칭하였으며 당대 초에 이를 다시 전객서로 개칭하였다. 전객서의 인적 조직은 령(令) 1명(종 7품 하), 승(丞) 2명(종 8품 하), 장객(掌客) 5명(정 9품 상) 그리고 별도로 유외이원전객(流外吏員典客), 3명, 부(府) 4명, 사(史) 8명, 빈복(賓僕) 18명 장고(掌固) 2명으로 되었다.

사의서(司儀署)는 외교예전(外交禮典)을 책임졌다.

숭현서(崇玄署)는 사관(寺觀 : 불교의 사원과 도교의 도관)의 관리와 도당유학승(渡唐留學僧)의 관리를 책임졌다. 개원 25년(서기 737) 도관(道觀)은 종정사(宗正寺)로, 불사(佛寺)는 상서사부(尙書司部)로 개칭하고 숭현서는 철폐했다. 예빈원(禮賓院)은 외국의 사절 및 유학생을 접대하는 책임을 졌다. 당대 전에는 예빈원은 홍려시에 예속되지 않았다.[101)]

수·당대는 당시 중국에 오는 모든 외국인은 홍려시에서 관리하게 되었다. 홍려시는 외교사절의 접대, 환송 외에도 중요한 것은 각국 유학생을 관리할

---

101) 唐會要卷六六, 鴻臚寺 참고.

책임이 있었다. 각국의 유학생은 반드시 홍려시에 출두하여 학적(學籍)에 기재해야 했다. 홍려시는 관련 규정에 근거하여 유학생에게 의복, 식량, 거소(居所)를 제공했으며 예부와 협의하여 교육을 상담하였다. '당서'를 보면 유학생은 통일적으로 홍려시에서 관리하며 홍려시는 유학생의 학적 기재 문서에 근거하여 학습연한을 관리했으며 학습 만기 유학생을 홍려시는 문서 작성하여 보고하고 해당국에 보냈음을 알 수 있다.[102][103]

도당유학생 외에 어떤 국가 예컨대 일본은 유학승을 파견하여 구법(求法)하기도 하였다. 홍려시는 도당유학승을 학적에 기재했으며 이들을 각지의 사원에 파견하여 학습시켰으며 학습 연한이 만기가 되면 귀국시켰다.[104]

도당유학생은 일반적으로 국자감에서 안배하여 학습시켰다. 도당한 지 얼마 되지 않은 학생들은 한어 수준이 비교적 낮았기 때문에 중국의 유학 경적(經籍)을 상세하게 파악할 수 없어 국자감의 정상적인 교학 진도를 따라갈 수 없다. 그리하여 국자감에서는 항상 홍려시에 일부 교사를 파견하여 강학 또는 학습지도하게 하였다.[105]

2) 유학생과 유학승

수나라 건국 무렵부터 중국의 인접국가와 민족은 중화문화를 앙모하는 그들의 자제를 파견 학습케 하였다. 당대에 이르러서는 도당유학생 중 파견학생이 제일 많은 나라는 신라(新羅)였다. 그리고 일본은 파견 유학승이 제일 많았다. 주지하는 바와 같이 외국 유학생에 대한 관리 기구는 홍려시였고 그 교육기관은 국자감이었다.

유학생은 학문, 기술, 예능 등에 학습, 연구에 종사했으며 이는 또한 학문생, 청익생(請益生)과 그리고 약간의 환학생(還學生)으로 나눌 수 있다. 학문생은 장기간 유학과 깊이 연구하려는 자이며 청익생은 도당 전에 일정한 영역에서 이미 일정한 연구와 조예가 있는 학생은 견당사절(遣唐使節) 단원으

---

102) "質子及年滿合歸 國學生等共一百五人并放還"(舊唐書卷一九九上 ; 新羅傳)
103) "鴻臚寺籍質子及學生歲滿者一百五人皆還之"(新唐書)
104) 唐人和尚東征傳 참고.
105) 新唐書卷二二0(東夷傳)참고.

로 도당하여 더욱 깊이 연구하다가 견당사와 같이 귀국한 자였다. 당시 도당 유학생은 대다수가 각국의 중류층 관리의 자제였으며 신라, 일본의 유학승은 대다수가 집권층 명문의 자제들이었다.

정관(貞觀) 년간에 당태종은 수차 국자감에 나아가 석전강론(釋奠講論) 했으며 학사(學舍) 1,200여 칸을 증축하였다. 주변국가인 예컨대 백제, 신라, 고창(高昌), 토번, 일본 등은 계속하여 자제들을 파견, 입학하여 "국학 내에는 8천여 명이 있고 국학은 그 융성함이 근고에는 없었다."[106]고 기술하고 있다. 이들 국가 외에도 파견 유학생의 국가는 또한 발해, 남조(南詔) 등이 있었다.[107]

도당 유학생 중 신라의 유학생이 제일 많았다. 다만 당문종(唐文宗) 개성(開成) 2년(서기837) 1차 도당 학생은 216명이었다.[108]

각국 유학생은 국자감에서 경학(經學), 사학, 율학, 서법, 산술 등뿐만 아니라 전문학교에서 전문적으로 학문을 연수하기도 하였다.[109]

한편 유학승(留學僧)은 불교에 종사하면서 학문의 연구와 학습자로서 학문승과 청익승(請益僧), 그리고 소수의 환학승(還學僧)으로 나눌 수 있다. 학문승은 장기간 유학에 뜻이 있고 조예자가 있는 경우이며 청익승은 도당 전에 불교연구 상 일정한 조예가 있고 도당하여 더욱더 연구하려는 경우이며 그리고 환학승은 견당사절단으로 도당하여 좀 더 연구하는 승으로 견당사와 같이 귀국한 승의 경우이다. 당시 중국에 온 유학승은 집권층의 명문자제였다.

신라 유학승이었던 원광(圓光)법사는 11년간의 유학생활을 하고 귀국하여 '삼장(三藏)'의 식견을 넓혔고 또한 유학(儒學)의 영향을 받아 '세속오계(世俗五戒)' 삼교합일의 교육사상을 창립하여 신라교육에 이바지하였다.

또한 중국의 불교가 일본에 전래된 것은 서기 543년이었으며 당시 중국인 사마달(司馬達) 등이 일본의 판전원(坂田原)에 사찰을 설립하였다. 서기 607

---

106) "于是國學之內 八千余人 國學之盛 近古人有" (唐會要卷三五'學校' 참고)

107) "(渤海國)遣同中書右平章事高宝英來謝冊命仍遣學生三人 隨宝英請赴上都學問 先遣學生三人 事業稍成 請歸本國許之"(舊唐書卷一九九下 ; 北狄傳), (開成2年(837)三月) "渤海國隨賀正王子人俊明幷入朝學生 共十六人(唐會要 卷三六 ; 附學讀書)

108) "新羅差入朝宿衛王子 幷淮舊例割留習業學生幷及先住學生等共二百十六人請時服糧料又請舊住學習業者幷放還本國"(唐會要卷三六附學讀書)

109) 續日本后紀卷一. 仁明天皇承和八年正月甲午條 참고.

년에는 일본의 제2차 수나라 파견사절단 중 수십 명의 유학승이 포함되었다. 여기서 주시할 것은 그들 유학승은 불교 교의를 전파했음은 물론 당의 불교 제도와 불교예술을 본국에 이식했다는 점이다.

무후(武后) 시기 불교는 크게 일어났던 바, 전국의 큰 주(州)·군(郡)은 다 같이 관사(官寺)를 건립하였으며 장안(長安)에는 더욱 불교사찰이 건립되었다. 유학승들은 장안에서 불교사찰 건립의 성황을 보고 일본에 돌아가 장안의 사찰을 모방하여 평성경(平城京)에 흥건약사(興建藥寺) 등 4개처를 건립하였던바 그 규모는 광대하며 오늘에도 존재하고 있다.

당나라 초기 삼종론(三宗論)[110]과 법상종(法相宗)[111]은 한반도와 일본 열도에서 아주 성했으며 당시 일본의 저명한 학승이었던 지장(知藏) 도소(道昭) 등이 있다.

신라는 도당 유학생이 제일 많은 국가로 신라 유학생들은 고도로 발달한 당 문화에 대한 심취로 경우에 따라서는 어떤 유학생은 장기간 당에 머물기도 했으며 어느 유학생은 당의 외국 유학생을 위한 과거 이른바 빈공(賓貢)에 참가하여 이름을 날리기도 했다. 신라의 유학생들은 '빈공'시험에 참가자가 제일 많았다. 그들은 대개 관비 유학생이나 사비 유학생도 있었다. 관비 유학생은 저명한 문인 학자를 배출했다. 역대 당에서 급제자는 58명에 이르렀다.[112] 그리고 등과하여 관도에 진출한 자는 십 수인이었다. 그 중 김운경(金雲卿), 김가기(金可紀), 최치원(崔致遠)은 걸출하였다. 특히 최치원은 사비 유학생 출신으로 당대 유학한지 18세 때 벌써 과거에 급제하여 여러 벼슬을 거쳐 자금어대(紫金魚袋)의 하사를 받았다. 그의 저서에 '계원필경(桂苑筆耕)'이 있다. 그는 특히 당나라 말 황소(黃巢)의 난(서기 875)이 일어났을 때 18세에 토벌군의 병마도통(兵馬都統) 고병(高駢)의 종사관(從事官) 비서로서 4년간 종군하면서 황소를 토벌하는 그 유명한 '격황소서(檄黃巢書)'를 지었는데 그의 글은 너무나도 유명하다. 그 일부는 다음과 같다.

---

110) 인도의 용수(龍樹)·제파(堤坡)를 주장자로 하는 불교의 한 유파.

111) 불교 13종파의 하나, 일명 유식종(唯識宗), 당의 현장법사(玄奘法師) 및 2의 제자 자은대사(慈恩大師) 규기(窺基)가 창시 고인도(古印度)의 유가행파(瑜伽行坡) 학설을 계승하여 '내식(內識)' 곧 마음을 최고의 본체로 보고 세상의 모든 현상이 이로부터 나온다고 여겼으며 객관세계의 모든 것을 부정했다. 이 학설은 당시 유행하던 "일체의 중생은 불성(佛性)을 가지고 있다."는 논리를 뒤집었다. 나중에는 화엄종과 선종에게 자리를 내주었다.

112) 李丙燾, 韓國儒學史略, 1986, 42면.

"너는 듣지 못했느냐, 도덕경(道德經)에 '회오리바람은 하루아침을 알지 못하고 소낙비는 온종일 갈 수 없다.'고 하였으니 하늘의 조화도 오히려 오래가지 못하거든 하물며 사람의 하는 일이랴.…… 천하의 사람들이 모두 드러내놓고 죽이려 함뿐만 아니라 또한 땅 속의 귀신들도 이내 몰래 죽일 일을 의논했다.……"[113)]

학업을 마치고 귀국한 일반 유학생과 유학승들은 본국에 돌아가 모두 본국의 정치, 경제, 문화, 기술 등 모든 면에서 많은 영향을 주었고 추진 작용을 하였다.

3) 당대 교육제도의 주변국의 학제에 대한 영향

당대 문화는 당시로서는 세계적으로 고도로 발달한 문화였으며 당대 교육제도 역시 당시로서는 세계에서 최선진의 교육제도였다. 당조는 국력이 강성했으므로 주변 국가는 일반적으로 당조의 정치, 경제, 문화, 교육, 종교, 예술, 기술 등 다방면에 많은 유학생과 유학승을 파견하여 문물을 학습했다. 이들의 영향은 본국의 발전에 중요한 작용을 하였다.

신라학제에 대한 영향 : 신라의 학교제도는 통일신라 후에 나타난바 신문왕 2년(서기 682)에 창립된 국학(國學)이 바로 그것이다. 신라의 국학제도는 당의 국자감제도에서 유래한 것이다. 신라가 국학 창립 초에 또한 석전제(釋奠祭)를 설치하였던 바, 이는 기본적으로 당의 제도를 모방한 것이었다. 신라 국학의 과정은 오경(五經 : 주역, 상서, 모시, 예기, 좌전[左傳]), 문선(文選), 효경(孝經), 논어(論語)이었다. 이 중 효경과 논어는 필수과목이었으며 오경과 문선은 분과제를 책하여 교수하였다. 이 점은 당제도와 기본적으로 일치한다. 그러나 신라는 이를 약간 변경하였다.

갑조 : 예기, 주역, 효경, 논어(신라 : 예기, 좌전)
을조 : 좌전, 모시, 효경, 논어(신라 : 모시, 주례)
병조 : 상서, 문선, 효경, 논어(신라 : 공양전, 곡양전)

---

113) 三國遺事 卷四六 列傳第六 崔致遠條 참고.

갑·을·병조 모두 학습기한은 6년이었으며 학관(學官)은 3조 중 하나를 선택하여 교학하였던바 학관은 박사, 조교였다. 학생은 교과 중 2경을 통하는 것을 원칙으로 하였으며 이 점은 중국제도와 같다. 경학과 학생들은 학업을 이수한 후 '독서3품과'를 거쳐 관리에 배치되었다. 신라에는 의학(효소왕 원년, 692 설치) 천문학(성덕왕 17년 ; 718년 설치) 율학(경덕왕 17년 ; 758년 설치)이 있었으며 이도 당 제도를 모방한 것이었다.

발해국 학제에 대한 영향 : 발해와 당과는 아주 밀접하게 왕래하였다. 발해국은 여러 면에서 당제(唐制)를 모방하여 각종 제도를 수립하였다. 교육제도도 그 예외는 아니었다. 정치제도상 발해국은 3성6부 제도를 택하였던바, 모두 당 제도를 모방한 것이었다. 발해국의 6부는 유학의 정치사상과 윤리도덕규범으로써 각 부의 명칭으로 하였으며 그 명칭과 각 부의 실제 직능은 당과는 관계가 없다. 오직 발해국은 유학의 존숭과 당 문화 거대한 영향을 반영한 것이라 하겠다.

발해국은 주자감(胄子監)을 설치하였던바, 이는 당의 국자감에 상당한 주자감의 명칭은 원래 「서(書)」의 요전(堯典)에서 유래한다.[114] 발해국의 교육제도는 당 교육제도를 모방하였기에 등급제 관념이 비교적 강하였다. 중앙국자감은 오직 귀족과 관료자제를 교수했으며 학습내용은 당의 것과 거의 같이 일부 유학이었다. 당 현종 개원 초에 발해국은 장안에 많은 유학생을 파견하여 태학에 입학시키고 당의 유학경적 및 각종 전장제도(典章制度)를 수학케 했다. 당시 비교적 저명한 유학생으로는 이거정(李居正), 주승상(朱承相), 고수해(高壽海) 등이 있었다. 발해국은 1차로 16명을 당에 유학시켰다. 많은 발해국의 유학생은 당에서 과거시험에 응시하여 진사에 합격된 자가 남았다.[115]

일본학제에 대한 영향 : 대보령(大宝令 : 서기 701)을 반포하기 이전에 일본은 이내 학교를 창설하여 이를 대학료(大學寮)라 하였다. 일본은 대보령을 제정할 때 당 고종의 영휘령(永徽令)을 참고하고 학령 중에 학교제도를 규정하였다. 원정조(元正朝) 때 편찬한 양로령(養老令 : 서기 718)은 기본적으로

114) "帝曰夔命汝典樂教胄子"『堯典』
115) 李國鈞 王炳照 總主編, 中國教育通史(第 二卷), 山東教育出版社, 2000. 549면

대보령 중학령을 계승한 것이지만 당의 개원 시기의 학제를 더한 것이다. 물론 대보령 영향을 받은 것이다. 일본 고대 학제는 당대의 학제의 특징을 많이 계승하였다.

일본의 중앙관학은 대학료, 전약료(典藥寮) 및 음양료(陰陽寮)로 구성되었다. 대학료는 유학과 산학 양과가 있는바 신라의 제도와 같다. 이로 보면 신라와 일본은 비교적 실용과학을 중시한 것 같다. 대학료의 유학은 유학의 경전을 교수할 뿐만 아니라 한자음운(漢字音韻), 서학(書學) 심지어 율학(律學)도 포함하였다. 서기 730년에 이르러 대학료는 정식으로 유학, 문장, 명법(明法), 산학 등 4과를 설치하였다.[116]

전약료는 의과, 침과, 안마과, 주금과(咒禁科) 4과로 나누었던바, 이는 당 제도와 같았다. 음양료는 음양, 역학, 천문 등 3과를 두었으나 당제도와는 약간 달랐다. 당 제도 중에 역학과 천문은 태사국(太史局)에 예속되었고 복서(卜筮) 음양학은 태복서(太卜署)에 예속되었다. 일본은 전약료와 음양료를 매우 중시하였다. 이들은 모두 당제도의 영향을 깊게 받았다.

대보령과 양로령은 지방 관학제도를 부학(府學)과 국학(國學)의 2종으로 나누었다. 부학은 오직 대재부(大宰府) 1개소에 두었고 기타 지방 관학은 일반적으로 국학이라 칭하였다. 부학은 원칙적으로도 지방 교육제도에 속하나 그 규모가 비교적 커 실제상으로는 북구주(北九州) 6국의 종합대학으로서 그리하여 비교적 특수했다. 부학과 국학은 모두 유학과 의학의 양과를 두었으나 당의 지방 교육제도를 모방한 것이었다.

116) 李國鈞 王炳照 總主編, 같은 책, 550면

제 6장 송대 사회의 교육(서기 960~1276)

- 성리학의 발흥과 학교교육의 개혁 -

1. 총설

당말(唐末) 5대(五代)[1]는 군벌(절도사)의 군웅할거의 시대였으며 정권의 건설자가 전부 도적 출신이 아니면 지방호족 출신인 이른바 무인정권이 난립한 혼란기였다. 이러한 와중에서 후주의 세종(世宗)에 뒤이어 이른바 '진교역(陣橋譯) 정변'[2]을 계기로 절도사 출신 조광윤(趙匡胤)이 그의 부하에 의하여 황제로 옹립되었던바 송(宋)의 사회는 이로부터 시작된다. 이후 송은 북송(서기 960~1127)과 남송(서기 1127~1279)의 두 시기로 나누어지나 320년간 존재하게 된다.

태조 조광윤이 당면한 가장 큰 문제는 당말 이래 무인의 대립 항쟁과 횡포한 폐단을 막고 중안집권체제를 강화하는 일이었다. 이를 위하여 문치주의(文治主義)에 의한 중앙집권적 군주독제체제를 구축하였다. 태조에 의하여

---

1) 당(唐)이 서기 907년에 후량(後梁) 주전충(朱全忠)에게 멸망된 이후 53년간을 5대라 한다. 5대는 중앙의 후량(後梁:서기 901~923)을 시작으로 후당(後唐:서기 923~936), 후진(後晋:서기 936~946), 후한(後漢:서기 947~950), 후주(後周:서기 951~952)의 5왕조가 교체되고 지방에서는 10국이 난립하여 오대십국(五大十國) 시대라 한다.

2) 조광윤은 거란과 북한(北漢)의 연합군이 남침해 온다는 첩보에 의해 후주 공제(恭帝)의 명을 받아 대군을 이끌고 이를 막으려 나가다가 진교역(지금 하남성 봉구현)에서 5대에 빈번하게 자행되던 장병들의 쿠데타에 의해 황제에 추대되어 송나라를 세웠다(서기 960). 이를 진교역 정변이라 한다.

기초가 다져진 통일의 대업은 그의 동생 태종(太宗)에 의해 달성되었다(서기 979). 그러나 그 반면에 지나치게 문인(文人)을 등용하고 무인(武人)을 억압함으로써 국방력의 약화를 초래하여 송 사회가 북방민족의 억압에 고민하는 원인이 되기도 하였다.

송대는 당과는 달리 귀족세력이 자취를 감춘 시대로 이러한 상황은 정치조직에서 잘 나타나고 있다.

첫째로 당대의 3성 6부(三省六部)제도를 크게 수정하여 귀족세력을 약화시키고 통치권(중서성 ; 中書省)·군사(추밀원:樞密院)·3사(三司 ; 塩鐵·度支·戶部를 관장, 국가 재정권을 맡음)을 각각 독립시켜 천자에 예속되게 하였다.

둘째는 지방의 절도사의 권한을 억제하여 지방 제 주에 중앙에서 파견한 문관을 두어 그를 견제하면서 지방의 통치를 맡아 보도록 하였다.

따라서 문관의 확보가 필수적이었던 바, 그 공급원은 과거제를 활용하였다. 그리하여 송대의 문치주위는 과거제와 불가분의 관계를 갖는다. 당대에 있어서도 과거제가 있었지만 당대의 그것은 관리후보자의 자격시험인데 비하여 송대의 것은 바로 관리 선발시험이었다. 과거제도는 송대에 완비되었으며 문관관료의 기반으로 확립되어 이후 청 말(淸末:서기 1904)까지 계속되면서 중국의 정치는 물론 사회, 문화, 교육에 커다란 영향을 끼치게 되었다.

송대의 대외정책은 간단히 말해서 소극책을 썼다. 문약(文弱)에 흐른 송의 입장으로서는 당연한 결과였다. 송의 대외관계는 남북을 주축으로 하여 처음에는 거란(契丹, 遼)과 다음에는 여진(女眞, 金), 몽고(蒙古)와 깊은 관계를 갖게 되었으며, 동서로 고려와 서하(西夏)와의 종적인 관계가 유지되기도 하였다. 그러나 송의 입장으로서는 대체적으로 불안과 상대국에 대한 관계는 고려와의 관계를 제외하고는 한족의 입장에서 보면 굴욕적이었다.

이리하여 신종(神宗, 6대)은 요와 서하와의 굴욕인 강화와 재정난에 의한 국정의 문란을 시정하고 국세(國勢)를 진흥코자 왕안석(王安石)을 등용하여 국정의 개혁 이른바 '신법(新法)[3]'을 담당하게 하였다. 이는 일종의 부국강병

---

3) 이는 부국강병책으로서 부국책으로는 물자의 조달과 물가의 안정을 위한 균수법(均輸法), 정부가 농민에게

책을 그 목적으로 하였다. 이 밖에 학교교육을 정상화하기 위하여 태학삼사법(太學三舍法)[4]을 제정하여 태학에서 인재를 등용하려 했다. 이 시책은 상당한 효과를 올렸으나 구양수(歐陽修), 사마광(司馬光)을 위시한 수구파의 반대로 좌절되어 이후 계속되는 신구파 대립으로 전개되고 이로 인하여 송은 쇠운의 징조를 보이게 되었다. 이리하여 더 한층 당쟁은 격화되기 시작 했다. 이러한 정국의 불안한 상황에서 송은 중국 동북지방에서 일어난 여진족의 금(金)과 손잡고 이웃 요(遼)를 멸망시켰다. 뒤이어 금은 송의 문약(文弱)함을 알고 중원(中原)에 침입하였던바, 이를 역사상 '정강(靖康)의 변'[5]이라 한다(서기 1127).

송은 금에 쫓기어 강남으로 내려간 남송(南宋)을 세우게 되었다. 그 이전의 시대를 북송이라 하고 임안(臨按)을 도읍으로 중국 남부지방을 차지하여 몽고에 망할 때까지를 남송(南宋, 서기 1127~1279)이라 한다. 남송 정권은 영토, 재정국 간에 있어서 북송의 약 75%로 축소되기도 하였으나 9제(帝) 153년간 동안 북송에서 새로 나타난 정치, 경제, 문화, 교육적인 정통을 그대로 계속 발전시켜 남송이 멸망한 후에 이민족의 지배 아래서도 굳건히 나갈 수 있는 깊은 뿌리를 내리게 되었다. 그러나 남송의 멸망으로 중국 역사상 처음으로 중국의 전국토가 북방민족의 지배하에 들어가게 되었다.

우리는 이상과 같이 송 사회를 개괄적으로 인식해 보았지만 송의 문약과 주위 북방민족의 심상찮은 위기의식 속에서도 한 가지 특기할 것은 사상과 과학 기술의 발전이다. 특히나 사상 면에서 이학(理學)은 북송에서 일어나 남송에서 완성되어 정치. 문화 교육에 당대는 물론 그 이후 동양 제국에 많은 영향을 주었다.

전곡(錢穀)을 대여해 주는 청묘법(靑苗法), 물가유통의 활발과 생산력의 증가를 꾀한 시역법(市易法), 조세부담의 공령을 목적으로 한 균수법(均輸法)과 강병책으로서 보갑(保甲)과 보마법(保馬法)이 있는 바 전자는 당대의 농병일치제를 이상으로 하여 직업군인제도를 농병일치제도로 바꾸려는 것이며, 후자는 농민들에게 군마(軍馬)를 사육시켜 국가 유사시에 군마의 확보를 꾀한 것이다.

4) 이는 태학에 3사(外舍, 內舍, 上舍)를 설치하여 외사생 300명, 내사생 200명, 상사생100명으로 구성하고 과거에 나아가지 않아도 태학을 나오면 직접관리로 임명하도록 하였다.

5) 금(金)이 북송을 멸망시킨 사건. 정강(靖康) 원년(서기 1126) 금의 군대가 2차로 침입해 와 동경(東京)을 함락시키고 이듬해 북송에서 투항한 관련 장방창(張邦昌)을 괴뢰황제로 세워 국호를 초(楚)라 하였다. 금의 군대는 북송의 휘종(徽宗), 흠종(欽宗)과 종실(宗室), 후비(后妃) 등 3천 명을 포로로 삼고 각종 재물을 약탈하여 본국으로 돌아갔다. 이 사건을 계기로 북송은 멸망했다. 당시 연호가 '정강'이었으므로 역사에서 이를 '정강지변' 또는 '정강지화(靖康之禍)' '정강지란(靖康之亂)'이라 하며 정강원년의 간지(干支)에 따라 '병오지치(丙午之恥)'라고도 한다.

송대 이전 당대 사회의 문화는 국제적, 귀족적 궁중 문화의 성격을 띠었던 것으로 이는 당의 몰락과 더불어 종말을 고하고 송의 출현과 더불어 새로운 문화가 등장하였다.

특히 사상적인 면에서 전대에 성행했던 유(儒), 불(彿), 도(道)의 사상 문화는 이 때 이르러 그 지도성을 상실하고 있었다. 특히 사상 면에서 중국문화의 기초가 되어 있던 유교의 지도력 상실은 한족의 자존심에 대한 문제였다. 그리하여 유교를 새로운 각도에서 재해석하여 독재군주제의 이론적 기반을 마련하고 송의 사대부(士大夫) 서민사회를 옹호하는 새로운 사상인 성리학(性理學)으로 발전시켜 갔다.

송대의 유학(儒學)은 훈고(訓詁:경전의 자구 해석)를 주로 하는 학풍을 벗어나 도교, 불교, 특히 선종의 영향을 받아 직접적으로는 고전을 연구하고 자기의 주관에 의하여 유학의 기본 정신을 파악하며 일원적으로 우주생성(宇宙生成)의 원리를 연구하고 인간의 본성(人性)을 밝히며 나아가서 정신수양과 윤리의 실천을 행하는 기풍을 열었다. 이것이 송학(宋學)인바, 송학은 성리학(性理學), 이학(理學) 혹은 주자학(朱子學)이라고도 한다.[6]

송학의 싹은 당 중기에 불교를 배척하면서 유교윤리를 높이 부르짖었던 한유(韓愈)와 불교교리를 흡수하여 유학의 새로운 연구방향을 모색했던 그의 제자 이고(李翶) 등에서 찾을 수 있다.[7] 그러나 형이상학적 우주론의 이론체계를 수립하고 송학의 기초를 닦은 것은 '태극도설(太極圖說)'을 저술한 주돈이(朱敦頤, 濂溪,서기 1017~1073)로부터 비롯된다. 초기의 이학자(理學者)로는 이 외에 소옹(邵雍), 장재(張載) 등이 유명하였다. 주돈이로부터 송유(宋儒)들은 비로소 우주문제 즉 우주의 본체에 대하여 말하기 시작하였으며 인생의 정도(正道)를 연구하였다. 그는 역경(易經), 중용(中庸)을 골간으로 삼아 불가와 노장사상을 혼합하여 기본을 세웠다.[8] 그의 '태극도설'[9]은 대표작이라 할 수 있다. 이에 의하면 태극에서 음·양이 생기고 여기에서 오행(五行)으로 진행된다고 보았는데 주자학의 우주론과 존재론의 기초는 여기에서 시

6) 朴常煥, 東洋史講論, 創文閣, 1993, 73면.

7) 東洋史學會, 槪觀 東洋史, 지식사업사, 1983, 176면.

8) 傅樂成, 中國通史(下), 692면.

9) 태극도설은 노자와 장자 계통의 학자에 의해 주창되어 오던 것을 주돈이가 재정리하여 그 의미를 새롭게 한 것이다.

작된다. 주돈이가 그의 '태극도설'의 이론적 기초를 노장사상에서 가져왔으면서도 존재의 궁극적 근거는 무(無)에서 구하지 않고 인간이 탐구하여 찾을 수 있다고 생각한 이(理)에 두고 있다는 점이 특이하다. 무극(無極)이 곧, 태극(太極)이라는 우주의 절대적 경지를 바로 이(理)라는 진리로 해석한 것이 그것이다. 이와 같은 논리를 통해 주자학은 노장사상의 신비주의에 대항하여 유교 본래의 합리주의를 발전시킬 수 있는 철학적 기초를 확립하게 되었다.[10]

주돈이의 태극도설은 정호(程顥)·정이(程頤 ; 서기 1033-1107) 형제의 이론(理論)과 장재(張載 ; 서기 1020-1077)의 기론(氣論)[11]에 의하여 이기론(理氣論)으로 발전되어 갔고, 이는 다시 주희(朱熹)의 이기이원론(理氣二元論)으로 집대성되었다.

주희는 송유의 설을 종합하고 체계화하여 송학을 대성하였다. 그리하여 주자의 성리학은 중세 동방의 관료적 사회의 대표적 이념이 되었다.

주희의 우주론은 주돈이(주염계)의 태극설과 정이(伊川)의 이기이원론을 종합하여 우주의 물체를 태극(太極)으로 하는 동시에 태극은 이(理)요, 그 이는 기(氣)와 상호 대립되는 것이라 하였다. 태극은 시간과 공간을 초월한 절대유일의 존재로 인간의 이성에 의하여 개념적으로 도달할 수 있는 경지요 그 상대적 부분이 기(氣)인데, 이는 기와 음양이 교감하여 만물이 발생한다고 하였다.

주희는 이(理)에 기인하는 마음을 도심(道心)이라 하고 기에 기인하는 마음을 인심(人心)이라 하고 수양에 의하여 기질을 변화하여 인심을 바르게 하면 도심이 스스로 명철해진다 하고 거경궁리(居敬窮理)로써 수양의 근본 원칙을 삼았다.

'거경(居敬)'이라 함은 내적 수양법으로 자기의 덕성을 함양하기 위하여 성

---

10) 申採湜, 東洋史概論, 三英社, 1994, 441~442면.

11) 장재는 만물의 근원은 태허(太虛)에 두고 태허상태에서 기(氣)[1]는 음양의 상대적 관계에 의하여 동(動)과 정(靜)의 활동을 통해 사물은 형성된다는 기일원론(氣一元論)적 우주관을 전개하였다. 그리고 정호·정이 형제에 의하여 그 이론은 더욱 심화 발전되어 갔다. 그들은 우주의 현상을 이루고 질서와 조화를 가져다 주는 근본 원리를 인식하여 이를 이(理)라고 불렀다. 그리고 이와 기의 상관으로 우주를 설명하고 이기론(理氣論)을 폈다. 그러나 송학에 있어서 우주론보다 더욱 큰 비중을 차지하는 것은 인생론과 이와 결부된 수양론(修養論)이다. 특히 주목되는 것은 정이(程頤)가 수양법으로서 '대학(大學)'에서 나오는 '치지(致知)'를 강조한 점이다. 이는 송학의 합리주의적인 정신을 표현한 것이라 하였다.

찰정좌(省察靜坐)하는 공부요, '궁리'라 함은 외적 수양법으로 널리 사물의 이치를 궁색(窮索)하여 지식을 넓히는 것으로 널리 물리(物理)를 탐구하면 일단 활연(豁然)하게 관통할 수 있다 하여 학문의 중점을 궁리에 두고 우선 그 이(理)를 안 연후에 이것을 행하여야 한다는 선지후행설(先知後行說)을 취하였다. 그는 이와 같은 윤리설에 입각하여 역사를 비판하고 대의명분을 밝히고 동시에 배외적(排外的) 정신을 고무하고, 국민적 사상의 발흥을 도모하여 다만 어떤 국가가 중원(中原)을 지배하였다는 사실만으로는 정통이 되지 못하고 설사 중원을 지배하지 못하였더라도 도리(道理)에 있어서 정통(正統)이면 정통이라고 하여야 한다고 하였다.

주희의 성리학은 군현사회의 지도자로서의 관료의 심법(心法)을 가르친 것으로 지도자가 수양에 철저하면 사회는 자연히 통치된다고 생각하였다. 말하자면 군현사회의 이데(Idea)로서의 유교법을 조직화한 것이다. 그 학설이 유연(幽然)한 것은 관료의 귀족성을 합리화하자는 것이요 그 명분론이 준열한 것은 당시 송 사회가 이민족의 압박을 받고 있었기 때문이었다.[12] 이리하여 주자학은 사대부의 학문이 되었을 뿐만 아니라 후대인 명대에서는 관학으로 채용되면서 정치·교육의 기본 이념이 되었고 이것은 한국, 일본 등 주변국가에 많은 영향을 주었다.

한편 육구연(陸九淵, 象山)은 주자학에 대립하는 학설을 내세워 남송의 사상체계의 한 조류를 이루었다. 그는 우주의 본체는 성(性)이고 이(理)는 심(心)이라는 심즉리(心卽理)[13]를 주장하였다. 그는 이(理)를 외계의 현상에서 찾을 것이 아니라 각자의 마음속에서 찾아야 한다고 주장하였다. 그의 수양론은 내성에 의한 직관을 강조하였으며, 여기에는 불교 특히 선종의 영향이 짙게 나타난다. 그의 학설은 이일원론을 근본으로 하고 주관적 유심론(唯心論)에 입각한 것으로 명나라 때 왕수인(王守仁 : 서기 1472~1528)에 이어져 더욱 성행했으며 주자학에 대립하는 학파를 이루게 되었다.

불교 역시 정토종(淨土宗) 선종(禪宗)이 인도의 영향을 벗어나 중국적인

---

12) 李恒寧, 法哲學槪論, 博英社, 1974, 122면.

13) 이는 주자의 성(性)에 대신하여 심(心)을 내세운 것으로 '맹자'에 나오는 측은지심(惻隱之心)이나 양심 등에 초래하여 이를 체계화한 것이다. 또한 그는 주자가 인심(人心)을 인욕(人慾)이라 하고 도심(道心)을 천리(天理)라 주장한 설은 잘못이라 하였다. 심과 리는 당연히 하나이어야 하며 둘이 될 수 없다 하며 理氣(心)一元論을 주장하였다.

불교로 대성되어 갔다.

송대에는 특히 서원이 많이 건립되었는데 그 중에서도 석고서원(石鼓書院), 백록동서원(白鹿洞書院) 등이 유명하다. 서원은 문인(文人), 학자(學者), 승려(僧侶), 도사(道士)의 집합처가 되고 학문의 자유토론 연구의 기풍과 유·불·도 3교 융합설의 단서를 열어 주게 하여 이후 문화사상의 발전에 큰 역할을 하게 된 것이다.[14]

그리하여 이에 따른 문화 보급책으로서 특히 주목해야 할 사실은 인쇄술의 발달이다.[15] 한편 나침반과 화약의 발명도 하나의 커다란 사건이었다. 그리하여 한때 채륜의 제지법과 인쇄술, 화약, 나침반은 중국의 4대 발명품으로 일컬어지고 있다.

또한 회화, 서도, 요곡(謠曲) 소설, 연극 등의 유행 그리고 가사(歌詞)의 성행은 송대의 서민적 문화의 특색을 잘 말해 주고 있다.

송대 문학의 대표적인 것은 당시 널리 성행한 시가(詩歌)였다. 시가는 단지 읽기만 하는 데 그치지 않고 노래 부르기 위하여 만든 가곡이었다. 그것은 서정적이며 장단의 음율적 양식으로 되어 있다. 소식(蘇軾 : 동파 : 東坡)의 적벽부(赤壁賦)는 그 대표적이다. 소설 또한 당시 민간에서 널리 읽힌 일종의 백화소설(白話小說)이 가장 이름 있었던 것으로 '대당삼강취경시화(大唐三藏取經詩話 : 3권 17장)'는 각 시가 실려 있는데 이는 후에 '서유기(西遊記)'의 원본이 되었다.

송대에는 서민 생활과 문치주의 영향으로 서화는 더욱 발달하였다. 게다가 휘종 때는 화원(畵院)을 세워 장려하였으므로 치밀하고도 화려한 원체화(院體畵 ; 北宗畵)가 유행하였다.

유가 중에는 고문에 통하는 자가 많았다. 특히 북송의 문호 구양수는 '신오대사(新五代史)', '신당서(新唐書)'를 편찬하였고 영종(英宗) 때 사마광(史馬光)의 '자치통감(自治通監 : 주[周]의 위열[威列] 23년부터 후주[後周(5대)]

14) 朴尙煥, 東洋史講論, 創文閣, 1993, 72면.

15) 활판인쇄술의 발명은 인종의 경력(慶曆) 연간(서기 1041~1048)에 필승(畢升)이 처음으로 교니(膠泥)활자를 발명한 데서 비롯된다. 이는 실로 세계 인쇄술 사상의 일대 사건이 아닐 수 없다. 교니활자는 일종의 점토활자로 진흙과 아교를 섞어서 만들었다는 설이 있다. 이는 독일의 금속활자보다 400년 가까이 앞서고 있고 고려시대의 최윤의 금속활자 발명(서기 1234)보다는 200년 앞서고 있다. 교니활자로 다량의 서적 출판에 편리하게 이용되었고, 다시 나무활자로 개량되어 출판 인쇄기술의 발전에 큰 역할을 하게 되었다.

의 세종 때까지의 역사를 간략히 기술한 것, 총 294권)'은 역사의 편찬이었다. 그리고 자치통감의 자극을 받아 주희는 '통감강목(通鑑綱目)'[16]을 편찬하였다. 제도사로서는 당나라 두우(杜佑)의 '통전(通典)'에 이어 정초(鄭樵)의 '통지(通志)' 마단임(馬端臨)의 '문헌통고(文獻通考)'가 편찬되어 이를 '삼통(三通)'이라 하였다. 또한 왕응린(王應麟)의 '옥해(玉海)'는 백과사전의 성격을 띤 명저였다.

송대 교육의 구조는 직접적으로 수·당 문화교육의 유산을 계승하고 역대 왕조 문교의 우열과 특실을 참작하고 반복적으로 활발한 사상의 토론과 변혁을 거쳐 점차적으로 정형화되었다.

우선 과거제도의 완비와 그 규모의 확대로 교육의 발전과 보급을 가져 왔을 뿐만 아니라 많은 평민자제들의 과거를 통한 사회계층 상승 이동을 가져오게 하였다. 교육제도 면에서는 3차에 걸친 흥학 개혁운동으로 중앙·지방의 2급의 관학체계를 형성했음을 물론 그 내부적인 관리제도도 더욱 완비하게 되었다. 교육사상과 방법에 있어서 송대는 더욱 풍부하고 다채로웠다. 그리고 교육형식에 있어서 서원은 최고로 발달하였다.

2. 송대 사회의 문교정책

송의 태종은 "왕은 비록 무력으로써 이루었으나 종국적으로는 문덕(文德)으로써 다스린다."[17] 고 명백히 한 바에서도 알 수 있듯이 이러한 통치정책은 '문교를 일으키고 무를 억제'(興文敎 抑武事)하는 정책을 확립하였다.

송대 전체를 관망할 때 이러한 '흥문교(興文敎) 정책은 다음과 같이 3가지 면에서 나타나고 있다.

1) 존공숭유(尊孔崇儒)와 경학(經學)교육의 강화

16) 이 책은 자치통감의 방대한 내용에서 도덕적 가치가 있는 내용만을 선별하여 재구성한 것이다.

17) "王者雖以武功克定從須用文德治"(續資治通鑑)

'존공숭유'는 한 무제 이래 역대 왕조의 문화정책이었을 뿐만 아니라 정신적 지주였다. 송대 초기 존공숭유의 가장 중요한 단계는 전국적인 범위로 볼 때 전란에 의해 파괴된 각 지의 문선왕묘(文宣王廟 : 공자의 사당)와 그 중에서도 가장 큰 영향을 주고 있던 동경(東京) 장안(長安) 곡부(曲阜)의 문선왕묘의 중수(重修)에 있었다. 송대 초기 존공숭유 정책은 또한 교육과 과거시험에서 경학(經學)의 지위를 강화한 데서도 체현되었다.

2) 과거의 중시와 사인(士人)의 중용

태조는 개국한 이래 중앙과 지방에 통치의 근간으로 방대한 관료 제도를 수립하고 문치(文治)를 행하였음은 주지의 사실이나 이와 같이 전국에 걸친 관료제도의 수립과 문치주의의 시행은 당연히 많은 관료의 충원이 요구되었다.[18] 태조는 이와 같은 관료의 충원을 수·당 이래로 시행되어 오던 과거제도를 통해 관료를 충당하였으므로 송대에는 이 관료 제도와 과거제도는 불가분의 관계에 있었다.

송대 초기 과거는 태조 건륭(建隆) 원년(서기 960)에 회복된 이래 과거시험인 취사제도(取士制度)의 형식에 대하여 일련의 개혁과 조정이 진행되었다. 조정 내용은 매우 포괄적이었다. 즉, 공존(公薦)을 폐지하여 고관(考官)을 사문(師門), 은문(恩門)으로 칭하고 자신을 문생(門生)이라고 칭하는 것을 금지하고 전시제도(殿試制度)를 확정하였으며 별시(別試) 등의 제도를 실행하였다. 이러한 일련의 개혁은 대체적으로 태조, 태종, 진종(眞宗) 3대에 걸쳐 완성되었으며 이로써 송대 과거제도의 기본 형식으로 확정되었다. 개혁을 통하여 권문세가 자제의 특권을 제한하여 과거시험이 형식면에서 평등한 경쟁을 가져오게 하여 일반 서민의 자제들도 과거를 통하여 관도에 오를 수 있는 길을 터놓았다.

이러하여 송대 초기 과거 합격자 수는 차츰 증가하였다. 예를 든다면 송태조 개보 6년에는 127명의 합격자를 냈던 것이 태종 태평흥국 2년에는 1회에 5백 명을 선발하기도 하였다.[19]

---

18) 李春植, 中國史序說, 教保文庫, 1991, 255면.

이상에서 보듯 과거시험 합격자의 대량적인 확장은 비록 당시의 현실적인 문제도 있었겠지만 한편 유생들이 독서를 적극적으로 할 수 있도록 고무시켰으며 교육문화의 발전을 촉진하였다.

3) 흥학(興學)과 학교설립의 확장

송대 지배계층의 내부에서는 시간이 경과함에 따라 인재선발을 과거제도에만 의존하는 것은 너무나도 편협한 것이며 반드시 학교설립을 확장하여 인재를 배양함이 바람직하다는 것을 자각하게 되었다. 그리하여 송대 초기 80여 년이 과거에 중점을 두었다면 그 이후부터는 흥학과 인재 육성에 중점을 두었다고 말할 수 있다.

송대 학교의 완비는 3차례에 걸친 흥학과 관계가 많다. 특히 지방학교의 보편적인 설치는 특히 3차 흥학의 결과였다. 북송의 흥학운동은 중국교육사에 있어서 중교흥학(重敎興學)이 최고조에 달하여 특별히 주목할 필요와 가치가 있다 할 것이다. 경력 4년(서기 1044) 이후 송대 역사상 3차에 걸친 흥학운동이 있었던 바 이를 개관하면 다음과 같다.[20]

첫째, '경력흥학(慶歷興學)' : 제1차 흥학운동은 범중엄(范仲淹)[21]이 인종 때인 경력 4년(서기 1044)에 주관하였던바 이를 '경력흥학'이라고 한다. 범중엄(范仲奄)이 주도한 흥학운동은 북송 역사상 전국적인 규모의 흥학운동이었으며 이것은 또한 경력신정(慶歷新政)의 중요한 내용의 하나였다. 경력흥학 전에 북송교육이 당면한 문제와 그 병폐에 대하여 이론 및 실천면에서 깊이 연구하고 일련의 시폐(時弊)를 경고하는 건설적인 주장을 제기하였다.

둘째, 실학(實學)을 중시하고 허영과 거짓을 배척하였다. 그는 실학을 제창하고 과거(科擧)를 개혁하는 것은 교육을 진흥시키는 근본적인 길로서 사회를 개조하는 주요한 전제조건이라 하였다.[22] 범중엄의 이상

---

19) 續資治通鑑卷九 참조.

20) 孫培靑, 같은 책, 189~191면.

21) 범중엄(서기 989~1052)은 북송의 저명한 정치가요 문학가이며 교육가였다. 범중엄은 흥학을 창도한 대표적 인물이었다.

22) 喬節平著, 같은 책, 27면.

과 같은 주장은 그 후 경력흥학의 지도방침이 되었으며 아울러 여론에서는 필요한 준비를 하게 되었다. 경력 3년(서기 1043) 범중엄은 신정(新政)의 대형세를 주관함과 동시에 적극적으로 흥학을 계획하였다. 동년 9월 상소한 '답수조조진십사(答手詔條陳十事)'는 경력신정의 강령이었는데 그 중 전반부 4개 항목은 모두 교육과 과거개혁에 관련된 것이었던바, 이로 보면 신정에서 교육개혁이 차지하는 중요한 위치를 이해할 수 있다. 범중엄의 추진 하에 송기(宋祁), 왕공진(王拱辰), 장방평(張方平), 구양수(歐陽修) 등 8인이 공동으로 다음과 같이 상소하였다.

> 교육을 학교에서 본(本)으로 하지 않고 선비를 향리에서 찾지 않으면 그것은 바로 명실(名實)과 부합되지 않는다. 과거는 명성의 병폐에만 속박되고 학자는 기송(記誦)만을 전념하면 인재를 다하여 만족할 수 없다. …… 시골에서 선비가 지은 것을 막론하고 학교에서 가르치며 주·현에서 그 행함을 시찰하고 학자가 닦아야 한다.[23]

이것은 바로 하나의 교육개혁의 선언이라 할 수 있다. 그 후 조정에서는 정식적으로 흥학(興學)의 명을 내려 '경력흥학'의 서막을 올렸다.

경력흥학의 조치 중 중요한 것으로는 다음과 같은 몇 개의 면이 있다.

주·현에 조령(詔令)을 내려 학교를 세우도록 했다. : 경력 4년(서기 1044) 인종은 범중엄의 건의를 받아들여 흥학(興學)조서를 반포 하였다. 즉 각 로(路)·주(州)·군(軍)·감(監)에 명을 내려 학교를 세우도록 했는데 배우는 자가 200명이면 현학(縣學)을 세우도록 했다.[24]

소호교법(蘇胡敎法)을 태학의 교학에 표준양식으로 하였다. : 이른바 '소호교법'은 호원(胡瑗)이 만든 것인데 범중엄의 두 아들이 일찍이 호원의 문하에서 수학한 바 있었는데 범중엄은 호원의 교법을 각별하게 추천하였으며 또한 태학의 전통적인 실속이 없는 것을 개혁하기 위해 호원을 조청에 천거하였다.

이상과 같은 건의가 받아들여진 후 호원은 병으로 인하여 태학에서 가르

23) "敎不本于學校 士不察于鄕里 則不能核名實 科擧束于聲病 學者專于記誦則不足盡人材. 莫若使士皆土箸 而敎之于學敎 然後州縣察其履行 則學者修飭矣"(宋史選擧之一)

24) 宋史·職官支七 참고.

치지 못했으나 그의 교학 경험은 곧바로 태학에 받아들여졌다. 동시에 사문학(四門學)을 설립하여 8품으로부터 서민의 자제가 입학하여 학문을 닦도록 학습의 기회를 확장하였다.

과거시험 방법의 개혁 : 범중엄은 과거시험의 폐단에 대하여 우선 응시자는 반드시 일정한 학력이 있어야 하는바, 처음 응시하는 자는 반드시 300일 이상 학(學)에 있어야 하고 먼저 응시한 자는 반드시 100일 이상 배운 자라야 한다고 하였다. 비교적 융통성이 없는 시험형식을 폐지하고 책론(策論)으로 취사해야 한다고 하였다.

경력신정(慶歷新政)은 불과 1년 수개월 동안 유지되었고 구관료 집권층의 강렬한 반대에 부딪쳐 범중엄은 끝내 조정에서 물러났고 그에 따라 경력흥학도 그와 운명을 같이 할 수밖에 없었다. 그러나 경력흥학의 성과와 영향은 홀시할 수 없었던바, 우리는 예서 이를 개관하고자 한다.

· **경력흥학**의 조서는 지방의 학교 설립에 합법적인 근거를 제공하였음은 물론 처음으로 주·현에 학교 광설(廣設)의 선례를 남겨 놓았으며 일반적으로 주·현 지방 흥학의 붐을 일으키기 시작했다.

우리가 주시할 것은 신정 실패 후에도 주·현 흥학의 성취가 보류되었다 하더라도 일부 신정(新政)의 인사들은 지방에 내려가 여전히 지방학교 창립에 열심이었다. 그리하여 결과적으로 경력흥학의 성과는 보존되고 확대되었다는 점이다.

· **경력흥학**의 정돈(整頓)과 태학, 국자학의 교학제도를 개선하여 북송 중앙관학의 전례 없는 성황을 가져왔다.[25]

· **경력흥학** 기간의 개혁 조치는 비록 유보되었지만 과감히 개혁하는 관념은 수구적인 고질적 습관을 타파하여 당대 사자(士子)들에게 감화와 영향을 주었으며 실제적으로 송대 사회와 교육영역의 일대 변혁의 시대를 창조 하였다.

다음으로 희녕(熙寧)·원풍흥학(元豊興學)이다.

희녕·원풍흥학을 주관하고 추진한 대표적 인물은 신종(神宗) 희녕과 원풍

---

25) "慶歷初 石·孫·爲直講 其興庠序 朝廷又立三百日聽書日限 來者日衆 未幾遂盈數千雖祁寒署雨有不却者"(儒林公議 卷上)

년간(서기 1068~1085) 저명한 정치가이며 학자인 왕안석(王安石 : 서기 1021~86)[26]이었다. 왕안석의 흥학 변법에 대한 소식의 대표적인 비판도 의미 있는 것이었지만 신종은 왕안석의 손을 들어주고 지지하였다. 이후 조정에서는 계속적으로 일련의 흥학 조령을 반포하였다. 이의 구체적 내용은 다음과 같이 몇 가지로 요약할 수 있다.

· **태학의 정돈과 삼사법(三舍法) · 직분제(職分制)의 실시** : 태학의 규모를 확장하고 삼사법과 직분법을 실시하였다. 북송의 태학은 인종 경력 년간에 처음으로 내사생(內舍生) 200명의 정원을 설치하였고 희녕흥학 기간에는 우선 내사생을 300명으로 증원하였으며 계속적으로 900명까지 증원하였다. 희년 4년(서기 1071)에는 또다시 정식적으로 '삼사법'을 실시하였다.

삼사법(三舍法)은 일명 '삼사선찰승보법(三舍選察升補法)' 또는 '삼사고선법(三舍考選法)'이라고도 하는바 이것은 태학의 분급조직법으로서 왕안석이 흥학하는 과정에서 창안한 것이다. 이 제도는 태학을 금자탑 모형으로 구성하였는데 즉 외사(外舍)→내사(內舍)→상사(上舍)의 형식이었다. 그런 연후에 시험 성적의 고·하에 따라 순서대로 승사(升舍) 또는 유급하며 성적이 특별히 우수한자(상사생: 上舍生)은 과거시험을 면제하고 직접 관직을 주었다. 이 법은 인재의 열등한 자를 도태하고 우수한 자는 선발하는 데 유리하므로 태학에 경쟁원리를 도입하여 교학의 질을 높이는 데 촉진제 역할을 하였다.

이 삼사법은 다음에 올 '승제직분법(升齋職分法)' 혹은 '분당교학법(分堂教學法)'의 근원의 하나였다. 여기서 우리가 특별히 지적할 것은 삼사법의 실지 중에 이른바 '소호교법' 중의 분재교학의 장점을 흡수하여 횡적인 분과와 종적인 분과를 융통하였다는 점이다.

직분제(職分制)는 삼사법의 실시에 배합하여 창설한 시험점수 계산방법으로서 오늘날의 학점제와 비슷하다. 북송의 시험제도는 엄밀하고 완벽하였던바, "매월 한 번씩 사시(私詩), 매년 한 번씩 공시(公試) 그리고 그 중간에

26) 왕안석은 지금의 강서성 출신으로 관리의 가정에서 태어났다. 인종경력 2년(서기 1042)에 진사가 되어 관도에 올랐다. 신종 희녕 참지정사(參知政事)에 임명되어 부국강병의 개혁정책을 맡았다. 이듬해 동중서문하평장사(同中書門下平章事)에 임명되어 신법을 추진하여 관료와 대상인의 횡포를 막고 계층간의 모순을 완화시켜 부국강병을 꾀하려고 하였다. 그는 문장을 잘 지어 당송팔대가의 한 사람에 들었다. 저서에 왕문공문집(王文公文集), 임천선생문집(臨川先生文集) 등이 있다.
그는 진사에 합격한 후 관도에 올라 주·현관을 18년간이나 역임했다. 지방관으로 있을 때 고찰을 중시하고 민정을 체험하며 틈이 있을 때 교육을 중시하고 교육개혁의 이론과 문제에 대하여 열심히 탐구했다.

한 번씩 사시(舍試)가 있었다."[27] 사시(私試)는 교관(敎官)이 출제하고 검사하는데 "맹월(孟月) 경의(經義), 중월(仲月)에 론(論), 계월(季月)에 책(策)을 시험" 했는데 이를 '월고(月考)'라고도 하였다. 공시(公試)는 "왕이 관을 차견하여 시험을 실시하는데 2개 시험장으로 나누어 처음에는 경의, 다음에는 책론을 시험하였던바 이를 세시(歲試)라고도 하였다. 사시(舍試)도 관을 파견하여 시험을 주관하여 2년마다 한 번씩 시행하였던바 이것은 내사 생이 상사(上舍)로 승급하는 주요한 시험이었다."

이 외로 졸업시험이 있었던바, 이를 '학선(學選)'이라 하였고 역시 2년마다 1회씩 실시하였다. 이들 시험의 성적 평가는 우(優), 평(平), 부(否)으로 나누어 평정하고 성적 누계가 우수한 자는 상등(上等)으로서 승사(升舍)할 수 있거나 시험을 면제 받고 관도에 오를 수 있었다. 나머지는 모두 그 아래였다. 조행(操行)성적도 평정할 때 중요한 참고 사항이었다. 남송(南宋) 및 후대에 직분법은 더욱 더 완비되어 '월고'가 직분의 주요한 준거가 되었다. 일반적으로 월고에 우수한 자는 직(職) 1분(分 ; 점 ; 만점) 매년 10차의 월고에서 8점 이상인 자는 우(優) 또는 상(上)으로 판정하였던바, 이것은 승사(升舍), 승재(升齋) 혹은 승당(升堂)의 주요한 준거였다.

삼사법과 직분법의 실시로 태학의 학풍은 갑자기 개변되어 학업에 진력하는 기풍을 형성하였다.

· **지방학교의 정돈과 학전제의 추진** : 왕안석이 집정하여 변법을 실시한 후 왕은 또다시 조령으로 지방 흥학을 명하였다. 지방관학의 개선에 대하여 다음과 같은 2가지의 조치를 취하였다.

하나는 제로(諸路 : 로는 송·원대 행정구획으로 오늘날 성에 해당)에 학관(學官)을 설치하여 지방교육을 강화하고 당시 주·현에 학교는 있으나 교학을 하지 않았던 상황을 개선하였다. 희녕 4년(서기 1071) 초 과거시험의 내용과 방법을 개혁하는 동시에 조령을 내려 경동(京東), 협서(陜西), 하동(河東), 하북(河北), 경서(京西) 등 5로(路)에 우선 학관(學官)을 설치하고 경술(經術) 행의(行誼)가 있는 서민이 교수하는 것을 허용하였으며 또한 양성(兩省), 관

27) "凡私試 孟月經義 仲月論 季月策. 凡公試初場經義 次場策論. 試上舍 如省試法. 凡內舍 行藝興所試之業俱優爲上舍上等取旨敎官 一優一平爲中等 以俟殿試 俱平若一優一否爲下等以俟省試"(宋史·選擧志三)

각(館閣), 태간(台諫)의 관료와 대신은 현직 경조관(京朝官)으로서 학행(學行) 있는 자를 천거하여 중서당(中書堂)은 전문직 교수는 물론 주·현관 본주(本州) 교수를 겸하는 것도 허락하였다는 것과 그 둘은 지방학교에 학전을 충당하여 재정적인 면에서 주·현학교의 유지를 보장하였다.

· **각급 각류 학교의 증설** : 왕안석이 흥학할 때 전문소학을 증설하여(서기 1073) 직접 북위(北魏)의 사문소학(四門小學)의 유풍을 계승함으로써 기초교육에 대한 것을 중시하였음을 나타냈다. 당 시기에 재건되었거나 창건된 전문학교는 다음과 같은 것들이 있다. 처음으로 인종 3년(서기 1043)에 무학(武學)을 설립했으나 그 기간은 짧았고 그 후 희녕 5년(서기 1072)에 다시 복원했다. 율학(律學)은 무학과 같이 세움과 동시에 전대의 율학을 회복하였다. 의학(醫學)은 중앙의 의학을 회복하였을 뿐만 아니라 주·현의 의학도 대대적으로 제창하였다. 신종 때 설립한 번학(蕃學)은 변경지구의 소수민족 자제들을 대상으로 하여 설립한 교육기구였다는 데 특별한 의미를 지니고 있다.

· **거과시험의 방법과 내용의 변경** : 희녕 4년(서기 1071), 왕안석은 과거시험의 새로운 방법을 실시하였는데 다시 첩경(帖經) 묵의(墨義)의 시험을 폐지함과 아울러 시부(詩賦)의 1항목도 취소하였다. 상과(常科)에서 진사과(進士科)의 합격 정원을 늘리고 명경과(明經科)의 진사 뽑는 것을 폐지하였다. 이른바 책론(策論)은 본경(本經)과 겸경(兼經)으로 구별하여 과거시험의 내용을 간소화하였다. 왕안석은 '서(書)', '주례(周禮)'를 다시 해석하여 그의 아들 왕우(王雱) 및 여혜경(呂惠卿)과 '삼경신의(三經新義)'를 편찬하였는데 후에 신종이 친히 심사하고 각 급 학교에 인쇄 발급하도록 하였다.

· **삼경신의(三經新義)의 반포** : '삼경신의'는 좀 더 진일보하게 학생의 사상을 규제하고 사론(士論)을 통일하기 위하여 희녕 6년(서기 1072) 경의국(經義局)을 설치하고 왕안석 부자 및 여혜경(呂惠卿)이 '시(詩)', '서(書)', '주례(周禮)'를 편찬했는데 이는 관방시험과 경을 강의하는 데 표준교재로서 준거가 되었다. 이리하여 사족(士族) 자제들은 경학시험에 참가했을 때는 반드시 삼경신의의 견해를 준거로 답안을 작성해야 했다. 동 서의 견해는 당시 경학에 대한 설이 분분했는데 이를 효과적으로 표준화하였다. 그러나 이는 개인

의 학설의 자유를 구속하는 면도 부정할 수는 없다.

그 다음으로 숭녕흥학이다.

숭녕흥학(崇寧興學)[28]은 채경(蔡京)[29]이 주도하였던바, 북송의 제3차 대규모의 흥학운동으로 그 규모와 범위는 경력, 희풍흥학의 수준을 넘었으며 북송 역사상 규모가 제일 큰 흥학 운동이었다.

숭녕흥학의 주요한 내용은 다음과 같다.

· **중앙관학의 정돈과 완비** : 채경은 숭녕 원년(서기 1102) 또다시 태학에서 삼사법을 실시하고 아울러 태학의 규모를 확대하였다. 원 태학의 수용이 한정되어 있어서 당시 수도의 남방에 태학의 외학(外學)을 별도로 건립하여 방을 1872개로 하고 이를 '벽옹(辟雍)'이라 하여 외사생(外舍生)을 수용할 곳으로 하였다.

제로(諸路)의 공사(貢士)도 처음에는 모두 외학(外學)에 들어가 경시험(經考試)을 거쳐 합격자는 상사, 내사에 들어간 후에야 태학에 입학할 수 있었다. 당시 상사의 정원은 200명, 내사 600명 그리고 외사는 3,000명이었다. 이후 또한 고선법(考選法)과 직분제(職分制)를 엄격히 정하여 성적이 나쁜 자는 유급(留級)시켰을 뿐만 아니라 낙제 또는 제적하는 등 엄격한 제반의 조치를 취함으로써 학교교육은 또다시 흥성하게 되었다.

태학을 정돈하는 동시에 또한 전문학교를 재건하고 확충하였다. 숭녕 3년(서기 1104)에 서학(書學), 화학(畵學), 산학(算學) 등 전문학교를 설치하고 태학의 삼사법을 채용하여 시험으로 선발하였다. 이후 서, 화, 산, 무학은 설치와 그 폐지가 종종 있었으나 전자의 경우가 더 많았다.

· **제거학사사의 창설과 로·현학의 일반적 설치** : 제거학사사(提擧學事司)는 숭녕 2년(서기 103)에 지방교육을 전문적으로 관할하던 행정기구로서 이를 간단히 '제학사(提學司)'라고도 하였다. 이의 최고 행정장관은 제거학사사(提擧學事使)로서 '제학사(提學使)' 또는 '제학(提學)'이라고도 불렀다.

---

28) 휘종(徽宗) 즉위 후 연호를 '숭녕(崇寧)'이라 했기에 이를 따른 것이다. 여기서 '숭녕(崇寧)'이라 함은 "숭상희녕(崇尙熙寧)"의 신정(新政) 즉 "희녕의 신정을 숭상"한다는 의미이다.

29) 채경(蔡京 : 서기 1047~1126)은 북송 말기의 정치인. 철종·휘종 때 재상을 지냈다. 휘종 때는 환관인 동관(童貫)과 유착하여 백성을 착취하는 데 골몰했으며 변법에 반대하는 사람들을 간당(奸党)으로 몰아 숙청했다. 당시 육적(六賊)의 원흉으로 꼽혔다. 금(金)의 군사가 침입하자 가족을 데리고 남쪽으로 달아났다. 말년에는 흠종(欽宗)에 의해 영남(嶺南)으로 축출되었으며 도중 담주(潭州 : 지금의 장사[長沙]에서 죽었다.

로(路)에 설치되었는데 그에 소속되고 있는 주·현의 학교교육을 관할하는 책임을 졌으며 주요한 것으로는 교사의 선발과 고찰, 학생들의 교학에 대한 감독과 과거시험과 관련한 여러 가지 일을 주관하였다.

· **과거의 폐지와 그에 대한 대책** : 숭녕 3년(서기 1104) 과거를 폐지하고 그 대신 천하의 사인(士人)들은 학교에서 공(貢)으로 올라가도록 규정하여 주·군의 발해(發解)[30]와 예부시(禮部試)를 정지하고 매년 상사생(上舍生)을 시험하는 것을 예부에서 시험 치는 법과 같게 했다. 그 다음 해 상사생 35명이 급제하였고 이후 매년 상사생을 시험으로 급제하게 하였다.

숭녕 원년(서기 1102)에 시작된 흥학 운동은 이후 20년간 지속되어 큰 성과를 거두었다. 숭녕흥학의 과정을 통하여 북송의 중앙 및 지방관학체계는 기본적으로 본궤도에 오르기 시작하여 규모가 전례 없이 컸고 학교재정도 확보 되었으며 이전 2차에 걸친 흥학하려던 목표도 숭녕흥학 중에 대체적으로 실현되었다.

중앙의 태학은 그 생원이 3,600명으로 전례 없는 규모로서 대성황을 이루었으며 지방의 주·현학도 대폭적으로 발전하였다.

그런데 숭녕흥학과 동시에 이를 주도했던 채경 등은 그들의 힘을 배경으로 하여 사사로운 행동으로 백성들을 착취하는 데 골몰하고 또한 변법에 반대하는 자들을 간당(奸党)으로 몰아 숙청했으며 또한 잔혹한 문화전제정책을 실시하여 교육과 문화면에서는 공포의 분위기에 쌓였다. 이러한 상황 하에서 숭녕흥학은 비록 훌륭한 서막을 올렸지만 학술과 문호는 반대로 짓눌려 위축된 상황을 초래하였다. 이러한 상황과 폐단은 결국 조정에서 숭녕흥학의 각종 조치를 폐지하는 중요한 원인이 되었다.

4) 주이유학(主以儒學), 보이불학(輔以佛學)

송대는 당대의 총제적인 정신을 계승하고 존공숭유의 정책을 펴 유학을 주로 하고 불교를 제창하여 이를 부(副)로 하였다. 존공숭유의 현상과 동시에 송대 제왕은 불교와 도교를 극력 제창하였다. 송 태조는 불교의 보호에

---

30) 당송시대에 응거(應擧)한 사람을 주·현에서 경성(京城)에 파견하는 것.

나서 화북지방의 황폐한 사원을 중수하여 민간인이 승려가 되는 것을 적극 장려하고 아울러 인도에 구법(求法)을 하도록 하였으며 대장경 간행의 대사업을 추진하였다.[31)] 태조의 뒤를 이은 태종(太宗)은 태평흥국(太平興國) 7년(서기 982) 역경원(譯經院)을 설치하여 불경을 출판토록 하고 찬영(贊寧)에게 명하여「송고승전(宋高僧傳)」과「대송승사략(大宋僧史略)」을 편찬케 하였다. 그리고 그 다음 해(서기 983) 역경원에 '전법(傳法)'이라 쓴 편액을 사액하고 동자(童子) 50명을 선발하여 역경원에서 범문(梵文)과 범학(梵學)을 학습케 하였다.

송대 초의 이러한 불교 보존정책으로 진종 때에 이르러서는 더욱 불교를 중시하였다. 함평(咸平) 2년(서기 999)에 진종은「석씨론(釋氏論)」을 지어 "부처님의 계율은 주(周) 공(孔) 맹(孟) 순(筍)과 표현이 다를 뿐 그 도리는 동일하다"는 것을 인정하였다. 이러한 배경 하에서 진종 때에는 승려가 45만여 명에 이르러 불교의 세속화가 가속되었다.

이러한 불교의 세속화에 대해 송 중기 이후의 사상계에는 송학과 불교의 선종이 주류를 이루면서 새로운 방향으로 나아가게 되었고 사대부·지식인은 스스로 불교를 신앙하고 포교에도 힘을 쏟았다. 그 결과 좌선(坐禪)을 주로 하는 거사불교(居士佛教)가 성하게 되었다. 그리하여 송대의 유명한 정치가[32)]나 유학자들[33)]은 특히 선종의 심오한 원리에 깊은 관심을 지니고 있었고 그 결과 선종의 사상이 성리학에 큰 영향을 주게 되었다. 이와 같은 불교의 대중화는 대중의 정치와 사회에 대한 의식을 확대시키고 특히 미륵불의 강림과 중생 구제 사상으로 종교운동이 빈번하게 일어났다.

도교도 송대에는 발달하였으나 발달의 정도는 불교만큼은 되지 않았다. 송 태조는 불교와 도교의 관계를 불선도후(佛先道後)로 정하였으나 송 태종 때는 여러 곳에 도관(道觀)을 건립하고 다방면으로 도교의 경전을 수집하였다. 진종 때에 이르러서는 재상 왕흠약(王欽若)과 도교연구가인 장군방(張君房), 장자양(張紫陽) 같은 이에 의하여 도교는 점차 교리에 대한 이론적 무장을

31) 申採湜, 東洋史概說, 三營社. 1994, 447면.

32) 정치가이며 유학자인 양억(楊億)은 참선을 통하여 '경덕전등록(景德傳燈錄)'을 저술하였다.

33) 유학자이며 유명한 정치가인 범중엄(范仲淹)과 구양수(歐陽修), 부필(富弼) 등은 선종의 원리를 터득한 인물이다.

강화하였다. 특히 진종은 도교에 심취하여 도사(道寺) 건립에 많은 국고를 지출하였다. 예컨대 도사로서 천경관(天慶觀)의 건립이 그것이다.

휘종 때에는 특히 도교를 제창하기도 하였다. 그는 중화(重和) 원년(서기 1118) 조서를 내려 "이제 도교를 배우려는 자는 주·현학에서 교양을 쌓을 것을 허한다. 교과는 『황제내경(黃帝內徑)』, 『도덕경(道德經)』을 대경(大徑)으로 하고 『장자(莊子)』, 『열자(列子)』를 소경(小經)으로 한다."고 하였다.[34] 또한 태학, 벽옹중에 각각 『내경(內徑)』, 『도덕경』, 『장자(裝子)』, 『열자(列子)』 박사 2명을 배치하도록 규정하였다. 그리고 '어주도덕경(御注道德經)'을 반포하고 채경의 건의에 의하여 고금의 도교시가(道敎詩歌) 편을 수립하여 '도사(道史)'를 편찬하였다.

이리하여 도교의 지위가 높아졌으며 전국에 크게 성행하였다. 남송시대에는 금(金)이 정복한 화북지방에 도교는 국가의 보호 하에 발전하여 전진교(全眞敎)·태일교(太一敎)·진대도교(眞大道敎) 등 3대 교파가 흥행하고 또한 남송에서는 정일교(正一敎;天順道)와 상청파(上淸派)가 발전하였다.

송의 역대 제왕들이 존공숭유와 불교·도교을 극력 제창한 목적은 자기들의 통치를 원활히 하기 위함이었으나 그 결과 불교와 도교가 상호 사상적으로 융합하면서 유교와도 종교적 일치성을 추구하였다는 점인 바 이는 바로 당시의 종교적 경향의 특징을 말해 주고 있다. 이러한 경향은 특히 전진교(全眞敎)에서 현저하게 나타나고 있다. 즉 전진교의 개조인 왕중양(王重陽)은 유교의 「효경」과 도교의 「도덕경」 그리고 불교의 「반야심경(般若心經)」을 융합하여 대중에게 설법하면서 이들 3교의 조화를 제창하였다. 자선과 수양을 중심으로 하는 전진교는 그 후계자인 마단양(馬丹陽)·구처기(邱處機)에 이어지면서 명·청시대까지 종교로서 발전하였다.[35]

또한 유·불·도 사상의 융합은 결국 이학사상(理學思想) 형성의 배경을 제공해 주고 있으며 이는 그 후 원·명·청대 제왕들이 끊임없이 제창하게 되었으며 중국 전통 사회의 통치사상으로 되었다.

---

34) 續資治通鑑 卷九三 참고.

35) 申採植, 같은 책, 448면.

3. 송대 사회의 교육의 구조

송대 교육의 구조은 그 내용상으로 보면 대체로 다음과 같은 5개 면을 생각할 수 있다.[36)]

1) 송대는 3차에 걸친 대규모의 흥학(興學)정책을 거쳐 점진적으로 중앙의 태학, 국자감을 중심으로 하고 여러 전문직 학교와 지방학교를 설치함으로써 전국적인 관학형 학제를 형성하였다.

2) 수차 실시한 흥학의 노력과 문교정책의 부단한 조정을 통하여 관학 내부의 관리체제는 일익 진보하였다. 예지컨대, 예부(禮部)를 설치하여 국자감과 제로(諸路)의 제거학사사(提擧學事司)를 결합하여 중앙과 지방의 교육행정체제를 형성하고 관학 내부의 학규, 시험내용과 그 형성, 학교경비의 출처, 도서관의 관리와 인쇄, 학관의 선발과 임용기준 등은 모두 하나의 정형을 이루어 이후 역대 왕조교육의 준거가 되었다.

3) 학교교육 내용과 양성면에 대해서는 전체적 규제 작용으로서의 과거제도가 그 힘을 발휘하였던바 송대에 이르러 완숙한 단계에 이르렀다. 그 후로 역대 과거제도는 구체적으로는 송의 과거제도를 기초로 가감하여 조정되었으나 총체적인 면에서 볼 때는 송대의 범위를 능가하지 못하였다. 이와 동시에 북송 때 희녕(熙寧), 숭녕(崇寧) 년간에는 흥학 과정에서 점진적으로 확립된 태학사(太學舍) 선발제도는 학교교육이 과거제의 규제를 벗어나는 데 하나의 상대적이고 독립적인 새로운 길을 모색하였다.

4) 송대는 중국의 서원교육 형성과 발전에 있어서 그 기반을 조성하는 단계였다. 서원은 관학계통 외의 상대적이고 독립적인 민간 주도의 학술연구와 문화전파의 종합적인 교육기구였다. 서원은 이해관계나 권세에 얽매이지 않고 명변(明辯) 통달(通達)의 학풍을 창조하였던바, 이것은 당시 학술과 교육에 있어서 참신한 기풍을 불어 넣는 데 의심의 여지가 없었다. 그리하여 서원은 결국 관학의 부진을 보완하였을 뿐만 아니라 자유강학(自由講學)과 순수학문의 기풍을 형성 촉진하여 넓은 의미에서 보면 사회문화건설의 선도적인 역할을

36) 喬衛平, 中國宋遼金夏教育史 (中國全史 58), 人民出版社, 1994, 7~10면.

하였다. 또한 송대의 서원교육은 자체의 발전 과정에서 하나의 총체적인 학습경험과 준칙을 쌓았으며 후대 서원의 본보기가 되었다.

5) 송대는 역사적으로 볼 때 문화전제주의 현상의 연속이었다. 그러나 총체적으로 볼 때는 송대 학술사상 영역의 분위기만은 비교적 활발하였고 일연의 역사적, 현실적 사회문제와 인간의 사유, 철학, 윤리적 명제에 대한 탐구도 광범위하였고 깊이 진행되었다. 그리고 이러한 다원적인 탐구 과정에서 점차적으로 많은 학파가 형성되었다. 이러한 학파들은 자신들의 정치·경제 철학, 윤리적 관점에서 교육문제를 논증하고 각기 특색 있는 교육사상의 유파를 형성하였다. 이 중에서도 북송 때 왕안석(王安石)이 제창하고 남송 때 진량(陳亮), 엽적(葉適)이 계승 발전한 공리주의 교육사상의 전통, 북송 때 주돈이, 이정(二程), 장재(張載) 등이 창도하여 밝히고 남송 때 주희, 육구연(陸九淵)을 거쳐 총결하고 발휘한 이학(理學)의 교육사상의 전통은 송대에 있어서 2개의 중요한 교육 사조를 이루었다. 그리고 정주이학(程朱理學)은 역대 통치자들에 의하여 창도되었고 최종적으로는 중국 중세 후기의 관방철학(官方哲學)을 이루었으며 교육영역의 정통적 지위를 차지하였다.

이상과 같이 기술한 것 외에도 기타 교육형식으로는 예지컨대 사학(私學)이라든지 가학(家學)도 관학(官學)과 병존하면서 상호 보완과 견제로 다원화한 변영의 현상을 형성하였다.

사학, 가학 그리고 사원묘학(寺院廟學)은 완비한 역사적 기록은 없지만 그 교육적 역할을 소홀히 할 수는 없을 것이다. 예컨대 북송 때의 경우를 들면 인종, 신종 2대의 시대는 북송의 문화와 교육이 최고조로 융성한 시기였다. 조정에서는 인재가 많았고 범중엄(范仲奄), 구양수(歐陽修), 왕안석(王安石), 사마광(司馬光), 소씨(蘇氏)부자, 증공(曾鞏), 주돈이(周敦頤), 소옹(邵雍), 장재(張載), 이정(二程) 등 수많은 걸출한 정치가, 문학가, 교육가가 배출되었던 바 모두 절세의 인재들이었다. 이들의 유년기 혹은 소년기는 모두 경력(慶歷) 흥학 이전으로 그들의 성장 혹은 가정교육 또는 절에서 공부하거나 혹은 사학(私學) 대사(大師)들을 방문하는 등 모두 관학과 사학 외 교육활동을 통하여 육성된 인재들이었다. 이로 보아 알 수 있는 것은 송대 사회에 있어서

관학의 저조는 필연적으로 문화와 교육의 총체적인 쇠락을 의미한 것은 아니고 관학의 규모나 형식적인 확대 또한 실질상으로 문화와 교육사업의 진보 및 그것이 사회 문명의 발생을 추진하는 작용을 실현하는 것도 아니었다. 이 점은 송대 사회의 역사와 그 교육적 내재적인 특징에 의해서 결정되었다.

지금까지 기술한 바를 종합적으로 말한다면 교육과 직접적이고 상관적인 기타의 정치, 문화 요소를 논외로 할 때 송대 교육의 변천은 다음과 같이 3개시기로 나눌 수 있을 것이다.

제1기(북송 초~경력 흥학 이전) : 이 시기는 분산적이고 다원적인 사학, 가학, 사원 문학 및 서원이 교육형식을 주도한 기간이다.

제2기(경력 흥학 이후~북송 말년) : 이 시기는 관학이 점차 주도적 지위를 차지한 시기이다.

제3기(남송 이후~) : 이 시기는 관학과 서원이 병존하면서 교육 사업을 주도함에 있어서 양면적으로 발전한 시기다. 각종 교육의 형식은 다른 시기와 다른 사회계층에서 서로 다른 작용을 하였다. 그러나 이들의 공동목표는 모두 인간정신 문화세계의 터전을 마련하는 데 있었으므로 이것에 의거 사회문명의 진보를 추진시킬 수 있었다.

상술한 송대 교육의 구조를 볼 때 송대는 비록 중앙집권을 강화해야 하고 사회 안정을 유지해야 하는 상황에 처해 있었지만 송대의 교육은 정부 당국이 천하를 통일하는 한 국면인 것이 아니라 정부 당국과 민간들이 각각 학교를 창설 운영하며 퇴직관리들이 자금을 모아 학교를 창설하고 심지어는 사원에서도 학교를 창설하여 교육내용도 각양각색의 다원화된 구조를 이루었다.

송대의 통치자들은 상당한 기간(예컨대 북송 초기) 지방교육의 창설에는 방임하였다. 여기에는 비록 많은 요인들이 있겠지만 총체적으로 본다면 송대는 하나의 문치주의로 비교적 완만한 문화 교육 사업을 하였기 때문일 것이다.

4. 송대 사회의 국가교육행정체계

송대의 교육제도는 기본적으로 당 제도를 모방하여 이에 약간의 수정을 가한 것이라 할 수 있다. 그러나 이미 기술한 바 있지만 3차에 걸친 흥학운동 이후에 이르러서야 중앙과 지방에 계속적으로 관학의 종류 규모와 학교의 내적 규장제도(規章制度)를 수립하게 되어 완비한 교육체계를 형성하여 갔다. 북송 말년 숭관(崇觀) 년간에 이르러서는 성당(盛唐) 이후 중국에서 관학교육 발전이 최고봉을 이루는 역사의 한 페이지를 장식하였다.

송대의 교육행정에 있어서 중앙교육행정은 예부(禮部)에서 주관하였으며 또한 학교 공거(貢擧) 등을 담당하였다. 지방교육행정은 제거학사사(提擧學事司)가 주관하였다.[37] 송대의 관학제도는 크게 중앙관학과 지방관학으로 나누어진다. 지방의 관학은 당대(唐代)만큼 상세한 기록은 없으나 중앙관학만큼은 당대보다는 더욱 발달하였다. 우리는 이제 우선 국가교육행정체제에 대하여 개관하고자 한다.

1) 중앙행정관리기구와 그 직능

총체적으로 본다면 교육행정기구의 설치는 중앙과 지방의 2대 계통으로 나누었다. 중앙교육행정관리계통은 또다시 예부 국자감 계통, 전문 직능 부분계통과 종실계통으로 나누어졌다. 지방교육행정관리계통은 로·부·주·현의 행정 등급에 따라 전문적인 것과 겸직의 설치가 있었다. 이상과 같은 2대 계통 외에도 중앙과 지방정부의 기타 부분도 학교교육의 일부 사무에 부분적으로 참여하거나 또는 학교교육의 운영에 직·간접적인 관계도 있었다.

예부의 직능은 『송사』에서 보면 공거, 학교시험, 삼사생 승보에 관한 것이었다.[38] 중앙최고행정관리기구로서 국자감(國子監)은 예부의 다음 순위였다. 남송 건염 3년 이전에는 국자감은 행정관계상 결코 예부에 예속되지 않고 하나의 독립적 행정관청이었다. 국자감이 예부와 같이 구별되는 주요한

37) 宋史卷百十六 職官志三禮部, 職官志七提擧學事司 참고.

38) “凡天下選士俱注于籍 三歲貢擧 輿大學校試補三舍生 ”(宋史卷一六三 ; 職官志三)

것은 2개 부분이다. 하나는 예부는 과거사무의 관리에 치중하고 국자감은 학교사무의 관리에 치중한다는 점이며 또 하나는 예부는 학교사무의 관리에 대하여 주요한 것은 정책과 법령의 제정에 치중한다는 것이며 국자감은 정책법령의 구체적 집행과 학교 일상사무의 관리에 편중했다는 점이다. 이것은 예부가 최고의 교육행정 입법 부분이며 국자감은 국가 최고 교육행정 집행 부분이라는 것을 설명해 주고 있다.

대체적으로 국자감은 북송 전기에는 인원, 규모도 적고 직능도 비교적 단일하였다. 그러나 원풍관제의 설치에 따라 조정한 후 국자감은 관리와 교학의 2개의 업무로 나누어 관리부분 담당계열은 주로 제주(祭酒), 사업(司業), 승(承), 주부(主簿)이었으며 이후에는 또 국자감서고관(國子監書庫官)을 설치하였다. 이 중 제주는 국자(國子), 태학, 무학, 율학, 소학의 정령(正令)을 관장하였다.[39]

교학에는 태학박사, 태학정(太學正), 태학록(太學錄), 무학박사, 율학박사와 무학유(武學諭) 등의 직을 두었다. 여기에서 교학담당자는 실제적으로 태학, 주학, 율학의 교학담당자와 중첩적이었다. 또한 상술한 학교의 교학담당자도 행정상으로는 국자감의 편제서열에 따라 속하고 있다는 것을 말해 주고 있다. 이와 같이 국자감의 각류 관학에 대한 기제는 일반 행정 사무 상의 참여와 혹은 경영뿐만 아니라 직접적으로 상술한 각류 교직담당자의 행정 귀속 면에서 체현되었다. 이리하여 국자감과 태학은 실제적으로 이미 하나의 실체, 두 개의 얼굴 이었으며 태학과 국자감의 한계도 사실상 구분짓기 어려웠다.

숭녕 4년(서기 1105)에는 '태학사성(太學司成)'을 두어 중앙교육행정 관리면의 최고장관으로 하였다.[40] 이후 건념 3년(서기 1133) 전까지 국자감 제주의 명칭은 존재하지 않았다. 이로 보면 북송 후기 국자감과 태학은 점차로 합류하여 관습상 교학을 말할 때는 '태학'이라 칭하고 관리 측면을 말할 때는 국자감이라 하였던바, 양자의 한계는 대단히 미묘하였다.

송대 중앙 교육행정관리의 또 다른 계통은 전문부분과 종실교육 계통이다. 전자는 전문학교의 행정, 후자는 종실자제 교육의 행정관리 계통을 일컫고 있

39) 祭酒掌 國子 太學 武學 律學 小學之 政令 ……"(宋史一六五 ; 職官志五)
40) 宋史卷一六五 ; 職官志五 참고.

다. 송대는 당대의 제도를 이어 받아 전문학교는 행정상 일반적으로 상관된 정부 부분의 관할 하에 두었다. 예를 들면 의학은 최초에는 태상시(太常寺) 계통에 속했으나 신종 때 설치된 태의국(太医局)의 관할로 되었다. 그러나 숭녕 년간 또 국자감에 귀속되었으며 남송 융흥 원년(서기 1163) 이후에는 또 다시 태상시의 관할로 되었다. 산학과 천문학은 행정상 최초로 사천감(司天監)에 예속되었으나 원풍관제 이후에는 사천감이 태사국(太史局)으로 개편되었으며 태사국은 비서성(秘書省)에 예속되었다.[41] 서학(書學)은 행정상 한림서예국(翰林書藝局)에 예속되었으며 화학(畵學)은 한림도화국에 예속되었다.

이상에서 말한 전문교육행정계통의 설치 면에서 본다면 이러한 전문학교는 기본적으로 국자감 계통과 병행, 독립적이었다. 예컨대 의학이 예속된 태상시는 송대에는 중앙정부기구 중의 9시(寺) 5감(監)의 첫 자리로 그 지위는 5감의 하나였던 국자감보다 위에 있었다. 산학이 예속된 사천감(司天監)도 북송 전기 5감의 하나였으며 그 상급 주관부서는 비서성이었으며 그 지위는 국자감보다 더욱 높았다. 그러나 이러한 예속관계는 결코 불변한 것은 아니었다. 예컨대 의학이 한때는 국자감의 관할로 있었던 경우 등이 이를 말해주고 있다.

종학교육의 계통은 실제적으로 2개의 면으로 나눌 수 있다. 하나는 황태자를 교육의 대상으로 한 동궁(東宮)계통이며 또 여러 왕자와 일반 종실 자제를 교육의 대상으로 한 종학교육계통이다. 전자는 그 관할이 정부의 어느 부서에도 속하지 않고 자체 하나의 체계를 이루어 실제적으로 황실의 하나의 특수 가정교육이라 할 것이다. 동궁관(東宮官) 중 최고직은 태자태사(太子太師), 태부(太傅), 태보(太保)와 태자소사(太子小師), 소보(少保)였다. 동궁에서 담임한 구체적인 교학과 관리 사무는 태자빈객(太子賓客), 좌우유덕(左右諭德)과 시독(侍讀), 시강(侍講), 직강(直講), 설서(說書) 등이었다.[42]

동궁에 예속된 교육기구는 황태자궁 소학과 자선당(資善堂)이 있었다. 이들 학교는 그에 상응하는 교학과 관리의 직무가 있었다. 관리와 교학의 질적인 면으로 본다면 동궁은 송대 학교 중 제도가 아주 정밀한 학교였다고 볼

---

41) 앞의 책 참고.
42) 宋史卷一六二 ; 職官之二 참고.

수 있다.

송대의 종학은 행정상 대종정사(大宗正司)에 예속되었으나 남송 가정(嘉定) 9년(서기 1216)에는 종정시(宗正寺)로 개칭되었다. 대종정사는 경우(景祐) 3년(서기 1036)에 처음 설치되었으며 그 직책은 종실 자제의 교육을 책임지며 또한 종실 자제의 행동거지를 감독하고 아울러 그것의 잘못이 있을 때는 법례에 따라 징계하며 중대한 것은 왕의 결재를 얻어 처리하는 것이었다.[43]

종정시는 강서(講書), 교수 12인을 두어 강(講)하고 소학의 일을 관리하였다.[44] 북송 전기에는 제 왕족의 종자는 그 궁(宮)에 소학을 세웠던바 이것이 제왕부소학(諸王府小學)이다.[45] 북송 숭녕 초에는 대종정사에 돈종원(敦宗院)을 설치하여 종실 소학을 관리하였다. 남송 소흥(紹興) 14년(서기 1144)에는 임안(臨安)에 종학을 회복하여 또다시 대종정사 관할로 하였다. 종학은 행정상 일반 관학계통과는 분리되었다. 국자감과 예부는 어느 한도 내에서는 종학의 행정관리계통은 관련을 맺기 시작했다. 이와 같이 종학은 북송 중기 이후에는 그 행정 예속관계가 2중 관리적 성격으로 변하게 되었다. 즉 종학의 학교는 대종정사의 관할이나 학생의 청해(請解)와 입사(入仕)에 관한 것은 예부와 국자감 계통의 소관이었다. 이러한 변화가 발생한 근본적인 원인은 북송 태조가 종실 자제는 관가의 일을 묻지도 말고 정사에 참여치도 말 것을 제정한 종지의 점차적인 변화에 있었다 할 것이다.

2) 지방교육행정관리와 그 직능

송대 지방교육행정의 관리 기구는 중앙교육행정기구와 같이 서로 불안정하였다. 북송 전기 지방학교의 수적 감소에 따라 지방교육행정기구도 건립치 아니하였다.

경력 4년(서기 1044), 정부에서는 비로소 부, 주, 군, 감 및 학생 200명 이상의 현학에 통일적으로 학관교수를 설치했다. 그러나 그 직책의 주요한

43) "掌糾合族族而訓之以德行 道藝 受其詞訟而糾正其愆違 有罪則先劾以聞 法例不能決者同上殿取裁(宋史一六四 ; 職官志四)

44) "分位講授 兼領小學之事"(앞의 책)

45) "凡諸王屬尊者 立小學于其宮"(宋史卷一五七 ; 選擧志三)

것으로는 학교 내부의 교학과 관리로서 이것은 지방교육행정관리에 속하지 않는 것이었다.

송대 지방교육행정사무는 전문적인 행정관리의 관할이 없었으며 일반적으로 지방행정장관의 관할로서 주에는 지주(知州)가 관리하고 현에는 현령(縣令)이 관리하였다. 북송 때에는 이러한 권한에 대한 명문의 규정은 없었으며 다만 통상적인 상황과 관례에 따라 모두 이와 같이 교육행정이 이루어졌을 뿐이었다. 또한 남송 때인 소흥 13년(서기 1143) 조정에서는 조령으로 주관(州官)에게 "구제(舊制)에 따라 제거(提擧)로 하여금 처리하든지 학사를 주관하든지 하라"[46]고 하였다. 이로 보면 비록 학교관리는 지방정부 관원의 직책이지만 이것이 특정 관원의 전속적인 업무가 아니며 학교관리 사무는 여전히 불확정이었던 것을 알 수 있다.

송대 지방학교는 일반적으로 국자감 관할에 속하지 않고 중앙 예부와의 관계도 오직 공거 시험에 관한 것이었다. 다만 지방학교 교관은 중앙정부가 직접 그 임명을 비준하였으며 희녕 8년(서기 1075)에 조정에서는 또다시 국자감으로 하여금 전국 각지 주학(州學)의 교수에 대한 현지 시찰의 수행과 감독할 것을 명하였다. 이는 바로 지방학교 내부의 일반 행정사무는 학교 교수와 학관의 직무범위에 속하고 학교 외부의 행정관계는 해당 지방장관의 직무 범위에 그리고 학교 교관의 인사 및 감독권은 중앙정부와 국자감에 속한다는 것을 말해 주고 있다.

북송 때인 숭녕 시기에 이르러서는 중앙정부는 지방학교의 일반의 교학과 관리상황을 감독하기 시작했고 아울러 제 로(路)에 전문적인 감독기구를 설치하였다. 이것은 바로 북송 숭녕 2년(서기 1102)에 창설되어 선화(宣和) 3년(서기 1121) 취소된 제거학사인바 중국 고대에서 제일 오래된 지방행정교육기구였다. 『송사』 직관지 7에 의하면 동 기구는 로(路)급의 부속기구로서 그 직능의 주요한 것은 제로에 속한 주현학에 대한 감독과 사생의 교육상황에 대한 고찰 감독하는 것이었다. 실제상으로는 일종의 교육감독 영역이었다. 지방교육 관리의 실권은 여전히 지방행정장관의 수중에 있었으나 이것은 어떠한 정규적인 제도가 아니었다.

---

46) "依舊制帶提擧或主管學事"(宋史卷一六七 ; 職官志七)

우리는 이상에서 중앙 및 지방의 교육행정기관 및 그 기능을 개관하였는 바, 이에 근거하여 송대 교육행정계통의 현저한 특징을 들면 다음과 같다.

첫째, 송대 교육행정기구는 중첩성, 교차성 그리고 전문성이 뚜렷한 특징을 갖고 있다. 이 점은 한 학교가 때때로 정부의 몇 개 기관과의 행정상 관계를 맺고 있다는 점을 나타내고 있다. 예컨대 무학은 초창기에는 추밀원 관할이었고 또한 이후에는 국자감 계통으로 전입된 경우와 같다.

송대 학교는 그 유형에 따라 행정상 다중성의 특성을 나타내고 있다. 이것은 더욱이 전문성이 뚜렷했다. 말하자면 송대 중앙교육행정계통은 하나는 예부, 국자감 소속의 보통학교 계통을 위주로 하고 또 하나는 전문 직능 부분 소속의 전문학교를 보로 하였다. 이 계통은 다중성, 중복성과 현저한 전문성의 특징을 나타내고 있다.

둘째, 송대의 중앙교육행정 영역은 여전히 교학과 관리 합일의 구조적 통일을 가져왔다. 예를 들면 국자감은 명의상의 최고학부이지만 국가 최고의 교육행정관리기구라는 것과 같다. 즉 태학이 성립된 이후 태학의 교직담당자는 여전히 국자감의 편제상에 속하지만 국자감의 밖에서 별도로 하나의 완전한 태학 자체의 교육행정기구를 설치하는 것이 아니라 북송 중기 이후에 이르러 태학과 국자감의 한계가 불확실한 상황을 나타냈던바, 이것은 관리 혼란이라는 하나의 요소를 쉽게 조성했다는 것도 의심의 여지가 없다. 그리하여 원, 명, 청대에는 태학의 명칭을 취소해 버렸던 것도 그 중요한 원인이 이에 있었다.

셋째, 송대의 지방교육은 또한 전문적인 행정관리계통을 형성하지 않았다. 제거학사사의 출현으로 송대 지방정부는 교학감독의 직능을 이행하기 시작했지만 지방학교는 여전히 일반 행정관할에 속했으며 또한 전문적인 행정관리기구 또는 전문적인 교육행정정장관의 제도적 장치가 없었다. 이리하여 중앙정부의 지방교육에 대한 것도 행정 간섭의 수단과 통로도 부족했으며 주요한 것은 과거 법령반포, 감독과 학관 임명의 방식으로 규제하였다는 점이다.

5. 송대 사회의 관학제도

1) 개설

중국의 교육제도는 당대(唐代) 이후로부터 이미 점차적으로 완비되어 갔다. 중앙의 관학제도로는 국자학, 태학, 벽옹 및 광문관으로 모두 대학의 성격을 갖고 있다. 율학, 산학, 서학, 화학, 무학 및 의학은 모두 전문학교의 성격을 갖고 있다. 소학은 초등학교의 성격을 갖고 있다. 이 외에도 몇 개의 특수학교가 있었던바, 종학, 제왕궁학 및 내소학으로 이들은 모두 일종의 귀족학교로서 고등과 초등의 교육적 성격을 겸하고 있었으며 이 외로 별도로 사문학이 있었던바, 이는 특히 서민자제를 위하여 설립된 것으로 고등교육의 성격을 가졌다.

지방관학으로는 주에는 주학, 부에는 부학, 군에는 군학, 감에는 감학, 현에는 현학이 있었던바, 중·소학의 성질 면에 있어서 그 한계는 아주 명확하지는 않았다.

학교 관할 면에서는 중앙관학은 다음과 같은 3계통이 있었다. 첫째, 국자감 계통의 학교로 태학, 광문관, 율학, 무학, 사문학과 소학, 둘째 정부 전문직 부분 계통의 전문학교 계통으로 천문학, 산학, 의학, 화학, 서학과 도학, 셋째, 대종정사 소속 종학교육 계통으로 종학, 제왕궁 소학 등 이다.[47] 이에의 관할로는 조정의 동궁교육 계통이 있다.

지방관학의 관할은 각급 지방장관의 관할 하에 있었으며 그 위로는 모두 소속 로(路)의 제거학사사의 관할로 되어 있었다.

이상과 같은 각 급 학교는 설립의 전후, 교재의 내용, 시험 상황 및 교직원과 학생의 수는 남북 양송이 일치하지 않았으니 군주가 바뀌거나 또는 조정의 한 파의 대신의 경질이 있으면 역시 변경되었다. 우리는 이해를 돕기 위하여 학교교육체계를 다음과 같이 제시한다.

---

47) 남송 가정 9년(서기 1216) 후 종학을 종정시(宗正寺) 예속으로 개정하였다. (宋史卷一六四 ; 職官志四 참고)

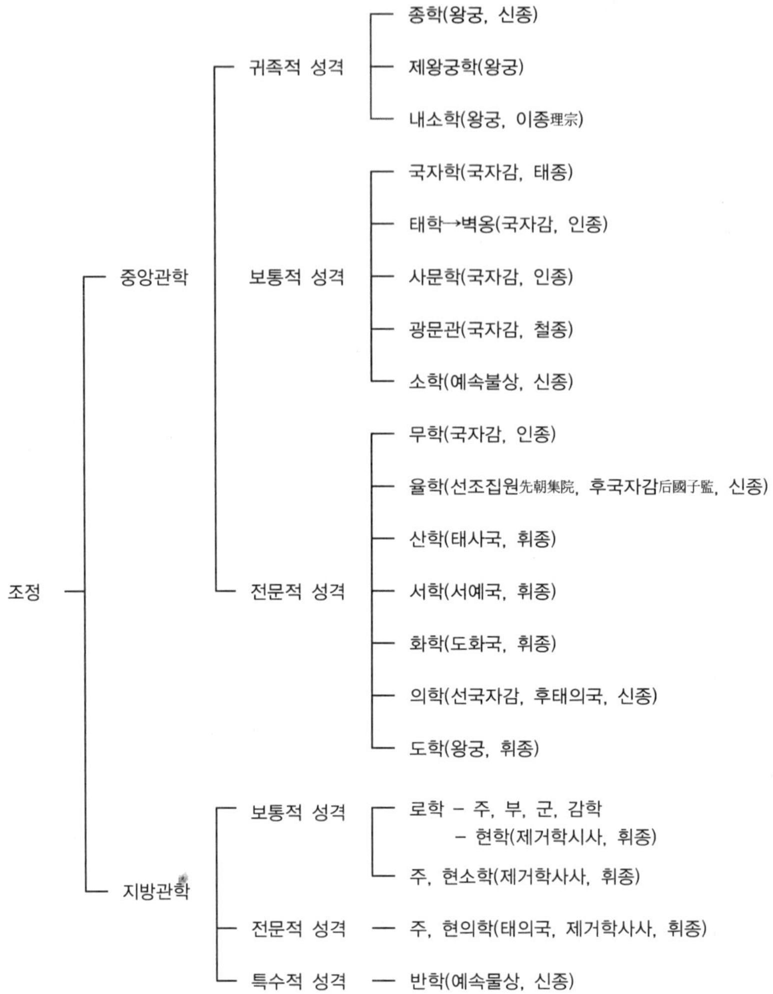

송대 관학교육체계

2) 국자감

국자감(國子監)은 두 가지의 의미가 있다. 하나는 교육을 관리하는 최고기관으로서의 의미이며 또 하나는 최고학부로서의 의미이다. 송대의 수차례 흥학과 전체적인 교육발전과정에서 국자감은 모두 주목되는 초점이었으며 송대 관학체제 구성의 주체와 최고 대표적 교육 부분이었다. 국자학(國子學)은 최고 학부로서 7품 이상의 자제들을 전문적으로 교육하는 기구이다.[48]

일반적으로 송대의 국자감은 동경국자감 외에 서경 및 남경국자감이 있었는데 이를 '삼경국자감(三京國子監)'이라고 칭하였다. 이 중 남경국자감과 서경국자감은 지방관학의 기초 위에서 설립된 것으로 그 규모나 영향도 모두 동경국자감에 따르지 못하였다.[49] 국자감의 처음 학생 수는 일정하지 않았으나 그 후 200명을 정원으로 하였다. 이들 학생들은 후한 대우를 받았으나 입학하여 독서한다는 것은 헛된 이름뿐이었으며 왕왕 이름은 학적에 있으나 실제로는 오랫동안 학교에 나오지 않는 경우가 많았다. 그리하여 태조 개보(開宝) 때에는 편입과 보결의 방법이 있게 되었음은 물론 경덕(景悳) 때에는 방청(傍聽)의 방법까지도 있게 되었다.[50]

송대 국자감은 양송에 있어서 대부분 주요한 것은 행정관리 직능을 발휘하였으나 교학과 시험 면에는 태학에는 훨씬 미치지 못하였다. 그러나 다른 면에서 본다면 국자감은 각종 관학의 최고관리기구로서 그들 관학의 교학활동에 대하여 감독 지도 작용을 하였으며 소속 관학 시험제도의 형성에 대해서도 정책 참여와 조례 제정 작용을 하였다. 이리하여 태학과 기타 관학은 국자감 하의 예속된 교학단위로서 그 교학과 시험제도도 국자감의 시스템 내에서 형성, 건립되기 시작하였다.

국자감은 일상적인 교학활동에 다음과 같은 특수한 임무가 있었다. 그 하나는 제왕(帝王)이 행학(幸學)할 때 군신(君臣) 경의(經義)를 강설하는 것이다. 이것은 그 횟수가 많은 것은 아니나 상징성과 예의성을 갖는 것이었다. 그러나 이는 정치적인 주제가 현저하고 대상 역시 특수한 관계로 국가 정치적인 면에서 아주 큰 영향을 주었다.[51) 52] 또 하나는 제왕의 단독 강학에 임하는 것이었다.[53] 이러한 강학 형식은 실제적으로는 경연(經筵) 강학의 일부

---

48) 宋史選擧志一三 참고.

49) 宋人詔令集 卷一五七 '西京建 國子監 武成王廟詔' 참조.

50) "開宝八年 國子監上言生徒總數七十人 奉詔分習五經 然繁籍者或久不至 而在京進士讀補常赴講席肄業 請以補監生之闕. 詔從之景德間許文武升朝官嫡親附國學取解. 而遠鄉久寓京師 其文藝可稱. 有本鄉命官保任. 監官驗之 亦聽附學充員"(宋史選擧志三)

51) (太宗端拱元年(988) 車駕幸國子監) "詔覺(國子博士李覺) 講周易之泰卦從臣皆列坐 覺乃述天地感通 君臣相應之旨"(長編卷二九 端拱元年八月庚辰)

52) (宋眞宗咸平元年(988) "詔頤正(國子監直講)于后苑 講尙書人禹謨 賜五品服 …… 白是 日令頤正赴御書院侍待講尙書至十卷"

분이라 할 수 있다. 송대 초 경연체제는 당시로서는 완전하지 못하여 국자감이 경연의 직을 겸하고 있었다.

송대 초에는 국자생은 비록 국자감에서 수학하지만 국자감의 시험에는 참가하지 않고 임자(任子)[54]들이 거치는 이부전시(吏部銓試)에 참가하였다.[55] 진종대 이후 국자감의 모집은 확대되었다. 국자감의 정원은 더욱 많아져 국자감의 감시(監試)도 주요한 것은 취해(取解)자격을 획득하는 일정의 시험이었다.

국자감을 관리하는 것으로는 당초에는 판감사(判監事) 2명을 두고 1명은 동경에, 또 1명은 서경에 배치하였다. 그 밑에 다시 직강(直講) 8명과 전임교수를 두었던바, 모두 학행이 뛰어난 자로 임명하였다. 원풍(元豊) 이후 규칙을 바꾸어 제주(祭酒) 1명을 설치하여 국자감의 일을 총괄하고 또한 관할 각 학교를 총괄하였다. 제주 밑에 사업(司業), 참승(參承) 및 주부(主簿) 각 1명을 설치하여 각 직부를 장악케 하였으며 기타 소속된 각 학교의 박사 등은 각각 다소 차이가 있었다. 이상의 설명은 북송의 경우이다. 남송 때 고종 계통(繼統) 초에 국자감을 개설하였으나 학생은 적었다. 그러나 임안(臨安)으로 도읍을 정한 이후는 경영 방법은 동일하였다.

3) 태학

송대에는 태학(太學)이 가장 발달하였다. 태학은 국자감 관할의 주요 교학부분으로서 송대 중앙 관학의 최고학부이나 그 지위는 국자학 다음이었다. 그리고 그 존속 기간은 제일 길었으며 또한 영향도 컸다. 태학의 교학활동 및 그 제도는 전국 각지의 교육활동에 대하여 모범과 준거의 작용을 하였으며 송대 중앙관학의 교육에 있어서 교학 수준의 중요한 지표를 반영하였다.

태학은 인종 경력(慶歷) 4년(서기 1044)에 창설되었다. 태학은 처음에는 학생 200명을 모집하였던바, 모두 8품 이하의 자제와 서민의 자제 중 뛰어난 자를 모집하였다.[56] 그 후 학생은 300명으로 증가하였다. 아울러 "태학에

---

53) (次日上謂宰相曰) "昨聽李覺所講 文義深奧 足爲覽戒 當與卿等共守之"(長編卷二九 端拱元年八月庚辰)

54) 부모형제의 덕분으로 벼슬을 하는 사람

55) "凡國子以奏蔭恩廣 故 學校不予考選 其得入賜 出身者 多由銓試"(宋史一五七 ; 選擧志三)

56) 宋史卷一五七 選擧之三 참고.

서 만 500일 배운 자"는 과거시험에 참가할 수 있다고 규정하였다. 희녕 4년(서기 1071) 태학의 심사법을 창건함에 따라 학생은 또다시 1,000명으로 증가되었다. 그 중 외사생(外舍生)은 700명, 내사생(內舍生) 200명, 상사생(上舍生) 100명이었다. 원풍 2년(서기 1079) '학령' 반포 이후 대학 규모는 일익 더 확대되어 학생 수는 2,400명, 숭녕흥학 기간 태학은 외학인 벽옹(辟雍)을 증설하여 태학생은 3,800여 명에 달하여 태학은 이로써 전성기를 맞이하였다.

태학생의 선발 방법은 확정적인 것은 아니었으나 대체적으로 다음과 같았다. 휘종 숭녕 때에는 각 주의 주학(州學) 학생을 매 3년마다 1회씩 선발하여 태학에 보내는 것으로 규정하였다. 남송에 이르러서는 또 변화가 있었다. 고종 때에는 주학에서 만 1년을 수학하고 삼시(三試)에 합격하여 제3등 이상의 징벌을 받지 아니한 자 또는 학교에 거주하지는 않으나 석전(釋奠)에 2차례 참석했거나 향음주례에 나열된 자는 태학에서 수학할 수 있었다.[57] 이외에도 효종 때에 이르러서는 혼보(混補) 및 대보(待補)의 두 방법이 있었다.[58] 효종(孝宗) 건도(建道) 년간에는 매 3년마다 과거가 끝난 후 낙방한 자들을 모두 응시케 하여 합격된 자들을 태학에 보충하여 입학케 하는 경우가 '혼보'였다. 그 후 순희(淳熙) 후에는 시험에 응시하는 자가 너무 많아 이에 제한하였던바, 제로조사(諸路漕司) 및 주군(州軍)에서 해시(解試) 종장(終場)까지 온 자들 중에서 100명당 6명을 선발하여 태학으로 보내 보시(補試)케 하였던바, 이를 '대보(待補)'라 하였다.[59] 그러나 이는 영종(零宗) 경원(慶元) 중엽에 폐지되었다가 가태(嘉泰) 12년(1202)에 다시 복원되었으며 '혼보'의 시험을 거치는 자는 무려 37,000여 명에 이르렀다고 한다.[60]

송대 태학은 국자감과 더불어 교재의 규범성과 권위성을 한결같이 중시하였다. 그러나 수차의 변경이 있었다. 송대 초에는 각급 관학의 경학(經學)교육은 모두 구경의소(九經義疏)를 통용교재로 하였다.

송대 태학의 수학 과정은 경서 내용의 수량과 난이도에 따랐다.「춘추」겸

57) 系年要錄 卷一四八紹興十三年二月己丑條 참고.

58) 宋史卷一五七 選擧之三 참고.

59) 宋史卷一五七 選擧之三 참고.

60) 建炎以來朝野雜記 甲集 卷13 太學補試 참고, 高時良, 中國教育史綱 -古代之部- 北京: 人民出版社, 1991, 300면에서 재인용.

「삼전(三傳)」, 「예기」 겸 「주례」, 「의례」 를 대경(大經)으로 하여 각각 2년간 학습하였으며 「모시(毛詩)」를 중경으로 하여 1년 6개월, 「주역」, 「상서」는 소경으로 하여 1년 학습하였다.[61] 희녕흥학 이후에는 '삼경신의(三經新義)'를 또 반포하여 과거시험의 근거와 태학교육의 기본 교재로 삼았다.

태학의 고과(考課)는 2가지로 나누었다. 하나는 학행(學行)의 조사이고 또 하나는 성업(成業)시험이었다. 전자의 경우는 무릇 학생들이 처음 태학에 들어간 이후 재장(齋長), 월유(月諭)는 학업을 기록하여 한 계절이 되면 선택할 만한 사람을 뽑아 학유고사(學諭考査)를 거쳐 10일이 지난 다음 학예(學銳)에 의한 조사, 다시 10일이 지난 다음 박사에 의한 조사, 최후로 또한 장이(長貳)에 의한 조사가 있었다. 여기서 '장이'란 국자제주와 사업(司業)이다. 1년의 마지막에 이르면 장이가 회동(會同)하여 교직원에 의한 평정 고하에 따라 행예부(行禮部)에 기록하여 두었다가 승사법(升舍法) 시험의 참고로 하였던바, 이를 학생조사라 하였다.[62]

성업시험(成業試驗)은 또다시 2가지로 나누어지는 바, 하나는 사시(私試)로서 매월 1회씩 실시되는데 맹월(孟月 : 음력 1·4·7·10월)에는 경의(經義)를, 중월(仲月 : 2·5·8·11월)에는 론(論)을, 그리고 계월(季月 : 3·6·9·12월)에는 책(策 : 옛날 과거문제형식의 하나로서 임금이 정치적 문제를 간책(簡策)에 써서 의견을 묻는 것)을 시험하였던바 학관(學官)이 관리하였다. 공시(公試)는 초장(初場)에는 경의를, 다음 장에는 책론(策論)을 시험하였던바, 북송 때에는 학관이, 남송 때에는 대관(大官)을 별도로 파견하여 관리하였다.

그리고 마지막으로 승사법(升舍法)이 있다. 무릇 외사생(外舍生)을 매년 한 차례 승급(升級)하는 바 연말 공시(公試) 후 모두 행예(行藝)시험에 참가하여 합격한 자 중 1·2등으로 선발된 자는 내사(內舍)로 승입(升入)한다. 그리고 내사생(內舍生)은 매 2년마다 한 차례 승급한다. 그리고 만 2년을 수료할 때에는 학관이 공거(貢擧)의 절차에 따라 미봉등록법(彌封謄錄法)을 이용하여 그 성업(成業)을 시험한다. 만약 그 성적이 우평(優平) 2등에 합격하면 다시 평일의 행예 시험에 참가하고 만약 모두 합격하면 상사(上舍)에 승입한다.

61) 歷代名臣奏義 卷一一四 '議學敎法' 참고.
62) 宋史卷一五七 選擧志三 참고.

무릇 상사생은 만 2년을 수료하고 나면 졸업시험을 치는데 이때에는 정부에서 특파한 대원(大員)이 감독하고 교관은 참여할 수 없다.

성적의 평정은 3등급으로 분류되는데 행예(行藝)가 다 우수하면 상등, 일우일평(一優一平)이면 중등, 모두 평(平) 혹은 일우일부(一優一不)면 하등이라 하였다. 상등은 관직을 주었고 중등은 예부시(禮部試)를 면제해 주었고 하등은 파면되었다. 상등의 자격과 진사는 같으며 상등에 들면 곧바로 화원당(化原堂)에서 석알(釋謁)하는데 이를 '석알장원(釋遏狀元)'이라 하였다. 삼사시험에 있어서는 모두 적분법(積分法 ; 평소 점수의 누계)을 사용하여 후세 학교의 적분(積分)의 창시가 되었다. 이제 우리는 태학의 직원과 그 관리 그리고 학규에 대하여 개관하기로 한다.

태학은 장이(長貳)가 과시(課試), 승출(升黜), 교도(敎導) 등의 업무를 총괄하였다. 그리고 그 밑으로 다음과 같은 직원이 있었다. (1) 박사 : 18명, 교수와 고교정문(考校程文)을 분담하고 훈도의 책임을 졌다. (2) 정록(正錄) : 학록(學錄), 학정(學正) 포함 각 5명, 고교(考校), 훈도 외에도 학규집행 징벌전담, (3) 직사학록(職事學錄) : 5명, 정록의 학규집행을 도움 (4) 학유(學諭) : 20명, 전유박사(傳儒博士)가 학생에게 수경(授經)함을 도움. (5) 직학(直學) : 4명, 학생의 부적(簿籍)을 관장하고 출입을 검사함. (6) 장유(長諭) : 제장(齋長) 및 월유(月諭)포함. 각 1명으로 하여 제무(齋務) 및 고교(考校) 제생(諸生)의 행예(行藝)를 관장하여 매월 1회 거행하였으며 제생이 규범을 위반한 자는 수시로 바로 잡았다. 정록 및 학유는 모두 학생으로 충당하였다.

4) 국자감 계통의 기타 관학

송대 국자감 계통의 중앙 관학은 앞에서 설명한 태학 외에도 율학, 무학, 소학, 사문학과 광문관이 있었다. 이들 학교 설립은 그 방법에서 각각 특색이 있었으며 송대 교육 발전에 하나의 적극적 작용을 하였다.

율학(律學) : 송대에는 형법율령의 교육을 줄곧 중시했다. 송대 초에는 율학을 창설하지 않고 국자감에 율학박사를 두어 법률을 교수하였다. 국자감의 삼학(三學) 중에 율학이 있었다.[63] 이 때 '율학'이라는 이름을 부여하였다. 신종 희녕(熙寧) 6년(1073) 송조는 조집원(朝集院)에 율학을 설치하고 교수 4명을 배치하였던바, 이것이 송대 율학이 독립적으로 건립된 시초를 이룬다.[64)]

송대 율학은 분과교학제도를 택하였다. 율학은 율령과(律令科)와 단안과(斷案科)로 나누었다. 전자는 형법율령(刑法律令)의 기본적인 것을 학습하는데 형법대의에 대한 이해와 파악에 치중하며 후자는 구체적인 사건 처리에 관한 지식을 학습하는데 실제적으로 판단능력을 배양하는 데 치중하였다.[65)] 시험제도는 태학의 유형을 참조했으나 주요한 것은 사시(私試)와 공시(公試)였던바 매월 사시 3회, 공시 1회였다. 이들 시험은 조정이 반포한 법령을 시험하였다.[66)]

송대 율학의 학관은 처음에는 율학박사였으나 독립적으로 율학이 학교를 건립한 후는 '교수'로 개칭하였다. 율학박사, 교수는 태학박사의 품계와 같았다. 이후 '학정(學正)' 1명을 증원하였다. 송대 율학의 학생과 기타 학생과의 아주 다른 점은 생원 즉 학생이 현직 관원으로 구성되었다는 점이다.[67)]

송대 율학의 학규는 대체적으로 태학의 학규를 참조하였으나 세부적으로는 변화가 있었다. 예컨대 학생이 입학하면 선청독(先聽讀) 후시보(後試補)하게 되는데 이것이 바로 율학의 하나의 특성을 이룬다. 이러한 방법에 따라 율학 생원은 반드시 율학에서 먼저 학습하고 시험을 거쳐 합격한 후 비로소 정식 학원(學員)으로 보할 수 있고 율학 생원의 대우를 향유할 수 있는바 바로 이것이 이른바 "중격내득급식(中格乃得給食)"[68)]이다. 이것은 또한 학생이 시험 합격 후에는 생원으로 율첩(律貼)을 향유할 수 있다는 것을 설명해 주고 있다.

무학 : 무학은 송대 고급무관을 양성했던 전문학교로서 이것은 중국 교육사상상 최초의 군사학교다. 송대 무학은 창립 이후 고급무관 인재를 양성하여 국방에 중요한 공헌을 하였다. 무학은 처음에 인종 경우(景祐) 원년(서기 1032) 조정의 대신이었던 부필(富弼)이 그 설치를 주장한 바 있지만, 당시 송

---

63) 宋史職官志五 참조.

64) "以朝集院危律學 …… 置教授四員……"(長編卷二四四, 熙寧六年 四月乙亥條)

65) "習斷案 則試案一道 每道試列 刑名五事或七事, 習律令則試人義兩道 中格乃得給食"(宋史卷一五七選擧志三)

66) 長編卷二四四, 熙寧六年 四月乙亥條 참고.

67) "凡命官 擧人皆得入學, 各處一齋 擧人須得命官二人 保任 先入學聽而后 試輔(宋史卷一五七選擧志三)"

68) 宋史卷一五七選擧志三 참고.

대 사회는 "문(文)은 풍부하나 무(武)는 심히 약하다(文旣富矣 武未甚備)"의 폐단을 지적하고 무학을 창립하여 전문적인 군사의 인재양성을 건의하였다.[69]

신종 경력 3년(서기 1043) 5월 무성왕묘(武成王廟) 내에 무학(武學)을 건립하고 태상(太常) 승원일(丞阮逸) 무학교수로 임명하여 무학은 정식으로 창건되었다. 그러나 그 후 범중엄 등은 무학을 반드시 전문학교로 건립할 필요는 없다고 하여 국자감에서 부수적으로 병서(兵書) 등을 강습케 하였다.[70] 이리하여 송대 무학은 건립한 지 3개월 만인 경력 3년(서기 1043) 8월에 폐지되었다. 숭녕 5년(서기 1072)에 추밀원의 요구로 송조정은 무학을 다시 회복하였다. 남송의 무학은 소흥 16년(서기 1146)에 설치되어 그 후 계속 존속하였다.

북송은 무학의 학관으로서 교수를 두었으나 원풍관제 이후 '박사'로 개칭하였다. 남송의 무학은 박사와 학유(學諭)가 1명을 두었다. 학관은 병서(兵書) 궁마(弓馬), 무예(武藝) 등을 가르쳤다. 그러나 송대 무학은 전직 학관 외에 겸직학관을 초빙하여 강의케 하였다. 이러한 겸직학관은 일반적으로 모두 전쟁경험이 풍부한 고급장교들이었다.

무학의 생원의 정원은 희녕 5년(서기 1072)은 100명으로 정하였다. 무학생은 태학의 '삼사법' 분사(分舍)를 참조하였으며 시험에 통과해야 승사(升舍)하였다. 입학자격은 소신(小臣), 문음(門廕) 자제 및 서민이었다.[71] 무학의 생원은 입학한 후에는 제가(諸家)의 병법, 궁시(弓矢), 기사(騎射) 등의 술(術)을 가르치고 또한 역대 용병(用兵)의 승패, 지난날의 충신, 의사로 특히 정신 훈련으로 할 수 있는 자들을 편집하여 매일 강석(講釋)하였다. 수업연한은 3년으로 하였다. 만기가 되면 시험을 실시하여 합격하면 관직을 부여하고 합격치 못하면 다시 1년을 더 수학하여 시험을 보게 하였다.[72]

광문관·사문학과 소학 : 광문관·사문학과 소학은 송대에서는 그 존폐가 자주 있었고 그 영향도 비교적 적었다. 그리고 문헌도 부족하여 이들 학교의 자세한 상황을 이해한다는 것은 어려운 일이다.

---

69) '山堂群書考察'后集卷二九 "論武擧武學奏" 참고.
70) 全宋文卷三七三'奏乞指揮國子監保明武學生令經略部署司講說兵書' 참고.
71) 陳靑之, 中國教育史, 臺灣 商務仁書館, 中華民國 67年, 223면.
72) 陳靑之, 같은 책, 223면,

· 광문관(廣文館) : 송대의 광문관은 당대의 제도를 이어 받은 것이나 당대의 것과는 체제 면에서도 간략하고 같지 않다. 광문관은 일종의 강습의 성질을 띠고 있으며 학기도 정해지지 않고 엄격한 시험절차도 없었다. 전국 각 지방의 학생이 경사(京師)에 올라와 과거시험에 응시하고 혹은 이미 시험에 실패한 거인(擧人)이 모두 광문관에 들어가 청강할 수 있었다. 송대 초에 이미 설립되었으며 철종 원우 년간에 이르러서는 2,400명으로 증가되었으나 그 후로는 존폐가 무상하였다.

· 사문학(四門學) : 송대의 사문학은 경력 3년(서기 1043) 2월에 건립되었다. 사문학은 일종의 고등보통학교의 성격을 띠는 것으로 8품 이하의 자제로부터 서민의 자제에 이르기까지 모두 입학자격이 있었다. 그 수업연한은 1년이며 만기가 되면 시험을 쳤던바, 시험은 매년 1회 실시하였다. 시험의 방법은 과거와 대체적으로 같았다. 시험 합격자에게는 졸업 증서를 수여하였으며 만일 합격치 못하면 유급하고 유급 후 3년 동안 시험에 합격치 못하면 제적하였다. 사문학은 태학에 입학하지 못하는 일반 청년 학생을 수용하기 위함에 그 목적이 있었으나 설립 후 얼마 안 가 폐지하였다.

· 소학(小學) : 송대 소학은 철종 즉위 초에 창건되었다.[73] 소학은 설립 초에는 학생 수가 적어 다만 2재(齋)만을 설치하였는데 휘종(徽宗) 정화(政和) 이르러 학생이 1천여 명에 달하여 10재로 나누었다. 입학연령은 8세에서 12세로 하였다. 과정은 통경(通經)과 서자(書字)의 양과로 나누었다. 삼사승보법(三舍升補法)은 태학과 같다. 승급할 때는 최소한 작문을 능히 할 줄 알아야 하며 다시 본경(本經) 및 소경(小經) 각 1문을 시험하며 어느 정도 통달했으면 내사(內舍)에 보입(補入)시키고 우수하면 상사(上舍)에 보입 시켰다.

5) 국자감 계통 이외의 전문학교

국자감 계통 학교 외의 중앙의 각 전문부서 부속의 전문학교도 송대 중앙관학의 중요한 부분을 이루었다. 이러한 학교들로는 태사국 부속의 산학, 태의국 부속의 의학, 한림서예국 부속의 서학 그리고 한림도화국 부속의 화학

---

73) 宋史卷一五七, 選擧志三 참고.

등이었다.

산학(算學)과 사천감(司天監) : 송대 산학은 천문, 역법(曆法) 및 수학(數學) 등의 전문 인재를 양성하는 전문학교였다. 북송 전기에는 천문, 역법, 술수(術數) 면의 지식을 학습하는 데는 엄격한 규제의 정책을 펴고 민간에서 이러한 방면의 지식과 저작을 공부하는 것을 엄격히 제한하였다.[74)]

산학은 북송 숭녕 3년(서기 1104) 정식적으로 창건되었으며 학생 정원은 210명으로 일반 서민들이 산학에 들어가 학습하도록 허용하였다.

학내용은 구장(九章), 주비(周髀), 해도(海島), 손자(孫子), 오조(五曹), 장구건(張丘建), 하후양산법(夏候陽算法)과 역산(曆算) 1과, 2년차에는 천문, 삼식(三式), 천문서(天文書) 등이었다. 이 외로 또한 소경(小經), 또는 대경(大徑) 등을 학습하였다.

이종(理宗) 순우(純佑) 12년(서기 1252)에는 또 양년분과시험제도를 실시하였다. 1년차에는 역산(曆算) 1과, 2년차에는 천문, 삼식(三式) 양과 시험을 실시하여 각 과마다 1명을 선발하였다. 그리하여 태사국과 한림 천문관에 결원이 있을 때는 그에 보직을 주었다.

산학의 시험 방법과 설치는 기본적으로 태학의 공·사(公·私試)와 '삼사법'제도를 채용하였다. 상사(上舍) 3등은 통사랑(通仕郞), 등사랑(登仕郞) 및 장사랑(將仕郞)으로 순차적으로 입사했다.

의학 : 의학의 설치는 비교적 빨랐다. 송대 초 태조 경력 때 이미 의학박사의 직이 있었으나 경력 4년 전까지는 생도를 교수하지는 아니하였다. 경력 4년(서기 1044) 범중엄은 상소에 따라[75)] 동년 3월 국자감은 한림원에서 의서(醫書)에 능한 자 35명을 선발하여 무성왕묘에서 소문(素問) 난경(難經) 등 문자를 강설하고 경성(京城)에서 학생을 모아 강학케 했으며 동월 조령으로 의학을 태상원 관할로 하였다.[76)] 이것은 송대 의학이 학생을 모아 교육한

---

74) (宋太宗太平興國二年(서기 907)十月詔令) "自今后 除二宅及易筮外 其天文 相數 六壬 循甲 三命及他陰陽書 民間幷不得私習 先有蓄者限詔到一月悉以送官. 限外不送及爲詔私習者悉斬"(宋史詔令集卷一九八 ; 禁天文相數 六壬巡甲三命及陰陽書詔)
(眞宗 景德元年(서기 1004) "司天監 翰林天文院職官 學生諸色人 自今后不得出入 臣庶家課算休咎 傳寫 細行星歷及諸般陰陽文字 如違幷當嚴斷 許人陳告 厚與 酬獎 其學生已下 令三人爲一保 互相覺察 同保有犯 連座之 保內陳告 亦與獎勵" (宋會要職官三一之一)

75) "……我祖宗朝 置天下醫學博士 其義也 卽未曾敎授生徒, 今京師生人百萬 醫者千數率多道聽 不經師授……" 于政成王廟 講說 素問 難經等文字 召京師習醫生徒聽學 幷敎脉候後修合率鉺 其針炎亦別立科敎授, 經三年后 方可選試 高等者入翰林院充學生祇應, 乃指揮今后不由師學 不得入翰林員(國朝諸臣奏議 卷八四 右編卷三六)

단서를 이루고 있다. 그 후 가우(嘉祐) 초년에 이르기까지 10여 년간 의학은 모두 "120인이 학습하고 경성(京城)의 의인(醫人)들은 이를 계기로 방서(方書)에 아주 많이 통하는 자가 있게 되었다."[77]

의학은 설립 후 그 관할청의 변천이 많았다. 처음에는 태상시(太常侍)의 관할이었으나 신종 때에는 제거판국(提擧判局)에 예속되었다. 휘종 숭녕 년간에는 국자감에 귀속되었고 후에 또 태의국(太醫局)에 예속하는 등 그 관할청의 변천이 심하였다.

의학의 정원은 처음에는 정원이 없었으나 나중에는 300명이었다. 의학에는 3과를 분설하였던바 방맥과(方脉科), 침과(鍼科) 및 상과(瘍科)였다. 학습내용은 각각 그 과의 내용에 치중하였다.[78]

휘종 숭녕 년간에는 의학은 국자감의 관할로 되었고 다음과 같은 3개의 조치가 있었다. 즉 첫째는, 박사, 학정, 학록 각 4명을 증설하여 분과교도와 규행규규(糾行規矩)하여 의사 자격의 역량과 관리를 강화하였다. 둘째는, 태학의 삼사법을 채용하여 상사, 내사, 외사에 나누어 예속케 하였으며 사(舍)에 재(齋)를 두고 재에 재장(齋長), 재유(齋諭)를 각각 1인씩 두었다. 셋째는, 기본적인 의학이론 지식의 시험을 강화했다. 의학시험은 3장(場)으로 나누었던바, 시험에 합격하여 성적이 우수한 자는 약국의사 이하의 직으로 파견하고 그 나머지는 본 의학의 박사, 정·록 및 외주(外州)의 의학교수로 임명하였다.

서학(書學)과 화학(畵學) : 서학과 화학은 송대 교육사상 아주 특색이 많은 예술전문학교였다. 이들 학교는 모두 황제의 직접적인 후견 하에 창건되고 경영되었다.

· **화학** : 송대 화학은 휘종 숭녕 2년(서기 1104)에 창건되어 회화 인재를 양성하는 전문학교가 되었으며 한림도화국의 관할이었다. 학생정원은 일찍이 규정된 바 없었으며 입학자격은 2가지로 분류되었던바, 사류(士流) 및 잡류(雜流)였다.[79] 화학은 양재(兩齋)로 나누었으며 사류와 잡류는 생활숙소가 구

---

76) 宋會要 職官二二之三五 참고.
77) 全宋文卷七九三 '乞比試醫人試奏' 참고.
78) 宋史卷一五八 選擧志三 참고.
79) 宋史卷一五七 選擧志三 참고.

분되었으며 입학절차 및 삼사(三舍)의 승강법은 산학과 대략 비슷하였다.

· **서학(書學)** : 양송의 역대 왕은 대단히 서법(書法)을 좋아했다. 그리하여 송대의 종실과 사회에서는 서법을 연구하는 기풍이 아주 농후하여 후세에 전해진 서법의 우수한 작품과 서법이론의 저작이 적지 않다. 송대 서학은 휘종 숭녕 3년(서기 1104)에 창건되어 한림서예국의 관할이었다. 학생정원이나 입학자격에는 규정이 없었다. 입학절차와 삼사 승강법은 산학과 비슷하였으며 졸업 후 관직에 파견되면 하 1등이었다.

6) 귀주학교(貴冑學校 ; 귀족학교)

귀주학교는 종실의 자제를 교육하기 위한 종학, 제왕궁 및 내소학을 일컫고 있다. 이들의 설립과 폐지는 무상하였다. 종학(宗學)은 송대 초에 이미 설립되었으나 그 존폐가 무상하였다. 제왕(諸王)이나 귀족 상층에서는 모두 왕궁 내에 소학(小學)을 개설하고 교사를 초빙하여 그들의 자제들을 교육하였다. 자제들은 8세~14세에 입학하여 공부할 수 있고 과정으로는 매일 20자를 송습(誦習)하였다. 그러나 이러한 것은 가정의 하나의 사학(私學)의 성질에 불과했으며 시험 등도 규정되지 않았다.

종학이 정식으로 건립된 것은 고종의 남도(南都) 이후 소흥(紹興) 14년 임안(臨安)에서였으며 종정시(宗正侍)에 예속시켰다. 학생 정원은 100명으로 대학생 50명, 소학생 40명이었다. 제왕궁학(諸王宮學)은 종학의 성격과 별도다를 바 없다. 북송 및 남송 초에 모두 설치되었으며 이종(理宗) 때 이르러서 비로소 종학에 합병되었다. 내소학(內小學)은 이종(理宗) 때 설립한 것으로 10세 이하의 종실아동 중 우수한 자를 전문적으로 교육시켰다.

7) 송대의 지방관학

송대는 당대 이후 일차적으로 지방관학의 번영을 이룬 시기이다. 지방관학은 수차 흥학운동의 부단한 확대로 숭관(崇觀) 년간에는 전성기를 이루었다. 남송 이후 지방의 부, 주, 현학은 계속 발전하여 학교의 내부 체제도 일익 완비, 성숙되었다. 학교의 수, 학생 수, 보급정도 및 그 영향으로 본다면 송대 지방관학은 국가의 학교교육 체제에서 중대한 비중을 차지하였으며 실제적으로 송대 교육사업 발전의 주체를 구성했고 동시에 원, 명, 청, 역대 지방교육의 기초를 이루어 중국 교육발전사상 중요한 지위를 차지하였다.

지방관학의 체계 : 지방관학은 지방의 행정구역을 전제하고 있기 때문에 우리는 우선 송대 지방행정 구역에 대하여 이해할 필요가 있다. 송대 지방행정조직은 앞에서 보듯 3급제로 제1급 로(路), 제2급을 주·부·군·감, 제3급은 현(縣)이었다.

각 로는 몇 개의 주 또는 부, 군, 감을 관할하고 각 주·부·군·감은 각각 몇 개의 현을 관할하였다. 그리하여 지방행정은 3급이었으나 지방관학은 2급만 인정하였다. 즉 주·부·군·감에서 설립한 것은 그 행정조직에 대응한 주학, 부학, 군학, 감학이라하고 현에서 설립한 것은 현학이라 하였다.

그러나 지방행정조직에서 부·군·감의 3치(治)는 각 로에 모두 설립된 것이 아니었고 또한 그 숫자 역시 아주 적어 당시 가장 보편적인 것은 주학과 현학뿐이었다. 각 로에서 다스리는 학교나 또는 교육기관도 없었으며 정부에 예속된 모든 주·현학은 중앙에서 별도로 파견된 제거학사사(提擧學事司) 1명이 지방에 내려가 통괄하였으므로 지방학교의 계통을 개괄한다면 현학은 주학이 관할하고 주학은 제거학사에 의하여 통괄되었다.

『송사·직관지』에 의하면 제거학사사는 로·주·현학의 행정장관은 아니었다. 다만 매년 각 주, 현을 한 차례씩 순회하며 모든 교사의 우·열 및 학생의 근태 상황에 관하여 조사·교정하고 보고하는 책임을 맡았다. 이로 볼 때 제거학사사와 만청(滿淸)기의 제학사(提學使), 성독학(省督學 : 성 장학사)의 성질은 상호 비슷하다 할 것이다. 이 같은 관직은 북송 휘종 때 이르러 비로써 있게 되었다.

주·부·군·감학 및 현학 이 외에도 번왕(藩王)의 관할 내에 설립된 학교가 있었던바, 번보학(藩輔學)이 바로 그것이다. 이와 같은 학교는 중앙에 의하여 직할되며 기타 학교와는 일반적으로 상호관련성이 없다.

지방관학의 학관과 학생 : 지방관학의 교사와 학생에 관한 규정과 설치는 송대 지방관학제도의 중요한 부분을 구성하였다. 이에 관한 것은 수차의 흥학의 조정을 거쳐 완비한 체제를 이루었다.

· 지방관학의 학관

송대 최초로 주현학에 학관을 설치한 것은 건흥(乾興) 원년(서기 1022)이었으며 이후 주 현학의 부단한 발전에 따라 주·현 학관의 명칭, 설치와 인원수도 증가하였으며 그 직책도 확대되었다.

지방관학 중 최고 학관은 교수(敎授)였다. 교수직은 경력 4년(서기 1044)에 처음 설치되었다.[80] 교수의 직책은 주요한 것은 다음의 3개 부분이었다.

첫째, 관학의 교학과 시험을 주관하였다.[81] 관학의 교수의 직책은 실제적 주요한 것은 과거의 학을 강수(講授)하는 것이었다.[82]

둘째, 학규의 제정과 집행의 감독을 주관하였다.

셋째, 주·현학의 학전과 재산을 관리하였다.

송대 주·현학의 학관은 교수 외에 또한 강서(講書), 설서(說書), 학정(學正), 학록(學錄), 학유(學諭), 전객(典客), 학계(學計) 등을 두었다. 이 중 강서와 설서는 송대 초에 설치되었으며 그 직책은 교수의 강설을 돕는 것이었다.

· 지방관학의 학생

지방관학의 생원은 송대 초에는 명문의 제한이 없었다. 경력흥학 이후 점점 생원의 입학조건이 규정화되었다. 예컨대 경력 4년(서기 1044)에는 이른바 7금(禁)[83]을 제시하여 여기에 해당하는 자는 입학도 할 수 없고 과거시험에도 참가할 수 없었다. '7금'은 4개의 현저한 부분이 있다. 즉 ① 생원자의 품행이 부족함이 있는 경우, ② 가족의 직계에 중죄를 범한 사실이 있는 경우. ③ 상공업과 승도(僧道) 출신의 경우, ④ 본관(本貫)이 아닌 인사는 입학할 수 없었다. 이 외로 학생 입학 또한 반드시 보증을 필요로 했다.

생원의 대우의 중요한 것으로는 정역(征役)의 면제[84]와 학교의 율첩(律帖)

80) "慶歷 四年 詔諸路州 軍監各令立學 學者 二百人以上 許更置縣學. 自是州郡無 不有學始置敎授"(宋史一六七 職官七)

81) "以經術行義 訓讀, 諸生 学其課試之事"(宋史卷一六七 職官志七)

82) "敎以鈔節經史 剽窃時文 以夜繼晝 習賦試論策以取科名"(徂徠石先生文集 卷一五, 答歐陽永叔書)

83) 李國鈞 王炳照 總主編, 같은 책(第三卷), 214면 "所禁有七 曰隱憂匿服 曰嘗犯刑責 曰行虧孝悌 有狀可指 曰明觸憲法 兩經贖罰 或不經贖罰 而危害鄕党 曰籍非本土 假戶冒名 曰父祖于十惡等上罰 曰工商雜類 或嘗爲僧道 皆不得預(長編卷一四七 慶歷四年三月乙亥條)"

84) 崇寧元年(서기 1102) 規定 "凡州縣學生曾經公私試者復其身, 內舍免戶役 上舍仍免借借如官戶法"(宋四卷一五七 職官志三)

을 향수하는 것이었다. 학생의 정원은 자세한 규정이 없고 다만 경력 년간에 배우는 자 2백인 이상이면 현학을 설치하도록 하였다. 현학 자체의 인원을 증설하는 것은 대현은 50인, 중현 40인, 소현 30인이라고 규정하고 있을 뿐이다.[85)]

지방관학의 교학과 시험제도 : 일반적으로 송대 지방관학의 교학 내용은 주로 과거시험의 내용과 태학 승보시험의 요구되는 것을 설치하였다. 희녕 흥학 전에는 과거시험이 시부(試賦), 책론(策論), 경의(經義)로 나누었기 때문에 지방의 주, 현 관학도 주로 이상과 같은 3개면의 과정을 학습하였다.

함평(咸平) 4년(서기 1001) 송조는 9경(經)을 전국의 제로 주현에 학교가 있는 곳에는 모두 구경(九經)을 하사하였다. 이 9경은 희녕 흥학 전에는 장기적으로 송대 과거시험의 기본 과목이었고 또한 이에 의거했으며 동시에 중앙관학과 지방관학의 기본 교재였다. 그러나 왕안석의 『삼경신의(三經新義)』가 반포된 후에는 태학과 과거시험 모두 『삼경신의』가 기준이 되어 각 지방관학도 『삼경신의』가 기본적인 경학 교재였다. 지방관학의 학습 일수는 300일로 하였다.[86)]

주, 현학의 교학활동은 당연히 주, 현학의 교수 및 소속 학관의 책임이었다. 그리고 주, 현의 지방장관은 거의 과거출신자로 학식이 높았으므로 정사의 틈을 이용하여 적극적이고 실제적으로 교학활동을 지원하였다. 이 점은 송대 지방관학이 빠르게 발전할 수 있는 하나의 중요한 요소를 제공하였다 할 것 이다.

시험제도는 송대 지방관학제도의 중요한 구성 부분이다. 주·현학 교수의 직책의 하나가 "과시(課試)의 일을 주관하는 것"[87)]이라든가 교수는 "매일 부·시 제목을 제출한다."든가 학생은 "매일 경의 3문제 중 하나를 시·부 1수를 추첨한다."[88)]든가 하는 것은 모두 송대 주·현 관학의 시험이 중시되었다는 것을 설명해 주고 있다.

그러나 주·현학에 '삼사법(三舍法)'을 확대시키기 전에는 송대 지방관학은

85) 宋史卷一五七 職官志一三 참고.
86) 長編卷一四七, 慶歷四年三月乙亥條 참고.
87) "掌其課試之事"(宋史 職官志七)
88) 金石卒編卷一五四 ; 京兆府小學規 참고.

통일적인 시험제도가 없었다. 철종 원부(元符) 2년(서기 1099) 송조는 주·현 관학에 '삼사법'의 추진을 시작하였다.[89] 이리하여 주·현학은 태학의 사시(私試), 공시(公試) 및 사시(舍試)의 3급 승사(升舍)제도를 통일적으로 채용하게 되었다. 주·현 학생은 시험을 보아 주학으로 승급하고 주학생은 태학에 한 차례 공입(貢入)되었다. 숭녕 3년(서기 1104)에는 송조는 과거시험제도를 폐지하고 취사(取士)는 다 학교 승공(升貢)에 의하도록 하였다. 삼사법을 시행할 때는 지방학생은 순차적으로 태학에 공입(貢入)되었으며 과거 출신자는 허가하지 아니하였다. 그러나 삼사법을 행하지 않을 때에는 지방학생으로서 진사(進士)가 되고자 하는 자는 반드시 학교에서 300일을 수학해야 과거시에 응시하도록 허락하였다.[90]

지금까지 논의한 주·현학은 모두 유가(儒家)의 학술사상을 본(本)으로 하였기에 통상 모두 '유학(儒學)'이라고 하였다. 그러나 휘종 때 각 주·현의 유학 내에 별도로 일재(一齋)를 만들어 도가(道家)학생을 전문적으로 가르쳤던바, 우리는 이를 '부설 도학과'라고도 칭할 수 있을 것이다. 이것은 송조의 특별한 제창으로 인하여 설립되었고 또 그에 관심을 갖는 학자들이 많았으나 개설 10년도 못되어 전국의 전변(轉変)으로 인하여 폐지되고 말았다.

6. 송대 사회의 서원

송대는 중국 고대 서원교육의 발생과 발전의 시기였다. 서원은 중국 고대의 특유한 교육형식으로 그것은 민간에서 개인이 창설, 경영하는 것을 위주로 하고 도서의 수집, 징서와 검열, 교학과 연구를 합일하여 관학과는 상대적으로 독립된 민간적 학술연구와 교육의 기구였다. 송, 원, 명, 청대의 서원은 점차적으로 발전하여 관학 이외의 제일 중요한 종합적인 교육과 연구의 조직적인 형식이었다. 서원교육의 존재는 전통적인 관학의 부족함을 보강하고 많은 학술문화연구영역의 공백을 메워주고 풍부한 교학경험과 자체 자율

---

89) "初令諸州行三舍法 考選 升補悉如太學"(宋史卷一五七 選擧志三)

90) 養衛平著, 같은 책, 219~220면.

적인 경영 형식을 제공하여 역대 교육자의 귀감이 되고 있다는 데 그 의의가 있다 할 것이다.

1) 서원의 기원과 그 발전

'서원(書院)'이라는 명칭은 당대에서 처음으로 나타났었다는 것은 이미 인식한 바 있다.[91] 당시 조정에서 설치한 서원은 일종의 관방(官方)의 정부기구로서 그 직능은 조정의 장서, 도서검열, 황제의 고문, 인재추천 등에 있었으나 교육의 기구는 아니었다.[92]

당대에도 개인이 창건한 서원은 이미 출현하기 시작했다. 그러나 이들 서원은 개인이 독서와 학문을 연구하며 학생들을 가르치는 기능을 하였다. '전당시(全唐詩)'의 시제(詩題) 중에는 서원이 11개 곳이 보이며 지방지의 당나라 서원은 17개 곳이 보인다.[93] 그 중 황료(皇寮), 송주(松州), 의문(義文), 오동(梧桐) 등 4개처 서원은 사료(史料) 중에 이미 교육활동에 관한 명확한 기재가 있다. 그러나 당나라 때의 사인(私人)서원의 이러한 류의 강학활동은 그 규모가 작았고 항상 보편적으로 있었던 것도 아니었으며 어떠한 제도로 정착한 것도 아니었다.

그러나 당말(唐末) 오대(五代) 사회의 동란으로 문교(文教)활동이 쇠퇴하고 사류(士儒)가 일어설 길이 없어 초야에 기거하면서 마음을 가다듬고 강학에 종사함으로써 서원이 운용되어 일어섰다. 이와 같이 서원의 직능이 강학, 독서로 전입되는 초보적 단계에 진입하였다.

서원의 흥기는 국가의 정치, 경제, 문화, 교육 등의 배경과 직접적인 관련이 있으며 동시에 과거시험제도의 실시와도 밀접한 관련이 있다.

북송 초기 난세가 점점 평온해지고 사회가 안정되어 조정에서는 비록 문사(文事)를 장려하는 것이 많았으나 광범위하게 주, 현에 학교를 세울 여력이 없었다. 그러므로 "선비들이 배울 곳이 없음을 한탄하여 왕왕 서로 명승지를 택하여 정사(精舍)를 세워 군거(群居)하면서 강습의 장소로 하였다."[94]

---

91) 唐會要 卷六四 참고.

92) 新唐書 百官志二 참고.

93) 陳元暉尹德新 王柄照編, 中國古代的書院制度, 教育科學出版社 1982, 5~8면.

서원의 흥기는 한편으로는 많은 선비들이 독서 구학(求學)하는 바람을 만족시켜 주었고 또 한편으로는 조정에서 문치(文治)를 숭상하나 가르칠 힘이 모자라는 모순을 완화시켜 조정을 위해 많은 문치인재를 양성하였던바 이로 인하여 조정의 찬조와 격려를 받았다.

송대 초의 저명한 서원은 4대 서원이라고도 칭하는데 그것은 백록동, 악록, 숭양, 응천부(수양)를 말하며 혹은 8대 서원이라고도 하는데 그것은 앞의 4대 서원 외에 석고(石鼓), 모산(茅山), 화림(華林), 뢰당(雷塘)서원을 일컫고 있다. 이들 저명한 서원은 송대 초 서원교육의 최고 수준을 대표하고 있으며 또한 송대 초 교육영역에서 중요한 지위를 점하고 있다.

우리는 여기서 성립 순서에 따라 저명한 서원 4개소를 서술하고자 한다.

· **석고서원(石鼓書院)** : 가장 일찍이 창립된 서원이다. 동 서원은 형주(衡州) 석고산에 설립했기 때문에 '석고서원'이라 하였다. 동 서원은 당나라 때에는 도관(道觀)이었으나 북송 태종 때 이 자리에 이 고을 사람 이사진(李士鎭)이 지도(至道) 3년(서기 997)에 서원을 건립하고 인종 경우 2년(서기 1035)에 편액(扁額)과 학전(學田)을 하사받고 조정의 찬조로 흥성하였다.

· **백록동서원(白鹿洞書院)** : 백록동은 강서 려산(廬山)하에 있다. 이곳은 당의 이발(李渤)이 은거하던 옛터였다. 남당(南唐) 승원(升元) 년간(서기 937-943)에 학관(學館)을 건립하여 학전(學田) 등을 마련하고 국자감 교수 이선도(李善道)가 동주(洞主)가 되면서 학생들을 교수하기 시작한바, 당시에 이름을 백록동국상(白鹿洞國庠)이라 하였다. 송 태종 태평흥국 2년(서기 997)에 9경(經)을 하사하였으며 인종 황우(黃祐) 5년(서기 1051)에 손침(孫琛)이 그 옛터에 학관 10칸을 건립하여 '백록동지서당(白鹿洞之書堂)'이라는 액자를 걸고 제자들로 하여금 거학(居學)케 했다. 남송 효종 순희(淳熙) 6년(서기 1179) 주희(朱熹)가 이 지방의 군수가 되어 동 서원을 중건하면서 백록동서원교조(白鹿洞書院教條)를 마련한 뒤 세상에 널리 알려졌다.

· **악록서원(嶽麓書院)** : 이 서원은 태조 개보(開宝) 9년(서기 975) 담주(潭州) 군수 주동(朱洞)이 악록산 포황동(抱黃洞)하에 강당과 기숙사를 짓고 사

---

94) "士子病世所學 往往擇勝地 立精舍 以爲群居講習之所"(朱子 衡州石鼓書院記)

방의 학자를 맞이하였으며 진종 함평(咸平) 2년(서기 999)에 담주군수 이윤(李允)이 규모를 확대하고 서루(書樓)를 마련하였다. 상부(祥符) 8년(서기 1016)에 '악록서원'이라는 사액을 받고 비각의 서책(秘書)를 증사(增賜)받았다.

· **응천부서원(應天府書院)** : 동 서원은 수양서원(睢陽書院)이라고도 하는바, 이는 하남 상구현(商丘縣) 서북 변방에 있다. 진종(眞宗) 상부(祥符) 2년(서기 1009) 조(詔)에 의해 응천부에 세워진 것으로서 조성(曹誠)이 조교로 있었다. 송대 초에 명유였던 척동문(戚同文)이 이곳에서 학도를 가르쳤는데 그곳 사람 조성(曹誠)이 척동문의 옛터에 150칸의 학사를 세우고 1,500권의 장서를 모아 학도들에게 강습시켰다. 상부 2년에 사액을 내려 본부(本府)의 서원으로 하라는 조칙이 있었으며 인종 경우(景祐) 2년(서기 1035)에는 이 서원을 부학(府學)으로 삼았다.

서원들의 지역분포를 보면 송대 서원교육 보급 및 그 범위는 비교적 광범위하였다. 그러나 그 영향이 비교적 크고 수가 많은 서원은 북송의 수도였던 동경 개봉의 주위와 강서, 호남일대에 집결되었다. 북송 경우(景佑), 경력 이후 북송 말년에 이르기까지 몇 차례의 흥학운동에 따라 관 설립경영의 주, 현학의 점차적 흥기로 서원은 관학의 합류되었거나 쇠퇴한지 100여 년이 되었다.

남송에 들어서 서원교육은 회복되어 이종(理宗) 때 이르러서는 전성기를 이루었다. 남송의 서원은 각 방면에서 북송에 비하여 장족의 발전을 하였다. 남송의 서원은 이종(理宗) 때에 극성하였다. 이것은 이종조가 정주(程朱)이학의 숭상정책과 직접적인 관련이 있다. 영종(寧宗) 가정(嘉定)으로부터 이종 경종(景宗) 년간에 이르는 반세기는 바로 남송의 서원이 제일 많이 창건되었고 규모가 제일 홍성한 시기였다. 남송 서원교육의 부흥은 대체적으로 다음과 같은 몇 가지 원인에 의하여 이루어졌다.[95)]

첫째, 정주이학(程朱理學)의 발전이 서원의 발전을 촉진시켰다.

---

95) 養衛平著, 같은 책, 70~77면.

이학은 북송에서 기초하여 남송에 이르러 성숙되었다. 그러나 남송에서 이학의 발전은 결코 순탄치는 않아 몇 차례의 굴곡이 있었다. 그것은 배척과 억제를 당하기도 하고 위학(僞學)으로 몰려 관학에서 그 전파가 금지되기도 하였다. 그러나 이학자들은 학술을 전문적으로 연구하고 의리지학(義理之學)을 명백케 하기 위해 광범위하게 자기들의 사상을 전파하고 그 영향을 더욱 확대하기 위하여 서원교육을 적극적으로 발전시켰다.

둘째, 남송의 관학들은 부진(不振)하여 자연적으로 문화와 교육 영역의 공황(空荒)을 조성하였고 그에 따라 비교적 교학의 질이 높고 학풍이 생동하는 서원이 학생들의 이목을 집중시키게 되었다.

셋째, 당시 과거제도의 부패는 관학 기풍의 타락을 가져와 뜻이 고결하고 성학(聖學)을 흠모하던 일부 학자들은 사록공재(仕祿功利)의 학을 혐오하였다. 그러나 서원은 고귀한 풍기와 절개를 제창하였고 공명이록(功名利祿)을 위하여 굽실거리지 않고 자유로이 강학하고 학문을 연구하며 수이(修已)로서 성지도(聖之道)에 이르는 것을 숭상하였던바, 이것은 부패한 관학과 선명한 대조를 이루었다. 그리하여 서원은 문화적 소양이 높은 사자(士子)들의 흠모의 대상이었다.

이 외에도 불교사원의 영향과 남송 인쇄술의 지속적인 발전도 서원 진흥의 객관적인 유리한 조건을 제공하였다.

2) 서원의 구성과 그 내용

서원은 일종의 독립적인 교육조직 형식으로 하나의 완비된 규장제도와 경영 특색을 가지고 있으며 이러한 규장제도와 경영의 특색은 송대에서 대체적으로 형성되고 정형화(定型化)되었으며 또한 이후 역대 서원에 계승되어 완전한 서원교육의 형식을 구성하였다.

송대 서원은 교학과 행정의 합일적 체제를 실시하였다. 서원의 '동주(洞主)' '산장(山長)'은 서원의 최고 행정 수뇌이며 또한 중요한 강석(講席)교사였던바 대개 당시 저명한 학자들이 맡았다.

서원은 강학과 장서 외에 선성(先聖), 선사(先師), 선현(先賢)에 대한 봉사(奉祀)도 중요한 그 직능이었다.

송대 서원은 사전(祀典)을 설치하여 공자를 제사하는 외에 북송의 서원도 본원(本院)의 처음 창시자를 많이 제사였다. 예컨대 백록동서원은 이발(李渤), 석고서원은 이관(李寬), 수양서원은 척동문(戚同文) 등을 제사했던 경우가 바로 그것이다. 남송의 서원은 많은 이학자(理學者)들에 의하여 창건되었기 때문에 그 사전도 북송의 주(周)장(張) 이정(二程) 제자(諸子)를 많이 받들어 도통(道統)[96]을 존숭(尊崇)하는 뜻을 나타내고 있다. 한 학파가 창립한 서원도 때로는 본 학파의 종사(宗師)를 봉사하는데 예컨대 육상서원이 육구연을, 두주서원(杜洲書院)이 양간(楊簡)을 봉사하는 등이 그 경우였다. 이로 보면 서원에서의 봉사(奉祀)는 선성, 선사, 선현 또는 선배에 대하여 존경하는 뜻을 표명하기도 하지만 또한 본원 교육종지의 상징성을 나타내는 작용도 하였다. 그리고 본원의 경영 특징 및 그 사문승전(師門承傳)의 계보를 나타내기도 하였다.

송대 서원의 교학내용은 관학과 같지만 북송 서원의 전성기에는 관학은 설치하지 않았으나 서원과 국가는 다 같이 모두 과거 학의 강수(講授)만이 교학의 내용이었다. 남송 서원은 이학자가 창도하였기 때문에 대부분 성리(性理)를 스스로 얻고자 하는 학을 강구(講求)하여 학생들은 도덕 윤리의 자기 훈련과 함양을 중히 여겨 굳이 공명이록(功名利祿)만을 추구하지 않았다. 그리하여 남송의 이학은 장기간 과거와 중앙관학의 주요한 지위를 점하였기 때문에 성리학은 과거 이록의 학과 완전히 분리시킬 수는 없었다. 그러나 서원 대다수가 저명한 학자가 교학을 주관하고 있었기 때문에 항상 한 학파의 집결지로 되었으며 그리하여 교학의 수준은 일반 관학보다도 높았고 교학과 학술 연구가 상호 결합하는 양가적 기능을 하였다.

송대 서원은 일반 관학과 사학에 비하여 교학에서 독특한 특색을 가지고 있었다. 우선 서원은 자학독서(自學讀書)를 위주로 하고 강학(講學)과 지도(指導)를 그 보로 하였다. 중국의 전통교육은 자학(自學)을 중시하는 특징이 있다. 서원의 교학은 이러한 우수한 점을 계승하였다. 서원 교학정신의 중요

96) 송·명대 이학가(理學家)들이 일컫는 유가 학술사상의 전수계통.

한 것은 자학(自學)이다. 자학정신의 일면은 공동강습과 상호 결합되었고 또 하나의 면은 교사의 지도와도 합치되었다. 서원의 강학은 내용상으로는 오직 유가의 지식만을 전수하는 것이 아니며 또한 강명의리(講明義理)를 중시하고 더욱더 중시하는 것은 강명(講明)의 의리를 심신 수양에서 실천궁행하는 것이다. 교사는 학생에 대하여 특히 개인의 지도, 계발을 중시하고 학생 역시 특히 도덕 수양을 중시하는 것이다. 교사 자신은 특별히 '신교(身敎 : 몸소 자기의 행동으로 가르치는 것)를 중시하여 인사(人師 : 스승)로 자면자임(自勉自任) 하는 것이었다.[97]

서원에서 선비를 교육하는 일은 교육방법상 하나의 중요한 특색이 있다. 그것이 바로 위에서 말한 자학 위주이다. 서원의 스승(大師)이 학생을 향하여 강학하는 것은 대체적으로 원론적인 강령을 제시할 뿐이고 학생은 그들의 능력에 따라서 스스로 체득하고 이해하여야 한다.

유가의 육경(六經)은 서원교육의 중요한 교재였다. 스승이 강설하는 것은 그 중 하나를 택하여 중점적으로 강설하는 형식을 취하였다. 예컨대 육구연은 백록동서원에서 강회(講會)할 때 '논어' 중 "군자는 의에 밝고 소인은 이욕에 밝다"(君子喩於義小人喩於利)라는 제목으로 하였고 왕수인은 계산서원(稽山書院)에서의 대강연회에서 『대학』가운데 "만물동체(萬物同體)"라는 구절만을 밝혔다고 한다. 이것은 모두 학생 스스로 계발하려는 데 있고 결코 경전(經典)을 처음부터 끝까지 강의하는 것은 아니었다는 사실을 알려 주고 있다.

정단례(程端禮)는 비록 '독서분년일정(讀書分年日程)'을 만들었으나 독서계획은 학생 스스로의 자학자습으로 결정하였던 것이다. 그가 지은 『강동서원강의(江東書院講義)』에서도 독서의 중요성을 설명하였으나 주희의 '육조독서법(六條讀書法)'을 준거로 하였다. 그러나 이 역시 학생의 선택 사항으로 하였다. '독서계획'은 강제로 집행되지 않는다는 뜻이다.

이와 같은 교육방침은 학생들로 하여금 자기학습, 자기연찬, 자아실현을 체득하는 것을 위주로 하였다. 스승은 옆에서 이끌어 주는 학습 보조라는 정신의 표현이다. 이러한 것은 학업상의 표현만이 아니라 수양 면에서도 그러

97) 毛禮銳 邵鶴亭 瞿菊農合著, 中國教育史, 北京, 人民出版社, 1989, 329~330면.

하였다. 즉 학생의 자아수양을 중시하고 스승은 어디까지나 동기유발자로서 직접적으로 많은 훈시 따위는 하지 않았다. 이러한 자학 위주의 정신은 역대의 훌륭한 서원들이 한결같이 하였다.[98]

다음으로 서원은 역시 강학(講學)을 교육의 방식으로 하였으며 이로 말미암아 이름이 드러났다. 서원의 강학에는 대략 3가지가 있다. 그것은 학술 전수로서의 강학과 강회(講會)식 강학 그리고 교화 선전으로서의 강학이다.

학술전수로서의 강학의 목적은 유학경전의 뜻을 밝히거나 어느 학파의 중심이 되는 강령을 밝히기 위함이었던바 일반적으로는 대사(大師)가 주강(主講)하였다. 그러나 후에는 산장(山長)이나 학장(學長) 또는 재장(齋長)들도 친히 강수(講授)하기도 하였다. 서원의 대사(大師)들의 강고(講稿)를 『강의(講義)』[99]라 하고 학생들이 교사의 강화(講話)를 기록한 것을 『어록(語錄)』이라 하였다. 『강의』는 대개 교사의 자기주장을 발휘한 것이 많고 『어록』은 대개 교사가 학생에 대하여 개별 지도를 진행하거나 또는 문제의 답어(答語)를 해답(解答)한 것이 많았다.

강회식 강학의 목적은 상호 토론과 논쟁에 있고 때로는 한 학파의 정선된 주의 주장을 드러내거나 타 학파와의 주장의 차이점을 변석(辨析)하는 데 있다. 반드시 서원에서만 이루어진 것은 아니라 하더라도 강회의 내용과 방식은 모두 학술적 성격을 갖는다.

선회식 강학의 목적은 통치자의 훈관화민(訓官化民)을 위한 것이었다. 이학가들은 강상명교(綱常名敎)를 선양하면서 인욕(人欲)을 없애라고 가르쳤다. 이것은 바로 봉건적인 통치에 잘 길들이기 위함이었다. 주희가 '백록동서원 학규'에서 맨 먼저 '오교지목(五敎之目)'을 나열한 뒤로 많은 현의 '학기(學記)'는 모두 강상지교(綱常之敎)를 선양코자 하였다.

서원의 과정은 일반 학교의 과정과는 달랐다. 그것은 실제상에서 '독서목차' 즉 어떤 책을 먼저 읽고 나중에 읽는가를 독서 자습의 계열 혹은 계통을 이루었다. 어떤 것은 독서방법에 대하여 구체적 지도를 하였다. 이와 같은 과정의 특성은 탄력성이 많아 인재시교(因材施敎)에 매우 유리하였다.

---

98) 丁淳睦著, 中國書院制度, 文音社, 1990, 132면.

99) 예컨대 여조겸의 『려택강의(麗澤講義)』, 주희의 『어류대전(語類大全)』 등은 강의이며 육구연의 『상선어록(象山語錄)』, 왕수인의 『전습록(傳習錄)』은 어록이다.

서원의 과정에서 모델은 정단례(程端禮)가 만든 이른바 '독서분년일정(讀書分年日程)'으로서 이것은 독서계획이고 서원 제정의 독서 과정이었다. 현대적으로 보면 교과과정인 셈이다.

서원의 과목시험도 일반적인 학교의 학업시험 및 과거시험과 다르다. 송대 서원의 시험과목은 흔히 독서에서 얻은 바를 진술하거나 혹은 과제 논문의 습작에 한하므로 오직 '사과(師課)'만 있을 뿐 '관과(官課)'는 없었다. 뒷날 서원은 비록 고과(考課)성적에 의하여 '승재(升齋)' 가부의 결정과 과거시험에 기울여졌으나 시험과목의 내용은 서원의 학술 특색과 관계되었다.[100]

'학규(學規)' 또는 '교약(敎約)'은 송대 서원의 종합적인 서원 교학운영의 준거 규범이다. 학규는 서원의 교학 종지, 학생 양성의 목표, 학생의 행위규칙 등을 규정하였을 뿐만 아니라 관념상에서 학생들의 사상 유형을 만드는 작용도 하였다. 그러나 더욱 중요한 것은 위학(爲學)의 방향과 도덕수양의 공부에 관한 것이었다. 이러한 학규의 정립은 역사적으로는 다소 불교의 '청규(淸規)'의 영향을 받았다.

송대에서 제일 대표적이고 유명한 학규는 주희의 백록동학규(白鹿洞學規)이다. 이것은 후대의 학규에서 교육목표와 내용, 위학(爲學)의 순서, 수신(修身), 처사(處事)와 접물(接物)의 강령을 담고 있다. 좀 더 구체적으로 설명하면 먼저 서원 교육의 목표를 규정하여 학생들로 하여금 부자(父子), 군신(君臣), 부부(夫婦), 장유(長幼), 붕우(朋友)간의 윤리관계를 밝히는 것으로 학생들이 이 '오교(五敎)'를 지킬 것을 요구하였다. 그 다음으로는 위학의 차례를 규정하여 박학(博學), 심문(審問), 신사(愼思), 명변(明辯), 독행(篤行)을 들었고 셋째로는 수신, 처세, 접물(接物)의 요(要)를 규정하였다. 대체적으로 보면 동 학규는 충(忠), 서(恕), 인(仁), 의(義)와 개과천선(改過遷善), 명도비리(明道非理)등의 윤리를 설교(說敎)하였다.

---

100) 喩本伐 熊賢君著, 中國敎育發展史武漢 ; 華中師範人學出版社, 2000, 222면.

7. 송대 사회의 사학과 기타 교육의 형식

송대 민간의 사학은 서원 외에 사학, 가정교육, 몽양교육 및 사회교화의 형식으로 존재하였으며 이것은 송대 교육의 중요한 부분으로 되어 있다. 이러한 민간교육의 활동은 그 수준으로 보면 비록 그것이 같지는 않지만 관학과 같이 계통적인 규장제도도 없으며 또한 계통적인 정규 과정 체계도 없다. 그러나 그 형식은 더욱 다양하여 보급의 범위는 넓었으며 사회생활의 각 부분에 투입되어 문화적인 지식을 전파하고 사회교육의 진보를 추진하는 등 여러 면에서 관학이 할 수 없었던 일을 하였다. 그러므로 사학은 송대 교육 발전에 중요한 위치를 점하고 있다 할 것이다.

1) 사인강학활동(私人講學活動)

송대 사학형성의 발전에 중요한 원인으로 지적할 수 있는 것은 이학가의 강학활동이 송대 사학의 발전을 촉진하였다는 데서 구할 수 있을 것이다.

북송 인종 때 후기 이학사조(理學思潮)가 점차 일어났던바, 이학가들은 자기들의 학설과 주장을 전파하는 과정에서 교육활동을 적극적으로 전개하여 결과적으로 송대 사학의 발전을 추진하였다. 교육에 열중하는 것이 송대 이학의 우수한 전통이었으며 양송의 저명한 이학가들은 모두 사학을 건립 경영한 경력이 있었다.

송대 이학의 동기는 출발부터 사학과 밀접한 관련을 이루고 있다. 이학의 창시자 주돈이(周敦頤)는 인종조 후기 강서(江西)에서 강학할 때 이정(二頤)을 주돈이에게 보내어 수학케 하였던바 이것은 후세인들은 이학의 시작이었다고 여겼다.[101]

남송의 이학자들도 사인학활동에 적극적이었다. 예컨대 주희는 일생 동안 교육에 힘썼던바, 말년에 비난과 배척을 받기는 했지만 여전히 정사(精舍)를 세우고 독서 강학을 즐거움으로 삼았다.

송대 사학의 발전은 대체적으로 3단계로 구분할 수 있다.

---

101) 程子年譜卷一, 慶歷六年 참고.

첫 단계는 북송 전기 즉 송 초 경력흥학의 전까지로, 이 단계는 주·현학이 아직 보급되지 못했고 사학이 사회의 중요한 교육의 형식이 있었다. 이 단계에 있어서 사학의 중요한 임무는 과거 응시를 위한 인재의 양성이었다.

당시 사학의 분포 범위를 보면 송대 초 사학은 남북 양지방의 중심이 있었다. 사학의 남방 중심은 강남 남서로(南西路)의 예장(預章) 홍주(洪州)일대였으며 이 지방의 사학은 가문 교육이 위주였으며 남방 사족(士族) 문화가 짙은 전통을 가지고 있었다.

사학의 북방 중심은 수도였던 동경개봉(東京開封), 남경 응천부, 서경 낙양 및 관중 장안 일대였다. 이들 지역은 한, 당 이래 송대까지 정치문화의 중심지로서 이 지대의 사학은 문화의 연원이 깊고 사회화 정도가 비교적 높았다. 이 지방에서 주·현 관학이 미처 건립되지 못했을 때 이들 사학들은 실제적으로 국가교육의 주요한 작용을 하였으며 과거를 통한 인재 수급에도 중요한 역할을 하였다.[102]

둘째 단계는 경력흥학 후로부터 북송 후기까지의 기간이다. 이 단계는 관학과 과거의 관계가 일익 밀접해 갔던 시기였다. 그리하여 사학은 관학의 일개 보충이거나 예비 교육적 역할을 했으며 또는 관학 외에서 별도로 설치된 과거에 부응하는 교육을 담당하였다. 당시 이 기간의 이름 있던 사학은 대개 학식이 해박하고 과거의 이록(利祿)의 학과는 다른 저명한 학자였다. 예컨대 강서 건창군(建昌軍)의 이관(李觀), 건주(虔州)의 주돈이(朱敦頤), 산동태산(山東泰山)의 손복(孫復), 석개(石介), 하남 낙양의 이정(二程), 소옹(邵雍), 관중(關中)의 장재(張裁) 등이었다.

중국 고대 학술사상사에서 중요한 위치를 차지했던 송학(宋學) 및 송학의 주류인 이학(理學)은 바로 동 시기에 하나의 유형을 이루게 되었고 특히 사학을 통하여 전파되었다.

셋째 단계는 남송 시기이다. 남송의 사학은 일반적으로 초급의 계몽적 성격을 띤 향숙촌사(鄕塾村舍) 외에 비교적 수준이 높은 사학 중에서 이학이 주도적 지위를 점하였다. 특히 정주이학(程朱理學)이 남송 중기 이후 점차적으로 관학의 주도적 지위를 점유하였기 때문에 이학가의 강학활동은 사학

---

102) 宋史卷四五七 隱逸傳上 萬適 참고.

영역에서 지위가 갈수록 현저했으며 또한 전체 송대 교육의 영향에도 갈수록 현저하였다.

송대 사인강학의 내용은 유가의 경전과 시부(詩賦)를 위주로 했으며 특히 과거시험을 위한 교학활동을 전개하였다.[103] 그러나 이학가의 민간에서의 교학활동이 갈수록 활발해지면서부터는 일부 사학의 교학내용도 성리(性理)의 학을 추구하는 것을 중요한 종지로 하였다. 송대 사학의 주요 형식은 대체적으로 향학, 가숙, 최고 연구성을 갖는 사학으로 존재하였다.

첫째, 향학(鄕學)은 향교(鄕校)라고도 칭하였다. 이는 향촌에 널리 분포되어 있는 민간사숙(民間私塾) 또는 묘학(廟學)이었다. 송대 향학은 비교적 그 수도 많았고 분포지역 역시 넓었다. 송대 향학은 초급의 소학교육을 위주로 하였으나 공묘(孔廟) 내에 있는 향교는 성인교육의 장소였으며 또한 양사(養士)의 경우는 소학(小學)이라 하였다.[104] 송대 향학의 설치 장소는 공자묘, 려항(閭巷), 도관사우(道觀祠宇) 등이었다.

둘째, 가숙(家塾)은 가문의 자제를 위하여 건립한 정사(精舍), 학당(學堂), 또는 서원(書院) 등 사인강학의 장소를 지칭한다. 송대에는 이러한 유형의 강학 장소는 대부분 재력 있는 성씨들이 자기들의 자제들 교육을 위하여 설립 경영하였지만 주위의 유사(遊士)들도 수용하였던 바 특히 남방지역에서 성행했다. 이러한 전통의 형성은 봉건적 가문문화에 근원하며 봉건 예교(禮教)의 수요를 강화하고 선조를 빛내려는 의식의 직접적 반영이었다.[105]

셋째, 고급 연수의 성격을 갖는 사학은 일반적인 규정(관례)도 없고 교학의 내용도 다양하였다. 북송 중기 이후 남송시대에 제일 많았다. 예컨대 손복(孫復)의 태산강학(泰山講學) 같은 경우인바 그의 제자 석개(石介)는 이미 제로(齊魯) 일대에서 저명한 학자였다. 이러한 사학은 이미 일반적인 지적 교육뿐만 아니라 일종의 전문적 학술연구기

103) 全宋文卷五二四 孫僕射行狀 참고.

104) “嘉眉多士之鄉 凡一成之聚 必相與合力建大子廟 春秋釋奠 士子私講禮焉 名之曰鄉教, 亦有養士者謂之小學”(賓退錄卷一)

105) 養衛平著, 같은 책, 269~270면.

관이기도 했다.

송대 초는 관학이 부진하고 사인강학이 성행하였다. 송대 사학은 거의 당말 5대의 구학(舊學)에서 연유하여 비교적 깊은 역사적 연원을 가지고 있으며 교학의 수준도 비교적 높았다. 많은 사인강학자는 관학의 학관으로 초빙되기도 하였으며 더 나아가 국자감의 교석(敎席)을 주관하기도 하였다. 또한 어떤 사학은 후에 관학으로 되기도 했으며 사학의 학규가 관학에 채용되기도 하였다. 그러므로 사학은 북송의 관학의 건립과 완비에 많은 영향을 주었다 할 것이다.

2) **몽양교육(蒙養教育)**

중국 고대 몽양교육은 중국교육사 영역에서 중요한 지위를 차지하고 있다. 몽양교육은 소학과 학전 아동의 사이에 있는 일종의 계몽교육형식을 가리키고 있다. 보통 소학교육의 초급 단계에 상당하나 일반 소학교육보다는 함의(含意)가 더욱 넓다. 일반 아동의 입학 전과 학교 밖에서도 포함되는바 각종 형식을 통하여 받는 계몽교육은 특히 향교, 가정과 사회교육 중 일정한 조직의 과정을 통하여 특정한 방법과 수단을 이용해 진행하는 문화, 도덕 계몽교육이라 할 수 있다.

송대 몽양교육의 일반적인 목적과 임무는 다음과 같은 데 있었다.[106)]

첫째, 본성을 보양(保養)하는 것이다. 이것은 맹자의 성선설에 근거하고 있다.

둘째, 몽양교육은 기본적인 문화 지식의 전파에 주의하여 문자의 기초를 잘 닦아 장래 진일보하게 깊이 연구하는 데 필요한 조건을 창출하였다. 송대 몽학 과정은 대부분 식자(識字 : 글자 이해), 사자(寫字 : 글자 쓰기), 배서(背書 : 암송) 등의 내용이었던바 그 파급 범위는 넓었으며 아주 초보적이었다.

셋째, 정확한 학습방법, 태도와 학습습관을 기르는 것을 중시하였다.

---

106) 養衛平著, 같은 책, 275~276면.

> 당시 몽양교재로는 『소학(小學)』 또는 몽학단계에서 쓰던 교재로서는 『소아서(小兒書)』 등이다. 이러한 교재의 중요한 용도는 식자독서(識字讀書) 및 초보적인 작문의 기본 능력을 기르기 위한 것이었고 나아가 각 방면의 기본적인 지식을 전수하기 위한 것이었다. 고대 몽양교재의 내용을 보면 우선 사람이 지켜야 할 도덕을 주입하여 윤리의식을 기르는 것이었다. 그 다음으로는 문자를 이해하여 독서할 수 있는 능력을 기르고 또한 일정한 자연지식, 생활지식과 역사지식을 이해하는 것이었다.[107]

송대의 몽양교재가 후대에 가장 널리 유포되어 영향이 컸던 것은 왕응린(王應麟)이 편찬한 『삼자경(三字經)』과 작자 미상의 『백가성(百家姓)』이었다. 전자는 일종의 박물류 시식의 계몽서로 삼언운어(三言韻語)의 형식이며 그 내용으로는 고대사, 전고(典故), 명언(名言), 인물 등 다방면의 지식에 관한 것이다. 이것은 문구식으로 간결하게 되어 있어 외우기가 쉽다. 후자는 전형적인 계몽교재이다. 이것은 고금(古今)의 성씨를 모아 사언운어식으로 되어 있다.

송대 몽양교재 상황을 보면 2가지 면에서 특출한 점이 보인다. 하나는 그 내용이 비록 상식적이고 통속적이기는 하지만 송대의 저명한 학자들이 집필했다는 것이며 이 점은 중국 고대의 훌륭한 몽양교재의 전통이라는 점이다. 그 둘은 송대 몽양교재는 대부분이 남송시대의 작품으로 이것은 남송문화교육의 번영과 보급 상황을 반영한 것이라 할 것이다.

3) 사회교육

107) 예컨대
(1) 역사류의 개몽교재 : 왕령(王令)의 『십칠사몽구(十七史蒙求)』, 류빈(劉邠)의 『양한몽구(兩漢蒙求)』, 황개선(黃繼善)의 『사학제요(史學提要)』등, 이들 교재는 모두가 후당(后唐) 때 이한(李翰)의 『몽구(蒙求)』의 사언운어(四言韻語)의 체제를 따라 낭송에 편리하기 위한 것이다.
(2) 박물류 개몽교개 : 방봉진(方逢辰)의 『명물몽구(名物蒙求)』, 왕응린(王應麟)의 『소학감주(小學紺珠)』 등
(3) 윤리도덕류의 개몽교재 : 주희의 『소학(小學)』, 『훈몽훈(訓蒙訓)』, 여본중(呂本中)의 『소의외전(少義外傳)』 류청지(劉淸之)의 『계자통록(戒子通錄)』등
(4) 기거예의(起居禮儀)의 개몽교재 : 주희의 『동몽수지(童蒙須知)』, 몽학재규(蒙學齋規), 진덕수(眞德秀)의 『교자재규(敎子齋規)』 등
(5) 가정범위 내훈계류(內訓誡類) 종합적인 동몽교재 : 사마광(史馬光)의 『가범(家范)』조정(趙鼎)의 『가훈필독(家訓筆錄)』 등.

사회교육은 그 개념과 내용에 대해서는 오늘날 많이 논의되고 있으나 조직적, 형식적인 것이 아니고 사회를 대상으로 하는 비형식적인 것으로서 학교교육 이 외의 것이라 일컫기도 한다.

무릇 수기치인(修己治人)과 명교화(明敎化)가 유학교육(儒學敎育)의 본령이라 한다면 사회의 명교화(明敎化)야 말로 유교를 숭상하는 사회에 있어서는 지대한 관심사가 아닐 수 없다. 물론 '교화(敎化)'라는 말이 '교육'과 동일한 의미이냐에 대해서는 논의가 있겠으나 가르쳐서 착한 길로 인도하는 것을 교화라 하고 교육의 궁극의 목적이 바람직한 인간 형성에 있고 보면 과히 잘못된 표현은 아닐 것이다.[108] 이러한 의미에서 본다면 사회교육으로서 다음과 같이 3가지를 지적할 수 있다. 첫째는 향음주례 등의 교화의식이요, 둘째는 규계권유문(規誡勸諭文)의 교화형식이며, 셋째로는 민간인의 조직교화로서 향약이다.

향음주례(鄕飮酒禮) 등의 전통적인 교화의식 : 민간교화를 추진하고 화민성속(化民成俗)을 이루며 예악(禮樂)의 교를 흥성시키고 또는 왕화(王化)를 위하여 송대 많은 지방의 수령과 명사들은 여러 가지 절차를 이용하여 교화를 전개했던바, 전통적인 향음주례, 석전제(釋奠祭) 등의 활동을 벌여 일반 민간이 행하는 교화의 중요한 형식으로 하였다.

향음주례는 매월 길일(吉日)에 향간(鄕間)의 나이 많고 덕행이 있는 자를 주빈(主賓)으로 청하여 모시고 읍양(揖讓)과 주악(奏樂) 그리고 주배(酒盃)로 교환하되 특히 예의와 질서를 성숙하게 하고 상계(相誡)하는 서사(誓詞)를 읽은 의식이다.[109] 이 의식이 거행될 때는 원근의 선비들과 학생들이 모여 들고 구경꾼이 모여 든다. 향음주례는 성대한 의식으로 한 고을을 교화시키는 큰 영향을 가졌었다.

남송시대 강남지방에서도 전통적인 향음주례를 아주 중시하였던바 이는 점차적으로 당회(堂會) 또는 향회(鄕會)형식으로 발전하였다.

송대의 사회교화 활동은 모두 화민성속과 유교의 종지를 마음에 새겨 잃지 않게 관철하였다. 이러한 조직의 의식 중 어떤 것은 민간의 전통적인 의

---

108) 김경식, 교육사철학신론, 교육과학사, 2001, 86면.
109) 宋史卷四二七 道學傳一 참고.

례로 전화(轉化)하였으며 관습으로 되어 지금까지 중국 고대 민간생활의 습속, 관념 및 행위 양식의 형성에 오랜 영향을 주었다.

규계권유문(規誡勸諭文) : 송대 사회교화의 한 형식으로 규계권유문을 작성, 포고하여 신민(臣民) 또는 소속 지방민에 대하여 권고하고 사리를 설명하는 경우도 있었다.

송대 권유문은 대체적으로 두 가지로 나눌 수 있다. 하나는 황제의 명의로 반포하는 권유조문(勸諭詔文)의 경우이고 또 하나는 지방 관원이 반포하는 경우의 권유문이다.

총제적으로 본다면 민간의 사회교화를 강화한 것은 낙후한 구습(舊習)을 개량하고 민간 문화와 교육의 발전 그리고 사회기풍의 개량을 촉진하는 데 일조(一助)했으며 동시에 관치(官治)를 개선하는 데도 일조하여 봉건적 사회의 통치 질서의 안정에도 조력하였다. 이것은 당대 현실 정치 경제의 수요를 구현했을 뿐만 아니라 유가학설 중의 예악(禮樂) 교화의 오래된 전통을 중시했으며 동시에 교육가 개개인의 사회적 이상을 걸었다 할 것이다. 그리고 사회교화와 일반 학교 교육과를 비교하면 사회교화는 교유(敎諭 : 가르치고 깨우쳐 줌)의 범위가 더욱 넓고 내용과 형식 또한 보통 민중의 일상생활에 보다 더 접근하였다. 그러므로 현실에 대한 영향도 더욱 심원했고 오래도록 지속되었다.

향약(鄕約)의 사회교화 : 향약은 교화단체로서 지방민의 교화와 상부상조의 협동정신의 진작을 위하여 만든 향리(鄕里)의 지방단체이다. 향약은 전형적인 농경사회적 배경 하에서의 산물이다. 보통 우리가 '향약'이라 할 때 그 의미로는 지방의 단체라는 조직체의 의미로 사용되기도 하고 '향약'이라는 자치 단체의 실천 강령을 의미하기도 한다.[110]

향약은 북송 때(1076) 람전현(藍田縣)에서 여대방(呂大防), 여대충(呂大忠), 여대림(呂大臨) 형제[111]가 만든 이른바 '여씨향약(呂氏鄕約)'을 그 출발점

---

110) 김경식, 교육사·철학신론, 교육과학사, 2001. 87면. 향약에 대한 기본적인 인식을 위해서는 김경식의 『조선조 향약의 사회 교화적 인식에 관한 연구』 1987학년도 박사학위논문과 역시 김경식의 『율곡의 향약과 사회교육사상』, 배영사, 1986의 저서를 참고할 것.

111) 여대방(呂大防) : 원우(元祐) 년간에 이미 상서좌보사(尙書左補射) 겸 문하시랑(門下侍郞) 역임
여대충(呂大忠) : 宝文閣直學士, 知*州
여대임(呂大臨) : 程門 4대 제자의 우두머리 그리고 장재의 문하에서 수학했음. 그리하여 여씨향약은 관학(關學)의 영향을 많이 받았다. 여씨 4형제들은 정치적으로는 왕안석의 변법을 반대했으며 학술적으로는 이정(二

으로 하고 있다. 당시 여씨 형제들은 영향력 있는 정치가였다.

여씨향약은 일부 고례(古禮)에 기원하고 있으며 주로 교화로 화민성속을 이루어 봉건사회의 예교(禮敎)질서를 강화하려는 사회교육에 그 의미가 있다 할 것이다.

여씨향약의 강령은 덕업상권(德業相勸), 과실상규(過失相規), 예속상교(禮俗相交), 환난상휼(患難相恤)로 되어 있으나 그 세목은 약하기로 한다. 이른바 4대 강령은 그 후 중국과 한국의 향약에서 하나의 기본적 원형을 이루고 있다. 여씨향약 후 100년이 지나 주자(朱子)가 이것을 토대로 하여 보다 더 완벽한 강령을 만들었던바 이것을 '주자종손여씨향약(朱子增損呂氏鄕約)'이라고 한다. 바로 이것이 고려 말에 우리나라에 전래된 것이다.

향약의 덕목은 현실적인 최소한도의 인간의 기본 윤리를 내용으로 하는 유교의 윤리라 할 수 있다. 따라서 향약은 유교의 구체화라고 할 수 있다. 그리하여 향약의 목적은 풍교덕화(風敎德化)에 있고 더 나아가 유교가 지향하는 이른바 대동사회(大同社會)의 실현에 그 궁극의 목적이 있다 하겠다.[112]

8. 송대 사회의 과거제도

1) 과거제도의 의의

과거제도는 수 양제(隋煬帝) 대업(大業) 2년(서기 606)에 창립되었다. 그 후 당대를 거쳐 그 체제가 처음 준비되었고 위진남북조의 구품중정제 이후 주요한 인재선발 시험제도를 거쳐 국가의 정치, 문화생활 중 가장 중요한 작용을 하여 교육의 발전과도 직, 간접적으로 중요한 작용을 하였다.

송대에 이르러서는 과거제도는 진일보한 정형으로 되어 발전하였으며 정치, 문화, 교육의 영향도 더욱 넓고 심각하여 중국 고대 봉건 관료제도와 학교교육제도에 유기적인 부분으로 되었으며 학술사상과 문화예술 등 광의의

程)과 장재(張載)의 학설에 기운 듯했다.

112) 김경식, 같은 책, 89면.

문화 현상에 대해서도 일정한 유도와 제약의 작용을 하였다.

송대 과거제도는 대체적으로 당의 제도에 기초하여 만들어졌지만 당·송의 과거제도는 그 내용과 성격 면에서 현격한 차이를 보이고 있다. 그것은 첫째로 송의 과거제도는 관리 선발시험이지만 당의 제도는 관리후보 자격시험이었다. 또한 송대에는 과거시험의 부정을 방지하고 아울러 황제권의 강화를 위해서 전시(殿試)제도가 실시된 것이 당과 다르다. 끝으로 송대의 과거는 그 운영상에 있어서 엄정하고 공정하게 집행되었다.

2) 과거제도의 내용

송대 과거제도의 과목은 진사(進士), 제과(諸科), 무거(武擧) 이 외에 또한 제과(制科) 및 동자과(童子科)를 설치하였다. 전 3자를 '상과(常科)'라 하며 후 2자를 '특과(特科)'라 하였다.

송대 초에 상과는 진사, 무거 외에도 제과는 구경(九經), 오경(五經), 개원례(開元禮), 삼사(三史), 삼례(三禮), 삼전(三傳), 학구(學究), 명경(明經), 명법(明法) 등 9과로 나누었다. 상과 중 진사과는 사람들을 제일 많이 받아들였으며 9과 중 구경, 오경, 명경과도 비교적 사람이 많았다.

송대의 상과는 당제도와 대략 같다. 주·현에 실시하는 해시(解試)도 이부시험을 보게 되며 특과는 대신이 추천하여 황제가 직접 시험하였으며 상과와 특과 외로 또한 학(學)을 늘려 선발하였던바 그것은 철종 원부(原府) 2년(서기 1099)에서 휘종(徽宗) 선화(宣和) 3년(서기 1121)까지는 과거가 정지되어 취사(取士)는 모두 학교 출신이었다.

과거시험의 시기는 처음에는 년 1회였으나 인종 때 2년에 한 번씩 거행했으며 신종 때는 3년에 한 번씩 실시하는 것으로 개정하였던바 이것이 하나의 제도로 정착되었다.

공거(貢擧)의 순서는 다음과 같다.

첫째로 본도에서 먼저 가을에 1차 시험을 실시하는바 이를 추시(秋試) 또는 해시(解試)라고 한다. 그 방법은 주(州)의 판관(判官)이 주로 진사과(進士科)를 시험하며 록사참군(錄事參軍)은 주로 제과(諸科)를 시험한다. 만약 이상의 임직관이 경의(經義)에 정통치 못하면 별도로 고관(考官)을 선발하고 판관이 시험을 감시한다. 시험 합격자는 갑, 을로 나누어 진사문권(進士文卷), 제과의권(諸科義卷) 및 주서(朱書)를 감독관인 판관이 그 밑에 서명하고 모두 예부에 올린다. 다만 다음과 같은 일이 있으면 시험 감독관은 위법으로 논죄되거나 파직당한다. 그것은 첫째, 공(貢)이 법에 따르지 않고 교시(校試)가 성실치 않으면 시험 감독관은 파직 당한다. 둘째, 시험 감독관은 뇌물을 받으면 법의 처벌을 받는다.

추시에 합격하여 예부에 추천된 자를 '공사(貢士)' 또는 '거인(擧人)'이라고 한다. 보통 피해자(被解者)는 반드시 제주의 장리(長吏)가 거송(擧送)하며 향리의 10인이 연대 보증한다. 태조 건덕(乾德) 년간 (서기 963~968) 왕은 9경에 불합격하여 제과에 재시험치는 것을 윤허하여 벼슬할 수 있는 길을 터놓았다. 뒤이어 또한 제주에서 추천된 자가 많아져 후주(後周) 현덕지제(顯德之制)를 참조하여 '제주공거제법(諸州貢擧制法)' 및 '전벌지식(殿罰之式)'을 제정 반포하여 제주의 추천한 선비의 인원을 엄격히 제한하였다.

두 번째 보는 시험은 예부의 성시(省試)이다. 일반적으로 매년 정월에 실시되었다. 성시에 합격된 자를 '진사(進士)'라 하며 성시에서 1등을 '성원(省元)'이라 하였다.

태조 개보 6년(서기 973)에 전시(殿試)의 제도를 처음 정하고 예부의 진사에 다시 시험을 실시했다. 옹희(雍熙) 원년(서기 984) 삼갑제(三甲制)를 정하여 첫 갑은 '급제' 2갑을 '출신(出身)' 3갑은 '동출신(同出身)'을 하사하였다. 진종(眞宗) 경덕(景德) 4년(서기 1007)에는 전시진사(殿試進士)를 또다시 5등으로 나누었던바, 학사(學思)가 우수하고 사리(詞理)가 정순(精純)한자는 1등, 재사(才思)가 능통하고 문리(文理)가 면밀하면 2등, 문리가 통하면 3등, 문리가 중 정도면 4등, 문리가 열으면 5등으로 하였다. 그 후 대중상부(大中祥符) 2년 (서기 1000), 4년(서기 1002) 및 가우(嘉佑) 6년(서기 1061)을 거치면서 보다 완전한 5등 평정제도를 완성하였다.

과거시험의 내용은 당대의 것과 비교해 보면 큰 차이는 없다.

송대 초 공거(貢擧)시험 내용을 보면 다음과 같다.[113)]

과목 내용 \ 유별	문(文)	책(策)	첩경(帖經)	묵의(墨義)
진사(進士)	시부론문각1수	5도(道)	논어(論語), 10첩(帖)	춘추 또는 예기 10조
구경(九經)			첩서(帖書), 120조(條)	묵의 60조
오경(五經)			첩서 80조	묵의 50조
삼경(三經)				묵의 90조
삼전(三傳)				묵의 110조
개원례(開元禮)				묵의 300조
삼사(三史)				묵의 300조
학구(學究)				묵의 모시(毛詩) 50조, 논어 10조, 주역, 상서 각 25조, 이아(爾雅), 효경 각각 10조
명법(明法)				

인종 보원(宝元) 년간(서기 1038-1039)에 이르러 진사과 시험의 내용과 방법에 대하여 조정에서는 논의되기 시작했으나 쟁점은 시부(詩賦)와 경의(經義)에 대한 실시 여부였다. 소성(紹聖) 원년(서기 1094)에 있어서 정지와 실시를 반복하였다. 북송이 멸망할 때까지 경의와 시부로 취사하는 쟁의는 여전히 계속되었고 제도적인 면에서 하나의 정착된 제도로서는 형성되지 못하였다.

3) 과거제도의 중요한 변화

송대 과거제도에 대한 개조는 특히 다음과 같은 면에 반영되었다.

첫째, 과거시험의 규칙을 완성하여 공평한 경쟁의 원칙을 강화하여 부정행위 현상을 근절시켰다.

113) 養衛平著, 같은 책, 130~131면.

송대의 과거제도는 다음과 같은 특수한 3가지의 선사(選士)형식이 나타났다. 즉 대관(大觀) 년간의 팔행과(八行科) 취사법, 휘종 정화(政和) 년간의 도거(道擧), 그리고 희녕 흥학 기간 과거 외로 별도로 사선(舍選)의 한 길을 연 것, 이것은 바로 학교 승공(升貢)의 단서를 연 것이다.

팔행과 취사는 채경(蔡京)에 의하여 숭·관 흥학 기간부터 시작되었던바, 숭·관 흥학의 중요한 조치의 하나였다. 팔행취사법은 숭녕 3년(서기 1104) 채경의 뜻에 따라 과거를 폐지하고 취사는 학교에 의해야 한다는 조서를 내렸다. 그리고 대관(大觀) 원년(서기 1107) 조서를 내려 '팔행과' 취사를 행하였던바 그것은 주·현학이 효·제·목·인(姻)·임(任)·휼(恤)·충·화(和) 등 8행에 의해 취사하여 삼사법(三舍法)에 의하여 승공(升貢)하는 것이었다.

이른바 '도거(道擧)'는 송대 과거제도의 다른 하나의 특수한 조치였다. 휘종은 도교를 돈독하게 신봉하였던바, 재위 기간 중 일련의 도교를 격려하는 조치를 취하였다. 즉, 정화 4년(서기 1114) 제로(諸路)에 조서를 내려 궁관도사(宮觀道士) 10명을 선발하여 수도에 있는 도록원(道錄院) 강습소에서 학습케 하였다. 이로부터 학교에서 도교학습의 제 조치를 취하였다. 특히 중화(重和) 원년(서기 1118) 8월 조령을 내려 규정하기를 도교를 배우려는 자가 주학에 들어가 교양(敎養)을 배우는 것을 허용하고 대경(大經) 『황제내경(皇帝內經)』, 『도덕경(道德經)』과 소경(小經)인 『장자(莊子)』, 『열자(列子)』 등을 학습케 했다. 학교에서 선발하여 승공(升貢)하고 문사(文士)와 같이 사명(士名)을 중치하여 관품(官品)에 배열하고 매년 경(經)을 시험하였다. 처음 입학했을 때는 '도도(道徒)' 시험에 승공(升貢)하면 '공사(貢士)'라 불렀다. 상경하여 시험처 공사법(貢士法)처럼 승사(升舍)한다. 3년마다 전시를 시행했다.

삼사법(三舍法)은 왕안석이 북경 태학 및 과거제를 개혁한 주요한 조치였다. 과거와 관련해서 보면 삼사법은 과거 외에 별도로 선비들이 관도에 오를 수 있는 길을 터 주었고 또한 태학의 교육 수준을 개선하는 데 일조하기도 하였다.

둘째, 남송에 진입해서는 과거제도는 다음과 같은 몇 가지의 변화가 있었다.

하나는 유성시(類省試)가 하나의 새로운 시험방식으로 시작되었다는 점이요, 둘은 경의(經義), 시부(詩賦)의 취사체 은제를 확정했다는 점이다. 시부와 경의의 쟁론은 송대에서 장기적으로 해결을 가져오지 못한 하나의 문제였다.

4) 과거제도의 폐단

총제적으로 본다면 과거제도의 폐단은 다음과 같은 몇 가지의 면이 있다.

첫째, 과거의 부정행위는 현저한 문제로서 그 형식 수법이 다양하여 방비할래야 방비할 수 없는 문제였다. 『송사선거지2』에서는 시험장에서 보편적인 부정행위의 수법을 5가지로 제시하고 있는바 전의(傳義), 환권(換卷), 역오(易號), 권자출외(卷子出外), 등록멸열(謄錄滅裂)이 바로 그것이다. 『밀재필기(密齋筆記)』권3에서는 암호로 부정행위하는 것을 기록하고 있는바, 사천성시에서는 주사(主司)와 사인(士人)이 암호로써 약속하거나 대필해 주는 현상이 더욱 보편적이었다고 한다.

둘째는 과거장 외에서 고관(考官) 자신에 의한 각종의 비리가 더욱 심하였다.

제 7장 요·금·원 사회의 교육(서기 916~1368)

– 북방 유목민족 지배하의 교육 –

1. 총설

중국 북방의 소수민족인 유목민족이 하나의 정복국가를 형성하여 중국대륙을 정복·지배하던 10세기에서 14세기에 이르는 450여 년간은 요·금·원의 시기였다. 요·금·원은 정복왕조로서 중국에 동화되지 않고 문화적 자의식을 바탕으로 지배·정복하였다. 요는 거란족이, 금은 여진족이, 원은 몽고족이 각각 건립하였으며 그들은 한족과 유목민을 통치하기 위한 이중적 국가체제를 성립시켰다. 또한 정복왕조의 시대 특히 원대에는 유라시아 대륙에 걸친 몽고제국 덕분에 동서 문화의 교류가 활달하였다.

요(遼 : 서기 916-1125)는 중국 북방지역의 소수민족인 거란(契丹)이 세운 왕조이다. 서기 916년 요 태조인 야율아보기(耶律阿保機)가 지금의 내몽고의 서랍목윤하(拉木倫河) 유역에 거란국을 세우고 서기 947년 국호를 요(遼)라 하고 그 뒤 성종 때 다시 '거란'이라 했다가 서기 1066년에는 대요(大遼)라 하였다. 요는 중국 역사상 최초의 정복왕조로서 요가 만든 제도는 이후의 정복왕조(金·元·淸)에게 많은 영향을 주었다. 그런데 요가 같은 정복왕조이면서도 이후의 국가들과 다른 점은 그들의 본거지를 중국 본토로 옮기지 않고 수도를 그대로 북방에 둔 채[1] 정복지인 화북지방을 통치하였다는 점이다.

요는 그들의 부족체제를 그대로 행정체제에 반영하여 이중통치체제로써 정복민을 반영하였다. 요의 이중체제는 중앙관제상에서는 유목민 통치를 위한 북면관제(北面官制 : 북남제상부 : 北南厍相府-六部)와 농민을 지배하기 위한 남면관제(南面官制 : 3성 6부 9시 5감 1대)를 말한다. 이 이중체제는 통치체제뿐만 아니라 문화면에서도 잘 나타나고 있다. 그 대표적인 예가 거란문자의 제작을 통해 그들의 문화와 풍습을 보전하려는 것이었다.

거란족은 중국문화와의 빈번한 접촉과 영향을 받으면서도 강한 민족적 자각을 가지고 있으며 그것이 문화의 전반에 깊숙이 반영되어 있다. 특히 민족문화의 보존이란 면에서 볼 때 그 민족의 언어와 문자가 갖는 국수주의적 성격은 특별한 바가 있다.[2)]

요는 외래종교인 불교를 통하여 중국문화(한족문화)에 대항하면서 거란족의 민족적 우위성을 과시하고 아울러 그들의 민족문화를 보전하려는 의도에서 불교를 장려하였다.

한편 요의 제왕들은 당시로서는 선진문화였던 한족의 문화를 숭상하고 모방하기도 하였던바, 그 영향이 사회에 미치는 것은 대단하였다. 그 중 한족사회가 신봉하던 유가의 도덕윤상(道德倫常 : 도덕질서)도 점차적으로 요 사회에 침투되어 요의 사회생활이 따르는 윤리규범이 되기도 하여 사회풍화와 도덕교육에 대하여 규범적 의의를 갖고 있다. 요대의 교육제도도 한문화의 영향을 받아 제도적 수립 내지 발전이 있었다.

금(金 : 서기 1115-1234)은 여진족이 건립한 소수민족의 정권으로서 요의 뒤를 이어 나타난 북방의 강대한 왕조였다. 이 정권의 존속 기간은 서기 1115년부터 1234년에 이르는 120년간이었다. 금을 건국한 여진족(女眞族)은 하나의 오래된 민족으로 일찍이 송화강 유역에서 살았던 숙신(肅愼)의 후예이다. 여진족의 본명은 흑수말갈(黑水靺鞨)이다. 이들은 5세기 이후부터

1) 요의 수도는 상경(임황부:臨潢府)과 중경(열하성 대정 : 熱河省 大定)이었고 이 밖에 동경(요녕성 요양:遼陽), 서경(산서성 대동 : 大同) 그리고 남경(북경) 등 5경을 설치하여 다원적 국도 체제를 취하였다.

2) 정복왕조의 민족주의 성격은 요의 문자를 비롯하여 금(金)의 여진문자(女眞文字), 원(元)의 파스파 문자(원조국자;元朝國字), 청(淸)의 만주문자(滿洲文字)를 들 수 있다. 이보다 먼저 유목국가로는 처음으로 만든 것이 돌궐(突厥)왕국의 돌궐문자이다. 그 후 위그르왕국은 소그트 문자를 변형하여 사용하였고 서하(西夏)도 서하문자를 만들어 사용하였다.

중국 동북지방 송화강 유역에서 유목생활을 하던 퉁구스 계통의 민족이다. 여진족은 일찍이 고구려의 유민이 말갈족을 지배하며 발해를 세우자 그 지배를 받았고 뒤에 발해가 요에 망하자(서기 926) 다시 요의 지배를 받았다.

여진족은 숙여진(熟女眞)과 생여진(生女眞)으로 구분된다.[3] 이 중 금을 건국한 것은 생여진이다.

금의 제국통치의 기본은 금의 독자적인 부족체제와 중국의 관제를 채용하였으나 중국의 본거지를 정복하면서 여진의 고유한 문화를 잃게 되었다. 그 위에 한족을 비롯하여 거란인·발해인을 지배하였으나[4] 그들의 정치는 필연적으로 정복자이면서도 한족사회를 중심으로 하여 통치가 운영되었고 이에 따라 쉽게 중국문화에 동화되는 결과를 초래하였다.

금의 태조는 창업 초기에 한족의 사유(士儒)인 양박(楊朴)의 도움을 받아 기초를 닦았다. 건국 초기 적극적으로 "박식한 인재"(博學雄才之士)를 모으고 한제(漢制)를 모방하여 문화와 교육의 사업을 강구하였다.[5]

칭기스칸(철목진 : 鐵木鎭)으로부터 시작되는 몽골제국은 중국의 왕조만이 아니며 유라시아 대륙을 지배하였던 바, 원(元)은 몽고제국의 정복·발전 과정에서 중국에 성립된 하나의 한국(汗國)으로 보아야 할 것이다. 몽골제국은 징기스칸(서기 1162-1227)으로부터 시작되나 그 발전 과정에서 분봉이 이루어져 당시 제국의 판도는 유라시아 지역으로서 한자문화권, 러시아문화권, 아랍문화권을 포괄하며 몽골제국 원명은 "몽골울루스"이다. 몽골제국이 이란에 세운 일 칸국(國)의 이란인 재상이었던 라시드 앗 딘이 집필한 몽골 역사

---

3) 송화강을 경계로 하여 숙여진은 그 서남쪽에 살면서 비교적 한화(漢化)되고 수렵과 농사를 지을 줄 아는 부족이었다. 요는 이들 숙여진 수천 호를 요양(遼陽)이동으로 이주시켜 직접 통치하면서 농경에 종사시켰다. 생여진은 송화강의 동부에 활거하였는데 요는 송화강 부근에 관청을 두고 이들을 지배하였다. 생여진도 지방이 천여 리나 되며 호구가 십여만 호로 그 세력이 강대하였다. 생여진은 약 72개의 부락으로 이루어져 큰 것은 수천 호, 작은 것은 수백호를 이루었다. 이들 역시 반렵 반농 생활을 하였다. 11세기 초에 생여진은 완안부(完顔部)에서는 수가(綏可)를 추장으로 추대하였다. 그 당시 그들은 아십하(阿什河) 유역에서 생활하고 있었던 바 이 지역은 땅이 비옥하고 산림이 울창하며 완안부는 이곳을 발판으로 발전의 기반을 마련하였다. 11세기 말 할빈 부근의 완안부는 그 세력이 점점 신장되어 추장으로 추대된 아골타(阿骨打)는 마침내 생여진 절도사의 직위에 올라 부족을 통일하고 녕강주(寧江州:길림 부여현;扶餘縣)에서 요와 싸워 대승을 거두었다. 이듬해 대금(大金:서기 1115-1234)을 건국한바 이가 금의 태조이다. 그는 황제라 칭하고 수국(收國)이라 건원했다. 금은 건국한 지 불과 10년 만에 요를 멸하고 중국 영토의 거의 반을 차지하는 대제국으로 발전하였다. 이는 동아시아 역사상 그 예를 찾기 어려운 급속한 발전이었다.

4) 금은 여진족의 통치기구로 중앙의 발극렬제(勃極烈制)와 함께 지방조직으로는 여진족 부족 사회의 군사조직인 맹안(猛安) 모극제(謀克制)를 채택했으며 한족·발해·거란인을 통치하기 위하여 3성6부제와 주현제를 도입하였으나 나중에 가서는 3성6부제로 통합하였다.

5) "國書詔令 宜選善屬之者爲之 令其所在治求 博學雄才之士 敦遣赴闕"(金史卷二:太祖本紀)

서인 『집사(集史)』에는 '원(元)'이라는 이름이 등장하지 않는다. 원(元)은 몽골제국 중 한자 문화권 사람들의 이해를 위해 사용한 국호일 뿐이다. 몽골제국을 중국 왕조로 인식하는 것은 중국의 또 다른 동북공정(東北工程)에 말려드는 것이다. 원(元)뿐만 아니라 거란족이 세운 요(遼), 여진족이 세운 금(金), 청(淸)의 역사를 중국역사로 간주하는 것도 같은 논리며 이들을 중국역사로 간주하는 것은 중국학자들이 분류한 왕조사 중심의 역사관에 빠져 있기 때문이다.[6]

따라서 우리는 이러한 인식하에 원(元)을 접근하고자 한다. 몽골민족에 의한 정복지 지배를 세조(쿠빌라이)가 즉위하는 중통 원년(中統元年 : 서기 1260)을 분기점으로 하여 그 이전의 몽고제국시대(1206-1260)로 양분된다. 원제국에 들어서 몽고제국의 유목적 성격은 중국적 정복, 국가체제로 변화되었다.[7]

원대의 국가통치기구는 몽골제국의 정복국가체제로부터 중국적인 관료체제로 전환된 점이 그 특색이며 그 기본은 중앙집권적 황제지배체제이다.

중앙행정체제는 중서성(최고정부기구), 추밀원(최고군사기구), 어사대(감찰기구)로 이것은 중앙집권적 황제체제의 기본을 이루었으며 지방행정제도로는 송대와 같이 로(路)를 두고 그 밑에 부, 주, 현 제도를 채택하였다. 그러나 원대의 지방행정제도의 가장 독창적이었던 것은 행중서성(行中書省:약칭 행성)을 설치하여 지방의 최고행정단위로 하였다는 점이다.

몽골제국에 의한 대제국의 출현으로 동서 문물의 교류가 활발하게 촉진되었다. 따라서 유럽의 학술과 종교 등 서방문화가 전래되었다. 특히 가톨릭교의 신부의 활동이 활발했음을 물론 이슬람교도 활발히 움직였다. 이슬람교도들의 문화 활동은 천문, 역법, 자연과학 방면에 큰 업적을 남겼다. 원대의 이슬람 문화에 대한 몽골인의 수용 자세는 대단히 주목되는 바가 있다. 원대에 전래된 외래문화는 상류 사회뿐만 아니라 각계 각종에 깊이 침투되었고 중국의 전통문화와 융화되면서 새로운 문화로 발전하기도 하였다.

원대에는 민족차별정책으로 한족의 문화 활동은 제한되었다. 뿐만 아니라

---

6) 동아일보 2005년 11월 7일 월요일 22면 참고.

7) 원제국은 몽골제국을 계승하면서도 영토적으로는 4한국이 떨어져 나갔으니 중국지방의 하나의 한국으로 보아야 할 것이다. 북경천도를 비롯 국명을 원(元)으로 개칭, 중국의 연호인 중통(中統) 사용 그리고 중국관료의 채용 등은 모두가 몽골제국에서 중국적 황제지배 체제로의 변화라고 지적하는 것이 일반이다. 그러나 이는 몽골제국의 한국에서 하나의 지역적 적용이라고 보아야 할 것이다.

몽골지상주의는 문화면에도 반영되어 몽골인은 중국의 전통문화에는 별로 큰 흥미가 없었고 오히려 서방문화를 좋아하게 되었다. 특히 오랜 기간에 걸친 과거제도의 폐지에 따라 한족 지식계층의 관계 진출이 막히면서 유교적 교양을 지닌 지식인 계층이 몰락하게 되었고 유학(儒學)과 시문(詩文)이 보잘 것 없게 되었다.

중국 고대 교육의 발전 면에서 볼 때 요, 금, 원은 변방의 소수민족으로서 그 문화 정도는 낮았다 하더라도 소수민족의 문화수준을 상승시켰다 할 것이며 어느 면에서는 교육사업의 번영도 가져왔다.

요, 금의 교육은 한족적 교육정책을 펴 중원과 북방민족 문화 간의 차이를 축소시켰으며 민족문화 및 심리, 풍속 간의 교류 면에서도 경시할 수 없는 촉진작용을 하였다.

몽, 원은 군사적인 세계적 정복과 중국통일의 역사적 진행 과정에서 점차적으로 문치(文治)를 창도(倡導)하고 '한대(漢代)'의 존공중유(尊孔重儒), 흥학명교(興學明敎), 인재양성, 과거에 의한 선사(選士)의 중요성을 인식하여 비교적 개명한 교육정책을 추진해 갔다. 원대는 북방민족으로서 중국 고대의 교육전통을 계승하고 또한 흥혁(興革 : 새로운 것을 일으키고 낡은 것을 개혁)과 발전을 가져왔다.

원대의 학교건립, 경영형식은 다종다양하여 가장 특색 있는 것은 몽고족이 민족문화의 전통을 고수하고 발전시키기 위하여 창립한 몽고국자학과 몽고자학(蒙古字學) 이외에도 사학(私學), 묘학(廟學), 전문적 교육기관을 운영하였다. 또한 원대에는 몽고어, 한어, 회회족(回回族)어 교학을 중시하여 이들 언어의 교학과 연구의 발전을 촉진하였으며 중국 고대의 쌍어(雙語), 삼어(三語)의 교학을 위하여 풍부한 경험을 축적하였다. 원대 사인(私人)이 설립 경영한 학교는 명·청대 가숙(家塾), 의숙(義塾)의 선하(先河)를 이루었다. 그리고 원대는 각종 종교의 전교활동의 불간섭정책을 취하였으며 불교의 숭배는 중국과 외국문학교류에 퍽 유리하였다. 또한 원대 과거제도는 비록 늦게 실시했지만 그 절차와 실행 방법이 상세하고 구체적이어서 기본적으로 명·청대는 원의 제도를 따랐다.

이제 우리는 당시 소수민족 국가의 교육의 상황을 개관하고자 한다.

2. 요(遼)대 사회의 교육

1) 문교정책

요대는 건국 후 적극적으로 한족 인사의 협조를 받아 한의 제도를 도입하여 그들 고유문화와 습속의 개조를 진행하였다. 요대의 문자, 혼인, 윤리도덕 관념 및 복식 등 모두 한족문화의 영향을 받았다.

일찍이 요의 건국 초에는 요 태조는 존공숭유(尊孔崇儒) 정책을 추진하였다.[8] 또한 그는 한족의 지식인을 시켜 거란문자[9]를 만들어 신책(神策) 5년(서기 920) 정식으로 거란대소문자를 반포하였다. 동시에 한족의 혼인, 관호(官號) 등의 제도를 도입하여 거란과 한족의 통혼을 윤허하였으며 거란사회를 단기간 내에 변화를 가져왔다.

요의·성종(聖宗)은 즉위 후 한족 지식인을 더욱 중시하였다. 그리고 그는 역대 중국왕조의 관례에 따라 한족 지식인을 국가행정에 투입하였다.[10] 또한 성종은 거란 황족과 백성들에게 충효와 삼강오상(三綱五常)을 본으로 하는 유가윤리도덕교육을 중시하였다.[11]

2) 요대의 교육제도

요대는 통치지역의 확대에 따라 민족의 성분도 부단히 중대되어 단일민족의 유목사회로부터 다민족국가로 변해갔다. 특히 연운(燕云) 16주가 거란 점령 하에 들어가자 한족은 전 국가에서 점하는 비중이 컸다. 이러한 상황 하에서 요의 조정은 한족의 법에 따라 한족의 집거지역을 다스리는 것이 필요했으며 마찬가지로 한족의 법에 따라 한족지역의 인재를 양성하고 다스리는 것이 필요했다. 그리하여 한족문화의 특색이 있는 학교교육제도를 수립하였

8) 遼史卷七二 : 義宗倍傳, 全遼文卷十 : 營衛志序 참고.

9) "요사(遼史)"에 의하면 거란문자는 대자(大字)와 소자(小字)의 두 가지가 있다. 대자는 거란의 건국 직후인 태조 때에 제작되었으나(서기 920) 전해지지 않고 소자는 태조의 아들(야율질자:耶律迭剌)이 위그르 소자(小子)를 본따서 만든 표음문자이다. 요대에 사용된 것은 이 소자이며 보통 거란문자라고 하면 이것을 가리키고 있다.

10) 遼史卷二三 : 聖宗本紀四 참고.

11) "勿以才能陵物 勿以富貴驕人 惟忠惟孝 保家保身"(契丹國支-卷四0)

으며 점차 이 체제를 요대의 전 통치지역으로 확대시켰다.

중앙관학 : 요대 중앙관학의 설치는 대체적으로 북송의 교육 형태를 모방하였으며 또한 당시 현실적인 정치를 고려하였다. 요태조의 건국 초인 신책(神冊) 3년(서기 918) 상경(上京)[12]에 국자감 및 그 부속인 국자학과 공자묘를 설치하였던바[13], 이는 중국 북방의 변방민족이 북방의 초원에 설립한 최초의 학교라 할 것이다. 태종 때 이르러서는 또한 남경에 태학을 설치하여 '남경학(南京學)'이라 하고 성자통화(聖字統和) 13년(서기 995) 9월 "남경태학생원들에 침실을 주고 수애장(水磑莊) 1구(區)를 하사하였다."[14] 이것은 바로 요대는 태학 건립 후 그 발전도가 빠르고 규모도 점차적으로 확대되어 갔음을 암시해 주고 있다.

도종(道宗) 청녕(淸寧) 원년(서기 1055) 12월 또다시 학(學)을 설치하여 양사(養士)하고 오경전소(五經傳疏)를 반포하고 박사, 조교 각 1명을 두었으며 정식적으로 유교의 경전을 법정 교재로 하고 아울러 학관(學官)을 두고 태학으로 하여금 정규적으로 나아가게 했다. 청녕 5년(서기 1060) 요는 또다시 상경, 동경, 서경, 중경에 별도로 동시에 학을 설립하고 남경에 설립한 것까지 합하여 '5경학(五京學)'이라 하였다. 그 후 또한 중경과 서경에 국자감을 설치하였던바, 이로써 요대의 중앙관학제도의 기본적인 틀을 갖추게 되었다.

당시 요대 국자감 내부의 설치 상황에 관한 자세한 자료는 없다. 그러나 다만 요대 중앙관학의 내부에 설치된 것으로 2가지만은 확실하다. 하나는 국자감, 태학의 교직 관리는 한족(漢族)의 제도를 모방하여 설치되었다는 점이다. 국자감은 제주, 사업, 감승, 주부 등의 직을 설치하였으며 오경학은 박사와 조교제도를 두었던바, 이것은 요대 중앙관학이 실제적으로 중원(中原)

---

12) 요대의 오경(五京)제는 통치지역의 확대에 따라 태조, 태종, 성종, 흥종 등 몇 개의 왕조를 거쳐 점차 형성되었다. 태조 산책 3년(서기 918) 지금의 내몽고 파림좌기(巴林左旗)에 황도를 일으키고 태종 회동(會同) 원년(서기 938)에 황도를 상경(上京)으로 개칭하였다. 천현(天縣) 3년(서기 928)에 태종은 발해(渤海)인이 거주하는 동평군(東平郡)으로 옮겨 남경(南京)이라 하였다. 회동 원년(서기 938) 연운(燕云) 16주를 얻고는 유주(幽州)를 남경유도부(南京幽都府 : 지금 북경서남)으로 승격시키고 원래의 남경을 동경요양부(東京遼陽府 : 지금 요녕의 요양遼陽)으로 개칭하였다. 통화(統和) 25년(서기 1007) 성종(聖宗)은 중경대정부(中京大定府 : 지금 내몽고성서대명內蒙古城西大名)를건립하였다. 중희(重熙) 13년(서기 1044) 흥종(興宗)은 대동군(大同郡)을 서경대동부(西京大同府 : 지금 산서 대동)으로 승격시켰다.

13) "遼南面國子監 太祖置上京 中京國子學 隸焉"(續文獻通考卷九三:職官考)
"南國子監 監北孔子廟"(遼史卷三七:地理志一)

14) 遼史十三卷 : 聖宗紀 참고.

의 한족체제를 그대로 모방했다는 점이다. 또 하나는 요대의 국자감, 태자(太子)는 다 같이 존공(尊孔) 제공(祭孔)의 의식을 중시하였고 국자감을 공자묘(孔子廟)에 의거했고 아울러 "선성선사(先聖先師)에 대한 시제(時祭)"의 종지(宗旨)[15]를 특히 강조하였다는 점이다.

지방관학 : 요대의 지방관학은 중앙관학의 발전과 대체적으로 그 보조를 같이 하였던바, 기본적으로는 부·주·현학의 학교체제를 형성하였다. 요대 지방관학의 발전은 대체적으로 2단계로 나눌 수 있다. 하나는 성종(聖宗)조 이전으로서 이 단계의 교육은 분산되어 있고 자발적인 상태로서 국가의 통일적인 지방학령의 반포가 없었던 단계이며 또 하나는 성종조 후의 단계로서 국가가 유관 지방교육의 통일적인 정령(政令)을 반포하여 지방교육이 하나의 통일되고 질서 있는 발전 단계에 들어선 경우이다.[16] 전 단계의 경우로서는 귀주(歸州)의 주학 탁주주학(琢州州學)과 응주용수서원(應州龍首書院) 등이 비교적 일찍이 설치되었다. 귀주주학은 성종 통화(統和) 원년(서기 938)에 처음으로 건립되었는데 당년 12월 귀주 사람들은 신라소(新羅所)에 옮기어 문자를 학습하지 못했으므로 학교 설립을 청하여 가르쳤다[17]고 한다.

요대의 제일 빠른 지방흥학령의 반포는 도종 청녕 원년(서기 1055), 12월 조서를 내려 각 군현에 학을 설치하고 양사(養士)하며 5경전소(五經傳疏)를 반포하고 박사, 조교 각 1인을 두어야 한다[18]는 것이었다. 이 학령 반포 후 각지 주현학의 발전 및 제도의 수립은 비교적 규범적인 단계에 들어섰다.

요대 현학은 기본적으로 모두 청녕 원년의 흥학령 반포 후에 계속적으로 건립된 것이다.

요대 지방관학의 교육내용을 주로 유가(儒家)의 오경주소(五經注疏)를 교재로 했으며 학관은 통일적으로 박사와 조교를 두었다. 동시에 요대의 지방학관은 다 같이 남면관속(南面官屬)의 계열이었던바, 이것은 지방관학이 주로 한족인이 설립하고 아울러 한족들이 살고 있는 지역에 집중되었다는 것

15) "太祖神冊元年春 立子傳爲皇太子 問侍臣曰 '受名之 君當事 天敬神 有人功德者 朕欲之 祀之 問先' 皆以佛對, 太祖曰 '佛非中國權' 皇太子對曰 '孔子大聖萬世所尊祀宜先' 太祖太悅卽建孔子廟 詔皇太子 春秋 釋奠"(續文獻通考卷五十六 : 學校考 祠祭上)

16) 養衛平著, 같은 책, 415면.

17) "歸州言其居 民本新羅所遷 未習文字 淸說學以敎 從之"(續文獻通考卷六0 : 學校考)

18) 續文獻通考卷六0 學校考 참고.

을 나타내고 있다.[19]

위에서 보듯 요대의 관학의 학관은 주로 한족의 사유(士儒)에 편중되었다. 일부 한족의 사유(士儒)는 요의 군인에 포로가 된 송대 국학의 학관도 있었음은 물론 요에 자진 귀순한 진사도 있었다.[20] 요는 이와 같이 한족의 사유를 중용하고 인재 부족의 현상을 해결하였다. 이러한 상황은 당시 관학이 유학 중심이었고 학관 역시 한족의 사유(士儒)를 초빙하게 된 어쩔 수 없는 상황이었다.

기타의 교육형식 : 이상과 같은 관학 외에도 궁정 및 종실교육, 일반 사학 그리고 불교의 사원교육도 행해졌다.

· 궁정(宮廷)과 종실(宗室)교육

요대의 통치자들은 궁정교육(宮廷教育)을 대단히 중시하였다. 개국 초 야율아보기(耶律阿保機)는 그의 장자 돌욕(突欲 : 태자 신信)을 위하여 학문이 깊은 장간보(張諫輔)로 하여금 가르치게 한 경우에서도 볼 수 있다. 그 후 제왕문학관(諸王文學館)과 "제왕교수(諸王教授)", "반독(伴讀)"을 두게 하였다.[21] 요대의 역대 왕과 왕실 자제들은 모두 전면적으로 한문화 교육을 받았으며 또한 요와 한문화에 통달한 학자인 황제도 있었다.

· 일반 사학

관학 및 궁정교육 외로 요대에는 여러 층의 사학이 있었다. 이러한 사학의 하나는 주로 장서(藏書)한 곳에서 전심전력하여 연구하는 유형인데 유명한 곳으로는 의무려산(醫巫閭山) 망해당(望海堂) 같은 경우이다. 이와 같은 몇 가지 사례에서 보듯 요대에는 사학은 발달하지 못했지만 중요한 것은 산림 속의 장서한 곳과 가족 내부에서 진행되었음을 짐작할 수 있다. 그러나 요대에는 이미 민간의 서적 간행이 있었기 때문에 계몽적인 독본도 유행하였다. 그러한 독본으로는 『논어』, 『효경』 등이었으며 이 외도 당(唐)대 이한(李翰)의 『몽구(蒙求)』, 『삼자경(三字經)』, 『백가성(百家姓)』, 『천자문(千字文)』 등도 상용되던 것 이었다.

---

19) 養衛平著, 같은 책, 417면.
20) 續文獻通考卷四三 : 選擧考 참고.
21) 遼史卷四七 : 百官志三 참고.

· 불교의 사원교육

요대에는 불교가 성행하여 경내에는 유명한 사찰이 도처에 있었다. 불교의 사원은 속세를 떠나 수행하는 곳만이 아니라 요대의 중요한 문화교육의 장소이기도 하였다. 일반적으로 불도들은 유학(儒學)을 외전(外典)으로 하고 불학(佛學)을 내전(內典)으로 하여 모두 통달해야 했으니 '박학(博學)'이라 칭하였다.

요대의 불교는 또한 당의 제도를 계승하여 경(經), 율(律), 론(論)의 삼학(三學)으로 하였으며 중경, 남경에다 다 같이 삼학사(三學寺)를 건립하였다. 이는 바로 불교의 교육기관이었다. 삼학사에서 "승도(僧徒) 중 제일 높은 자를 강수(綱首)라 하고 제군(諸郡) 내에서 경·율·론의 우수한 자로 천거된 자를 삼법사(三法師)라 하였다. 대개 경·율·론사(師)가 되는 것은 시험에 의하여 각 종(宗)에서 출제한 답의(答義)로 합격된 자를 삼경법사(三京法師)라 하였다."[22] 삼학사의 교육형식은 계속 금(金) 시대에도 계승되어 시행되었던바, 이것은 요·금 등 소수민족이 통치하는 북방지역에서 불교교육은 성황을 이루었다는 것의 반영이라 할 것이다.

이 외에도 요대의 불교교육에는 하나의 의학(義學) 형식이 있었다.[23]

3) 과거제도

과거제도는 요대의 중요한 문관선발제도로서 요대의 교육에 대하여 직접적인 영향을 미쳤다. 요대에 과거제도는 실제적으로 태종 때에 이미 창설되었으나 그 때는 규모도 작고 영향도 크지 않았으며 또한 정형(定型)화되지도 않았다. 과거가 정식적으로 취사과(取士科)로 된 것은 성종(聖宗) 통화(統和) 6년(서기 988) 이후이다.[24]

과거시험은 향·부·성시 3급제로 하여 향시합격을 '향천(鄕薦)', 부시합격을 '부해(府解)', 성시합격을 '급제(及第)'라 하였다. 중희(重熙) 5년(서기 1036)

---

22) "擇僧行淸高者 爲綱首 擧諸郡內 經律論學 優者 爲三法師. 凡取經律論師 差亦考試 于各宗出題答義 中選取者之人爲 三京法師"(熱河志 卷八十一)

23) 全遼文卷一十 : 金山演教院千人邑記 참고.

24) 遼史·聖宗本紀三 참고.

에는 어시(御試) 1급을 증설하였다. 동년 성종은 친히 남경(南京) 원화전(元和殿)에 진사시(進士試)를 시행하였던바 어시진사(御試進士)는 이에서 비롯되었다.[25)]

과거시험의 순서는 다음과 같다. 즉, 향시에 합격하면 주·현에서 5경 즉, 임황(臨潢), 대정(大定), 요양(遼陽), 석진(析津), 대동(大同)에 천거하고, 5경부시(五京府試)에 합격된 후에는 성시(省試)에 참가할 자격을 얻는다. 이를 '향공진사(鄕貢進士)'라 하였다. 성시에 응시, 합격하면 "진사(進士)"라 하였다. 성시 합격자는 전시(殿試), 어시(御試)에 합격하면 "전시진사(殿試進士)" 또는 "전시급제(殿試及第)"라 하였다. 전시에 합격하면 합격증서인 "희첩(喜帖)"을 주며 1등은 특히 1관(官)을 더하여 대부(大夫)로서 한림응봉문자(翰林應奉文字)를 봉수하며 2,3 등은 종사랑(從事郎), 그 나머지는 수직랑(修職郎)으로 봉수하였다.[26)]

요대의 과거제는 당의 제도를 모방하여 시험과목은 상과(常科)와 제과(制科)로 나누었다. 상과는 경의(經義), 시부(詩賦) 및 율과(律科)로 나누었으나 시부, 경의를 주로 하였으며 성종 때, 율과로서 취사(取士)하였으며 잡과(雜科)를 두었다. 통화(統和) 12년(서기 994)에는 군읍에 조서를 내려 경(經)에 밝은 자와 특별한 재주를 가진 자를 천거케 함으로써 정식적으로 제과(制科)를 설치하였다.

과거시험 과목 내용을 보면 경사자집(經史子集) 각 영역과 사부(詞賦)로서 시험하였다.[27)] 요대의 과거에는 하나의 특징이 있다. 과거시험의 중요한 것은 한족(漢族)을 대상으로 하였으며 거란족은 시험에 참가할 수 없게 하였다.[28)] 이것은 요대 통치자들이 한족의 제도로 한족을 대하는 정책의 산물이었지만 역대 통치자들은 거란인에 대해서는 무(武)를 중시하고 문(文)을 공부시키지 않았다는 것도 배제할 수는 없다.

---

25) 遼史·聖宗本紀三 참고.

26) 契丹國志卷二三 : 試士科制 참고.

27) (元)王惲, 玉堂佳話卷五 참고.

28) 遼史卷八九 : 耶律蒲魯傳 참고.

3. 금(金)대 사회의 교육

1) 문교정책

금 태조는 창업 초에 한족의 사유(士儒)인 양박(楊朴)의 도움을 받아 창업의 기초를 튼튼히 하였다. 건국 초 적극적으로 박학웅재(博學雄才)한 인재를 모집하고 한족의 제도를 모방하여 문교정책을 수립하였다.[29] 태종 천회(天會) 원년(서기 1123)에는 또한 정식적으로 한족의 제도를 모방하여 과거취사제도를 수립하였다. 그리하여 요나라의 옛 지역에서 한유(漢儒)가 공부하여 관도에 오를 수 있는 길을 열었으며 이로써 금대교육의 새로운 장을 열어 발전할 수 있는 계기를 형성하였다.

희종(熙宗)은 왕위를 계승한 후 적극적으로 한족의 제도를 모방하며 실시하였다. 정치적으로는 전통적인 여진족의 발극렬(發極烈) 제도를 폐지하고 전면적으로 한족의 관제를 실시하는 외로 문화교육면에서는 여진문화와 한족문화의 차이를 축소하는 일련의 제도를 취하였다.

희종 후 역대 황제들도 한족의 선진문화와 교육사업의 수립을 중시하였다. 세종 때 이르러서는 금 사회는 이미 한족의 문화에 익숙해졌다. 혹자들은 완전히 한족화가 이루어졌다 하나 성급한 판단이다. 한족화이라기 보다는 여진족이 문화가 선진인 당시 한족문화에 심취했을 뿐 자신들의 문화를 포기한 것은 아니었기 때문이다. 세종은 "자기는 어렸을 때부터 오직 한족의 풍습을 배웠고 여진족의 순수한 풍속을 알지 못했으며 문자언어도 몰랐다."[30]고 하면서 대신 및 종실 자제들에게 한편으로는 여진의 구습(舊習)을 잊지 말 것이며 또 한편으로는 여진족의 구풍습과 한족의 전통 도덕은 다르나 본질적으로는 같다고 강조하였다.[31] 이후 세종은 인력을 투입하여 『역(易)』, 『상서(尙書)』, 『논어(論語)』, 『맹자(孟子)』, 『노자(老子)』, 『양자(楊子)』, 『중문자(中文子)』, 『유자(劉子)』 및 『신당서(新唐書)』 등 한족의 고전을 번역하였으며 아울러 "짐이 이제 5경을 번역한 까닭은 여진인은 꼭 인의(仁義)도덕의 소재

---

29) "國書詔令 宜選善屬文者 爲之, 令其所在貽求 博學雄才之士 敦遣赴闕." (天輔二年(1118)九月詔曰)

30) 金史卷七 : 世宗本紀 中 참고.

31) 金史卷七 : 世宗本紀 中 참고.

를 알게 함에 있다."[32]고 하였다. 세종 후 장종(章宗), 선종(宣宗)대에는 다같이 존공독경(尊孔讀經)에 대한 명확한 규정을 두고 과거와 흥학에 대하여 노력을 기울였다.

금대의 역대 황제들이 신봉한 존공상문(尊孔尙文)정책은 『금사·문예전서(金史·文藝傳序)』[33]에서도 높이 평가하고 있지만 여진 인이 문자도 없던 낙후된 유목민족에서 고도의 문화 수준에 속히 진입하며 당, 송간의 봉건적 왕조에서 자립할 수 있고 또한 문교 영역에서 보다 넓은 성취를 한 것은 금대의 역대 황제들이 문화에 대한 뜻을 가지고 추구했던 결과라는 점일 것이다.

2) 교육제도

금대 교육제도는 당·송대를 모방하여 비교적 완전한 관학체계와 이에 따른 관리 제도를 수립하였다. 특히 세종, 장종 시기에는 금의 교육제도는 전성기를 이루었다.

중앙관학 : 금대의 중앙관학은 대체적으로 송의 제도를 참조하여 국자감, 태학 및 산학·의학 등 전문학교를 설립하였다. 이 외에도 금대는 여진족 자제의 교육을 특히 중시하여 전문적으로 여진국자학을 설립하여 중국 고대의 제일 오래되고 비교적 완비된 소수민족 교육체계를 수립하였다.

· 국자감

국자감은 최고학부로서 천덕(天德) 3년(서기 1151)에 처음 설치되었다. 국자감은 다시 대학과 소학의 2단계로 나누어진다. 대학과 소학은 그 학생 자격이 엄격하여 모두 종실(宗室) 및 외척으로 황후의 대공(大功) 이상의 친(親)과 공신(功臣) 및 3품 이상 관의 형제자손에 한하였다.[34] 이로 보면 국자감은 일종의 귀족학교의 성격을 띠고 있다.

15세 이하의 학생은 소학에 입학하며 이를 '소학생'이라 하였고 15세 이

---

32) 金史卷八 : 世宗本紀 下 참고.

33) "金初未有文字 世祖以來 漸立條敎 太祖 旣興 得遼舊人用之 使介往復其言已文 太宗繼統 乃行選擧之法. 乃伐宋取汴經籍圖(此處疑有脫字) 宋士 多歸之. 熙宗款謁先聖 北面如弟子禮. 世宗 章宗之世 儒風丕變 庠序日盛, 士繇科第 位至宰輔者接踵 當時有者 雖無專門名家之學 然而朝廷典策 鄰國書命 粲然有可觀者矣. 金用武得國無以尊于遼 而一代制作能 自樹立唐宋之間 有非遼世所及 以文而 不以武也"(金史卷一二五 : 文藝傳序)

34) 金史卷五一 : 選擧志一 참고.

상의 학생은 대학에 입학하여 학습하였으나 경의(經義)와 사부(詞賦)의 학으로 나누어 공부하였다. 국자감의 대학과 소학의 정원은 각각 100명이었다.

국자감의 학관은 제주(祭酒), 사업(詞業), 승(丞) 각 1명을 두었으며 국자감의 장이(長貳)는 학교를 관장하여 학교의 행정사무를 관리하였다. 『금사, 백관지2』에 의하면 "국자감에는 국자학, 태학, 여진학이 예속되며 국자감은 금대 최고의 행정관리기구였다. 국자감은 교학으로 말하면 국자학이며 행정관리 면으로 보면 국자감이다.

국자학의 학관은 (a)박사 2인(정7품)은 생원의 교수와 예업(藝業)의 시험을 나누어 담당, (b)조교 2인(정8품), 교수 4인(정8품), 제생(諸生) 교회(敎誨), (c)국자교감(國子校勘:종8품), 문자교감 관장, (d)국자서사관(國子書寫官:종8품): 실록(實錄)서사 담당으로 되어 있다.[35]

국자학의 학관은 처음에는 한족의 사유(士儒)가 담당했으나 영창 2년(서기 1191) 이후는 한족과 여진족이 공동으로 담당하였다. 금대 국자학 및 각류의 관학은 다 같이 회과(會課)의 제(制) 이른바 '회과'를 실시하였던바 이것은 하나의 집중교수방식이다. 교수의 교학내용과 과정의 설치는 학생에 따라 경의(經義), 사부(詞賦) 및 책론(策論)의 3개 유형으로 나누었다.[36]

· 태학(太學)

금대의 태학은 세종 대정(大定) 6년(서기 1166)에 처음으로 설립되었다. 태학의 창건은 금의 건국 후 문치주의 실시와 과거로 인한 인재선발의 증가로 교육의 발전이 비교적 빠름에 따라 중앙관학에 진학하여 좀더 깊이 공부하려는 자가 증가하였다. 이러한 배경 하에서 중앙관학의 모집대상을 확대하지 않을 수 없어 태학이 창건된 것이다. 태학은 중등 관료 이하 계층·사인(士人)에게 개방된 학교라 할 수 있다.

태학의 입학자격은 2개의 유형이 있다. 하나는 5품 이상과 3품 이하 관료의 자제로서 정원은 150명이었다. 이 유형의 입학자격은 태학은 우선 사회의 중등 관료계층을 상대로 한 학교로서 국자학 창건 후 중등 관료 자제가 입학할 경우가 없는 문제를 해결해 주었다. 또 하나는 지방의 각 부(府)에서

35) 金史卷五六 : 百官志 二 참고.

36) 『금사선거지』에 의하면 국자학의 회과(會課)에 대하여 3일은 책론 1도(道), 3일은 시·부 각 1편을 짓는다는 규정은 있으나 경의(經義)의 과정 설치 여하에 대해서는 사료(史料)의 증명이 없다.

추천한 생원 및 해시(解試) 종장(終場)에 합격한 경우로서 이 경우의 정원은 250명이었다.[37] 태학에 입학하고자 한 때는 반드시 예부의 시험을 거쳐야 하나 두 번째의 유형은 시험을 면제하였다.

태학의 학관은 박사(4인:정7품)와 조교(4명:정8품)를 두었다. 대안(大安) 2년(서기 1210) 학관의 편제는 감소되었다. 태학의 교학내용과 과정은 국자감과 같았다. 평가에 있어서는 3개월에 1회씩 사시(私試)를 치루며 내용은 시·부를 먼저 치르고 하루걸러 책론을 시험하였다. 그리하여 시험성적의 5등까지는 직접 예부에 보고하였다. 학생들의 휴가도 있었다. 10일마다 1회의 휴가(순휴:旬休), 명절 또는 부모를 뵙는다든가, 병이 있을 때, 그리고 상사(喪事)가 있을 때(100일 후에 입학하나 석전례에는 참가불가)에도 휴가가 주어졌다. 학생들에 대한 징계로는 교칙위반, 교육을 잘 받지 않는 자의 경우이나 상황에 따라서는 제적의 경우도 있었다.

· 여진국자학과 태학

여진국자학(女眞國子學)은 대정 13년(서기 1137)에 설치하고 여진진사과를 두어 책(策) 시(試)로써 27명의 진사를 선발하였던바, 이는 여진족의 역사상 제일가는 진사[38]였다. 이들은 여진족의 인재양성을 위하여 모든 교수직에 제수되거나 어떤 이는 신설된 여진국자학의 교수가 되기도 하였다.

여진소학(女眞小學)은 비교적 나이가 어린 귀족 자제의 교육을 위해 여진국자학과 같이 설립되었으며 정원은 100명이었다. 교수는 여진진사과 출신의 신진사(新進士)가 담당하였다.

여진태학(女眞太學)은 세종 대정(大定) 28년(서기 1189)에 창건되었다.[39] 교수는 반드시 노유(老儒)로써 충원하였다.

이상과 같은 여진족 학교는 여진족의 인재양성을 위한 것으로 중국 고대교육사에 있어서 하나의 특색을 보여 주고 있다.

· 금대 중앙관학의 기타 유형

금대 중앙관학은 이상 기술한 학교 외에도 기타의 교육기구와 형식이 있었다. 사천대(司天臺)가 설립한 학(學)과 의학(醫學)은 모두 연구와 교학의

---

37) 金史卷五一 : 選擧志一 참고.

38) 金史 : 卷五一 選擧之一 참고.

39) 金史 : 世宗本紀下

사명을 띠고 있었으며 천문역수를 관장하였던바 동 사천대가 설립한 학(學)은 '산학(算學)'을 지칭한 것으로 또는 '사천대학'이라고도 하였다. 학생은 76명으로 그 중 여진족이 26명, 한족이 50명이었다. 학생선발은 일반 관·민가의 15세 이상 30세 이상에서 3년마다 1회식 선발하였다. 사천대학은 천문과(天文科), 산력과(算曆科), 측험과(測驗科), 누각과(漏刻科) 등 5과를 두었다.[40)]

의학은 태의원에 부속되었으며 정원은 50명이었다.[41)] 금대에는 의학교육은 매우 중시하여 전국 부·주·군·현에 의학교를 설치하였다. 그리하여 금대 의약면에서는 현저한 성과가 있었으며 중국전통의약사 발전사상, 중요한 위치를 점하고 있다.

궁녀학교는 궁전 내에 설치된 궁녀를 교육하는 특수학교였다. 교관을 '궁교(宮敎)' 또는 '여사(女士)'라 하였다.[42)] 궁정교육의 방법은 퍽 특이하었다. 즉 궁교는 청사(青絲)를 사용하며 궁녀와 격리하고 직접 궁녀를 볼 수 없다. 궁교는 밖에, 궁녀는 안에 있으며 서로 보지 못하였다. 만일 모르는 글자와 의문이 있으면 모두 장내에서 청사에 비추어 물어 보고 궁교는 밖에서 말로 가르쳤다.[43)]

지방관학 : 금대 지방관학도 매우 발달하였으며 상대적으로 완전한 학교체제를 형성하였다. 지방관학으로는 부(府)·진(鎭)·주(州)학과 여진부학(女眞府學) 그리고 의학(醫學)도 있었다.

· 부·진·주학

일찍이 금의 건국 초기에는 일부 교육에 대한 관심을 가지고 있던 지방관들이 자기들의 관할지에서 독자적으로 지방관학을 설립하였다.[44)] 중앙정부에서 교정을 내려 일반적으로 부학(府學)을 설립한 것은 세종 대정(大定) 16년(서기 1176)에서 비롯된다. "금년 4월 조(詔)로써 경부(京府)에 학을 설립하여 사인(士人)을 배양하였다. 그리하여 정부에서는 부학 17개처를 설립하였으며 학생 수는 1천 명이었다."[45)]고 전해주고 있다. 그 후 주학은 대정 29년

---

40) 金史 卷五五 : 百官志一 참고.
41) 金史 卷五六 : 百官志二 참고.
42) 金史 卷五七 : 百官志三 참고.
43) 金史 卷六一 : 章宗元妣苡氏傳 참고.
44) 金石翠趙秦卷一五四 : 京兆府重修府學汽記 참고.
45) 金史卷五一 : 選擧志 참고.

(서기 1189)에 증설되어 산부(散府)에까지 확대하여 부학을 24개처, 학생정원 905명으로 조정하였다.[46] 학생자격은 첫재, 종실(宗室)과 황가(皇家) 5복(五服) 이외의 먼 친척 자제, 둘째로, 부시에 합격하여 성시에 떨어진 자 또는 성시에 합격하고 정시(廷試)에 떨어진 거인(擧人)이었다. 특히 공자의 자손들은 일정한 정원에 비례하여 입학할 수 있었다.[47]

주·현학의 설치연대는 상세히 알 수 없으나 대정 29년(서기 1189)에 증설한 것만은 확실하며 39개소에 학생정원은 625명이었다.[48] 각 부·주·현학에는 각각 교수를 두었으며 그 자격은 과거합격자로서 50세 이상의 자였다.[49]

여진부학(女眞府學)은 여진족 자제의 교육을 강화하기 위하여 대정 13년(서기 1173)에 설립되었다. 여진부학은 22개소였다. 여진부학의 교학내용은 여진국자학과 대체적으로 같으나 그 수준은 낮았다. 교수 1인을 두었으며 교수는 여진과 진사 출신이 담당하였다.

금대 지방관학의 학관은 기본적으로는 한제(漢制)를 모방하여 여러 로(路)에 제거학관(提擧學官)을 두어 학사를 관장케 했다. 지방의학은 상술한 바 있거니와 이는 10개과로 나누어지며 학생정원은 대흥부(大興府)는 30명, 기타 경부(京府)는 20명, 진(鎭)은 16명이었다.

우리는 이상에서와 같이 금대의 학교교육제도를 개관한바, 이에는 다음과 같은 2개의 특징이 있다.

첫째, 금대는 여진족의 완전한 교육체계를 수립하였다는 점이다.
둘째, 학교의 학생입학자격을 엄격히 했다는 점이다.

3) 과거제도

과거제도의 수립과 과목 : 금대의 과거제도 창설과 그 확대는 금대의 대외 정벌 확대와 국세(國勢)의 일익증강과 같이 했다. 그러므로 금대 과거제도의 출현은 우선 일종의 군사정치, 정복하의 후계수단(後繼手段)이었다. 이

46) 金史卷五一 : 選擧志一 참고.
47) 金史卷五一 : 選擧志一 참고.
48) 金史卷五一 : 選擧志一 참고.
49) 金史卷五一 : 選擧志一 참고.

와 같은 전제하에 금대 과거제도는 시작되어 하나의 안정 내지 평온을 강조하고 남북화해를 촉진하는 도구로서 임시적이요, 과도기적 도치였다. 금대정권이 일익 공고히 됨에 따라 과거제도는 부단히 개진(改進)되고 그 내용 역시 심화, 광범위하여 필경 하나의 국가통치기기(機器)의 중요한 부분을 이루었다.

금은 건국 후 얼마 안 되어 태종 원년(서기 1123)에 취사과(取士科)를 설치했으나, 그 당시로서는 급히 한사(漢士 : 한족의 선비)를 얻기 위함이었다.[50] 천회(天會) 5년(서기 1127) 하북, 하동에 관리의 결원이 많아서 송·요와는 다른 제도로 남북에 조령을 내려 학습한 것으로 취사(取士)토록 하였던바, 이를 '남북양선(南北兩選)'이라 하였다.[51]

그러나 천권(天眷) 원년에 이르러 남·북에 조령(詔令)을 내려 경의(經義)와 시부(詩賦)로써 취사(取士)토록 하여 과거시험의 내용을 통일하기 시작하였다.[52] 이것이 이른바 "양과취사(兩科取士)"인바, 남·북으로 나누지 않고 응시자는 모두 경의(經義) 시부(詩賦)의 '양과진사(兩科進士)'라 하였다.

그 후 정원(正元) 원년(서기 1153)에 『공거정식조리격법(貢擧程式條理格法)』을 발표하고 이어 정융(正隆) 원년(서기 1156)에는 또다시 "오경(五經) 삼사(三史) 정문(正文)에서 출제하되 3년에 1회씩 한다."고 규정하였다. 이리하여 금대는 과거시험의 장정(章程:규정), 시간, 출제범위 및 통일시험 표준을 규정하여 금대 초 수십 년간의 과거선사(科擧選士)면의 과도기를 끝맺고 금대의 독자적인 시험제도를 대체적으로 확립했다. 그 후 또한 세종(世宗)과 장종(章宗) 2대에 걸쳐 진일보한 개선과 완벽함을 거쳐 나중에는 금대 과거시험제도의 완전한 구조를 확립했다.

---

50) "急慾得漢士 撫輯新附 故設科取士 無定數 亦無定期" (續文獻備考 卷四三:選擧考)

51) 천회 5년(서기 1127) 이른바 '남북양선제'를 실시하였던바 정식적으로 요·송의 옛땅을 분별하여 대처했으며 두 곳에서 요·송의 구법을 분별하여 실시했다. 동년 금나라가 병사가 하북과 하동의 여러 군을 공략하여 점령한 후 그곳을 다스릴 인재가 부족하여 조서를 내려 과거로 취사토록 했다. 이른바 '남북선'이란 북송의 옛 땅에서 설과(設科)하여 북송의 과거의 구제를 답습하게 했던바 이를 '남선(南選)'이라고 하고 요나라의 옛 땅에서 설과하여 요나라의 구제를 답습하게 했는데 이를 '북선(北選)'이라 불렀다. 요·송의 과거제는 달랐는데 요대 과거의 설과는 시부(詩賦), 경의(經義) 2과였고 송대의 과거는 숭관흥학(崇觀興學) 이후 단지 진사과만 있었는데 경의(經義), 책론(策論)으로 취사하였다. 요·송의 과목이 같지 않기 때문에 양자에 의거한 교재와 시험의 기준도 달랐다. 금(金)이 요·송을 계승한 후 요·송의 옛땅에서 설과(設科), 취사(取士)는 각기 구제(舊制)를 따랐다. 남북선은 시험내용면에서 각각 중히 여기는 면이 달랐다. 후에는 점차적으로 상호접근했는데 남선은 시부(詩賦)를 증설하고 북선은 경의(經義)를 증설하여 남·북 양전이 통일화로 접근하였다.

52) 續文獻備考卷四三 :選擧考 참고.

금대의 과거과목은 요·송의 제도를 다 같이 취했을 뿐만 아니라 또한 독자적인 특징이 있다. 그 과목의 설치는 대체적으로 4가지가 있는바, 첫째, 진사과의 사부(詞賦), 경의(經義)과는 요·송대의 옛 땅의 한족을 주요 대상으로 했으며 둘째, 여진족을 대상으로 하는 여진진사과, 셋째, 거인과(擧人科)의 율과와 경동과, 넷째, 굉사과(宏詞科)가 그것이다. 이 4가지 유형 중 전 3자를 상과(常科), 후자는 특과에 속했다.

과거제 중 경동과(經童科)는 희종(熙宗) 즉위 2년째(서기 1136)에 창설되어 해릉왕 천덕 년간에는 정지되었다. 그러나 다시 대정(大定) 29년(서기 1189) 장종 즉위 초에 부활되었다. 이 제도는 13세 이하의 자로서 2대경(大經) 3소경(小經) 그리고 논어에 능통하고 제자(諸子) 및 5천자 이상 아는 자를 선발하기 위한 것이었다.

여진진사과(女眞進士科)는 금대 과거제도의 하나의 특징이다. 요(遼)와 서하(西夏) 등 소수민족정권이 수립한 과거제도는 모두 한족 시험 생에게만 국한되었으며 거란과 당항인(黨項人)[53]은 기본적으로 참가하지 않았다. 오직 금대만이 한족을 향한 완비된 과거시험제도를 건립했을 뿐만 아니라 전문적으로 여진족 귀족 자제를 채용하는 여진진사과를 건립했던바, 최종적으로는 전체 사회성원의 인재선발제도를 확립했다[54]

금대의 제과(制科)에는 현량방정(賢良方正)하고 직언(直言)으로 간(諫)하며 박학(博學) 굉재(宏才)한 자를 채용하기 위한 굉사(宏詞) 등의 과를 포함하고 있다. 이러한 과목은 기본적으로 송의 제도를 참조하여 설치된 것으로 비상한 인재를 초치하자는 것이다.[55]

상술한 상과(常科)와 특과 외에도 금대 선관입사(選官入仕)의 길은 무거(武擧), 은과(恩科), 진납보관(進納補官) 및 학사원시(學士院試) 등이 있다. 이러한 과목은 시험 또는 재물을 바치고 관도에 오르는데 이것은 대체적으로 송대의 제도와 비슷하며 어떤 것은 완전히 송대의 것을 그대로 따온 것도 있다. 이러한 측면에서 볼 때 금대와 양송대의 선사제도 간의 깊은 연계가

---

53) 고대 강족(姜族)의 한줄기, 북송(北宋) 때 감숙(甘肅) 협서(陝西), 내몽고(內蒙古) 일대에 서하(西夏)를 건국했던 민족.

54) 養衛平著, 같은 책, 455면.

55) 金史卷五一 : 選擧志一. 참고.

있다는 것을 알 수 있다.

과거제도의 관리와 그 형식 : 금대 과거시험의 실시는 중앙에서 통일적으로 관리하고 지방에서 지역을 나누어 관리하였다. 중앙의 과거시험 최고관리처는 예부(禮部)였고 예부에서는 상서(尙書)1명을 두어 주무장관으로 하였다. 예부 밑에 중앙과 각지 부시(府試)의 시험장에는 전문적인 사부시원(詞賦試院)과 경의고시원(經義考試院)을 설치하였다. 그 성질과 직능은 대체적으로 송대의 공원(貢院)과 같았다.

금대의 과거의 주고관(主考官)을 임시적으로 파견하였다. 전시(殿試)에는 독권과(讀卷官) 책론(策論), 사부진사(詞賦進士) 각 7명, 경의(經義) 5명, 기타 직사(職事) 각 관 2명을 두었다. 굉사제거(宏詞制擧)는 3명이었다.

지방 부시(府試)의 고관(考官)은 금대에서 지역분할관리제를 택하였다. 즉 전국을 몇 개의 시험장 권역으로 나누어 각 시험장에 하나의 지도체제를 형성하여 사부시관(詞賦試官) 3인, 책론시관(策論試官) 2인을 두었다. 시험관의 인원수는 응시자의 과다에 따라 조정했다.[56]

금대의 과거는 4급 시험 즉 향시, 부시, 회시, 전시로 나누었다.

향시(鄕試) : 주·현의 1급 시험으로 과거의 제1차 시험이다. 매년 3월 20일 거행한다.

부시(府試) : 전국에 약간의 경부(京府)를 설치하고 각 경부에서 주변의 일부 주현을 관리한다. 부시는 경부 1급 시험으로서 과거의 제2급 시험인바 매년 8월에 거행한다. 부시에 합격되면 예부에서 주관하는 회시에 참가할 수 있다.

금대의 부시는 한족과 여진족 별로 나누었다. 부시에 합격하면 정식적인 출신 명목은 없으나 관례상 '향공진사(鄕貢進士)'라 하였다.

회시(會試) : 예부에서 주관하는 전국적인 통일적 시험으로 과거의 제 3급 시험이었다. 회시에 합격한 후에야 전시에 참가할 수 있다. 전시(殿試)는 해릉왕 천력 3년(서기 1150)에 창설되었으며 '어시(御試)'라고도 한다. 전시는 일반적으로 부시를 시행한 익년 3월 거행한다. 전시에 합격하면 직접 '진사급제출신'을 수여하였다. 진사과의 록취 인원은 비교적 많아 "대정(大定) 년

---

56) 金史卷五一 : 選擧志一, 참고.

간에는 500명이었으나 거인(擧人)이 점점 증가하여 회시는 4:1이었으며 항상 8,900명 선을 유지했다.[57]

이와 같이 금대의 과거는 사부(詞賦)를 중시하고 경의(經義), 책론(策論)을 경시했기 때문에 민간의 학자들을 평면적으로 사부격율(詞賦格律)을 추구하고 기타 각과는 홀시하는 경향을 조성하였다. 금대 교육과 과거는 다음과 같은 몇 가지 특징이 있다.

첫째, 여진족을 과거에서 참여시켰으나 한족의 사유(士儒)와는 달리 취급하였다. 여진족은 '책론'을 중시하였고 한족의 경우는 사부(詞賦), 경의(經義)를 중시하였던바, 이 점은 요대의 경우와 구별된다.

둘째, 과거 중에 향·부·회·전시의 4등급 시험이 없다고는 하나 진사·거인의 명분은 급 시험에 따른 자격을 획득하는 것이 아니라 과거에 응시한 과목 내용에 근거하여 명분을 확정하였다. 즉 율과, 경동시과에 응한 자는 거인이 되고, 책론·사부, 경의에 응시한 자는 진사가 된다. 그러므로 관도의 길은 3과 진사로 나누어진다. 그것은 부시·회시·전시는 다 같이 '진사'라는 명칭이 있기 때문이다. 이것은 송·요대의 경우와는 다르다.

셋째, 요대와 비교해 보면 금대는 또한 제거(制擧)를 설치하였고 그 체제도 완비했다는 점이다.

금대는 교육과 과거시험제도를 중시하여 중국의 북방지역 문화, 교육 사업을 보존, 발전시키는 데 적극적 작용을 하였음과 동시에 금대의 통치적 기초를 확대하였으며 어느 정도 금의 정권을 공고히 했다. 문화 수준이 낮았던 여진족의 통치가 백여 년 이상 지속할 수 있었던 것은 과거시험으로 대량의 한족 지식인을 행정에 투입시켜 그 조력을 받았다는 것을 배제할 수 없다. 그러나 또한 금대 과거 역시 역대 왕조의 과거제 운용에서 발생했던 그 폐단도 배제할 수 없었다 할 것이다.

---

57) 系年要綠 卷一六四 紹興 二十三年二月癸丑條

4. 원(元)대 사회의 교육

원대가 정식적으로 건국되어 중국대륙을 통치한 시기는 백여 년에 이르고 있다. 원은 당말 번진(藩鎭)할거로 인한 남북대치 이래 5·6개의 민족정권의 병존한 분열과 전란의 국면을 끝맺었다. 또한 중국 전 영토의 통일을 이루어 사회의 안정과 경제회복, 번영을 추진하였고 문치를 주장했으며 한족의 유교문화를 위주로 한 화하문화(華夏文化)의 전통을 계승하고 발전시켰다.

1) 문교정책

원대의 문교정책은 대략 다음과 같이 논의할 수 있다.

고압적인 폭정(暴政) : 징키스칸은 무력으로 나라를 일으켜 원나라가 대외적으로 무력으로 영토를 확장하고 대내적으로 진압하고 견제하는 철권정치의 기초를 닦아 놓았다.

원나라는 종족과 지역의 다름에 따라 국민을 4등급 즉 몽골인, 색목인(色目人),[58] 한인(漢人), 그리고 남인(南人)을 차등적으로 분류하였다. 이들 4등급의 사람들은 정치, 사회 및 각 방면에서 철저하게 구별되고 차등이 있었다. 몽골인 제일주의는 다수의 문화민족인 중국인들을 지배하기 위해서는 어쩔 수 없는 방법이기도 했다.

원대의 통치자들은 결사(結社), 집회(集會) 행위를 모반죄(謀反罪)로 정하였으며 개인적으로 도첨(圖籤) 등을 장서하거나 금서내용을 선전하는 행위도 벌하였다. 특히 글을 써 왕을 모욕하는 자는 사형에 처하고 익명으로 시정자(時政者)를 글로써 지적할 때는 사형 내지 유배에 처한다고 하였다. 이러한 금지령은 보갑(保甲) 또는 촌사제도(村社制度)로 강화하였다. 사인강학(私人講學)에 대해서도 명문으로 절대적인 금지를 하지 않았으나 정부에서는 규제를 엄격히 하였다.

관용적인 회유정책 : 인구가 절대적으로 우세였던 한족을 통치하기 위해

---

58) 색목인(色目人)은 원대에 서역인(西域人)의 통칭이었다. '색목(色目)'이란 여러 종류와 색깔이 있다는 뜻이다. 색목인 중에서 회회인(回回人)이 제일 많았기 때문에 색목인의 대명사와 같았다. 색목인은 이질적인 이슬람문화권에다 뛰어난 상업능력과 경제력을 갖추고 있어 몽골인에게는 꽤 매력적이었다.

서는 원의 통치자들은 한편 철권정책을 감행하면서 한편으로는 관용적인 정책으로 한족들을 농락하였다. 이것은 문교 면에서의 표현으로 특히 "준용한법(遵用漢法)"의 총제적인 전략이었다.

· **존공숭유(尊孔崇儒)**

원대 역사의 전체적인 면으로 본다면 몽골족의 역대 통치자들은 공자를 존경하고 유학을 숭상했다 하겠다. 원나라가 수행한 존공숭유정책은 한편으로는 객관적 상황의 수요였고 또 한편으로는 원대 초 일부 정치가의 창도와 밀접한 관계를 이루었다.[59)]

원대 교육정책은 기본적으로 세조(世祖) 홀필열(紇必列)에서 비롯되었다. 그리고 그 후부터는 유가학설의 영향을 깊게 받기 시작하였다. 세조 자신도 유가의 경전을 탐독하였고 그의 신하인 독흘로(禿忽魯) 등에게 명하여 『모시(毛詩)』, 『논어』, 『맹자』, 『춘추』 등을 편집케 하여 학습의 교재로 삼게 하였다.

세조는 중통(中統) 2년(서기 1261) 1월에 각지에 조령을 내려 "'선성묘(先聖廟 : 공자의 사당)'에 국가는 세시(歲時)에 치제(致祭)를 올릴 것이며 제유(諸儒)는 매월 초하루 석전례(釋奠禮)를 갖출 것이며 …… 금후부터는 관리들은 군마(軍馬) 사용을 금지하며 …… 이를 위반한 자는 엄히 다스린다."고 하였으며 아울러 공묘 내에 공자와 선철(先哲)의 위패(位牌) 배향과 제사에 다한 의례의 명확한 규정을 두었다.[60)]

세조 이후 역대 왕들은 세조의 정책을 준수하여 모두 유학을 숭상하였다.

성종(成宗) 즉위 초(서기 1294) 그는 조령을 내려 "중의백사(伯司)관리는 공자의 도를 널리 알릴 것이며 국가에서는 이를 당연히 숭상해야 한다. 곡부림묘(曲阜林廟), 상도(上都), 대도(大都) 제로(諸路), 부, 주, 현·읍묘(邑廟), 서

---

59) 원의 건립 전인 서기 1233년 태종 와괄태(窩闊台)는 연경을 점령한 직후 전국의 추밀원(樞密院)을 '선성묘(先聖廟 : 공자의 사당)'로 고치고 후에 조령을 내려 각 로(路)·주·부·현에서는 공묘(孔廟)를 개수(改修)토록 하였다. 또한 공자의 51대손 공원조(孔元措)를 몽골 연성공(衍聖公)으로 봉하도록 했으며 임야와 전잡 5,000경(頃)을 주었다. 후에 또다시 공묘를 건축하고 "세시치제(歲時致祭)"토록 했으며 군·면의 공묘 침요(侵擾)를 엄금하기도 하였다. 그리고 태종은 또한 유생(儒生)들을 중용했다.
태종 때 중서령(中書令)의 야율초재(耶律楚材 : 서기 1190-1244)를 등용시켜 유교를 시팽토록 한 바 있다. 야율초재는 유교의 삼강오상(三綱五常)을 적극 주장하여 태종은 이를 찬성하여 받아들였다. 야율초재는 전쟁수행의 와중에서도 송대 유자(儒者)들이 지은 문집을 수집하고 역대 저명한 서화, 금석문 그리고 수천권의 유문(儒文)을 보존하여 한족 유가문화를 주체로 한 하화문화(夏華文化)를 학습, 발전시키는 데 중요한 공헌을 하였다.

60) 元章典·禮部四·學校·儒學 참고.

원은 세조의 성지(聖旨)를 따라 준행하라"[61]했으며 무종(武宗)이 즉위(서기 1308)하여서는 공자를 『대성지성문선왕(大成至聖文宣王)』으로 복하고 비를 세워 그를 찬양하였다 이리하여 존공승유의 사조는 하나의 새로운 고조(高調)를 향하게 되었다.

· 이학(理學)의 숭배

원의 조정에서는 이학자들을 매우 중시하고 현학지사(賢學之士)로 존경하였다. 이들은 조정의 부름에 나가지도 않고 강요당하지도 않으며 비교적 개명한 정책을 취하였다. 왜냐하면 몽·원 통치자들은 전국을 통일하고 정권을 공고히 하는 과정에서 이들 학자들이 조정에 있거나 재야에 있든 간에 오직 정주이학(程朱理學)만을 선양하여 조정에 대해서도 모두 유익하다는 것을 인식하기에 이르렀기 때문이다.

원대 통치자들은 유교를 국시(國是)로 하고 과거를 통한 인재 선발의 시험 내용을 정·주(程·朱) 등이 주해한 '사서(四書)'와 '오경(五經)'을 주로 하였다.[62]

원대에 있어서 정주이학(程朱理學)은 관방(官方)의 통치사상으로서 그 후 명·청으로 이어졌다. 이리하여 정주이학은 중국 중세 후기 사상, 문화 영역에서 절대적인 지위를 차지하였다.

중재양사(重才養士) : 역대 통치자들은 국력의 증강, 관리의 혁신, 사회적 사업의 발전, 과학기술의 진보, 경제 회복의 발전 등을 위한 인물을 중시하고 인재양성의 문교정책을 추진하였다.

예컨대 세조는 즉위 후 중재양사(重才養士)를 더욱 중시하였다. 그는 한림학사원(翰林學士院)을 설립하고 인재를 양성하였다.[63] 또한 지원(至元) 12년(서기 1276) 2월 조서(詔書)를 내려 고상한 유(孺), 의(醫), 승(僧), 도가(道家) 또는 천문역학에 능통한 자, 산림에 은거한 자를 관리들을 모두 흠모하여 그의 말을 경청하라 하였다.[64] 그리고 동년에 역시 조서를 내려 "송의 멸망 후 귀순한 공이 있는 관리, 재덕이 있어 쓸 만한 자, 연구는 했으나 자기 목적을 달성하지 못한 자를 관가에서 그 실적을 보고하고 암찰사(暗察使)로

61) 元章典·禮部四·學校·儒學 참고.
62) 統制條格·傳習差誤 참고.
63) 元史卷四 : 世租本紀一 참고.
64) 元章典·聖情一·擧絃才一 참고.

하여금 이를 조사케 하여 그것이 사실과 같다면 성(省)에 보고하여 녹용(錄用)토록 하라."[65]는 것으로 보아 세조는 재위 기간 중 실재로 유능한 인재등용을 위하여 조치를 한 것 같다.

이후 원대 역대 왕들은 모두 세조의 선례를 따라 '중재양사'를 매우 중시하며 이를 중요한 국가의 정책으로 하였다.

중재양사의 실제적인 조치의 하나는 각종 각급의 학교를 설립했다는 것이다. 여기에서 집중적으로 제기된 것은 역대 왕들이 유가의 도의를 종지로 하는 국자학, 지방 각급의 유학(儒學)과 기층 향촌사회에 이르기까지 학교를 중시했을 뿐만 아니라 또한 민간에서 공자에 제사할 때 강수(講授)하고 묘학(廟學)과 그리고 사학(私學)의 창설을 중시하며 각 지방의 서원도 적극적으로 지원하여 관학화의 방향으로 발전하였다. 그리고 몽골족의 전통문화를 선양하는 몽고자학(蒙古字學) 몽고국자학과 번역인(통역인)을 양성하는 회회국자학(回回國子學)과 전문적인 인재의 의학과 양명학(陽明學) 등을 중시하였다. 종교교육에도 지원을 아끼지 아니하며 장려하였다. 이것은 바로 원 조정에서 관리 양성을 중시했을 뿐만 아니라 각종 실용 전문적인 인재양성도 중시, 각종의 형식적 교육을 통하여 봉건적 윤리도덕 교화를 추진하여 백성들의 문화적 소양을 항상 시키는 것이었다 할 것이다.

'중재양사'의 또 하나의 실제적인 조치는 과거제도를 부활하여 인재를 선발하자는 것이었다. 인종(仁宗) 황경(皇慶) 2년(서기 1313)에 과거조례를 정식 발표하였다. 그러나 과거로써 인재를 선발하는 질이 낮아 참다운 실학자를 혹 빠뜨릴 것 같아 연우(延佑) 7년(서기 1320)에는 조서를 내려 특별한 조치를 취하였다.[66] 원의 역대 왕들은 국력증진을 위하여 몽골족과 한족의 유능한 인재선발을 이용함은 물론 기타 소수민족의 인재선발도 중시하였다.

2) 관학

원대의 관학은 대체적으로 당·송의 교육전통을 이어받았고 요·금의 학교경

65) 元章典·聖情一·擧紘才一 참고.

66) "比歲設立科擧 以取人才 尙慮高尙志士 晦迹丘園無從可致. 各處. 其有隱居行義 才德高邁深明治道 不求聞達者 所在長官 其姓名行實 牒報本道廉訪司 復察相同 申台呈省 聞奏錄用" (元史·仁宗·本紀一)

험을 참고한 기초 위에서 민족적 특점을 가한 학교형식의 새로운 설립, 경영형식을 드러냈다.

원대의 관학은 태종인 아골태 시기에 시작되어 세종인 홀필열시대에는 관학교육의 흥성기로 접어들어 갔으며 중앙에서 지방에 이르기까지 비교적 완전히 관학의 체계와 교육관리 기구를 구비하였다.

원대의 관학체계를 도식화하면 다음과 같다.

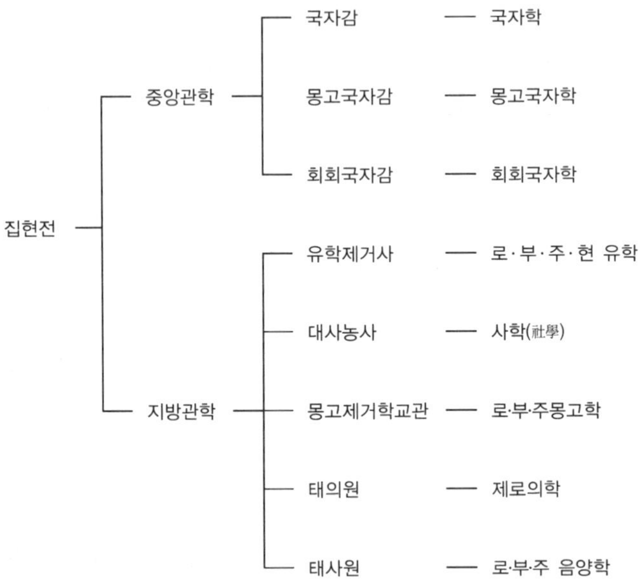

원대의 관학제도

중앙관학 : 원대의 중앙관학으로서 중요한 것은 국자학, 몽고국자학 그리고 회회국자학이었다.

· 국자학(國子學)

국자학은 한문화를 전문적으로 학습하는 학교로서 국자감에 예속되어 있다. 국자학 설립의 연혁을 보면 태종(아골대) 6년(서기 1234), 원은 금국을 멸망시킨 후 얼마 안 되어 이에 금국의 중도(中都)였던 연경(지금의 북경)에 추밀원을 선성묘(宣聖廟)로 개칭하여 국자학을 설립하고 "풍광우(馮光宇)를 총교(總敎)로 하여 신하의 자제 18명의 입학을 명하였다."[67] 이것이 국자학의 시원을 이루고 있다. 그 뒤 세조 지원(至元) 6년(서기 1209)에 정식으로 국자학을 창립하고 총교(總敎)를 국자학의 교관으로 하였다.

지원 24년(서기 1287)에는 정식으로 국자감을 설치하고 허형(許衡)의 제자 야율유상(耶律有商)을 제주(祭酒)로 삼고 국자학을 직접 관할하게 하였다. 그리하여 이전의 국자학 경영의 경험을 총괄하고 더 나아가 국자학의 과정을 새로이 정하였던바 이것은 『원사』·'선거지·학교'에 상세하게 설명되고 있다.

직제로서 중요한 것은 박사, 조교, 학정(學正), 학록(學錄), 전급(典給) 등의 직급을 두고 있다. 박사는 학생들을 교수하고 유학자들의 저술서와 교관이 지은 글을 시험하고 조교는 학사(學事)를 관장하며 각 재(齋)의 생원을 가르쳤다. 학정, 학록은 학생들의 규칙을 분담하여 과업을 감독하며 전급은 학생들의 식사를 관장하였다.

국자학생의 입학자격은 ① 숙위대신(宿衛大臣)의 자손 ② 위사(衛士)의 자제 ③ 7품 이상 조관(朝官)의 자제 ④ 평민 중의 준수한 자로 되어 있다. 다만 평민의 경우는 반드시 3품 이상의 조관의 보거(保擧)를 거쳐야 했으며 이들은 배당 생(陪堂生 : 오늘날 청강생)으로 하였다. 국자학의 입학에 있어서 유념할 것은 종족적인 구분 없이 몽고인, 색목인, 한인 할 것 없이 다 입학할 수 있었다는 점이다.

국자학의 정원은 처음에는 80명이었으나 인종 연우(延祐) 2년(서기 1315)에 이르러서는 400명에 이르렀고 별도로 배당 생 20명을 두었다.[68)]

국자학에 있어서는 우선 효경·소학·논어·맹자·대학·중용을 먼저 학습하고 다음으로는 시경·예기·주례·춘추·주역을 공부하였다. 교학방법은 강설(講說), 대속(對屬), 시장(詩章), 경해(經解), 사평(史評) 등이 있다 집현전 조맹부(趙孟頫), 예부상서 원명선(元明善) 등의 건의 등으로 채용되어 실행된 승재등재법(升齋等第法)[69)]과 직분법(職分法)[70)]으로 이것은 원대 국자감의 중요한 특징을 이루고 있다. '승재등재법'은 국자학의 학업 과정으로서 우선 상·중·하의 3

---

67) 新元史·選擧志一·學校 참고.
68) 元史·選擧志一, 學 校 참고.
69) 元史·選擧志一, 學 校 참고.
70) 元史·選擧志一, 學 校 참고.

개 등급으로 나누고 각 등급의 과정에 좌주재(左右齋)를 대응케 하였는바 그 내용은 다음과 같다.

하 : 좌재(유예:游藝), 우재(依仁)
대체적으로 이 양재에서 소학, 대속 등을 강설하고 암송한다.

중 : 좌재(거덕:據德), 우재(지도:志道)
대체적으로 이들 양재에서는 사서(四書)를 강서라며 시율(詩律) 등의 학습을 한다.

상 : 좌재(시습:時習), 우재(일신:日新) 여기서는 주역, 춘추를 강설하고 경의(經義)를 밝히는 등의 학습을 한다.

각 재의 정원은 불일치하며 학생은 그들의 학업성적과 품행에 따라 하단계로부터 승급을 하게 되어 있다. 승재등재법은 연혁적으로 보면 송대의 삼사법(三舍法)의 계속적인 발전이라 할 것이다. 직분법과 승재등재법은 상관관계를 이루고 있다. 한족 학생은 일신, 시습, 양재에 승급하고 몽골, 색목학생은 지도, 거덕, 양재까지 승급하는바, 이것이 직분법의 실행이다.

시험에는 승재등재시험과 사시(私試)가 있는바 승재등재시험(升齋等第試驗)은 매 계절 말에 시험을 보는데 성적이 부진하거나 규칙 위반자는 다음 차례에 시험하였다. 사시(私試)는 맹월(맹월, 음력1·4·7·10월)에는 시경(詩經) 의(疑)[71] 1문, 중월(중월 : 음 2·5·8·11월)에는 경의(經義) 1문, 계월(季月 : 음 3·8·9·12월)에는 책문(策問), 표장(表章), 조고과(詔誥科) 1문을 과하였다.

그리고 몽고·색목인은 맹·중월에는 각각 명경(明經) 1문을, 계월에는 책문(策問) 1문을 과하였다. 사리(辭理)가 모두 우수한 자는 상등(上等)으로 1점, 이(理)가 우수하고 사(辭)가 보통인 자는 중등으로 0.5점을 주었다. 매년 말 그 적분(積分)을 종합하여 8점 이상인 자는 고등생원으로 승급시켰고 정원은 40명이었다(몽고·색목인 각 10명, 한족 20명). 그리고 재에 3년 이상 있는 자는 공거(貢擧) 시험이 있었던바 40명으로 한정하였다.[72]

---

71) 경서 속의 의의(疑義)를 설명시키던 과거 시문(試問)의 하나.

72) 元史·選擧志一, 學 校 참고.

사시에 응시하는 적분 생원은 과업(課業)을 하지 않거나 규칙을 위반한 자는 초범은 벌점 1점, 재범은 2점, 3범은 제명의 제한이 따르고 있었다. 이로 보면 적분법은 학생들의 1년 동안 학업성적을 누계적으로 계산하는 방법이다. 이것은 송 때 태학에서 처음 시행되어 원대 국자학에 이르러 완벽하게 되었다. 적분법은 학생들의 평소 시험성적을 중시하는 것이었기 때문에 학생들이 평소 학습에 열중하도록 동기유발을 시켰다.

· 몽고국자학(蒙古國子學)

몽고국자학은 원대 중앙정부에서 몽골족의 자제와 색목·한족 관료의 자제들을 위해 설치한 몽고어 고등학부로서 이는 몽고국자감에 예속되었다.

몽고국자학은 세조 지원(至元) 8년(서기 1271) 정월에 창립되었다. 처음에는 정원의 규정이 없었으나 그 후 증가되어 150명에 이르렀던바, 몽골인 학생 70명, 색목인 학생 20명, 한족 학생 60명으로 되었다.[73]

몽고국자학의 교과내용은 몽골문자를 학습하고 몽골문자로 쓴 『통감절요』 등의 교재를 깊이 연구하는 외에 봉건적 예의를 학습하였고 성적이 우수한 관료의 자제는 산술도 학습할 수 있었다. 몽고국자학의 시험은 대체로 국자학과 같았다.

· 회회국자학(回回 國子學)

이것은 페르샤(波斯)어를 전문적으로 가르치는 고등교육기관이다. 이 학교의 목적은 여러 관청에서 페르샤어 번역인을 양성하는 것을 목적으로 하였다. 지원 26년(서기 1289)에 창설되었으며 회회국자감에 예속되었다. 이 학교는 대부분 공경대부와 재산 있는 자들의 자제가 다녔다.[74] 회회국자감의 존재로 당시 서역문화의 교류를 촉진하였다

· 기타 관학

이상의 학교 외에도 사천태(司天台)와 태사원(太史院)에는 부설학교가 있었다.

지방관학 : 원의 역대 왕들은 지방교육도 매우 중시하였다. 그들은 비교적 원비한 교육체계를 수립하였다. 원조는 지방행정을 로(路), 부(府), 주(洲),

---

73) 元史·選擧志一, 學校 참고.
74) 元史·選擧志一, 學校 참고.

현(縣)의 4계층으로 나누고 그에 따라 로학, 부학, 주학, 현학과 제로(諸輅)에 소학, 사학(社學)의 유학(儒學)을 건립하였다. 이 외로 또한 제로몽고자학(諸路蒙古字學), 제로의학(諸路医學), 제로음양학(諸路陰陽學) 등 일종의 전문학교를 두었다.

· 로학(路學)[75]

로학은 세조 중통(中統) 2년(서기 1216)에 창설하였다. 로학의 학관으로는 교수, 학정, 학동을 두었다. 주학, 부학에는 교수와 학정을 두었으며 현학에는 교유(教諭)를 두었다. 교수는 조정에서 임명하고 학정, 학동, 학유는 예부, 행성(行省) 혹은 선위사(宣慰司)에 임명하였다. 교과는 사서오경이었다. 대개, 로학, 부학, 주학, 현학을 이수한 학생은 졸업 후 수령의 추천을 거쳐 시험을 거친 후에 교관 또는 관리로 임명되었다.

· 제로소학(諸路小學)

지원 28년(서기 1291)에 창설되었다. 강남의 제로학과 각 현학 내에 설치하고 연로한 선비를 선발하여 교사로 삼았다. 소학은 초등학교의 성격을 갖고 있다.

· 사학(社學)

사학은 지방조직의 기층을 이루고 있는 향촌에 설치되어 농한기를 이용하여 농촌의 자제를 대상으로 한 초등교육 형식이다. 사학은 농촌 사회의 문화와 교육을 발전시킨 데 그 의의가 있었다.

사학은 원대 교육제도에 있어서 하나의 새로운 제도이며 후세에 많은 영향을 주었다. 사학은 세조 지원(至元) 23년(서기 1286)에 창설되었다. 원대의 규정에 의하면 "제 현에 소속되어 향촌을 50가(家)를 1사(社)로 하고 50가에 미치지 못할 때는 인근의 마을을 합하여 1사를 조직하였다." 연로하고 농사에 밝은 자를 사장(社長)으로 하였다. 각 사에 1개 학교를 세워 경서(經書)에 밝은 자를 학사(學師)로 하고 농민 자제를 입학시켰다. 학생들의 학문이 이루어지면 관청에 보고하여 이를 조사케 하였다.[76]

대덕(大德) 6년(서기 1302)에는 원의 조정은 "왕정(王政)은 반드시 농·상

---

75) 元史·選擧志一, 學校 참고.
76) 新元史·食貨 志一 참고.

(桑)·상(庠)·서(序)를 우선으로 해야 한다"고 강조하였다. 각 사의 사장(社長)의 주요 직책은 바로 "학사(學師)를 두고 1개의 사마다 자제들을 교회(敎誨)하여 효제충신하며 근면으로 집을 부유하게 하며 개과천선함"[77]에 있다고 하였다. 학습내용으로는 유가의 경전을 위주로 하여 『소학』, 『대학』, 『논어』, 『맹자』, 『사기』 등을 가르쳤다. 이로 보아 우리들은 이 사학을 통하여 지방에 유학이 확산되었음을 알 수 있다. 사학의 교육목적은 광대한 농민의 유교적 도덕 교화와 농·상(桑)기술을 강화하여 사회질서를 안정시키고 생산성을 높여 최종적으로는 원대 통치의 목적을 도달하는 데 두었다 할 것이다.

· 제로몽고학(諸路蒙古學)

제로몽고학은 지방에 있어서 몽골문자를 학습하고 지방의 관학으로서 각 로, 부, 주에 설립되었다. 이것은 지원 6년(서기 1269)에 원 조정은 금국이 설립한 여진부학과 여진국자학의 경험을 모방한 것이다. 그 목적은 몽골문자를 보급하고 몽골문자를 이해하는 인재를 양성하는 데 있었다.

중통(中統) 원년(서기 1260), 세조는 국사(國師) 팔사파(八思巴)에게 명하여 몽고신자(蒙古新字)를 제정케 하였다.[78] 지원(至元) 6년(서기 1269)에는 조서를 내려 신제 몽골자를 천하에 반포토록 하였다. 이후 모든 조서에는 이 문자를 주로 쓰게 하였으며 동시에 각 지방 민족들의 사용하는 것을 부차적으로 하였다. 지원 18년(서기 1281) 성, 군, 대(台), 원(院) 외 상소문과 기타 문서는 모두 이 신제 몽골자로 표기하였으며 지원 21년(서기 1284)에 이르러서는 대소아문(衙門)의 표창은 모두 신몽골자로 표기할 것을 요구하였다.

팔사파가 만든 몽골문자는 이로부터 관청의 법정문자로 되었다. 이러한 병경 하에 원조정은 중앙에 몽고국자학을 그리고 지방에서는 몽고자학(蒙古子學)을 설립하여 대대적으로 문자를 보급하였다.

제로몽고자학의 학습과목은 중앙의 몽고자학과 같았으며 중요한 것은 몽골어로 번역된 『통감절요(通監節要)』였다. 학관으로는 교수, 학정 등을 두었

---

77) 위와 같음.

78) 몽원 시기를 전후하여 당시에는 2개의 몽골문자가 일반적으로 통행되었다. 하나는 몽골외올자(蒙古畏兀字)이고 또 하나는 팔사파(八思巴)가 만든 몽골신자이다. 이것은 통칭 팔사파 몽고자 혹은 몽고국자(蒙古國字)라고 하며 몽고어라고 할 때는 이것을 자칭하고 있다. 이것은 티베트어 문자를 모체로 하여 만들어진 것이며 글자 고형은 네모형으로 위로부터 아래로 쓰며 우로부터 왼쪽으로 필을 옮기고 몽고외올자와 한자의 구조와 필기하는 방식을 참조하였다. 41개의 기본 자모로 한어, 페르시아어 기타 외국어를 쓸 수 있다.

다. 재학생들은 잡역을 면제받았으며 학업을 마친 후에는 시험에 합격하면 학관 또는 역사(譯史) 등의 직을 담당하였다.

· 제로의학(諸路醫學)

원대에는 중앙에 의학을 두지 않고 다만 지방의 제로(諸路)에만 의학교육 기관을 설치하였던바, 이것이 곧 제로의학이며 이는 지방관학의 일종이었다. 이것은 태의원(太醫院)에 예속되어 있으며 설립목적은 사람과 가축의 병및 그 치료에 관한 전문인을 양성하기 위한 것이었다.

의학은 세조 중통 2년(서기 1261)에 창설되었다. 이리하여 남송 말기 이래 오랫동안 지방의학이 폐지되었던 것이 다시 건립되기 시작하였다. 학생들은 주로 의호(医戶) 및 약포를 경영하고 있는 집의 자제들을 초치하였다. 일반 양가(良家)의 자제들도 만약 의학을 지원할 뜻이 있으면 일정한 심사를 거쳐 입학하게 되었다. 학습내용은 성종 대적 9년(서기 1305)에 규정된 것이지만 소문(素問), 난경(難經), 신농본초(神農本草) 등의 의학경전 외에 13과 즉 대방맥(大方脈), 잡의과, 소방맥, 풍과(風科), 산과(産科), 안과, 구치과(口齒科), 인후과, 정골과(正骨科), 금창종과(金瘡腫科), 침과, 축유과(祝由科), 금과(禁科) 등의 문제를 학습하였다.

학생들은 본과의 경의에 정통하지 못하면 치료를 할 수 없고 의사를 할 수 없다. 그리고 매월 1일과 15일 학생들은 3황묘 성전에서 분향하고 각자 행하는 과업·치료한 환자가 병을 얻게 된 근원을 분명히 말하고 어떤 약을 복용하면 다 치료할 수 있는가 등을 각 로의 교수에게 고하고 이를 심사하여 우수한 자는 발탁되어 임용될 수 있다.[79]

태의원은 의학의 학생을 시험하는 방법을 정하였는바 매월 한번의 사시(私試)를 치르고 의학 각과의 난문제를 시험치고 매년 1회 공시(公試)로서 의학지식을 시험하고 또한 『사서(四書)』를 시험하여 그 성적을 태의원에 보고하여 성적이 우수한 자는 과거시험에 응시할 수 있게 하고 또는 태의원에 임직할 수 있다.

· 음양학(陰陽學)

원대에 있어서는 중앙에는 음양학(陰陽學)을 설치하지 않았으며 지방의

79) 元章典 禮部之四-學校 참고.

로·부·주에 음양학을 설치하여 지방관학으로 하였다. 음양학이 창설된 것은 세조 지원(至元) 28년(서기 1291)이었다. 처음에는 사천대(司天台)에 예속되었으나 후에 태사원(太史院)에 예속되었다.

음양학은 일종의 천문 지리에 관한 전문인을 양성하는 학교로서 당시 지방유학(儒學)과 의학의 예에 의거 각로에서 교수하였다.[80] 음양학의 창설은 후일 명대교육에 중요한 역할을 하였다. 학과목은 천문학과 술수(術數)였으며 점산(占算), 삼명(三命), 오성(五星), 주역(周易), 육임(六壬), 수학(數學) 등도 포함하였다. 이로 보면 내용은 자연과학이었으나 미신적인 것도 포함하고 있었다 할 것이다.

원대에서 지방교육기구도 음양학을 중시하고 또한 설치한 것은 그 중요한 이유가 군사, 내외무역과 농업생산에서 이와 간한 지식이 필요했기 때문이었다. 음양학은 학과목에서도 알 수 있듯이 천문, 지리, 역산, 계절, 기상들의 방면의 지식을 연구하고 군사, 대외무역의 이익과 농업생산의 풍작과 흉작을 결정하였기 때문에 원대에는 아주 중시하였다.

원대의 역대 왕들은 학교를 '풍화의 본(風化之本)', '출치지원(出治之源)'으로 보았기 때문에 학교교육을 매우 중시하였고 적극적으로 각급 각류의 지방학교를 창설하였다. 또한 학전(學田)의 설치와 관리를 중시하여 교육의 경비를 확보하였다. 그리하여 세조 때에는 학교의 최대 발전을 가져왔다. 자료에 의하면 지원 23년(서기 1286) "대사(大司) 농사(農司)상 제로학은 20,166개소"였으며 지원 28년(서기 1291)에는 "그 학교 수가 21,300여개소"에 이르렀다고 한다.[81] 당시의 인구 통계를 보면 지원 28년 전국적으로 1,343여만 호에 인구는 5,984만여 명이었다.[82] 이로 보면 평균 2,800여 명에 1개 지방학교가 있었다는 것을 알 수 있다.

관학의 관리 : 원대는 관학의 관리는 금의 관리 방법을 계승하였고 동시에 당·송의 경험을 활용하고 다시 실제의 사정을 고려하여 비교적 하나의 완전한 관학체계를 수립하였다. 원대에 있어서는 중앙에서 지방에 이르기까지 관학체계를 동시에 수립하고 그에 상응하는 교육관리 기구를 설치하였다.

---

80) 元章典 禮部之四·學校·医學

81) 元史·選擧志一 참고.

82) 元史·世租本紀十三 참고.

· **교육행정 관리체계**

중앙정부에 집현원을 설치하고 전국의 학교교육을 관할하였다. 중앙에서는 국자학을 두고 국자감에 예속시켰다. 국자감은 종 3품으로 보하고 지원 24년(서기 1287)에 창설되었던바 이에 제주(祭酒), 사업(司業), 감승(監丞), 전부(典簿), 령사(令史), 역사(譯史), 지인(知印), 전리(典吏)들을 두었다.

몽고국자학은 몽고국자감에 속하였다. 몽고국자감은 종3품으로 보하였으며 지원 14년(서기 1277)에 창설되어 제주, 사업, 감송, 령사 등을 두고 이는 몽고한림원 관할이었다.[83]

회회국자학은 회회국자감에 속하였다. 회회국자감은 연우(延祐) 원년(서기 1314)에 창설되었으며 한림 겸 국사원 관할이었다. 천문·성력 학생은 사천대 관할이었다.

지방에서는 제로·부·주·현학들의 유학계통은 유학제거사(儒學提擧司)관할이었다. 유학제거사는 종5품으로 보하였다. 각행성이 있는 곳에 1 사(司)를 설치하였으며 제로·부·주·현학의 제사(祭祀)의 교양전량(教養錢糧)의 일을 통괄하고 저술 문자 등을 시험하였다.[84] 각 사(司)에는 제거(提擧), 부제거(副提擧), 이목(吏目), 사리(史吏) 등의 직을 두었다. 유학제거사는 또한 중앙의 대사농사(大司農司)에 예속되었다. 대사농사는 정 2품으로 보관하였으며 농상(農桑), 수리, 학교, 기황의 일을 관장하였다.[85]

제로몽고학은 몽고제거학교관이 관리하였다. 몽고제거학교관은 강절(江浙) 호광(湖廣), 강서(江西) 3성에 설치하였으며 이 3성은 중앙의 몽고한림원에 예속되었다. 제로의 의학은 의학제거사가 관리하였고 태의원에 예속되었다. 제로의 음양학은 인종 연우 초에 음양학 교수관리 규정을 두었고 태사원에 예속되었다. 이상에서 설명한 학제를 도시하면 다음과 같다.

---

83) 元史百官志三 참고.

84) 元史·百官志七 참고.

85) 元史·百官志三 참고.

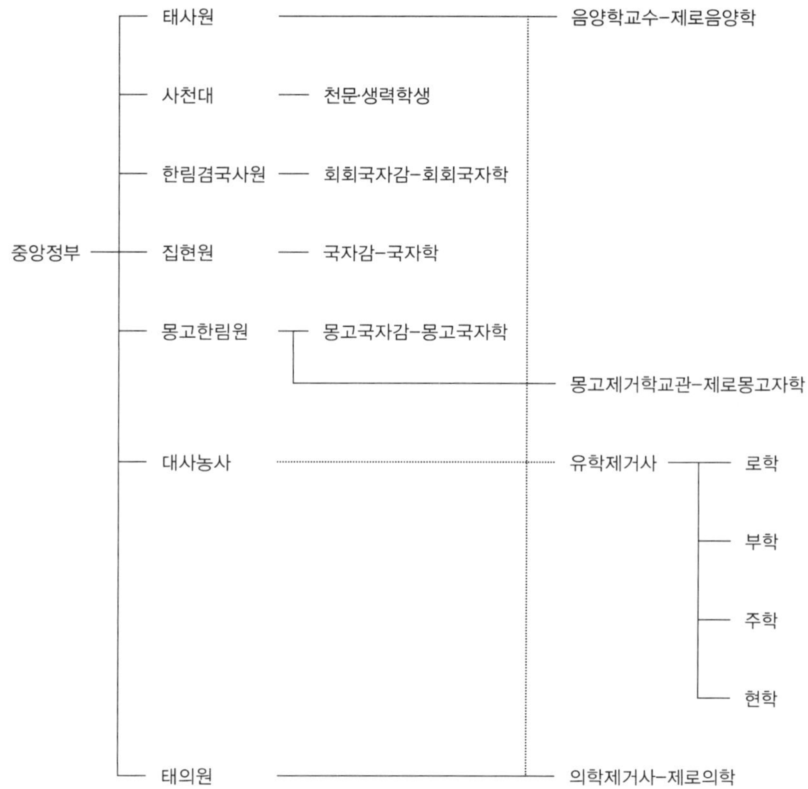

원대 관학 학제

· 교사의 임용과 학생의 충원

원대의 중앙과 지방관학의 교사는 중요한 것으로 유사(儒士) 즉 한족의 지식인으로 충원하였지만 몽고족과 기타 소수민족의 일부 지식인을 수용하여 충원하기도 하였다. 중앙관학은 원대 후기에는 일부 저명한 서원의 교사를 포함하였으며 모두 이들은 당시의 저명한 이학대사(理學大師), 숙유(宿儒), 학자, 진사와 또한 과거시험에 불합격했더라도 거인(擧人) 출신이 임용되었다. 지방유학의 교사는 "통효유경(通曉儒經)"이나 또는 '지성(志成)'의 유생이 충원되었다.

몽고국자학, 몽고자학, 회회국자학과 의학, 음양학은 그 방면의 전문직 성격이 있다. 중요한 것은 고문자(몽고), 페르샤 문자와 의학, 천문, 성력(星歷)

에 관하여 소질 있는 자를 교사로 충원하였다. 원대 관학의 학생 충원의 중요한 것은 귀족, 관료의 자제들이었다. 국자학에 있어서는 한족 관료 자제의 지위는 몽고족이나 색목인의 관료의 자제보다도 낮았다. 서민의 자제들은 국자학에서 배당 생(配堂生)밖에 못 되었다.

입학자격에 대하여 다음과 같이 규정하고 있다.[86] 즉, 국자학은 7품 이상 조정의 관리 자손, 3품 이상 관리가 추천한 민간의 준수한 자로 규정하였다. 학생 수는 세조 지원 년간에는 국자학은 200명 입학으로 몽고귀족과 환관(宦官) 자제가 50%, 색목인과 한족 관료가 50%였다.

몽고국자학은 몽고, 한족의 백관 및 준수한 자가 입학하였다.[87] 성종 대덕 8년(서기 1304)에는 또한 "몽고국자생 100명을 증원하고 숙위대신의 자제로 충원하였다."[88] 그리고 인종 연무 민간에는 생원 100명을 두고 몽고인 50명, 한족 30명, 색목인 20명으로 구성하였다. 회회국자생은 "공경대부와 부자의 자제로 충당하였다."[89]

지방관학 각류의 관학의 학생은 주로 지방관료 및 부자의 자제들이었고 예외적으로 소수의 서민 자제 중 준수한 자는 특히 관부의 추천을 받아 입학하였다.

이상에서 볼 수 있는 바와 같이 기본적으로는 몽고족, 색목인, 한족의 귀족, 관료, 부민(富民)의 자제가 입학의 대상이었다. 한족은 몽고족과 색목인보다 그 직위가 낮았다. 그리고 각 민족의 평민은 특히 한족의 자제는 사학(社學)에서 일하고 배울 뿐 기타 관학에서 공부할 수 있는 기회는 매우 적었다.

· 교사와 학생의 대우 및 상벌

중앙정부에서 설치한 제 관학의 교관은 그 등급에 따라 일정급의 봉급을 받았다. 그리고 지방관학은 송대의 제도를 모방하여 학전(學田)을 설치하고 이로써 학교의 경비에 충당하였다.[90] 또한 정부는 관학생으로 입학한 자는 부역과 세금을 면제해 주었다.

86) 元史卷八七, 百官志三
87) 元史卷八, 選擧志一
88) 元史本末紀事, 科擧學校之制
89) 元史·選擧志一, 學 校 참고.
90) 元史·選擧志一, 學 校 참고.

지방의 관학의 학관, 교사는 각 행성 제거관(提擧官)이 그 성적을 평정하여 각 로, 부, 주, 현의 행정기관이 관리하였다. 학관의 관리는 엄격히 하고 정부는 또한 정기 또는 수시로 사람을 파견하여 각 관학을 시찰하고 "교육과정, 교육방법, 상벌상황, 품행각성 등을 관찰케 하였으며" 만약 제 교관이 제임 기간 중 부정이 있으면 렴방사(廉訪司)가 이를 조사하였다.[91)]

각 국자학, 지방관학과 서원의 학생에 대한 내부 관리는 대체로 송대의 것과 대동소이했다. 국자학의 교학에 있어서는 분재(分齋)교학제도를 두어 상, 중, 하의 3급과 6제를 설정하고 매 계절마다 시험하여 학규에 위반하지 않으면 차상 급으로 승급시켰다. 그리고 인재는 선발하여 관직에 임용시켰던바 그 방법에는 선후로 공거법과 적분법의 2종이 있었다.[92)]

각급의 지방유학에 있어서는 학생에 대한 징벌을 구체적으로 규정하고 있다. 대개 유생들은 특별한 이유가 없는 한 매월 삭망(매월 초 1일, 15일)에 만나 다 같이 문묘를 배알, 청강(聽講)해야 하며 휴가를 얻지 않고 오지 않는 자는 학관이 징벌한다.

3) 사학과 서원

사학 : 원대의 사학(私學)은 매우 흥성하였다. 그것은 송·금대의 사학의 전통을 계승하여 새로운 발전을 하였지만 사학의 경영방식과 교학내용면에서는 송·금대와는 별 차이가 없었다.

원대의 사학은 일반적으로 가장독과(家長督課), 학생자학(學生自學), 사숙수과(私塾授課), 명사전수(名師傳受) 등의 여러 종류가 있었다. 이들 사학의 교학내용은 유가의 경전에 편중되어 있었고 또한 송대 주자(朱子) 등이 주소(注疏)한 4서, 5경을 기본 교재로 하였다. 이것은 정단례(程端禮)의 『정씨사숙독서분년일정(程氏私塾讀書分年日程)』 중에서도 검증된 것이지만 이 외로 우리가 주의해야 할 하나의 현상이 있다. 그것은 중국 북방에 있는 몽골족, 여진족, 거란족과 서역의 소수민족, 그 권력자와 관리 그리고 부유한 자들은

91) 毆陽周著, 中國元代教育史(中國全史68), 北京人民出辦士, 1994, 61면)
92) "凡會課 三日作策論一道 季月私詩如漢生制" 금사원오일 : 선거지일.

모두 유술(儒術)을 전수하는 사학을 중시했는데 송대 이전에는 비교적 보기 드문 일이었다는 상황이다. 원대 사학의 발전에서 우리는 몇 가지 점에서 유의할 필요가 있다.

첫째, 사학을 창설한 것은 한족만이 아니라 당시 북중국지방에서 서역에 이르는 소수민족도 이에 참여하였고 그리고 사학의 발전을 계기로 각 민족 간의 문화의 광범위한 교류를 나타냈다. 그리하여 중국민족의 대융합을 촉진하였다. 이것은 원대 사학이 갖고 있는 가장 뚜렷한 특색이다.

둘째, 교학의 형식면에서 보면 자학(自學)에 뜻을 두고 열심히 하는 것이다.

셋째, 사학의 학습내용은 일반적으로 모두 유학의 경전을 위주로 하여 사서오경과 정(程)주(朱)의 주소(注疏)를 기본 교재로 하였다. 그러나 경우에 따라서는 천문, 지리, 율력, 산수, 의학 등 실용적인 자연과학의 내용을 겸하는 경우도 있었다.

넷째, 사학에서 학습한 후 대부분 유생은 여러 경로를 통하여 벼슬길에 들어서고 일부 유생들은 벼슬에 오르는 것을 부끄럽게 여기고 자기 집에서 제자를 기른다거나 향리에서 사학을 세운다거나 산림에 은거하여 학문을 논하고 도를 전하기도 하여 그들은 한족 유학을 계승하고 발전시켜 문화와 교육을 보급하고 다방면에서 유용한 인재를 양성하는 데 많은 공헌을 하였다.

서원과 그 발전 원의 역대 왕들은 송대 서원의 전통을 계승하여 일반적으로 서원을 보호하고 규제하는 등 적극적인 정책을 폈다. 또한 관의 개입으로 사학적인 서원이 관학화 하였으며 원대 서원은 송대와 비교해 보면 진일보한 발전을 하였다.

태종 8년(서기 1236)에 원대 들어 처음으로 연경에 태극서원(太極書院)[93]을 창건하였다. 이후 기존에 있던 서원을 훼손하는 행위가 빈번하므로 원 세조는 중통 2년(서기 1261)에 서원 침해행위를 엄금하였다. 원 세조 지원 16년(서기 1279) 남송을 멸하여 국가를 통일하고 사회가 안정된 후 원대 서원

93) 주돈이 배향.

의 발전상은 다음과 같은 2가지 경향이 있었다.

하나는 '지방교화'에 관심 있는 인사들의 주도 하에 전국의 많은 로, 주, 현이 서원의 중건을 시도하기 시작한 점이요, 그 둘은 남송 멸망 후 많은 인사들이 원의 정부에 나가지 않고 산림에 은거하며 서원을 건립하고 교수와 연구 활동에 전념한다거나 또는 지방의 부호들이 저명한 학자를 초빙하여 강학하기도 하는 경향이 있었다. 이러한 상황 하에서 중앙정부에서는 현실성을 긍정적으로 수용하여 서원을 적극적으로 발전시킬 것을 제창하였다.

이리하여 원대 서원 발전은 대대적으로 촉진되었다. 세조의 이러한 정책은 한족 지식인들의 반항적인 정서를 완화했을 뿐만 아니라 그들에게 학술연구와 강학, 배움의 장소를 제공하였으며 그들의 문화지식을 이용하여 원대의 교육발전에 기여하게 되었다.

원대 서원은 한 연구조사에 의하면 원대에 신설된 것이 143개소, 회복된 서원 65개소, 개건(改建)한 것 19개소 모두 227개소였다고 한다.[94] 원대 서원은 소수는 관에서 세운 것이었으나 절대다수는 민간이 세운 것이다. 이것은 송대 이후 유학자들의 민간 강학의 기풍이 원대에 이르러서도 쇠퇴하지 않고 오히려 발전하였고 동시에 원대 역대 왕들이 유학자들을 포용하며 이용하였다는 것을 설명해 주고 있다.

원대 서원의 특징은 관학화이다. 원정부의 서원에 대한 규제의 중요한 것은 다음과 같은 3가지 면을 생각할 수 있다. 첫째, 서원의 교사는 정부가 임명하였다는 점이다. 둘째, 서원의 원생 모집, 시험, 서원생의 동향에 대한 규제가 있었다.

원대 서원의 또 다른 특징은 유가의 경전 특히 정주이학(程朱理學)을 교학의 기본 내용으로 했다는 점이다. 정주이학은 송대에 형성되었지만 봉건적 통치자의 진정한 관방의 통치사상으로 된 것은 원대에 이르러서였다.

주자(朱子)는 이학을 집대성하여 그의 '사서집주(四書集註)'로 유가의 주요 경전으로 되었고 각급 각류의 유가의 기본 교재로 되었다. 이것은 남송 때 이미 나타났지만 최후로 그 법적 지위를 확립하고 광범위하게 시행된 것은 원대에서였다. 인종 때 제정된 과거제도는 주자가 주소(注疏)한 유가의 경전

---

94) 曹松葉, '元代書院概況; 中山大學語言歷史 硯究所 周刊, 제 10집 제 112기, 82면 참고.

이 시험내용으로 되었다. 이는 각급 유학과 서원의 교학에 더욱 영향을 주어 정주이학은 유생들이 학습하는 법적 교재나 필독서로 되었다.

원대 서원은 이학자의 강학이 있음으로 해서 흥성했고 또한 서원의 흥성으로 인하여 정주이학의 보급과 발전을 가져왔다고 할 수 있다. 따라서 원대 서원의 내용과 성리학의 보급 및 발전은 함수관계에 있었다 할 것이다.

원대 서원은 교학에서 정주이학을 기본 교재로 하는 외에 서원 향배(享配) 인물도 도학가를 위주로 하였다. 문묘(文廟), 배향(配享)에 있어서 공(孔), 맹(孟) 등 선철(先哲) 외에 원대에서 제일 빨리 건립된 태극서원(太極書院)은 주자(周子; 돈이 ; 敦頤)사당을 설립하여 주자 등 6군자(君子)를 배향했다.

원 정부는 이와 같은 관학화의 조치를 취하여 서원은 점차적으로 자유강학의 특징을 잃어버리고 마지막에 가서는 관학에 동화되었다. 이리하여 서원이 생존할 수 있고 사랑받을 수 있었던 학술적 특징은 소실되어 결국 서원은 관학과 다름이 없는 과거제의 부속물로 전락되었다. 이것은 상대적으로 통치자 입장에서 본다면 "하나로 고정시키는" 의도에는 맞지만 학교교육의 입장에서 본다면 서원 특질의 소실이라 할 것이다. 그러나 원 정부가 서원의 개조에 대한 신중했던 이성적인 억제의 태도는 여전히 주목되는 부분이었다 할 것이다.

4) 과거제도

과거제도의 흥폐 과정 : 원대는 민족 차별정책을 취했기 때문에 관도에 오르는 길은 문음(門蔭)특권이 중요한 경로였으며 천거와 과거는 시종 관도의 중요한 수단으로는 되지 못하였다. 원대의 과거시험제도는 너무나도 많은 심한 굴곡의 과정을 거쳤다.

제 1차 과거제도는 야율초재의 건의에 따라 실시되었으나 1년 후 폐지되었다.[95] 세조 흘필열의 즉위 이후 조야에서 과거시험제도의 회복에 대한 건의와 여론이 계속되었으나[96] 인종 때 전에는 회복되지 않았다. 황경 2년(서

---

95) 元史卷八一 : 選擧志一 참고.

96) 元史卷八一 : 選擧之一, 과거제도의 회복을 건의한 여러 가지 의견은 당시 저명한 유신이었던 류병충(劉秉忠), 왕운(王惲), 정거부(程鉅夫) 등의 상서에서 열렬히 주장되었다.

기 1313) 인종은 조서로서 과장조례(科場條例)를 정하고 2년 후인 황경 4년(서기 1315) 3월 전시(殿試) 진사과를 실시했다. 그러나 원통(元統) 원년(서기 1333)에 이르러 또다시 폐지되었다. 이것이 제 2차 과거제도의 흥폐이다.

이와 같이 과거제의 폐지를 주장했던 계층은 몽골족·색목인 귀족이었다. 과거의 제 3차 흥폐는 순제 지정(至正) 2년(서기 1342)에 있었다. 당시 과거시험을 회복한 후 8차례의 과거시험을 실시하였는데 원의 멸망 직전인 지정 26년(서기 1366)에 정지되었다.

과거시험의 주요 내용과 형식 : 아골태가 처음 과거를 실시할 때는 시험형식이 간편했으며 내용도 경의(經義), 론(論), 사부(辭賦) 3과로 나누었었다. 그 후 인종이 정식적으로 과거시험제도를 설치한 후 그 내용도 상세하게 규정되었다. 원대 과거시험은 2가지의 부류로 나누었다. 즉 몽골인, 색목인 한 부류와 한족 및 남인(南人)의 부류가 그것이다. 양자는 내용에 있어서 차이가 있었다. 원대의 과거시험 내용에 관한 규정은 몇 개의 특성이 있다.

첫째, 과거시험은 경학을 위주로 했고 경학은 주자의 집주를 위주로 했던 바, 이로 보면 정주이학은 관학 중에서 하나의 통치적 지위를 확립했다.

둘째, 당송 이래의 과거시험에서의 시부를 중시했던 전통을 바꾸어 조(詔), 고(誥), 표(表), 장(章)류의 실용적인 문체를 중시했다.

셋째, 시험출제 표준에 있어서 이중적인 표준을 두었던바, 몽골·색목인의 경우는 시험내용이 비교적 쉽고 한족, 남인의 경우는 비교적 어려웠다는 점이다.

과거시험의 순서 : 과거시험의 순서는 향시, 회시, 전시(정시)의 3급으로 나누었다. 전시를 제외하고는 모두 3장(場)이었다.

향시 : 제 1장은 8월 20일로 정해져 있으며 3일마다 시험(23일, 26일)

회시 : 제 1장은 다음해 2월 1일로 정해졌으며 3일마다 시험(3일, 5일)

전시 : 3월 7일 시행.

과거시험 형식의 주요한 변화 : 원대의 과거제도는 당·송이래 역대 과거제도를 참작했기 때문에 기본적으로는 비슷하나 다음과 같이 몇 가지가 다르다.

첫째, 분류제의 실시 : 몽골족·색목인 대 한족·남인 그룹으로 나누었다. 시험내용 및 입과(入官) 대우 면에서는 한족·남인 차별정책을 실시하여 적극적으로 몽골족·색목인 집권세력의 특권을 옹호하였다.[97]

둘째, 부방(副榜) 정원제의 수립 : 부방제는 지정 8년(서기 1348)에 창설되었다. 이는 정방(正榜) 진사 외에 별도로 부방을 설치하여 전문적으로 국자학 학생들의 응시자를 위한 것이었다.[98]

셋째, 우시과(寓試科)의 개설 : 이는 지정 19년(서기 1359)에 개설되었다. 이는 전란을 피해 외향(外鄕)에 유랑하는 유사들을 위해 설치한 것이다.[99] 이는 원대 말엽 농민 봉기가 빈번히 일어날 때 사인(士人)들의 마음을 끌기 위한 일종의 한시적인 조치였다.

---

97) 元史卷二九二, 百官志八 참고.
98) 元史卷二九二, 百官志八 참고.
99) 元史卷二九二, 百官志八 참고.

제 8장 명대 사회의 교육(서기 1368~1644)

- 한문화의 부흥과 학교교육의 강화·반강화 -

1. 총설

명대(明代)는 태조 주원장(朱元璋)[1]이 홍무(洪武) 원년(서기 1368)에 개국하여 주유검(朱由撿) 숭정 17년(서기 1644)까지 총 277년간의 시대적 공간을 형성하였다. 명대는 서기 1126년 북송의 멸망에서 청의 건국에 이르는 기간까지 한족이 중국 본토를 장기간에 걸쳐 통치한 유일한 기간이다.

태조는 중앙행정조직의 개편으로 모든 권력의 황제 직속화를 통한 중앙집권적 황제체제로 전환시키기 위한 개혁을 단행했고 아울러 개국공신, 지주, 학자에 대한 혹독한 감시와 탄압을 시작하였다. 바로 그것이 문자옥(文字獄) 사건이었고 정보정치를 강화할 목적으로 금의위(錦衣衛) 등을 설치하였다.

태조에 의해 강화된 황제의 전제적인 권력은 3대 성조 영락제(成祖 永樂帝, 재위 서기 1403-1424, 생존 연령 65세)에 이르러 절정에 달하였다. 그

---

1) 주원장(朱元璋:서기 1328-1398)은 안휘성의 빈농 집안에서 태어났다. 그의 부모는 궁핍한 생활로 인해 일을 찾아 여기저기 떠돌아 다니므로 그와 같이 유랑하였다. 그는 16세 되던 해 3,4년간 탁발승이 되기도 했다. 25세 되던 해인 서기 1352년 백련교(白蓮教)의 분파인 홍건군(紅巾軍) 산하의 여러 반란 단체 중 한 단체에 들어갔다. 그는 홍건군 사령관의 수양 딸과 결혼하면서 빠른 속도로 부각되었던바, 서기 1355년 사령관인 곽자흥(郭子興)이 죽자 그의 군대를 지휘하게 되었다. 그 후 1363년 서쪽으로 한왕(漢王) 진우량(陳友諒), 서기 1366년 화북 홍건농민군의 중심이였던 대송(大宋) 한림가(韓林家), 유복통(劉福通) 세력을 차례로 붕괴시키고 서기 1367년 절강성 동쪽의 방국진(方國珍) 세력과 동으로 오왕(吳王) 장사성(張士誠)을 무찌른 뒤 1368년에 송나라 수도였던 남경에 명나라를 세우고 연호를 '홍무(洪武)'라 했다.

는 수도를 지금의 북경인 연경(燕京)으로 옮기고 특히 대외정책을 적극 추진하여 국내 비판적 세력을 약화시키기도 했다. 그는 또한 『성리대전(性理大全)』, 『영락대전(永樂大全)』[2] 등 대규모 편찬사업으로 비판세력을 흡수하는 등 역량을 발휘하여 그의 부황이 마련한 황제의 전제권의 기반을 튼튼히 하였다. 영락제는 그의 부황과는 달리 내치에 힘을 쏟는 것보다는 적극적인 대외정책을 수행하여 전제군주로서의 웅대한 준모를 유감없이 발휘하였다.

영락제 이후 황제가 모두 14명이나 교체되었다. 명의 역대 황제의 공통적인 특이점은 단명하였고 따라서 어린 나이에 황제에 즉위했다는 점이다.[3]

명대 사회의 사회계층은 황족과 관료, 신사(紳士)계층은 지배계층을 이루고 농·공·상 종사자인 양민(良民)과 노비는 피지배계층을 형성하였다. 여기서 주목할 계층은 관료와 신사계층이다. 관료는 과거합격으로 관인(官人)이 된 계층으로 이들은 중앙 및 지방의 행정을 수행하였다. 신사계층은 일명 향신(鄕紳), 향관(鄕官) 또는 진신(縉紳)이라고도 하였던바, 이는 대부분 지주층으로 구성되어 있는 교양과 학식을 갖춘 지식층인 점에서 송대(宋代) 사대부(士大夫)와 같은 성격을 가지고 있다.[4] 신사중에는 전·현직관료, 과거시험에 응시하였으나 벼슬하지 않는 거인(擧人), 생원(生員; 수재[秀才]) 등이 포함되었다. 이들은 민중의 교육과 교화(敎化)를 담당하고 여론을 조성하며 지방관과 긴밀한 유대를 형성하면서 향촌 사회에서 막강한 힘을 발휘하였다.

신사 층은 명대 중기까지는 형식상 이갑제(里甲制) 질서 속에 포함되어 있었으나 실제로는 토지를 겸병하여 지주층이 형성되었고 또한 부역까지 기피하면서 특권층화 되었다. 특히 예비관료 집단으로서의 거인·생원은 향리에 거주하고 전·현직관료와 함께 향촌사회에서 영향력을 행사하였다. 신사 가운데서도 거인은 진사에 합격하지 않아도 별도로 임관되는 길이 있었기 때문에 거의 관료에 준하였으므로 생원과 거인 간에는 명백한 구분이 없었다. 그리하

---

2) 일종의 백과서전이다. 이 책은 2천 명의 학자들이 4년 만에 완성한 것으로 그 분량이 11,095권에 달하며 천문, 지리, 역사, 사상, 정치제도, 의학, 연극 등 중국 문화유산에 대한 총정리라 할 수 있다. 원본은 의귀한 책들의 사본까지 포함하고 있지만 인쇄하기에는 분량이 너무 많다는 이유로 두질(帙)만이 필사되었다. 안타깝게도 그 주된 판본은 1901년 의화단 사건때 원명전(圓明澱:원만함과 광명을 뜻하는 이름궁전)의 파괴로 소실되었고, 현재 370권가량이 세계도처의 도서관에 보관되었음(김원중, 중국문화사, 을유문화사, 2001, 276면).

3) 황제들의 생존 연령은 태조 홍무제가 71세, 성조 영락제가 65세, 12대 세종 가정제가 60세였을 뿐 그 외는 20대에서 50대였다.

4) 閔斗基, 中國近代史硏究, 一潮閣, 1973, 85~94면.

여 과거제도는 명대 중기 이후는 단순한 관료등용시험으로 그치는 것이 아니라 사회의 신분계층의 서열을 정하는 기능을 가지게 되었다.

명대 사회는 한족의 주권회복과 동시에 한문화의 부흥에 진력하였으며 그 사상적 기반은 유교였다. 그리하여 명 태조는 즉위 초부터 법령으로 몽골어와 몽골 풍습을 금지하고 아울러 한문화의 부흥을 위해 당·송 제도를 모범으로 전통문화의 복원을 꾀하였다.

이러한 배경 하에서 정주이학(程朱理學)의 지위를 높이고자 하였다. 그러나 이것은 한편 지식인들의 지적활동을 제한했다. 거기에 더하여 명 왕조는 고압적인 수단으로 표현의 자유를 막고 문인들을 이단(異端)으로 내몰고자 문자옥(文字獄)을 일으켰다. 이로 인해 시문(詩文)을 비롯한 전통적인 문학형식의 창작도 약 100년 동안 침체기에 빠지게 되었다. 그러나 명대 중기에 이르러 사상과 문화의 비약적인 발전의 계기는 양명학의 흥기가 형성해 주었다. 왕양명(王陽明 : 서기 1472-1592)[5]은 송대 신유가 학파의 심학(心學)을 계승 발전시켰다. 그는 성리학적 사상적 풍토에서 '심즉리(心卽理)'를 표방하고 이를 제시하며 명대 사상계에 커다란 변화를 일으켰다.

양명학의 극단적인 행동주의는 전통적 유교이념에 대한 부정과 함께 사대부 지식계층으로부터 위험한 학문으로 인식되었다. 한편 서양학문의 전해와 명말 사회 경제의 발전으로 실용주의적 경세사상(經世思想)이 사상계를 주도하게 되었다.

명대 초기 통치자들은 치국에 있어서 교육의 중요한 작용을 일찍부터 인식하고 이었다. 이에 따라 교육을 국가발전의 중요한 지위에 놓고 "치국(治國)은 먼저 교화(敎化)를 해야 하는데 교화는 학교의 근본을 삼는다."는 문교정책을 확립하였다. 그리고 이러한 정책의 실현을 위하여 전국에 중앙관학과 지방관학 그리고 사학을 설치하여 전국적으로 비교적 완전한 교육체제를 형성하도록 하였다. 이와 동시에 명대 시기에는 여러 조치를 통하여 학교에 대한 통제를 강화하고 문화에 대한 전체적 관리를 실시하였다. 이와 함께 과거를 중시하여 학교를 과거의 예속화하다 싶이 했다.

---

5) 왕양명의 이름은 수인(守仁)이며 절강성(浙江省)여요(余姚)에서 태어났으나 주로 소흥(紹興)에서 살았다. 그는 10세 때 진사시험에 수석합격한 아버지를 따라 북경으로 가게 되고 28세에 진사시에 합격한 이후 남경 병무상서의 관직에까지 올랐다.

또한 명대 초기 통치자들은 관학과 과거와는 달리 서원에 대해서는 큰 주의를 기우리지 않았다. 특히 서원은 통치계층 내부의 갈등과 투쟁의 영향으로 몇 차례의 굴곡이 있었다. 그것은 초기의 침체에서 중기 이후의 발흥 그리고 수차에 걸친 훼손과 금지의 과정이 그것이었다.

그리고 교육사상면에서 명대 중엽이후 왕수인이 일으킨 심학(心學)의 교육이론은 전통교육에 반하는 모습으로 나타나 그 후 교육에 많은 영향을 주었다.

2. 명대 사회의 문교정책과 교육의 구조

1) 명대의 문교정책

문치와 교화 : 주원장은 홍무(洪武) 2년(서기 1369) 중서성(中書省)의 신하에 보내는 유시(諭示)에서 "짐은 항상 치국의 요(要)는 교화(敎化)가 우선이며 교화의 도는 학교를 본(本)으로 한다."[6]고 명확히 지적하였다.

"문(文)으로 천하를 다스린다."(文以治天下)와 문관(文官)정치를 실행함과 동시에 명대는 무력으로서 위협하는 것을 결코 포기하지 않았다. 주원장은 조서(詔書)에서 일찍이 "지난시대 제왕들은 업적을 이룩할 때 무력으로 전하를 안정하였으며 수전(守戰)할 때에는 무력으로 천하를 위협하였다. 그러나 경론(經論)에 의지한 정치는 문신(文臣)들에 속하는 일이다."[7]라고 하였다.

이와 같은 주원장의 유시 속에서 우리는 몇 가지의 사실을 인식할 수 있다. 즉 주원장은 원대 말 시대적 상황 속에서 하나의 산 경험으로 교화와 인재육성은 아주 중요하며 바로 그것을 위해서는 학교가 본이라는 것과 이것은 치국의 중요한 도이며 정치는 문관이 담당해야 한다는 것이다.

또한 그는 이러한 그의 신념하에 교육발전에 착수하였던바 우리는 여기서

---

6) "古昔帝王 育人才 正風俗 莫先于學校, 至元其弊已極 上下波頽風靡 雖設學校 存者亡實 兵亂以來 人人習戰斗惟識干戈 不識組豆 興化何由? 今朕統一天下 雖設國子學 然恐不足書 定天下之莫俊·其令天下郡縣 幷建學校 引師儒招生徒 講道論德 以復先王之舊."(明太祖 實訓 卷一, 台灣;1962年校印 實錄本).

7) "上世帝王朝業之際 用武以安天下 守戰之時 講武以威天下 而經論撫治之寄 則屬文臣"(明人政纂要)

2개의 면을 생각할 수 있다. 한편으로는 그는 일찍이 시행한 국자감 교육의 규모를 확대하기 시작했으며 아울러 홍무(洪武) 2년(서기 1369) 부·주·현학을 설치할 것을 하령하고 홍무 8년(서기 1375)에는 촌에 사학(社學)의 설립을 명하여 전 사회에 학교교육을 널리 보급하였다는 점과 또 하나의 면은 홍무 3년(서기 1370) 설과취사(設科取士)의 하령으로 학교에서 양성한 인재를 국가의 관료군에 충원토록 하였다는 점이다.

주원장이 교화를 학교교육 발전의 목적으로 본 것은 결국 유교이념을 학교교육의 핵으로 수용한 셈이라 할 것이다. 그리하여 교화를 사람의 도덕적 품성을 배양하는 첫 번째 위치에 두었다. 그러므로 주원장 내지 명대의 기타 황제들도 교육에 관한 각 항의 명령에서는 모두 학생들의 도덕적 품성의 향상을 강조하였다. 『와비(臥碑)』의 반포 시행도 이와 같은 면의 고려 때문이었다. 그것은 바로 도덕을 강조하기 위한 것으로서 명대 학교관리와 교학 중에서 도덕교육의 내용은 상당히 큰 부분을 점유하고 있다. 그러나 비록 명대의 관료계층 대부분이 각류 학교에서 도덕교육을 받은 학생 출신이었지만 명대는 결코 오래 지속된 투명하고 바른 정치가 없었다.[8] 이로써 짐작할 수 있듯이 학교교육의 도덕목표와 지식인 계층의 최종적인 타락은 교육이 얻은 실제적 성과와 국가가 수립한 교육정책의 정치적 의도 간에는 필연적으로 일치되는 것이 아니라는 것을 나타내고 있다.

경서(經書)의 존중 및 유가(儒家)의 숭상과 더불어 정주이학(程朱理學)을 정통으로 하였다. : 명대에는 여전히 경서를 존중하고 유가의 숭상으로 문치(文治)의 사상적 수단으로 하였다. 당시에 불·도의 지위는 명대 전체적인 수준에서 본다면 이미 상대적으로 하강하였고 정책결정 내지 그 수행에 있어서도 큰 변수로서의 기능을 상실하였다. 그 결과 명대에는 '유술독존(儒術獨尊)'의 상황이었다. 주원장은 정권을 수립하기 전 유사(儒士)들을 모으는 데 관심을 기울였다.

그 후에 주원장은 더욱 명확히 "현재는 나라의 보배"라고 말하였으며 또한 누차 령을 내려 찰거(察擧) 후 "예로써 북경에 올려 보내라" 하였던바, 이로

8) 주원장의 시대에 있어서도 관료계층의 부패도 일대 정치문제였다. 그리하여 주원장은 엄격한 징벌로 탐관오리를 처벌하였다.(大誥續編 査踏水災帝八十四 참고)

써 일시에 유생, 현재를 예후하는 바람이 크게 일어났다. 유학(儒學)에 대한 존봉(尊奉)은 특히 정주이학(程朱理學)에 대한 숭상에서 나타났다. 정주이학이 정통적인 지위를 확립하고 공고히 하도록 하기 위하여 정부 당국에서는 대대적으로 제창하였다. 주원장은 일찍이 "나라에서 선비를 취함에 있어서 경(經)을 말하면 송유(宋儒)의 전주(傳注)를 종(宗)으로 한다."[9]고 하였다.

태조는 결국 공·맹을 기반으로 주자학에 의한 사상의 통일을 추진했다는 것을 추론할 수 있다. 결국 주자학 일변도의 사상계는 극도로 획일화되었고 자유롭고 창의적인 기풍은 찾아 볼 수 없게 되었다. 이리하여 군신(君臣)의 의(義)가 절대화되고 사회가 변화하여도 주자학의 '이(理)'만이 강조되었다. 그러므로 이러한 것은 황제 독제체제의 유지라는 정신적 요소의 강조라고 보아야 할 것이다.

이리하여 명대 초에는 관(官)과 학(學)의 유착상태가 일반화되어 사상과 학문의 발달을 가로막게 되고 자유로운 연구와 토론이 제약되면서 주자학은 침체의 늪에 빠져들게 되었다. 이러한 사상계의 침제에 새로운 바람을 일으킨 것이 바로 명대 중기에 나타난 양명학(陽明學)이다. 양명학은 성리학에 예리한 도전을 하였으나 정주이학의 주도적 지위를 변경시키지는 못했을 뿐만 아니라 심지어 명대 말기 주자학의 부흥을 촉진하기에 이르렀다.

문교전제(文敎專制)의 강화 : 주원장에 있어서 온정(溫情)의 흐름은 하나의 위장(僞裝)이었고 칼을 빼고 활을 당기는 것이 그 본래의 모습이었다 할 것이다. "세상을 다스림에는 문(文)을 쓰는 것이 적합하다"는 것을 깨달은 개국의 황제 주원장은 일찍이 "조정을 비난하고 의논하는" 생원 및 지식인을 잔혹하게 진압하였던바, 그 경우를 우리는 다음과 같이 지적할 수 있다.

· 문자옥(文字獄)[10]

문자옥은 홍무 7년(서기 1374)에 처음 일어났다. 명대 최고의 시인으로 알려진 고개(高啓)와 오중(吳中) 4걸이라고 일컬어지고 있던 양기(楊基), 장우(張羽), 서분(徐墳) 등이 숙청되었다.

태조의 신하에 대한 탄압은 명의 개국에 공이 큰 동향 출신의 개국공신과

---

9) "國家取士 說經者 以宋儒傳注爲宗"(松下雜抄·卷下)

10) 朴元鎬. '明初文字獄과 朝鮮表箋問題, 史學硏究, 25, 1975, 32~35면.

강남의 지주들에 대해서도 가차없이 가해졌던바, 이는 홍무 13년(서기 1380)에 시작된 호유용(胡惟庸)의 옥에서도 나타났다. 호유용은 태조와 같은 고향인 호주(濠州) 출신의 개국공신으로 중서성 좌승상으로 임용되었고 학문과 인격을 겸비한 인물이었으나 이것이 도리어 태조로 하여금 그를 의심하고 처형하게 만든 원인이 되었다. 호유용의 모반 죄목은 일본과 북원(北元)에 밀사를 파견하였다는 믿기 어려운 의혹사건으로 이에 연류 되어 처형되었다. 이는 15,000여 명에 이르는 대옥사 사건이었다.

동 사건은 관료 내지 강남지방의 대지주·토호세력도 연좌되어 처형되었다. 이는 호유용을 중심한 명대 초기 관료세력과 강남지주 집단을 숙청하여 황제 독제권을 강화하려는 태조의 정치적 의도에서 단행된 숙청작업이었다.

동 사건을 계기로 중서성이 폐지되고 재상을 두지 않았으며 6부가 직접 황제 직속기관으로 개편되었다. 이는 재상제도(宰相制度)가 폐지되고 황제가 직접 정무(政務)의 총괄을 챙기는 절대군주제를 완성한 것이다. 또한 이와 아울러 군사제도의 개편이 단행되어 원(元)의 추밀원제(樞密院制)를 계승한 대도독부(大都督府)를 폐지하고 5군도독부(五軍都督府 : 장관은 도독)로 분할하여 황제에 직속시켰다. 또한 어사대를 폐지하면서 찰원(察院 :장관;都御使)으로 개편하여 관료의 감찰을 담당케 하였다.

· 특무제도(特務制度)

태조는 특히 정보정치를 강화할 목적으로 금의위(錦衣衛)를 설치하여 특무기관으로 활용하였다. 홍무 14년에는 지방행정을 분리시켜 민정은 승선포정사사(承宣布政使司 : 장관, 안찰사), 사법기관으로 제형안찰사사(提刑按察使司: 장관; 안찰사) 군사기관으로 도지휘사사(都指揮使司 :장관은 도지휘사;都指揮使)를 각각 독립시켜 황제에게 직속시켰다.

· 사생(師生)간 언행의 규제

정부는 국자감에 승연청(繩衍廳)을 설치하고 사생(師生)들을 견제했으며 각 지방학교에 '와비문(臥碑文)'을 설치하여 생원들로 하여금 매일 암송하게 하였다. 조린(趙麟)이라는 감생(監生:학생자격)은 속이 답답하여 갈첩(竭帖)을 붙여 이와 같은 암송에 항의하였다. 이러한 예는 당시 학생들의 와비문 암송이 얼마나 귀찮은 것이었느냐를 말해 주고 있다. 그의 문죄 때 곤장 100대를 때리고 군대에 입대시키면 되었으나 태조는 엄히 처벌할 것을 요구하여 후에 스승을 모독한 죄를 만들고 극형에 처함과 동시에 효수(梟首) 하였으니[11] 얼마나 가혹했던가를 짐작할 수 있다.

홍무(洪武) 15년(서기 1382) 또다시 정부에서는 '학규(學規)' 12조를 반포하였다. 군과 민 모두 이폐(利弊)에 대하여 생원들은 제안하지 못한다. 만약 군, 민의 이폐가 있을 경우는 관리나 재야 현인(賢人), 뜻 있는 장사(壯士), 소박한 농부, 상가(商賈)와 기예자들은 모두 말할 수 있으나 오직 생원은 의견 제시를 불허하였다.[12] 이로 보면 학생들의 의견 제시의 자유를 제한하여 정부에 대한 비판을 사전에 금지하는 것이라 할 것이다.

· 언론의 규제

당시 명 태조 이후 황제들은 황권(皇權)에 불리한 일체의 사상과 언론을 다 같이 엄하게 다스렸다. 명 태조 주원장은 비록 아성(亞聖)이라고 존경 받는 맹자에 대해서도 그의 참다운 면목을 보지 않고 "민귀군경(民貴君輕)"의 사상은 어리석은 말이라고 하면서 삭제하도록 명하였다. 만일 조정을 평가하거나 비난한 자를 신고하는 자는 표창하거나 승진할 수 있었다.

이상과 같은 고압적인 정책은 지식인들로 하여금 진퇴양난의 경지에 빠지게 했다. 입사(入仕)하고 나면 자칫 금기를 범할 수 있으며 예상할 수 없는 화를 불러 올 수도 있다. 그리하여 명대의 지식인들의 정신적 상황은 항상 불안과 위축되어 있었다 하겠다.

2) 명대 교육의 구조

홍무 2년(서기 1369) 명 태조 주원장은 중서성 신하를 모아 놓고 흥학은 "제일 급선무로서 속히 진행해야 한다."고 강조하면서 흥학조서(興學詔書)를 다음과 같이 반포하였다.

이제 짐이 나라를 통일하여 우리 중국 선왕(先王)의 통치를 회복하고 중화(中華)의 기품

---

11) 喩木伐 熊賢君著, 中國教育發展史 華中師范 人學出版社, 2000, 273면.

12) "軍民一切利病 並不許生員建言, 果有一切軍民利病之事 許當該有司 在野賢人 有志壯士 質朴農大 尙賈技藝皆可言之 諸人毋得阻當 惟生員不許"(明會典卷七八學校)

을 일으켜 교육을 흥기(興起)하려고 한다. 지금 비록 국자감을 설치하였으나 천하의 준재(俊才)를 청할 수 없을까 근심이 되어 천하의 군·현에 명을 내려 학교를 세워 양사(養士)하고자 한다.[13]

이리하여 명 초부터 관학은 적극적으로 창립되기 시작하였다. 『명사·선거지』에 의하면 명대의 학교는 태학(국자감), 지방유학(일반적으로 말하는 부·주·현학), 종학, 사학(社學), 무학은 학교체계에 포함시키고 있으나 서원, 의학, 음양학은 들어가지 않았었다. 그러나 이를 학교도 당연히 학교계통에 포함되어야 할 것이다. 명대 관학의 계통을 보면 다음과 같다.

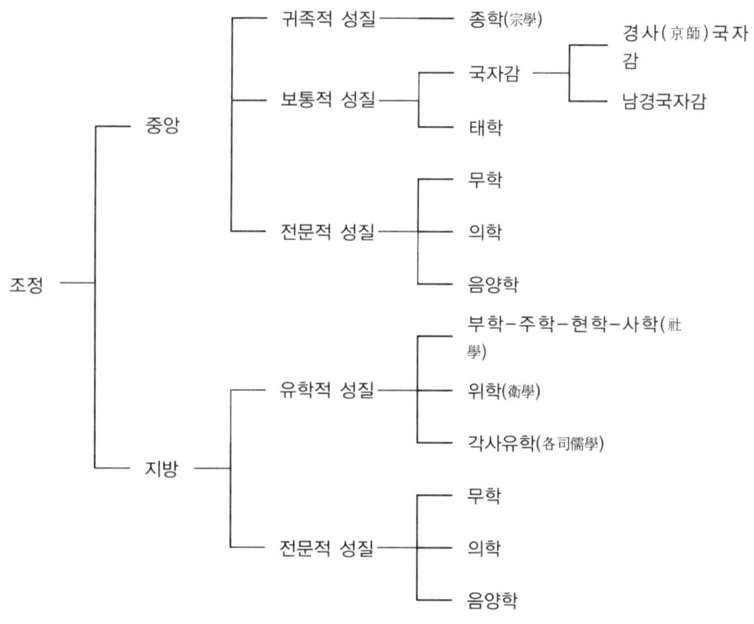

명대 관학체제 계통도

명대의 학교는 "과거(科擧)는 반드시 학교로부터"라는 설계에 따라 발전했

13) "今朕統一天下 復我中國 先王之治 宜大振華風 以興治敎 今雖內設 國子監 恐不足以 盡延天下之俊秀 其令天下群縣 並建學校以作養士類"(洪武 二年十月 實錄)

다고 할 수 있다. 그런데 과거는 일익 고정적이고 편협함으로써 관학교육은 창의성은 물론 문예의 동력마저 그 결핍을 초래하였다. 이리하여 학교교육은 명대 초기는 일단 극성하였지만 장기적으로 볼 때는 쇠퇴의 길을 걸었다 할 것이다.

명대교육의 근간이 되고 있는 관학은 우선 중앙과 지방의 두 부분으로 나누어진다. 중앙은 다시 귀족적 성질을 갖는 종학, 보통적 성질을 갖는 국자감과 태학이 있다. 국자감과 태학의 관계에 대해서는 의견이 대립하고 있다. 그리고 전문적 성질을 갖는 것으로서 무학, 의학, 음양학이 있다.

지방관학은 유학적 성질을 갖는 것으로 부·주·현·사학이 있으며 위학(衛學)과 각 사유학(司儒學)이 있다. 그리고 전문직 성질을 갖는 것으로 무학, 의학, 음양학이 있다.

교육행정 관리 면에서는 명대 최고교육행정관리기관은 국자감이며 그 장관은 제주으로서 중앙관학의 정령을 주관하였다. 지방행정기관은 명대 초에는 원대의 제도를 모방하여 각 직성에 유학제거사를 설치했으나 정통 원년(서기 1436)에는 처음으로 제독학거관(제학관 또는 제학으로 칭함)을 설치하고 그로 하여금 관할케 했다. 서원은 명대에도 하나의 특수한 교육기구였다.

3. 명대 사회의 관학제도

1) 중앙관학

국자감 : 국자감은 전국 학교를 관할하는 최고 교육행정기관이며 또한 대학교육을 담당하는 기관으로서 국립중앙대학과 교육부의 성격을 갖고 있다.

주원장은 정식적으로 등극하기 전에 명을 내려 경도(京都) 원집로(元集路)에 유학의 기초 위에서 중앙국자학을 세우도록 하였다.[14] 등극한 후 동년 또 다시 령을 내려 정부 각 아문의 품계 있는 관리의 자제와 백성의 준수한 자

14) 明太祖實錄 卷二六·三一참고.

를 국자감에서 수학토록 하였다.[15] 홍무(洪武) 14년(서기 1381) 4월 국자학의 규모를 확대하여 경도의 계명산(鷄鳴山) 남쪽에 국자학을 세우고 이름을 국자감(國子監)이라고 고쳤던바[16], 역사에서는 이를 남경국자감(南京國子監) 또는 남옹(南雍)이라고 한다. 명대 국자감 교육은 이에 이르러 진정으로 그 규모를 확립하였다. 그런데 이전에 주원장은 홍무 8년(서기 1375) 자기의 고향인 봉양(鳳陽)에 중도국자학(中都國子學)을 설치하여 국자학의 '분관(分館)'이라고 하였다.[17] '분관'은 중도국자학의 처음 설립을 나타낸 것이지 결코 전문적인 학관을 설립한 것은 아니다. 그러나 26년(서기 1389) 중도국자학은 그 유지가 어려워 남경국자감에 귀속시켰다.

명 성조(成祖) 즉위 후 영락(永樂) 원년(서기 1403) 2월 북평부유학(北平府儒學)을 북경국자감(北京國子監)으로 고쳤다. 영락 18년(서기 1420) 11월 또다시 령을 내려 부경국자감을 '국자감'으로 개칭하였다. 이리하여 원래 남경에 있던 국자감을 '남경국자감'이라 하였던바, 명대 국자감은 남·북으로 구분된다.

국자감의 관직을 업무 영역별로 보면 핵심관리 요원: 제주, 사업, 감승, 교학요원: 박사, 조교, 학정, 학록, 교보(敎輔) 및 지원 요원: 전부, 전록, 장찬 등으로 유형화할 수 있다. 이 중 국자감의 장관은 제주이며 사업은 그 다음으로 제주가 결원인 경우 제주를 대행한다. 교관으로서는 박사, 조교, 학정, 학록인 바, 이들은 교육을 실제적으로 담당한다.[18] 그 업무로는 박사는 오경을 나누어 교훈(敎訓)하며 본경(本經)에 의거 고과(考課)한다. 조교, 학정, 학록은 구체적인 교학을 책임지며 육당(六堂)을 관리하는바, 육당은 32반으로 구성되며 조교, 학정, 학록은 각각 전담하였다.

국자감의 학생을 통칭하여 '감생(監生)'이라고 하였다. 이들 감생의 입학자격은 4가지로 분류할 수 있다. 첫째, 거감(擧監)인바, 이는 회시(會試)에서 낙방한 거인(擧人)이 한림원(翰林院)에서 우수자로 선발되어 국자감에서 이업(肄業)하는 경우, 둘째, 공감(貢監)인바, 이는 지방의 부·주·현학의 학생이 시험에 선발되어 국자감에서 이업하는 경우, 셋째, 음감(蔭監)인바, 이는 3품

15) 明太祖實錄 卷二六三一참고.
16) 明太祖實錄 卷一三七, 卷一四一, 卷一四五; 南雍志卷一 참고.
17) 明太祖實錄 卷九八 참고.
18) 南雍志卷九, 卷七, 明太學志八 참고.

관 이상의 자제 또는 선조의 유덕으로 국자감에 들어와 이업하는 경우, 넷째, 예감(例監: 또는 '민생(民生)'이라 함)인바, 이는 일반 서민의 자제로서 준수하여 입학하는 경우이다.[19] 이상의 4가지 입학자격 외로 외국 유학생으로서 국자감에 입학한 경우는 이를 '이생(夷生)'이라 하였는데 이에는 고려, 유구, 일본 등의 유학생이 많았다.[20]

감생의 상황을 보면 홍무 26년(서기 1396) 8,124명, 영락 20년 15,272명, 순화(順化) 7년(1463) 17,855명, 성화(成化) 원년(서기 1465) 19,188명으로 성황을 이루었으나 그 뒤로 급격히 하강하기 시작하여 만력(萬曆) 9년(서기 1581)의 경우는 353명이었다.[21] 이로 보면 국자감이 성행했던 것은 홍무, 순화, 성화 년간으로 볼 수 있으며 만력 이후는 국자감은 유명무실의 상황이었다 할 것이다.

국자감의 교학내용은 주로 『오경』, 『사서』였다. 감생은 『역(易)』, 『시(詩)』, 『서(書)』, 『춘추(春秋)』, 『예기(禮記)』 중 1경을 전공해야 하며 『대학(大學)』, 『논어(論語)』, 『중용(中庸)』, 『맹자(孟子)』를 겸하여 학습해야 했다. 법률지식도 중요한 과정의 하나였다. 명태가가 편찬한 『어제대호(御制大誥)』, 류향(劉向)의 『설원(說苑)』은 모두 학생들의 필수 교재였다. 감생들은 매일 필수적으로 왕희지(王羲之), 왕헌지(王獻之), 지영(智永), 구양순(歐陽詢), 우세남(虞世南), 안진경(顔眞卿), 유공권(柳公權)의 자첩(字帖)을 기본으로 하여 매일 200여 자씩 연습했다. 그리고 매월 초하루에는 반드시 습사(習射)하였다.

국자감의 교학은 정의(正義), 숭지(崇志), 광업(廣業), 수도(修道), 성심(誠心), 솔성(率性) 등 6당(堂)과 이를 다시 32개 반으로 형성 조직하여 운영하였다. 이러한 형식은 홍무 16년(서기 1383)에 확정된 것으로 명대에 계속 국자감 교학의 기본 조직으로 일관되었다.[22] 이와 같은 육당 분반은 집단교학의 방법에서 온 것으로 집단강의제라 할 수 있다. 실제적으로 명대 국자감의 분당과 분반은 그 중의 교학활동이 각각 다른 것이 아니라 교사의 강의 중심으로 전개된 것이다.[23]

---

19) 明太學志卷一, 明太學志卷九八蔭叙 참고.
20) 明太學志卷一, 明太祖實錄, 卷一九七.
21) 南雍志 卷十五, 明太學志 卷一二, 참고.
22) 南雍志 卷九 참고.
23) 吳宣德, 中國教育制度通史(第四卷: 明代), 山東教育出版社, 2000, 160면.

국자감의 교학법으로는 회강(會講), 복강(復講), 작과(作課)와 배서(背書) 등으로 비교적 단조로웠다. 회강(會講)은 전교생을 모아 강의를 진행하는 경우이다. 회강 때에는 국자감의 학생은 물론 국자감의 전 관원이 참석하며 주강자(主講者)는 6당관이 순차적으로 매회 때마다 2인이 담당하였다. 복강(復講)은 회강과는 달리 주강자는 교관이 아니라 학생이다. 그렇다고 해서 학생들이 독립적으로 하는 것이 아니고 교관의 지도를 받으며 교관도 학생들의 학습 상황의 행위도 검사한다. 참가자는 제주, 사업, 박사, 육당관(六堂官)인 것 같다.[24] 복강거행 전날 제목이 정해지고 복강 당일에는 6당의 감생들은 전부 로태(露台) 앞에 모이고 나면 복강을 주관하는 교관은 당일 강할 문제를 추첨으로 확정하고 나서 또한 당일 강(講)에 나서는 감생도 추첨으로 확정한다.

작과(作課)는 시험과는 같지 않으나 작과의 방법은 시험과 같은 것으로 작문과 비슷하였다. 이것은 홍무 30년(서기 1397) 감규(監規) 중에서 확정된 것 인데 매월 작과 6도(道)를 요하는바, 본경의(本經義) 2도, 사서의(四書義) 2도, 조(詔), 고(誥), 지(志), 장(掌),책(策), 론(論), 판어내과(判語內科) 2도로 되어 있다.[25]

배서(背書 : 암송)는 명대 국자감 교학의 중요한 구성 부분을 이루고 있다. 배서의 중요한 목적은 학생들의 경서학습 등의 숙지 정도를 검사함에 있다. 그 구체적인 방법을 보면 순차적으로 배서하는 날에 6당관은 각각 쪽지 하나씩을 내고 배서할 학생을 선정한다. 그리고는 6명의 학생을 박사청에 대동하고 가 차례대로 암송을 시험하였다.

국자감에 있어서 시험은 최종적으로 학생들의 학업성적을 평가하는 방법이다. 이것은 일면 과거시험의 방법을 도입하고 또 한편으로는 출사(出仕)와 밀접한 관계가 있다.

시험은 계고(季考)와 월고(月考)로 나누어졌다. 월고는 매월 1차 거행되며 사업(司業)이 시험을 주관하였다. 계고는 3월마다 1차 거행되는데 제주가 시험을 주관하였다. 대개 월고에서 1등은 성적 1분(分:1평점)을 주며 2등에게

24) 明太學志에는 이에 관한 기록이 누락되어 있다.

25) "每月務要作課六道 本經義二道 四書義二道詔誥表章策論 判語 內科二道, 不許不及道教, 乃要逐月作完送改 以憑類進, 違者病決" (明太學志一卷七).

는 반분(0.5)을 주며 그 이하는 점수가 없다. 1년 내에 8분(평점8)이면 합격되었다. 그러나 합격자는 매년 18명에 불과했다. 합격자는 국자감에서 성격에 따라 이부(吏部)에 송치하면 이부에서는 각 아무(衙門)에 배치하여 '역사(歷事)'를 마치고 나면 심사한 후 성적에 따라 관리에 보용(補用)했다.[26] '역사(歷事)' 제도는 오늘날 현장 실습제 또는 인턴제 같은 것으로 원래 그 목적은 명대 초 관리 부족의 문제를 해결하기 위한 것이었으나 후일 감생의 증가와 견습이 형식으로 전락되어 그 의의를 잃고 말았다.

종학 : 종학(宗學)은 왕족 등 종실(宗室) 자제를 위하여 설립한 것으로 양경(兩京)에 있었다. 학생은 10세 이상의 종실 자제들로 이들을 '종생(宗生)'이라 하였다. 종학의 교사는 왕부(王府) 중 종실 자제의 교도(敎導)책임을 맡은 장사(長史), 기선(紀善), 반독(伴讀), 교수(敎授) 중 학행이 우수한 자를 선발하여 담임하도록 하였다.[27]

종학은 또한 종실(宗室)에서 추천한 1인을 종정(宗正)으로 삼아 학교의 전 행정을 맡도록 하였다. 그러나 후에는 업무의 증가로 종정 밑에 2명의 종부(宗副)를 두었다.

종학의 교과내용은 『황명조훈(皇明祖訓)』, 『효순사실(孝順事實)』, 『위선음즐(爲善陰騭)』 등을 위주로 하고 『사서(四書)』, 『오경(五經)』, 『성리(性理)』 등을 겸하여 학습하였다.[28] 배운지 만 5년이 되어 평가하여 우수하면 봉록(俸祿)이 주어졌다. 그리고 종생들은 처음에 제독관이 주관한 시험을 보았으나 후에는 과거시험에 참가하는 것으로 개정하였다.

무학 : 홍무 년간에 이미 대녕(大寧) 등 위유학(衛儒學) 내에 무학(武學) 과목이 설치되어 무관 자제들을 교도하였다.[29] 그러나 영종(英宗) 정통(正統) 6년(서기 1441) 정식으로 양경(兩京)에 설치되어 이것이 중앙 무학의 시초를 이루었다. 중앙 무학이 설립될 당시는 학생들은 모두 다 지휘관, 유관(幼官)과 50세 이하의 군관이었다.[30] 천순(天順) 8년(서기 1464) 경위(京衛)에 무학을 중설할 때부터 지휘관이 상의 관원의 자제들 중에서 선발하였다.[31]

---

26) 陳青之, 中國教育史, 台灣商務印書館公司, 中華民國 67年, 466면.
27) 明會典卷五·官制三·吏部四·王府官 참고
28) 明神宗實錄卷二二四 참고.
29) "武學之設白洪武時置大寧等衛儒學 敎武官子弟"(明史選擧之志一)
30) 明史·職官之五 참고.

교사로서는 교수 1명, 훈도 6명을 두었다.

교과는 『무경칠서(武經七書)』, 『백장전(百將傳)』, 『오경(五經)』 등이었다. 성화(成化) 원년(서기 1465)에는 무학학규를 제정하였다. 무학의 시험과 무학생의 대우는 유학생(儒學生)과 같았다. 숭정(崇禎) 10년(서기 1637)에는 조령으로 부, 주, 현학에 무학생을 설치하여 무학은 정식적으로 지방관학의 하나가 되었다. 그러나 이 시기는 명조가 쇠망의 길을 걷고 있기 때문에 무학의 설립은 일반적으로 설립할 수는 없었다.

2) 지방관학

명대 관학의 문헌 중에는 지방에 중앙정부의 교육부에 따라 설립한 학교를 유학(儒學)이라고 하였다. 그러므로 명대 학교계통의 구성 부분으로서는 유학은 그 자체 특별한 의의가 있다. 유학교육은 전대와 비교한다면 상대적으로 발달하였는데 학교의 보편적 설립과 중앙관학과의 연계뿐만 아니라 지방관학과 과거취사의 제도상에서 합이이일(合二而一 : 대립되면서도 하나로 융합)과 동시에 행정 관리상 제독학교관의 편제, 관리의 통일, 지방유학의 감독이 완전하였다.

제독학교관(提督學校官)의 설치 : 명대 유학교육(儒學敎育)의 실시 및 그 효과에 대한 검정은 대부분 제독학교관에 의하여 완성되었다. 제독학교관은 흔히 '제학(提學)', 또는 '독학(督學)'이라고도 한다.

명대 제독학교관의 설립은 명대 초부터 설립된 것은 아니다. 명초에는 원제(元制)에 의거 행성(行省)에 유학제거사(儒學提擧司)를 설치하여 정·부의 유학제거를 두고 소속관할 유학을 관리하였다. 제독학교관제도가 건립된 것은 정통(正統), 순덕(順德) 년간이었다. 양경(남경과 북경)과 각 행성에 제거학교관(提擧學校官)을 설치하였다.[32] 양경의 제독학교관은 일반적으로 중앙도찰원(中央都察院)의 '감찰어사(監察御使)' 또는 '독학어사(督學御使)'라 하였다. 각 행정의 제독학교관은 '제학도(提學道)' 또는 간단히 '학도(學道)'라 하

---

31) 明憲宗實錄 卷一一, 卷一四 참고.
32) 明英宗實錄 卷二六, 卷三三三, 卷三三四 참고.

였다.

파견되는 제학관은 일반적으로 다음 같은 3개의 조건을 구비해야 했다.

첫째, 경학(經學)에 조예가 아주 깊어야 하고 진사 출신이어야 한다.

둘째, 높은 덕행과 수양이 있어 "단후방정(端厚方正)"해야 한다.

셋째, 강직하여 아부치 않고 법집행에 엄정한 성격으로 "몸을 바르게 하고 엄숙해야 한다."[33] 제도관의 임기는 3년으로 되어 있다.

제독관의 기본적 임무는 각급 유학이 황제의 학교설립의 의도를 관철하고 있는가를 감독함에 있다. 그리고 그 구체적 직책에 대해서는 전후 3차례에 걸쳐 반포한 제학칙유(提學勅諭)에 제시되어 있으나 약간씩 다르다.[34] 그러나 이를 종합해 보면 대체적으로 다음과 같은 것을 지적할 수 있다.

① 각 부·주·현의 동생(童生)[35]의 입학 복시(復試)를 주관했다. 이것은 과거시험의 제 1급 시험으로서 이에 합격하면 입학하여 생원(生員)이 될 수 있으며 이를 세칭 '수재(秀才)'라 하였다.

② 생원의 세시(歲試) 주관인 바, 세시는 3년마다 한 번 거행되는데 성적은 6급으로 나누고 아울러 그에 상응하는 상벌을 주었다.

③ 생원의 과시(科試)를 주관한다. 과시는 3년마다 한 차례 거행되는데 실은 향시참가 선발시험으로서 세시에서 1,2등의 생원만 향시에 참가할 수 있다.

④ 공생원(貢生員)[36] 시험 책임

⑤ 지방관학의 생원학적 관리로 그 허위 및 변조 방지

⑥ 지방유학의 교환 평정하여 승진 및 유급 결정

⑦ 지방관이 보고한 향현명환(鄕賢名宦), 열부(烈婦) 및 효자의 자격 심사하여 유교적 교화의 추진 등이 있다.

명 조정에서는 제독관을 극히 중시하여 그에 상응하는 감독권을 부여했다.

---

33) 張惠芬·金忠明 編著, 中國教育簡史, 華東師范大學出版社, 1995, 339면.

34) 明英宗實錄 卷一七, 卷三三六, 明會典卷七八正統元年(1,436) 반포한勅諭 天順六年(1462) 반포한 勅檢, 萬歷三年(1575) 반포한 勅諭 참고.

35) 명·청시대 수재(秀才)시험을 보지 않았거나 그 시험에 낙방한 자.

36) 공생원(貢生員)은 명청시대 각 성시(省試)에서 제1차 과거시험에 합격한 자, 공사(貢士)는 과거시험에서 회시(會試)에 합격한 자.

제독관은 그 지위 고하를 막론하고 모두 황제의 '칙유(勅諭)'를 받들어 시학(視學)했다. 또한 제독관은 황제 권을 대표하는 상징성을 갖고 있기 때문에 지방장관에 대하여 배례(拜禮)도 행하지 않았으며 지방장관 역시 제학관의 범위 내의 직책에 대해서는 관여하지도 않았다.

유학 : 명대 중앙정부의 정치적 결정 중 지방교육의 설립·경영은 아주 중요한 위치에 두고 정책적으로 지지하는 외에 사상적인 면에서는 통제도 극히 엄밀하였다. 지방 유학(儒學)의 설립은 시기적으로 보면 국자감보다도 앞서고 있다.

지방유학과 유학제거사의 설립은 주원장에 의하여 창설되었기에 명대에 연계되는 것이나 엄격히 보면 주원장의 점령지에서의 학교와 교육기관의 창설이라 할 것이다. 우리가 여기서 유의할 점은 명 태조 주원장은 그의 사실상 군사 점령지에서부터 건국 전에 이미 교육에 힘썼다는 사실일 것이다.

명의 건국 후 즉시 유학 설립의 명령이 내려지지는 아니하였다. 홍무(洪武) 원년(서기 1368) 황제에게 부·주·현학과 학관 설치에 대한 건의[37]가 처음으로 있었고 그 다음 해인 홍무 2년 10월 태조는 계속 2차례에 걸쳐 군·현에 학교 설치를 명하였다. 따라서 명대의 지방유학 설치는 그 후로부터 정식적으로 보급되었다 할 것이다. 그러나 유학이 전국적으로 보급된 것은 홍무 14년(서기 1381) 이후에 들어서서이다. 명의 행정구역은 홍무 년간 비교적 큰 폭의 변동이 있었으나[38] 부·주·현의 설치가 비로소 기본적으로 안정된 것은 홍무 13·4년 후이다. 따라서 지방유학도 이때 이르러 전국적으로 보급되기 시작하여 홍무 말년에 이르러서는 73%의 보급률로 기본적으로 완성되었으며[39] 만력(萬曆) 시기에는 이미 1,435개의 유학이 설립되어 전국의 부·주·현학 설립의 94%가 된다.[40]

유학은 국가의 통일적인 교육부에 따라 지방에 설립된 학교이므로 원칙적으로 말한다면 유학은 직접적인 행정관할은 여전히 지방정부였으나 후에 다시 중앙의 예부에 귀속시켰다. 그러나 명조의 정치, 행정체제가 특수한 행정구조를 형성하였으므로 1개 부분에만 거의 독립성을 부여하지는 않았다. 그

37) (洪武元年七月 帶刀舍人 周宗建議 設立府州 縣學 設置學官) "自公卿人大至于庶人之子弟皆教養之"(明太祖實錄 卷三二).

38) 明史·地理志 참고.

39) 吳宣德著, 같은 책, 172면.

40) 吳宣德著, 같은 책, 175면.

리하여 갈수록 기층 부분에서는 그러한 독립성이 쇠약해 갔고 또한 그만큼 상급 부분이 많았다. 이러한 행정구조 때문에 명대 지방유학은 그 행정 예속 문제에서 복잡성을 띠었다.

유학의 유형이 동일하지 않은 것은 명대 행정 예속 관할상의 차이에서 오는 전형적인 형태이다. 명대의 유학은 대체적으로 다음과 같이 4개의 유형으로 나눌 수 있다.

(1) 국가의 기본 행정구역인 부·주·현에서 설립한 유학

(2) 지방군사기관인 도사(都司) 및 위소(衛所)와 원마사(苑馬寺) 등이 설립한 유학

(3) 국가의 염법(鹽法)집행을 책임진 염운사(鹽運司)가 설립한 유학

(4) 토관아문소(土官衙門所)가 설립한 유학이 바로 그것이다.

부·주·현학은 그 직접적인 행정관계는 부·주·현에 상응하였다. 그러나 부·주·현관이 유학에 대한 관리는 이부(吏部)에서 정한 그 직책에 대한 전문적인 규정을 따라야 했다.[41]

이 외로 홍무 5년(서기 1372) 10월 명 태조 주원장은 지방관원의 실적을 평가 하도록 명하였는데 그 내용에 농, 양잠 그리고 학교 2가지를 포함시켰다.[42] 관원의 실적평가 역시 예부에서가 아니라 이부의 관할이었다. 예부가 전국의 학교교육을 통제함에 있어서 언제나 이부를 통해서만 실시할 수 있었다는 것을 말해 주고 있다. 이와 같이 지방학교는 비록 예부에서 규정한 일반적인 규정에 따르기는 하지만 예부의 지휘를 직접적으로 받지는 않았다.

그리고 위소, 도사, 행도사 및 선무사, 선위사 등이 설립한 유학은 또 다른 경로를 통했는데 유학의 직접적인 행정 관계는 지방군사기구의 관할이었고 이러한 군사기구의 관원은 병부에서 임명하였다. 그러나 유학의 교관은 문관계통에 속하여 여전히 이부에서 임명하였다.

또 유학을 설립 경영하는 구체적 방안은 종국적으로 예부에서 제정하였다. 염운사가 설립한 유학도 이와 비슷하였다. 염운사 설립의 유학은 행정관계에

---

41) 이러한 것은 명대 관리 임명시 발급한 『수직도임수지(授職到任須知)』에서 증명되고 있다. 『수직도임수지』는 모두 31조로 되어 있는바, 그 중 제21조에서 현관의 유학에 대한 관리는 이부의 규정에 따라야 한다는 것을 설명하고 있다(明會典, 卷一0; 禮部九, 참고).

42) 明太祖實錄 卷七七. 여기서 이러한 명령을 부·주·현관에 대하여 발한 것이다.

서는 염운사에 속하나 염운사 유학의 교관은 이부에서 임명하였으나 유학의 설립·경영에 관한 구체적인 방안은 예부의 규정에 따랐다.

이러할진데, 각 류 유학의 직속 상급관청이 유학에 대한 전부의 관할권을 갖지 못하고 반드시 다른 기관의 감독을 받아야 했던바, 그것은 곧 감찰어사(監察御使)와 제학관이다. 감찰어사는 위로 도찰원(都察院)에 속하고 제학관은 안찰사(按察司)에 속했는데 안찰사는 형부에 속하였다.

이로부터 볼 수 있는 바는 유학의 행정 예속은 그것을 설립한 기구가 다름에 따라 같지 않는 구별이 있기는 하였으나 학교를 주관하는 예부와는 직접적인 관계가 없었다는 점이다.

그러므로 유학교육 자체에서 보면 예부가 그의 최종적 지도기관이나 유학교육의 구체적 법령, 조치, 방안을 실시하는 기구는 도찰원, 이부, 형부, 병부 및 호부가 그 종국적인 지도기관으로 되었다 할 것이다. 이와 같은 기이하고 복잡한 구조는 실제적으로 명대의 교육이 여전히 정치의 종속적 지위에 의하여 한정된 것으로서 국가의 통일적인 정책 결정으로부터 하나의 독립성을 갖지 못했다는 것을 말해 주고 있다.

명대 유학은 정치적 의도가 강하게 나타나 교화(敎化)를 첫 번째의 책임으로 하였다. 이 점은 명 태조가 반포한 유학 설립의 명에서도 잘 나타났다.

> 짐은 항상 이르기를 치국지요(治國之要)는 교화(敎化)를 앞세워야 하고 교화의 도는 학교의 근본이다.[43]

교화의 실제 수요에 근거하여 명대 유학은 그 출발부터 하나의 도구적 지위로 나타났다. 그렇기 때문에 도구적 지위를 유지하기 위하여 또 다른 엄격한 통제를 받아야 했던바, 그것은 바로 앞에서 말한 짐의 의지였다. 환언하면 당국의 통치 의도를 따르는 것이야 말로 명대 중앙정부가 유학을 운영한 근본목적이라 할 것이다.

지방관학의 교직은 홍무 2년(서기 1369) 유학 설립에 관한 명령에 의하면 부학(府學)에는 교수 1명, 훈도 4명, 주학(州學)에는 학정 1명, 훈도 3명, 현

43) "朕恒謂治國之要 敎化爲先 敎化之道 學校爲本" (明太祖 實錄 卷四六).

학(縣學)에는 학유(學諭) 1명, 훈도 2명을 두었다.[44] 여기서 교수·학정·학유는 교수를 담당하고 훈도는 이들을 보조했다.

명대 유학의 학생 공급원의 경로는 비교적 다양하였다. 이러한 다양성은 동일한 학교 학생의 신분상의 복잡성의 체현이 아니라 동일하지 않는 유학의 유형에서 나타난 것이다.

주지하는 바와 같이 명대 유학의 기본 유형은 4가지 유형인바, 학생의 공급은 동일하지 않았다. 이 중에서 부·주·현학에서 모집하는 서민의 자제 중에서 그 지방에 처한 지리적 환경이 다름에 따라 학생의 성분도 일부 차이가 있었다. 토사(土司) 유학은 전문적으로 토사 자녀를 위하여 설립하였기 때문에 학생모집 범위가 비교적 명확하였다.

부·주·현학의 재학생인 생원은 재학기간 3가지 유형으로 분류된다. 일정한 경제적 대우라 할 수 있는 름미(廩米)의 율첩을 받는 '름선생(廩膳生)'과 그리고 이러한 혜택이 없는 증광생(增廣生)·'부학생(附學生)'이 있다. 증광생은 입학자가 증가함에 따라 정원의 100%를 증원하는데 이를 말하며, 부학생은 증광생의 인원수가 부족할 때 보충했는데 이를 말한다.[45] 부학의 름선생, 증광생은 그 정원에 있어서 경부학(京府學)은 60명, 외부학(外府學)은 40명, 주학은 30명, 현학은 20명이며 부학생은 정원이 없었다.[46]

교육과정의 내용은 홍무 2년에 예(禮), 율(律), 서(書)를 1과로 하고 약(藥), 사(射), 산(算)을 1과로 나누어 가르쳤다.[47] 그러나 홍무 25년(서기 1392)에는 다시 다음과 같이 개정하였다. 즉, 예·사·서·수의 4과로 하였다. 예(禮)는 경사(經史), 법률(法律), 조고(詔誥), 예의(禮儀) 등의 면에 포괄시켰다.[48] 서(書)는 법첩(法帖)에 따라 매일 500자를 쓰며 수(數)는 『구장산술(九章算術)』을 숙련했으며 매 음력 초하루에는 공묘(孔廟)나 한지(閑地)에서 사법(射法)을 연습하는 것이었다.

시험은 월고(月(考), 세고(歲考), 과고(科考)가 있었다. 월고는 교관이 주관하고 세고와 과고는 모두 제학관이 주관하였다. 세고는 학생들의 우열을 측

44) 明太祖實錄 卷一三六, 참고.
45) "正統十二年 又令提調敎官于常額外 選軍民俊秀子弟 爰入學者爲附學" (沈丘縣志學校).
46) 明憲宗實錄 卷五四 成化 四年五月庚申條, 참고.
47) 明立學設科分敎格式』(嘉精)『沈丘縣志』卷二明嘉精刊本 참고.
48) 萬歷『明會典卷七八』『明太祖實錄』 卷二一六 참고.

정하되 6등으로 나누고 이는 상벌과 승·유급을 결정하였다. 과고는 세고에 1·2등인 자는 복시를 실시하였다.

명대의 학규는 엄격했으며 이상의 시험 외에도 또한 학생들의 평상시 품행을 관찰하여 '계고부(稽考簿)'에 기재했다. 계고의 내용은 덕행, 경예(經藝), 치사(治事)의 3가지에 관한 것이었다. 이들 3자 중 모두 잘하면 1등, 경예에 단점이 있으면 2등, 덕행에 흠결이 있으면 3등으로 판정하였다. 학생은 10년간 성업(成業)이 없거나 대과(大過)를 범하면 그 벌로써 이역(吏役)에 충당하고 또한 름미(廩米 : 학비)를 추징했다.

명 태조 때에는 또한 전국의 학교에 금예팔조(禁例八條)를 반포하고 '와비(臥碑)'에 각하여 명륜당 앞에 세우고 사생(師生)으로 하여금 반드시 준수토록 하였다. 와비의 핵심내용은 학생들의 참정(參政)엄금, 공경하는 마음으로 부모와 사장(師長)의 훈도를 받아들이고 향민의 모범이 된다는 것 이었다. 그러나 이것은 학생들의 정치적 표현의 자유와 창의성을 저해하는 결과를 가져오기도 했다.

사학 : 사학(社學)은 중국의 역대 소학교육의 토대 위에서 발전하였다.[49] 사학은 주·현의 예비학교 격으로 아동교육기관으로서 일반 서민들의 자제들에게 교육의 기회를 제공했다는 데 의의가 있다.

사학은 홍무 3년(서기 1370) 일부 지방관이 지방에 설립한 것으로부터 비롯된다.[50] 그러나 관에서 정식적으로 개입하며 각 지방에 설립된 것은 태조가 홍무 8년(서기 1375)에 천하에 사학을 설립할 것의 조령(詔令)을 내릴 때부터이다.[51] 사학은 50호를 1단위로 하여 사학 1개소를 설립하였다.

사학설립의 주요한 종지는 사학의 널리 분포된 특징을 이용하여 통치자의 통치사상을 전 사회에 관철시키기 위한 데 있었다. 이 점은 명 태조가 사학 설립의 조서를 내릴 때 '도민선속(導民善俗)'을 지도사상[52]으로 한 것을 보아

---

49) 고대 중국의 아동교육은 2가지 장소에서 이루어졌다. 하나는 가정이며 또 하나는 아동교육을 위하여 설립한 학교이다. 이러한 아동교육에 대하여 고대 중국인의 관념은 통칭하여 '소학(小學)'이라 하였다. 소학교육은 일찍이 선진(先秦)시대부터 존재하였다. 이러한 유형의 교육기관으로 발전했는데 소학, 가숙, 사숙, 몽학, 의학(義學), 사학, 몽학 정도의 서원 등이 그것이다. 그러나 이들 기본적인 것은 아동을 위한 소학이라는 데 있다.

50) 가정(嘉精) 구강부지(九江府志)에서는 평팩현사학(彭澤縣社學)에 관한 기재가 있고 명사·방극전『(明史方克筋傳)』에는 역시 홍무 4년에 방극근이 제녕지부(濟寧知府)로 있을 때 사학을 설립했다는 기록이 보인다.

51) 明太祖實論錄 卷九六에 의하면 홍무 8년(1375) 정월에 "丁亥命天下立社學……延師儒以教民間子弟"의 조령이 있었고 동년 2월 예부는 정식으로 전국에 공문을 내려 각 부·주·현은 50호마다 사학 1개소를 설립해야 한다고 명하였다(東鄉縣志·公署上 참고).

도 알 수 있다.

사학(社學)은 관학의 보충이며[53] 관학의 기초를 이루고 있다.[54] 관학의 보충이라는 것은 사학이 관학교육의 범위를 확대하여 교육의 기회를 더 넓혔다는 것이요, 관학의 기초를 이룬다는 것은 사학교육은 미래의 더욱 높은 교육이 필요로 하는 필연적 기초적 단계라는 것을 지칭하고 있다.

명대 사학은 부·주·현학과는 달리 교사·학생의 선발·정원·대우 등에 통일적인 규정은 없다. 또한 사학은 정부의 간섭이 많아 교사와 학생 자원 면에서 다른 학교에 비하여 상당히 큰 차이가 있었다.

사학에서 교사의 기본적인 자원은 당시의 유사(儒士), 부·주·현학의 학생, 향촌에 남아 있는 국자감생, 퇴직 관원 등이었다. 보통 사학의 교원은 1명이었고 소수 사학에는 2~4명의 경우도 있었다.

사학은 향촌의 평민 중 양가(良家)의 자제를 대상으로 한 것 같다. 왜냐하면 그것은 홍무 8년(서기 1375) 명 태조가 사학 설립의 조령을 내렸을 때 "군민(軍民)의 자제"라 언급하고 기타의 가정의 자제에 대해서는 언급하지 않은 것과 그리고 일정한 가정의 자녀에 대해서는 편견을 가지고 있어 그러한 가정의 자제들이 교육을 접할 수 있는 범위 밖으로 배척[55][56]하였기 때문이다.

그런데 부모가 고의로 그의 자제를 사학에 보내지 않는다거나[57] 7세 이상 15세 이하의 아동이 사학에서 학습하지 않으면 그 부형을 벌하였다. 이로 보면 사학은 일종의 의무교육적인 성격도 띠고 있었음을 알 수 있다. 이와 같이 사학교육이 의무교육적 성질을 띤 것은 사학 설립의 통치자의 의도적인 '교화' 지도이념의 실현과 깊은 상관관계가 있다 할 것이다.

명대 사학교육의 과정과 목표는 총체적으로 본다면 사회교화의 직능과 완전히 일치하였다. 이는 일면 중앙정부의 요구 면에서 본다면 사학의 교육내

52) "鄕社之民未睹敎化……導民善俗"(明太祖實論錄 卷九六).

53) "社學……亦以助鄕學所不及"(萬歷萊州府志 卷八: 孫繼善 東萊 小學記), "今諸州縣皆有學 社學所以 翼之也"(萬歷吉安府志…… 卷十五).

54) "大社學者 社立一學 卽古家塾之制 所以養蒙 端始 觀化善俗也 鴻漸而往 昇諸府州縣學 升諸國子學 胥此之其也 今有總角之 童不由社學而輒入鄕校 其諸未能學立而 遽欲學趨乎"(嘉靖: 商城縣志 卷七).

55) '죄를 범한 자의 자체' 嘉靖, 惠安縣志卷九 참고.

56) 도살업자와 술 파는 자의 자제, 萬歷宜興縣志 卷五 참고.

57) "父兄如有故違 不送子弟入社學者 提問坐罪"(廣渠遺書卷九 : 諭民文).

용은 반드시 정부의 정치적 수요와 일치했던바 이 점은 『대고(大誥)』학의 내용에서도 잘 나타나고 있다. 또한 명조의 명령을 집행하는 지방관원 및 유가의 영향이 컸던 대학자들은 윤리도덕규범을 선전하는 것을 소학과정 편제의 기본적인 전제로 삼았다. 왕양명(王陽明)이 인륜(人倫)을 가르치는 것을 아동교육의 기본 목표로 삼은 것도 이와 같은 입장을 나타내고 있다.

소학의 교재는, 아동이 먼저 사학에 들어가면, 『삼자경(三字經)』, 『백가성(百家姓)』, 『천자문(千字文)』 등을 학습하였다.[58] 이들 교재는 식자(識者)에 관한 류로서 사학교육의 중요한 부분이었다. 이는 사학교육 구성에 있어서 바로 기초교육이기 때문이다. 다음으로는 경(經), 사(史), 역(歷) 등의 지식을 습득하도록 하였던바 요즈음으로 말하면 국민보통교육이라 하겠다. 이 중 특히 『소학(小學)』과 『효경(孝經)』을 중시한 것은 전통유가윤리의 반영이라 하겠다. 이들 학습과 아울러 『어제대고(御製大誥)』를 반드시 학습하도록 하였다. 이는 국가의 율령과 관·혼·상·제의 예의를 알도록 한 것이니 이것은 바로 국가·사회윤리의 학습이라 할 것이다.

주지하듯 명대 사학(社學)은 원대 사학의 기초 위에서 발전되어 온 것으로 명대에 들어와 더욱 보편화된 것이다. 명대 통치자들은 사학을 격려, 발전시켰으며 부·주·현학과 상호 연계시켰다. 예컨대 정통(正統) 원년(1436) "준수한 자로서 배우려는 자는 유학의 생원에 보(補)할 것을 윤허하였다."[59]

4. 명대 사회의 서원

명대 서원의 발전은 설립기 처음부터 중앙정부가 취한 태도와 밀접한 관계가 있다.

홍무 원년(서기 1368) 명 태조는 명을 내려 수사(洙泗)[60]와 이산(泥山)서원

58) 이들 3가지 교재는 여곤(呂坤)의 『사학요략(社學要略)』에 보인다.
59) "詔有俊秀向學者許補儒學生員" (禮部志稿 卷二一).
60) 수사(洙泗)는 중국 산동성에 있는 두 강(江)인 수수(洙水)와 사수(泗水)를 말하는데 공자가 수사에서 제자를 가르친 데서 공자의 학(學) 및 그 학통(學統)을 이른다. 수사학(洙泗學)은 공자의 가르침과 그 학통 및 공맹(孔孟)의 학(學)을 일컫고 있다.

에 각각 산장(山長) 1명씩 두도록 하였다.[61] 그 뒤로 서원의 건립은 홍무 년간 극도로 위축되었다. 한 통계에 의하면 홍무 년간 전국적으로 신설한 서원 37개소, 다시 개축한 것이 15개소였다.[62] 이러한 사실은 명초 30년간에 서원의 건설은 실제적으로 퇴보 단계에 있었다 할 것이다. 이러한 것은 명대의 과거 중시 정책과 학교 진흥책이 그 원인이라 생각된다. 과거 중시 정책은 원대에서 배운 것이나 명은 이를 진일보하여 학교와 과거를 합류시켜 버렸다.

원대는 과거응시를 학교 출신으로만 한정시키지는 아니하였으나 명대에 와서는 학교 출신이 아닌 자는 과거시험에 응시하지 못하도록 하였다. 이리하여 세상에 이름을 날리고 싶어 하는 자들은 학교로 몰리게 되었고 마침내 서원 강학의 분위기는 소실하게 될 지경에 이르렀다.

그러나 그 뒤 국학제도가 무너지게 되고 과거의 폐단이 극도에 달하자 제도적 개혁을 단행하고자 하였으나 민중들의 기의(起義)가 끊임없이 일어났다. 명대의 통치자들은 정주학적 이데올로기로서는 인민들의 사상을 통제하기 어렵다는 것을 깨닫게 되었다. 이에 "마음의 도적을 없애자(破心中賊)"는 일종의 주관 유심론적 이학이 문제해결의 첩경임을 깨닫게 된 것이다.[63] 그리하여 정덕(正德), 가정(嘉靖) 년간 왕수인(王守仁:서기 1472~1528), 담약수(湛若水 :서기 1466~1456) 등의 강학기풍이 크게 일어나게 되었다.

이러한 강학기풍에 대하여 중앙정부에서는 양명의 '심학(心學)'에 대하여 제한하는 정책을 취하였으나 가정(嘉靖)초에는 서원에 대하여 지지하는 정책을 취하였다.[64] 그리하여 서원은 침체기에서 벗어나 흥성 발전하기 시작하였다.

우리는 여기서 왕수인과 담약수의 활약을 중심으로 개관하고자 한다. 왕수인은 용장(龍場)에서는 용장서원을, 귀양(貴陽)에서는 귀양서원을, 장에서는 염계서원을 그리고 월(越)에서는 계산서원을 각각 열었다. 왕수인이 서거한 후 그의 문인들도 스승을 기념하는 서원을 많이 세웠다.[65] 또한 왕수인의 손

---

61) 明太祖實錄 卷三六上 참고.

62) 季嘯鳳主編, 中國書院辭典;附錄 '中國書院名錄' 浙江出版社, 1996, 738~976면.

63) 丁淳睦, 中國書院制渡, 文音社, 1990, 55면.

64) "嘉靖七年三月初四日 少保 吏部尙書兼文淵閣大學士臣張孚敬奏 奉聖旨" 卿所奏 足見篤學以勉后來之意·書院名與做貞義 堂名更做抱忠·乃著彼處有司 就其書 院中盖敬一亭一座 以置朕之 '五箴·抱忠堂門等處 或有損壞 亦與修葺, 完日具奏"(明史 宰輔年表 및 張璁傳 참고).

65) 월성(越城)의 양명서원(陽明書院), 안복(安福)의 복고서원(復古書院), 청전(靑田)의 혼원서원(混元書院), 진주(辰州)의 호계서원(虎溪書院), 만안(萬安)의 육흥서원(六興書院), 소주(韶州)의 명경서원(明經書院), 율양(溧陽)의 가경서원(嘉慶書院), 선성(宣城)의 지학서원(志學書院), 경현(涇縣)의 수서서원(水西書院), 광덕(廣德)의 복

자인 재부(再溥) 역시 서원을 많이 세우고 강회를 크게 열었다.[66] 그 가운데 서계(徐階) 같은 이의 영향이 가장 컸다.[67] 그는 정부의 수보(首輔)를 거친 사람(서기 1562)으로 왕수인의 제자인 섭쌍강(聶双江)의 제자이다. 그의 제창으로 말미암아 관리들은 앞다투어 서원 건립 운동에 헌신하였던 것이다.

또한 담약수와 그의 문인의 활동도 서원의 흥성에 일조하였다. 담약수[68]는 벼슬이 높고 덕망과 연륜이 높았는데 이르는 곳마다 그의 스승을 기념하는 서원을 건립하였다. 그는 광동사람이었으므로 이학을 영남(嶺南)에 전파하는데 공헌하였다. 왕수인과 문인 관계에 있던 설간(薛侃·中離)과 주원(周垣·謙齋)은 담약수를 높이 인정했는데 그들도 서초(西樵) 등지에서 적지 않은 수의 서원을 일으켰다.[69]

명대의 서원은 정덕(正德: 1506~1521) 후 침체기를 벗어나 신속히 발전하여 가정(嘉靖) 년간 (서기 1522~1566)에 이르러서는 흥성하였다. 한 통계에 의하면 명대 서원 1,239개소 중 가정 년간의 신설이 제일 많아 약 37%를 차지하였고 그 다음이 만력 년간으로 23%였던바, 이를 합한 60%는 명대 전기의 침체기와는 대조를 이루었다.[70]

그러나 명대 중엽 이후 서원이 신속히 발전하고 있을 때, 4차례의 서원 훼철(毁撤)이 있었던바, 이러한 일은 일찍이 송·원대에도 없었던 일이다.

첫 번째는 가정 16년(서기 1537) 4월에 있었다. 이 사건은 어사 유거경(遊居敬)이 상소문에서 남경이부상서(南京吏部尙書) 담약수를 소척(疏斥)하기를 그는 사학(邪學)을 창도하고 무뢰배(無賴輩)를 널리 모아 서원을 창설하였으니 바라건 데 계유(戒喩)할 것을 주장하였다. 이에 세종은 담약수를 위로하고 유임하도록 하였으나 소사(所司)에 명하여 그의 서원을 헐어버리라고 하였다.[71]

동 사건은 서원의 금지가 기실 담약수, 왕수인 및 문인들이 창립한 서원에

초서원(復初書院), 단주(簞州)의 학정서원(學正書院) 등이 그 것이다.

66) 明史·徐階傳·明學儒案 卷二七 참고.

67) 明史·徐階傳·明學儒案 卷二七 참고.

68) 본래 양수인의 학설에 동조하였으나 후에 학문적 입장을 달리하였다. 그의 스승은 진백사(陳白沙 : 獻章)이었다. 남경국자감 제주 역임.

69) 丁淳睦, 같은 책, 56면.

70) 張惠芬·金忠明 編著, 中國敎育簡史, 華東師范大學出版社, 1995, 360면.

71) 續文獻通考 卷五0 참고.

한 것이며 또한 실제적으로 남기(南畿:남직예;南直隷) 지구에 국한된 것 이었다. 그러므로 동 1차의 훼철은 결코 모든 서원을 대상으로 한 것도 아니고 또한 전국적인 것도 아니었다.

제2차는 가정 17년(서기 1538) 5월에 있었다. 동 사건은 이부상서 허찬(許贊)이 상소문에서 각지 지방관원의 서원을 설립함과 그 폐해를 지적하자 당시 세종은 "백성의 괴로움을 헤아려" "내외로 엄히 서원을 금지시킨다."는 것을 명한 사건이다.[72]

동 사건은 서원의 설립과 그 활동에 대하여 상소자와 왕은 서로 다른 각도에서 서원 금지의 이유를 들고 있다. 전자인 허찬의 건의는 모든 서원을 말하는 것이 아니라 관원들이 자의적으로 아문(衙門)을 서원으로 개건하거나 사사로이 서원 건립하는 것을 두고 말한 것인데 후자인 왕은 일빈적으로 서원의 건립을 두고 말한 것이다. 때문에 가정 16년 이후 서원의 건립이 현저하게 하강한 것은 2차례에 걸쳐 사사로이 서원을 건립하는 것을 금지하는 것과 관련된다 할 것이다.

2차에 걸친 서원 철회는 당시 조정의 집권자들은 상당히 왕·담의 학설을 반대하고 있었기 때문에 왕·담의 서원 설립과 그들 문도에 대한 강학활동을 죄목으로 지적하였지만 목적은 정치와 학술 면에서의 압제였다. 서원의 불행한 점은 바로 거기에 있었다. 그것은 위정자들의 서원에 대한 태도의 변화는 항상 정권 내부의 권력다툼과 상관성이 있었다는 것이다.

세 번째는 만력 7년(서기 1579)에 있었다. 당시는 장거정(張居正)이 집권할 때였다. 장거정이 서원 설립을 제한하면서 내건 구호는 지방학교를 정돈하여 지방학교 교육의 질서를 회복하고 교육의 질을 제고시키자는 것이었다. 이리하여 서원 강학은 유학의 경영방침과 위배되지는 않지만 그것이 국가의 교육부서에 속하지도 않고 또한 강학 자체도 부분적으로 현정부에 대한 공격을 야기 시켰기 때문에 장거정의 집권 10년에는 서원은 계속 억압을 받은 처지에 있었다.

그런데 만력 7년 상주지부(常州知府)가 백성의 재산을 모아 사사로이 서원을 창건한 까닭으로 파직되어 논죄하는 기회를 빌려 사사로이 설립한 각

72) 續文獻通考 卷五0, 陳元暉等, 中國古代的 書院制度, 上海 : 教育出版社, 1981. 78면.

지의 사원 전부를 관아아문으로 고치고 서원전(書院田)을 이갑(里甲)에 되돌렸다. 한 기록에 의하면 서원을 관아로 고친 것이 응천(應天) 등의 서원(書院)이 64개소에 달하였다.[73)]

장거정의 서원 철회는 표면적인 이유였고 기실은 이것을 빌미로 하여 군·읍을 휘잡으려는 속셈이었다. 이것은 흡사 상주지부 시관민(施觀民)이 서원을 만들고 가렴주구 한 고사와 방불하였다. 이 때 서원 철폐령이 천하에 편행하여 철회되었던 것이다.

네 번째는 위충현(魏忠賢) 일파가 동림당을 공격할 때이다. 동림당(東林黨)[74)] 사람들을 공담(空談)을 피하고 현실정치에 끼어들어 당시의 정치를 평하고 시폐를 비판했다. 특히 엄당(閹黨)을 공격하는 한편 조정의 내감(內監) 일파와 정치현안을 놓고 일대 논쟁을 벌였다. 동림당은 천계(天啓) 5년(서기 1625) 위충현 일파의 탄압을 맞아 영수인 양련(楊漣), 좌광두(左光斗)가 피살되고 고반령은 자살하며 기타 수백 명이 하옥되거나 파직되는 수난을 겪었다.

엄당이 서원을 철폐한 일은 완전한 정치적 보복이었고 정당한 것이란 한 가지도 없었다. 게다가 그 수단 역시 매우 혹독하여 억지로 죄를 옭아매고 여러 번 큰 옥사를 일으켰으니 수많은 바른 사람들이 해를 입었다. 그의 서원 철폐는 철저한 것이어서 한 장의 기와장이나 한 치의 서까래마저 남겨두지 않을 정도였다고 한다.

5. 명대 사회의 과거제도

1) 과거제도 서설

과거제도의 의의와 연혁 : 명대처럼 과거제도가 문화에 절대적 영향을 준

---

73) 明宗實錄 卷八三 참고.

74) 동림서원이 신종 만력 32년(1604)에 중건된 이후 파직당한 고헌성(顧憲成)과 아우 고윤성(顧允成) 및 친구 고반룡(高攀龍), 전일본(錢一本), 우공겸(于孔謙), 사맹린(史孟麟), 설부교(薛敷敎), 안희범(安希范), 유천진(劉天珍) 등이 이곳에서 강학을 하면서 동림팔군(東林八君)이란 별명을 얻었고 서원의 이름도 널리 알려졌다. 또 이곳에서 강학에 임하는 사람들을 '동림당'이라고 불렀다.

시대도 드물고 또한 학교교육이 과거에 얽매여 마치 과거 준비를 위한 준비교육화로 전락했을 뿐만 아니라 교육의 결과에서 주어진 학위가 신분계층화한 시대도 일찍이 없었다.

명대는 송대의 과거제도와 학교교육을 외형식으로는 그대로 계승하여 이를 강화시켰다. 그러나 과거와 학교교육은 그 운영과 내용 면에서 명대 특유의 성격을 지니고 있고, 이것이 명대의 사회와 문화를 지배하는 중요한 요소로 작용하게 되었다.

명대의 과거는 홍무 3년(서기 1370) 8월에 시작하였다.[75] 그러나 무과(武科) 시험은 실시하지 않았다. 당시 시험과목 중에는 기사(騎射)가 있기는 하였으나 그것은 유학의 교육내용과 기본적으로 일치하였다.

홍무 4년에는 태조는 각 성에서 3년에 1회씩 시험을 실시할 것을 명하고[76] 또한 당시 각급 관원이 매우 부족한 상태에 비추어 당년 향시에 합격한 거인(擧人)에 대한 회시(會試)를 전면 면제하고 관직에 충원하도록 명하였다.[77] 그러나 홍무 6년 2월에는 과거시험을 잠시 정지하였다. 이유는 합격자가 너무나 연소했다는 데 있었다. 이와 같이 명 태조는 과거를 정지시키고 찰거를 중시하였으며 또한 이와 동시에 국학교육(國學敎育)을 강조하였다. 과거의 정지 기간에는 국학출신 인재를 선용하였다.

그러나 홍무 15년 8월에는 태조는 과거시험을 다시 회복시켰다. 이후 과거는 계속되었다. 그리고 홍무 17년 3월에는 또다시 과거성식(科擧成式)을 반포하였다.[78] 이것은 동시에 명대 과거시험 제 규정의 정본이 되었다. 홍무 15년 이후 시행한 과거가 홍무 3년 시행한 과거와 크게 다른 점은 과거 응시자의 수를 제한하지 않는 데 있었다.

과거는 그 특수한 힘으로 인하여 교육 정착에도 영향을 주었다. 학교교육에만 관하여 본다 하더라도 국자감의 입학자격은 거감(擧監 : 거인이 회시에 낙방하여 국자감에 들어간 자)을 생각한다면 과거와 국자감의 제도적 밀착관계를 짐작할 수 있다.

---

75) 明太祖實錄, 卷六十, 참고.
76) 明太祖實錄, 卷六十, 참고.
77) 明太祖實錄, 卷七十, 참고.
78) 明太祖實錄, 卷一四七-六一, 참고.

또한 홍무 16년(서기 1383) 태조는 국자감 규칙을 흠정할 때 과거시험 방법을 국학의 시험에 계속 이용하였다. 홍무 26년 유학의 교관을 평정하는 고과법(考課法)에서도 역시 과거 생원의 과다로서 우·열 등급(성적 중에 우를 '최(最)' 나쁜 성적을 '전(殿)이라 함)으로 하였다. 이러한 규정을 모두 교육에 종사하는 자나 학생으로 하여금 결국 과거를 주시하도록 한 것이라 할 수 있다. 이와 동시에 과거시험의 폐단도 드러나기 시작하였다.[79]

동시에 과거가 각종 교육에 대하여 미친 나쁜 영향이 나타나기 시작하였다. 그것은 우선 한 건의에서도 나타나듯 당시 학교교육이 "기송허문(記誦虛文)"의 실제로 전락했다는 것이다.[80] 그리하여 학교에서는 과거시험 준비로 기교 훈련만 중시하고 학생의 문화적 소양에는 거의 관심이 없었다는 것이다. 그리고 시험 현장에서 대필(代筆), 암호 등 표시로 인한 각종 시험부정이 계속적으로 나타났다. 이것은 결국 과거시험을 통한 인재 선발에서 공정한 경쟁을 상실하였다는 것이다. 이러한 것을 방지하기 위하여 각종의 방지책과 부정행위 관련자의 처벌이 있었다.[81]

응시자격과 답안작성 : 명의 과거시험은 제도상으로 송대와는 비슷하나 그 내용을 보면 대단히 다른 면을 보이고 있다. 우선 지방의 향시에 응시하는 수험생은 반드시 부·주·현의 유학(학교) 출신자로서 생원(속칭 수재 : 秀才)의 자격을 가지고 학교의 성적이 우수해야 했다. 이것은 명대에 과거와 학교교육이 밀접하게 관련을 맺게 되는 요인이 되면서 교육과 과거가 유착되는 결과가 되었다.

유학에 들어가기 이전의 유학 응시자를 '동생(童生)'이라 하였다. 동생은 제학관(提學官)이 주관하며 입학시험에 합격해야 생원(生員)이 된다. 뿐만 아니라 송대에 1회에 한하던 것과는 달리 향시의 합격자인 거인(擧人)이나 회시의 합격자인 진사(進士) 그리고 향시의 응시자격자 생원(수재)은 모두 한 번 합격하면 평생 동안 그 자격을 지니게 된다. 이는 명대의 신사(紳士)계층

---

79) 홍무 33년 과거시험에서 주고관(主考官) 유삼오(劉三五)는 자기가 속한 남방 출신 수험생을 편중하였기에 합격자 중 북방 출신이 없었다. 이에 명 태조는 대노하여 낙방한 자의 시험지를 재검하고 고의로 검사를 지연시키는 자에 대한 엄격한 징벌을 받게 하였다. 이러한 사실은 과거시험에서 하나의 부정으로 주관의 자의성이 개입한 경우라 할 것이다.(明太祖實錄 卷二五一, 三五三 참고)

80) (鄭府長使上言) "臣竊以爲 進賢之路 莫重于科擧· 近年賓與之士 率記誦虛文 爲出身之 階求其實才 十無二三"(明仁宗鐔 卷九下).

81) 禮部志稿卷二十三 참고.

을 대량으로 양산하면서 이들 신사가 정치·사회에 큰 영향력을 행사하게 하는 원인으로 작용하였다.

명대의 과거시험에는 반드시 팔고문(八股文)으로 답안을 작성해야 했다. 당대 이후 과거시험의 주된 과목은 진사과(進士科)이고 진사과 시험은 주로 시부(詩賦)로 시험하였다. 명대의 복고주의적 문화 경향은 과거시험에도 나타나 유교의 경전만으로 시험을 치렀는데, 이는 명대만의 특색이라 하겠다. 그러므로 명대의 과거시험 출제범위는 사서(四書) 즉 논어(論語), 맹자(孟子), 대학(大學), 중용(中庸)과 오경(五經) 즉, 시(詩), 서(書), 역(易), 예기(禮記), 춘추(春秋)에 국한되었고 그 답안은 반드시 팔고문[82]으로 작성해야만 했다. 팔고문은 태조 홍무 18년에 시작되어 헌종(憲宗) 성화(成化) 23년의 회시 때 완비된 유교경전의 시험답안 작성형식이다.

팔고문은 서체의 형식이 까다롭고 엄격하여 자유로운 사상과 감정의 표현을 제약하고 있다. 따라서 모든 수험생은 창의적 노력보다는 팔고문의 형식을 익히는 데 온 힘을 기울였다. 뿐만 아니라 과거의 답안지 작성에는 글자수까지 엄격히 제한하였기 때문에 과거에 합격하기 위해서는 성현의 말씀이나 주자학의 명구만을 인용하여 답안을 작성하는 자가 유리하였다. 그리하여 과거의 응시자는 오로지 팔고문의 형식에만 치우쳐 합격에만 몰두하였기 때문에 사상과 학문의 발달을 저해하였다. 팔고문은 진시황제의 분서갱유에 비유할 정도로 명대의 문화에 폐해를 끼쳤다고 주장하는 학자도 있다. 그러므로 명 일대를 통하여 양명학(陽明學)을 제외하면 훌륭한 문인이나 대사상가를 배출하지 못한 것도 바로 팔고문에 의한 창의력의 제한성 때문이라고 볼 수도 있을 것이다.

서길사의 선발 : 서길사(庶吉士)[83]의 선발은 명대 과거시험의 부수적인 것으로서 독창적인 제도라 할 것이다. 서길사의 선발이 처음 있었던 것은 홍무 18년(서기 1385)이었다. 기록에 의하면 동년 3월 회시가 끝난 후 일부 진사는 직접 관직에 올랐으나 그 외 진사들은 직접 중앙의 각 아문에서 행정실

---

82) 팔고문은 ①파승(破承 : 첫구句), ②기강(紀綱), ③입제(立題), ④기고(起股 : 본론의 시작), ⑤허고(虛股 : 본론), ⑥중고(中股 : 본론), ⑦후고(後股 : 본론), ⑧결속(結束)으로 구성되는데 반드시 이 형식에 맞추어 내용을 전개시켜야 한다.

83) '서길사(庶吉士)'는 『상서(尙書)』 '입정(立政)' 중의 "서상길사(庶常吉士)"란 뜻에서 유래된 것이다.

무를 실습하도록 했다. 그 중 한림원, 승칙감(承敕監) 등에서 실습하는 진사들을 '서길사'라 하고 6부, 도찰원(都察院), 통정사(通政司), 대리시(大理侍) 등에서 실습하는 진사를 그저 '진사'(이른바 관정진사 : 觀政進士)라 하였다.[84] 이것은 요즈음으로 치면 진사 실습 또는 인턴진사라 할 것이다. 과거시험에 합격했다 하더라도 실무경험이 없으면 이를 쌓아 중임하자는 의도였음을 알 수 있다.

친정(親政)이 아문(衙門)과는 다르기 때문에 홍무 년간의 서길사는 한림원에 전속(專屬)하지는 않았다. 영락 2년(서기 1404) 회시에 성조는 양상(楊相) 등 50명과 서법(書法)에 능한 10명을 한림원 서길사로 선발하여 그들 전부를 한림원에 예속시킨 바 있었다. 그 다음 해 정월 성조는 또다시 명하여 양상 등 28명(세층 '이십팔숙 : 二十八宿, 후에 29명이 됨)을 문연각(文淵閣)에서 이업(학습)하도록 하였다.[85] 이리하여 서길사는 원래의 제사(諸司)에서 치정(治政)하던 데로부터 진일보하게 학습하게 되었다.

서길사의 구체적인 교습(教習) 관련 사항은 그 후 점차적으로 제도화되었다. 선덕(宣德) 8년(서기 1433) 한림원은 서길사를 교습하고 매년 3월 한 차례의 시험으로 그들의 진보 사항을 고찰하도록 규정하였다.[86] 『명회전(明會典)』에 의하면 서길사의 교습은 한림원이 주관하며 통상적으로 내각에서 한림학사 이상의 관원 중 2명을 선발하여 그 교습을 담당시키고 시험 역시 내각에서 책임졌다. 보통 서길사에 선발되면 '관선(館選)'이라 하고 교습이 끝나면 '산관(散館)'이라 하였다.[87]

서길사는 원래 진사에 갓 급제한 자들에게 진일보한 정사(政事)의 수련 또는 학습의 기회를 제공하기 위한 것이었다. 그러기에 초기에는 어떤 특별한 대우도 없었다. 천순(天順) 2년(서기 1458) 대학사(大學士) 이현(李賢)은 주청하되 "진사가 아니면 한림원에 들어갈 수 없고 한림이 아니면 입각할 수 없으며 남북예부상서, 시랑 및 이부좌시랑은 한림이 아니면 임명할 수는 없어야 한다"고 하였다.[88] 이와 같은 주청은 한림원, 내각, 이부 및 예부의 각

---

84) 明太祖實錄 卷一七二 참고.
85) 明太宗實錄 卷二九·三八 참고.
86) 明宣宗實錄 卷一百 참고.
87) 明會典 卷一七四 : 翰林院 참고. 서길사의 교습 기간은 明史·選擧志에 의하면 3년이었다.
88) "非進士不入翰林 非翰林不入內閣 南北禮部尙書 侍郎及吏部右侍郎 非翰林 不任"(明史 選擧志二).

요원의 임명에 있어서 최소한도의 자격 요건을 진사로 하자는 주장이다. 내각의 직권이 명조 후기에는 점점 강화됨에 따라 서길사의 선발은 미래의 내각 성원의 선발로 되었다. 이 점은 명대 내각의 성원 170여 명 중 한림 출신이 90%점유하고 있다는 사실이 말해 주고 있다.[89] 이 중 원래 서길사로부터 승진한 사람도 있었다는 것은 두말할 필요도 없다.

2) 향시(鄕試)

향시는 명대 과거시험 중에서 가장 먼저 시행하는 시험이다. 향시는 전국 각지에 관련되기 때문에 각지의 교육에 대한 영향은 직접적이었고 광범위하였다.

향시의 실시 시기와 시험관의 임용 : 향시는 매 3년마다 한 차례, 음력 8월 9일, 12일, 15일 3회로 나누어 실시되었다. 향시는 가을에 시행되기 때문에 추공(秋貢), 추부(秋賦) 또는 추위(秋闈)라고도 하였다.[90]

향시는 원칙적으로 행정구역에 따른 성(省)별로 시행되었다. 따라서 행정구역의 개편에 따라 시험지구도 변경되었다.

향시의 고관(考官)[91]은 내렴관(內簾官)과 외렴관(外簾官)으로 나눌 수 있는 바 내렴관은 주고관과 동고관이며 외렴관은 구체적인 시험업무를 책임지는 사람을 말하고 업무 성질상 출제, 채점 합격자 사정(확정) 등을 책임진 주고관과 동고관과는 그 성질상 완전히 다르며 내렴관과 외렴관은 상호간의 업무를 간섭하지 않는다. 이들 고관 중 주고(主考)와 동고관(同考官)은 시험출제, 평가 및 합격자 선발에 직접적인 책임을 지므로 책임이 제일 무거웠다.

향시의 시험방식과 내용 : 명대 향시의 기본 방식은 '삼장(三場)'제였다. 따라서 시험내용도 삼장에 따라 변화하였다. 시험내용은 전술한 바와 같이 사서, 오경이었다. 다만 홍무 3년의 규정과 홍무 17년의 규정은 약간 다르다. 홍무 3년의 규정에 의하면 다음과 같다.[92]

---

89) 弇山堂別集 卷四五 : 內閣輔臣年表卷八一~八四'科試考' 참고.
90) 吳宣德裏, 같은 책, 459면.
91) 과거시험의 출제·감독·채점을 맡는 관리.
92) 禮部志稿 卷七一 참고.

제1장 : 본경의(本經義) 1도(道) 5백자 이상, 사서(四書)의(義) 1도(道) 3백자 이상

제2장 : 예악론(禮樂論) 3백자 이상 : 조(詔)·고(誥)·표(表)·전(箋)

제3장 : 경사시무책(經史時務策) 1도(道) 1천자 이상

시험내용이 의도하는 바는 장에 따라 그 주안점이 있었다.

제1장에서의 경의(經義)와 사서(四書)에서 의(義)는 전형적으로 정치교육적인 성격을 띠고 있다. 중국 역대 제왕은 유가의 윤리로 교화함을 치국의 제1의로 보았다. 따라서 경의와 사서의 이해 정도를 고찰하는 것은 통치자들의 사상과 일치하는 관원을 선발하는 수요와 부합되는 것이었기에 첫 번째 평가의 대상인 것으로 이해할 수 있다.

제2장의 시험내용은 제 1장의 내용과 비교하면 보다 실용성을 띠고 있다.

과거시험에서 '론(論)'은 통상적으로 말하는 논설문으로 그것은 춘추전국시대 제자(諸子)간의 논변(論辨)에서 기원하고 있다.[93]

'론'의 문체는 작성자의 일정한 논리적 능력을 요구하는 것으로서 이것은 문제분석과 평가능력을 말하고 있다. 과거시험에서 '론'은 당(唐)대에 시작되었으며 그것은 당시 과거시험의 폐단을 해결하기 위하여 제기된 것이었다. '론'의 제목이 일정한 명제범위에 국한하지 않고 논리성을 띠었기 때문에 수험생이 단순히 범문(范文)을 그대로 외워 옮겨 쓰는 폐단을 막을 수 있고 수험생의 실제 능력으로 평가할 수 있었다.

명대 향시에서 '론'은 이와 같은 의도에서 실시된 것이다. '론'은 바로 수험생의 사물을 분석, 평가하는 실제 수준과 이미 터득한 지식을 응용하는 능력을 고찰하기 위한 것으로서 이러한 방법은 어느 정도 합리성이 있다 할 것이다.

또한 홍무 17년의 과거시험 규칙에서 제기된 제2장의 '판(判:5조)'은 독립적인 문체가 아니라 법률 소송에서 안건(案件)을 판결할 때의 판결문이다. '판'을 시험하는 것은 당 고종 때 이부(吏部)가 정식적으로 관원을 임명하기 전 후보자에 대한 시험인데 이를 보통 '선시(選試)'라 하였다.[94] 과거시험에서

93) (淸)姚鼎, 古文辭類纂 ; 序目(淸光緒刻本) 참고.

94) 新唐書選擧下·通典選擧三 참고.

'판'을 시험하는 것은 명대 즉 홍무 17년부터 시작했다고 보아야 할것이다.[95] 이 '판'의 시험은 수험생의 관련 법조문을 실제로 안건 판결에 응용하는 능력을 평가하기 위한 것이었다.

또한 제2장에서 조(詔), 고(誥), 표(表), 전(箋)은 옛 관원들이 반드시 숙달해야 할 문체(文体)였다. 이 중 조(詔)는 조서(詔書)의 작성을 말하고 고(誥)는 고명(誥命 : 임금이 신하에 내리는 명령)의 문(文)을 말하는데 '조'와 '고'는 옛날엔 고위 관원은 반드시 숙달해야 했으며 명조에서는 이 2가지 초안 작성은 대학사의 업무범위에 속하였다. '표(表)'와 '전(箋)'은 국가의 대사나 명절 또는 관직을 수여할 때 각급 관원들이 왕과 태자, 황후 등에게 올리는 글로서 '표'는 임금에게 올리는 서간문이며 '전'은 원래 한(漢)·위(魏)시대에서는 천자, 태자, 제왕 등에 대한 상주문(上奏文)의 총칭이었으나 후세에는 황후와 태자에게 올리는 서간문이었다.

제3장의 '책(策)'은 앞에 말한 제2장에서의 '론'에 비교적 접근한다 할 수 있다. 그러나 '론'이 논리적이라 한다면 '책'은 문제해결을 위한 구체적인 주장이라 할 수 있다. 명대 향시에서 '책'에 대한 서술 분량을 제한 (홍무3년 규칙에서는 '1,000자, 홍무 17년의 규정에서는 300자)하고 경사(經史)의 범위로 하였으나 실제적으로는 상당히 자유로웠다.

향시의 응시자격과 합격정원 : 명대 향시 응시자격의 제한에서는 누차의 변화가 있었다. 그러나 총체적으로 본다면 창우예졸(娼優隷卒) 등 신분이 낮은 천민을 제외하고는 명대는 응시자격규정에서 등급의 구분을 볼 수는 없다. 이것은 적어도 형식적으로는 대부분의 사인(士人)들에게 공평한 경쟁의 기회를 제공해 준 것으로 보인다.

향시의 합격정원은 지구별로 또는 시대에 따라 변동이 있었다. 그러나 전국적인 통계를 본다면 홍무 3년에는 510명, 제일 많았던 때는 융경(隆慶) 4년 1,210명, 그리고 만력(萬曆) 원년에는 1,185명이었다.[96]

향시는 과거시험의 일단계로 향시에 합격한 자 '거인'은 다음해 봄 예부가 주관하는 회시에 참가시켰다.

---

95) "以吏部選人之法而 施之貢擧 欲使一經 之士皆通吏事"(日知錄 卷一八'判').

96) 吳宣德, 같은 책 475면.

회시(會試) : 회시는 과거시험의 둘째 단계로 향시 다음 해 봄, 예부가 주관 하에 거행되는데 이를 '춘위(春闈)' 도는 '예위(禮闈)'라고 하였다. 회시의 기본 절차와 시험내용은 향시와 대체로 비슷하나 시험의 등급이 제고되었기 때문에 그 구체적인 방법에서는 향시와 약간의 차이가 있다.

회시의 시험관과 기타 관원은 그 유형상 향시와 완전히 일치하였다. 다만 초빙되는 관원의 범위와 그 수에 있어서 약간 다를 뿐이었다. 홍무 17년의 규정에 의하면 회시의 주고(主考)는 2명, 동고관(同考官)은 8명으로 하였고 예부에서 매 회시 때 초빙하였다.[97]

회시의 주고(主考) 초빙은 후에는 한림원 등관(等官)에서 내각 대학사로 상승하였다. 내각 대학사로써 회시 주고관에 충원한 것은 홍무 3년(서기 1490)으로부터 시작되었다. 회시 시험관의 초빙에서 가장 큰 변화는 동고관이 증가하여 이른바 '십팔방(十八房)' 제도를 형성하였다는 점이다. 또 하나는 회시의 각 관의 행정급은 특히 높았는데, 그 중에서도 주관과 동고관은 또한 황제 자신이 정하였다는 점이다.

회시에 응시하는 자는 각지의 향시에 합격한 자이다. 회시 응시는 제한하지 않았기 때문에 응시자의 확실한 숫자는 알 수가 없다. 다만 회시에 응시하는 자는 2개 부분으로 나누는데 그것은 전 해에 향시에 합격한 자와 그 이전에 회시에 불합격한 거인 중의 일부분이다. 회시에서 낙방한 자는 (향시와는 다르게) 교직에 임명되거나 국자감에서 다시 수학하거나 원래의 학교에 돌아가 진학하는 등 3가지로 나눌 수 있다.[98]

거인에 낙방한 자를 교직에 임명했던 것은 홍무 18년(서기 1385)이었고 회시에 낙방한 거인이 교직에 임명시킨 것은 영락 년간이었다. 후기에는 교직에 종사하는 것을 교관으로 간주하고 과거응시를 허락하지 않았다. 그러나 천순(天順) 8년(서기 1464) 교관으로 재직 중인 거인은 임기가 다 되고 40세 이하인 경우는 다시 회시에 응시할 수 있도록 하였다.[99] 그 후 교직에 재직 중인 자의 회시 응시에 대한 제한은 더욱 완화되어 자유로이 교직 임직이나 회시 응시를 선택할 수 있게 하였다. 이리하여 회시 낙방자, 거인 낙방

97) 吳宣德, 같은 책 478면.
98) 禮部志稿 卷二三 참고.
99) 禮部志稿 卷二三 참고.

자 등은 후에 대량으로 교직을 찾게 되었다.

회시의 거행은 3장으로 나누어 향시 거행 다음해 2월 9일, 12일, 15일에 거행되었다. 회시에 합격한 자는 '진사(進士)'라 하였으며 진사는 전시에 응시한다. 한 차례의 회시에서 '진사' 자격을 획득한 자의 정원의 규정은 없다. 그러나 지리적인 분포를 고려하여 각 지방과 성에서 합격할 수 있는 후보자의 수는 미리 할당 되었으며 그 할당 수는 시대에 따라 약간의 차이를 보이고 있다.[100)]

전시(殿試) : 전시는 과거시험의 마지막 단계로서 응시자는 회시에 합격한 진사이다. 전시의 시험기일은 홍무 3년에 3월 3일로 규정하였으나 홍무 17년에는 3월1일로 개정하였다. 그 후 성화 8년(서기 1472) 이후에는 3월 15일로 고쳤다. 전시는 황제가 직접 주관하였다. 영락 2년에는 전시의 의식(儀式)을 구체적으로 규정하였다. 전시는 황제가 주관하므로 과거시험 행사에서 가장 성대하고 장중하였다.

전시 당일 황제는 친히 전시 참가자에게 책문(策問)하였다. 대책을 제외하고는 기타 내용은 없었다. 수험생의 답안은 동각(東閣)의 독권관처에서 평가하고 3일 만에 황제가 1갑(甲) 3명의 순서를 정하였다. 그 나머지는 동각에서 제2갑, 제3갑의 명단을 황방(黃榜)에 쓰고 어인(御印)을 날인하여 공포하였다.

전시에서 사서의 의와 경의를 시험하지 않고 시책만을 묻는 것은 국가의 정치적 업무에 대한 처리 의견과 능력을 검사하기 위한 것이었다.

향시의 시작으로부터 전시가 끝날 때까지는 거의 반년이 걸린다. 명대에 모두 91차의 과거시험을 실시하였다. 그 중 홍무 4, 5년에 향시가 없었으므로 회시가 거행되지 않아 진사를 배출하지 아니하였지만 매 회시의 합격 인원은 일정치 않았다. 다만 91회의 과거시험에서 역대 합격자는 24,861명이었다.[101)]

---

100) 禮部志稿 卷二三 참고.
101) 吳宣德著, 같은 책, 488~491면.

제 9장 청대 사회의 교육(서기 1644~1862)

- 동북변방 수렵민족 지배하의 교육 -

1. 총설

청은 중국 역사상 마지막 왕조로서 진시황 이래 2천여 년간 계속 되어온 황제 지배체제를 유지하였다. 청의 등장은 명의 멸망(서기 1644) 상황 하에서 있었고 또한 여진족을 근간으로 하는 동방 수렵민족에 의한 중국의 지배였기 때문에 절대다수를 점하고 있던 한족(漢族)으로부터 심한 배척과 급기야는 반청운동을 가져왔다. 그리하여 청조는 한족에게 강압책과 한편으로는 관대한 회유책을 취하는 이른바 만한이중체제(滿漢二重體制)로 통치하게 되었다.

청이 입관(入關)하여 중국을 통치한 기간은 270년간이었다. 물론 청의 태동은 누루하치의 후금의 건국에 있겠으나 정치·제도적인 의미로서는 입관(서기 1644)으로부터 아편전쟁 전후까지의 기간 한 왕조로서 성격상 뚜렷한 의미를 가진 것이다.

청의 중국 지배정책을 보면, 우선 청의 지배를 가능케 한 무력으로 정규군이라 할 수 있는 팔기군(八旗軍)제도와 한인으로 조직된 소규모 향촌방위군이라 할 수 있는 녹영(鹿營)이 있었다. 그리고 청조는 소수의 만주족으로 다수의 한족을 지배하여야 했던 만큼 한인에 대해 변발(辮髮)을 강요하고 화이

(華夷)사상을 엄금하여 주소 제한 등을 통해 반항적인 신사(紳士), 지식인을 탄압하기 위해 만주족과 한족의 분리거주, 만·한족 간의 결혼금지, 만주어 사용, 팔기에 대한 토지급여, 만주지역에 대한 봉금 등의 정책을 썼다.

정치적인 면에서 보면 중앙관제는 입관 직후에는 명의 제도를 답습하였으나 그 내용면에서는 황제권의 강화에 뚜렷한 특성을 보이고 있다. 중앙관제는 명대의 내각과 6부 제도를 그대로 답습하였으나 청조 특유의 것으로 군기처(軍機處)[1] 이번원(理藩院)을 두었고 중요한 관직에는 만주인과 한인 2명의 관리를 임명하였다.

지방관제는 전국을 18성(청 말에는 22성)으로 나누고 성 밑에 부·현의 3층 구조를 두었다. 한편 현 아래의 향촌자치조직으로 명의 이갑제(里甲制)에 대신하여 보갑제(保甲制)를 실시하였다(1708).

문화면에서 보면 청대는 국가의 정책으로 지식인을 회유하고 또한 몇몇 황제들은 중국의 학술문화를 좋아했기 때문에 문화가 크게 발달하였다. 그 결과 청대를 대표하는 학문으로 고증학(考證學)이 발달하였다.

고증학은 원래 명말 청초에 나타난 여러 가지의 경향이 구체화된 것이지만 고증학의 발달은 그 방법의 객관성과 실증성으로 인하여 경학(經學) 이외의 다른 학문 분야에 영향을 주면서 새로운 학문이 개척되었고 여러 학파의 독창성을 촉발하였다.

한편 명말 청초 유럽으로부터 온 선교사의 기독교 전래와 서양학술의 소개는 당시 청의 시야를 넓혀 주었다. 그리고 선교사에 의해 중국문화는 17세기 유럽사회에 많은 영향을 주기도 하였다. 특히 사상적인 면에서 주자학의 이론적 학설은 기독교로부터 벗어나고자 하던 유럽의 철학자에게 많은 호감을 주었고 독일의 철학자 라이프니츠, 프랑스의 계몽사상가 볼테르 등 사상에 큰 영향을 주었다.[2]

---

1) 준가르 정벌 과정에서 임시적인 군사행정기구로 설치되었다가 점차 상설적인 행정기구가 되면서 최고의 정책결정기구가 되었다. 군기대신은 황제가 직접 고위관리로부터 선임하며 황제가 군기대신의 권한을 제한, 통제할 수 있게 하였으므로 관리의 횡적 연대, 곧 붕당의 폐해를 없애고 황제권을 강화하려는 형식이 엿보인다.

2) 변방지방에 대한 청의 통치를 위해 설치된 관청으로 주로 몽고족의 통치에 대한 업무를 맡아 보았고 그 밖에 서장(西藏), 신강(新疆)지역에 대한 일부 업무도 맡았다.
볼테르는 자기 방에 공자의 초상화를 걸어 놓고 경배하면서 중국문화를 찬양하는 시와 논문을 많이 발표하였다. 이 외에도 경제학계에서 케네, 아담 스미스 등은 중국문화에 깊은 관심을 가지고 연구하였고 특히 18C 계몽주의 시대의 자연법 사상에는 중국의 천(天 : 上帝)사상의 영향이 컸다.

또한 중국의 과거제도를 비롯한 관료제도는 매우 진보적인 것으로 인식되어 영·불의 고등문관 시험제도에 큰 영향을 주었다. 이 밖에 중국의 예술과 공예가 유럽에 많은 영향을 주기도 하였다.

청대의 학교교육제도는 초기에는 명대의 교육제도를 답습하여 부·주·현의 유학에서 국자감에 이르는 관학체계를 건립하였다. 그러나 점차적으로 관학제도의 보조적인 수단으로 민간이 건립한 서원제도도 회복하였다. 대체적으로 보면 청은 명대의 관학체계를 회복하는 동시에 당시 특유한 팔기교육체계(八旗教育体系)를 수립하였다.

이러한 교육체계는 모두 다 같이 과거제도와 밀접한 관계를 이루고 있으며 이리하여 청대교육체계는 과거제도의 부속물처럼 되어 학생들은 '출신(出身 : 국가의 요역을 면제 받은 평민신분)'이 되려고 하였다.

청대 중엽으로부터 서구 식민주의 침략에 따라 서구 자본주의, 과학과 문화의 동진에 따른 서구의 선진적인 문화, 교육제도와 비교해 볼 때, 중국 전통교육제도의 보수, 몰락과 조류에 따르지 않는 특징들이 일익 노출되기 시작했다. 서구의 선교자들에 의하여 서구 교육제도가 전래되면서 전통적인 서원이 점차적으로 서구 교육제도의 부분적인 내용을 수용하였다. 이러한 상황 속에서 서구의 교육제도를 받아들이고 외국에 유학생 파견, 종래의 교육제도에 대한 검토와 새로운 교육제도를 수립하게 되었다.

2. 청대 사회의 문교정책

중국의 역대 왕조에서 학교를 건립한 목적은 "돈교화 육인재(敦教化 育人才)"에 있었다. 그러나 청조에 있어서 이것의 의미는 특별한 뜻을 갖고 있다. "돈교화(敦教化 : 교화를 두터이 함)"의 목적은 한문화로서 인구가 제일 많은 한족을 통치하는 데 이용하려 했던 것이며 "육인재(育人才 : 인재를 양성)"의 목적은 한족을 통치하는 관리를 양성하는 데 있었다. 그러나 통치가 확립된 초기에 있어서는 "육인재"가 "돈교화"보다 우선되었다.

1) 통치관료의 육성

황태극(皇太極)이 위(位)를 계승한 것은 실제적으로 명조(明朝)를 대체하여 중원(中原)을 통치하는 것이었으며 전국을 통일하는 것이 전략적 목표였다. 그 결과 어떻게 한문화를 이용하여 명대의 통치 방법으로 한족 지역을 통치할 것인가 하는 것은 심각한 문제였다.

천총(天聰) 3년(서기 1629) 황태극은 이미 1차적인 시험을 시도한 바 있다. 동 시험에서 한족 출신 3백 명의 생원 중 2백 명을 선발하였다. 시험에 합격한 자들은 일정한 부역을 면제하고 관리등용에 대기시켰었다. 이러한 조치는 황태극의 이른바 '이문흥치(以文興治)'[3]를 대변하는 것이었다.

순치 원년으로부터 7년까지 청 정부는 창건 무렵 전란으로 인하여 폐기된 학교제도를 복원하였다. 그러므로 청의 학교제도 건립은 순치 7년(서기 1650)으로부터 시작되었다 할 것이다. 이러한 것도 결국은 통치관료의 양성과 관련을 맺는 것이라 할 것이다.

순치 9년(서기 1652) 순치는 친히 각 지방학교의 사자(士子)들에게 독서를 권하는 '와비문(臥碑文)'을 찬(撰)하여 써 주어 관리양성을 건학 목적의 우선적인 것으로 하였다. 와비문 중에 "현재를 양성하여 조정의 관리가 되게 하라"[4] 하면서 또 "이렇게 함이 바람직한 관리를 위함"임을 강조하였다. 이후 강희제 41년(서기 1702)에 이르기까지 20여 차례의 회시를 실시하여 국가의 관리 충원을 해결한 후 학교교육의 목적은 정식적으로 교화를 인재양성의 앞에 두게 하였다.

2) 유가 경술(儒家 經術)의 존중과 정주이학(程朱理學)의 제창

청조 건국 초에 순치제는 '육경(六經)'[5]을 존중하였던바, 이것은 "천덕(天德)과 왕도(王道)는 다 여기에 마련되었다고 하여 "신하와 자제가 왕에 바치는 근본"이라 하였다. 이리하여 육경을 만족어로 번역하여 조석으로 강론케

---

3) 王先廉, 東華錄, 天聰 3 年條 참고.
4) 欽定光緒大淸會典, 卷 31 참고.
5) 육경: 상서, 서경, 역경, 주례, 춘추, 악.

하였으며 대·소 관리들도 학문에 마음을 두어 경술을 연구케 하였다.

청조가 북경으로 정도한 후 통치자들은 존공(尊孔)의 조치를 취하였다. 순치 원년(서기 1644)에는 공자의 64세손 공윤식(孔允埴)을 연성공(衍聖公)으로 봉하였으며 2년에는 공자를 '대성지성문선선사(大成至聖文宣先師)'로 봉하고 14년에는 '지성선사(至聖先師)'로 고쳤다. 강희 22년 강희제(康熙帝)는 친히 '만세사표(萬歲師表)'라는 액자를 써 전국 각지의 공묘(孔廟)에 걸게 하였다. 그리고 그 다음 해에는 곡부(曲阜)에 가 친히 공자의 제사를 행하였다. 건융제는 이에 9회에 걸쳐 곡부에 내려가 배알하기도 하였다.

청의 통치자들은 또한 대대적으로 정주이학을 제창하였다. 순치 12년과 강희 5년에는 주자의 5세손 주황(朱黃)과 16세손 주곤(朱坤)을 한림원 5경 박사에 모셔 제사케 하였다. 강희 51년(서기 1709)에는 강희조서를 내려 주자를 공묘(孔廟)에 배향토록 하여 십철(十哲) 다음으로 모셨다. 그 다음해에는 '주자전서(朱子全書)'를 편집하게 하여 친히 그 서문을 쓴 바도 있다. 또한 강희 56년에는 신편 '성리정의(性理精義)'에 그 서문을 쓰고 정주의 이학을 숭배하였다.

이렇듯 청의 통치자들은 정주학을 숭배하였던바, 주자학의 사상계에서의 통치적 지위를 확립하기 위하여 청 정부는 주희의 주사서(注四書)를 과거시험의 필수과목으로 규정하고 부·주·현학과 국자감의 필수 학습내용으로 규정하였다. 이와 같이 조치를 취한 것은 바로 교화(敎化)를 인재양성의 전제로 본 사상적 기초가 있기 때문이다. 이로 보면 정주학은 청대의 정치지도이념 내지 교육의 지도이념이었음을 알 수 있다.

강희 41년(서기 1702) 현엽(玄燁)은 예부에 어제(御製) "훈칙사자문(訓飭士子文)"을 반포하고 비에 각하여 태학에 세우게 하였다. 그 비에서는 다음과 같이 기록하고 있다.

> 국가는 학교를 세우고 사람은 교화하여 인재를 양성시키는 전례이다. 짐은 왕이 된 이래 유가사상을 존중하고 또한 배우며 제삼 주의하여 재난을 주목하였으며…….[6]

---

6) "國家設立學校 原以興行敎化 作育人才 典至渥也. 朕臨御以來. 隆重師儒加意庠序, 近復愼簡學使原剔弊端 務期風修明 賢才蔚起, 庶己域朴作人之意"(淸史稿卷-00참고)

위의 구절은 "흥행교화(興行敎化)", "작육인재(作育人才)"의 전제로 오직 "풍교수명(風敎修明)"이 있어야 현재(賢才)들이 나타난다는 점을 명확히 하고 있다. 주자학은 청조에서 유일하게 창궐한 학문으로 되었고 강희대의 남서방(南書房) 대신 주이존(朱彝尊)도 일찍이 주자학은 이미 공자학의 지위로 대체되었다고 말하였다.[7]

3) 학교 설립의 확대와 학규의 개정

청초에는 명의 제도를 답습하여 중앙과 지방에 부족했던 학교를 설립하였다. 순치제는 북경에 정도한 후 명의 북감(北監)을 수리하여 태학으로 하여 여러 학관(學官)[8]을 두고 육당(六堂)[9] 그리고 산학(算學), 팔기관학, 종학(宗學), 각라학(覺羅學), 러시아 문관(文館) 등을 창립하였다.

옹정 4년(서기 1726)에는 전국적으로 향(鄕)과 소수민족이 살고 있는 곳에 사학(社學), 의학(義學), 정학(井學) 등을 설립하였다.

이상에서 보듯 중앙에서 지방에 이르기까지 비교적 완벽한 학교체계를 수립하고 각종 학교의 발전을 기하였다. 광범위한 학교 설립에 있어서 적극적으로 문교사업을 발전시키면서 청 정부는 명조의 법에 의거 각종 학규를 제정하고 각 급 학교의 관리와 규제를 강화하였다. 그 중 유명한 것으로는 다음과 같은 3개의 경우가 있다.

첫째, 순치 9년(서기 1652)에 각성 유학에 반포했던 명륜당의 '와비문(臥碑文 : 일명 士臥碑文)이다.[10] 이 비문은 구체적으로 8개 조목으로 되어 있다. 동 비문은 지방 관학생의 인품, 구학(求學) 및 교원의 교학 등에 관하여 구체적으로 그 요구사항을 기재하고 있으나 기실 학생들의 사회 현실문제에 대해서는 금지하고 있으며 또한 그들의 언론, 출판의 권리를 박탈하고 다만 학생들이 충성스러운 청의 관리가 되기를 기대하고 있다. 이는 정서적으로 볼 때 청 정부가 진력했던 것이라 할 것이다.

---

7) 劉秀生 楊雨青著, 같은 책 8면.

8) 제주(祭酒),사업(司業), 감승(監丞), 박사(博士), 조교(助敎), 학정(學正), 학록(學錄), 전적(典籍), 전무 등.

9) 육당(六堂) : 솔성(率性), 수도(修道), 성심(誠心), 정의(正義), 숭지(崇志), 광업(廣業) 등.

10) 清朝文獻通考 : 學校考 참고.

둘째, 성유십육조(聖諭十六條)이다. 성유16조는 강희 39년(서기 1700)에 각 학교에 직접 반포했던 것으로 되어 있다.[11] 이의 내용은 봉건적인 정치, 윤리, 도덕의 표준으로써 이것은 학생들의 사상, 행위, 학습, 생활 등 모든 면에서 요구되었다. 그리하여 전국의 각 층의 학교생활에서 하나의 준칙이 되었다. 또한 명문의 규정을 두어 "매월 삭망(朔望 : 음력 초하루와 보름)에 유학 교관들에게 명을 내려 학생들이 동 16조를 낭독케 하고 만일 이에 위반자가 있을 경우 교관과 지방관에게 그 책임을 물었다."

셋째, 옹정 2년(서기 1724)에는 '직성학궁(直省學宮)'의 성유광훈(聖諭廣訓)을 발표하였다. '어제성유광훈(御制聖諭廣訓)' 서문에 의하면 "삼가 성유 16조로써 그 의(義)를 찾아 그 글을 널리 알리다."하였다. 그렇기 때문에 '성유광훈'의 기본 내용과 "성유16조"는 동일하다. 다만 성유16조의 구체적인 조항은 "여러 가지 자료를 참고하였기 때문에 그 뜻하는바 주도면밀하게 진일보 하였다.

4) 회유와 규제[12]

청대 통치자들은 '흥문교(興文教)', '숭경술(崇經述)'을 목적으로 하여 청조의 통치체계를 공고히 하였다. 이러한 목적 수행을 위하여 온·강의 수법으로 한족 지식인들을 규제 강화했다. 한편으로는 각종 회유 수단으로 사인(士人)들을 농락하였다. 이 경우는 대략적으로 3개의 경우를 들 수 있다. 하나는 청의 통치자들은 우선 입관(入關) 전 천총(天聰) 3년(서기 1692) 시험을 실시하여 취사(取士)하였다. 그러나 북경에 정도한 이후에는 명의 제도를 답습하여 완벽한 과거제도를 수립하였다. 그리하여 과거제도는 사인들이 정계에 투신하는 주요한 통로가 되었다.

또 하나는 제과(制科)를 설치하여 왕이 직접 인재를 선발하였다. 즉 천자는 친히 조(詔)를 내려 인재를 선발했는데 이에는 박학홍사과(博學鴻詞科), 경제특과(經濟特科), 효렴방정과(孝廉方正科) 등이 있었다. 이 중 박학홍사과

11) 淸會典, 學校二, 참고.
12) 孫培青 主編, 中國教育史(修訂版), 華東師範大學出版社, 2000, 254면.

가 최대의 것이었다.

그 다음으로는 서적 편찬이었다. 강희, 건륭 년간에 청 정부는 이미 많은 학자들을 동원하여 많은 서적을 편찬하였다. 예컨대, 강희대에 편찬한 '명사(明史)', '강희자전(康熙字典)', '패문운부(佩文韻府)', '고금도서잡성(古今圖書碟成)', 건륭대에 편찬한 '속통지(續通志), 속통전(續通典), 속문헌통고(續文獻通考), 대청회전(大青會典), 사고전서(四庫全書)' 등이다. 이 중 제일 중요한 것은 '고금도서집성(古今圖書集成)'[13]과 '사고전서(四庫全書)'[14]이다.

청 정부가 이와 같이 조직적으로 학자들 책의 편집을 도모한 목적은 사인(士人)들의 환심을 사는 것이었으며 문치성세(文治盛世)를 선양하기 위한 것이었다. 청 정부는 한편으로는 사인들을 유인하는 동시에 탄압정책을 강행하였다. 이에는 3가지 이유가 있다.

그 하나는 결사(結社)를 방지하자는 것이다. '와비문'에 "입맹결사(立盟結社)"를 불허하고 있다.[15]

둘째는 서적의 소각이다. 청 정부는 적극적으로 학자들의 편저를 조직적으로 운용하였지만 통치에 불리한 서적을 소각하였다. 이것은 청국판 분서라 할 것이다.

셋째, 문자옥(文字獄)을 일으킨 점이다.

3. 청대 사회의 교육 관리체제

청조는 군주전제 통치를 강화하는 과정에서 교육 관리체제와 학교계통 구조면에서도 규제를 강화하였다. 청조는 명의 제도를 연용(沿用)하였던바, 예부(禮部)에서 예의, 제사, 학교, 과거에 관한 행정을 주관하였다. 그러므로 예부는 전국 최고 행정기구였으며 예부상서(禮部尙書)는 그 장관으로서 전국

13) '고금도서집성'의 내용은 역상(歷象), 방여(方輿), 명륜(明倫), 박물(博物), 이학(理學) 등의 6편으로 1만여 권으로 되어 있다.

14) '사고전서'는 3503종의 79337권의 책을 수집한 것으로 그 내용은 경(經), 사(史), 자(子), 집(集)의 4부로 편성, 10여 년 전에 걸쳐 완성된 중국에서 최대의 총서로 지목되고 있다.

15) 淸朝文獻通考, 學校考 7 참고.

의 교육과 과거를 주관하였다.

예부의 구체적 관리 권한은 모든 학교를 포함하지는 않았다. 그것은 청대의 국자감이 순치 15년(서기 1658)부터 시작하여 국자감에서 자체적으로 관리하기로 규정했기 때문이다. 그 후 옹정 3년에 이르러서는 예부에서 독립하여 황제가 특파한 관리감사대신이 주관하고 이는 직접 황제에게 책임을 졌다. 그러나 학생 모집과 학생 진로에 관한 사무는 여전히 예부에서 관리하였다. 그 외에 황제 귀족을 교육하는 특수학교도 행정면에서 예부에서 독립했다. 그러므로 예부에서 관할하는 것은 국자감과 특수관학 이외의 전국 학교행정으로서 주요한 것은 지방학교와 과거시험에 관한 행정이었다.

예부의 지방교육에 대한 관리는 조정에서 파견한 학정(學政)을 통하여 실현하였다. 학정은 각 성에 1명을 두었으며 이는 성의 학무(學務)를 주관하였다. 학정은 해당 부·주·현의 학교를 직접 관리하고 순회하면서 동시(童詩)와 세과(歲科)시, 교관의 평가를 주관하였다. 국가학제의 범위에 속하지 않은 서원(書院), 사학(社學), 의학(義學)에 대해서도 비록 제생(諸生)은 시험에 응할 임무가 없지만 학정의 감독 책임이 있었다.

국자감의 주요 기능은 교학(敎學)에 있다. 그러나 국자감은 최고학부이기 때문에 전국적으로 그 영향이 비교적 컸으며 주요하게는 전국 문교의 중대한 예의활동에 대한 책임이 있었다.[16)]

국자감의 최고영도는 황제가 특파한 관리감사대신이며 일상 사무의 관리는 제주(祭酒)가 담임하고 그 아래에 사업(司業)이 있다. 그리고 그 밑에 교과를 감독하는 승연청(繩衍廳), 교학을 책임지는 박사청(博士廳) 등이 있다. 박사청 밑에는 한족 사자(士子 : 과거응시생, 학생)들의 구체적인 교학을 책임진 솔성(率性), 수도(修道), 성심(誠心), 정의(正義), 숭지(崇志), 광업(鑛業) 등 육당이 있으며 조교, 학정(學正), 학록(學錄)이 각각 교학했다.[17)]

국자감 내에는 또한 일부 특수한 교육기구가 있는바, 팔기관학(八旗官學), 산법관(算法館), 아라사학관(俄羅斯學館), 유구학관(琉球學館) 등이 바로 그것이다. 후 2자는 상설적이 아니라 학생의 자원을 보아 정하였다. 교원은 모두

16) 淸文獻通考 卷八三 '職官七·國子監

17) 淸文獻通考 卷八三, 職官七, 國子監 참고.

육당 조교 중에서 파견되었다. 국자감은 이들 특수교육기구에 대하여 오직 교육의 질적인 것만 책임지고 구체적인 교학에 대해서는 간섭하지 않았다.

청대의 황족 자제를 교육하는 관학은 그 특권을 유지하고 귀족은 특수교육을 실시하기 위하여 여러 유형이 있다. 종인부(宗人府)는 종학(宗學), 각라학(覺羅學), 성경종학(盛京宗學)과 각라학을 관리했으며 내무부에서는 그의 경산관학(京山官學), 함안궁관학(咸安宮官學), 그리고 비교적 적은 몇 개의 관학을 관리했다. 예컨대 회면관학(回緬官學), 장방관학(長房官學), 동릉관학(東陵官學), 경릉관학(景陵官學), 복릉관학(福陵官學)이 그것이다. 이번원(理蕃院)에서는 몽고관학을 관리했다.

지금까지 기술한 관리체제에 기초하여 청대에는 다음과 같은 학교계통을 형성하였다.

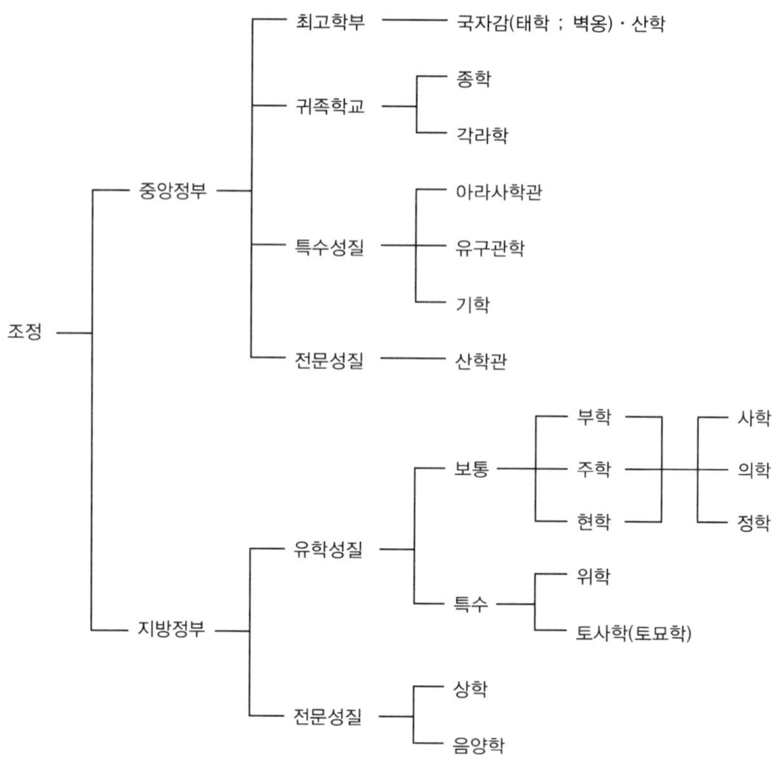

청대 관학계통도

청대의 교육 관리체계는 다음과 같은 특성을 가지고 있다.[18)]

첫째, 관리에 있어서 집중과 분산이라는 방식을 상호 결합했으나 집중 위주였다. 비록 분담과 분급(分級)의 관리체제를 취했지만 실제상으로는 황족 친족자제의 특수학교 입학생 모집 면에서는 편협했으며 전국 교육상 그 비중도 적었다. 중국학교의 비중이 가장 큰 지방관학은 여전히 예부에서 관할하였다. 어느 부처에서 관리하거나를 불문하고 종국적으로는 조정에 귀착했다. 조정은 각급 관학방침, 교관평가와 임명, 학규, 입학생 모집정원 등의 결정권을 가졌으며 예부와 기타 주무 부서를 뛰어넘어 직접 유관학교에 명령을 발할 수 있었다. 예부에서는 어떠한 조치를 내릴 수는 있지만 반드시 황제의 동의 '주준(奏准)', '의준(議准)'을 얻어야 효력을 발할 수 있었다. 요컨대 황제가 전국의 교육 실권을 장악했다.

둘째, 지방과 중앙관학의 조직관계는 지방에서 중앙을 향하여 '출공(出貢)'하는 것을 통하여 긴밀하게 연결되었으며 교육의 일치성을 보장하고 아울러 출공을 통해서 지방과 중앙의 통일을 조성하여 완전한 교육체계를 형성하였다.

셋째, 지방학교는 상호 예속되어 있지 않고 중앙의 관학과 연결되어 있다. 이 점은 지방과 지방간에 중앙단계를 줄임으로써 중앙의 지방학교에 대한 관리력을 강화한 것이다.

이와 같은 교육 관리체제의 수립은 청조가 전국적인 범위 내에서 통일된 교육을 실시하기 위한 기초를 닦았으며 교육으로 하여금 통일된 정치, 경제 국면에 적응하도록 하였으며 일정한 시기에 사회·경제·문화의 번영을 추진하였다. 그러나 한편으로는 청대의 교육 관리체제는 군주전제정치를 강화하는 문교정책 하에서 형성되었으므로 필연적으로 이러한 정책의 특징을 띠고 있으며 이리하여 학교의 자주적 창조적 정신은 억압될 수밖에 없었다.

---

18) 馬鏞著, 中國教育制度通史(第5卷 : 淸代上), 山東教育出版社, 2000, 27~28면.

4. 청대 사회의 국자감

청대의 국자감은 중국 전통교육사에 있어서 최후의 최고학부였다. 이는 명대 국자감 제도를 계승하고 아울러 청조의 통치적 필요에 의거하여 이를 고치고 보충하여 국자감의 자주성을 확대하였으며 동시에 현실적으로는 과거시험을 위한 준비 역할을 하는 데 치우쳤다.

교육행정면에서 청의 국자감은 본감(本監) 및 부속된 팔기관학과 산학(算學)만 관리하였으며 기타 관학에 대해서는 행정지도권이 없었으며 하나의 관리양성을 위주로 한 고등교육기관이었다. 그리고 국자감의 직능은 자료에 의하면 교학, 예의, 교화와 과거시험의 준비 등 4가지에 있었다.[19)]

1) 국자감의 발전

국자감은 순치(順治)로부터 옹정(雍正)에 이르는 기간에 그 기초가 수립되었다. 순치 원년 세조는 북경에 수도를 정한 뒤 명을 내려 명의 북감을 국자감으로 고치고 명의 제도를 답습하여 제주, 사업, 감승 등 관을 설치하였다. 다음 해에는 육당(六堂)을 설치하여 수업의 장소로 하고 청대의 고등교육의 장을 열었다.

순치 초에 국자감이 건립되자 청 정부는 명제에 따라 앞에서 말한 제관을 설치하고 이에 대한 기본규제를 수립하였다. 순치제가 취했던 점을 개관하면 다음과 같다.

첫째, 황제가 국자감에서의 최고의 지위를 수호하였다.[20)]

둘째, 각 관(官)의 직책을 확정하였다.[21)]

셋째, 사생(師生)간의 예의를 규정하였다. 이는 유교적 행동규범의 실행화

---

19) 清朝文獻通考, 卷八三 (職官七) 참고.

20) "本監堂上官不敢中堂而坐, 及中門出入. 王以下文武各官 亦不敢中門出入(清朝文獻 通考 卷六五 '學校考三太學) 참고

21) "一, 祭酒, 司業職在總理監務, 嚴立規矩, 表率屬員, 規范后進, 一, 監丞職在繩衍凡教官怠于師訓 監生有戻于規矩 幷課業不精 悉從糾擧懲治, (立集衍冊, 凡感 生有不遵學規者, 卽登記以憑通考). 一博士, 助教, 學正, 學錄, 職在,教誨, 務須嚴立課程, 用心講解.如或怠惰 致監生 有戻學規者, 堂上官擧覺罰治. 一.典籍職在收收掌 - 應經史書板典籍職在明立文案, 幷支銷錢粮季報文冊. (清朝文獻通考, 같은 책 참고)

라 할 것이다.

넷째, 교학과 교육과정에 관하여 규정하였다. 그 대강을 들면 다음과 같다.

① 각 감생은 삭망일에 석전례(釋奠禮)를 행하는 외에 강서(講書) [양상(兩廂)] 및 육당(六當)에서는 사서(四書), 성리(性理), 통감(通鑑), 박사강(博士講)에서는 오경(五經), 복서(復書), 상서(上書), 복배제과(腹背諸課) 매월 3회, 순환 반복한다.

② 삭일에 제주, 사업은 밑의 직원과 제생을 거느리고 문묘 알현한 수 승당(升當)하여 강습한다.

③ 각 감생은 강을 들은 후 습독강장(習讀講章) 한다.

④ 각 감생은 매일 해서(楷書) 600자 이상을 써야 하며 글씨체가 단정해야 한다.

다섯째, 각류 감생의 좌감(坐監) 즉 강습시간을 확정하였다. 예컨대 세공생(歲貢生)은 8개월, 난음생(難蔭生)은 6개월, 준수좌감(俊秀左監)은 24개월의 경우이다. 그러나 옹정 5년(1727)에는 이상과 같은 기간을 모두 36개월로 확정하였다. 이 외로 또한 감생의 청원휴가 규칙도 있다.

이상과 같은 규제 내용은 청대 국자감의 교학과 관리제도의 범주를 구성하였던바, 그 후의 규정은 모두 이에 기초하여 발전하였다.

2) 옹정제에서 건륭제까지의 규제

청초 국자감에는 계속 2개의 문제가 존재하여 왔다. 그것은 숙사가 없었던 것과 경비가 없었던 것의 양무(兩無)문제였다. 이러한 2가지 문제는 장기적으로 국자감 발전의 저해 요인이었다. 그러나 옹정 초에 이르러 국자감 제주 손가금(孫嘉金)에 의하여 해결되었다.[22)23)]

건륭 원년(서기 1736), 손가금은 형부상서(刑部尙書)로 승진되어 국자감 대신을 겸임하였다. 당시 그는 국자감에서 10여 년간 봉직하여 풍부한 경험

22) 손가금(1683-1753), 강희진사(康熙進士), 옹정 초년 국자감 사업, 옹정 4년(1726) 제주에 오름.
23) 王廷珍等, 欽定國子監則例, 卷三五, 道光刊本 참고.

을 쌓고 감의 장단에 대해서도 깊은 인식을 하였다. 그는 새로운 조건하에서 대담하게 제도개혁을 하였다. 그가 고종에게 '태학규조소(太學規條疏)'를 올렸던바 다음과 같이 건의하였다.

첫째, 공감생(貢監生) 정원과 록취제(錄取制)를 정해야 한다.

둘째, 분과사자제(分科士諮制)를 수립해야 한다.

셋째, 조정에서 적기에 졸업생을 충원할 것을 원하였다.

이들 3개조 중에서 국자감에 영향이 가장 큰 것은 제 2조였던바, 팔고(八股) 외에 각기 1경(經)을 연구하고 치일사(治一事)하는 것이었다. 이로부터 국자감은 경의(經義) 치사(治事)에 따라 분과(分科) 교학했으며 시험도 관련 내용을 증가하였다. 이것은 건륭 2년에 상소로 허가를 얻어 실시되었다.[24]

경의(經義), 치사(治事)의 시험은 '상과(常課)' 외에 매월 박사청에서 1차의 시험을 가하며 "경의는 경분(經分), 경해(經解)를 과했고 치사는 책론(策論)을 과하여 1회의 시험을 실시한다."[25]

그러나 명경(明經), 치사(治事)는 전문적인 교학이 없고 자학(自學)에 의거하였으며 교사는 기답의해(起答疑解)의 작용을 하였다. 자학은 현실적으로 과거시험 준비 때문에 자연적으로 형성되었다. 그러나 경의, 치사의 명목(名目)이 있었기 때문에 당시까지의 단순한 팔고(八股) 교학의 구조를 변혁했던 것은 결국 국자감 교학의 중대한 개혁이었다.

상술한 조치는 과거가 국자감 교육에 끼치는 영향을 감소시켜 국자감 교육을 어느 정도 정상적인 교학의 궤도에 돌려놓았다. 국자감 교육은 이로부터 단기간이나마 눈부신 발전의 시기에 들어섰다.[26]

건륭 5년(서기 1740) 고종은 사자(士子 : 과거에 응시하는 사람, 학생)들이 과거에 몰두하고 속서불독(束書不讀)하는 현상을 매우 우려하여 국자감의 학생들은 솔선수범하여 학풍을 똑바로 할 것에 대한 조서를 내렸다. 고종의 이와 같은 점은 손가금의 주장과 일치하였다. 그렇기 때문에 고종은 손가금의 개혁 건의를 찬성하였던바, 이 점은 국자감의 교학개혁을 위한 유력한 근

24) 淸會典事例 , 卷1099, '國子監 六堂課士規制 . 課程 참고.
25) 淸會典事例 卷1099, "國子監 六堂課士規制 . 課程 참고.
26) '淸史稿. 選擧一', 校点本, 中華書局, 1,976 , 3,103면 참고.

거를 제공하여 주었다.

그러나 고종은 국가에서 과거를 규제하고 과거가 학교를 규제하던 기본 정책을 변경할 준비를 하지 않고 다만 과거와 교학을 조절하여 양자가 서로 배치하지 않을 것을 구상하였다.[27)]

고종의 이와 같은 태도는 역대 통치자들의 정책 중 내재적 모순의 반영이었다. 그것은 바로 과거로 교육을 유도하여 인재를 선발하고 학생의 마음을 사로잡는 것을 수단으로 삼는 것을 견지했을 뿐만 아니라 또 학생들이 공명에 도취되어 유가경전의 학습과 덕행의 수양을 버리는 것을 희망하지도 않았다는 점이다.

바로 이와 같은 당시의 모순 때문에 고종은 손가금의 주장을 지지하고 국자감에서 경의, 치사의 양과로 나누어 교학하도록 했다. 또한 과거시험의 범문(范文) - "흠정사서문(欽定四書文)"을 반포하여 조국린(趙國麟)의 팔고(八股)를 계속 교학내용으로 삼는 데 관한 건의를 받아들였다. 이와 같은 고종의 조치는 모순되는 고려에서 나왔다. 그러나 청대의 전반적인 교육체제는 과거를 유인책으로 삼고 공명을 미끼로 하여 전국의 사자(士子)들을 과거라는 하나의 체제 속으로 끌어 들였다. 고종이 기왕 이러한 체제를 개혁하려하지 않았던 이상 거기서 생기는 후과(后果)는 어쩔 수 없었다.[28)] 그러므로 국자감은 후에 과거를 중심으로 하는 현상을 가져와 쇠퇴의 길을 걷는 불가피한 추세가 될 수박에 없었다.

3) 국자감의 관리체계

청조는 행정면에서 국자감은 예부의 관리 범위에서 구분하였고 왕공대신(王公大臣)을 특파하여 관리하였다. 그리고 국자감의 중대한 일은 직접 왕에게 상주(上奏)하고 기타 해야 할 일은 학관(學官)이 스스로 처리하며 그 지위를 제고하여 자주권을 확대했으며 동시에 국자감 내에 일련의 조직기구를 수립하였다. 국자감은 최초 설립으로부터 명대에 이르기까지 줄곧 예부관할

---

27) 欽定國子監志 卷首二 참고.
28) 欽定國子監志 卷首二 참고.

의 2급 행정기구였다.[29)]

그러나 국자감의 예부 예속은 1천여 년의 역사를 가지고 있으나 국자감과 예부와의 관계에 있어서 그 독립, 예속의 반복이 나타나게 되었다. 예컨대 강희 2년(서기 1633) 국자감의 예부에의 재차 예속, 강희 10년(서기 1671)에는 또 예부에서 독립 등을 들 수 있다.[30)]

옹정 3년(서기 1725) 세종의 명에 의하여 국가조직기구 중 겸관대신(兼管大臣 : 일명 총리감사대신)이 생겼던바,[31)] 이 직은 모두 고관이 겸임하였으므로 또 겸관국자감대신이라고 불려졌다. 관리감사대신은 국자감의 최고 영도자로서 국자감의 일체 사무를 관장했으며 직접 황제에게 책임을 졌다. 이리하여 국자감이 예부에서 독립이 최종 확정되었다. 옹정 3년 관리대신을 특설한 후 국자감은 줄곧 황제가 대학사, 시랑, 상서 등 관리를 파견하여 겸직케 했다.

관리대신 설립 후 국자감은 체제 면에서 예부와의 병렬적이었으며 직접 황제에 대해 책임을 졌다. 실제적으로는 예부는 국자감의 행정에 대하여 일정한 결정권을 가져왔는바 중요한 것으로는 국자감생의 자격과 절차에 대하여 결정권을 가지고 있었다. 그러나 관리대신은 황제에게 상소하여 예부의 결정에 이의를 제기할 수 있다.

청조가 국자감을 예부에서 독립시켜 관리대신을 둔 것은 당시 교육발전의 요구에도 부합하였으며 또한 청조가 국자감제를 발전시켜다는 면에서 2가지 창의적인 것이었다.

청조의 국자감은 관리대신 밑에 만·한제주(滿·漢祭酒 : 종 4품) 각 1명을 두었다. 제주 밑에 사업(司業 : 종 6품)이 있는바, 이는 보좌하는 관원으로서 만몽한(滿蒙漢) 관원 각 1인을 두었다. 몽고사업(蒙古司業)은 팔기몽고의 교학을 전문적으로 관리하였으며 제주를 보좌하였다.[32)] 제주, 사업 밑에 4청 6당이 있다.

4청은 다음과 같다. 즉, 승건청(繩愆廳)은 만·한 감승 각 1인을 두어 감독,

29) 欽定國子監志 卷 四一 , 官師志 참고.
30) 欽定國子監志 卷 四一 , 官師志 참고.
31) 欽定國子監志 卷 四一 , 官師志 참고.
32) 欽定國子監志 卷 四二, 官師志 二 참고.

심사의 일을 주관했던바, 국자감의 사생(師生) 근무상황, 재정지출 등을 주관하였다.[33] 박사청(博士廳)은 만·한 박사 각 1인을 두고 훈과(訓課)를 관장했으며 6당 8기관학의 교학을 심사하는 책임을 졌다. 국자감 내의 도서의 보관과 외국유학생의 사무도 수행하였다. 전적청(典籍廳)은 만·한 전적 각 1인을 두었던바 국자감 내 서적, 비석, 판각(板刻) 등의 보존과 학생들의 학습을 도왔다. 전부청(典簿廳)은 만·한 전부 각 1인을 두고 국자감인(國子監印) 및 국자감의 교관의 성적에 따른 우열 판정을 관장하며 교관의 승천(영전) 등을 책임졌다.

당(六堂)은 국자감의 주요 교학 장소로서 솔성(率性), 수도(修道), 정의(正義)의 4당은 각 당마다 조교 1인, 학정 1인을 두었으며 숭지(崇志), 광업(廣業) 2개당은 각 당마다 조교, 학록 각 1인을 두었다. 그들은 구체적으로 본당의 교학을 책임졌다. 그리고 강서(講書)와 시험 외에 자학(自學)도 지도하였다.[34] 뿐만 아니라 본당 학생의 생활 관리를 하였던바, 현대교육에 비유하면 학교의 학급주임이라 할 것이다. 학정, 학록의 품계는 조교보다 1급 밑에 있으나 사무에 대해서는 조교와 기본적으로 같았으며 모두 교학의 현장에 있었다.

이 외로 팔기관학조교 16명, 몽고조교 8명을 두어 전문적으로 팔기의 자제들을 교육하였으며 산학조교 1명을 두어 산학교육도 실시하였다.

이상의 상술한 바에서 관리대신, 제주, 사업, 감승, 박사 층은 관리 층에 속하며 조교, 학정, 학록, 팔기관학의 교습, 국자감의 후근(后勤 : 지원)인원은 집행 층에 속했다는 것을 알 수 있다.

4) 국자감생

청대 국자감의 모집 대상은 공생(貢生)과 감생(監生)의 2가지가 있다. 전자는 각 지방관학에서 선발하여 조정에 추천한 학생이며 후자는 국자감이 자체 모집한 학생이다. 일반적으로 보면 공생의 질은 감상에 비하여 높았으

33) 欽定國子監則例, 卷 七卷, 繩愆廳 참고.
34) 欽定國子監志 卷 四二, 官師志 二 참고.

며 또한 공생은 다음과 같이 6종으로 분류되었다.

① 세공(歲貢) : 이는 부, 주, 현학의 정식 학생 즉 름선생(廩膳生)으로 이들은 재학기간이 길고 수차에 걸친 과고(科考)[35]를 거친 자를 순서에 따라 태학에 추천된 자이다. 세공은 국자감생의 중요한 자원이나 재학기간이 길어야 충당할 수 있다고 규정하여 때로는 4, 50세가 된 감생도 있었다. 그리하여 감생의 연령의 노화현상은 하나의 문제였다.[36]

② 은공(恩貢) : 이는 국가 경사가 있을 때 황제가 조서를 내려 국자감생이 된 자를 말하는바, 이는 당년의 세공을 은공으로 하거나 차공(次貢)을 세공으로 하는 등 정기적인 조치가 아니었다.

③ 발공(撥貢) : 이는 선발시험을 거친 공생(貢生)이다.[37]

④ 우공(優貢) : 청 제도에 의하면 각 성 학정은 3년 임기가 되면 생원의 우열을 통보해야 한다. 우수한 자는 부(部)에 보제(保題)하고 국학에 보내어 수학하게 했는데 이를 우생(優生)이라 했다.

⑤ 부공(副貢) : 순천(順天) 및 향시에서 정권(正卷) 외에 약간 명을 취하여 부방(富榜)의로 하였던바, 부방에 합격한 자를 '공생(貢生)'이라 하고 태학에 진학시켰던바, 이들 공생을 '부공'이라 하였다.

⑥ 예공(例貢) : 예공은 명대 납속입감(納粟入監)의 예에 따라 생견(生絹)을 낸 자를 일컬었다.

이상 6가지 공생 중에서 '예공'을 제외한 은, 발, 부, 세, 우공을 '5공'이라 하였으며 과거시험에 의하지 않는 입사(入仕)의 정도로서 '잡류(雜類)'와는 다르다. 이 외로 『청회전』에 의하면 '공공생(功貢生)'이 있는바 이는 극소수의 군(軍)에 공이 있는 자로서 입학한 경우이다.[38] 감생에는 다음과 같은 4종이 있다.

· 은감(恩監) : 은감은 '은생(恩生)'이라고도 하는데 명대 '은생(恩生)'에서 유래하고 있다. 청대에는 신분이 특수한 일부 학생을 선발하였던바 팔기관

---

35) 과거시험에서 향시에 응시하려는 자가 치루는 예비시험.

36) 馬鏞著, 같은 책, 63면.

37) 欽定大清會典 卷 三二 '禮部 , 學校' 참고.

38) "諸生有從軍子 以功升諸太學" (欽定大清會典 卷 三二 禮部 學校)

학, 산학 중에 만한(滿漢)이업생(肄業生)이 포함되었다. 일반적으로 3년마다 1번씩 시험을 거쳐 선발하였다. 이 외로 황제가 공묘(孔廟)를 알현할 때 관례(觀禮)에 참가한 성현의 후예는 모두 은감생으로 하여 국자감에 입학할 수 있었다.

· **음감(蔭監)** : 음감도 명대에서 유래하는바 청대에는 재경문관 4품, 재외경관 3품 이상으로 충절 또는 유공자의 자녀이다. 그들이 국자감에 입학한 자를 음감이라 하며 관생(官生)이라고도 하였다.

· **우감(優監)** : 우감은 각성 부, 주, 현학 부생(附生), 무생(武生)이 되었던바, 각 교관의 보고로 학신(學臣)이 사정(査定)하고 예부 및 국자감이 선발하였다. 이 선발은 '우공'과 기본적으로 동일하였으나 조건은 우공에 비하여 아주 낮았다.

· **예감(例監)** : 예감은 부, 주, 현의 준수한 자 즉 생원 자격을 취득치 못한 평민자제로서 보연(報捐)한 자이다.

국자감생들은 지방의 교관후보, 직어(職御)의 고정(考定), 과거시험의 응시 등 3가지의 기본적인 길이 있었다. 그 중에서도 과거시험의 응시가 가장 중요한 것이었다. 그리하여 청조에서 과거를 중시하고 학교를 경시한 정책의 경향은 중요하게 과거가 기타의 관도에 오르는 길보다도 우월했다는 점에서 나타났다.

5) 교육내용과 교학 및 평가

청조 국자감의 교학은 강서(講書), 자습지도, 시험 등의 형식이 있었다. 그 중점은 내용과 형식에 있어서 모두 모의 과거시험이 있었던바 특별한 것은 계고(季考)와 월과(月課)였다. 이것도 국자감이 과거시험 준비기구로 변해버린 하나의 뚜렷한 특징이었다.

각지에서 올려 보낸 공감생(貢監生)은 입학 전에 선별시험을 보았던바 고도(考到)라고 했다. 이 시험은 매월 초일에 시행했는데 관리대신, 만한제주, 사업이 번갈아 가며 출제하여 사서(四書)1편, 오언팔운(五言八韻)시 1수를 치루고 나서 다 같이 열취(閱取)하였다. 은(恩)·발(撥)·부(副)·세(歲)·우(優) 공이 응시하여 1, 2등은 모두 합격될 수 있고 연납감생은 반드시 1등으로 합격되어야 입학할 수 있었다.[39] 고도(考到)에 합격된 후 곧 바로 이업 생이 될 수 없으면 반드시 정원의 공석을 기다려야 했다. 그 기간 중에는 이업생과 함께 평가했는데 이를 '수과(隨課)'라 하였다. 일단 공석이 있으면 수과의 과다에 따라 많은 자가 먼저 육당에 보충되어 정식 학생이 되었다.

청의 국자감은 명제(明制)를 따라 6당(堂)을 설치하여 교학 단위로 하였던 바 오늘날의 6학급과 유사하였다. 각 당은 내·외반으로 나누었으나 내반은 기숙사생이며 외반은 통학하였다. 내반은 각 당마다 25명으로 모두 150명이었으며 외반은 각 당마다 20명으로 모두 120명이었다. 각 당마다 조교 1명과 학정 또는 학록 1명이 교학과 관리를 책임졌다.

국자감의 학습내용의 주요한 것은 사서, 오경, 성리(性理), 통감 등이었다. 그리고 학생의 개인 수준에 따라 13경·21사 등도 학습했으나 이 경우는 과거시험 등 때문에 극히 그 경우가 적었다. 기타의 서적은 모두 선택 과목이었다. 그리고 매일 진(晋)·당(唐) 명필의 서첩(書帖) 수백 자를 썼고 조(調), 고(誥), 표(表), 책(策), 판(判) 등의 문체(文体)도 모두 교육과정의 하나였다.[40]

국자감의 교학은 강서(講書)와 자습(自習)의 2가지 방법이었다. '강서'는 오늘날의 수업이다. '강서'는 매월 1일과 15일에 전 국감생이 석전(釋典)의 예를 거행한 후 전 학생이 박사청에 모여 박사가 경서를 해설하였다. 상순과 15일 후에는 조교와 학정, 학록이 각각 1차례의 사서오경을 해설하였다. 강서 후에는 감생들은 배우 내용을 숙독 배송하여 그 뜻을 이해하면 3일 후 체첨복강(掣籤復講)을 하였는데 우수한 자를 장려하였다.[41] '체첨복강'은 박사청에서 먼저 문제를 내어 이것을 통속에 넣고 감생들은 이것을 뽑는 방법으로 강서(講書)의 내용을 복술(復述)하여 학습이 상황을 검사받는 것을 말한다. '복배(復背)'는 배운 경서를 암송하는 것을 말한다. 이러한 복강, 복서는 매월 3회씩 주기적으로 진행하였던바, 이로 보면 국자감의 교학방법은 숙독

39) 欽定國子監例 卷8, 卷34, 六堂
40) 劉秀生·楊雨青著, 中國清代教育史 (中國全史 88), 人民出版社 1993, 38면.
41) "掣籤復講 有觸發貫串者加以獎勵 未能通徹者 曲爲訓解(欽定國子監則例 卷 8, 繩衍廳 卷 34 '六堂')

배송을 위주로 하였는데 이러한 교학 방법은 과거응시를 대비하는 것이었다.

'자습(自習)'은 국자감의 교학의 보충으로서 하나의 선수(選修)의 성질을 가지고 있는바 학생들은 자기가 좋아하는 경(經) 또는 치사(治事)를 선수하고 각기 독서, 필기하여 내반생은 3일마다 1회씩, 외반생은 15일에 1회씩 제출하여 조교의 검열을 받았다. 동시에 필수적인 애용은 매일 진(晉)·당(堂)·필첩의 수백 자를 쓰고 3일마다 1편의 팔고문(八股文)[42]을 읽었다.

국자감의 시험은 다음과 같다.

***대과(大課)** : 매월 15일 시행, 관리감사대신, 제주, 사업이 번갈아 출제하여 사서(四書) 중 1편, 오언팔운(五言八韻) 시 1수를 시험하였다. 이것은 국자감에서 제일 중요한 시험이었기에 '대과(大課)'라 했다. 성적은 1, 2, 3등으로 구분하였다.[43]

***월과(月課)** : 박사청이 매월 초 1일 제생에게 출제했는데 출제내용은 경해(經解), 책(策) 또는 론(論) 각 1도(道)를 포함했는데 이를 '월과'라 했다.

***당과(堂課)** : 매달 초 3일 조교가 출제한 것을 시험 치며 매월 18일에는 학정, 학록이 출제하여 시험을 실시했다. 내용은 대과와 같았는데 사서, 시 또는 경문 각 1도를 출제했다. 6당 교관이 시험관이었으므로 '당과'라 하였다.

***계과(季課)** : 매 3개월마다 1차씩 제주·사업이 교대로 출제하였던바 사서, 경문과 더불어 조(詔), 고(誥), 표(表), 책론(策論), 판(判) 등을 겸하여 시험하였다.[44]

***소과(小課)** : 개권(開卷)시험과 유사하였는데 매월 3회 가지고 가서 작성하여 기한 내에 제출해야 했다.

이상의 시험 중에서 소과를 제외하고는 모두 내반생은 반드시 당(堂) 내에서 치고 해가 지기 전에 답안을 제출하며 외반생은 15일 책을 받아 집에서 작성하여 3일 후에 제출한다.

청대 국자감의 교학과 시험은 다음과 같은 특징이 있다.

---

42) 명·청 시대 관리등용 논문으로 채택된 문체, 광서 24년에 이르러 강유위의 상주에 의해 폐지되었다.

43) "優通者列爲一等 奬賞有差其次爲二等 惟第一名有賞其次爲三等 俱無賞 " (欽定國子監志 卷12 學志四考校)

44) (淸)趙爾等撰 淸史稿. 選擧一, 校占本, 中華書局 1976, 3101면.

첫째, 순환적으로 실시하였다. 물론 교학, 고과(考課), 또는 수업 후 연습은 모두 상대적으로 고정된 내용이었고 순(旬) 또는 월(月)을 단위로 하여 주기적으로 실시되었다.[45)]

둘째, 기본지식과 기능을 중시하였다. 국자감의 교학과 고과내용은 향시와 관청에서 필요로 하는 팔역문, 표, 책, 논, 판 등의 작문 훈련에 집중 되었다. 매일 실시하는 서법(書法)훈련도 관원(官員)을 위한 필수적인 훈련 이었다. 주기적이고 반복적인 교학과 고과도 모두 이러한 내용을 둘러싸고 진행되었다.

셋째, 강의 차수를 감소시키고 시험 차수를 증가하였다. 명대의 태학에서는 삭망(朔望 : 음력 1일과 15일) 외에 매일 강의가 있었다.[46)] 그러나 청대 국자감에서는 매월 4차만의 강서(講書)가 있을 뿐이었다. 시험에 있어서도 명대는 매월 1회만 있었으나 청대는 4회였다. 명대의 태학에 비하여 청대의 국자감이 강서(講書)차수가 적고 고과차수가 증가한 것은 과거시험의 영향으로 청대 교육이 시험을 중시하고 교학을 경시한 추세를 반영한 것이라 하겠다.

총체적으로 보아 시험응시와 예비관료 양성의 2위 1체는 국자감 교육의 기본목표로서 교학과 고과는 모두 이를 전제로 진행되었다 할 것이다.

5. 청대 사회의 산학관과 천문생의 양성

관립전문과학기술학교의 성격을 갖고 있는 산학(算學)은 송대 이후 360여년간 중단되었다. 청대 국자감 산학관(算學館)의 설치는 중국 교육사상 일정기간 쇠퇴했던 과학기술교육의 중흥을 보여 주고 있다. 이것은 또한 서세동점(西勢東漸)이라는 새로운 상황의 교육면에서의 반영이기도 했다.

산학관은 국자감의 부속학교의 성격을 갖는 것으로서 이러한 류의 학교는

45) (淸)趙爾等撰 같은 책, 1678면.

46) (淸)張廷玉等撰, 明史 選擧一, 校占本, 中華書局 1974, 1678명.

아라사학관(俄羅斯學館), 팔기관학(八旗官學), 종학(宗學), 각라학(覺羅學) 등이 있다. 다만 팔기관학, 종학과 각라학은 특수한 형식으로 국자감에 부속되어 있으나 자체로 하나의 계통을 이루고 있으며 학업은 국자감에서 관리를 겸하였다. 이들은 절을 바꾸어 기술될 것이다.

산학관 설립 후 청대 산학교육은 흠천감천문생(欽天監天文生)교육과 상호 연결된 과학기술인재 양성의 양대 체대를 이루었다.

강희 9년(서기 1670) 성조는 친정(親政)하자마자 조서(詔書)를 내려 만주관학생 6명, 한군관 학생(漢軍官學生) 4명을 선발하여 흠천감과 분과하여 천문을 교습하도록 한 데서부터 청대의 과학기술 교육 사업은 시작되었다. 산학관을 강희 52년(서기 1713) 창춘원몽양재(暢春園蒙養齋)에 설치하였다.[47]

건릉(乾隆) 4년(서기 1739) 산학관은 국자감에 귀속되었으나 계속 창춘원에서 있으면서 국자감 산학원이라고 불리게 되었다. 건릉 10년(서기 1745) 흠천감에서는 천문생 24명을 산학관에 파견하여 사학을 배우게 하였던바 이를 '부학이업(附學肄業)'이라 하였다.[48] 그 후 산학관은 학생 수를 확정하였는데 만족팔기관생 12명, 몽고팔기관생 6명을 시험으로 선발하였다. 한족 12명은 국자감에서 산학관 교관과 함께 시험을 실시하여 선발하였다.

산학관의 내부 관리체제도 강, 옹, 건릉시기에 확정되었다. 그 최고 지도자는 황제가 '특간(特簡)'한 만문신(滿文臣) 1명으로서 통상적으로 소경(少卿), 시랑(侍郎) 또는 종실 인이 산학관리 대신을 맡았다. 그리고 그 밑에 조교 1명, 학습(學習) 3명, 협동(協同) 3명 등을 두었다.

청대 산학관은 주요하게 흠천감을 위해 기초적인 인재를 양성하는 것으로 거의 교학관리는 흠천감과 밀접한 관계가 있다. 산학관의 성립 초기에는 조정에서 조교 1명을 흠천감에서 선발하여 국자감에 예속시켰다. 교습도 산학관리대신이 흠천감과 함께 산학 내 교습(敎習)에 성공한 사람 중에서 선발 충원했다. 이리하여 흠천감이 필요로 하는 인재를 배양하였다.

국자감 산학관의 학생 정원은 60명으로 그 중 만주족 12명, 몽고·한군 각

47) "簡人臣官員整于數學者 司其事 特命皇子 親王董之 選八旗世家子弟學習算法 (欽定 國子監志 卷十六 '學志 算學')

48) 건륭 10년 산학관과 밀저한 관계가 있는 흠천감의 결정은 학생을 2개 부분으로 나누어 30명을 흠천감 각부에 보내고 또 일부 24명을 산학관에 보냈다.

6명, 한족 12명 흠천감이업 생 24명으로 구성되었다.

산학관의 학제는 5년으로 전 3년은 '어제수리정온(御制數理精蘊)'을 학습하는데 선(線), 면(面), 체(体) 3부로 나누어 각 부마다 1년 학습하였다. 후 2년은 '칠정(七政)'을 배웠다. 이른바 '칠정'이라는 것은 원본(原本)은 북두칠성 및 북두칠성과 일, 월, 금, 목, 수, 화, 토의 7성의 운행관계를 말한다. 이외로 천문현상과 인간세계까지도 연계시켜 천인감응학설(天人感應學說)로써 자연재해와 천체의 상서(祥瑞 : 길조) 등과 시정(施政)의 선량함과 연계시켜 인심의 향배를 추측하는 데도 이용되었다.

산학생이 졸업 후에는 대다수가 흠천감 천문 생으로 채용되었다. 이 외로 은감시(恩監試), 향시(鄕試)에 일반 감생과 같이 응시할 수 있다. 다만 향시에 합격한 산학생은 흠천감의 박사로 충원되었다.[49)]

6. 청대 사회의 아라사학관

아라사학관(俄羅斯學館)은 청국에 유학한 러시아인을 위하여 설립한 학교이다. '중아니포초조약(中俄尼布楚條約)' 체결 이후 중, 러 왕래자가 점점 늘어남에 따라 부단히 러시아인의 유학생이 많아졌다.

옹정 6년(서기 1728) 러시아 관방(官方)은 정식적으로 그들의 가신(家臣)의 자제들을 북경에 파견하여 중국에서 학습할 것을 요구하였던바 옹정제는 회동관(會同館)에 학교의 설립을 허가하였다. 회동관은 예부 예속의 기구로서 외빈의 접대와 외국의 외교문서 번역을 주관하였다. 회동관은 러시아어를 아는 관원을 교사로 충원하였다. 그 후 10년에 한 번씩 러시아는 유학생을 파견하였다. 이 외로 러시아 동정교단(東正教團) 역시 10년마다 유학생을 파견하였다.

건륭 6년 국자감에 러시아 학관을 설립하고 한·만 조교 중에서 2명을 선발하여 러시아 유학생을 교수하였다. 러시아 유학생은 중국어, 사서오경(四

49) "期滿之算學生 有舉人出身者 以博士補用" (淸會典事例 卷 1102 國子監 算學 참고)

書五經), 중국역사, 중국지리와 기타의 지식을 학습했는데 러시아인들이 중화문화와 청조의 국정을 이해하는 데 중요한 작용을 하였다.

동 학관을 동치 원년(서기 1862년)에 크게 지었다. 중국문화 역시 러시아 유학생을 통하여 러시아와 구주에 전해졌다. 중국의 사서(四書), 자치통감강목(資治通鑑綱目), 본초강목(本草綱目) 등도 러시아 유학생에 의하여 러시아어로 번역되었다. 중국 정부의 많은 문건도 러시아어로 번역되어 외국으로 나갔다.

7. 청대 사회의 만족관학

만족관학(滿族官學)이란 청대의 전통적인 중앙관학과 지방관학 외로 전문적으로 만족 및 그 동맹자인 몽고족, 만족 귀족에 따른 한군(漢軍)을 위해 설립한 학교를 가리키고 있다.

만족이 입관(入關)한 후 팔기(八旗)[50]의 인재가 대단히 모자랐는데 지방의 부·주·현의 관원도 모두 만족 출신은 전무한 지경이었다. 이러한 상황에서 청조가 만주족 본 민족의 인재를 양성할 수 있는가의 문제는 청조 통치를 공고히 할 수 있는가와 직결되는 것이었다. 이에 대해 청 통치자들은 어떠한 첩경은 생각할 수 없었고 오직 본 민족의 교육을 강화하고 민족의 소양을 증진시켜야만 했다. 청조가 만족관학을 아주 중시한 것은 그 근본 원인이 여기에 있었다. 청조가 만족 관학을 중시한 것은 그 목적이 교육을 통하여 민족의 응집력을 강화하려는 데 있었다. 소위 "돈종목족(敦宗睦族) 무선교화(務先教化)"[51]는 광활한 만족지구에서 한족과 빈번한 교섭에서 본 민족의 전통과 특성을 보지하기 위한 것이었다.

---

50) 팔기는 청대 만족의 군대조직과 호구편제로서 총군(總軍)을 각각 기(旗)의 밑에 따라 정황(正黃), 정백(正白), 정홍(正紅), 정람(正藍), 양황(鑲黃), 양백(鑲白), 양홍(鑲紅), 양람(鑲藍)의 팔기로 나누었으며 후에 또 황태극 때 투항한 몽고 팔기와 한군 팔기를 추가 설치하였다. 팔기제도는 이와 같이 기(旗)의 색깔에 따라 민병결합, 군(軍) 정(政)결합을 특징으로 하고 있다. 각 기마다 5참령(參領)을 두었으며 각 참령 밑에는 5좌령(佐領) 각 좌령에는 200~300정(丁:후에 약 100정으로 감축)이 있었다. 팔기의 기인(旗人)은 평상시에는 민정(民政)을 맡고 전시에는 군대를 통솔하였으며 그 자손도 대대로 군인이 되었다.

51) 淸會典事例 卷 4 '宗人府四'

청의 통치자들은 본 민족 자제가 한족과 서로 대하는 중에 한화(漢化)하는 것을 방지하기 위하여 만주족 어와 기사의 학습을 강화하였다.[52] 총체적으로 보면 만족관학은 기본적으로 만족 어와 기사의 교육내용을 보지했다 할 것이다.

만족 자제들의 교육을 강화하기 위하여 청조는 일반 관학과 다른 교육제도를 수립하였다. 청조의 관학은 대개는 오직 시험만 중시하고 아주 적으나 심지어는 근본적으로 학생에게 수업하지 않았다. 그러나 만족 관학은 학생들이 매일 등교하여 수업에 임할 것을 요구하였다. 청조는 또한 관학의 학습에 대하여 약화된 시험지표를 규정하여 그들이 임기 내에 반드시 약간 명의 학생을 상급학교에 진학시킬 것을 요구했으며 또 거인(擧人), 진사 등으로 선발하도록 했는데 이에 상응하는 진학지표를 규정하였다. 이것도 일반 관학에는 없는 제도로서 청의 통치자들이 만족 교육에 대해 중시하는 것의 반영이라 하겠다.

총체적으로 청대의 만족교육은 독특한 체계, 내용, 제도가 있어 중국 근대 민족이 거대한 한족과 기타 소수민족을 지배하면서 한족 문화에의 동화를 방지하고 본 민족 교육의 강화를 위했던 대표적인 사례로 역사의 한 페이지를 장식했다.

우리는 이제 만족 관학의 내용을 개괄하고자 한다.

1) 팔기관학

팔기관학(八旗官學)은 청 황실 이 외의 팔기자제 즉 만주팔기, 몽고팔기, 한군팔기의 자제를 교육하기 위하여 설립된 학교이다. 그 교육목표는 “청한어(淸漢語)를 겸하여 우수하고 정통한 번역(통역)을 하여 비부원아문(備部院衙門)에 충원되어 맡은 바 일을 수행할 수 있는[53]” 관원을 양성하는 것이었다.

팔기관학은 순치 원년(서기 1644년)에 처음 시작되어 네 곳에 설치되었다. 그 후 옹정 년간에 8기관학의 교육설비와 제도가 기본적으로 완비되어

52) 馬鏞著, 같은 책, 93면.

53) “淸漢兼優 精通飜譯以 備部院衙門補用 可任職事 ” (欽定八旗通志 卷 94 ‘學校志)

청조의 만족예비관원 양성의 중요한 기지로 되었다. 순치 8년 팔기관학생의 향시 참가가 인가되었으나 다만 단독 출제로 하루만 시험을 실시했는데 시험 내용은 아주 간단하였다. 이것은 팔기관학이 과거제도의 궤도에 진입했음을 의미한다. 강희 6년(서기 1687) 팔기관학생들은 한족과 같이 향시에 참가하게 되어 동시에 같은 장소에서 같은 책으로 실시되었는데 전국 보통교육에 진일보한 융합이라 할 것이다.

팔기관학은 행정상으로는 국자감에 예속되어 있으며 국자감에서 그 교학을 감독하였다. 그러나 관학의 일상적인 교학에 대해서는 국자감은 간섭하지 않고 관학의 조교가 자주적으로 수행하였다.

팔기관학은 각 학관마다 6관(館) 즉 만관(滿館) 1개소, 한관(漢館) 4개소, 몽고관(蒙古館) 1개소를 설치하였다. 각 학관은 만족 조교 2명 몽고족 조교 1명을 두고 각기 만, 몽과 한군(漢軍) 학생을 가르쳤다. 팔기관학의 사무는 조교가 전반적으로 책임 관리하였다.[54] 조교의 임용은 진사, 거인공생(擧人貢生)을 각급 부원(部院) 필첩식(筆帖式)으로 했는데 이부(吏部)에서 시험으로 선발한 후 황제 어전에서 고찰한 후 확정했다. 청조가 팔기관학의 조교 임용을 매우 중시하여 덕재(德才)겸비의 원칙을 강조 하였다.[55]

팔기관학 중 직접적으로 교학을 담당하는 자는 교습(敎習)이었다. 교습은 국자감 공생과 신진사(新進士)였던바, 이들은 선발고사를 통하여 임명한 데서 유래했다. 교학의 질을 담보하기 위하여 국자감에서는 교습의 책임제를 명확키 하였다.[56][57]

팔기관학의 각 학 정원은 만주학생 60명, 몽고학생 20명, 한군 학생 20명이었으며 이외 5기는 각 학마다 의학생(衣學生) 10명을 더 두었다. 팔기생은 모두 850명이었다.[58] 관학생 모집대상은 각 기에서 총명하고 준수한 10세 이상 18세 이상의 자였다. 팔기 자제는 입학하면 매일 등교해야 했다. 그리고 관학에는 비교적 엄격한 수업규정이 있었다. 이것도 당시에 고과 면에서

---

54) 欽定國子監志 卷 四二 '官師志 二' 참고.

55) 順治十七年(1660) 翰林學士析庫納奏 " 官學助教宜選滿漢文義兼通 德行純正者以爲敎官" (欽定國子監志 官師志 四)

56) 欽定國子監則例 卷 三六 "八旗官學" 참고.

57) 앞의 것 참고.

58) 欽定國子監則例 卷 三六 '八旗官學' 참고.

일반 학교와 다른 점이었다.[59]

관학과정으로는 만, 몽, 한어문과 궁전기사(弓箭騎射)가 있었다. 순치 초년에 각 학에서는 10명이 한서(漢書)를 배웠고 나머지는 만서(滿書)를 배워야 한다고 하였다. 만, 한, 몽 각 관은 모두 '상과(常課)'가 있었다. 매일 만관(滿館)은 만주어문 번역, 한관은 경서, 작문, 그리고 몽관은 몽고문을 교수하였다. 매일 수서(授書), 배서(背書), 강서(講書), 복서(復書), 습자(習字), 묵서(墨書), 습사(習射)가 있었다. 교수방법은 국자감과 비슷했으나 강서, 배서, 복강, 글자 연습을 위주로 했으며 기사(騎射)과정을 증가했을 뿐이다. 궁전(弓箭) 기사(騎射)는 각관의 공통과목이었으며 13세 이상의 자는 보전(步箭)을 배우고 16세 이상의 자는 기사(騎射)를 배웠다.

13세 이상의 학생은 '상과' 외에는 교습은 3, 6, 9일에 각각 경의(經義) 수 개 조목을 강하고 학생이 기록하게 하여 국자감 관원의 사학(查學)시 학생이 앞에서 회강(回講: 강의 내용을 학생이 다시 해보는 것)케 하여 교학의 질을 검사하였다.

각 관의 학생은 모두 자습 과정이 있었다. 교습은 학생 개개인의 능력과 자질에 따라 그들을 위해 각각 다른 자습을 요구하는 규정을 두었다. 팔기관학은 일반 학교보다도 자주 시험을 실시하였다. 각 관에서는 매월 3, 8일 시험이 있었다. 조교와 교습은 매월 한 차례의 '회과(回課 : 학교 시험의 일종)'를 실시하였던바, 팔기관학에서는 매월 정상적인 시험이 7차나 있었다. 이 외로 각 계절과 춘추 2회에 걸쳐 2차의 엄격한 시험이 있었다.[60]

팔기관학의 교학 정도는 국자감에 비하여 낮았으며 또한 국자감과는 원래 연계관계가 없었다. 관학생의 재학기간은 일반적으로 10년으로 한하였다. 관학생은 이수 후 향시와 회시에 응시하여 합격자에게는 일정한 관리직이 부여되었다.

팔기관학은 만족 관학 체계 중 설립이 가장 빠르고 규모도 컸으며 영향력이 광범위한 1개 관학이었다. 동 제도는 당시 일반 학교에 비해 또한 기타 만족 학교에 비해 보다 주밀하였고 교학제도와 교습심사제도 역시 모두 독

59) 欽定國子監則例 卷 三六, '八旗官學' 참고.

60) 欽定國子監學生 條例 및 欽定國子監則例 卷 37 '八旗官學' 참고.

창성이 있었으며 기타 만족 학교에 대하여 많은 영향을 주었다.

2) 상서방, 종학, 각라학

청대의 종실(宗室), 각라성(覺羅姓)은 명의상으로는 팔기의 편제에 속했지만 극히 특수한 지위에 있어 교육면에서도 일반 기인과는 달랐다. 그 중 황제 자제의 교육은 더욱 특수하였다. 상서방(上書房)은 황제의 자제가 교육을 받던 곳이었으며 종학(宗學)과 각라학(覺羅學)은 종인부(宗人府)에서 별도 종실과 각라 자제를 위해 설립한 일종의 귀족학교였다.

청대 황태자는 한림원(翰林院) 관원이 직접 교수하였다. 옹정(雍正)대에 설립된 상서방은 황태자의 독서를 위하여 설치한 곳이다. 교사는 '사부(師傅)'라 칭했으며 이들 사부는 한림원에 선발된 저명한 대유(大儒)로서 '조석강론(朝夕講論)' 하였다. 사부는 모두 한유(漢儒 : 한족 출신 유학자)로서 모든 황태자에게 한어로서 교학하였던 바, 사서(四書) 오경(五經) 이십이사(二十二史) 자치통감(資治通鑑), 저명한 유가의 저작 등이었다.

종학(宗學)은 순치(順治) 10년(서기 1653)에 설립된 종실학당으로 각 기(旗)마다 설립하였다. 옹정 원년에 경사(京師) 종학을 확대하여 좌, 우익 종학(左,右翼宗學) 2개소로 확대하였다.[61] 종학의 학생은 종실 자제로서 18세 이하의 왕, 공, 장군 및 종실로 봉하지 않는 자제 모두가 입학할 수 있었다. 종학의 정원을 건륭 11년(서기 1746)에는 좌익(左翼) 종학, 우익(右翼) 종학 각각 70명, 60명이었으나 그 뒤 증원되었다.

종학의 과정은 기타 관학과 마찬가지로 만, 한서(滿,漢書)와 기사(騎射) 3종이었다. 그러나 통치자는 종실 자제에 대하여 만족의 전통을 견지하고 한화(漢化) 방지를 더욱 강조하였다. 이리하여 역대의 한문교습을 고무 격려하지 않았다.

건융 9년(서기 1740)에는 3년마다 대신을 파견하여 양 종학 학생을 모아 시험을 실시하여 평가 후 황제에게 올려 석차를 매기고 회시(會試)의 규정에 따라 안(安)에 기록하였다. 기록한 안의 등수에 따라 황제를 알현하고 한, 만

---

61) 欽定八旗通志 卷 97, 學敎志四 참고.

문자번역을 배운 자는 일률적으로 진사 출신으로 정해 주고 내무부(內務府) 정원의 주사로 임명하였다. 한문을 배운 자는 한인과 같이 전시(殿試)에 참가시켜 3갑(甲)진사를 하사하여 한림원 및 소속기구에 임직(任職)케 했다.[62] 이러한 조치는 종학 생은 향시를 거치지 않고 직접 전시를 거쳐 관직을 얻게 하여 특별 우대한 것이라 할 수 있다.

각라학(覺羅學)의 처음 건립은 옹정 7년(서기 1729)이었다. 각라(覺羅)는 청 현조(顯組)의 방계 친속인바, 각라학은 각라씨 자손을 입학시켰으며 또한 각 기마다 정원이 있었으나 모두 정원은 340명이었다.[63]

각 기마다 만교습, 한교습 각각 2명을 두었으나 양백기(鑲白旗)만은 만, 한 교습 각 1명씩을 두었다. 각라학의 교습선발, 학습내용과 학제는 모두 종학과 같았다. 이 외로 각라학을 총괄하는 왕공은 매년 춘치 2차에 걸쳐 각라학과 학을 관찰하였고 3년마다 황제가 흠차대신(欽差大臣)을 파견하여 종인부(宗人府)와 함께 시험을 시험하여 우열에 따라 장징(獎懲)하였다. 학업을 이수한 후 팔기관학생과 같이 세시(歲試), 과시(科試), 향시와 회시에 참가하였다.

각라학은 기본적으로 종학과 같았다. 그러나 교학시험제도는 종학과 같이 엄격하지 못했으며 진출도 종학보다는 뒤졌다. 이것은 봉건적 사회에 있어서 교육의 차등 성을 반영한 것이라 할 것이다.

3) 내무부 관학

내무부는 청조가 특설한 황실의 사무를 전문적으로 관할하는 방대한 기구였다. 내무부는 삼기좌령(三旗佐領) 관령(管領)하의 자제를 교육하기 위하여 경산관학과 함안관학을 설립하였다. 경산관학(景山官學)은 강희 24년(서기 1685)에 황성(皇城) 북문 밖 양방(兩房)관방 내에 설립되었다.

경산관학은 청서 3방 (青書三房), 한서 3방(漢書三房)으로 나누었으며 전자에는 각각 교습 3명, 후자에는 각각 교습 4명을 두었다. 처음에는 만교습

62) (清)趙爾選等撰, 같은 책, 3112면.

63) 劉秀生 楊雨青著, 같은 책 51면.

(滿敎習)은 내무부에서 노련한 관원을 선발하여 충원하였으며 한교습(漢敎習)은 예부가 생원 중에서 문리(文理)가 정통한 자를 시험으로 선발하여 충원하였다. 그러나 오래지 않아 만교습은 내각에서 글씨 잘 쓰고 기사(旗射)에 정통한 자를 충원하였고 한교습은 신과진사 중에서 노련한 자를 선발하여 충원하였다. 옹정 이후는 한교습은 거인, 공생 중에서 시험으로 선발하였으며 임기는 3년으로 만기가 되면 이부에서 관으로 임용하였다.

경산학의 학생 정원은 360명이었으나 강희 31년(서기 1692)에는 388명으로 증원하였다. 입학자는 상3기(上三旗)[64] 좌령(佐領) 관령(館領) 이하 관원의 어린 자제 중에서 선발하였다. 이업 기간은 10년이었다.

함안중관학(咸安宮官學)은 옹정 6년(서기 1728) 11월 세종의 명에 의하여 함안중 공한방(空閑房) 내에 설립되었다. 동 관학은 내부(內府) 좌령, 관령하의 어린이 및 경산관학생 중 준수한 자 5, 60명 또는 100여 명을 선발하여 한림관등을 임명 파견하여 함안궁에서 거주시키며 이들을 교습시켰다.

다음 해에 내무부는 세조의 명을 받들어 경산관학 및 관령(管鈴)하의 13~23세의 자제 중에서 90명을 선발하고 궁내에 독서방 3개소를 수축하여 함안관학을 건립했다. 동 관학은 학생과 교습의 선발과 관리에 있어서 모두 경산관학보다 한층 높았다.

함안궁관학의 수업 연한은 종학의 예에 따라 10년이었다. 함안궁관학에는 또한 몽고관학이 설치되었다. 건륭 12년(서기 1742) 동 관학 내에 몽고학방 건립을 결정하고 8기 몽고 학생 중에서 각 기마다 3명 모두 24명을 선발하였다.[65]

4) 기타 만족관학

이상에서 중요한 만족 관학을 살펴보았지만 이 외에도 청조는 계속적으로 8기 세습 관원의 자제, 한군(漢軍), 성경(盛京), 8기와 종실 자제를 위하여 전문적인 관학을 설립하였다. 우리는 여기서 몇 개의 만족 관학을 개관하고

---

64) 8기 중 양황기(鑲黃旗), 정황기(正黃旗), 정백기(正白旗)를 상삼기(上三旗)라 하였으며 이는 황제 친위병으로서 하오기(下五旗)보다도 다른 대우를 받았다.

65) 清會典 事例, 卷 一二00 : 內務府 참고.

자 한다.

세습유학(世襲幼學) 이것은 전문적으로 8기 세습 좌령의 미성년자를 위하여 설립한 학교이다.[66] 이는 고종 17년(서기 1752)에 설립된 것으로 만청 세습유관(幼官)을 관리, 그 사치 풍조를 없애고 문화적 소양을 높인 데 의미가 있었다.

청문학(淸文學) 청문학은 최초로 팔기한군을 위해 설립한 빈한한 자제를 위한 의학(義學)이었지만 후에 점차 만족의 보편적인 의학의 형식으로 되었다. 청문학은 옹정 7년(서기 1729) 부도통(副都統) 유여림(劉汝霖)의 상소로 8기 한군 부근에 처음 설립되었던바, 각 좌령은 1,2명을 선발 입학시켜 청어(淸語)를 학습시킨 데서 비롯된다.[67]

청문학의 교학내용은 청서(淸書), 기사(騎射)와 윤리지식 3개 부분이었다. 팔기몽고도 이와 같은 예를 따라 문학을 설립하고 몽고어 등을 교수하였다.[68]

만족의학(滿族義學) 의학(義學)은 청대에 성행했던 빈민 자제를 위하여 설립된 무상 학교였다. 옹정 7년(서기 1729)에 만주, 몽고의 각 참령(參領)하에 각 1개 학사를 설립하고 12세 이상의 아동을 모두 입학할 수 있다고 명하였는데 민족 의학은 이로부터 비롯된다.

한군 의학(漢軍義學)도 옹정 7년에 설립되었는데 동년에 팔기한군이 있는 부근에 학사 1개소를 설립하고 각 좌령 하에 1, 2명을 선발하여 청문(淸文)을 학습시켰다. 또한 해당 기(旗)에서 사격에 능한 1, 2명을 선발하여 궁전(弓箭)을 교습시켰다.

또한 '예부의학(禮部義學)'이 있었는데 실질적으로 역시 만주 의학이었으며 다만 예부에서 책임지고 감사했기에 '예부의학'이라 하였다. 옹정 2년(서기 1724)에는 8기 좌,우익 공소(公所)에 각각 2개소의 의학을 설립하고 그 교학대상자는 8기내 빈한하여 교사를 초빙할 수 없는 자였으며 교학내용은 한문(漢文)과 만문(滿文)이었다. 예부의학은 한서교습 각 2명, 청한어 교습 각

---

66) 欽定八旗通志 卷 九八, '學校志' 참고.
67) 欽定八旗通志 卷 九八, '學校志 - 五' 참고.
68) 欽定八旗通志 卷 九八, '學校志 五' 참고.

2명을 설치했다.

이상과 같은 만족 관학 외에도 중요한 것으로는 성경팔기관학(盛京八旗官學), 성경종학·각라학(盛京宗學·覺羅學), 능원관학(陵園官學), 군대관학(軍隊官學), 동북지방 변방지구(邊方地區)에 설치했던 흑이근성학(黑爾根城學), 호란관학(呼蘭官學), 타원관학(綏遠官學)과 열하관학(熱河官學) 등이 있었다.

8. 청대 사회의 지방관학

청대의 지방관학은 중앙관학으로서의 국자감, 만족 관학 등과 더불어 청대 관학의 교육체제의 기본 구조를 이루고 있다. 청대의 지방관학은 대단히 큰 발전을 하였다. 즉 수도 및 그 부근의 지방(경기 : 京畿)으로부터 성(省), 변경지방에 이르기까지 주로 지방행정지역을 근거로 하여 부학(府學), 주학(州學), 현학(縣學), 그리고 군대 편제에 따른 위학(衛學), 빈민 자제와 소수민족의 자제를 위한 의학(義學), 운남지방에 정학(井學) 등 계속 관학을 건립했다. 청대 지방관학제도는 다음과 같은 3개의 특징이 있다.[69]

하나는 주도면밀하고 전면적이었다는 점이다. 청은 명의 제도를 계승했으나 더욱 주도면밀하게 교육의 각 부분이 모두 규범화, 질서화 되어 전국의 지방교육제도가 고도로 통일되게 했으며 이것은 다시 더 나아가 통일된 정치경제제도와 상호 결합되어 청의 대통일 국면의 형성과 공고히 함에 역할을 하였다.

그 둘은 권력집중화이다. 지방관학에 대한 모든 권한이 조정에 예속되어 있었다. 관학의 설립, 학생정원, 교관의 임용과 평가, 교학내용에 대한 과정 등에 관한 권한 등이 모두 조정 또는 그 대표인 학정(學政)이 장악하여 각지 관학의 통일과 조정 및 그에 대한 규제를 담보하였다.

그 셋은 과거화이다. 지방관학은 그 목표에서 교학내용에 이르기까지 모두 과거시험을 위해 봉사했으며 과거가 그 귀착점이었다. 그러나 이러한 과거화는 결국 인재 유형의 단일화를 초래하여 사회의 다각적인 인재 수용에 적응

69) 馬鏞著, 같은 책, 126면.

하기 어려웠다.

이와 같은 청대의 지방관학제도는 한 동안 전국적인 교육발전에 적극적인 작용을 하였다. 그러나 이와 같은 교육제도는 또한 중대한 폐단을 안고 있었다. 과도한 권력의 집중은 지방학교 설립의 자주권을 상실하게 했으며 관학의 기제가 강화되고 인재 유형이 단일하여 사회의 수요에 적응하기 어려웠다. 과거화의 결과는 곧 학교의 교학기능을 상실케 했으며 시험기능은 도리어 기형적인 발전을 가져와 고과(考課 : 관리의 성적평정)는 있되 교학은 없는 일반적인 현상을 형성하여 관학이 단순한 고과기구화하고 또한 관학이 교육체계상에서 그 작용과 지위가 점차 상실되어 갔다 할 것이다.

1) 부, 주, 현학의 제도와 그 발전

청은 건국 초기 각 성이 점차 평정되자 통치자는 명대의 부, 주, 현학 체계와 시설을 그대로 활용하면서 지방교육체제를 회복시켰다. 부·주·현학을 총칭하여 유학(儒學)이라 하였다.

각지의 관학 중 부학(府學)에는 교수(정 7품) 1명 , 훈도(訓導) 1명, 주학(州學)에는 학정(學政 : 정 8품) 1명, 훈도 1명, 현학(縣學)에는 교유(敎諭 : 정 8품) 1명 , 훈도 1명을 두었다. 다만 훈도(정 8품)는 교관의 부직(副職)이었다. 교관은 모두 조정에서 임명하여 파견하였던바, 교관의 전국적인 통계를 보면 교수 192명, 학정 201명, 교유 1,108명, 훈도 1,531명 계 3,032명이었다.[70)]

청조에서는 부, 주, 현에 모두 관학을 설치하였지만 각 관학의 학생 정원은 동일하지 않았다. 지방관학 학생은 후일 과거시험 응시자일 뿐만 아니라 국자감 감생의 잠재적인 자원이었으며 또한 과거시험 응시자는 국자감 공감생(貢監生)뿐만 아니라 모두 관료의 예비적 인원이었다. 그러므로 청조는 모든 지방관학의 학생 정원을 직접적으로 정하고 규제하였다.

청조 각 지방관학은 그 지방의 인문(人文) 상황에 따라 대, 중, 소학으로 나누고 각 지방은 또한 인문의 상이에 따라 그 대, 중, 소학의 모집인원도

---

70) 馬鏞著 같은 책, 1300면.

달랐다. 건륭 년간에 각 관학의 입학 정원은 다음과 같은 3가지 분류가 있다. 그러나 그 뒤 인구의 증가에 다라 각 관학의 정원도 달랐다. 직예(直隸)[71], 순천부(順天府), 대흥(大興), 원평(菀平) 현학 각 25명, 각 부학 23명, 큰 주현은 부학과 같으며, 다음 주현은 대학이 18명, 중학의 15명, 소학이 10명이었다.

강남, 절강부학은 각 25명, 큰 주·현은 부학과 같았으며, 그 다음 주·현의 대학은 15명, 중학은 16명, 소학은 12명이었다. 기타 성의 부학은 각 20명, 큰 주·현학은 부학과 같으며 그 다음 주·현의 대학은 15명 중학은 12명, 소학은 8명이었다.[72]

청대에는 명칭이 아주 많은 공생(貢生)이 있었다. 예컨대 12년마다 1회씩 선발한 공생, 순천(順天) 및 각 성의 향시에서 선발된 부방(副榜)[73]의 부공생(副貢生), 각 학 름선생원(廩膳生員) 중 오랫동안 식름(食廩)하고 승격한 세공생(歲貢生), 국가 경사 때 배치된 은공생(恩貢生), 학정(學政) 세과(歲科) 시험에서 선발된 우공생(優貢生), 군에서 공로로 국자감에 진학한 공공생(功貢生), 음감생(蔭監生), 연납공감생 등이다.

생원의 공생(貢生)으로의 최대의 진로는 과거였다. 현실적으로 학교는 과거시험 연습장화 되었고 "국가는 학교를 설치하여 인재를 양성하고 향(鄕), 회(會), 정시(庭試)로 우수한 자를 선발하여 쓰는74) 교육과 인재선발의 메카니즘을 형성하였다. 그러나 시간이 경과함에 따라 과거 중심의 교육적 폐단이 점점 심해졌으며 학교는 단순히 시험 연습 기구화 하여 지방관학의 쇠퇴 원인을 제공해 주게 되었다.

중앙에서 지방관학을 관장하는 것은 학정(學政)의 소관이었다. 학정은 조정에서 각 지방에 파견하여 학부를 관장하는 대표로서 각지 관학에 대하여 통일적 관리의 중요한 부서였다. 그러므로 조정에서는 학정에 대한 관리를 아주 중시하였다. 학정의 행위준칙을 규정한 것은 순치 9년(서기 1652)으로서 내용은 학정은 청렴하고 인재선발에 공정을 기하고 정실에 흐르지 말고

---

71) 옛 하북성(河北省)의 이름, 1928년 하북성으로 고침.

72) 欽定大淸會典 , 卷 三二 '學校' 참고.

73) 명,청시대의 제도로 향시에 합격했으나 거인(擧人)의 인원수에 제한이 있어 거인의 자격을 받지 못한 자 중에서 국자감에 입학하는 자를 일컬음.

74) 欽定學政全書 卷 三三, '學報優佘' 참고.

권세가 두려워하지 말 것을 요구하는 것이었다.[75)]

교관은 임용 전 반드시 독무(督撫)[76)]의 시험을 통과해야 하며[77)] 임기 중에는 학정이 순시할 때마다 반드시 심사와 시험을 거쳐야 한다. 전자는 교관직에 대한 교육 수준과 품행의 모든 면을 평가하는 것이며 후자는 교양 수준의 전문시험이었다.[78)]

교관의 임기는 6년이며 만기가 되면 학정과 독무는 교관의 업각 상황을 공동으로 심사하여 그 거취를 정하였다. 그리고 명확한 심사서를 작성하여 상급 관청에 보고하고 만약 유보하지 말아야 할 사람을 임의대로 보류하면 독부, 학정을 심사 처벌하였다.[79)]

2) 학규와 학생관리

청대 지방관학의 학생은 생원(生員)이었다. 생원은 각급 시험을 거쳐 록취(錄取 : 합격)되어 부, 주, 현학에 입학한 자를 말한다. 통치자 계층에서는 항상 '생원'을 '화민성속(化民成俗)의 중요한 세력으로 보았다. 생원은 당대에 이미 존재하게 되었지만 명, 청대에 이르러서는 이미 봉건적 사회에서 하나의 중요한 지식계층으로 되어 과거시험의 주체가 되었고 예비적 관료가 되었음은 물론 백성 중에서 뛰어난 사람이었다.

바로 이러한 바를 고려해서 출발한 청의 통치자들은 생원에 대하여 우대와 엄격한 약속의 양가적인 정책을 취하여 일련의 온, 강의 관리 제도를 실행해 흥리제폐(興利際弊)하였다. 이러한 배경 하에 지방관학의 학생(생원)에 대한 관리를 전개하였다.

우선 생원의 자격은 시험을 통해 취득했지만 응시자의 신분은 일정한 제한을 두었다.[80)]

---

75) 欽定學政全書 卷 一六, '學政關防' 참고.

76) 명,청대의 최고 지방관임. 순무(巡撫)

77) 康熙四十三年(1704)諭 "教官必文學明通 方稱朔職. 近見直省 教職官內 不韻 文學者甚多撫如此河以以訓士 著行文直省巡撫 將各屬教官通行考試 分別具題 …… "(淸會典事例 卷 三六九 '禮部, 學校, 教職考核)

78) "嗣后 教職由無選后 赴無臣考試 其考居一二三四等者令其赴任五等令歸學習六等革職" (淸會典事例 卷 三六九 '禮部學校·教職 考抜)

79) 淸會典事例 卷 三六九 禮部, 學校, 教職考核 참고.

80) 欽定學政全書 卷 四三 '區別流品' 참고.

청조는 신분 제한을 통하여 생원이 모두 획일적으로 '청백(淸白)'의 신분을 가지게 하여 하나의 독서를 전문으로 하고 향시에 응시하는 생원계층 준비를 형성하기 위한 조건을 마련하였다. 생원은 오직 교관과 학정의 제약만 받았으며 지방관은 생원을 감독할 수 있으나 처벌할 권한은 없었다. 만일 생원이 과실이 있을 때는 지방관은 교관에게 회보하여 해당 관학의 교관과 학정이 함께 논의하여 처리해야 했다.[81]

청대에는 정규 생원 외에 또한 대단히 많은 연납감생(捐納監生)이 있었다. 이들은 조직계층적인 면에서 보면 생원의 범위에 속한다. 그러나 실제상으로는 명의상의 공감(貢監)에 불과했다. 이러한 자에 대해서는 지방의 관리(管理)에 귀속시킴과 동시에 생원처럼 처벌하는 방법을 채택하였다.[82]

명대 초부터 조정에서는 관학의 사생(師生)에게 매월 름식미(廩食米)를 급여하고 정량(丁粮)을 면제하였다. 여기서 지적해야 할 것은 지방관학에는 이 수연한이 없었다는 점이다. 생원이 중거(中擧), 중진사(中進仕) 또는 과실로 법에 따라 파면된 경우를 제외하고는 관학에 30년 또는 70세까지 어수할 수 있었으며 의복(衣服) 등을 바치고 명예회원으로 되기도 하였다. 이러한 대다수 생원의 우대는 종신성을 띠었다. 이는 바로 조정에서 생원에게 부여하는 우대의 중함을 더욱 과시한 것이었다.

청조는 생원에 대한 우대정책을 쓰면서 일면으로는 학규와 각종 금지령으로 생원의 언행과 사상을 엄격하게 규제하기도 하였다. 순치 9년(서기 1652) 청조는 명조 때의 생원의 와비문(臥碑文)을 기초로 하여 이를 수개(修改), 청조의 와비를 형성하여 전국 각 관학에 공포하여 통일적인 학규로 만들었다.[83]

와비의 기본내용은 명대의 것을 답습하였다. 그러나 청조의 와비는 보다 더 전면적이고 구체적으로 "학위충신청관(學爲忠臣淸官)"의 학습목표와 각 조의 행동규칙을 말해주고 있다. 그 중 중요한 것은 관장(官長)을 구하지 말 것, 아문의 출입금지, 진언(陳言), 결사(結社), 출판의 불허였다. 이것은 지식이 있는 생원계층에 대한 것을 의식하여 제정된 것으로 그 취지는 생원의 정치적 권리를 박탈하고 그 어떠한 반항적인 사상의 맹아를 억제하는 데 있

81) 欽定學政全書 卷 三一 '約束生監' 참고.
82) 欽定學政全書 卷 三一 '約束生監' 참고.
83) 欽定學政全書 卷 四 學校條規 참고.

었다.

또한 강희 41년(서기 1702)에 강희제는 '훈칙사자문(訓飭士子文)'을 반포하고 국자감 및 각 직성(直省) 관학에서 발행하였으며, 옹정 2년(서기 1724)에는 '성유광훈(聖諭廣訓)'을 반포하고 책으로 출판하여 각 관학에 배포, 각 학 존경각(尊經閣) 내에 보관케 하고 학생으로 하여금 항상 암송하게 하였다.

그리고 지방관학은 국자감의 학규로 각기 통제하도록 요구하였다. 생원은 오직 관에서 지정하는 성현의 책을 읽게 하고 기타 이른바 "일가지언(一家之言)"은 읽지 못하게 하였다. 특히 시정(時政)을 담론할 때 "군민의 일체 폐해를 생원은 진서(陳書)로 올릴 수 없다"고까지 규제하였다. 그런가 하면 결사를 해서도 안 된다고 규제하였다. 이상의 것을 보면 당시 생원의 사상, 언론, 결사의 자유를 완전히 박탈한 것이라고 볼 수 있다.

4) **교육과정과 교재**

"학(學)은 충신(忠臣) 청관(淸官)을 위한 것이다." 이것은 와비 중에 새겨진 말로서 청의 교육목표를 단적으로 명확히 말해 주고 있다. 지방관학의 교육과정과 내용도 모두 이에 근거하여 설정되었다.

청초 지방관학은 오직 계고(季考)와 월과(月課)만 있었으며 시험이 끝나면 산학(散學 : 정식적으로 교사에게 배우지 않고 불규칙으로 배우는 것) 하였다. 옹정 원년(서기 1723)에는 생원에 대한 관리를 더욱 강화하여 신생원은 반드시 학에서 이업(肄業)했다.[84] 생원은 장래 정치의 참여자이기에 관학은 청률(淸律)을 해설하는 과정을 두었다.[85] 이것은 바로 청조가 생원의 법률교육을 아주 중시했다는 것을 말해 주고 있다.

이 외로 지방관학에서는 또한 하나의 중요한 활동이 있었던바, 와비 등의 '성지(聖旨)'를 통독하는 것이었다. 건륭 9년(서기 1744)에 "유학 교관은 매월 문·무 생원을 명륜당에 집합하여 인조 황제의 '훈칙자자문' 및 와비에 기

84) 欽定學政全書 卷 三四 '季考月課' 참고.
85) 欽定學政全書 卷 三四 '季考月課' 참고.

재된 각 조항을 봉독하고 제생은 이를 경청할 것"을 정하였다.[86]

총체적으로 볼 때 청대 지방관학의 교육과정은 극히 적었으며 모두 중점을 고과(考課)에 두었을 뿐만 아니라 또한 교육과정은 다만 가경(嘉慶) 시기 이전에만 시행할 수 있었다. 가경 이후로는 계고, 월과의 폐지에 따라 와비를 봉송하고 법률사례를 해설하는 것도 어려웠다.

이상에서 알 수 있는 바와 같이 청조의 지방관학은 현대적 의미로서의 교학은 없었으며 생원의 학교에서의 활동은 시험과 정치 법률의 해설에 참가했을 뿐이었다. 생원의 문화 지식은 거의 자학(自學)에 의하였다. 조정의 관학에 대한 문화지식의 규제는 하나의 시험의 도향(導向)에 의거하고 하나는 서적을 발급하여 교재를 삼는 것이었다.

순치 9년(서기 1652) 처음으로 각지 관학의 학습내용을 규정한 바 있다.[87] 여기에서 청조는 생원이 읽어야 할 '정경정사(正經正史)'를 확정하였던바 이는 학습목적도 설명했고 금후 3장과거시험(三場科擧試驗)과 세용(世用)에 적용하기 위하여 만든 것이다. 이어 강희 34년(서기 1706)에는 '어제고문연감(御制古文淵監)', '자치통감강목' 등을 출판하였다. 이후 청조는 계속하여 직성관학과 서원에 서적을 분포하였던바 모두 '어제(御制)', '어정(御定)', '어찬(御纂)'의 서적이었다. 그 내용을 보면 대개 청제(淸帝)의 문집 및 '유지(諭旨)', 경서강해(經書講解)와 집주(集注), '십삼경(十三經)', ' 이십일사(二十一史)', ' 삼통(三通)[88]' 및 기타 상용의 문사(文史)류의 도서로서 예컨대 '어전전당시(御奠全唐詩)', '어전자사정화(御定子史精華)'와 상용의 '강희자전(康熙字典)' 등이다.

5) 지방관학의 시험

청조의 관료는 과거를 통하여 선발되었기 때문에 지방관학 역시 과거와는

---

86) 欽定學政全書 卷 三四 '季考月課' 참고.

87) 今后直省學政 將 四子書 , '五經', '性理大全' '資治通感綱目', '大學衍義', '歷代名臣奏義' '文倉正宗' 等書 責成提調 敎官, 課令生儒診習講解 務俾焰貫三場 通曉古今適于世用. 坊間書賈止許刊行理學政治 有益文業諸書 其他鎖語淫辭 通行嚴禁 (大淸會典事例 卷 三八八 學校 참고)

88) 당대 두우(杜佑)가 편찬한 '통전(通典)', 남송초 정추(鄭椎)가 편찬한 '통지(統志)', 송원시대 마단임(馬端臨)이 편찬한 '문헌통고(文獻通考)' 등을 일컫는 것으로 전장제도에 관한 역사를 기록한 명저이다.

무관할 수가 없었다. 그러므로 지방관학은 관리양성 목적에서 출발하여 과거시험과 상호 연결된 각종 시험을 실시하여 생원으로 하여금 과거시험의 연습을 하게 하였다.

우리는 지방관학의 시험에 대하여 다음과 같이 개관하고자 한다.

동시(童試) 동시는 지방관학의 입학시험이다. 생원 자격을 취득치 못한 사자(士子)를 나이의 대소에 관계없이 '동생(童生)' 또는 '유동(儒童)'이라 하였다. 동생은 입학하려면 반드시 '동시'를 거쳐야 하는바 이를 '소시(小試)' 또는 '소고(小考)'라고 하였다.

동시는 현시(縣試,) 부시(府試), 원시(院試)의 3급 시험을 포함하고 있다.

동생은 급에 따라 지현(知縣 : 현의 행정장관)이 주관하는 현시(縣試)와 지부(知府)가 주관하는 부시(府試)를 거쳐 최후로 학정이 시행하는 세과시험 즉 원시(院試)에 합격되어야 한다. 학정에 의하여 선발되어야 지방관학의 생원이 된다.

동시의 제목과 범위는 완전히 과거시험을 모방하였다.

계고월과 매월 시행되는 월과(月課), 계절마다 시행되는 계고(季考)는 지방관학의 정기적인 시험이었다. 청조 지방관학은 시험으로 교학을 대신했던바 계고, 월과는 바로 지방관학의 중요한 교육활동을 이루었다. 교과내용은 최초에는 '사서문(四書文)' 1편이었다. 그러나 옹정 6년(1728)에는 시무책론(時務策論)을 가할 것이 규정되었다.[89)]

세과시험 세과(歲科)시험은 학정이 주관한 지방관학의 최고 시험이었다. 정례(定例)적으로 학정은 3년 동안에 소속 각 급 학교를 순회하면서 각기 1차의 세시와 과시(科試)를 시행하였다. 세시와 과시는 동생(童生)측에서 보면 입학시험이었고 생원 측에서 보면 세시는 승급시험이었으며 과시(科試)는 과거시험 전의 자격시험으로서 과거시험에 응시할 생원을 선발하였다. 그러므로 세시와 과시는 생원과 동생에 모두 중요한 의미가 있었으며 그 규제도 가장 엄격하였다.

생원의 세시는 그 성적을 6등분했는데 이를 '육등출척법(六等黜陟法)'이라

89) "……今各學系考月課 但試文藝 不及策論 恐士子專尙文詞不務實學 于政治事務殊無裨益. 嗣后應令該學政 嚴飭教官系考月課時 于書文一篇外或試以策 或試以論 務期切近時務 通達政治 分別優劣 以示勤徵 償教官不實 心奉行該學政題參議處" (欽定學政全書 卷 三四 '系考月課' 참고)

할 수 있었다. 이것은 성적의 차등에 근거하여 생원의 지위와 대우의 변경을 결정하였다. 청조는 생원을 몇 등급으로 나누었는데 름선(廩膳 : 관에서 지급하는 음식)이 있는 름생(廩生)과 증생(增生)외에 또한 갓 입학한 부생(附生) 및 처벌을 받아 청의(靑依)를 입은 자와 처벌을 받아 사학(社學)에 보낸 생원이 있었다. 이들은 모두 시험을 거쳐 원래의 름선을 보유하거나 자기의 지위를 변경시켰다.[90]

청조의 생원 관리는 이상과 같이 6등급으로 나누어 강등과 진급을 할 수 있도록 하였다. 그 기본적 특징은 생원의 생활 전반에 대한 관찰과 관리를 통해서 결정하였다는 점이다. 따라서 생원의 등급은 고정불변한 것이 아니고 성적에 따랐다.

과시(科試)는 향시 전의 선발시험이었다. 세시 중에서 앞 4등은 과시에 응시할 자격이 있다. 과시의 내용은 세시와 같으며 3년에 1회씩 시행되었다. 시험이 끝난 후 성적에 따라 1, 2, 3 등으로 나누고 1, 2등은 모두 향시에 응시할 수 있고 어떤 때는 3등과 앞 5등 또는 10등까지 모두 향시에 응시할 수 있는바, 과시 결과는 예부에 보고했다.

무릇 과시에 녹취되지 못한 자는 또는 미고자(未考者), 재적의 감생, 음생, 공생, 이름이 학궁에 열거되지 않아 과시를 거치지 않는 자는 모두 학정이 주관하는 록과(錄科) 시험을 거치게 하여 향시에 응할 수 있게 하였다.

총체적으로 볼 때 청조는 여러 가지 시험을 실시하여 불합격자는 도태시키고 동시에 될수록 합격의 시험 생을 빠뜨리지 않으려고 하였다. 향시 예비시험에서 지방관학이 중요한 작용을 하였다.

동시가 지방관학의 입구라 한다면 과시는 관학의 출구라 할 수 있다. 과시를 통과하여 과거시험 연습을 거친 이른바 '삼장(三場)'에 정통한 인재를 과장(科場)에 보내어 조정의 선발에 제공한다. 지방관학교육은 이것으로 과거시험과 연계시켜 인재의 양성기구로 되었다 할 것이다.

이와 같은 시험의 종류 외로 발공(潑貢)과 우공(優貢), 무생동(武生童)의 시험에 있는바 이에 대하여 간략히 이해하기로 한다.

발공(撥貢)시험은 12년마다 1회 실시되었는데 국자감에서 문제를 내어 각

90) 欽定學政全書 卷 二六 '發安發學' 참고.

성 학정이 시험으로 선발하였던바 그 인원은 부학이 2명, 현학이 1명이었다. 학정이 선발한 후 예부에 보내 조고(朝考)에 참가시켜 1, 2등으로 선발된 자는 보화전(保和殿) 복시에 1, 2등으로 다시 선발된 자는 7품 소경관(小京官)으로 부(部)에 나누어 학습시키거나 지현(知縣)으로 분산시켜 시험 삼아 임용해 보거나 그 나머지는 교직(教職) 또는 좌이(佐貳)의 관원으로 임용했다. 그러나 복시를 통과하지 못하거나 동 시험에서 3등인 자는 국자감에 보내어 수학케 하였다.[91]

우공(優貢)은 지방관이 통보한 우생(優生)으로서 이는 국자감에 보내 수학시켜 격려했다. 그러나 건륭 5년(서기 1740)에 이르러 선발된 우생은 예에 좇아 사정하는 외에 반드시 경의책문(經義策問)을 시험하여 문리(文理)가 통함이 우수한 자는 선발할 수 있다[92]고 규정하였다. 우공과 발공은 기적적으로 같았다.

요컨대 발공과 우공의 선발은 과거시험 이 외에 지방관학 인재의 또 하나의 출구로서 관료양성의 또 다른 중요한 형식이었다.

청조는 문 생원(文生員) 외로 또한 무 생원(武生員)이 있다. 무생은 무학(武學)이 없었으므로 각지 유학(儒學)에 부속되었다. 순치 초에 경위무생(京衛武生) 동생(童生)시험은 병부의 관할이었으나 강희 3년(서기 1664)년에는 학원에 예속시켜 직성, 부, 위무생은 유학 교관이 겸직하여 관할하였다. 정원은 문생동의 경우에 따라 대, 중, 소학으로 나누어 20명에서 7, 8명으로 점차 감소하였다. 무생 등의 시험은 그 후 그 내용에 있어서 몇 차례 변경이 있었다.

이상의 기술한 바를 종합하여 보면 청대 지방관학은 관료양성을 목적으로 하고 과거와 국자감에 인재를 보내는 것을 기본 임무로 하였다고 할 수 있다.

과거시험을 위주로 한 시험제도는 전국 각지의 교육과 조정의 인재선발을 상호 연계시켜 지방과 중앙의 관학이 상호 연계되고 인재선발의 표준, 내용, 정도가 고도의 통일성을 확보했으며 조정에서는 과거시험의 유도를 거쳐 전

91) 欽定禮部則例 卷 八五 '生監科學鄉試' 참고.

92) 欽定學政全書 卷 二一 '考試題目' 참고.

국의 교육과 인재를 조정할 수 있었고 그 방침과 정책을 실체적으로 구체화할 수 있었다. 그러나 한편으로는 인재모형을 단일화하여 시화적으로 다양하게 요구되는 것에 적응하기에는 어려웠다.

9. 청대 사회의 서원

청대 초는 서원 설립을 엄금하였다. 그러나 그 후로는 정책을 바꾸어 억제하면서 완화하고 완화에서 육성하는 정책을 폈다.

서원은 필경 관학은 아니었으므로 교육사상, 교육내용과 교육방법 및 그 양성 목표에서 일정한 자주권이 있었다. 서원은 어느 방향으로 발전하는가는 주관하는 주체와 밀접한 관계가 있다. 보통 일반인이 주관하는 서원은 필연코 과거제에 접근하여 관학 유형의 제약을 받았다. 저명한 학자가 서원을 주관한 경우는 서원은 곧 독특한 특징을 나타냈으며 그 영향권도 서원 본거지를 떠나 외부의 사자들도 흡수하였다. 동시에 서원은 관학과는 달리 근대 서구문화의 충격 하에 교학내용도 관학보다 융통성이 있었고 강한 변용능력도 있었다. 이상과 같은 상황은 청대 서원발전의 기본적 특징을 구성하였다.

1) 청대 서원정책과 관학화의 발전

청대 통치자들은 서원에 대하여 전후 2가지의 다른 정책을 실시하였다. 청초인 순치 원년(서기 1644)으로부터 옹정 10년(서기 1732)까지는 제한과 유인의 정책을 취하였으며 그 후에는 발전과 규제를 상호 결합한 정책을 추진하였다.

청조의 통치자들은 서원을 억압하는 동시에 또한 서원의 사회적 영향을 무시할 수 없어 부득이 사람들의 서원교육의 전통을 받아들이게 되었다. 그러므로 억압하는 동시에 한편으로는 관심의 표명 하에 영향력 있는 대서원에 대해서는 지원하여 통치자가 규제하는 범위 내에서 발전시켰다. 예컨대 순치 14년(서기 1657)에 순무 원랑우(袁廓宇)의 청으로 형양석고서원(衡陽

石鼓書院)을 수리 복원하였다.

총체적으로 보면 통치자의 후원과 중시는 소수의 저명한 서원에만 국한되었으며 다른 창립 서원의 금지령은 여전히 정식적인 해제는 이루어지지 않았다. 순치로부터 옹정 전기까지 약 90년간은 느린 발전 중에 있었으나 이런 상황은 옹정 중기에 이르러서야 변모하였다.

그 후 세종은 조서에서 독무은 각 성회(省會:성도)에 서원을 설립하고 서원의 경비 및 관리체제에 대해 규정할 것을 명하였다.[93] 동 명령에서 3가지의 중요한 조치를 취하였던바 그것은 첫째로 서원교육의 충심을 직성 성도로 옮긴다는 것으로서, 역대의 저명한 서원은 대개 산림명승지에 있었기에 조정에서 관리가 어려워 세종은 각 성도에 규모가 큰 서원을 세워 독무가 영도하는 데 편리하도록 하였다. 둘째는 독무는 서원의 사자(士子)에 대하여 '화도(化導)'라는 직책 즉, 영도의 지위를 명확히 규정하였다. 셋째는 조정에 서원에서 돈을 지출하여 경비적인 면에서 서원을 규제하였다.

이상과 같은 조치를 취하여 세종은 전통적으로 사립 서원을 조정에서 출자하고 지방관의 책임 하에 관리하는 관방교육기구로 고쳐 청조를 위해 서원 관학화의 체제의 기초를 닦았다. 그리하여 이와 같은 세종이 조령에 따라 각 성 성도에는 계속 독무가 규제하는 성회서원(省會書院)을 건립하게 되었다. 이와 동시에 각 부·주·현의 서원도 대규모적인 발전과 관학화의 과정이 있었다.[94] 이에서 볼 수 있듯, 부·주·현 급 서원도 재정 출처와 비준(허가) 권한 상에서도 관학에 유사한 관리형식을 취하였다.

세종이 청대 서원의 관학화의 기초를 닦았다고 한다면 그 뒤 고종은 관련 정책을 강화하여 서원 관학화의 과정을 완성하였다 할 것이다.

첫째 관부(官府)에서 서원 그 중에서도 특히 성급(省級)서원의 산장(山長) 초빙권과 학생 선발권을 장악하여 서원교육의 방향을 규제하였다.[95]

둘째, 서원의 교육내용을 규정하여 팔고문(八股文)을 교학의 중점으로 하

---

93) "督撫駐紮之所 爲省會之地著 該督撫商酌舉行 各賜帑金一千兩 將來士子群居讀書 豫爲籌劃 資基膏火 以垂永遠基不足者 在于存公銀支用. 封疆大臣等 幷有化道 士子之職 各宜彈心奉行 黜浮崇實 以信者國家菁莪棫朴之選 如치則書院之設 有裨益于士習民風而無流弊 乃朕之所厚望也"(淸會典事例卷三九五·禮部·學校·各省書院 참고)

94) "其余各省府州縣書院 或神士出資立 或地方官撥公經理俱申報該管官查核"(淸會典事例卷 三九五, '禮部·學校·各省書院' 참고)

95) 馬鏞著, 李國均 王炳照 總主編中國教育制度通史第五卷, 山東教育出版社, 2000, 205~206면.

고[96] 서원을 과거로 들어가는 궤도로 하여 '자유강학(自由講學)'이라는 전통을 변화시켰다. 팔고문을 교학의 주로 한 것은 서원의 교육내용을 관학과 기본적으로 일치하고 있다는 점을 말해 주고 있다.

셋째, 관부는 직접 참여와 서원의 교학활동의 조종은 청대 서원의 관학화가 역대 조정과 구별되는 중요한 특징이 되고 있다. 청대 서원의 관학화는 더욱 깊이 지방관원이 직접 참여하거나 서원의 구체적인 교학활동을 주관하였다. 이것은 다음과 같이 나타났다. ① 관부는 서원의 규장제도(規章制度: 규칙과 제도)를 제정하였다.[97] ② 관부는 학생의 평상시 학습상황을 감독하였다.[98] ③ 관과(官課)제도[99]를 이용하여 직접적으로 서원교학에 관여했다.

서원의 관학화의 과정에서 국가와 관부는 서원에 대한 후원을 강화하여 서원을 설립하였고 경영에 대한 정치적 경제적 조건을 담보하여 대규모적으로 발전하게 했다. 청대에 건립 중건한 서원은 3,885개소에 달하여 역대 최고치를 나타냈다.[100] 그러나 이 수치는 당시 청대에 남아 있던 청대 전에 건립된 서원은 포함되지 않는다. 그러므로 청대 실제로 존재한 서원은 4,000여 개소를 넘었다고 본다.

청대 서원의 발전은 성급 서원에서 시작하여 부·주·현에 보급되고 변방지역으로 추진되어 갔다. 당시 서원의 분포는 하나의 뚜렷한 특성이 있었던바 그것은 원래 교육시설이 없거나 극히 희소했던 변방지구에도 서원이 개설되었다는 점이다. 예컨대 내몽고, 흑룡강, 길림, 신강, 해남, 대만은 모두 청대에 비로소 서원을 개설한 지역이다.[101] 이야말로 서원 발전의 하나의 성공이 아닐 수 없다 할 것이다.

---

96) "一且令先工八股 究究專經然徐及余經 以及史學 治術勤遇 聲律 至每月課試 乃以八股爲主 惑論惑策惑表惑判 聽酌量兼試 能兼長者酌賞 以示故勵"(欽定禮部則例卷八二 '儀制淸吏司·書院' 참고)

97) (淸)梁廷枏編 奧秀書院志劵二 '書院規則' 淸道姜27年刊本 참고.

98) (淸)史志昌편, 彝山書院志彝山書院重定章程, 韜光28年刊本 참고.

99) 청대 고과식(考課式) 서원은 일반적으로 고과(考課)를 관과(官課)와 사과(師課)의 2종으로 나누었다. 이른바 '관과'는 관부에서 중요하게는 서원학생에 대해 실시하는 관례적인 시험을 말한다. 관부에서 출제,열권(閱劵: 시험관의 답안지 조사), 급장(給裝:장려)하는데 다시 말하면 누군가 출자(出資)하면 누가 고과를 주관한다. 어떤 경우는 심지어 감고(監考)도 관부가 사람을 파녀해 공동으로 조사하였다. 이것은 청대 서원의 한 '발명(창조)'이었다.

100) 季嘯風主編, 中國書院辭典, 浙江敎育出版社, 1996, 739~976면에서 통계.

101) 陳谷嘉, 鄧洪波 主編, 中國書院資料(中冊), 浙江敎育出版社, 1988, 1264-1325에서 발췌.

그런데 청대에 있어서 서원의 고도의 관학화는 서원을 발전시켰음과 동시에 문란의 폐단을 수반하였다. 그것은 서원은 이미 관학을 향해 본받고 있었으므로 관학의 폐단을 가져오는 데 불가피하였다. 또한 상당한 일부분의 서원중에서 자유강학과 연구의 특색이 응시교육으로 대치되었다. 서원의 원장은 관부에서 그 거취를 결정했으므로 명의상으로는 문·행(文·行)이 뛰어나야 했지만 실제적으로는 정실관계로 흐르고 있어 서원교육이 쇠락하지 않을 수 없었다.

2) 서원의 유형과 교학의 특징

청대 서원의 유형은 여러 가지로 접근할 수 있다. 그러나 우리는 이학서원, 박습경사훈고사장의 서원 그리고 평정(考課)식 서원으로 유형화하여 설명하고 그 특징을 기술하고자 한다. 이러한 관점은 중국의 학계에서 비교적으로 공인한 것 인바, 청대 전기의 이학을 강구하는 서원과 중기의 소수적인 박습경사훈고사장의 서원 그리고 다량의 평정식 서원이다.[102)]

우리는 이들 3유형에 따라 기술할 것이나 미리 밝혀둘 것은 이들 3자 중 이학서원과 평정식 서원은 구별하기가 어렵고 특히 청대 중기 이후 그들의 교학내용과 방식은 상호 침투되는 특징이 있으며 평정식 서원도 여러 가지 상황이 있는바, 대체로 순수평정식 그리고 강습경사를 겸한 2가지의 유형이 있다는 점이다.

이학서원(理學書院) : 청대 통치자의 문교정책은 정주이학(程朱理學)을 정통으로 하였다. 그리하여 학교교육에서 이를 적극적으로 관철하였다. 서원중에서 이학(理學)은 시종 정통 사상적 지위를 점유하였다. 이학을 강구하는 서원은 청대 초기 서원 중 비교적 영향이 컸다. 당시 저명한 이학서원으로는 오봉(鰲峰)·요강(姚江)·동림(東林)·자양(紫陽)서원 등을 들 수 있다. 이학서원은 교학 상에 있어서 다음과 같이 2가지 특징이 있다.

하나는 덕육(德育) 특히 이학자(理學者)의 도덕적 추앙을 위주로 하였다. 이학강구의 서원은 전통적인 '학위성현(學爲聖賢)'의 교육목적을 고수하고 유

---

102) 陳元暉著, 中國古代書院制度, 浙江教育出版社, 1988, 48면.

가의 도덕규범에 부합되는 인재양성을 강조하였으므로 교학은 도덕수양을 위조로 할 수밖에 없었다.[103)]

이학서원은 도덕수양을 위주로 하고 도덕교육과 경사(經史)지식교육을 결합시켰다. 이학서원이 강회(講會)를 교학의 중요한 형식으로 삼은 것은 이학서원의 중요한 특징의 하나이다.[104)] 또한 장학 외에 서원은 평상시 자학(自學)을 위주로 하였다. 이것은 청대 서원이 보편적으로 채택했던 과정의 한 방법이었다. 이학서원의 교학내용은 성리(性理)에만 국한하지 않고 경사(經史) 등도 포괄했다.

이학서원은 과거시험을 배척하지는 않았다. 이학자들의 과거에 대한 일반적인 태도는 시문(時文)을 읽는 것은 물론 사조(辭藻: 시문의 문체 또는 말의 수식)을 중히 여기는 것도 반대하였다. 그러나 학생이 과거에 응하는 것은 반대하지 않았다. 그것은 이학서원이 팔고(八股)를 실험하는 과를 거의 설치하였기 때문이다.[105)] 그러므로 이학서원과 고과식 서원의 교학도 같은 점이 있었다. 아울러 청대 중기 이학의 영향이 약화됨에 따라 이학서원의 고과(考課)의 성격도 갈수록 강해졌다. 이학서원은 청대 중기에 이르러서는 점차적으로 관학화 되어갔다.

경사사장(經史詞章)을 박습(博習)하는 서원 : 이학서원이 관학으로 기울고 점점 몰락해 갈 때 경사사장을 박습하는 서원이 우뚝 솟기 시작했다. 이러한 유형의 서원의 특징은 성리(性理)를 강하지 않거나 적게 강하고 과거의 글을 학습하지 않으며 경사(經史), 훈고(訓詁), 사장(詞章)을 연찬하는 것을 주로 한 점에 있다. 동 유형의 서원에는 서원에서 성리(性理)에 대하여 공담하거나 팔고(八股)의 학습에 전념하는 폐단과는 달리했는데 이것은 서원이학교육의 대담한 도전이었고 개혁이었다.

이학교육을 고쳐 경사문사(經史文辭)를 강구하려는 것은 청초의 서원에서 이미 시작되었다. 예컨대 소주의 자양서원은 옹정 3년(서기 1725)에 재건된 후 심성(心性)을 강하던 것을 옛것을 연구하는 것으로 변하였다. 그러나 서

---

103) "學有體要曰立志 曰存心 曰窮理 曰集議. 學有實地 曰入孝 曰出弟 曰謹行 曰信言 學有關頭 曰徵憤 曰窒欲 曰遷善 曰改過 學有功程 曰時習 曰日新 曰不惰 曰無違 學有歸宿 曰眞性 曰至命 曰希聖 曰達天"(南陽書院學規, 光緒26年(1900) 刊本참고)

104) (淸)施璜編, 還古書院志, 卷十, 淸道光 23年刊本 참고.

105) "張淸恪公 紫陽書院示諸生" 西山書院學范券2, 淸光緒 28年 刊本 참고.

원교학 중에서 한학(漢學)의 기치를 들어 깊은 영향을 조성한 것은 완원(阮元)[106]이 설립한 고경정사(古經精舍)와 학해당(學海堂)이었다.

완당이 설립한 2개 서원의 종지(宗旨)는 존경숭한(尊經崇漢)과 한학(漢學: 실학) 인재의 양성이었다.[107] 바로 이러한 관점에서 출발하여 상술한 두 서원에서는 모두 훈고고증(訓詁考證)을 대단히 중시하고 훈고명물(訓詁名物)로부터 소학, 천문, 지리, 산법 등 여러 분야에 연구를 정진하였다.

고경정사는 정·주(程·朱)를 배향하던 전통을 버리고 한대 훈고를 집대성한 허진(許愼), 정현(鄭玄) 을 배향했는데 바로 여기서 고경정사의 학풍을 읽을 수 있다. 고경정사의 교학은 다음과 같은 뚜렷한 특징을 가지고 있다. 첫째는 교학내용이 일반 서원에 비하여 넓고 실재적이었는데 경사(經史)뿐만 아니라 당시 몇 개 부분의 과학도 포함하고 있어 일정한 과하저 성질을 띠였다. 둘째, 팔고(八股)를 단호하게 교과내용에서 제외하였다. 셋째, 오픈 테스트(open test)를 시행하였고 이것 역시 일반 관학과의 서원시험의 차이점이다. 넷째, 변난강학(辯難講學)을 시행하였던바 스승과 제자는 민주적인 토론을 할 수 있었다. 이는 당시 서원중에서 독창적이었다.

학해당의 교학은 자학(自學)과 시험이 결합된 방법으로 실행했던바, 평시에는 자유로이 첨연(鉆研)하고 시험은 각 계절마다 8명의 학장이 공통출제하고 2명의 학장이 순번대로 시험 관리를 책임졌다. 오픈테스트도 고경정사와 같았다.

고경정사와 학해당의 교학은 하나의 공통적인 특징이 있었다. 즉 교학, 연구, 저술, 출판을 연결시켜 보면 학생의 문집과 관련 교학용의 서적을 적극적으로 출판한 것이다. 그들이 간행한 '고경정사문집', '학해당집'과 '황청경해(皇淸經解)'와 같은 대형의 총서 등은 아주 유명했다. 여기에 간략히 지적하지만 이와 같은 교학-연구-저술-출판이라는 새로운 교육·연구 모형은 학생의 학습의 적극성을 유발시키고 학생의 독립적인 연구능력을 배양하며 교

---

106) 완원(阮元, 1764-1849)은 청대 경학가, 사학가, 금석학자 강소성 출신, 자는 백원(伯元), 호는 운대(芸臺), 건륭 54년(1789) 진사가 되어 서길사(庶吉士)에 임명되고 한림원 편수(編修), 산동학정, 절강순무, 호광, 양광, 운저 등지의 총독을 거처 제인각대학사(體仁閣大學士)의 벼슬을 지냈다. 쇄국을 주장하고 영국군의 침략에 항전하였다. 각지내 학당을 세우고 학자들을 초빙하여 학문전파에 노력했으며 '경적찬고(經籍纂詁)'를 주편하고 '십삼경주소(十三經注疏)'를 교각(校刻)했다.

107) (淸)阮元 '西湖詁經精舍記' 詁經精舍文集 卷三. 嘉慶7年 刊本 참고.

학과학 수준을 제고시키는 데 아주 유익하였다.

고경정사와 학해당은 청대 중기 이후 낳은 경사(經史)·훈고(訓詁)의 인재를 양성하여 동남지방 교육문화 발전을 촉진하였다. 고경정사가 출판한 학생문집 8종 72권, 학해당 문집 4종 89권과 대형 경학총서인 '황청경해' 1400권만 보아도 이들 서원의 인재의 흥성을 짐작할 수 있을 것이다.[108)]

뿐만 아니라 이들 양 서원에서 보인 새로운 학교경영방식은 당시 쇠퇴하던 서원교육을 위하여 새로운 길을 탐색해 주었다. 이는 다음과 같은 특징이 있다. 첫째, 서원에서 팔고문 교학을 배제했다는 점, 둘째, 실학을 중히 여겨 공리공담을 반대하고, 경사(經史)연구를 창도했다는 점, 셋째, 교학·연구·출판을 연계시켜 학생문집의 적극적인 출판으로 교학을 추진하고 연구수준을 제고했다는 점이다.

이러한 새로운 서원의 경영유형은 청대 교육사상에 중요한 의미가 있다. 그것은 이학서원(理學書院)의 공리공담적인 학풍을 배제하고 실사구시(實事求是)의 기풍을 서원에 주입시키고 교육발전의 진보를 가져왔다는 점이다. 장기적으로 과거는 학교교육을 좌우했던바, 서원을 포함한 학교는 모두 과거에 예속되어 독립적 지위를 상실했던 상태였다. 그러나 이들 서원의 교학경영 유형은 종전의 과거 예속성에 벗어나 청대 교육개혁의 서장을 이루었다.

고과식 서원 : 고과식 서원(考課式書院)은 고과(考課)를 위주로 하는 교학형식의 서원을 일컫는다. 이 유형의 서원은 팔고문을 연습하여 과거시험에 응시하는 데 그 목적이 있다. 청대 서원은 이러한 유형의 서원이 대다수였으므로 사람들은 당시 서원을 관학과 마찬가지로 과거의 예속으로 보았다.

고과식 서원의 상황은 여러 가지 있으나 교학제도의 상이에 따라 단순한 고가식과 고과-교학식 서원으로 분류할 수 있다. 단순한 고과식 서원은 고과만이 있고 교학이 없는 경우로써 매월 수차례의 시험만 있는 후 갑을로 평정하고 학비를 지급하였다. 사자(士子)들은 과거시험에 참가하기 위한 모의시험을 연습하였다.

청대 부·주·현 급 서원은 거의 대다수가 이와 같은 단순한 고과식 서원이었다. 이와 같은 서원의 최대의 특징은 단순히 팔고문을 연습하여 과거시험

108) 馬鏞著, 같은 책, 223면.

응시 준비에 그 목적을 두었다는 점이다. 동 유형의 서원은 일반적으로 이업(肄業) 정원의 제한이 있었다. 그것은 서원의 재정상황에 근거한 것이다.

아무튼 단순한 고과식 서원의 목적은 일체 향시 합격률을 제고하기 위한 것이었기 때문에 그 메커니즘은 시험성적을 중시했다. 고과-교학식 서원은 비록 고과(考課)를 위주로 하거나 또는 과거시험을 목적으로 하지만 어느 정도 교학활동도 있었다. 부분적인 성(省)급이나 학술연구의 전통이 있는 서원은 이런 유형의 서원에 속했다.[109]

고과·교학식 서원은 여전히 과거시험을 목적으로 한 고과(考課)가 있었지만 관학에만 보편적으로 고과가 있고 강학이 없는 상황 하에서 서원의 강학 전통을 계승, 발취하고 학생들의 지식의 시야를 넓히는 데 중요한 역할을 하였으며 관학의 결함을 보충하는 적극적 자용을 하였다.[110]

3) 교학의 과정과 학제

청대 서원은 특유한 전통이 있었던 바, 그것은 풍부한 장서를 물적인 기초로 하여 자습을 위주로 하고 교원의 강학을 부차적으로 하였다는 점이다.

서원의 과정 설치는 지방관학, 국자감의 과정 설치와 비슷하여 사서오경을 위주로 하였다. 사서오경의 의리(義理)를 천술(闡述)한 보조적인 교재로는 송·명 리학(理學)의 강의(講義), 어록과 주소(注疏)를 모두 사용하였다.[111]

과정 분류 면에서 보면 또한 소학과 대학 과정으로 나누어졌다. 소학과정은 기초로서 식자(識字)와 그 심화 예컨대 문자학, 훈고학, 음운학(音韻學) 등이며 대학과정의 주요한 것으로는 사서오경으로서 특히 경학(經學)을 기초로 하여 주희가 강조했던 『대학(大學)』의 "명덕(明德), 신민(親民), 지어지선(止於至善)"의 3강령과 "격물(格物), 치지(치知), 성의(誠意), 정심(正心), 수신(修身), 제가(齊家), 치국(治國), 평천하(平天下)"의 8조목을 강(講)하였다.

당시 서원의 교학은 대체적으로 분년법(分年法), 분재법(分齋法), 자학법

109) (淸)周在熾編, 玉潭書院志卷二'玉潭書院規條' 淸乾隆三十二年刊本 참고.

110) 馬鏞著, 같은 책, 229면.

111) 예컨대 주돈이(朱敦頤)의 『태극도설(太極圖說)』, 정호(程顥)의 『명도학안어록(明道學案語錄)』, 정이(程頤)의 『이천어록(伊川語錄)』, 주희(朱熹)의 『소학집주(小學集註)』, 『근사록(近思錄)』, 『주자어록(朱子語錄)』, 육상산(陸象山)의 『어록(語錄)』, 왕수인(王守仁)의 『전습록(傳習錄)』, 담약수(諶若水)의 『심성도설(心性陶說)』 등이다.

(自學法), 강회법(講會法)의 4종이 있었다.

년분법은 원대의 대유(大儒)였던 정단례(程端禮)로부터 시작되었던바, 그는 학생 연령을 다음과 같이 4단계로 나누어 과정을 설정하였다.[112] 즉,

· 제1단계(~8세 이전) : 주로 『성리자훈(性理字訓)』 등 계몽도서 학습
· 제2단계(8~15세) : 주로 『사서』, 『오경』의 원문(原文)학습
· 제3단계(15~20세) : 주로 사서석의(四書釋義)와 오경(五經)원문의 초사(抄寫)학습
· 제4단계(20세 이상) : 과거문장 작문학습

이와 같은 년분법은 당시 청대 서원에서 모두 채용되었다. 정단례의 년분법은 실제로 학생의 학습능력의 발달단계에 따른 독서계획이고 서원 제정의 독서 과정이다. 현대적으로 보면 교육과정인 셈이다.

분재법(分齋法)은 북송의 교육자 호원(胡瑗)이 창시한 것이다. 그는 과정을 경의(經義)와 치사(治事)로 분류하고 학생을 양재에 나누어 각각 별도로 강하였다. 청대 많은 서원은 '분재법' 교학방법을 채용하였다. 청대 초, 교학자 안원(顔元)은 직예광평부(直隷廣平府) 비향현(肥鄕縣) 장남서원(璋南書院)에서 강학할 때 학생들을 6재(齊)로 나누어 지도하였다.[113] 분재법은 생원 이상 자격의 학생을 교수하는 데 적합하였다.

자학법(自學法)은 정단례(程端禮)가 창안하였다. 그는 학생이 매일매일 자학의 시간을 이른 아침, 오전, 오후, 저녁으로 나누어 자학의 내용을 배당하였다. 명대 왕수인(王守仁)은 학생의 매일 자학을 5개 항목으로 나누기도 하였다.

교학의 방법으로는 강회(講會)교학법이 있다. 이 방법은 남송 때 주자(朱子)가 창안한 것으로 원·명·청 모두 채용하였다. 청대의 영향력 있는 서원에서는 모두 강회제도를 채용하였다. 강회의 강학목적은 상호 토론과 논쟁에 있고 때로는 일개 학파의 정선된 주의 주장을 드러내거나 다른 학파와의 주

112) 陳谷嘉·鄧洪波主編, 中國書院資料(中冊), 折江敎育出版社, 1998, 1459면.
113) 陳谷嘉·鄧洪波主編, 같은 책, 1492면.

장과의 차이점을 변석(辨析)하는 데 있었다. 반드시 서원에서만 이루어진 것은 아니라고 하더라도 강회의 내용과 방식은 모두 학술적 성격을 갖는다.[114)]

각 서원의 강회제도는 1년에 2회, 매달 2차례의 강회, 또는 매월 1회의 소강(小講), 매년 2차례의 대강(大講)도 있었다. 강회는 대개 3일간 진행되었다. 현대교육의 안목으로 보면 이러한 강회제도는 학생 중심 토론학습의 방안에 비유될 것이다. 우리는 지금까지 서원의 교학방식을 개괄했지만 이를 토대로 청대 서원교학의 특징을 다음과 같이 지적할 수 있다.

첫째, 덕육과 지육의 결합이다. 서원의 덕육은 때때로 지식교육, 인생교육, 학문경향의 교육 등과 상호 결합되어 학생에 대해 전면적으로 요구하였다. 예컨대 악록서원 '왕구계선생 학규(王九溪先生 學規)'[115)]가 그 좋은 예가 되겠다.

둘째, 자학지도를 중시했다. 고등교육으로서의 서원은 그 교학 중점이 산장 또는 교원의 지식전수가 아니라 자학(自學)과 학문연구의 방법지도에 중점을 두어 자학능력을 배양하였다.

셋째, 시험과 교학의 관계를 조화시켰다. 일부 고과식과 박습경사(博習經史)서원을 제외하고는 기타 서원은 과거시험과 지식교육, 도덕함양 등 여러 면을 조화하며 과거 준비뿐만 아니라 또 경사(經史)학습과 도덕 함양도 잊지 않았다. 결국 학생의 지덕 전반적인 발전을 꾀하였다. 이 점은 당시 서원교학 중에서 인정할 만한 특징과 우수성의 셋째로 지적될 수 있다.[116)]

4) 서원의 내부관리

청대 서원의 내부관리는 주로 행정과 재정관리를 포괄한다. 서원의 행정조직과 형식은 다양하며 각류 교직원의 명칭도 동일하지 않았다. 다만 그 관리제도가 내포하고 있는 것은 대동소이하였다.

---

114) 丁淳睦, 中國書院制度, 文音社, 1990. 133면.

115) "一.時常省問父母, 一.朔望恭謁聖賢, 一.氣習各矯處, 一.擧止整齊嚴肅, 一, 服食宜儉素.……一, 日講經書三起, 一, 參讀古文詩賦, 讀書必須過筆, ……"(陣谷嘉·鄧洪波主編,같은 책, (中冊), 1579면 참고.)

116) 馬鏞著, 같은 책, 133면.

서원의 인적 조직 : 청대 서원의 교직원은 일반적으로 두 가지가 있다. 즉, 하나는 교학의 책임이 있는 산장(山長) 또는 원장(院長) 혹은 장교(掌教)이며 또 하나는 서원 일상 사무의 책임이 있는 자로서 예컨대 감원(監院), 수사(首事 : 일명 首士 등)이며 이 외에도 사무직원이 있었는데 예컨대 서판(書辦), 화부(火夫 : 요리인), 문역(門役) 등이다.

아무튼 서원조직은 교학과 행정 부분으로 나누어졌다.

산장의 임명 : 산장은 서원을 대표할 뿐만 아니라 또한 교원으로서 교학을 책임지는 서원의 핵심적 인물이므로 서원은 역대로 산장의 선임을 중시했다. 산장의 선발 기준은 재덕겸비하고 일정한 학식과 자격(出身 : 출신)이 있어야 했다. 어떤 서원은 반드시 거인(擧人)·진사(進士)라고 그 자격요건을 제한하는 경우도 있다.[117]산장은 사무적인 활동에는 참여하지 않았다. 수사(首事)는 서원의 의사결정 층으로 고동(股東 : 주주) 또는 고문과 유사했는데 서원사무를 논의 결정했다. 감원 등은 행정 관리인에 속했는데 사무적인 일을 책임졌다. 서원의 인적 조직은 상당히 정밀했고 결정, 관리, 교학기구의 직책이 분명하였다.

산장의 직무는 서원 전체를 총괄하였으나 교학에 치중하였다. 서원의 행정 사무는 감원, 또는 동사, 수사 등이 책임졌다. 감원은 서원의 실제상 행정수장으로서 서원의 교학 이외의 일체의 사무를 주관하였다.[118] 감원의 임용은 동사(董事)가 선발 초빙하기도 하고 관부에서 파견하기도 했다.

서원 학생의 관리 : 청대 서원의 학생의 관리제도는 매년 실시하는 견별(甄別 : 성적에 따라 우열을 가림)과 일상 관리규칙인 바, 그 중점은 서원 내에서 거주하는 원생의 학업과 생활 관리였다.

청대 서원은 일반적으로 선발하거나 '견별(甄別)'을 거쳐 학생을 모았다. 이는 서원 학생의 입학 심사 과정을 일컫는다. 대다수의 서원은 매년 '견별'시험을 통하여 당년도 또는 익년도의 학생을 확정하였다. '견별'시험은 일반적으로 2월, 3월 또는 12월에 실시한다. 그런데 견별시험은 1차로만 하는 경우도 있고 2차 시험을 거치는 경우도 있다. 어떤 경우는 견별시험 전에 덕행 면을 고

117) (淸)鐘世楨編, 信江書院志卷七'(信江書院考果章程)' 靑同治六年刊本 참고.
118) 鄮山書院志 '(鄮山書院條規)'참고.

찰하는 경우도 있다.[119] 이러한 견별시험제도의 구상은 엄격하고 과학적이어서 당시로서는 비교적 선진적인 것으로 보았다.

서원의 정과 생은 일반적으로 매월 1량의 학비를 받았다. 청대 서원의 고화(膏火: 학비)는 고과와 밀접한 관계를 가졌다. 즉 시험에 1차 적게 참여하면 고화은(膏火銀: 학비)의 일부분을 떼어냈다. 어떤 서원은 고화은의 발방(發放: 방출)과 학생의 시험성적을 연계시켜 학비유동제(膏火誘動制: 고화유동제)를 실시하였다. 이 외에 서원에서 평가한 후 성적이 상위권에 든 자는 장상은(獎償銀)을 지급하였는데 이는 오늘날의 장학금에 해당한다. 이와 같이 모두 양사(養士)와 학업을 연계시켜 시험성적을 향상시키기 위한 중요한 조치였다.

시험 당일 무상으로 식사를 제공하는 것은 서원의 관례였다. 이로 보면 서원 학생에 대한 대우는 비교적 후했다고 할 수 있을 것이다.

서원은 학제상의 학교에는 들어가지 못했기 때문에 서원의 학생은 과거응시라는 것만이 유일한 길이었다. 그러므로 그들의 이업(肄業)기한은 같지 않았으며 때때로 과거중식(科擧中式)에만 그쳤다. 이와 같은 관계로 절대다수의 서원은 그 수업기간이 없었다. 학생은 단지 매년 견별에 합격하여 학습할 수 있었다. 이러한 조치는 과거중식 이전의 생활비 문제를 해결할 수 있었다. 그러나 일부 학생은 고화은의 취득을 위해 서원을 늦도록 떠나지 않았으며 직업학생으로 되었다.

이상에서와 같이 기술한 바로 보면 청대의 서원의 학생 관리의 핵심은 교학과 배합하여 학습의 자율성을 제고시키기 위해 학생(원생)들이 자학할 수 있도록 관리와 지도를 장려한 조치라는 데 있었다. 그 관리제도는 비록 필연적으로 당대 응시교육의 메카니즘이라는 특징을 가졌지만 한편으로는 서원 또한 학문연구의 전통을 가졌다는 것도 배제할 수는 없다.

청조는 서원에 대하여 정책적 지원을 하였다. 즉 서원의 설립경영을 허용하고 제창하였지만 경제적 지원은 소수의 성급서원과 유명한 서원에 국한하고 많은 주·부·현 서원은 지방관과 향신(鄕紳) 등이 관리하도록 하였다. 이리하여 서원의 경비 출처는 다원화되었다.

---

119) 劉秀生·楊雨靑著, 같은 책, 63면

각종 지방지와 서원지를 보면 청대 서원의 경비 출처는 대체적으로 조정발관(朝廷撥款), 지방관발관(地方官撥官), 지방관연관(地方官捐款), 관민합자(官民合資), 사민독자(士民獨資) 등 5종이었다.

총체적으로 보면 청대 서원은 관영(官營) 위주였지만 그 경비 출처는 다양화되었다는 점이 그 특징이다. 즉 관영이라 하더라도 그 자금출처는 여러 가지 통로가 있었으며 많은 관민합자의 서원이 비록 관영의 명의를 사용했지만 사립의 성분도 있었다. 상품경제의 발전에 따라 상인은 학교(설립) 경영에서 무시할 수 없는 작용을 하게 되어 서원도 새로운 자금 출처를 얻게 되었다. 이로 보면 서원은 당시 사회적 세력에 의거한 학교경영의 비교적 성공한 교육기관이라 할 것이다.

경비의 다원화는 또한 서원경영 형식, 교학내용의 다원화도 가져왔으며 획일적인 관학과는 달리 상대적으로 다양한 서원설립경영체제를 구축하였다.

경비 다원화는 또한 청조로 하여금 서원에 대한 지원과 규제를 강화함과 동시에 과중한 경제적 부담도 필요 없이 최소한의 노력으로 최대한 효과를 가져왔다. 청대 서원 경비의 다원화의 실천경험을 논구하는 것은 현대교육의 개혁과 발전에도 매우 유익할 것이다.

서원의 경비사용은 량입위출(量入爲出: 들어온 것을 헤아려 지출한다)의 원칙을 준수하였다. 말하자면 수입의 과다에 따라 지출의 수준을 결정하였다. 그 경비지출은 교학, 관리, 제사, 세수(歲修) 등 다방면에 걸쳤다.

청대 서원의 경비관리는 대체적으로 2가지가 있다.

첫째, 관부에서 직접 경영하는 경우이다. 그 대표적인 예가 강소의 자양서원이다. 동 서원의 경비는 모두 조정과 지방관부의 학전(學田)[120]과 발관에서 출연되었다. 그 전세도 관부에서 대리로 징수하였다.[121] 어떤 경우는 정부에서 사람을 파견하여 서원의 재무관리를 책임지게 하였다. 예컨대 성급서원은 감원(監院)을 파견하여 서원의 교학 외에 사무를 통괄하게 하였지만 그 중 제일 중요한 업무는 재무관리

120) 학전의 출처는 관부에서 받은 것도 있지만 이외로 향신(鄕紳)이나 상인들이 헌납한 자금으로 마련한 경우도 있다.

121) 蘇州不府志卷二五, 淸光서九年刊本 참고.

였다.

둘째, 관부 규제하의 서원의 전담자가 관리했다. 대다수의 서원은 이러한 유형의 형식을 취하였다. 예지컨대 많은 서원의 행정관리인은 예컨대 감원(監院), 수사(首事) 등이 재무를 관리하였다.

10. 청대 사회의 몽학과 사회교육

1) 몽학과 사회교육의 의의

몽학(蒙學)은 중국 고대의 초등교육이었으며 사회교육은 향약을 위주로 한 비형식적 교육의 양태이다. 청대 몽학은 3개의 종류가 있는바, 사학(社學), 의학(義學) 및 사숙(私塾)이 그것이다.

사학(社學)은 원·명·청대의 지방학교였다. 그러나 청대 중기 이후 의학(義學)의 일반적인 발달로 사학은 점점 쇠퇴하였다.

의학(義學)은 빈민 자제를 위하여 설립한 학교로서 관립, 민립, 관민합자 등 여러 가지 형식이 있었으며 청대 각지에 특히 소수민족 지구에 보편적으로 존재했다. 사숙(私塾)은 민간이 관리하는 학교로서 도시와 농촌의 많은 아동들이 계몽교육을 받는 주요한 형식이었다.

향약(鄕約)은 원래 송대 여씨향약(呂氏鄕約)을 그 출발로 하여 이후 사회교육의 한 제도로서 발전해 온 것이다. 청대 초에는 통치자가 향약을 전국적으로 도시와 농촌의 도덕·정령 등의 보급을 위한 교육제도로 변화시켰는데 일정한 선강정의(宣講程序 : 선전절차)와 내용이 있다. 특히 성조(聖祖)와 세종(世宗)은 친히 향약의 내용을 교재로 편찬하여 크게 제창했으며 이로써 조정이 추진하는 교화의 중요한 수단이 되었다.

농업을 위주로 하고 문맹이 대다수였던 청대의 몽학과 향학교화의 실질적인 의의는 일반적인 계몽교육과 도덕, 법률의 대중을 통한 선전의 범위를 훨씬 초월하였다. 조정에 대해 설명하자면 몽학과 향학은 문화지식 보급의 중요한 수단이었을 뿐만 아니라 또한 교화를 추진하고 지방의 안정을 유지하는 중요한 방식이었다.

2) 몽학의 유형

청대 몽학은 하나의 특징이 있는바 그것은 국가가 몽학을 제창하고 그 조직의 실시에 참여했다는 점이다. 중국은 예부터 "계몽은 바른 것을 길러야 한다(蒙以義正)"는 말이 있었다. 그러나 계몽교육은 줄곧 가정 또는 종족 내에서 전개되었고 조정에서는 개입하지 않았다. 그러나 청대에 이르러 이에 대한 국가의 창도와 조직은 더욱 컸는데 사학과 많은 관립의학의 출현은 바로 이의 결과였다. 사학과 관립의학의 설치는 조정에서 몽학교육에 대한 규제를 강화했으며 몽학교육을 국가교육계통에 편입시켜 초등교육에서 고등교육에 이르는 완전한 교육체계의 형성을 위한 기초를 닦았다 할 것이다.

사학(社學) 순치 9년(서기 1652) 정부는 "각 향마다 사학 1개를 설치하여 문의(文意)에 통달하고 행의근후(行誼謹厚)한 자를 택하여 사사(社師)로 보충하고 차역(差役)을 면제시키며 양식을 제공하고 제학은 임일(臨日)을 조사하여 성명 책을 만들어 고찰함을 보고한다."[122]고 규정하였다. 이 조항은 바로 사학은 그 건립 때부터 관립의 성격을 가졌으며 관부에서 생활비를 제공하고 제학이 관리했다는 것을 설명해 주고 있다.

청대에 건립한 사학은 보편성, 방향성이 있었던바, 중요한 면은 향촌과 소수민족 지구의 교육보급을 향하고 있다는 점이다. 옹정 원년(서기 1723)에는 향촌(농촌)학교 건립·경영의 원칙을 또 다시 언명하였다.[123] 이는 사학을 향촌에 건립할 것을 강조하였을 뿐만 아니라 이로써 사학독서의 연령, 사학과 관학과의 연계 및 사사(社師)의 상벌표준의 확정 등 사학규정이 더욱 완전해졌다.

건륭 초에 고종은 서남지방의 소수민족 산거(散居)지구에 사학교육을 확대

---

122) "每鄉置社學一區, 擇其文意通曉 行誼謹厚者, 補允社師, 免其差役, 量給廩餼養贍, 提學按臨日造姓名冊 申報査考"(淸會典事例 劵三九八 '學校·各省義學')

123) "州縣設學 多在成市 鄉民居注遼遠, 不能到學. 照順治九年例, 州縣于人鄉巨堡, 各置社學, 擇生員學優行端者, 補允社師, 免其差役 量給廩餼 凡近鄉子弟, 年十二年以上二十以內. 有志學文者, 俱令入學肄業. 仍造名冊于學臣按臨之日, 申報査考. 如社學中有能文進學者, 將社師從優獎賞. 如怠于敎習鑽營允補, 査出褫革, 幷該管官嚴加義處(앞의 책 참고)

하였다. 이어 고종은 10여 년간 사학교육의 확대에 힘을 기울였으나[124] 부진하였다. 부진의 원인은 여러 가지가 있겠으나 같은 몽학교육인 의학이 이미 소수민족 지구에 잘 보급되었다는 점을 간과할 수는 없다 할 것이다.

의학(義學) 의학은 원래 종족범위 내에서 빈민 자제를 위해 설립한 교육기구였다. 청조는 이것을 국가가 제창하고 지방관 또는 사민(士民)이 빈한한 자제와 소수민족의 자제를 위하여 설립한 것이 청대의 의학이다. 청조는 먼저 수도에 있는 본 민족과 서남 소수민족 지구에 의학의 설립을 추진하고 점차 도시와 농촌지역으로 확대해 나갔다.

청조는 강희 41년(서기 1702) 처음으로 수도의 숭문문(崇文門) 밖에 의학을 설치하고 '광육군재(廣育群才)'라는 편액을 하사함으로부터 시작되었다.[125] 그리고 강희 52년(서기 1713)에는 한 걸음 더 나아가 의학의 설치를 전국적으로 확대하는 적극적인 정책을 폈다.[126] 옹정 원년에는 또 각 성에 훈령을 내려 현직 관원이 자체적으로 건립한 생사서원(生祠書院)을 의학으로 개칭하여 교사를 초빙하여 학도를 교수하고 이로써 문교를 넓힐 것을 지시하였다.[127] 이러한 조치는 어느 면에서는 서원의 발전을 억압한 것이겠지만 그러나 의학의 전국적인 확대를 촉진시킨 것이라 하겠다.

청조는 의학의 설립을 보편적으로 창도하면서도 여전히 확충하는 중점은 경기(京畿)와 주위와 각 소수민족 지구에 두었다. 경기는 통치자의 소재지로서 많은 민족의 자제가 집결했기 때문에 조정에서는 교육을 더욱 중시했다. 그러므로 조정에서 더욱 교육보급을 중시하여 보다 좋은 학교건립조건 예컨대 경비의 증액 지원, 학생의 생활비 지원 등을 제공했다. 강희 54년(서기 1715) 성조(聖祖)는 조서를 내려 경기 내와 향촌에 널리 의학을 설립토록 하였다.[128]

소수민족 지구의 학교설립은 옹정 3년(서기 1725) 운남(云南)의 위원(威遠)지구와 귀주의 각 부·주·현에서였으며 옹정 5년(서기 1727)에 운남 동천

124) 건륭 2년(1737) 귀주의 변방에 사학을 설치했음은 물론 건륭 5년에는 귀주의 25개 현·향에 대규모의 사학을 설치했다.

125) 淸會典事例, 卷三九六,'學敎·各省義學' 참고.

126) "各省府州縣, 令多立義學, 延請名師 聚集孤寒生童 勵志讀書"(淸會典事例卷三九六 '學校·各省義學' 참고)

127) 위의 책 참고.

128) "朕每年春行幸水退 近見民生粗安, 但移風易俗 奠過讀書, 況機輔之地, 王化所先, 宜窮鄕僻攘, 皆立義學. 該撫卽遍示庄村, 俾知朕崇文好學深意"(위의 책 참고)

부(東川府)에, 옹정 8년(서기 1730) 사천(四川)의 건창부(建昌府), 옹정 10년에는 호남의 영타(永妥), 육리(六里), 옹정 13년(서기 1735)에는 광동의 동려족(東黎族) 등의 소수민족 지구에, 건륭 26년(서기 1780)에는 신강(新疆)의 위그르족 집거지역인 우루무치에 각각 의학을 설립하여 당지의 아동들을 교육했다.[129] 심지어 만정(晩淸)에서도 의학의 설립은 계속되었다.[130]

이상에서 기술한 관립의학은 본 성의 생원, 공감(貢監) 중에서 숙사(塾師 : 의학의 교사)를 선발했던 바, 그 자격은 품성과 학식이 우수하고 당지의 풍속을 잘 알며 방언(方言)에 통달해야 했다. 숙사의 대우는 약 16~20냥의 은(銀)으로서 관부에서 비치한 공은(公銀) 중에서 지급했다.

관립의학의 학생은 면비였으며 경기(京畿), 열하(熱河) 등지의 의학은 또 정식으로 생액(生額)을 정했는데 액내의 학생은 름희(廩餼)의 대우를 받았다. 그러나 기타 지구의 학생은 그러한 대우는 없었지만 성적이 좋고 문의(文義)에 통달한 자는 학정에게 보내어 향시(鄕試)에 응시하였다.

청대 의학은 대다수가 관립이었고 주요한 것은 지방관이 설립했다는 점이다. 지방관이 의학을 설립할 때 우선 고려했던 것은 화민성속(化民成俗)과 투쟁적 성격의 범죄를 감소시켜 지방의 안정을 기하자는 것이었다.[131]

의학은 비교적 고정적인 수업시간과 휴가기간이 있었다. 예컨대 담람(擔擥)의 의학은 매일 묘정(卯正 : 5~7시) 입숙하고 유정(酉正 : 17~19)에 귀가하고 매년 정월 15일에 개학하여 선달 10일에 파하였다.[132] 광동의 계몽의숙의 경우를 들면 매일 7~9시에 상학하여 15~17시에 귀가하며 매월 3일간 휴가가 있고 이 외에는 자의적으로 의숙을 떠나지 못한다고 규정하였다.[133]

사숙(私塾) 사숙은 민간인이 설립한 학교로서 그 형식은 3종이 있다. 그 하나는 몽사(蒙師)가 설립하여 자기의 집 또는 부근 묘우(廟宇 : 사당) 등의 건물을 이용하여 학생을 모집, 교수하는 학관, 그 둘은 부유한 자가 교사를

---

129) 위의 책 참고.

130) 예컨대 함풍(咸豊) 10년(1860) 협서(俠西)에서 회족(回族) 의학94개소는 새로 개수했다. 광서(光緖) 10년(1884)에는 신강에 77개소의 의학을 설립하고 각 의학마다 매달 속수은(束脩銀) 12냥을 지급했다.(위의 책 참고)

131) "蓋由于鄕村蒙館太少, 義學不設, 自幼未嘗讀書, 不受師長之熏陶, 不聞聖賢之道 以致爲血氣所拘 陷于法易不自知, ……以敎子弟, 以正風俗……"([淸] 周凱, '勸諭襄陽士民設立義學告示', '內自訟齋雜刻' 第三冊, 周氏家刻本 참고)

132) (淸)唐覽, '文學示諭', 唐確愼公集, 第五 참고.

133) 粵東啓蒙, 得一錄卷五 참고.

자기 집에 초빙하여 자녀를 교육하는 가숙(家塾), 그 셋은 1개의 촌 또는 일족(一族)이 공동으로 교사를 초빙하여 교육하는 촌숙(村塾) 또는 족숙(族塾)이다. 그러나 이들 유형의 공통적인 특징은 민간인이 설립한 수비교육(收費教育)이라는 점이다.

사숙 학생의 입학연령은 규정이 없으며 7,8세 아동~20세 전후의 청년까지이다. 일반적으로는 7,8세~14,5세이었다. 몽사(蒙師)는 대다수가 하류 사자(士子)로서 그들은 생계가 어려워 부득이 생업으로 가르치며 공부하여 과거 응시 준비를 했다.

몽사는 사숙교육에 있어서 매우 중요한 작용을 하였다. 그것은 무릇 몽학 과정, 교재, 교학법 등을 대개 몽사와 학생의 가장이 상의하여 결정했는데 학생의 가장은 대개 교육을 하지 않았기 때문에 최종적으로는 몽사가 결정하였다. 몽사는 어느 정도 학생의 전도에 영향을 주었다. 그러므로 사람들은 교사의 선발에 신중한 태도를 취하였고 몽사에 대하여 매우 높은 요구를 하였다.[134)]

3) 몽학의 과정과 교제

청대 몽학은 통일된 과정과 교재는 없었다. 다만 장기적인 발전 과정에서 관습화된 교학 순서와 그 내용이 있었다.

몽학(蒙學)은 문자 그대로 계몽교육의 실시였다. 당시 몽학의 실제상황으로 본다면 그 직능은 2가지의 중요한 것이 있다. 하나는 대학과 사회 각 분야에 초등인재를 공급하는 것이며 또 하나는 소학으로서의 요람이었으며 대중화 교육으로서 몽학은 사회를 위하여 일정한 정도의 문화를 가진 민중을 육성했다는 점이다.

몽학은 기초교육 즉 식자(識字 : 글자해독)·지식·읽기·쓰기·짓기, 기능 등의 훈련과 도덕교육 실시를 통하여 실시되었다. 그 중 도덕교육이 핵심을 이루었으며 식자·지식 교육과 읽기·쓰기능력 훈련은 몽학의 기초 과정이었다. 또한 모든 교육의 몽학교육도 예외 없이 도덕교육을 중심으로 하였다. 몽학의

---

134) (淸)崔學古, '幼訓', 檀機叢書卷八, 淸刊本 참고.

도덕교육은 그 독자적인 내용 예컨대 학규교육, 습관형성 등이 있지만 그러나 거의 식자·읽기 연습 중에 침투시켰다. 이것의 이점은 지식교육도 마찬가지였다.

몽학의 기본교육은 변하지 않았지만 구체적 교학내용은 사람에 따라 달리했다. 몽학은 장기간 누적된 경험 위에서 상대적으로 고정된 기본 프로그램(순서)을 형성하였던바, 즉 식자, 쓰기, 읽기, 짓기 등의 순서를 거쳤다.

한 자료에 의하면 몽학교육은 대체적으로 3단계로 나눌 수 있다.[135)]

1단계 : 7세 입학, 계몽교육은 '식자'에 집중, 대략 2천자를 한다.

2단계 : 8, 9세, 독서교육 시작, 지식 면에서 문자, 음운(音韻)을 가르치고 속대훈련(屬對訓練)을 하여 시·문 짓기에 편리하게 하고 읽기 면에서 '사서', '오경'과 기타 경전저략 읽는 법을 가르침.

3단계 : 15~20세, 글짓기 학습 시작, 읽기훈련 계속, 학생이 '문법'을 알고 문장을 지을 수 있으면 동몽교육 끝남.[136)]

4) 사회교육

사회교육은 학교 이 외의 일반 사회인을 대상으로 진행되는 교육을 일컫고 있다. 고대에서 말한 교화(教化)는 이 중 일부분으로 사회교육을 지칭하고 있다.

교화는 동양 특히 중국의 고대 사회에 있어서는 오랫동안 계속적으로 수행되어 왔다. 『주례(周禮)』 '지관(地官)·향대부(鄕大夫)'에 의하면 "매년 정월, 7월, 11월의 초일에 대사도(大司徒) 주당정(州黨正) 관원은 '백성을 모아 법을 읽었다(聚民讀法)' "고 전하고 있는바, 여기서 '법'은 일련의 정령(政令) 등을 지칭하고 있다. 북송(北宋) 이후 사회교육은 향(鄕) 또는 지역을 단위로 하여 민간인이 또는 지방관이 조직을 갖추어 도덕교육을 진행하였다. 청대에는 조저에서 조직

---

135) 청대 문자학·몽학교육가였던 왕균(王筠)의 '교동자법(教童子法)' 영겸(또는 감)각 총서(靈鶼閣叢書第一集, 光緒二十日年元和江氏刊本 참고)

136) 엄격히 말한다면 여기의 3단계의 교육의 작문과 읽기 훈련은 이미 몽학의 범위에 속하지 않았다. 그러나 작문연습 즉 팔고문(八股文)연습은 많은 사람의 몽학에 들어오는 것의 궁극의 목적이였으므로 전통적인 몽학에는 이 부분의 내용을 포함시켰다.

하여 사회도덕과 법령교육을 광범위하게 추진하였다.

청대 사회교육 정책의 전개 : 일찍이 입관 전에 만족의 통치자들은 사회교육의 중요성을 인식하고 있었다. 청 태조는 천명(天命) 4년(서기 1619)에 이르기를 "나라를 위한 도는 교화를 본(本)으로 삼고 '옛 풍속을 바꾸는 것(以風易俗 : 이풍역속)'이 실로 중요한 일이다.……"[137]라 함과 같이 그의 교화방침을 분명히 하여 백성을 '강자(降者 : 거슬리는 자)'를 '순자(馴者 : 온순하고 따르는 자)'로 만드는 것이었다.

이와 같은 기본 방침에서 출발하여 청초의 사회교육은 도덕적 교화를 위주로 하였다. 입관 이후 세조는 계속적으로 이 방침을 견지하였는데 순치 9년(서기 1652) '흠정육유와비문(欽定文諭臥碑文)'을 반포 하였던 바 그 비문에서는 "부모에게 효순하고 윗사람을 공경하며 향리가 화목하고 자손을 교훈하여 각기 삶을 안정하고 나쁜 일을 하지 말아야 한다."[138]고 하였던바 이는 당시 사회교육의 기본 내용을 이루었다.

강희시기에 들어 경제의 점진적 회복과 사회의 상대적인 안정은 있었으나 범죄 현상은 물론 풍속의 피폐와 사치 등이 갈수록 두드러졌다. 이리하여 성조(聖祖)는 사회교육의 방침을 "도덕숭상과 완형(緩刑 : 형집행 유예) 그리고 화민성속(化民成俗)"으로 개정하였다. 다시 말하면 성조는 교화를 통하여 흐린 기풍을 바로 잡고 범죄를 감소시키자는 것이었다. 이를 위하여 성조는 사회교육 가운데 법령보급의 내용을 추가하여 도덕과 법령이 상호 결합된 사회교육을 형성하였다. 강희 9년(서기 1670), 그는 친히 사회교육을 위해 '상유16조(上諭十六條)'를 썼다. 여기에서 성조는 도덕교육의 내용과 법령교육의 내용을 제시하였다.[139] 이와 같이 전통적인 도덕교육의 모형을 넘어 도덕과 법령보급을 합일시킨 것은 청대 사회교육의 하나의 큰 특징을 이루었다 할 것이다.

세종도 사회교육을 아주 중시하였다. 교육체제상에서 향약 액정의 3년마

---

137) "爲國之道 以敎化爲本移風易俗 實爲要務. 誠亂者輯之 强者馴之 相觀而善 奸慝河白而逞? 故殘暴者當使之淳厚 强梁者當使之和順"(太祖高皇帝聖訓 劵三, 淸乾隆四年刺本참고)

138) "孝順父母, 恭敬長上, 和睦鄕里, 敎訓子孫, 各安生理, 無作非爲"(淸會典事例 劵三九七 風敎·講約-'참고)

139) "敦孝第以重人倫 篤宗族以昭雍睦 和鄕黨以息爭論重農桑以足衣食 尙節儉以惜財用 隆學校以端士習黜導端以崇正學……明禮讓以厚風俗 務本業以定民志……講法律以警愚頑……訓子弟以禁非爲 息誣告以全良 誡匿匪以免株蓮完錢粮以省催科 聯保甲以弭盜賊 解仇忿 以重身命"(淸會典事例劵三九七'風敎·講約一'참고)

다 평정을 증가하여 지방관이 가장 우수한 약정을 수도에 보내어 알현할 수 있도록 규정하였다. 그는 또한 옹정 2년 (서기 1724)에 '16조'에 대한 전조목을 해석하여 '성유광훈(聖諭廣訓)'을 썼다. 이것은 중국의 근대 이전 유일하게 최고 통치권자가 편집한 교화교재였다. '성유광훈'의 공포 이후 이것은 청대 사회의 주요한 교재로 되었다.

고종은 이론적으로 보다 차원 높은 사회교육의 중요성을 인식했다. 그는 즉, 교화와 물질생산은 다 같이 중요하여 편폐(偏廢)해서는 안 되며 상보상성(相輔相成)해야 한다고 하였다.[140]

건륭시기에도 역시 경제 문화가 발달하였다지만 민풍이 순박하지 않고 투전, 도박 등이 중요한 사회문제로 되었다. 투전, 도박 등은 강희시기에 이미 유행했으나 건륭시기에 이르러서는 더욱 심하였다. 도박은 많은 사회문제 예컨대, 쟁송, 절도 등을 유발하였다. 이러한 상황에 따라 고종은 법령교육을 강화할 것을 호소하고 '미연방지'를 강조하였다. 이러한 방침으로부터 출발하여 건륭시기의 사회교육은 법령교육으로 더욱 기울어졌다. 건륭 이후 계속하여 도덕과 법령을 상호 연계시키고 법령보급의 사회교육정책을 중시하였다. 그러나 청조의 몰락에 따라 관리의 부패, 사회교육도 점점 유명무실하게 되었다.

향약교육의 실시 : 청대 사회교육의 중요한 형식은 향약(鄕約)이었다. 향약은 원래 송대 여씨향약에 비롯되는 것으로 지방민의 자치단체이자 자치적인 약조(約條)였다.[141] 그러나 명대에 이르러서는 지방관이 향약형식을 운용하여 지방민의 교화를 추진하는 조치로 삼았다. 그 내용은 여전히 사회도덕을 선전하는 것이었다.

청대에는 향약을 전국적, 통일적으로 성년에 대한 사회교육제도로 삼았다. 향약은 황제의 '성훈(聖訓)'을 선전하고 설명하는 것을 위주로 하였으므로 향약을 '강약(講約)'이라고도 하였다.

순치 16년(서기 1659)에 정식적으로 향약제도를 수립하였으며 그 후 옹정, 건륭시기에는 더욱 발전하였다. 이들 시기의 향약은 주민자치의 형태가

---

140) "從來爲治之道 不外乎敎 養兩端……衣食以養其身 敎化以復其性二者相成而不相妨 不容偏廢……置敎化爲緩圖也"(淸會典事例劵三九八'禮部·風敎·참고)

141) 김경식, 율곡의 향약과 사회교육사상, 배명사, 1986. 32면.

아니라 전국적인 지방관치의 형식을 취하였다.

기타의 사회교육 : 향약 이외도 청대는 역대의 전통을 계승하여 '정표(旌表)'[142] 등의 방법을 가지고 교화를 추진하였다. 이러한 사회교육의 방법으로는 대략 다음과 같은 것이 있었다.

첫째, 창경현(倡敬賢) : 원래 관리의 재직 중 업적이 현저한 관원과 '향평윤협(鄕評允協)'의 현인을 표창하던 제도이다.[143]

둘째, '락선호시(樂善好施 : 자선사업을 즐겨함)'와 '급공호의(急公好義 : 대중의 이익을 위해 열성을 다함)'의 제창 : 자선사업이나 대중의 이익을 위한 자에게는 일정한 금액의 상금을 하사하고 정려문을 건립해 주고 '락선호시' 또는 '급공호의'라는 편액을 하사하였다.

셋째, 철효(節孝)을 창도 : 이것은 효제(孝悌)관념과 심종사덕(三從四德)관을 선양하기 위한 것으로 백성 특히 부녀자에 가해진 중대한 정신적 속박이었다.[144]

넷째, 화목의 제창 : 이것은 친족의 몇 대가 화목하게 동거하는 자를 표창한 제도이다.

다섯째, 경로(敬老) : 백세 노인에게 정표하여 태평성세를 나타냈고 또한 경노의 기풍을 창도하였다.

이상과 같은 것 외에도 또한 향음주례(鄕陰酒禮)의 형식으로 진행하는 경로제도가 있었다. 이것은 전통의 연속이었다.

11. 청대 사회의 과거제도

청대 과거제도는 명대의 제도에 기초하며 당시 만족 통치자의 필요에 따

---

142) 조정 또는 관부에서 '충·효·절·의'의 사람에 대하여 패방(牌坊 : 옛날 효자·절부 등 남의 모범이 될 만한 행위나 공로가 있는 사람을 표창하고 기념하기 위해 또는 미관 ; 美觀을 위해 세운 문짝이 없는 문)을 건립하고 편액(扁額)을 하사하는 형식으로 표창하는 제도로서 이상사회의 기풍을 창도하자는 것이다.

143) 淸會典事例 劵四0二三, '禮部·風敎' 참고.

144) 淸會典事例, 劵四0二三, '禮部·風敎' 참고.

라 증감하여 형성되었다. 그리고 이는 중국 최후의 과거제도로서 전대에 비하여 가장 완벽하고 엄밀한 제도였다. 그러나 과거제도의 완비와 부패의 병존은 하나의 특징을 나타내고 있었다.

청대의 과거제도는 협의로는 향시와 회시의 양급이 있고 광의로 볼 때는 향시, 회시 외에 동시, 전시 외 4급으로 나눌 수 있다.

우리는 광의의 의미에서 과거제도를 개관하고자 한다.

1) 동시(童試)

동시는 지방관학 면에서 보면 학생의 신분을 취득하는 말하자면 입학시험이다. 그러므로 동시는 기술한 바 있듯이 지방관학의 시험에서 논했지만 또다시 과거제도하에서 설명하는 것은 청대 과거는 반드시 생원들만이 응시하게 되고 생원자격은 또한 동시를 거쳐야 취득되기 때문이다. 동시를 과거제도의 절에서 또다시 논하는 이유가 바로 여기에 있다. 이른바 '동시'는 동생들이 응시하는 시험이었다.

동시는 현시(縣試), 부시(府試), 원시(院試) 3급으로 나누어진다. 원시에 합격되면 성적에 따라 부·주·현학에 배치되어 학습시키고 생원자격을 가지며 초보적으로 '민(民)' 계층에서 벗어나 사인(士人) 계층으로 되어 일정한 대우를 받는다.

현시(縣試)는 현(縣)급 아무(散州와 散廳 포함)가 주관하는 시험으로 일반적으로 매년 2월에 한 차례 시행된다. 응시하는 동생은 먼저 현 아무 예방(禮房 : 문교사무관리기구)에 신청한다. 천민 외의 모든 독서인은 신청할 자격이 있다. 신청할 때 동생들은 5명을 1개조로 한 호결(互結 : 상호 보증을 서명한 문서), 1명의 름생(廩生) 감결(甘結 : 서약서, 자원하여 모 생원을 보증한다는 문서)을 요하며 름생은 감결비(甘結費)를 내야 한다.[145)]

현시(縣試)는 5장(五場 : 회)으로 나누며 1일 1회 시험을 치른다. 매회 선발된 자를 '출권(出圈)' 또는 '출호(出號)'라고 하였다. 5회에 걸쳐 합격하면 부시(府試) 응시 자격이 주어졌다. 현시 1등은 '현안수(懸案首)' 최후 1등은

145) 淸朝文獻備考 卷 四七 '選擧一' 참고.

'좌홍의자(坐紅椅子)'라고 하였다.

부시(府試)는 부(府)급 아문(직예주, 청포함)에서 시행하였다. 부시 응시자는 부내·각주·현 내에서 현시로서 선발된 자이다. 부시 응시자는 성명, 년모, 3대 이력, 5인의 호결, 3인의 름생 감결과 이 외로 또한 관부에서 1명을 파견하여 름생을 담보했는데 이를 '파보(派保)'라 하였다. 시험이 끝나면 성적에 따라 장안(長案)의 위에 들어가면 일등을 '부안수(府案首)'라 하였다. 부시 합격자는 원시(院試)에 응시할 수 있다.

원시(院試)는 성(省) 또는 학구(學區)를 단위로 하여 학정아문(學政衙門)이 시행하는 시험이다. 청대에는 중앙정부에서 각 성에 1명의 학정대신(학원(學院) 또는 독학(督學)이라 칭했음)을 파견하였다. 어떤 성에는 2명의 학정을 파견했는데 각각 관할구역을 두었던 바 이를 '학구(學區)'라 하였다. 원시 응시자는 모두 성과 학구 내에서 각부, 직예주, 청에서 시행한 부시 합격자였다.

시험은 학정이 있는 곳에서 시행했다. 시험이 끝나면 성적에 따라 배열했는데 1등을 '원안수(院案首)'라 하였다. 학무아문은 성적에 따라 합격자를 부학과 주·현의 관학에 배치 학습케 하였다. 합격자 발표의 방식은 학정이 날인한 신입생 명단을 부·주·현의 아문에 발송하고 부·주·현은 명단을 접수한 후 신입생을 소집, 그들에게 소정의 단체복을 입혀 경축연회에 참석하도록 했다. 이를 '잠화례(簪花禮)'라 하였다. 연회가 끝나고 부, 현관은 합격자를 인솔하여 문묘(文廟)에 가 공자를 알현하고 학관과 교관을 보게 하였다. 이로서 동생은 정식으로 생원(生員)이 되었다.

2) 향시(鄕試)

향시는 중앙에서 성 또는 학구를 단위로 시행하는 시험이다. 이는 3년에 1차씩 자(子), 오(午), 묘(卯), 유(酉)년 9월 시행되었다. 황제가 주임 시관(試官)과 부시관을 각 성과 시험 구에 파견하면 주임시험관이 출제하였다. 시험의 대상은 각 부·주·현의 생원과 국자감의 공생 및 감생이었다.[146] 개별적으로 평민도 역시 참가할 수 있었다.

146) 奎潤等編, 欽定科場條例. 卷四 '生員科擧', 淸光緖 十三年 浙江書局版 참고.

향시참가의 신청자격이 있는 자는 반드시 향시 전년의 7월에 과시(科試)[147]에 참가해야 했다. 순천부(順天府)는 1개 시험구로 하여 순천부와 직예 각 부의 생원, 국자감의 공생과 감생은 모두 순천부에서 과시에 참가했다. 기타 지구는 기본적으로는 성을 단위로 하였다. 청초에는 순천부 시험 구외에 14개 시험구가 있었다.[148] 각 성의 생원 및 향의 국자감 공생, 감생은 모두 본성에서 과시에 참가했다.

과시는 각 성의 학정에서 주관하였다. 과시에서 1, 2등 및 3등 등 앞에서 10명(큰 성) 또는 앞에서 5등에 든 자들은 모두 향시에 참가할 자격이 있다. 그러므로 과시에 참가하지 못하거나 과시에서 낙방된 자는 또한 익년 7월 성에서 거행하는 록유시(錄遺試)에 참가할 수 있으며 생원자격을 취득하지 못한 평민도 록유시험에 참가시킴으로써 널리 인재를 선발함을 나타냈다. 록유시 후에 또 한 차례의 '대수(大收)'가 있었는데 향시 거행 전에 낙방자를 위하여 응시자격을 인정하고 시험의 기회를 제공했다.

과시 등 록취(錄取) 정원은 다음 해의 향시 록취 거인(擧人) 인원수에 따라 배정했으나 각 성은 인구, 인문, 경제상황이 같지 않아 배정 인원수는 동일하지 않았다. 참고로 순치 2년(서기 1645), 강희 35년(서기 1696), 건륭 9년(서기 1744)의 경우를 들면 다음과 같다.[149]

	순천	강남	절강	강서	호광	복건	하남	산동	광동	사천	산서	협서	광서	운남	귀주	계
순치 2년	168	163	107	113	106	105	94	90	84	56	79	79	60	54	40	1,242
강희 35년	141	83	71	75	70	70	62	60	57	60	53	53	40	57	40	998
건륭 9년	135	114	94	94	93	85	71	69	72		60	61	45	54	34	1,142

각 성의 향시는 음력 8월에 거행되었는데 9일, 13일, 15일 3차의 시험이 있었다. 각 차의 시험마다 시험 전일 저녁 시험장에 들어가 다음날 시험을

147) 향시에 응시하려는 자가 치르는 예비시험.

148) 강암, 절강, 강서, 호광(湖廣), 복건, 하남, 산동, 광동, 사천, 산서, 협서(陝西), 광서, 운남, 귀주 등 14개 시험지구.

149) 欽定科場 條例 卷二十二 '鄉會中額·會試中額'에 의거 산출.

마치게 되었다.

청대의 향시와 회시는 명대와 같이 3장(腸)으로 나누었으며 팔고문(八股文)을 위주로 하였다. 그러나 구체적으로는 시험방법 면에서 부단한 개혁으로 건륭 말기에는 기본적인 정형을 이루었다.

순치 2년(서기 1645) '과장조례(科場條例)'를 공포하였던바, 명의 제도에 따라 향시는 제1장은 사서(四書)에 의(義) 3편, 경의(經義) 4편 중 응시자는 각 1경씩 받아썼다. 제2장에서는 논(論) 1편, 조(詔), 고(誥), 표(表) 각 1통(通), 판(判) 5조(條)를 시험, 제3장에서는 경(經), 사(史), 시무책(時務策), 5도(道)를 시험하였다. 이른바 사서의(四書義), 경의(經義)는 바로 팔고문(八股文)[150]이었는데 명·청시대 과거시험의 중요 내용이었다. 팔고문의 최대 특징은 고정된 작문 양식과 일련의 엄격한 규율이 있고 작문 내용도 엄격한 규정이 있다는 데 있다.

정방거인(正榜擧人 : 향시 합격자 정원 내에 드는 자) 록취 후 또한 부방(副榜)[151]도 록취하였다. 인원수는 변동이 있었으나 강희 11년(서기 1672)의 규정에 의하면 매 정방 5명에 부방 1명씩 록취할 수 있다고 하였다. 거인은 익년 3월 거행되는 회시에 응시할 수 있다. 부방은 국자감에서 학습할 수 있고 공생(貢生)의 대우를 받았다. 옹정 4년(서기 1726)에는 특례를 두어 모두 2차 부방으로 록취된 자는 거인의 대우를 받을 수 있고 향시에 응시할 수 있도록 하였다.

록취된 거인의 향시 시권(試卷 : 시험답안지)은 모두 예부에 송부되어 구경(九卿), 한림원, 첨사부(詹事府), 육과급사(六科給事), 감찰어사 중에서 마감관(磨勘官)으로 파견된 자들로부터 거인의 시험답안지에 대해 심사를 받았다.

향시의 부정행위를 방지하기 위하여 또한 거인 복시(覆試)를 실시하였다. 각 시험 지구에서 1, 2, 3등은 회시에 응시할 수 있게 하고 4등은 회시 1과(科) 또는 1과 이상의 정지를 명하고 등수에 들지 못한 자는 거인 신분을 취소했다. 회시에 참가하지 못한 자는 이후 3과(科)에 참가시키고 후 3과에도

150) 매편마다 파제(破題), 승제(承題), 기강(起講), 입수(入手), 기고(起股), 중고(中股), 후고(后股), 속고(束股) 등 8부분으로 구성되어 있어 팔고(八股)라 칭한다.

151) 명·청 시대에 제도로 향시에는 합격했으나 거인의 인원수의 제한으로 거인 자격을 받지 못한 자 중에서 국자감에 입학하는 자를 말함. 최초에는 부방은 5~20명이었다.

불참한 자는 영원히 회시에 응시하는 것을 불허하였으며 이부에도 임직 못하게 하였다.

3) 회시(會試)

회시(會試)는 중앙정부에서 거행하고 향시 합격자 거인들이 참가 자격이 있는 전국 범위의 시험으로써 구체적인 사무로서는 예부가 책임을 지고 황제가 주고관(主考官 : 總裁)[152]을 임명하였다. 일반적으로 정고관 1명, 부고관 3명이나 어떤 때는 부고관은 4, 5명에 달했다.[153] 정·부고관은 모두 진사 출신의 대학사(大學士), 상서(尙書) 이하 부도어사(副都御史) 이상의 관원이 담당하였다. 동고관(同考官 : 과거 시험관)은 18명으로 5경(五經)에 따라 방(房)으로 나누어졌는데 이를 '18방(房)'이라 칭했다. 동고관은 한림원 관원에서 선발했는데 서길사(庶吉士)[154]를 겸직시켰다.[155]

회시 시행 기일은 처음에는 매년 2월에 거행되었으나 옹정 5년(서기 1727) 3월에 개정되었다. 진(辰), 무(戊), 축(丑), 미(未)년에 거행되었는데 이것은 정과(正科)이다. 이 외로 황실의 경사가 있을 때 정과 외로 실시되는 비정규적인 것도 있었다.

회시에 참가하는 자는 상술한 바와 같이 거인(擧人)이다. 거인은 먼저 자기 자신이 신청하고 이에 대한 심사를 거쳐 합격하면 순천부와 각 성 포정사(布政司)에서 명단을 예부에 송달하고 예부에서는 거인이 응시하는 자문(咨文 : 동급기관에 쓰이던 공문)을 발급하였다. 회시에 참가하는 거인을 각 성 포정사에서 일정한 여비가 지급되었다.

진사의 록취(합격)는 정원이 없다. 대체적으로 매 20명 응시 거인 중에서 1명을 선발하였다. 합격된 자를 '공사(貢士)'라 했으며 수석합격을 '회원(會元)'이라 하였다.

발표일은 최초로는 3월 15일로 정했으나 3월 회시로 개정한 후로 4월 15

152) 청대 중앙 편찬기관의 주관 관원과 회시를 관장하는 대신.
153) 淸會典事例 卷三三三 '貢擧·鄕會考官' 참고.
154) 한림원의 관(官)명 진사 가운데서 문학에 뛰어난 사람을 뽑아 한림원에 전속시켰음.
155) 淸朝爾選等撰, 淸史稿·展擧三(校占本), 中華書局, 1976, 3,154면.

일로 하였다. 그때는 살구꽃이 피는 때라 '행방(杏榜)'이라 하였다.

'공사'를 록취하고 동시에 약간의 '부방(副榜)'도 록취하였다. 부방으로 합격된 자는 정시(廷試 : 전시)에 참여할 수는 없고 직접 이부(吏部)로 이첩되어 임직을 기다려야 했다. 강희 3년에는 부방의 재록취는 할 수 없다고 규정하였다.

공사에 록취된 후에도 마감관(磨勘官)이 시험답안지를 심사하였으며 마감합격자는 전시에 참가를 허락하였다. 그러나 부정행위가 발견되었을 때는 1차정과(渟科)로부터 제명 처분까지 징벌이 따랐다. 주·부 고관과 동고관도 책임 추궁을 당하였다.

4) 전시(殿試 또는 廷試)

전시는 황제가 주관하는 과거의 마지막 관문으로써 황제는 친히 공사를 시험하는 경우인바 일반적으로 성적 순위를 평정하였고 이에 탈락자는 없다.

전시에 응시하는 경우는 새로 공사로 합격된 자를 마감관의 시험답안지 심사에 합격한 후에야 전시에 임할 수 있다.

전시는 회시 후 4월 21일에 거행된다. 청 초에는 천안문 외에서 거행되었으나 순치 15년(서기 1658)에 태화전(太和殿) 앞 서쪽 계단에서 거행되었다. 그러나 건륭 54년(서기 1789)에는 보화전(保和澱)에서 할 것으로 개정하였다.

전시는 황제가 주관하는 시험이었으므로 전시 평권관(評卷官)은 고관이라고 부르지 못하고 다만 '독권관(讀卷官)'이라고 불렀다. 독권관은 전시 전 3일 전에 대학사 및 진사 출신의 내각학사, 상서시장, 좌도어사(左都御史), 부도어사(副都御史) 등을 먼저 개열(開列)하고 황제가 간파(簡派 : 선별하여 파견)하였다.

전시내용은 순치 2년(서기 1645)에 시무책 1편을 쓰기로 했다. 최초의 제목은 2, 3백자였고 물음도 2, 3가지였다.[156] 시제(詩題)는 처음에는 미리 내각에서 기초하고 황제가 정하였다. 황제는 시제에 따른 답안지를 보고 최후

---

156) 傅增湘, 清代殿試考略, 5면. 民國二十二年大公報社

로 등수를 정하였다. 순치 때에는 황제가 친히 1갑(甲)의 1, 2, 3등을 정했다. 강희 때에는 황제는 앞 10명을 정하여 그 중 앞 3명을 순서에 따라 장원(壯元), 방안(榜眼), 탐화(探花)라 하여 '진사(進士)'로 급제시켰고 2갑(甲)은 '진사 출신'으로, 3갑 약간 명은 '동진사 출신(同進士 出身)'으로 하였으나 이를 총칭하여 '진사'라 하였다.

전시에서 '진사'가 된 후 1갑의 진사는 즉시 한림원 직원에 제수되고 기타 진사는 또한 조고(朝考)[157]에 참가하여 최후의 임직 급별을 판정받았다. 이때 조고 1등을 '조원(朝元)'이라 했다.

5) 8기사자(八旗士子)의 향시, 회시, 전시

청대 초 과거제도가 회복된 후 팔기 사자들은 시험에 참가하지 않았다. 그러나 순치 8년(서기 1651) 이부(吏部)의 건의로 팔기 자제들은 향시, 회시에 응하게 하였다. 당시 8기는 아직 관학을 설립하지 않았고 오직 각 마을에서 약간 명이 만문(滿文)과 한문을 학습하였으나 시험에 응시하는 사람들은 적었다. 그리하여 8기 자제의 과거도 정지되었다. 순치 10년(서기 1653) 8기 관학이 건립됨에 따라 인재도 점점 증가하였으며 강희 15년(서기 1676) 이후 8기 과거는 점차적으로 본궤도에 올랐다.

8기 향시는 만주 8기와 몽고 8기를 한 부류로 하고 한군 8기를 또 다른 한 부류로 하였다. 만주 8기는 오직 만문 또는 몽고문 1편으로 시험하였다. 한군 8기는 '상서(尙書)'와 예(藝) 2편, 경예(經藝) 1편을 시험하였다.

강희 26년(서기 1687) 만·몽·한 8기는 다 같이 한족과 동일하게 향시에 참가하였다. 8기는 응시 전에 기사(騎射)를 시험해야 하며 기사 합격자만이 시험에 참가할 수 있었다. 록취 정원은 최초에는 만주 8기, 한군 8기 각 50명, 몽고 8기 20명이었다.[158] 그 후 록취 정원은 계속 변동되었다. 최초에는 각지의 8기는 모두 순청향시에 참가했으며 가경 18년(서기 1813)에는 각지에 주둔한 8기는 각 성 지구 내에서 응시했다.

---

157) 진사에 급제한 자를 천자가 직접 과제를 내어 시험하는 것.
158) 欽定八股通志卷一二 '選擧志一', 四庫全書 665면 참고.

8기 회시는 최초에는 몽고 8기는 만주 또는 몽고문 2편으로 시험했으며 한군 시험과목은 비교적 많았다. 회시 록취 정원은 만·한 8기 각 25명, 몽고 8기 10명이었다.[159] 강희 9년(서기 1670) 8기 응시생은 한족 향시의 예에 따라 별도로 자호(字號)로 편성하여 각 호에 4명을 취하였다. 그러나 늘 임시로 정원이 증가했으나 정상적인 제도로는 되지 않았다.

8기 전시는 한족과 함께 진행하였다. 조고(朝考)에 참가하는 자들은 서열에 따라 서길사 및 경, 외관(京,外官) 등의 관직을 제수하였다.

종실인(宗室人)도 가경 6년(서기 1801) 이전에는 향시, 회시에 참가하지 않았다.

종인부(宗人府)의 명의로 종학 학생에 대하여 한 차례 시험을 실시하여 합격자들에게 '진사'로 하고 전시에 참가시켰다. 그 후에는 다시 시행되지 않았다. 가경 6년 종실인을 향시, 회시에 참가하는 것이 제도적으로 수립되었다. 시험 전에는 먼저 기사(騎射)를 시험하여 합격자에 한해 응시케 하였다. 향시는 응시자 9명마다 1명을 합격시켰으며 회시는 시험관이 시험 답안지를 약간 참작하고 황제가 친히 정하며 단독으로 발표했다. 전시와 조고(朝考)는 한족과 같이 했으며 관직에 상응하게 제수하였다.

6) 무과(武科)와 제과(制科)

앞에서 기술한 것은 문과의 과거에 관한 것으로 청대 과거제도의 중요한 것이었다. 이 외로 또한 무과와 제과 그리고 전적으로 만주사자(滿洲士子)를 위하여 수립된 과거시험이 있었다. 이는 문과보다 영향을 미치는 것이 크지는 못했다하더라도 일정한 범위 내에서 청대 인재양성의 선발과 통치를 공고히 하기 위하여 일정한 역할을 하였다.

무과(武科) 무과 향시는 순치 2년(서기 1645)부터 시행되었다. 무과시험도 문과시험과 같이 3장(三場)으로 나누어졌다. 1장은 마사(馬射), 2장은 보사(步射), 기용(技勇)으로서 1장과 2장은 외장(外場)이었고 3장은 문화지식으로 시험했는데 이는 내장(內場)이라 했다.[160]

---

159) 위의 책 참고.

무과의 응시생은 각 성의 무생(武生)과 록영(綠營)[161]의 병정 등이었다. 이들은 무과 향시에 응시할 수 있었다. 무거(武擧), 현역 천총(千總)[162], 파총(把總)[163], 문의(文義)에 통달한 자는 모두 회시에 응시할 수 있었다. 다만 60세를 넘은 자는 응시할 수 없다. 무과 회시는 무거(武擧) 출신자에 한하였다.

무과의 과거 두장(頭場)은 2장(場) 시험으로 주요한 것은 무예와 체력을 시험하는 것이었다. 처음에는 향·회시 외장(外場) 두장은 마사(馬射), 2장은 보사(步射)이었다.[164]

무과의 내장(內場)은 순치 초에 책(策) 2편, 논(論) 1편을 시험했다. 그러나 강희 12년(서기 1807)에는 내장의 책, 론을 '무경(武經)' 외어쓰기로 고쳤다.[165]

무과향시의 합격자는 강희 26년(서기 1687) 정하였으나 대략 각 성 문과 향시의 절반 정도였다. 다만 협서·감숙성만은 인재가 건장하고 활과 말 다루는 솜씨가 능숙하여 강희 ~ 건륭시기에는 각각 30명을 증원하였다. 당시 향시 총 합격자는 963명이었다.[166] 무과회시 합격자는 100 ~ 300명이었다.

무과전시는 회시 있는 해 10월 15일 내장(內場)시험을 거행했으며 17, 18일에는 외장시험을 거행했다. 전시합격자 중 1갑은 3명, 2갑은 5명, 3갑은 서열 중 앞부분 10명이었다. 1갑은 성적순에 따라 무장원, 무방안(武榜眼), 무탐화(武探花)라 했으며 '무진사급제'라고 칭호를 내렸고 2갑은 '무진사출신', 3갑은 '동무사출신(同武士出身)'이라는 칭호를 내렸다.

순치 초에 1갑 무진사는 부장(副將), 참장(參將), 유격(遊擊), 도사(都司)에 2, 3갑 진사는 수비(守備), 서수비(署守備)를 수여했다. 그 후 1, 2, 3갑진사는 분별하여 각급 시위(侍衛), 영위수비(營衛守備)를 수여했다.

청조는 무과과거를 통해 군대관리 대열을 충실히 하였다. 그러나 체력을 중시하고 이론을 경시했던 무과시험은 청조 군대의 지적인 낙후를 가져와

160) 淸趙爾選等撰, 같은 책, 3,171면.

161) 청대 병제(兵制)에서 한족으로 편성된 록기(綠旗)의 준영.

162) 청대의 하급무관의 직명, 수비(守備)의 밑임.

163) 명·청대의 하급무관의 직명.

164) "鄕會試外場 頭場試 馬射 從馬三次 發九矢 中二 者爲合式 二場試步射 發九矢 中三者爲合式 再開弓無刀 擦石 以試技勇(淸會 典事例卷七一八 '兵部·武科' 참고)

165) 淸趙爾選等撰, 같은 책, 3,171면.

166) 위의 책, 3,173면.

심각한 우환을 가져왔다. 특히 서구의 군사과학기술이 신속한 발전하던 청대 후기에 이와 같은 우환은 더욱 노출되어 급기야 무과시험의 폐지를 가져왔다.

제과(制科) 제과는 통상적인 과거 외로 "천자가 친히 조서를 내려 필요로 하는 인재를 기다린다."는 특수 과목이다.[167] 동 제도는 한무제(漢武帝) 때 동중서(董仲舒)의 현량대책(賢良對策)에서 유래된다.[168] 청대에는 계층과 민족 간의 모순을 완화하기 위하여 더욱더 많은 한족의 사인(士人)들을 유인하기 위해 제과를 실시했다. 청대 전기의 제과는 주요하게 강희·건륭 시기의 3차에 걸친 박학홍사과(博學鴻詞科)였다.

그 뒤 인재를 모으고 더욱이 민심을 수습하기 위하여 성조(聖祖)는 상과(常科) 외로 제과(制科)를 설치해 사회의 명사를 유인하려고 결심하였다. 그리하여 처음으로 강희 17년(서기 1678) 박학홍사과를 설치하였고[169] 이어 옹정 11년(서기 1733) 세종(世宗)[170]이 그리고 건륭 14년(서기 1749)에도 박학홍사과가[171] 실시되었다.

청대의 박학홍사과는 이상과 같이 3회 거행되었다. 동과의 특징은 입사하지 아니한 사회의 명사를 발굴하는 데 있었다. 이리하여 한족 사인을 유인하여 조정의 숭문(崇文, 右文)의 흥성을 가져왔다. 그러나 청대 박학홍사의 거행은 제1차 시행에서는 가장 흥성했으나 그 후에는 그렇지 않았다. 그 근본적인 원인은 강희 이후 청조의 통치가 이미 안정되었고 만족의 모순이 눈에 보이게 감소되어 조정에서 동 과를 거행하는 중요한 요인도 감소되었기 때문이었다.

제과 중에는 '소시(召試)'라는 것이 있다. 이것은 황제가 순행(巡幸 : 임금이 각지를 돌아다니며 시찰하는 것)할 때 임시적으로 시행하는 시험이다. 소시가 처음 시행된 것은 강희 42년(서기 1703) 성조(聖祖)가 절강성을 순행할 때 선비들을 모아 시험을 치른 때로부터 비롯된다.[172]

---

167) "天子親詔以待導等之才" 淸趙爾選等撰, 같은 책 3,175면 참고.

168) 漢書·童仲舒傳 참고.

169) 淸趙爾選等撰, 같은 책, 3,175~3,176면.

170) 위의 책, 3,176면.

171) 위의 책, 3,178면.

172) 淸會典事例卷三五七 禮部·貢擧·召試 참고.『淸史稿·選擧四, 中華書局』1976, 3178면, 3180면.

또한 효렴방정과(孝廉方正科)라는 것이 있었다. 이것은 강희 61년(서기 1722) 세조가 왕위에 올라 각 직성부 즉 현, 위에 조서를 내려 현량방정(賢良方正)한 자를 천거케 하여 6품 장복(章服 : 관등의 표식이 달린 옷)을 하사하고 등용에 대기시켰다. 옹정 원년 절강, 직예, 복건, 광서에서 각각 2명을 추천하여 지현(知縣)으로 그리고 55세 이상의 자는 지주(知州)로 임명하였다. 그 후 이것은 일반적인 것으로 되었다.[173] 총체적으로 말한다면 효렴방정과는 황제들이 등극할 때의 하나의 관례였으며 옹정 이후는 시의에 맞는 형식으로 되었으나 청대 선관제도에 미치는 영향은 아주 적었다.

7) 팔기 종실과거와 번역과

청대는 팔기, 종실 및 몽고 자제를 위하여 일련의 과거시험제도를 특설하여 만몽민족(滿蒙民族) 인재를 양성, 선발하였으며 또한 이것으로 만주어와 기사(錡射)의 전통을 유지하였다.

8기 종실과거 : 일찍이 입관(入關) 전 청은 이미 과거를 실시하여 8기 사자(士子)를 선발 하였다. 천총(天聰) 8년(1634) 예부에 명하여 만주어에 통달한 자를 시험으로 선발하여 거인(擧人)으로 하였다.[174] 그 후로 숭덕 3년(서기 1638)과 6년에 또한 과거시험을 실시한 바 있다.

순치(順治) 8년(서기 1651) 청조는 입관 후 처음으로 팔기 향시를 시행하였으나 2차만 시행하였다. 강희 2년(서기 1663)에 다시 시행하였다.

종실 향·회시는 강희 36년(서기 1697) 처음 시행되었던바, 이것은 종실 자녀에 대한 과거였다.[175]

8기 향시의 시험내용은 만·몽고 및 한문에 통하는 자는 번역한문 1편이었으나 다만 만문에 통하는 자는 만문 1편이었다. 그리고 종실의 시험 내용은 제예(制藝) 1편, 오언팔운(五言八韻) 1편으로서 시험은 하루에 끝냈다.

번역과 시험 : 번역과 시험은 청의 통치자가 창설한 것으로 목적은 만몽언어 문자를 유지 보호하려는 데 있었다. 천총, 숭덕 및 순치 년간에 시행했

173) 淸史稿·選擧四 中華書局, 1976, 3178면, 3180면.
174) 欽定八旗通考卷一二 '選擧志一' 참고.
175) 淸會典事例卷三二九 '禮部·貢擧·宗室鄕試' 참고.

던 종실 시험도 실제적으로는 번역과목이었다. 번역과 응시자는 만·몽 한군의 사자로서 과고(科考)와 기사(騎射) 시험에 합격해야 했다. 청조가 일정한 기준의 통과를 견지하려고 했던 것은 8기 자제로 하여금 기사(騎射)의 전통을 유지케 하려했기 때문이다.

번역과는 만·몽어 문자를 유지 보호하고 만·몽의 인재를 공급하는 데는 공헌하였다. 청대 민족 사무를 처리하던 이심원(理藩院)과 각 부원의 서, 필첩식(書, 筆帖式) 등 관원은 대다수가 번역시험에서 선발되었다. 번역과는 청대 정치와 과거제도 중에서의 그 작용을 과소평가할 수는 없다.

8) 청대 과거시험의 폐단

청대 과거제도의 폐단은 여러 가지 있겠지만 중요한 것은 다음과 같이 3가지를 지적할 수 있다.

첫째, 팔고취사(八股取士)[176]는 사자(士子)들을 경직되고 지식이 결핍되게 하였다. 팔고문(八股文)은 그 내용이 공허하고 형식에 있어서 문체의 표준화가 요구되었다. 이것은 결국 통치자가 사상을 통일하고 규제하는 목적을 내포해서 실제적으로 많은 문제가 유발되었다.
이러한 팔고문의 영향은 특히 청대가 처했던 17세기 중엽 이후 19세기까지의 세계는 거대한 변화가 발생했는데 서구 과학문명이 비약적으로 발전한 데 반하여 중국은 현저하게 낙오했다. 결국 팔고취사는 중국과 서구 열강 간의 차이를 벌어지게 하는 데 하나의 원인 제공을 했다 할 것이다.

둘째, 팔고취사는 학교교육의 공허화를 초래했다. 그리고 학교교육의 공허화는 또한 학교의 교학 기능 상실에서 나타난다. 전술한 바 있듯이 청대의 교육은 완전히 과거시험 준비교육으로 변해 학교가 시험의 기교를 훈련하는 기구로 되었다.

176) 팔고(八股)는 명·청시대에 과거의 답안용으로 채택된 특별한 형식의 문체로 대구법(對句法)을 사용하여 전편(全篇)은 파제(破題), 승제(承題), 기강(紀綱), 입수(入手), 기고(起股), 중고(中股), 후고(后股), 속고(束股)라는 8부분으로 구성된 문체였다.

셋째, 과거시험은 사풍(士風)을 손상시켰다. 이론적으로 과거시험은 국가관원의 선발시험이었다. 그러나 봉건시대에 있어서는 사(士), 농(農), 공(工), 상(商)의 사민(四民)은 사회계층을 이루었으며 여기서 사민(士民) 은 하나의 계층으로서 그 출로(出路)는 오직 독서하여 관도에 오르는 길 뿐이었다. 그러나 바로 그 출로는 협착하여 그 길만 통과하면 많은 부귀영화를 누릴 수 있다는 가능성 때문에 사자들은 전력을 다하여 심지어는 위험을 무릅쓰고 시험하고 또한 요행을 바랐으며 그 외로 각종 부정행위도 감행되었다.

여러 부정행위 수법 중 응시자와 교관이 결탁하여 한 부정행위를 당시 '교통관절(交通關節)'이라 하였는데 위해가 가장 컸고 영향 또한 가장 나빴는데 이것은 사풍(士風)과 관풍(官風)을 손상시키는 가장 심한 수법이었다. 이른바 '교통관절'의 수법은 일반적으로 시권(詩卷 : 시험답안지)에 사전에 약속하여 어떤 자구(字句)의 암호로 표시해 놓은 경우이다. 바로 이것은 시험의 공평성 객관성을 침해하고 교관의 금품 매수로 관풍의 혼탁이 극에 달했다는 것을 말해 주고 있다.

제 10장 만청시기(晩淸時期) 교육(1)

- 아편전쟁기와 교육의 근대화 인식 -

1. 총설

본 장 이하의 시대적 공간은 청대 말기 서기 1840년 아편전쟁 이후 서기 1911년 신해혁명 직전까지로 중국사에서는 이 기간을 흔히 만청시대라 일컫고 있다. 이 기간은 불과 70년이라는 길지는 않는 기간이지만 아주 중요한 시기였다. 왜냐하면 그것은 중국교육이 전근대적 시기에서 빠져나와 '전통'에서 '근대'로 향하는 중요한 전환기였기 때문이다.

'만주족'이라는 동북변방의 소수민족이 청(淸)이라는 이름으로 19세기 전반기까지 270여 년간 중국대륙을 호령하고 중국인의 대다수를 차지하던 한족을 지배하여 왔지만 건륭 황제 이후 '태평성대'의 한계를 드러내기 시작했다. 당시 청대는 전제체제 하에서 권력이 황제에게 과도하게 집중되다 보니 관료의 창의성이 억제됨은 물론, 역할이 약화되었다. 관료의 약화로 인한 행정능률의 침체현상을 돌이킬 수는 없었다. 여기에 더하여 사치풍조와 부패가 심화되면서 관료의 수탈이 강화되어 백성의 궁핍이 가중되어 갔다.

이러한 상황 속에서 토지에 대한 압박으로 인하여 백성의 궁핍은 더욱 가속화되어 갔다.[1] 그러나 토지의 경작면적은 미미한 증가밖에 보이지 않았

1) 한 예로 서기 1741년에 1억 4,000만 명인 인구가 약 1세기 후인 1850년에는 4억 1,000만 명으로 기하급

다.[2] 이리하여 농민들은 정부에 대한 불만을 때로는 자체적으로 또는 종교와 결부하여 빈번한 반란으로 표현하였다. 그 반란 중에서도 대표적인 것이 백년교도의 난(서기 1796~1805)이었다. 이러한 빈번한 반란이 결국 청을 쇠퇴의 길로 몰고 갔다.

이렇듯 청조 사회가 안정을 잃게 되자 이러한 체제이완 현상에 민감하게 반응하여 변화를 지향하는 지식인들이 나타났다. 이들은 경전·고증이나 훈고학을 중심으로 한 기존의 한학(漢學)으로는 변화하는 역사에 대응할 수 없다고 보고 변혁의 사상으로 금문학(今文學)을 일으켰다. 그리하여 현실을 직시하고 실제문제를 연구하고자 하는 경세치용(經世致用)의 학문을 주장하였다. 이들은 청조의 쇠퇴에 수반되어 나타난 위태로운 제반 현실에 대한 비판 위에서 개혁의 필요성을 제기했고 서양의 위협에 대해서도 대처 방안을 강구하고자 하였다. 위원(魏源), 공자진(龔自珍) 등이 그 대표적인 학자로 이들은 현실 세력으로 작용하지는 못했지만 개혁의 기운을 양성하는 데 일조하였다.

청조가 전제체제 하에서 태평성세의 한계를 드러내어 전반적으로 약화되어 가고 있을 때, 영국을 선두로 한 서구세력이 중국이라는 시장에서 자국 상품의 판로를 찾고자 밀려들어 왔다.

아편전쟁(서기 1840~서기 1842)이라는 제 1, 2차 중·영 전쟁의 포성은 청조의 폐관쇄국(閉關鎖國)의 대문을 열게 했다. 이리하여 중국은 "수천년래의 강적"에 직면하여 "수천년래의 비상시국"이 나타났다. 사회, 정치, 경제와 문화의 격렬한 변혁에 따라 교육면에서도 전대미유(前代未有)의 심각한 변화가 발생했다. 형식적으로 완비된 봉건적 교육제도는 비록 존재는 했지만 그것은 허명(虛名)으로 남게 되었다. 관학의 유명무실화, 학교교육의 과거시험 종속화, 서원의 적폐현상, 사숙(私塾) 곤란 등이 바로 그것이었다.

청조가 1, 2차 중·영 전쟁에서 패하고 불평등한 조약체제로 편입된 것은 당시까지의 중화적(中華的)인 세계관을 크게 동요시켰고 이후 중국은 외세에 대한 대응이라는 과제와 더불어 근대가 시작되었다. 따라서 전통교육제도는 근대화를 향한 객관적 수요에도 적응되지 못했고 세계의 교육조류에도 전혀

수적인 증가를 보였다.

2) 서기 1723년에 730만 경(頃)이던 것이 1세기 후인 1824년에 756만 경의 증가밖에 보이지 않았다.

맞지 않았다. 그리하여 전통교육제도는 변혁을 하지 않으면 안 되었다. 당시 변혁은 전통교육의 비판과 서구교육에 대한 수용과 학습을 수반하여 하나의 과정을 이루어 여러 가지 표현 형식으로 점진적으로 깊이 전개되었다.

임칙서(林則徐), 공자진(龔自珍), 위원(魏源) 등의 개혁파들은 전통교육의 무용성을 냉혹하게 비판함에 있어서 팔고취사제도(八股取士制度)의 개혁을 요구하고 '경세치용(經世致用)'의 학을 제창함과 동시에 '실이(悉夷)', '사이(師夷)'를 적극 주장하여 중국의 근대가 서양을 배우는 서곡을 장식했으며 근대적 선진의 중국인이 서구를 향한 진리탐구의 제1보를 내딛고 중국교육 근대화 개혁의 선하를 이루었다.

제2차 중·영 전쟁(애로우 사건, 서기 1856~1860)기에 있었던 태평천국운동은 중국 근대사상 하나의 파란만장한 농민혁명운동이었다. 이러한 점에서 동 운동은 무력으로 정권을 탈취하는 투쟁 중에 문화교육의 건설을 대단히 중시했다. 태평천국운동은 중국의 군사, 정치, 경제상에서 봉건사회에 대한 커다란 충격을 가했을 뿐만 아니라 사상 내지 교육영역에서도 봉건통치제도를 향하여 치열한 투쟁을 일으키도록 하였다.

태평천국운동은 배상제교(拜上帝教)를 문교 건설의 지도사상으로 하여 공맹유학(孔孟儒學)을 맹렬히 공격하고 정교합일(政教合一)의 교육제도를 건립하여 남녀평등 교육을 실행했다. 동 운동은 교육내용을 개혁하고 신교재를 편집하고 문자개혁을 시도하였다. 태평천국운동의 지도자들은 서학의 영향을 받아 약간의 근대적 색채의 교육적 주장을 제기하였으나 총체적으로 본다면 태평천국은 문화교육면에서 취한 행동은 비록 시대발전의 방향을 대표하지는 못하였다 하더라도 다만 그 적극적 의의는 잃지 않았다 할 것이다.

2. 당시 교육의 상황

1) 청대 교육제도의 쇠퇴

건국 이후 청대교육은 기본적으로 이학(理學)과 한학(漢學)에 의하여 좌우되었다. 청조 통치자들은 이학을 유학의 정통으로 수립하고 그것을 관방통치사상으로 삼았다. '주자대전(朱子大全)', '성리정의(性理精義)'를 편찬하여 반포 시행하였고, 학교교재는 역시 '사서(四書)', '오경(五經)' 등에 지나지 않았다.

이학사상의 절대적인 통치상의 지위를 점유하기 위하여 통치자들은 교육과 문화영역에서의 주희(朱熹)의 권위성과 독점성을 부단히 강화하였다. 과거에서도 역시 정주학(程朱學)을 취사(取士)의 기준으로 삼아 '사서(四書)'를 시험의 범위로 삼고 팔고문과 소해(小楷)를 제의격식(制義格式)으로 하였으며 그리하여 지식계층이 유경장구(儒經章句)에 빠져 자신의 창의성을 잃고 '성현입언(聖賢立言)'하도록 하였다.

민간의 학술 분위기는 한학(漢學)이 이미 청초의 경세지학(經世之學)으로부터 건가(乾嘉) 이후는 고증학으로 탈바꿈하였다. 청대 통치자들의 회유와 핍박, 봉건적 사회의 안정 추세와 그리고 학술계의 경학연구 과정의 내재적 제약 등 제 요소의 영향으로 한학자들은 현실과 유리된 고전 경전을 고증, 훈고, 해석, 교감(校勘)하는 데 경주하면서 정사(政事)를 불문하고 옛 전적 속에 파묻혀 학술을 위한 학술로 현실 사회와는 대단히 동떨어져 갔다.

2) **당시 학자들의 혁신적 주장**

봉건적 사회가 갈수록 부패하고 자본주의적인 요소가 싹트기 시작함에 따라 전통교육의 내부도 이미 변혁의 요소가 싹트기 시작하였다. 바로 서구 자본주의 세력이 중국에 침투하면서 전통교육의 종말이 다가온 것이다. 이 시기 교육개혁 중에서 뚜렷한 대표적 인물은 공자진(龔自珍[3], 임칙서(林則徐)[4], 위원(魏源)[5] 등이었다. 그들의 교육사상은 내적으로는 건·가 이래의 전통교육에 대한 비판적 요소를 계승하고 외적으로는 세계적인 정세의 급격한 변동에 응하여 혁고정신(革故鼎新 : 낡은 것을 버리고 왕조를 바꿈) 즉, 혁신의 자강의 길을 모색·탐구하려고 하였던바, 이로부터 경세치용(經世致用) 교

3) 공자진(서기 1791~1841), 절강 인화(仁和 : 지금의 항주[杭州]) 출신, 도광 9년 진사, 관례부(官禮部) 주사, 단양운양서원(丹陽雲陽書院) 강석(講席) 역임.

4) 임칙서(서기 1785~1850), 복건후관(福建候官) 출신, 양광총독 역임.

5) 위원(서기 1794~1857), 호남 소양(邵陽) 출신, 도광 25년 진사, 고우(高郵) 지주(知州) 역임.

육사조의 재흥(再興)이 촉진되었다.

공자진은 사람의 '사'욕과 '정'욕의 합리성을 존중하고 긍정할 것을 주장하고 인간은 말할 수 없는 중요한 역할을 가지고 있다고 강조하였으며, 단체가 개인을 억압하는 것과 통일적인 규칙과 유형으로 인재를 평가하고 양성하는 것을 반대하였다. 그의 교육사상이 명·청기에 나타난 교육사상가들에 비하여 고명했던 것은 바로 그의 '경세치용'관에 있으며 이는 이미 전통적인 봉건 오륜을 타파하고 인간 개성의 해방과 개성의 자유의 시대적 요소를 부여하였다. 그는 교육은 인간의 천성과 '인성성재(因性成才)'를 존중해야 한다고 강조하였다.

공자진은 격변하는 중국과 세계의 상황에 비추어 변화는 변화로 대응해야 한다고 강조하였던바, 그것은 전통적 교육가치관의 핵심인 윤리도덕관을 직접 비판한 것이다. 즉, 그는 봉건적 전통도덕의 가장 기본적인 부자, 군신, 부부관계 역시 당연히 변화해야 한다고 주장하였는데 그 목적은 '치용(致用)'에 있었다. 그는 부자, 군신, 부부 간의 관계는 모두 역사의 변화에 의거해야 하고 시대의 요구에 적응해야 한다고 하였다.[6] 당시 경서를 중히 여기고 현실을 경시한 폐단에 비추어 그는 또한 반드시 시대의 변화와 객관적인 형세의 수요에 따라 교육의 구체적 내용을 확립해야 한다고 주장하였다.[7]

공자진은 비록 전통교육이 변혁해야 할 필연적 추세를 지적하였으나 그것은 어디까지나 중국의 역사로부터 교육과 사회변혁의 종적 발전에서 추진력을 찾았다 한다면 임칙서, 위원의 개혁사상은 곧 지리적인 횡적 발전을 반영한 것이다.

서구 열강의 준엄한 도전에 직면하여 임칙서와 위원은 몽롱한 가운데 각성한 바가 있었다. 그들은 '욕제외이자 필선채이정(欲制外夷者 必先采夷情)'의 인식에 따라 가장 일찍이 서구의 인문지리와 군사기술을 소개하였다. 임칙서는 서구 자본주의 국가의 지리와 역사를 소개하였고 임칙서의 친구인 위원은 50여 권의 '해국도지(海國圖志)'를 정리하여 편찬하였던바 이러한 서적들은 중국인의 서구에 대한 이해의 중요한 길잡이가 되었다.

---

6) 龔自珍集, '春秋決事比答問第五' 참고.

7) 張惠芬, 金忠明 編著, 中國教育簡史, 華東師範大學出版社, 1995, 377면.

아편전쟁에서 크나큰 패배의 상처를 받은 중국은 국권상실의 위험에 직면하게 되었다. 서기 1840년 임칙서는 10월 도광제에게 올린 상주문(上奏文)에서 "적의 장기를 배워 적을 제압한다(師敵之長技以制敵)"는 것을 제기하였다.[8] 그는 또한 신식수사학당(新式水士學堂)을 창립하고 서구식 과정을 따르고 겸하여 신식해군을 양성할 것을 주장하였다.

위원은 아편전쟁에서 영국이 승리할 수 있었던 것은 "역강기교(力强技巧)" 때문이라고 하면서 청조의 수구 세력들이 서구의 과학기술을 "기기음교(奇技淫巧)"라고 보는 완고한 태도에 비추어 그는 "적의 장기를 배워 그것으로 적을 제압한다(師敵之長技以制敵)"는 것을 명확히 주장하였다.

교육사상사적면에서 볼 때 공자진의 역사적 공헌은 경학지존(經學至尊)의 지위를 타파하고 훈고학의 기초를 동요케 하여 건·가 이래의 학풍을 바로잡아 교육을 경세치용의 길로 이끄는 데 보다 새롭게 하였다면 임칙서와 위원의 역할은 서구를 따라 배우는 교육전략 지도사상을 건립한 데에 있었다 할 것이다. 이들 3인은 아편전쟁 시기에 경세치용정신을 재흥시켜 중국교육의 근대화의 서막을 열어 놓게 하였다.

3. 태평천국의 교육

경세치용의 교육을 계승하여 일어난 태평천국의 교육은 다른 면에서 본다면 중국교육의 근대화를 위한 탐색이었다고 할 수 있다. 태평천국(太平天國) 운동은 서기 1851년 시작되어 14년간 18개성에 걸쳐 진행된 농민운동이었다. 동 운동의 목적은 멸청흥한(滅淸興漢)을 내세워 청조를 타도하는 것이었다. 이러한 운동의 중심적 임무에 조화하기 위해서는 교육면에서 반드시 그러한 전제통치를 행하는 정신적 지주를 없애는 동시에 봉건적인 유교의 전통교육사상을 배척해야 했다.

---

8) 張惠芬, 金忠明 編著, 같은 책, 378면.

1) 교육정책과 교육사상

유교교육사상의 핵심은 명분 등급제도였다. 이러한 전통적 교육 가치 관념을 반대하기 위하여 홍수전(洪秀全 ; 서기 1814~1864)[9]은 1843년 여름 하나의 독특한 종교단체를 창립하였다. 그것은 바로 배상제회(拜上帝會)였다. 동시에 그는 중국 고대의 대동사상(大同思想)과 농민계층의 소박한 평등주의 관념을 흡수하여 새로운 교의를 창립하였다. 다시 말하면 중국의 전통도덕, 유교사상과 서구 기독교의 평등 관념을 융합시켜 중·서가 절충된 '하느님(상제)'을 창조하였다.

이러한 종교사상을 선전하고 백성을 교육하기 위하여 홍수전은 '천제서(天帝書)', '원도구세가(原道救世歌)', '원도각세훈(原道覺世訓)' 등 일련의 종교 및 정치적인 독본을 저술하였다. 이와 같은 책에서 인간은 모두 평등한데 서로 차별하고 싸우는 것은 바로 상제(上帝)를 버리고 거짓 신인 도교·불교 등에 사로잡혀 있기 때문이라고 주장하였다. 이것은 실질적으로 일종의 농민의 공상사회주의로서 당시 봉건적인 차별제도를 부정하고 정치적 평등을 선전하는 면에서 의의가 있었던 바, 이것은 농민들이 봉건제도를 반대하고 투쟁하는 용기를 고무하였다.

태평천국은 유교 전통교육내용을 제거하고 동시에 태평천국의 종교 교의와 방침, 군기법규(軍紀法規)를 중요한 교육내용으로 하였다. 예컨대 홍수전과 풍운산이 직접 제정한 '천조서'는 배상제회의 교의와 수칙이었으며 또한 태평천국 교육의 중요한 내용이기도 하였다. 이것은 종교 교의와 10관(款)천조[10]로 양분되었다.

십관천조는 기독교의 10계명과 같은 것으로 회원의 평시 행동교칙이며 전시의 군사기율이었다. 그 외 전통적 동몽교재 형식을 이용하여 거기에 혁명내용과 종교사상을 주입한 새로운 아동독서물인 「삼자경(三字經)」, 「어제천

---

9) 광동 화현(花縣) 사람으로 광주부고(廣州府考)에 4차례 응시하였으나 번번이 낙방하였다. 당시 광주부에는 서양선교사들이 선교활동을 하고 있었는데 그들이 나누어 준 '권세양언(勸世良言)'을 읽고 스스로 예수의 동생이라 하며 함께 과거에 응시하여 낙방한 풍운산(馮雲山)과 함께 배상제회(拜上帝會)를 조직하였다.

10) 張惠芬, 金忠明編, 같은 책, 332면.① 상제를 숭배한다. ② 사교(邪敎)를 숭배해서는 안 된다. ③ 함부로 상제의 이름을 빌려서는 안 된다. ④ 상제의 은덕을 칭송하고 예배한다. ⑤ 부모에게 효순(孝順)한다. ⑥ 간사하고 음란해서는 안 된다. ⑦ 살인해서는 안 된다. ⑧ 절도, 강탈해서는 안 된다. ⑨ 거짓말을 해서는 안 된다. ⑩ 탐욕해서는 안 된다.

자조(御製千字詔)」 등을 편찬하였다.

태평천국은 당시 군사작전에 바빴으므로 정규적인 새로운 교육제도를 수립할 틈이 없었다. 그리하여 교육을 보급하는 방식은 각종 종교 활동과 의식을 통하여 진행되었다. 서기 1853년 태평군은 남경에 도읍을 정한 뒤 태평천국운동의 강령인 토지제도로 유명한 '천조전무제도(天朝田畝制度)[11]'를 반포한 바 있다. 이 중 교육면은 종교, 정치, 교육을 일체화한 평등제도를 실시한다고 규정하였다. 당시 예배당은 종교의식을 진행하는 장소이며 또한 정교합일(政敎合一)의 학교였다.

태평천국 관할 내에서 아동은 예배당에 나가 매일 성서(聖書)강의를 듣고 성년남녀는 예배일에 예배당에 나가 성서강의를 들었다. 예배당은 입학형태인 외에도 '의학(義學)', '육재관(育才館)', '육재학교(育才學校)' 등과 같은 임시로 이동교육기구를 설치하고 별도로 일종의 '신도들을 이끄는' 교육형식으로서 태평천국 관원이 아동 한 명 또는 수명을 이끄는 방법으로 아동들에게 종교, 정치, 교육 등의 지식을 학습하고 실천하도록 하였다.

태평천국은 또한 여자교육을 중시하였던바 이것은 여자교육을 경시했던 전통적 관념에 대한 하나의 충격이었다. 태평천국이 실행한 종교화 사회화 교육은 전통적인 차별 교육제도를 배제하고 남녀노소 빈부귀천을 막론하고 모두 평등교육을 받도록 하는 것이었다.

태평천국 후기의 영수 홍인간(洪仁玕)은 「자정신편(資政新編)」에서 자본주의 경제, 정치, 문화 및 교육의 발전을 갈망하는 청사진을 보여 주었는데, 이것은 태평천국운동이 중국 근대화의 길을 탐색하려는 새로운 동향을 나타낸 것이라고 할 수 있다. 그는 태평천국을 진흥시키기 위한 '자정신편'에서 "치국은 반드시 먼저 입정(立政)해야 하고 정치하기 위해서는 반드시 취자(取資)가 있어야 한다.(治國必先立政 爲政必有取資)"는 이론적 기초에서 출발하여 "방법(邦法)의 학습"과 "대흥정교(大興政敎)"를 주장하였다. 전자는 자본주의 국가의 정치, 경제, 문화, 법률, 교육 등 근대제도를 배운다는 것을 가리키며 후자는 서구 자본주의를 모방하여 그에 상응하는 새로운 교육문화체

11) 이는 남녀구별 없이 평등하게 토지를 분배하고 논밭이 있으면 함께 갈고 음식이 있으면 같이 먹는다는 평균주의(平均主義)를 내세운 것이다.

제를 수립한다는 것을 가리키고 있다.

홍인간은 영·프·독·러 등의 사례로 자본주의 국가를 본보기로 삼아 정치와 교육을 개혁해야 할 중요성을 논증한 동시에 국가를 근대화함에 있어 반드시 나아가야 할 길과 준수해야 할 방법을 보여 주었다. 그는 새로운 자본주의 사회질서를 수립하기 위해서는 '교법겸행(敎法兼行)'의 작용을 특히 주장하였고 무릇 '세도인심(世道人心)', '강상윤리(綱常倫理)', '교양대전(敎養大典)'을 모두 입법화하여 준수해야 한다고 하였다.[12)]

홍인간은 또한 '사민공회(士民公會)'를 설립하여 생활이 어려운 자를 구제하고 교육할 것을 제창하고 사람들이 학관을 일으키고 병원의 설립을 촉진하여 문화교육사업과 문화과학지식의 전파를 촉진해야 한다고 주장했다.

홍인간이 주장한 교육내용 역시 이미 전통교육의 좁은 울타리를 벗어나 서구의 과학기술 방향으로 나아갔다. 그는 실학을 중시하며 독서의 목적은 경세치용에 도달하고 국가를 위해 헌책(獻策)하고 힘을 발휘하는 데 있으므로 '새로운 세계 신천지'를 건설하는 데 유용한 인재를 양성해야 한다고 주장하였다. 그는 오직 과학기술문화를 보급해야만 비로소 "사람의 가려진 것을 열어 그 마음을 안정시키며 사람의 지혜를 넓혀 행동을 선하게 한다."고 주장하였다. 이러한 인식에 기초하여 그는 대내적으로는 사람들이 창조적으로 발명하거나 과학기술을 학습하고 학생들에게 전수하는 것을 고무도록하고 대외적으로는 국정을 간섭하지 않는 전제하에 외국인이 중국에 와 과학기술문화지식을 전수하는 것을 윤허해야 한다고 주장하였다.

이상에서 볼 수 있는 바와 같이 '자정신편'의 교육사상은 일편으로는 청대 이래 실학사조의 경세치용의 정신을 계승하고 또 한편으로는 근대자본주의 교육(특히 과학기술문화)의 요소를 수용하여 중국 교육의 근대화 길에서 일보 전진이었다 할 것이다.

2) 태평천국의 과거제도

태평천국은 서기 1851년 광서 영안에서 개국하여 바로 취사과(取士科)를

12) 張惠芬, 金忠明編著, 같은 책, 382~383면.

설치했는데 천도 후에는 더욱이 그 제도를 체계화 규범화하였다. 태평천국 후기에 홍인간이 영수로 된 후 '흠정사계조례'를 제정하여 과거제도의 개혁을 건의하였으며 비교적 완전한 규장제도를 수립하였다.

'흠정사계조례(서기 186년 반포)'는 관방 형식으로 과거시험의 목적, 방침, 조직, 형식, 방법, 내용, 지도 등 제 방면의 내용을 규정하여 종래의 과거제도를 완벽화 하고 명확히 하였다. 더욱이 과거시험의 조직과 실시 면에서는 상당히 구체적인 규정을 두었다.[13)]

'흠정사계조례'에는 과거를 향·현·군·성·경시 등 5등급으로 나누어 각 급 모두 문·무과를 설치하도록 규정하였다. 향시(鄕試)는 향관사(鄕官師)가 먼저 과거를 마련하는 일에 참여하고 출제 역시 향관사가 출제하고 동시에 전시(典試)하였다. 향시는 매년 2월에 실시하여 문무시험에서 각각 1명씩 뽑아 신사(문학), 예사(무학)의 칭호를 주고 그 외에는 갑·을로 평정하여 신사, 예사와 함께 현시에 참가시켰다. 현시는 현감이 출제하고 동시에 전시를 교열하며 시험은 매년 3월에 실시하고 시험에서 성적이 우수한 2명을 뽑아 각기 '수사(秀士)', '영사(英士)'라 칭하고 그 외는 갑·을로 평정하여 수사, 영사와 함께 군시에 참가시켰다. 군시는 군총재가 출제하고 전시를 교열하며 매년 4월에 실시하였다. 시험성적 우수자 2명을 선발하여 현사(賢士 : 문학), 능사(能士 : 무학)라 칭하고 그 외는 갑·을로 평가하여 현사, 능사와 함께 성시에 참가시킨다. 성시는 중앙에서 파견한 전문인의 책임 하에 매 3년마다 1회씩 진행하며 시험은 초시와 복시로 나누고 선발된 자를 악사(樂士 : 문학), 맹사(孟士 : 무학)로 정하되 정원은 제한하지 않았다. 경시는 일명 천시(天試)라고도 하는데 매 3년마다 1회씩 실시하며 시험에 참가자격은 신·구(新·舊)약사, 맹사와 제학(提學)이 뽑은 각 군의 걸사(杰士)들로 하였다. 시험은 역시 초시와 복시로 나누고 왕이 명제(名題)를 내리고 문형총시가 전시하며 뽑힌 자는 왕이 심사한 후 발표하였다. 선발된 자는 여러 급으로 나누어 각기 장원, 방안, 탐화, 전로, 회원이란 관령을 주고 그 앞에 문관과 무관이란 두 자를 달아주었다.

시험내용은 「구유조성서(舊遺詔聖書)」, 「신유조성서(新遺詔聖書)」, 「천명진

---

13) 中國史學會主編, 같은 책, 571면.

성주조지서(天命眞聖主詔旨書)」 및「흠정천조서(欽定天詔書)」,「삼자경(三字經)」 등에 준하였다. 태평천국의 과거제에 대한 이상의 규정은 다음과 같은 특징이 있다.

첫째, 봉건적 등급과 가세의 제한을 제거하고 출신 성분을 가리지 않고 모두 응시할 수 있었다.

둘째, 시험관의 전용을 사전에 통제하지 않았고 수험생의 범위도 1차례 시험에만 국한시키지 않았으므로 시험관의 부정을 극복하고 한 차례의 시험으로 일생을 결정하는 경향을 방지하였다.

셋째, 구 과거에서 수험생에 대한 각박한 대우를 개선하여 수험생의 경비 부담과 생활면에서의 부담을 덜어 주었다.

「흠정사계조례」는 태평천국이 인재에 대한 갈망을 여전히 나타냈고 과거제도를 규범화, 완벽화 할여는 노력을 반영한 것을 읽을 수 있다. 이것은 당시까지의 청대 과거제의 부패에서 오는 하나의 반성이 아닐 수 없다. 그러나 동 조례는 정식으로는 실시되지 못하였다.

태평천국의 과거제도도 초현납사(招賢納士 : 인재등용)의 방법의 하나였다. 시험내용, 시험형식과 그 실시에 대한 중시보다도 과거제도를 이용하여 인심을 얻고 문인사자(文人士子)들의 태평천국에 대한 이해와 지지를 얻으며 동시에 태평천국은 전통적인 관념으로 중앙전권만이 과거를 마련하고 실시할 수 있는 과거제도를 실시함으로써 그것을 통하여 태평천국의 합리성과 합법성을 증명하려 하였다.

제 11장 만청시기(晩淸時期) 교육(2)

- 양무운동시기와 교육의 근대화 시도 -

1. 양무운동의 기본적 인식

중국의 근대화 운동은 양무·변법·혁명의 3단계로 나눌 수 있다.

만리장성의 위대성만을 내세우던 중국도 아편전쟁 이래 서구의 대포 앞에서는 무력하다는 하나의 충격을 받았다. 이리하여 청조의 전제 지배는 전 영역에서 더한층 깊이 동요하여 갔던 바, 이는 중국으로서는 하나의 내적 위기였다. 당시 청조는 위와 같은 외적 충격과 내적 위기 상황에서 부국(富國)·강병(强兵)을 내세우면서 서양을 모델로 하는 강한 군사력과 각종 근대산업을 일으켜 난국을 타개하려는 근대화 운동을 추진하였으니 이것이 제1 단계의 양무운동이다.

양무운동(洋務運動)[1]은 서태후(西太后), 공친왕(恭親王)의 새로운 정권이 수립된 서기 1861년부터 1894년 청일전쟁이 일어날 때까지 30여 년 동안 추진된 자강(自强)운동이다. 따라서 양무운동을 '자강운동(自强運動)' 또는 동치제(同治帝)와 광서제(光緖帝) 때에 전개된 운동이었다고 하여 '동광신정(同光新政)' 또는 '동치중흥(同治中興)'이라고 부르고 있다.

---

1) '양무(洋務)'란 서양과 관련된 문물(文物)을 의미하는 용어이다. '양무운동'이란 용어가 사용된 것은 서기 1840년대부터이다. (朴赫淳, 洋務運動의 性格, 講座中國史Ⅴ, 163면 참조)

양무운동의 시작이며 중추적 역할을 담당한 기구는 총리각국통상사무아문(總理各國通商事務衙門 : 약칭 총리아문, 서기 1861년 설치)[2]이었으며 동 운동의 추진 주체는 당시 중앙 조정의 실권을 장악한 공친왕(恭親王)과 태평천국의 난을 진압하는 데 공이 컸던 증국번(曾國藩), 이홍장(李鴻章), 좌종당(左宗棠) 등 지방관료 집단이었다. 군수산업부터 시작된 양무운동은 서기 1870년대에 진입하면서 그 범위가 넓어져 기타 부분의 근대적 공업까지 포함하게 되었다. 근대적인 광공업, 면업의 발전과 전신선 그리고 철도의 부설 등이 이루어졌다. 또한 근대적 교육기관이 설립되고 구미에 유학생을 파견하여 서구적 학문을 배운 신식 지식인이 처음으로 육성되었다.

양무운동을 추진한 세력들은 서구의 군사적 위협과 당시 내적인 위기를 인식하고 중화적 천하질서(中華的 天下秩序)를 유지하기 위한 방법으로 중체서용(中體西用)을 내세웠다. 그리하여 양무운동의 성과는 표면적으로 볼 때 근대적 공장이 건설되고 장비도 갖춘 육해군도 편성되었다. 그러나 청·일 전쟁에서 중국의 패전은 결국 이러한 중체서용을 내세운 자각운동을 실패한 것으로 평가받도록 만들었다. 하지만 이 운동을 통하여 민간기업의 활동에 자극을 주어 중국의 민족자본이 형성되고 근대적 교육이 보급되었으며 또한 서양의 선진기술을 도입하였기 때문에 어느 정도 성과를 얻었던 것은 부정할 수 없다 할 것이다. 단 성과가 적게 나타나고 있는 것이 바로 양무운동의 한계였다.

2. 양무운동기의 교육사조 개설

양무운동시기의 중국교육은 여전히 전통적 교육이 주체를 이루었다. 그러나 전통교육의 주체 중에서 근대 신교육의 맹아가 발생하였다. 따라서 양무교육은 중국교육의 근대화 과정 중 아주 중요한 부분을 이루고 있으며 그의

---

2) 부설기관으로 총세무사(總稅務司)와 동문관(同文館)이었다. 전자는 통상에 관련된 해(海·稅)관을 관리하여 양무운동의 자금을 담당한 셈이었으며 후자는 외국어 교육을 시키기 위하여 세운 교육기관이었으나 후에는 자연과학도 가르쳤다.

발생, 발전은 제2차 중영전쟁(애로우사건) 이후 30여 년간에 이루어졌으며 당시 교육의 주도적인 경향을 이루었다.

양무교육의 대표적 인물은 대대로 권세를 부려오던 만주족인 혁흔(奕欣 : 서기 1833~1898, 도광제의 여섯 째 아들, 함풍 초에 공친왕으로 봉함, 서기 1861년 총리아문 주관), 문상(文祥 : 서기 1818~1876, 이부좌시랑)과 증국번(曾國藩 : 서기 1811~1872, 호남인, 이조시랑, 태평천국 평정), 좌종당(左宗棠 : 서기 1812~1885, 호남인, 군기대신, 양강 총독), 이홍장(李鴻章 : 서기 1823~1901, 안휘인, 증국번의 막우[幕友 : 사무관]회군[淮軍]조직 직예총독, 북양통상대신 역임) 그리고 후기의 인물인 장지동(張之洞 : 서기 1837~1909, 하북인, 한림원 편수, 호북·사천 등지의 학정, 호광·양강 총독, 군기대신 등 역임) 등의 한족 관료, 그 외 풍계분(馮桂芬 ; 1809~1874, 강소인, 한림원 편수 등 역임), 설복성(薛福成 : 서기 1838~1894, 강소인, 호남 안찰사 등 역임), 마건충(馬建忠 : 서기 1844~1900, 강소인, 상해기기직포국 총판 등 역임), 용굉(容宏 : 서기 1828~1912, 광동인, 미국유학, 최초의 미국 대학 졸업생, 귀국 후 유학교육 사업에 적극적 종사), 왕도(王韜 : 서기 1828~1897, 소수인, 상해 묵해[墨海]서관, 상해 격치[格致] 서원 임원 역임), 정관응(鄭觀應 : 서기 1842~1922, 광동인, 상해전보국·한양철창 등 근무) 등이었다. 전기의 인물들의 중요한 점은 교육영역에서 구체적으로 개혁을 시도했고, 후기의 인물들의 중요한 점은 양무교육의 이론적 기초와 지도사상을 제공한 점에 있다. 이들 인물들은 서학의 인식과 교육의 주장과 실시도 달랐다. 더욱이 봉건적 제도의 개혁문제에 있어서는 왕도, 정관응 같은 인물들의 사상은 후기 개량교육의 선도적인 역할을 하였다. 그러나 양무운동 시기에 있어서는 이들 인물들의 교육사상은 모두 어떠한 공통점을 가지고 있었으며, 이것은 양무교육사조의 약간의 특징을 이루었다.

우리는 이제 양무운동기의 교육 사조를 개관하고자 한다.

1) 무실서학(務悉西學)

서학에 대한 학습은 아편전쟁시기에 위원(魏源)이 제기한 교육전략 방침으로서 양무교육 시기에 이르러서는 그 함의(含義)가 더욱 확대되었다. 그는 청이 아편전쟁에 참패했을 때 이미 저술한 바 있는 「해국도지(海國圖志)」그 서문에서 서양(夷)의 장기(長技)를 배워 서양을 제압해야 한다(師夷之長技以制夷)고 주장한 바 있다.[3] 그러나 그가 주장한 이른바 '장기(長技)'는 전함, 화기와 양병의 법 등 3면이었으며 실용 군사기술의 범위를 넘어서지는 않았다. 그러나 그 후 사람들은 세계에 대한 시야를 확대하여 선박, 포 이외에 공업생산기술, 자연과학지식 내지 자본주의 국가의 제도 등 모두를 인식하였다.

풍계분(馮桂芬)은 서역의 서적, 예컨대 산학(算學), 중학(重學), 시학(視學), 광학, 화학 등의 서구의 실용기술은 그 내용이 국계민생(國計民生 : 국가경제와 국민생활)에 유익하다고 인정하면서 서구의 생산기술을 배워 중국의 생산 사업을 추진하고 국가의 빈약을 추방하고 부강해지게 해야 한다고 주장하였다.[4] 또한 그는 역산(曆算), 격물(格物), 제기(制器) 등은 모두 서양인의 장기이고 그 원리는 모두 서적에 기재되어 있으므로 마땅히 그 책들을 번역하는 번역 기구를 설립하고 서구의 서적을 번역, 널리 소개해야 한다고 주장하였다.[5]

왕도(王韜)는 더 나아가 이른바 서학, 즉, 실학(實學)은 예컨대 산칙(算測), 광학, 화학, 전학(電學), 병학(兵學), 의학, 제기(制器), 연금(鍊金), 광무(礦務) 등은 다 같이 실용학으로서 세상에 유익하다. 학교도 이러한 실학을 학생들에게 교육시켜 유용한 인재로 육성해야 한다고 하였으며, 마건충(馬建忠)은 수사교육(水士敎育)을 논할 때 소학과 대학원을 설립하여 서구의 자연과학지식과 조종, 제조법을 강구해야 할 것을 주장했다. 정관응(鄭觀應)에 이르러서는 더 나아가 학생은 마땅히 서구사회의 지식과 정치제도를 이해하고 배워야 한다고 주장하면서 상해격치서원(上海格致書院) 학생들에게 시험에서 심지어 '의원론(議院論)'이란 출제까지 하였다.[6]

부국강국(富國强國)의 급선무는 서구를 모방하여 배워야 한다는 것이다. 이러한 견해는 위정자들의 고위 인사들마저도 공감하고 있었다. 당시 청조의 왕족

---

3) 崔熙在, 서기 1874~5年 海防 陸防 論議의 性格, 東洋史學硏究 22, 1985.

4) 馮桂芬, 顯志堂稿卷十·悉西學議,
張惠芬, 金忠明 編著, 中國教育簡史, 華東師範大學出版社, 1995, 395면에서 재인용.

5) 馮桂芬, '上海設立同文館議'顯志堂稿卷十 참고.

6) 張惠芬, 金忠明 編著, 같은 책, 395면.

공친왕(恭親王) 혁흔(奕欣)은 "치국(治國)의 도(道)는 자강(自彊)에 이으며 자강은 연병(練兵)을 요하며 연병은 또한 제기(制器)을 우선으로 한다."[7]고 하여 근대 군사공업과 기술을 서구를 배우는 데 우선적 임무라고 말하였다.

이홍장(李鴻章)도 교육의 급선무는 실용적인 군사적, 과학기술적인 인재의 육성이라고 주장하였다. 그의 주장이 비록 군사·과학기술면에 치중되었으나 무실서학 면에서 풍계분, 왕도 등의 사상에 기울어져 있었다 할 것이다.

2) 과거제도의 개혁

양무교육사조의 특징 중 하나는 과거제도에 대한 비판과 개혁의 주장이었다. 일찍이 19세기 60년대 초에 풍계분(馮桂芬)은 과거제도의 개혁을 주장하였다. 그는 과거시험의 내용을 시문(詩文)으로부터 경해(經解), 고학(古學), 책문(策問)으로 고치며 또 한편으로는 하나의 특설과를 설치하여 능력 있는 자를 우대해야 하며, 무릇 그 기술이 외국 수준에 도달한 자에게는 '거인(擧人)'으로 하고 만약 외국인을 능가한 자에게는 진사(進士)로 해야 한다고 주장하였던바, 이 주장에서 전자는 고대 과거의 범위를 벗어나지 못했으나 후자는 새로운 시대적 내용을 실현하였다. 이홍장도 역시 유용한 인재를 육성하기 위해서는 고시공령(考試功令 ; 고시법령)을 개정하는 것이 필요하다고 하였다. 그리고 그는 '양학국(洋學局)'을 널리 설치하여 격치(格致), 측산(測算), 여도(輿圖), 화륜기기(火輪機器), 병법(兵法), 포법(抱法), 화학(化學), 전기 등을 각기 나누어 학습 성적이 우수한 자는 선발하여 쓰도록 건의하였다.[8]

왕도(王韜)는 팔고취사제(八股取士制)의 존폐와 국가흥망과의 관계를 더 나아가 관련시키면서 진정한 인재를 얻으려면 반드시 시문(時文)을 폐지해야 한다고 주장하면서 전통적 시험과목 외로 특과(特科)를 설치하여 서학(西學)을 시험하며 시험제도를 이용하여 서학에 정통한 인재의 선발을 추진해야 한다고 주장하였다.

우리는 위에서 몇몇 과거제도의 개혁에 대한 주장을 들었지만 서학을 과

---

7) 籌辦夷務始末, 同治朝卷二十五 참고.
8) 張惠芬, 金忠明 編著, 같은 책, 396면.

거시험의 내용으로 끌어들이자는 의견이 상당히 지배적이었다는 것을 이해할 수 있다.

3) 신학의 건립

신학(新學)의 건립은 외국어, 공업, 군사 등 3개 부분의 전문 인재육성에 집중 되었던 바 이 역시 양무교육 사조가 관심을 갖는 것 중 하나의 중점이었다. 혁흔(奕欣) 등은 동문관(同文館) 설립에 관한 상주문(奏設同文館折)에서 새로운 전문적인 외국어학교를 설립하는 것은 미룰 수 없는 일이라고 제안하였다. 그리하여 서기 1862년 중국의 근대의 첫 외국어 번역인 양성학교인 경사동문관이 탄생하였다. 그리고 이어 서기 1863년에는 또 상해광방언관(上海廣方言館)이 설립되었다. 이것은 이홍장의 참모인 풍계분이 조정에 건의한 결과인바, 그것은 이홍장의 지지와 불가분의 관계에 있다.

이홍장은 서기 1864년 총리아문에 보내는 서신에서 이르기를 "중국이 자강을 하려면 외국이기(外國利器)를 학습하는 것만 못하다. 외국이기를 배우려면 제기(制器)의 기(器)를 구하는 것만 못하며 그 법을 배워 그 사람을 쓸 필요가 없다. 제기(制器)의 기(器)와 제기의 사람을 구하려면 전문적인 취사과(取士科)를 설치하여 사인(士人)을 평생 부귀공명의 목적을 위해서 업을 이룰 수 있고 기능은 정교해질 수 있어 재주는 역시 모아질 수 있다."[9]고 주장하였다. 이홍장의 이러한 견해는 전문학교의 건립과 전문적인 인재의 지위를 제고하는 데 매우 유리하였다.

그 후 마건충은 이홍장에게 건의하여 광주, 복주, 상해, 천진 등에 수사소학(水師小學)을 건립하고 또한 수사아문(水師衙門) 부근에 수사대학원(水師大學院)을 설립하여 영문(英文), 기하, 팔선(八線), 중(重), 력(力), 류(流), 열(熱), 격치(格致) 제학 등을 가르쳐야 한다고 하였다. 이러한 건의도 이홍장의 칭찬을 받아 서기 1880년에 중국 최초의 해군학교인 천진수사학당이 설립되었다. 마건충의 신학 설계는 매우 세밀하였다. 그는 소학과 대학원이 상호 연계된 2급 수사교육체계를 제기하였고 또한 입학기준, 수업연한, 교육과

9) 張惠芬, 金忠明 編著, 같은 책, 398면.

정, 시험방법 등도 규정하였다.

왕도는 더 나아가 전국에 보편적으로 학교의 설립을 제기하면서 각 성, 군, 주, 읍에 모두 국가 문무학숙(文武學塾)을 설립하여 "인재 저축의 곳으로 삼으며" 또한 어떤 학교는 서원을 개조할 수 있다(서원을 학당으로 개조한 학교의 설립은 무술변법 후에 실현)고 하였다.

진치(陳熾)는 서구의 강대함은 학교에서 근원한 것이라고 하면서 그는 서구를 모방하여 널리 학교를 설립할 것을 주장하고 출자와 관방의 재정지원으로 학교설립경영비를 해결할 것을 건의하였다.[10]

정관응(鄭觀應)은 학교를 국가 근대화의 거대한 역할로부터 인식하고 그는 "서구인은 용(用)의 본(本)을 세우고 체·용을 모두 구비하였다. 서원에서 인재를 육성하고 의회에서 정치를 논하고 군민이 일체가 되고 상하가 마음을 같이하는 것은 체(体)이며 연병(練兵), 기계(器械)제조, 철도, 전선 등등은 그 용(用)이다."[11]라고 말했으며, 그는 적극적으로 서구의 교육제도를 소개하면서 그것을 근대 중국이 신학 설치에 있어서 거울로 삼아야 할 것이라고 주장하였다. 그는 『역언론양학(易言論洋學)』에서 서구 근대학제의 기본적인 윤곽을 그려 보이고 서구교육 중 보통과 전문의 두 계통의 학제를 기술하였다. 그는 또 『성세위언·학교(盛世危言·學校)』의 뒤 부론(附論)에서 '독일학교규제', '영·미·독·러·일 학교 규획', '영·미·독·불·러·일 6국의 학교 수목(數目 ; 수량)'에서 선진 자본주의 국가의 교육제도를 상세히 소개하였던바, 그 목적은 중국에 근대학제를 건립하려는 데 있었다. 정관응의 이러한 인식은 다음에 올 신학제의 정식적인 탄생을 예고해 주었다.

4) 중체서용(中體西用)

'중체서용'이 일종의 구호 또는 정책으로 제기된 것은 조금 늦었다. 그러나 이것은 경사동문관(京師同文館)의 창립계획 중에서 이미 중국의 교육변혁 지침으로 인정되었다.

---

10) 陳熾, '庸書', 張惠芬, 金忠明 編著, 같은 책, 398면 재인용.

11) 『鄭觀應集』南游日記, 張惠芬, 金忠明 編著, 같은 책, 399면 재인용.

‘중체서용(中體西用)’은 “중학(中學)을 체(體)로 하고 서학(西學)을 용(用)으로 한 것”의 약어로서 양무교육사조의 기본적인 지도원칙이었다. 이른바 ‘중학(中學)’이라는 것은 전통적인 유가(儒家)의 경(經)이나 사(史)의 학을 가리키는 것으로서 중국 고유의 문화 또는 국수(國粹)를 가리키고 있다. 그리고 서학(西學)은 신학(新學)으로서 서양문화, 예술 또는 정치를 가리킨다. ‘체(體)’와 ‘용(用)’은 중국철학에 있어서 하나의 옛 범주다. 전자는 본질 내지 근본을 가리키고 후자는 형식 또는 치용(致用)을 가리킨다. 요컨대, ‘중체서용’은 중국교육의 옛 정신문화를 보존하거나 수호하는 전제하에서 물질문화를 배우거나 모방한다는 것이었다.

위원(魏源)의 “외국의 장점을 따라 배워 외국을 제압한다(師夷之長技以制夷)”의 주장에서 이미 ‘중체서용’의 사상은 어렴풋이 드러냈다. 그러나 당시는 군사, 지리 등의 지식의 측면에 국한되었었다.

‘중체서용’을 처음 제기한 자는 풍계방(馮桂芳)이었다. 서기 1861년 그가 완성한 「채서학의(采西學議)」 중에는 “만약 중국의 윤상명교(倫常名敎)를 원본(原本)으로 하고 서구열강의 부강의 기술을 보조로 한다면 더욱 좋을 것 아닌가?”라는 구절이 있었다. 시기적으로 볼 때 이는 바로 양무운동의 시작과 서로 부합되는 것이었다. 그리고 그는 당시 이홍장의 막료로서 있었기 때문에 양무파의 사상과 합치했다는 것을 부정할 수 없다.

범수강(范壽康)은 서기 1885년 발표한 ‘광시책(匡時策 : 시폐를 바로 잡는 것)’ 중에서 처음으로 ‘중학위체 서학위용(中學爲體 西學爲用)’의 방침을 제기하였다. 그러나 ‘중체서용’의 사상에 대하여 체계적이며 철저하게 논한 대표적 인물은 양무파 후기의 우두머리라 할 수 있는 장지동(張之洞)이었다. 그는 「권학편(勸學篇)」에서 이러한 주장을 전면적으로 논하였다. 서기 1898년 7월 25일 청 정부에서는 장지동의 「권학편」을 각 성의 독무(督撫)와 학정(學政)에게 각각 1부씩 하달하여 널리 이용하게 하였다.

‘중체서용’의 당시 교육에 대한 영향은 줄곧 관철되었을 뿐만 아니라 심지어 여러 곳에서 모두 찾아볼 수 있었다. 경사동문관(京師同文館)과 각종 양무학당의 교육과정 설치에서도 뚜렷이 나타났다. 즉 경사대학당의 입학종지는 다음과 같다.

응당 중학(中學)을 위주로 하고 서학을 보(輔)로 하며, 중학을 체(體)로 하며 서학을 용(用)으로 해야 하며, 중학이 미비(未備)한 자는 서학으로 보충하고 중학의 실전자(失傳者)는 서학으로 대치하고 중학으로 서학을 포괄하고 서학으로 중학을 압도해서는 안 되는데 이런 것이 입학종지(入學宗旨)이다.[12)]

서기 1898년 5월 장지동은 '양호, 경심양서원개소학당판법편(兩湖, 經心兩書院改昭學堂辦法片)[13)]'에서도 모두 중학위체, 서학위용을 종지로 하였고 서기 1904년 1월 계묘학제의 실시를 위한 '학무강요(學務綱要)'의 반포에서 다음과 같이 지적했다.

중국의 경서(經書)는, 즉 중국의 종교이다. 만약 학당에서 경서를 공부하지 않는다면 요, 순, 우, 문, 무, 주공 …… 공자의 도, 이른바 삼강오상(三綱五常)을 폐절(廢絶)하는 것과 같아 중국은 반드시 입국(立國)할 수가 없다. 배움이 그 근본을 잃으면 배움이 없고, 정치가 그 근본을 잃으면 정치가 없다. 그 근본을 잃으면 애국애민의 그런 마음도 그에 따라 변하게 된다. 어찌 부강의 희망이 있겠는가?

엄격히 말한다면, 중체서용은 일종의 신·구 조합(調合)의 구호로서 하나의 절충적 강령이며 중국의 전통인 '중용(中庸)'사상과 방법의 걸작이라 할 수 있다. 중체서용이 내포하고 있는 것은 대단히 큰데 그의 이중가치의 표준은 복잡한 모순을 이루고 있다.

그러나 중체서용에 대한 평가는 반드시 당시 특정한 사회심리와 기타 여러 가지 역사적 조건과 결합하여 해야 할 것이다. 중국인의 수구적 심리와 소질은 급격한 변화에 적응하기 어렵다. 너무 급하게 변전하는 것은 쉽게 변질될 수 있다. 중국인이 선조를 숭배하고 경전을 인용하는 습속은 여러 가지 변화에 대하여 조상의 표피를 걸치고 손에 이러한 방패를 가지고 있어야 성공의 가능성이 있다. 옛 사람들의 중체서용에 대한 비판에서 그의 상대적인 진보의 의의도 이해할 수 있다. 더욱 중요한 것은 당시 대다수의 새로운 사상이 있는 지식인은 이와 같은 주장을 수용했다. 그리고 이러한 주장의 지도하에 비로소 서학(西學)을 받아들이고 신식학당을 건립할 수 있었다.

여기서 말해야 할 것은 일본의 명치유신(明治維新) 전후에 제기된 '화혼양

12) 孫家鼐, '儀腹開辦京師人學堂折' 참고.
13) 張文襄公奏稿卷二十九 참조, 張惠芬, 金忠明 編著, 같은 책, 401면에서 재인용.

재(和魂洋才)'의 구호는 중국의 중체서용의 정신과 상통된다는 점이다. 그러나 같은 성질의 구호가 국가 운명에 대한 변화는 아주 달랐다. 이 점은 깊이 생각해야 할 것이다. 총체적으로 보면, 양무파의 서학위용(西學爲用)은 실제적으로 '서예(西藝)'의 핵심이다. 장지동도 '서정(西政)'에 대해 언급했지만 그것은 다만 표층의 전장제도(典章制度)'였을 뿐이었다. 강유위, 양계초 등을 대표로 하는 개량파는 대체적으로는 '중체서용'을 찬동했지만 '서용(西用)'에 대해서는 서정(西政)' 측면을 내핵(內核)으로 할 것을 주장했다. 양계초는 일찍이 "오늘의 위학(爲學)은 당연히 정학(政學)을 주의로 하고 서예(西藝)를 종속으로 해야 한다"고 명확히 지적하였다. 그는 또 "중국이 자강(自彊)을 생각한다면 반드시 정학(政學)을 홍성시키는 데로부터 시작해야 한다."고 말했다. 이러한 사상은 그들이 변법유신(變法維新)을 진행하는 이론적 기초였다.

엄복(嚴復)은 청말 사상계의 급진파였다. 그는 "체용불이(體用不二)"의 관점에 근거하여 양무파의 '중체서용'을 반박했으며 강유위와 양계초의 "정본예말(政本藝末)"의 설도 비판하고 나아가 "서체서용(西體西用)"을 주장했다. 이리하여 어떤 사람들은 이들을 중국 최초의 "전반서화(全般西化 : 전면 서양화)"론자로 보았다. 그들은 서양의 천부인권(天賦人權), 개인본위(個人本位), 개성의 자유, 자유경쟁 등을 자본주의의 본질적 특징으로 여기고 이것은 또한 국복민강(國福民强)의 근본으로 보았다. 또한 그들은 민주정치는 '서체(西體)'가 아니라 다만 '서용(西用)'일 뿐이라고 여겼으며, 진정한 '서체(西體)'는 자유정신이며 민주(民主)는 자유가 정치적인 면에서 집중적으로 표현될 따름이라고 여겼다. 엄복의 "자유를 본으로 하고 민주를 용으로 한다(以自由爲本, 以民主爲用)"는 주장은 중화민국 초년의 "신문화 운동"에 아주 많은 영향을 주었다.

3. 양무운동기의 신식 학교의 설립 : 전통교육의 개혁

양무교육사조는 그 실천 중에 전개되어 중국 근대교육의 선구적 역할을 하였다. 청 정부가 도입한 서구식 교육은 양무운동으로부터 시작된 것이다. 양무운동의 제약으로 양무파 관리들은 전면적으로 서구 교육제육제도를 도입하여 고

유한 교육제도를 대체하지는 못하였고 양무운동 종사의 목적으로 서구식 교육의 도입을 외교 교섭, 군사 설비 도입과 군사장비의 건립을 위해 서문(西文), 군사, 공예제도 등 소수 부분에 국한하였다. 그리하여 교육혁신은 크게 2가지 면에서 진행되었던바, 그 하나는 신식학교의 설립이며 그 둘은 유학교육의 개시이나, 후자는 절을 바꾸어 개설하기로 한다.

1) 외국어학당(語言學校)의 설립

양무파는 우선 번역 인재의 양성이 급하다는 것을 인식하였다. '천진조약'의 규정에서는 이후 중외교섭의 조약은 모두 영문으로 써야 하는데, 다만 3년 내에는 한문을 부수적으로 쓸 수 있다고 하였다. 중외교섭의 일익 증가와 외부의 급수요로 청 정부는 서기 1860년 초에 외국어 번역(통역) 인재양성을 위주로 하는 경사동문관(京師同文館 : 서기 1862년 설립), 상해광방언관(上海廣方言館 : 서기 1863년 설립), 광주동문관(廣州同文館 : 서기 1864년 설립) 등 학당을 설립하였다.[14)]

동치 원년(서기 1862년) 7월 공친왕, 왕혁(王奕) 등의 상주(上奏)로 북경에 경사동문관을 세우고 총리아문에 속하게 했다. 최초에는 영문관(英文館)을 설립, 2년차에는 법문관(法文館, 독일어관), 아문관(俄文館, 러시아관)이 설립되었다. 그 후 혁소(奕訴 : 서기 1831~98) 등은 천문, 산학의 학습의 중요성을 인식하고 동치 5년(서기 1866) 11월에 천문산학관(天文算學館)의 증설을 요구하였다. 이에 대한 찬·반 논의가 있었으나 청 조정은 혁소 등의 의견에 동의하여 동치 6년(서기 1867) 천문산학관을 증설하였다.[15)]

천문산학과의 설립은 정부가 정식으로 서양의 근대 자연과학을 교학내용으로 한 것의 시작이었으며 동문관은 이에서 단일의 외국어 학당을 종합적 성격의 전문학교로 개편되었다. 동치 11년(서기 1872), 동문관은 덕문관(독일관)을 증설하고 광서 22년(서기 1896)에는 또한 동문관(同文館)을 증설하였다. 광서 26년(서기 1900)에는 8국 연합군이 북경에 침입하여 경사동문관은 해산되었다. 익년 청 조정은 경사대학당(京師大學堂)을 창설하고 동문관

14) 朱有王獻 主編, 中國近代學制史料, 第 1輯, 上冊, 華東師範大學出版社, 1983, 215면.
15) 朱有王獻 主編, 같은 책, 217면.

을 병합하여 후에 역학관(譯學館)이라 칭하였다.

동문관의 학생은 최초에는 단 10명이었다. 후에 법·덕문관(法·德文館)이 증설되어 각 관도 오직 10명의 학생이었다. 광서 13년(서기 1887)에 이르러 동문관 학생의 정원은 이미 120명으로 증원되었고, 이후 이 수치는 계속 보유되었다. 동문관 학생은 최초에 15세 이하의 팔기 자제만 입학했으나, 후에는 30세 이하의 과거 출신도 입학하였다. 그리고 수재(秀才), 거인(擧人), 진사(進士) 및 5품 이하의 관원도 입학하였다.[16)]

동문관의 학제는 5년제와 8년제가 있다. 서기 1896년 동문관은 8년제 과정계획을 공포하고 별도로 또한 5년제 과정을 준비하였다.[17)] 동문관의 학습은 한문은 중국교사가 강의하는 외에 기타 과정의 학습은 모두 외국인이 한다. 동문관 전후 총계 약 100명 교습 중 외국 교습은 80%를 점유한다. 동치 8년(서기 1869) 해관총세무사였던 영국인 혁덕(赫德 : Hant)의 소개로 미국 선교사 정위량(丁韙良 : W.A.P. Martin, 서기 1827~1916)을 총교습으로 임명하였던바 이것이 바로 동문관 제 1대 교장이었다. 정 교장은 동문관 교장으로 25년간 재임하였던바 광서 20년에 이르러야(서기 1894) 구예비(歐禮斐)에게 교장직을 인계하였다. 동문관은 교습 외에 또한 제조(提調)와 방제조(幇提調) 4명을 두었다. 제조는 총리아문에서 사무원 중 만·한 각 1명씩을 겸임으로 선임하여 학관사무 일체를 전담시켰다. 방제조 2명은 동치 4년 초부터 관내에 윤번으로 거주시켰다.[18)]

우리는 경사동문관의 의의와 그 영향을 다음과 같이 개관하기로 한다.

첫째, 경사동문관은 중국 교육발전사상 이정표적 학교인바, 이는 중국 근대교육의 정식적인 개막을 보여 주고 있으며 또한 중국교육이 전통교육의 그늘에서 벗어나기 시작했다는 것을 나타내고 있다.

둘째, 경사동문관은 '중체서용(中體西用)' 사조 초기의 산물이다. 이것은 동 학관의 과정 설치 중에서도 가히 짐작할 수 있을 뿐만 아니라 동 학관의 학규 및 졸업 후 관등(官等 : 관리의 등급) 수여의 상황

16) 朱有王獻 主編, 같은 책, 216면.
(淸)宝筠等纂, 籌辦夷務始末, 同治朝卷十四, 二十七, 民國 18년(서기 1929) 고궁박물관영인본 참조.

17) 高時良編, 中國近代敎育史資料匯編, 洋務運動時期敎育 上冊, 上海敎育出版社, 1992, 86~67면 참조.

18) 朱有王獻 主編, 같은 책, 第1輯 上冊, 171면.

에서도 가히 실증할 수 있다.

셋째, 양무파가 창설한 동문관은 서문(西文)과 서예(西藝)를 학습의 장에 도입하여 서방을 모방하여 반·급을 편성 강의하였던바, 이것은 중국 전통유학 내용과 개별적인 강의 방법에 대한 일차적인 혁신과 타파였다. 이것은 중국인이 창설한 서구식 학교의 선하를 이루어 중국 신교육의 발전에 하나의 획을 긋는 시대적 의미가 있다 할 것이다.

넷째, 동 학관의 졸업생은 외교와 정치무대에서 중요한 역할을 하였다. 일본·영국·독일·프랑스 등 각국의 사신으로 파견된 자 중에서 동 학관 출신이 많았다는 점은 '동문관제록(同文館題錄)'에서 볼 수 있다.

경사동문관의 설립 이후 양무파는 또한 계속하여 중국 근대 제1의 외국어 학당을 건립하였던바, 그 상황은 경사동문관과 대동소이했다. 그 상황을 보면 다음과 같다.

경사동문관 이후 학관 설립 상황표[19)]

설립년대	학관명	설립자	소재지	모집학생수
1863 (동치 2년)	상해광방어관 (上海廣方語館)	강소순무 이홍장	상해 경업서원(敬業書院) 내	정과(正課) 40명 분과(附課) 40명
1864 (동치 3년)	광주동문관 (廣州同文館)	광주장군 서린(瑞麟), 양광총독 모홍빈(毛鴻賓)	광주성 북문 내	20명 (旗人 16, 한족 4명)
1887 (광서 13년)	신강아문관 (新疆俄文館)	신강순무 류명전(劉銘傳)	신강성 성(城) 내	
1888 (광서 14년)	대만서학관 (台灣西學館)	대만순무 류명전	대만	20명(후에 10명 증원)
1889 (광서 15년)	훈춘아문서원 (琿春俄文書院)	총리아문 혁흔(奕欣)	훈춘	15명
1893 (광서 19년)	호북자강학당 (湖北自彊學堂)	호광총독 장지동	무창성 내	각관 30명 계 120명 (광서 24년 150명으로 증원)
1896 (광서 20년)	호남상향동산정사 (湖南湘鄉東山精舍)	류양근(劉襄勤)	호남 상향 동태산(東台山) 하	20명

19) 朱有王獻 主編, 같은 책, 第1輯 上冊에서 발췌.

2) 군사학당의 설립

양무파는 근대적 해군과 육군을 창립한 후 신식(新式) 군사적 인재 결핍의 문제에 직면하였다. 그들은 서방 각국이 군사를 연구하고 병사와 고급장교 모두 수사학당(水師學堂), 무비학원(武備學院)에서 양성해 낸 것을 보았고 또한 이것을 모방하려 하였다. 그리하여 전문적인 군사적 인재 양성의 학당, 예컨대 천진수사학당(天津水師學堂 : 서기 1881), 천진무비학당(天津武備學堂 : 서기 1886), 광동수륙사학당(廣東水陸師學堂 : 서기 1886) 등을 계속 창립하였다.

천진수사학당[20]은 광무 6년(서기 1880)에 창립되었는데 직예총독(直隸總督) 이홍장의 주청(奏請)으로 설립된 것이다. 광무 7년(서기 1881) 7월 교사를 낙성하고 경비는 북양해방(北洋海防)경비 내에서 지출하였다. 천진 부근의 13세 이상 17세 이하의 수년간 책을 읽은 양가의 자제를 입학시켰다. 처음으로 학생 60명을 입학시켰으나 광서 14년(서기 1888)에는 재학생만 120명에 달하였다. 수업연한은 5년이었으며 퇴학은 시키지 않았다. 동 학당은 영국해군교습장정(英國海軍教習章程)에서 제정한 조례와 계획대로 영국에 유학생을 파견하여 해군에서 학습하고 돌아온 엄복(嚴復)을 총교습(總教習)으로 삼고 영국군관을 교련(教鍊)으로 초빙하였다. 동 학관은 가사(駕駛 : 운전)와 관륜(管輪 : 기관사)의 2과를 설치하여 가사과는 기선 기관사를 전문적으로 학습시키고 관륜과는 기선의 기관(엔진) 관리를 전문적으로 학습시키며 영어, 기하, 대수, 삼각, 중학(重學), 화학, 격치(格致)[21], 천문, 지여(地輿 : 지구), 측량계산, 운전 등의 과정과 한어, 외국수군조법(操法)의 연습을 학습하였다. 4년은 학당에서 각종 과정을 학습하고 1년은 연습선 위에서 실습하였다. 학생의 졸업 후에는 북양해군에 임직하거나 혹은 외국 유학에 파견되었다. 이것은 중국 최초의 신식 해군학교였다.

천진무비학당(天津武備學堂)[22]은 광서 11년(서기 1885)에 창설되었는데 이것도 직예총독 이홍장의 주청으로 창설된 것이다. 이것은 당시 중국 제1

---

20) 朱有王獻 主編, 같은 책, 499면, 476면 참고.

21) 뜻은 사물의 이치를 파고 들어가 지식을 얻는다는 것이나, 청말 물리, 화학 등 자연과학을 총칭한 말이다.

22) 朱有王獻 主編, 같은 책, 241면.

의 육군학교였다. 경비도 북양해방경비 내에서 지출되었다. 동 학당은 독일의 육군학교를 모방하였으며 독일군관을 교련으로 초빙하였다. 학생은 일면으로는 북양 각 병영에서 총령이 신체건강하고 총명하고 문리에 통하는 병사로 선발된 자나 다른 면으로는 양가의 자제를 선발한 자이었다.

과정은 학과와 술과(術科)의 2개과로 나누었다. 학생은 처음에는 약 100명이었다. 학과에서는 천문, 지여(地輿 : 지구), 격치, 측량제도, 산학, 화학 및 포대건축진법 등을 학습하였고, 술과에서는 기병대, 보병대, 포병대 및 군포진분합공수병법(軍布陳分合攻守兵法) 등을 학습하였다. 별도로 경사지학(經史之學)을 익혔다. 원래 병사인 자는 1년 후에 귀대하여 재능에 따라 직을 수여했고 일반 가정에서 선발된 자는 학업이 끝난 후 입영하여 근무하였다. 광서 2년(서기 1896)에는 학생이 280명으로 증원되었다. 과정도 기병대, 보병대, 포병대 각 과로 나누었다. 북양계 고급장교 풍국장(馮國章), 다기서(段祺瑞), 조곤(曹琨), 오패부(吳佩孚) 등은 모두 이 학당 출신이다. 8개국 연합군이 천진을 점령했을 때 동 학당은 소실되었다.

광동수륙사학당(廣東水陸師學堂)[23]은 서기 1887년 8월 양광총독(兩廣總督) 장지동(張之洞)의 주청에 의하여 설립된 학당이다. 학생은 일찍이 군영 내에서 훈련을 받고 용감하고 소질이 우수한 자(영학생 : 營學生) 20명을 선발했고 또한 16세~ 30세의 이미 서사(書史)를 읽고 문장능력이 있는 문생(文生) 20명(이를 '외학생 : 外學生'이라 했다)을 선발하였다. 수사(수병)은 영문을 배웠으며 관륜(管輪), 가사(駕駛) 2개 항으로 나누었다. 육사(육군)는 독일어를 배웠으며 기병대, 창포(槍炮), 영선(營選) 3개 항으로 나누었다. 장지동은 매일 '사서오경'을 암송하고 학습해야 한다고 규정했다. 수사에서는 학업이 끝나면 연습선에 승선시켜 연습시켰으며 1년 후 우수한 자를 선발하여 외국어학당이나 군함에서 학습케 하였다. 육사는 3년간의 학업이 끝나면 역시 우수한 자를 선발하여 외국에 나가 학습케 하였다.

갑오년 중·일 전쟁 이후 각 성은 천진무비학당을 모방하여 계속 보병을 양성하는 학당을 설립하였던바, 통계적으로 보면 18여 개 학당에 이르렀다.[24]

---

23) 朱有王獻 主編, 같은 책, 238면.
24) 朱有王獻 主編, 같은 책, 第1輯 上冊 547~550면 참조.

3) 전문기술학당의 설립

양무파는 기선제조, 기계제작, 광산개발, 철도개설을 위하여 내탕(內帑 : 임금의 사사로운 돈)의 백은(白銀)을 사용하여 서방으로부터 기계 설비를 도입했지만, 제조, 운전 등 기술인재양성을 위한 학당도 개설하였다. 대표적인 것이 복건선정학당(福建船政學堂)[25], 상해강남제조국 부설 공예학당과 광동실학관(廣東實學館)이었다.

복건선정학당은 복건선정국의 일부분으로 민절총독(閩浙總督)이었던 좌종상(左宗棠)의 주청으로 동치 5년(서기 1866) 설립된 학당이다. 교육체계는 영국, 프랑스 해군학교를 모방하여 규정하였다. 당시 제조학은 프랑스가 제일 우수했는데 이로 인하여 전 학당은 프랑스 학문을 중시하고 프랑스어, 조선을 전문적으로 가르쳤는데 기본 과정에는 산술, 기하, 대수, 3각, 물리, 기계학, 기선과 기관원리 등을 가르쳤고, 영국은 기관과 운전에 대해서는 운전이 우수했으므로 이 후 학당은 영국학문을 중시하여 기관, 운전을 전문으로 가르쳤던바, 과정에는 영문, 산술, 기하, 대수, 평면3각기하와 구체삼각(球體三角), 항해천문학, 항해이론, 지리 등이 있었다. 양당은 '성유광훈'과 '효경'을 읽혔고 '책론(策論)'으로 학습시켰다.

동 학당의 학생들은 본지에서 총명한 제자 외에 또한 홍콩영국학교에서 우수한 자를 선발하여 졸업 전에 오게 하여 학습시켰다. 학습 기간은 5년으로 학생들의 기숙비용은 모두 교비였다.

법문학당(法文學堂 : 프랑스어 학당)은 조선과(즉, 전학당), 설계과(즉, 회사원 : 繪事院) 및 예보 3개 과로 구성되었으며 영문학당(영국어학당)은 항해이론과(즉, 후학당), 항해실천과(즉, 연선 : 練船) 및 기관실(즉, 기관학당)의 3개 과로 구성되어 학생과 예도는 모두 300여 명이었다. 동 학당은 과정 설치 면에서 '중체서용'의 사상을 구현한 것이다. 학습연한은 5년이었다.

상해강남제조국은 공예학당을 부설하였다. 동치 13년(서기 1874) 상해강남제조국이 조포학당(操砲學堂)을 설립하여 군사공정(공병대)를 학습시켰다. 과정은 한문, 외국어, 산학, 작도, 군사, 포법(砲法) 등이었다. 광서 7년(서기

---

25) 30), 31) 高時良編, 中國近代教育史資料匯編, 洋務運動時期教育, 上海教育出版社, 1992, 578~579면 참조.

1881)에 포대영(砲隊營)으로 개편하였다. 광서 24년(서기 1898) 포대영과 강남 해관도(海關道)에서 설립한 광방언관(廣方言館)과 통합하여 공예학당으로 개편하였다. 수업연한은 4년이었다. 공예학당은 후에 공업학당으로 개칭되었고, 때로는 공병학당으로 불렸으며, 병공소학(兵工小學)을 부설하였다.

광동실학관(廣東實學館 ; 西學館)은 광서 2년(서기 1876) 양광총독 류곤일(劉坤一)이 서학관 설립을 제안하여 광무 7년(서기 1881) 총독 장수성(張樹聲)이 그 설립을 주관하였으며 장정(章程)을 하달 받아 익년에 개학하였다. 제 1기에 50명을 모집하여 기선 운전과 제도를 가르쳤으며 학제는 5년이었다.

천진의학관은 서기 1881년 이홍장의 주청으로 설립되었다. 동 학관은 중국 정부가 설립한 제1의 서양의학교였다. 그 전에 경사동문관에서 과를 설치하여 의학지식에 대한 연구를 시작했다. 서기 1885년에는 제1회 졸업생을 배출했다.

육군 군사기술학당의 양무파는 또한 전보, 철로, 광무 등의 학당을 설립하였던바 통계적으로 보면 이상 기술한 학당 외로 7개 학당을 설립하였다.[26]

양무운동 시기 창설된 일련의 학당은 중국이 설립한 제1의 신식 학교였으며, 이것은 또한 서구식 교육의 제1차 도입이었다. 이들 학당은 서구의 과학과 기술을 소개, 전파하였으며 중국 초기의 외국어, 군사, 과학기술면의 인재를 양성하였다. 비록 그들의 규장제도가 완비하지는 않았고 또한 교학 내용도 "서문(西文 : 서양 언어)"과 "서예(西藝 : 서양 기예)"에 국한되었지만, 사서오경 등의 전통적인 학문을 강조하고 너무나도 외국인에 의뢰하였기에 질적인 면에서 차이가 있었고 중국을 구제해 낼 수 있는 장한 인재를 양성해 내지는 못하였다. 그러나 중국교육 발전 과정에서 볼 때 양무교육은 중국의 전통 교육에서 하나의 중대한 돌파구였고, 또한 중국의 신교육 발전에 하나의 새로운 길을 개척했다 할 것이다.

---

26) 朱有王獻 主編, 같은 책, 第1輯 上冊 540~546면 참조.

4. 양무운동기의 외국유학 교육의 흥기

중국의 근대 유학교육의 개시 단계는 전기의 파견국은 미국이었고 후기의 파견국은 구주제국이었다. 외국 유학교육은 19세기 40년대부터 비롯된다. 처음 유학생은 용굉(容閎 : 서기 1828~1912), 황관(黃寬), 황승(黃勝)으로서 이들은 마례손(馬禮遜)학당의 학생들이었다. 당시 동 학당의 교장은 미국인 선교사 브라운(Samuel Robbins Brown)이었다. 서기 1847년 1월 4일 홍콩의 상인과 신문인의 도움을 받아 그들은 브라운과 함께 도미하였다. 그 후 용굉은 서기 1854년 예일대학 문학학사의 학위를 취득하였던바 이는 당시로서는 미국대학 졸업생의 최초의 중국인이었다. 황관은 대학 의과를 졸업했으며, 황승은 대학 중퇴자였다. 이들이 중국 근대 최초의 비관비 유학생이다. 그 후 선교사를 따라 개별적으로 외국 유학생이 점점 늘어나게 되었다.

용굉은 미국 유학에서 귀국하여 먼저 강판순무(江辦巡撫) 정일창(丁日昌)을 통하여 자기가 계획한 "관비유학계안"을 군부대신 문상(文祥)에게 제출하고 서기 1870년 또 증국번을 설득하여 동 계획을 조정에 제기하여 비준해 줄 것을 요구했다. 동 계획이 비준된 후 용굉이 책임지도록 결정되었다. 그리하여 상해에서 도미 유학사무소와 도미유학예비학교를 차렸다.[27]

서기 1872년 늦여름 제1차로 관비 미국 유학생 30명이 도미하게 되었던바 이것은 바로 중국 근대 관비 유학교육의 서막을 열었다. 그 후 계획에 따라 30명의 아동을 선발하여 미국에 파견했는데 4회에 걸쳐 120명이었다. 후에 여러 가지 사정으로 중도에서 그쳤지만 (원래 계획은 15년이었으나 서기 1881년 유학생을 귀국시켰다) 많은 인재를 양성해 냈다.

유학의 방향에 대하여 양무파는 미국은 문화환경과 사회적 조건이 제일 좋다고 인정하였다. 미국은 그것만이 아니라 미국은 새로운 조약 7조를 체결했는데, 거기에는 "금후 중국인들이 미국 공립대·소학교에 입하여 각각 문예를 학습하면 최혜국 대우를 받을 수 있다.[28]"고 규정하였다.

아동 도미유학은 중도에서 좌절 되었지만 그것이 가지고 있는 의의는 과

---

27) 容閎, 西學東漸記, 湖南人民出版社, 1981, 23, 86~87, 90면 참조.

28) 高時良, 같은 책, 853.

소평가할 수 없을 것이다. 그것은 첫째로 중국 근대 유학교육의 효시를 이루고 있다는 점이며, 둘째는 중국 근대화를 위하여 초기 많은 인재를 배출했다는 점이며, 셋째는 중국 근대 유학의 경험을 축적했다는 점에서 그렇다.

양무파는 또한 유럽 유학의 새로운 길을 열었다. 청 정부는 서구에 유학생을 파견하였던바 이것은 근대 해군의 수요에서 출발한 것이다.

최초로 구주파견 유학생을 건의한 것은 선정대신(船政大臣) 심보정(沈葆楨)이었다. 그는 동치 12년 11월(서기 1873년 12월) 복주선정학당 전학당에서 프랑스어를 배우는 학생 중에서 약간 명을 선발, 프랑스에 파견하여 "기선을 만드는 방법과 새로운 이론을 탐구할 것"을, 그리고 후학당에 영어를 배우는 학생을 약간 선발하여 영국에 파견, "기선을 운전하는 방법 및 훈련, 승리의 이론"을 배우게 하면 적은 노력으로 많은 효과를 거둘 것이라는 것을 주청하였다.[29)]

이와 같은 건의는 그 뒤 바로 비준되었다. 광서 원년(서기 1875) 겨울, 심보정은 마침 복주선정국 기술 감독이었던 프랑스인의 귀국 편에 5명의 선정학당의 학생을 영국과 프랑스에 파견하여 견학과 학습하게 하였다. 이들은 비록 '유람 생'으로 후에 귀국하였지만, 이것은 중국의 관에서 학생을 파견하여 구주에 유학시킨 단서를 이루었다 할 것이다. 광서 2년(서기 1876), 이홍장은 독일인이 귀국하는 편에 육군 7명을 인솔하여 독일군사학원에 파견, 수륙 기계기술을 배우게 하였다.[30)]

이상과 같은 두 경우의 학생은 구주유학의 개시였다. 이러한 구미해군학생의 파견과 관리는 아동 도미유학의 경험의 기초에서 진일보하고 심화한 청 정부 유학정책의 반영이었다. 그러나 당시 유학정책이 크나큰 결함이 존재하였다. 즉, 파견은 장기적인 계획이 아니라 오직 하나의 응급조치였다는 점이다. 그리고 양무운동 20여 년간 유학생 파견은 총계적으로 보면 2백여 명에 불과하여 크나큰 중국에 대해서 보면 아주 적은 것이었으며 더더욱 중요한 것은 양무파는 오직 유학생이 서방의 기술습득만을 요구했지 유학생이 광범위한 서구문화를 수용하는 것을 고무하지 않고 반대했다는 점이다. 이리하여 사회를

---

29) 中國史學會主編, 洋務運動(5), 上海人民出版社, 1961, 140, 144면

30) 中國史學會主編, 같은 책, 187면.

계속 개혁할 수도 없었고, 국가 건설의 고급인력을 양성할 수가 없었다.

그러나 총체적으로 본다면 양무운동시기 몇 차례에 걸친 구주유학생 파견은 비교적 체계적이고 집중적이며 목표가 명확했고 방법도 온당하였다. 특히 당시 유학생들은 열심히 유학하였고 성적도 우수하여 당시 유학교육은 비교적 성공적이었다. 이들 유학생들은 계속 귀국하여 복주선정국과 북양수사(北洋水師)의 중요한 기간요원이 되었으며 중국 조선공업과 해군건설에 중요한 작용을 하였다.

첫째, 구주유학생은 중국의 근대적인 군함제조기술을 새로운 단계로 촉진하였다. 구미유학생 중 위한(魏瀚), 정청렴(鄭清濂), 오덕장(吳德章), 이수전(李壽田), 진조요(陳兆曜), 양염신(楊廉臣) 등은 귀국 후 복주선정국공정처를 창립하여 복주조선창의 공정기술이 외국인에 의존했던 것(동치 13년 이전)과 봉건관료의 무지와 자의적인 지위(광서 원년~7년)의 국면을 개혁하여 중국조선업이 스스로 설계하고 제조하는 새로운 단계로 진입하게 되었다.[31]

둘째, 구주유학생은 신식 해군건설에 있어서 중요한 작용을 하였다. 북양함대(北洋艦隊) 중 거의 50%의 함선을 유학생 출신이 함장으로 있었다. 당시 구주유학생 출신은 함선운전과 지휘를 맡은 인재로서 함대의 핵심적 역할을 하였고 북양함대 규장제도의 건립과 전투력의 제고에도 모두 촉진작용을 하였다.

셋째, 근대 해군교육 사업에서 뛰어난 수완을 발휘하였다. 예컨대 엄복(嚴復)은 북양수사학당 총교습과 총판(總辦 : 총재)로 20여 년간 재임하였고, 장초영(蔣超英), 위한(魏瀚)도 강남수사학당과 광동황포수사학당 총판으로 각각 재임하여 많은 역할을 하였다.

양무운동시기의 구주 유학생 출신은 모두 군사와 기술면의 인재였다. 그러나 개별적인 선구자도 있었다. 중국 근대문화와 사상의 변혁에 대하여 거대한 영향을 주었던바 바로 엄복이었다. 엄복은 영국 유학기간 서방의 자연과학과 사회정치학설의 감화를 받고 서양 학술사상과 끊을 수 없는 인연을 맺

---

31) 中國史學會主編, 같은 책(5), 381면.

었다. 광서 20년에서 34년(서기 1894~1908)까지 엄복은 '진화론', 아담 스미스의 '국부론' 등 수많은 책을 번역하였고, 1차적으로 비교적 체계적으로 서양 각국의 철학, 고전 정치경제학, 정치이론, 사회학설, 과학방법론 등을 소개하였으며, 이리하여 중국에서 사회 계몽운동의 태풍을 일으켰으며, 그 결과 중국사상계는 매우 큰 진동을 받았다.

5. 양무운동기의 기독교계 학교 교육의 확장

기독교계 학교 교육은 다년간 초창기의 단계를 거친 후 제2 아편전쟁의 종말로부터 급격한 발전 단계로 들어갔다. 그 발전은 양적인 확장만이 아니라 질적인 제고에 있어서도 나타났다. 또한 중국에 온 선교사 중 전문적으로 학교교육에 종사하는 자의 증가와 교회학교 전체의 사회적 지위의 향상은 물론 기독교학교도 이미 상대적으로 완비하게 되고 독립적인 학교교육체계도 나타났으며 더욱이 학교교육제도의 완전화와 교육규정의 상세화가 나타났다.

기독교계 학교의 급격한 발전은 제2차 아편전쟁 이후이다. 그 이유는 일반적으로 제2차 아편전쟁 이후 서구열강의 중국 침략과 청조와의 새로운 또는 개정한 일련의 불평등조약상 규정된 포교의 자유[32]와 관련 진일보하게 자유로이 중국에 들어와 포교활동을 벌이고 통상 또는 조차지역에서 교회, 학교 설립 등의 특권을 취득하고 교회학교도 원래의 5개 개항장에서 내륙까지 그 양적 증가가 있었다는 점으로 지적할 수 있다. 이런 점은 조약상의 제도적인 면에서 기독교계 학교의 급격한 발전 이유를 설명하고 있지만, 동시에 서구열강이 중국에서 설립 경영하는 기업이 일익 증가하고 그들을 규제하는 중국의 해관·우편 등 중요한 부분도 더욱 복잡해지고 양무파가 일으킨 양무사업도 부단히 발전하여 이러한 모든 수요가 많을수록 새로운 인재도 많아지게 되어 결국 기독교계 학교의 발전을 촉진했다는 점도 간과할 수가 없다.

---

32) 서기 1858년 천진조약, 중불 천진조약, 王鐵崖編, 中外舊約章匯編, 第1冊, 三聯書店, 1957, 107면 참조.

또한 기독교계 학교의 발전 이유에 대해서 우리는 양무운동과 유신운동이 기독교계 학교 발전을 위하여 객관적 수요와 외재적인 동력을 제공했다는 것과 기독교계 학교 자체의 변화도 기독교계 학교 발전의 내재적 요소였다고 생각한다.

양무운동시기 기독교계 학교의 발전은 대체적으로 2단계로 나눌 수 있다.

제1단계는 서기 1860년 초로부터 1876년까지로 기독교계 학교의 수가 서기 1860년 초는 200여 개교에 불과했던 것이 서기 1876년에는 800개 교로, 그리고 학생 수는 2만여 명에 달하였다. 그 중 기독교 선교사가 설립한 것은 다음 표[33]에서 보는 바와 같고, 그 나머지는 천주교가 개설한 것이었다.

남일교 (학생수)	177 (2,991)	남기숙교수 (학생수)	31 (647)	전도학교수 (학생수)	21 (236)
여일교 (학생수)	82 (1,307)	여기숙교수 (학생수)	39 (794)	학교총수 (학생수)	350 (5,975)

제2단계는 서기 1877년의 제1차 기독교 선교사대회로부터 시작된다. 동 기간에는 중국에서 기독교 세력의 발전과 선교활동도 부단히 확대되었다. 그러나 동 기간 중 선교사들은 교파, 국적도 다르고 또한 선교사들 간의 교세 확보 등을 위한 상호간의 경쟁으로 인한 마찰이 항상 존재하였다. 기독교계 학교는 대부분이 교회에 의존하고 포교를 위하여 봉사하였기 때문에 독립성이 약하였다.

선교활동의 협조를 촉진하고 선교사 간의 연계와 교류를 강화하기 위하여 서기 1877년 5월 10일~24일, 15일간 재중 기독교 선교사의 제1차 선교사대회가 상해에서 개최되었다. 동 회의에서 미국 선교사 적고문(狄考文 : C. W. Mafeer)은 그가 산동에서의 학교설립·경험에 근거하여 '기독교회와 교육'이라는 강연에서 교회학교는 중국 기독교 사업 발전에 대하여 중요한 작용을 하고 있다고 강조하면서 "교육은 서방문명의 과학, 예술을 중국에 도입하는

33) 陳景磐, 中國近代教育史, 人民教育出版社, 1983, 65면.

인재를 양성함에 있어서 대단히 중요하며", "중국에 있어서 교육은 상류계층에로의 사회계층 이동의 최적의 경로이다" 등을 지적하면서 "기독교교회는 교육부분을 사업의 한 중요한 부분으로 이루어야 한다."고 주장하였다. 그의 이와 같은 강연은 동 대회에서 보편적인 찬성을 얻지는 못하였다 하더라도 이후의 년대에서 선교사들은 점차적으로 인식을 같이 하였다.

동 대회 후 기독교계 학교는 과거 분산되어 각자 운영하던 상태를 변화시키고 상호간의 연계를 강화했으며, 교회 내부에서 기독교계 학교의 독립성을 강화했으며, 아울러 기독교교육의 구체적 문제를 토론하고 해결하는 데 착수하였다. 예컨대 교과서, 교육과정 설치, 교사 자질 함양, 시험제도 및 교학방법 등으로서 이에서 기독교계 학교의 제도화 발전을 가속하였다. 19세기 말까지 기독교계 학교 수는 2,000여개 교로 증가했으며 학생도 4만여 명으로 증가하였다. 수적 증가량을 계산할 수는 없지만, 단계가 더욱 높아져 중등학교가 10%를 점유하였고 많은 학교가 모두 중학교의 기초 위에서 대학으로 발전하였다. 그리고 대학생 총 수는 200명이 못 되었지만 이것은 기독교대학이 점점 형성되어 가고 있다는 것을 나타냈다.[34]

양무운동 중기 이후 대다수 기독교계 학교, 특히 연해 통상개항장에 위치한 기독교계 학교가 이미 무상으로 빈한한 가정의 아이들을 모집하지 않고 신흥 자본가 계층의 가정과 기타 부유한 가정의 자녀를 모집하여 비교적 고액의 학비를 받았다. 이러한 것은 기독교 교육을 향상시킬 수 있는 영향일 뿐만 아니라 또한 문화를 침투시킴과 동시에 경제적 이익도 챙기는 것이었다.

이미 언급한 바 있지만, 제2차 아편전쟁 후 기독교 각 파의 선교사가 일련의 연합조직체를 형성하여 공동사업을 촉진하였던 바 그 중 영향이 비교적 큰 것은 중화교육회와 기독교청년회[35]였다.

광서 3년(서기 1877) 5월 제1차 재중기독교선교사대회가 상해에서 개최되었을 때[36], 기독교계 학교의 발전에 적응하고 기독교계 학교의 교육내용

34) 顧長聲, 傳教士與近代中國, 上海人民出版社, 1981, 228면.

35) 중국의 최초의 청년회는 모두 학교청년회였고 학교 내에 설치되었다. 최초의 학교청년회는 복건성 영화서원(英華書院) 내에 조직되었으며, 그 때가 바로 1885년이었다. 이후 산동성 등주(登州)의 화북서원과 절강성 항주의 육영서원(育英書院)에도 각각 성립되어 점점 확산되어갔다. 광서 21년(서기 1895) '북미협회'가 파견한 미국 선교사가 중국에서 선교활동할 때 천진에서 '기독교학생청년회'를 조직하였다. 이후 각지의 고중 이상의 기독교계학교는 모두 기독교청년회를 조직하게 되었고, 각지의 청년회도 모두 학교가 겸하여 운영하였다.

36) 당시 참석 선교사는 126명이었으며 그 중 미국인이 72명, 영국인 49명, 기타 국적자가 5명이었다.

을 규범화하기 위하여 동 대회는 '학교와 교과서위원회(The School and Textbooks Series Committee)'를 결성하고 중국어 명칭으로는 '익지서회(益智書會)'라 하고 적고문(C. W. Mafeer), 서염신(書廉臣 : Alexander Williamson, 서기 1829~서기 1890), 임락지(林樂知), 정위량(丁韙良), 부란아(傅蘭雅 : John Fryer, 서기 1839~서기 1928), 여력기(黎力基, Rudolph Lechler) 등을 위원으로 천거하였다.[37] 동 위원회의 주요한 임무는 각 교회학교의 교과서를 편찬하는 것이었다.

동 위원회의 부단한 노력으로 교과서 출판 사업이 매우 발전하였다. 통계에 의하면, 서기 1890년까지 출판된 책은 50종 74책, 도표 401개, 이 외로 기독교계학교가 사용하는 서적으로 합격된 것이 48종 115책 모두 3만여 권으로 교회학교가 사용한 외에 교구 내 일반 사숙에도 기증되었다.[38]

서기 1890년 제2차 재중기독교선교사대회에서는 동 위원회를 '중화교육회(中華教育會)' 또는 '중국교육회'로 개칭되어 적고문이 회장으로 선출되었고, 집행위원회, 출판위원회 등 4개 전문위원회를 두었다. 중화교육회의 종지는 "중국 교육 사업을 탐구 및 연구하고 교학 사업요원의 교수 상의 상호협력을 강화"하는 것이었다.[39] 환언하면 각 교파 산하의 교육기구의 힘을 연합하여 온전한 중국교육을 규제하는 것이었다.

중화교육회의 임무는 이미 학교 교과서 편집에 국한하지 않고 또한 학교경영지침(광서 21년[서기 1895] 처음으로 교육지침 편집하고 광서 31년[서기 1905]까지 수정을 진행했음)을 입안하고 전국적으로 교육조사를 실시하며 각종 강습회, 교류회, 강연회, 기독교 교육의 경험의 교류와 보급, 교육방침의 수립과 구제적인 조치, 각 교회학교 경영실태와 학생의 시험과 성적에 관한 정기검사, 일정한 지구의 교회학교의 통일시험의 부정기적 실시 등을 포함하였다.

중화교육회는 성립 당시 회원은 35명이었으나 광서 19년(서기 1893) 73명, 광서 22년(서기 1896)에는 138명, 광서 25년(서기 1899)에는 189명으

---

37) 朱有王獻·高時良 主編, 中國近代學制史料, 第4輯, 華東師範大學出版社, 1993, 61면.

38) 같은 책, 716~717면, 金林祥主編, 같은 책, 437면 재인용.

39) 中華基督教 教育季刊 第1卷 第 1號, 劉秀生·楊雨青 著, 中國淸代教育史(中國全史 88), 人民出版社, 1994, 188면 재인용.

로 증가하였다.[40] 처음 회원은 영·미 선교사를 중심한 서구인이었으나 나중에는 중국인도 가입하였다.

중화교육회는 광서 19년(서기 1893) 동 회가 이미 이용하고 있는 영문잡지 'Recoder'의 일부분을 이용하여 교육계 각종 의견을 등재했다. 광서 33년(1907)에는 교육 월간지를 발행하였으나 선통 원년(서기 1909) '교육잡지'로 개칭하고, 그 후 또 영문교육계보를 개칭하여 동 회의 기관지로 하였다.

또한 동 회는 각지에 분회를 설립하여 당지 특수문제를 전문적으로 연구하였다. 동 회 설립 초기의 분회는 사천·복건·광동성 등에 설립되었다.

서기 1893년 동 회 연차대회가 상해에서 거행되었을 때, 대회 주석인 미국 선교사 양진문(洋眞文, Alxin P. Parker)은 개막사에서 반드시 중국에서 기독교교육을 대대적으로 확산하여 "중국인의 오만을 타파하고 중국인의 타성을 제거하자"고 강조하였다. 동 대회에서 또 교회학교에서 유교의 전통적인 경전, 영어의 지위에 대하여 더욱더 넓은 토론을 하였다.

'학교와 교과서위원회'로부터 '중화교육회'에 이르기까지 일면으로는 사업범위를 확대하고 또 일면으로는 사업의 경상성과 규범성을 강조하였다. 중화교육회는 후일 실제적으로 중국 기독교의 최고 지도기구로 되어 당시 중국교육의 발전에 많은 영향을 주었다.

천주교 교회와 학교에 대하여 약간 기술하고자 한다. 천주교 교회가 각 지에서 설립 경영하는 각 급 학교를 보면 그 실상을 가히 짐작할 수 있다. 한 통계에 의하면 광무 4년~5년(서기 1878~1879)의 강남지역에는 남자학교 345개교, 학생 6,222명, 여자학교 213개교, 학생 2,791명이었던 것이 광서 23년~24년(서기 1897~1898) 학생은 16,571명으로 증가하였고 광서 26년(서기 1900) 의화단운동 전 한직예, 산서, 산동, 하남 4개성에 천주교 교회 2,423개소, 주당(住堂) 58개처, 대당(大堂), 공당(公堂), 소당(小堂) 1,535처, 교민 15만 명, 중등학교 30여 개교, 학생 4백여 명, 초등학교 500개교, 학생 1만여 명, 대·소 수원(修院) 10여 개소, 원생 350여 명, 의원, 시약국(施藥局) 및 영아원 등 수십 개 가(家)이었다.[41]

---

40) 劉秀生·楊雨青 著, 같은 책, 188면.
41) 劉秀生·楊雨青 著, 같은 책, 191면.

천주교계 학교는 프랑스 교회가 대부분 설립했지만 그 중요한 학교는 서회공학(徐匯公學), 계명여학교(啓明女學校), 성방제학교(聖方濟學校) 등을 들 수 있으나 이들 모두 상해에서 설립되었다.

서회공학은 도광 29년(서기 1849)에 설립된 것으로서 천주교 설립 학교로서는 중국 최초의 학교였다. 서회여자중학은 그 전신은 동치 6년(서기 1867) 프랑스 예수회 선교사가 상해 서가휘에서 창립했던 성언학교(聖言學校)였다. 프랑스 수녀가 교회 내 여학생을 모집 사서(四書), 서법(書法)을 주과로 하고 의과를 부과로 그리고 자수(刺繡), 재봉 등을 가르쳤다. 광서 24년(서기 1898) 숭덕여교(崇德女校)로 개명했다가 후에 다시 서회여자중학으로 개칭하였다.

계명여학교는 광서 20년(서기 1904)에 설립되었으니 양무운동기 후에 설립된 학교이다. 동 교는 교회 외의 여학생을 모집하였고 과정은 한어, 프랑스어, 영어, 이과, 산술, 음악, 도화, 수공, 체조 등이었다.

성방제학교는 동치 13년(서기 1874)에 프랑스 천주교가 상해 조계지에 설립한 학교이다. 최초에는 외국거류민 아동 4명을 모집하였으나 그 후 점점 증가하였으며 광서 6년(서기 1880)에는 중국 아동도 모집되어 학생은 90명에 달하였다. 광서 10년(서기 1884)에는 학생이 193명으로 증가하였으며 홍구(虹口)의 신교사로 이사하였다. 과정은 영문, 프랑스어, 중국어, 라틴어, 수학, 음악 등이었으며 고급반에는 또한 철학과 희랍문자가 있었다.

우리는 끝으로 기독교계 학교의 교육종지와 작용에 대하여 약간 기술하고자 한다.

기독교계 학교는 그 첫 출발부터 포교를 위하여 문화적 침투의 수단을 썼다. 그 중요한 것은 우선 포교와 교도를 훈련하고 선교사의 조수를 양성하는 것이었다. '중국 기독교 교육사업'이라는 책에서는 "기독교 소학교의 최초 설립의 종지는 복음(福音)을 선전하는 것이었다. 그 이후 기독교 내의 교의에 합일하는 아동을 만드는 건전한 교육에 전력하여 아동들을 쉽게 감화할 수 있는 시기에 예수교의 미덕의 기초를 조성하는 것이다. 더욱더 나아가 기독교 외의 아동을 입학시켜 예수교의 범위를 확충하는 것이다."라고 말해 주었다.

광서 16년(1890) 상해에서 개최된 재중기독교선교사 제2차 전국대표대회에서 기독교 교육과 관련된 문제가 논의되었을 때 당시 상해 성한대학(聖翰大學) 교장은 "……우리들의 학교 내에서 우리들은 중국의 미래 교사와 포교사를 훈련하여 ……그들로 하여금 중국의 미래 지도자가 되어 미래의 중국에 최대의 강하고 유력한 영향을 행사하도록 한다."고 역설하였다.[42]

이상에서 짐작할 수 있듯이 기독교계 학교 설립경영의 주요한 목적은 또한 지식 있는 간부를 양성하여 중국의 각 영역을 지배하고 중국을 '기독교'화 하는 데 있었다.

또한 당시 중화교육회장 적고문(狄考文)은 동 제2차 전국대표회의에서 "진정한 기독교계 학교는 그 작용을 단순히 종교를 교수하는 데 있는 것이 아니라 학생들을 교육하여 세례를 받아 기독교에 귀의하는 것이다. 더 나아가 기독교계 학교는 기독교에 귀의한 학생에게 지혜와 도덕의 훈련으로 학생들이 사회와 학교에서 유능한 인물이 될 수 있게 하고 또한 일반 인민의 지도자가 되도록 한다."고 주장한 바 있다. 광서 23년(서기 1897) 7월의 '중서교회보(中西教會報)'도 교회학교의 진흥은 "조저에서 초야에 이르기까지 영재를 양성하는 데 있다."고 하였다. 광서 33년(서기 1907)의 재중선교사대회 보고에서도 더욱 명확히 말해 주고 있다. 즉, "우리들은 반드시 도래할 더욱 큰 기회가 오기 전에 준비를 해야 한다. 현재 우리들의 청년을 훈련하여 그들로 하여금 장래 정부의 직무를 맡을 때 능히 감당할 수 있도록 해야 한다."

이 점은 교회가 적극적으로 대학설립 목적을 충분히 나타낸 것이다. '기독교 교육의 중국 개조에 대한 특수한 공헌'의 글에서도 "우리들의 목적 - 특히 기독교 대학의 목적 - 은 일종의 특수한 지도자를 양성하는 것이다. 이러한 지도자는 아주 깊은 전문지식과 훈련만을 요하는 것이 아니라 국가를 개조하는 영향에 대하여 소수의 단호한 지도자의 결정이 당대 인민과 이후의 역사에 전이되고 영향을 줄 수 있어야 한다."고 주장되었다.

그리하여 이러한 일체의 것에서 모든 최종 목적은 중국을 '기독교'화하는 것이다. '기독교 교육의 종지와 정신'이라는 글에서도 "반드시 철저하게 순수

---

42) 劉秀生·楊雨青 著, 같은 책, 196면.

한 기독교로 중국을 기독교화 해야 한다"고 하였으며, 교구의 증가 확충과 교회학교의 설립 발전은 "비기독교의 종결을 이르는 대 목적의 하나의 수단에 불과하다. 결국 중국을 하나의 기독교 민족으로 만드는 데 있다"고 하였다.

총체적으로 볼 때 서방 각국의 기독교계 학교 설립경영의 본의는 군사, 정치, 경제 등 수단과 동시에 교육을 수단으로 하여 그들이 완전히 중국을 지배하려는 데 있었다 할 것이다.

기독교계 학교가 개설한 과정은 역사적으로 보면 각개 학교가 자의적으로 하던 것이 점차 통일의 과정을 걷게 되었다. 서기 1877년 이전에는 각 교가 기본적으로 각자 선택하여 교재를 편집하고 스스로 과정을 배열하였다. 그러나 서기 1877년 제1차 기독교선교사대회에서 '학교와 교과서 위원회'를 설치하여 통일된 교과서 편찬의 방식을 인도하여 과정의 규범화하는 데 작용을 하였다. 그리고 서기 1890년 제2차 기독교계선교사대회의 시작으로부터 과정 통일의 문제에 관심을 갖게 되고 아울러 '중화교육회'가 되어 추진사항에 노력하게 되었다.

양무운동시기 기독교계 학교가 개설했던 과정은 조교가 제일 중요했고, 이것은 일체 학과의 중심이었다.

광서 21년(서기 1895) '중국교육지남(中國教育指南)'의 기재에 의하면 북경 패만여학당(貝滿女學堂)의 과정은 사서(四書), 여아경(女兒經), 산술, 지리, 역사, 과학초보, 생물, 생리학 등이었으나 제일 중요한 과목은 '성경'으로 일체의 기타학과 모두 성경을 중심으로 교학이 진행되었다. 학교는 신·구약 성경의 역사와 이치를 대단히 자세하게 가르쳤다. 성경과 관련된 것으로는 예컨대, '진리의 권형(權衡)', '기독교 신앙의 논증' 같은 것으로서 이것도 학생들의 필독서였다.

광서 3년(서기 1877)의 재중기독교선교사대회에서 적고문(狄考文)이 이미 제기한 바 있듯이 기독교계 학교는 응당 '과학교육'을 중시해야 한다고 하였다.[43)]

광서 22년(서기 1896) 적고문은 제2차 대회에서 '무엇이 중국 교회학교의

---

43) 陳學恂, 中國近代教育史 教學參考資料(下冊), 人民教育出版社, 1987, 10~15면.

제일 좋은 과정인가'라는 보고에서 과정으로 언어, 지리, 역사, 수학, 자연과학과 종교 6개과를 제시하고 특히 교회학교는 과학을 중시해야 한다고 강조하였다. 왜냐하면 첫째로 과학을 학습하는 것은 중국의 미신을 타파하는 것이며, 둘째로 과학을 주의하는 것은 교회학교가 이름을 낼 수 있다는 것이며, 셋째로 교회학교가 과학 과정을 개설하면 기독교계 학교 졸업생은 더욱 능력을 가져 중국사회를 더욱 좋게 지배할 수 있기 때문이다.

영문(英文)은 기독교계 학교 개시부터 필수과목은 아니었다. 초기의 기독교계학교는 영문을 가르치는 곳이 아주 적었다. 특별한 것은 제2차 아편전쟁 후 서양을 반대한 투쟁이 전 중국에 파급되어 서양문화와 서학(西學)은 그 당시에 환영을 받지 못했다. 이리하여 초기의 기독교선교사대회에서 기독교계 학교가 영어를 가르치지 않는 것이 항상 논쟁의 문제였다. 한쪽 파에서는 영어를 사용하지 말고 중국어로 중국인의 생활과 관련지어도 위험을 면할 것이라 하고, 다른 파에서는 영어 학습으로 포교에 더욱 좋게 하자는 것이었다.

그러나 19세기 말로부터 20세기 초에 이르러서야 기독교계 학교는 통상 영어 학습을 이용하여 중국 관료의 가정과 부유한 가정의 자녀를 끌어당겼으며 이로써 학생들에게 종교 신앙과 친외숭외(親外崇外)의 심리를 주입하였다. 이후 영어는 줄곧 교회학교의 하나의 중요한 과목이 되었다.

이제 우리는 중국에 있어서 기독교계 학교 교육의 지위와 그 작용을 논의하고자 한다.

기독교계 학교의 성립을 역사적 연원적으로 보면 18세기 30년대의 서세동점(西勢東漸)의 물결 속에 중국에 착륙하여 아편전쟁에 의한 불평등조약의 배경 하에 기독교선교사의 교의를 전파하는 부산품으로 나타난 것이라 할 수 있다. 그러므로 기독교계 학교 교육은 서방 자본주의 문화가 중국에 영향을 미치는 중요한 하나의 통로였다. 그것은 서구열강의 군사무력의 중국 개입 또한 그와 더불어 자본주의 경제 정치면의 정책과 서로 보조를 같이 하였다. 이리하여 기독교계 학교는 중국문화 침략의 상징성을 피할 수 없었다.

중국인들은 '기독교'를 반대하고 '기독교 교회당'의 배척, '기독교계 학교'에 대한 투쟁도 제국주의 침략을 반대하는 중요한 측면을 이루고 있다. 특히 제2차 아편전쟁 이후 19세기 말까지 중국 각지에서 교안(教案)[54]은 여기저기서 일어나 18성(省)까지 파급되었으나 시간이 오래 경과하여 회수의 빈번함과 범위의 확대 모두 보기 어려웠다. 이러한 민족의식의 각성은 바로 제국주의의 군사, 경제, 문화 침략이 야기한 것이었다. 물론 그것은 동시에 하나의 봉건주의 의식의 폐쇄성, 협애성과 배타성의 표현하기도 하였다.

기독교계 학교 교육은 앞에서도 말한 바와 같이, 그 본의는 기독교를 위한 것이었다 할 것이나 당시 국제 상황을 인식한다면 서구열강의 문화침략정책의 일환이었으며 또한 그것은 중국 근대 역사 발전상에서 이중성을 갖고 있다. 하나는 기독교계 학교가 낙후지역의 국가와 인민에 대하여 기독교화와 기만적인 작용을 하여 심지어는 일부 지식청년들의 심령에 영향을 미쳐 서방문화를 숭배하게 되고 민족자존과 민족자구(民族自救)의 정신을 상실케 하여 외국 침략세력에 순종케 하는 도구로 타락했다는 점이요, 또 하나는 서방자본국의 문화가 중국 고유의 봉건적 전통문화와 비교해서 또한 서구의 새로운 물건 특히 서방문화 정수의 자연과학지식으로 더욱더 중국 전통교육은 결핍되어 기독교교육의 보다 넓은 전파는 중국인을 봉건교육에서 해방하는데 유리하였다.

과학은 본질상으로 미신, 종교를 반대한다. 그리하여 기독교교육은 과학으로서 포교의 도구를 삼았고 일정한 조건하에서 미신을 반대하는 도구로도 삼았다. 그것도 다 같이 봉건전제주의에 반대하는 무기였다. 바로 이러한 의미에서 기독교계 학교 교육은 중국교육의 근대화에 대하여 물론, 학교모형, 교과서 편집과 교학 등 방법 면에서도 하나의 촉진작용을 하였다. 그러나 기독교계 학교의 이러한 작용은 오직 중국교육의 근대화를 위한 것은 아니었으며 기독교계 학교의 교육 운영에서 온 반사적 이익이었다는 점을 간과해서는 안 될 것이다.

---

54) 청대 말 외국교회와 중국인 사이에 일어난 소송 내지 외교사건.

제 12장 만청시기(晩淸時期) 교육 (3)

– 개화기와 교육개혁의 심화 –

1. 개화기 교육사조의 개관

사실 개화파를 대표하다시피 했던 강유위(康有爲, 서기 1858~1927)[1], 양계초(서기 1873~1929)[2], 엄복(嚴復, 서기 1854~ 1921)[3]의 경력은 서로가

1) 강유위 : 청대말의 정치지도자, 원명(原名)은 조치(祖治), 호는 장소(長素), 갱생(更生)으로 광동성 남해 출신이었다. 광서 5년(서기 1879) 홍콩에서 생활하며 서구 자본주의를 배웠다. 청불전쟁 때 망국의 위험을 인식했으며 광서 14년(서기 1888) 1차로 황제에게 상서(上書)하여 변법(變法)을 주장했다. 광서 17년 광주(廣州)에서 만목초당(萬木草堂)을 열고 유신사상을 배양하는 동시에 변법이론서를 지었다. 광서 21년(서기 1895) 북경의 회시(會試)에 참가하여 응시생 3백여 명과 함께 '거화(炬和)·천도(遷都)·변법(變法)'을 주 내용으로 하는 상서를 황제에게 올렸던 바, 이를 『공거상서(公車上書)』라 한다. 회시에 합격한 후 공부주사(工部主事)의 관직을 제수받았으나 나아가지 않고 변법을 추진하기 위해 북경에 머물며 강학회(講學會)를 조직하였다. 이 무렵 『중외기문(中外紀聞)』, 『강학보(講學報)』를 내고 북경, 상해, 천진, 광동 등지에 학회를 조직했으며, 학당을 설립하여 유신변법운동을 전개해 나갔다. 광서 24년 북경에서 보국회(報國會)를 조직하고 이어 광서제(光緖帝)의 신임을 사 백일유신(百日維新)을 단행했다. 보수파가 일으킨 무술정변으로 유신변법이 실패하자 해외로 망명하여 보황회(保皇會)를 조직하고 광서제의 복위를 꾀하였으나 실패하였다. 의화단 사건을 계기로 그의 사상은 입헌정치론에서 전제군주론으로 회귀했으며 민국 6년(서기 1917)에는 장훈(張勳)을 설득하여 선통제(宣統帝)부터 박의(薄儀)의 복위를 도모하기로 했다. 만년에는 공산당 혁명운동을 반대했다. 학문적으로는 고문을 배격하고 신학문과 공자개제(孔子改制)를 주장했다. 또 유가경전에 불경, 서양학문을 가미하여 인류평등을 염원하는 '대동설(大同說)'을 주장했다. 저서에 『공자개제고(孔子改制考)』,『대동서(大同書)』,『무술주고(戊戌奏稿)』,『신학위경고(新學僞經考)』,『강남해선생시집(康南海先生詩集)』 등이 있다.

2) 양계초 : 청말 민국 초기의 정치가, 사상가, 호는 임공(任公), 광동성 신회(新會) 출신으로서 광서 21년(서기 1895) 북경의 회시에 참가했다가 스승 강유위를 좇아 『공거상서』를 올렸다. 그 다음해 상해에서 『시무보(時務報)』를 발행하고 『변법통의(變法通議)』, 『고의원고(古議院考)』, 『서학서목표(西學書目表)』 등의 글을 통해 유신변법을 선전했다. 이듬해 장사(長沙)의 시무학당(時務學堂)에서 강의를 맡고 광서 24년(서기 1898) 강유위 등과 함께 유신볍번(백일유신)에 참가했으나 실패한 후 일본으로 망명했다. 일본에서 『청의보(淸議報)』,『신민총보(新民叢報』를 발행했다. 황권을 존속시키면서 입헌주의를 채택해야 한다고 주장했으며 손문 등의 혁명론을 반대했다. 신해혁명 후 입헌파를 규합하여 진보당(進步黨)을 조직하고 원세개를 지지했다. 민국(民國) 성립 후 잠시 사법총장, 재무총장을 지냈다. 5·4 운동 이후에는 개량운동을 견지하고 마르크스주의를 반대했다. 이 밖에 신역사학과 문체 개혁을 주장하기도 했다. 저서에 『음빙실합집(飮氷室合集)』이 있다.

다르다. 그러나 그들의 공통적인 사상의 경향은 개화주의 교육사조의 약간의 특징을 구성하고 있다는 점이라 할 것이다.

1) 교육위본(教育爲本)

개화기 교육사조의 이론적 기저는 곧 교육을 구국(救國)과 흥국부민(興國富民)의 근본적인 전제와 수단으로 삼아 교육 근대화로써 정치의 근대화, 경제의 근대화, 문화의 근대화를 꾀하는 선결조건과 유일한 길로 삼은 것이었다.

강유위는 서구 자본주의 국가의 부국강병의 근본 원인은 "무기에 있는 것이 아니라 권학(勸學) 궁리(窮理)에 있다."[4]고 하였으며 중국이 빈약한 근본적인 원인은 바로 교육이 불량(不良)하고 천하의 큰일을 수행할 인재를 양성하지 못한 데 있다고 하였다. 그는 또 서구의 강성(强盛)은 문화교육을 중시한 결과이며 일본이 명치유신 후에 일어설 수 있었던 것도 '흥학(興學)' 때문이라고 하였다.

그는 또 건의하기를 일본과 서구열강의 유형을 모방하여 중국의 문화교육을 개진하고 각지 성, 부, 현, 향내 각 급 학교를 설립하며 학부의 설립을 준비하여 전국 교육을 지도하여야 한다고 하였던바 그 목적은 교육을 유신변법(維新變法)을 위한 인재양성의 근본 수단으로 삼으려는 데 있었다. 동시에 교육을 통하여 국민의 문화적 소양을 제고함으로써 '민지(民智)'가 개발되고 나아가서 국가의 빈약으로부터 부강으로 나가도록 하려는 데 있었다.

양계초는 그의 스승 강유위와 마찬가지로 중국이 낙후한 근본적 원인은 교육이 잘못되고 백성들의 식견이 미개하고 인재가 결핍되었기 때문이라고 하였다. 그는 또 국가의 흥망성쇠는 교육에 의하여 전이되고 변법유신은 인재에 의하여 실현된다고 하였다. 그리고 그는 중국의 큰 재난은 인재의 부족에 있

3) 엄복 : 청말의 사상가. 복건성 후관(侯官) 출신으로 복주(福州) 선정학당(船政學堂)을 졸업하고 영국에 파견되어 해군군사학을 배웠다. 귀국 후 모교에서 교습활동을 하다가 광서 4년(서기 1880) 이홍장의 부름을 받아 천진수사학당(水師學堂)의 총판(總辦)이 되었다. 청일전쟁 후 보수파에 반대하여 글로써 유신변법을 주장했다. 서구 자본주의 사상을 체계적으로 소개하고 문화계몽운동을 폈다. 광서 21년부터 14년간에 걸쳐 차례로 『천연론(天然論)』,『원부(原富)』법의(法意) 등 8편의 번역서를 냈다. 광서 28년(서기 1902) 경사대학당(京師大學堂) 부설 번역국 장관이 되었다. 신해혁명 후 보수적 사상가로 돌아가 원세개가 칭제(稱帝)할 무렵에는 그를 위해 주안회(籌安會) 주안육군자(籌安六君子)에 이름을 빌려주기도 했다.

4) '公車上書', '戊戌變法(二)' 참고.

으며 인재의 부족의 원인은 또한 학교가 일어나지 않음에 있다고 하였다.

엄복은 그의 저작「원강(原强)」에서 다윈의 생물진화론에 근거하여 "물경천택(物景天擇)과 적자생존"과 인류사회 발전원리를 상호 연계시키면서 약육강식과 고역을 면할 수 있는 유일한 선택은 자기 자신이 노력하여 "지자(智者)"와 "강자"로 만드는 것이다. 서구 각국은 교육이란 이 근본을 견지하여 "지혜를 계발하고 체력을 단련하며 덕행에 힘써" 마침내 강성(强盛)을 성취하였다고 논하였다.

그는 또 중국의 현황을 분석하면서 중국이 비록 해군을 창설하고 우전(郵電)을 설치하고 철도를 부설하며 공장을 건립하고 광산을 개발하며 심지어 서구의 유형을 따라 신식학교를 건립하고도 국가를 진흥하지 못한 원인은 중국의 "국민의 힘이 이미 다하고 국민의 교육 수준이 낮고 국민의 도덕이 경박했기 때문이라" 하면서, 이와 같이 피폐한 상황에서 걸출한 인재를 길러내기는 어렵다고 하였다.

요컨대 개화기 교육사조의 기저는 교육입국(教育立國) 사상의 주장이라 할 것이다.

2) 서정(西政)과 서체(西體)

개화기에 들어서서는 '서정'에 대한 인식은 또한 새로운 제고를 가져왔다. 개화사상의 교육자들은 양무운동의 실패를 거울로 삼아 개혁의 중점을 서구의 근대 자본주의 교육제도와 사회정치학설을 설명하여 소개, 도입하는 데에로 두었다.

강유위는 "청개학교석(請開學校析)" 중에서 근대 학교제도에 대한 구상을 다음과 같이 체계적으로 제안하였다.[5] 즉 향립(鄕立) 소학은 아동이 7세에 입학하고 적령 아동은 반드시 입학해야 하며 학습기간은 8년으로 보통과정, 예컨대 문사(文史), 산술, 여지(輿地), 물리, 가악(歌樂) 등을 학습하는바 이것은 의무교육단계이다. 현립(縣立) 중학은 아동이 14세가 되면 입학하며 학습년은 2단계로 나누어지는바, 초등과 2년, 고등과 2년으로 나누어지며 학습

5) 周德昌編, 康南海教育文選, 廣東高等教育出版社, 1989, 90면.

과정은 소학의 기초 위에서 더욱 심화하며 동시에 외국어와 실용적인 학과를 증설한다. 성(省) 부설 전문고등학교 혹은 대학은 경학(經學), 율학(律學), 의학 등 4개로 나누어진다. 경사(京師 : 수도)에는 규모가 큰 경사대학당(京師大學堂)을 설립한다.

강유위는 더 나아가 그의 『대동서(大同書)』에서 그가 구상한 교육제도를 구체화하고 또한 이상화(理想化)의 색채를 부여하였다.[6]

사람마다 잉태한 후 태교(胎敎)를 받기 시작하여 20세에 이르러 고등교육을 완성하게 되는데 이것은 연속적인 교육과정 중에 있다. 강유위의 구상에 따르면 부녀자는 임신한 후 즉시 '인본원(人本院)'에 들어가 태교를 받는다. 영아가 태어난 후 인본원에서 6개월간 양육하고 "젖을 끊은 후에는 육영원(育嬰院)에 들어가 5~6세까지 학전교육(學前敎育)을 받는다. 그런 연후에는 '소학원(小學院)'에 들어가 초등교육을 받으며 10세~ 15세까지는 '중학원(中學院)'에서 중등교육을 받는다. 마지막으로 '대학원(大學院)'에 들어가 20세까지 고등교육을 받는다는 것이다.

그는 또 대동사회에서 사람마다 독립과 자유, 남녀 모두 평등하게 교육을 받을 권리가 있다고 주장하였다. 그리하여 교육제도의 핵심은 사람마다 교육을 받을 수 있는 평등한 권리를 확립하여 중국의 전통적인 귀족화 교육제도를 근대의 평민화 교육제도로 철저히 전환시키려는 데 있었다.

양계초는 서구 교육을 배우는 중점은 당연히 사회정치학설 면으로 옮겨져야 하는데 그 관건은 정확한 교육목적을 확립하는 것이라고 하였다. 그는 또한 국민교육의 목적은 일종의 특색 있는 국민을 양성하여 국제 열국 사이에서 자립할 수 있어야 하지 다만 한 사람의 지(智)와 재(才)를 위하는 데 그쳐서는 안 된다고 제기하였다. 그는 이러한 국민이 바로 '신민(新民)'이라고 하였다. 또한 그는 교육은 치국(治國)이며 부국(富國)의 본(本)이라면 정치교육은 또한 교육의 본이다 할 수 있다.[7]

양계초는 정치교육은 '신민' 양성에 있어서 더없이 중요하다고 보았다. "서구의 학교는 그 종류가 단일하지 아니하며 순서가 번잡하나 유독 정치학

---

6) 康有爲, 大同書, 中華書局, 1956, 195면.

7) 李華興 外 1編, 梁啓超選集, 上海人民出版社, 198호, 211면.

원 하나만이 중국에 가장 적합하고 오늘에는 가장 유용하다"하였다.[8] 그리하여 그는 학교는 당연히 "정학(政學)을 주의(主義)로", "예학(藝學)은 종속적인 것으로" 해야 한다. 왜냐하면 정재(政才)는 비교적 이루기 쉽고 사용이 비교적 광범위하며 정재가 있으면 국가의 행정적 역량을 빌어 "예사(藝事)를 진흥"시킬 수 있기 때문이라는 것이다. 그러므로 그는 "강구고금중외치천하도(講求古今中外治天下道)"를 주장했다. 그는 또 일본의 예를 들어 "변법은 오직 학교를 먼저 해야 하며 학교는 오직 정치를 중히 해야 한다"고 주장하였다. 그것은 일본은 30년도 못되어 일어날 수가 있었기 때문이다.

양계초는 양무교육의 득실을 총괄한 후 "태서(泰西) 제국은 우선 정치학원을 중히 하며"[9] 라고 강조하였다. 강유위가 양무파의 "서학(西學 ; 西用)을 제도적 측면(체계적인 자본주의 학제)으로까지 추진했다면 양계초는 정치적 측면으로까지 올리면서 서구의 근대 정치학설(자유, 민주, 박애, 애국, 상무정신 등)이 교육체계 중의 핵심적 지위에 놓이도록 하려고 시도하였다 할 것이다.

'서학' 문제에서 엄복은 더 나아가 '양체(兩體)학설'을 제기하였다. 그는 중학(中學)은 중학으로서의 체, 용이 있고 서학(西學)은 서학으로서의 체, 용이 있는바 '체'와 '용'은 불가분의 관계에 있다고 하였다. 한 국가의 정교학술(政敎學術)은 각종 기관을 구비한 생물과 같아 그 구성 부분은 하나의 완전한 통일체를 이루고 있으며 그들의 존재('체')와 기능('용')은 상호 의존하고 있어 마치 말발굽을 소의 몸에 달아줄 수 없는 것과 같다고 하였다.

양무교육이 서구의 "선견포리(船堅炮利)"만을 받아들인 결과 그 효과가 크지 않은 것은 "체·용"을 분리할 수 없다는 것을 경시했기 때문이다. 왜냐하면 무엇이 비로소 서학의 '체'인가? 엄복은 과학과 자유가 비로소 서학의 기초이며 역시 '서체(西體)'라고 하였다.

엄복은 이른바 "서정(西政)"위본(爲本), "서예(西藝)"위말(爲末)이란 이러한 논단(論斷)은 "중체서용(中體西用)"을 인식하는 것보다 제고된 것이나 그 실질은 여전히 서체(西體)의 진수를 명확히 모르기 때문이라고 지적하였다. 그

---

8) 李華興 外 1編, 같은 책, 212면.
9) 李華興 外 1編, 같은 책, 211면.

것은 "예(藝)"는 기술만 말하는 것이 아니라 명(名 : 논리학), 수(數 : 수학), 질(質 : 화학), 역(역학과 물리학) 등 과학을 가리켜 말하는 것이고 서구의 기술이 과학을 기초로 할 뿐만 아니라 "서정(西政)" 역시 과학을 기초로 하고 있기 때문이다. 과학을 이해하지 않고 정치를 변화시키고 국가를 진흥시키려 한다면 어떻게 한다 하더라도 되지 않는다. 그러므로 엄복은 "중국의 정치는 점점 그 형태가 곤란해져 가고 있는 것은 바로 위정자가 예학(藝學)에 관하여 아는 바가 없기 때문이다."[10]라고 강조하였다.

엄복은 비록 자본주의적 민권 또는 민주를 주장했으나 그는 당시 개화주의 진보파들이 민주정치를 "서체"로 보는 것과는 달리 민주정치는 서학의 근본이 아니라고 보았다. 그것은 "민주"는 다만 "자유"의 정치상의 한 표현으로 보고 "자유"는 "체"이며 "민주"는 "용"이라고 보았기 때문이다. '서학'의 정신적 실질은 자유이며 이것은 바로 중국의 전제정치와 서로 상반된다고 하였다.

엄복은 과학과 자유를 서학의 진수로 보았기 때문에 그는 "학술은 허위를 없애고 참을 숭상하며 형정(刑政)은 사(私)를 없애고 공(公)을 위해야 한다"고 주장하였던바, 여기서 "참(眞)"은 바로 자연과학의 방법과 지식을 말하고 "공(公)"은 (자산가의) 민주를 가리키고 있다. 엄복이 추구하는 목적은 서구의 자연과학(토목기술 포함)과 사회과학(민주, 자유 확보)을 전면적으로 중국에 수용하여 자유경쟁을 특성으로 하는 자본주의적 생산방법 및 그 문화교육을 수립하려는 것 이었다고 생각된다.

3) 구교육의 개혁

개화주의 교육사조는 근대 자본주의 교육의 원칙과 체계를 확립한 동시에 전통적인 봉건주의 교육의 개혁에 대해서도 문제를 제기하였다. 이에 대해서는 여러 가지가 있겠지만 우리는 과거제도 개혁과 여학교 창립을 그 중 중요한 것으로 인식하고 이에 대하여 개관하고자 한다.

과거제도의 개혁 : 과거제도는 중국 전통교육체계 중에서 수천 년간 중요

---

10) 『與外交報主人論教育書』, 張惠芬, 金忠明 編著, 같은 책, 421면 재인용.

한 역할을 수행하여 왔다. 그러므로 역대 교육개혁에 있어서는 항상 개혁의 예봉이 과거제도에 돌려지지 않을 수 없었다. 구과거제도와 신교육은 근대 중국의 일대 모순이었다. 당시 신교육 발전의 길을 모색하기 위해서는 과거제도와 그 내용을 변혁할 것이 요구되었다.

강유위는 과거개혁, 팔고(八股) 폐지를 입국육재(立國育材)의 대사로 간주하였다. 그렇지 않으면 청년들이 "오직 팔고(八股)의 일만 생각하여 오직 '사서(四書)'만을 읽는 전통교육의 틀에서 빠져나올 수 없다"고 하였다. 그는 서기 1898년 "팔고의 폐지에 관한 상소(請廢八股試帖楷法試士改用策論)"에서 팔고의 해로운 점을 열거하면서 당시 "민지(民智)가 열리지 않는 원인은 모두 팔고로써 시험하기 때문"이라고도 하였다. 그러므로 그는 전통교육의 모델을 바꾸어 "안으로는 중국 문학을 가르쳐 경의(經義), 전고(典故), 명물(名物) 등을 연구하게 하여 유용한 인재가 되게 하고 각국의 과학을 구하여 공예, 물리, 정교(政敎), 법률 등을 연구하게 하여 외국에 통달하게 하고 이후 학교를 증설하여 과학을 가르쳐 학교 풍이 크게 일면 과거를 폐지할 수 있다고 주장하였다.

양계초는 학교를 창설하고 인재를 육성하여 중국을 진흥시키는 것은 오직 과거제도의 개혁이 제일 바른 것이라고 하였다. 그는 '공거상서청변통과거석(公車上書靑變通科擧析)'에서 팔고(八股)에 의한 취사(取士)의 해(害)를 지적하고 '팔고'의 제를 비난하고 '팔고시첩(八股試帖)'을 '경제육과(經濟六科)'로 대체해야 한다고 주장하였다.[11]

엄복은 유신변법의 급선무는 '팔고'에 의한 취사(取士)를 폐지해야 한다고 주장하였다. 그는 팔고의 3가지 해로움 즉 첫째, 지혜의 속박, 둘째, 심술(心術)의 파괴, 셋째, 하는 일 없이 지내는 사람을 만드는 것을 지적하고 이러한 3가지 해로움을 조성하는 원인은 팔고가 사람들을 '격치(格致)' 실학을 이탈하고 '구학'에 빠져들게 하는 데 있는바 구학의 기본적인 요소(송학의 의리, 한학의 고증과 사장문학)가 모두 '무실(無實)', '무용(無用)'이기 때문이다. 그러므로 엄복은 팔고와 구학이 사람에게 해를 끼치고 국가에 화를 남기지 않도록 규제해야 한다고 주장하였다. 그는 『구망결론(救亡決論)』에서 단

11) 李華興 外 1, 같은 책, 212면.

도직입적으로 논하기를 변법으로서 "바로 팔고를 폐지해야 한다."고 하고 또한 그는 "구망(救亡)의 길은 팔고를 폐지하고 서학을 중시하는 데 있다."[12]고 강조하였다. 이로 보면 개화주의 교육사조는 과거제도의 개혁과 서학을 추진함은 물론 신학체제의 수립이 필요조건이었던 점을 짐작할 수 있다.

여학교(女學校)의 창설 : 한국이나 중국의 전통교육은 부녀자의 권리를 경시하는 '남존여비' 관념이 봉건사상, 명분제도의 중요한 표현의 하나였다. 이것은 남녀 교육면에서 불평등을 조성하였다. 그러나 개화주의 교육사조에서는 여교(女校)를 제창하고 중시하였던바, 이것은 바로 구교육에 대한 충격이었고 개조였다.

강유위는 근대 서구의 '민주' 관념에 기하여 남녀평등을 극력 주장하였으며 교육면에서도 당연히 남녀평등이 지켜져야 한다고 주장하였다. 그는 세계가 대동(大同)의 세계에 진입하기 전에 "우선 여학교를 설립하고 장정(章程 : 규정)도 모두 남자학교와 같이 하여 여자가 대학 및 전문학교를 졸업한 자는 모두 그 출신에 따라 그에 상응하는 명예, 예컨대 중국 거인(擧人), 진사, 외국학사, 박사와 같은 것을 수여해야 한다고 주장하였다. 그의 이른바 이상의 대동사회에 이르러서는 남녀를 불문하고 교육에서 동등한 권리를 행사할 수 있으며 "소학, 중학, 대학, 사람들은 어릴 때부터 배워 모두 20세까지 배운다." 여자는 학교 졸업 후 재직 시에도 남자와 동등한 대우를 받으며 여자는 "학문을 이루면 선거, 응시, 관리임용, 교사임용이 허용되며" 임용 기준은 "재능을 물을 뿐 제한하지 않는다."[13]고 하였다.

강유위의 여교(女敎)에 대한 중시는 그의 유아교육사상과도 상호관련이 있다. 그는『대동사회』에서 영유아교육은 당연히 사회에서 맡아야 하고 보교인원(保敎人員 : 보육교사)의 양교(養敎)는 부모의 가정 사교육을 대체해야 한다고 주장하였다. 유아교육의 질을 담보하는 데 있어서는 보교 인원의 선택이 하나의 관건이라고 보았다. 이러한 인식도 그가 여교(女敎)를 중시하는 사상의 조건이 되었다.

양계초 역시 여학을 진흥시키는 것은 교육을 진흥시키고 나아가 국가를

12) 嚴復集 第 1冊, 42~45면.
13) 康有爲, 같은 책, 213면.

진흥시키는 하나의 단서를 이룬다고 보았다. 그는 『창설여자학당계(倡設女子學堂啓)』에서 여자교육은 국가가 강하느냐 약하느냐 하는 것의 기초라고 하였다.

그는 또 강조하기를, 중국의 급선무는 "부학(婦學)을 일으키는 것"이라고 하였다. 왜냐하면 "부학은 실로 천하 존망 강약의 대본이며" "천하가 약하게 되는 근본은 바로 부녀들이 배우지 않는 데서부터 비롯되기 때문이다."[14]라고 하였다. 그는 일찍이 서기 1897년 경원선(經元善)을 도와 상해에서 근대 중국이 스스로 설립한 첫 여학교를 창립하였고 "여학당 시행약장"을 통하여 학교운영목적, 과정의 설치, 교직원, 관리제도, 학생모집대상 등에 대하여 자세히 규정하였다.

엄복은 진화론의 입장에서 출발하여 "어머니가 건강하면 후에 어린이가 튼튼하다"고 하였다. 한 국가의 강약을 국민과 관계되고 국민의 우열은 아동기의 몽양교육에 의하여 결정되므로 여자의 심신건강과 교육은 중요한 문제라고 주장하였다.

그는 또한 중국의 근대 여학교 1개교 창립에 대하여 적극적인 지지를 보내면서 여학의 창설은 중국의 부녀가 봉건 예교(禮教)의 속박에서 벗어나는 단서가 되고 중국의 부녀자의 자강(自强)의 발단이라고 하였다. 서기 1898년 1월 그는 상해 여학당 창립을 논하는 글에서 여학(女學)을 일으키는 것은 중요한 의의가 있다고 논술하였다. 그는 "중국 4억 인구에서 부녀자는 절반을 차지하며 부녀자의 문맹은 90%를 차지하고 있다"는 것을 지적하면서 부녀자가 좋은 교육을 받는다면 발휘할 수 있는 힘이 얼마나 클 것인가 상상할 수 없다고 하였다.

그는 또한 부녀자들의 남자와 평등한 권리를 쟁취하기 위해서는 '열녀전', '여계(女誡)' 등으로서 하는 전통교육이 선양하는 남존여비의 봉건 도덕을 예리하게 비판하고 "부녀의 자강은 국정의 지극히 깊은 근본"이라고 강조하였다. 또한 그는 여자들이 학당에서 공부하는 것을 제창할 뿐만 아니라 남자들과 같이 "세상을 경험하여" 사회활동에 적극 참여하여야 비로소 남자와 같이 평등한 지위를 획득할 수 있다고 하였다.

---

14) 『論女學』 참고.

이상에서 보듯 개화기의 교육사조는 여자교육을 일으키는 것을 구학(舊學) 개혁의 돌파구로 삼았던 바, 그것은 근대 교육의 발전에 있어서 하나의 거대한 의미를 갖고 있다 할 것이다.

2. 유신운동 중 개화파의 교육활동

개화기의 교육사조의 대표자들은 모두 교육을 국가, 사회 근대화의 가장 유력한 수단으로 보았음은 앞에서도 인식하였을 것이다. 개화기 교육사조의 선도자였던 정관응(鄭觀應)은 "대저 구미 각 국의 인재를 교육하는 길은 3가지가 있는바, 하나는 학교, 둘은 신분보관(新聞報館), 셋은 서적관(書籍館)이다. ……"[15] 만약 서적관을 중국 고대의 서원과 비교할 수 있다면 신문보관은 전적으로 새로운 교육기관이라고 할 수 있을 것이다. 당시 신문을 발간하고 잡지를 창간하여 출판하는 풍조가 지식인들 사이에 몰아쳤는데 그 동력은 문화가 가지고 있는 교육기능에 대한 새로운 인식에 바탕을 두고 있었다. 개화기 교육가들은 신문사를 설립하여 변법을 홍보하고 학당을 설립하여 인재를 육성하며 학회를 설립하여 역량을 확대한 것, 이것은 바로 교육개혁을 한 걸음 더 나아가 심화시키도록 한 것이었다.

1) 신문사 설립과 변법의 홍보

개화파들은 국가의 강약을 문화 정보의 '통새(通塞)'와 관련시키면서 "중국이 수십 년간 굴욕을 당한 것은" 상하가 불통하고 내외가 격리되었기 때문이라고 하면서 신문사를 설립하여 정보의 교환이 있어야 한다고 주장하였다. 그리하여 신문사 설립은 당시 개화파 인사들이 신교육을 보급하는데 있어 중요한 조치의 하나가 되었다.[16]

서기 1895년 8월 강유위는 북경에서 '중외기문보(中外紀聞報)'를 창간하였

15) '學敎', '戊戌變法' (一)
16) 張惠芬, 金忠明 編著, 같은 책, 425~426면에서 재인용.

던바 동 신문의 종지는 서구 자본주의 국가의 정치, 경제와 문화교육을 선전하여 유신사상으로 통치계층에 영향을 주는 것이었다. 처음에는 청 정부의 관보인 '저보(邸報)'와 함께 집권층과 권세가에게 배달되었으나 후에는 증가하여 3천부에 달하여 관료 사대부 계층이 매우 중시하여 구독하였다. 이것은 바로 자본계층 계량파의 첫 번째 창간물로서 신문 간행의 선례를 열어놓았다.

서기 1896년 7월 왕강년(汪康年), 양계초 등은 상해에서 '시무보(時務報)'를 창간하였다. 주필인 양계초는 '서학서목표(西學書目表)' 등의 글을 발표하여 유신변법의 사상을 고취하였다. 단기간에 발행부수가 1만여 부에 달하여 그 사회적 영향이 아주 컸다. 당시 호북(胡北) 총독 장지동(張之洞)도 "시정(詩政)에도 도움이 되고 학술에도 도움이 된다(有裨時政 有裨學術)"하여 호북전선의 문무대소아문에 구독하도록 명하였고 심지어 전성의 각 서원과 학당에서도 여러 부 배포하도록 요구할 정도였다. 이에서 보듯 '시무보'는 당시 유신운동에서 가장 영향력 있었던 신문이었다.

서기 1897년 10월 엄복 등은 천진에서 '국문보(國聞報)'를 창간하였으며 동년 당재상(唐才常) 등은 호남(胡南)에서 '상학보(湘學報 : 후에 '상학신보'로 개칭)'를 창간하였다. 이 외에도 몽학공회(蒙學公會)에서 '몽학보(蒙學報)', '실학보(實學報)', '진신보(知新報)' 등을 창간하였다. 이들 신문은 서구 자본주의 국가의 문화와 교육 그리고 유신사상을 선전하고 전통문화와 교육의 틀 그리고 봉건전제의 언론, 사상의 억압을 타파하고 새로운 교육의 사회적 기초를 확대하였다.

2) 신식 학당의 설립

이상과 같이 신문을 창간하여 유신사상을 널리 홍보하는 외에 개화파의 인사들은 직접 학당을 창립하여 유신인사를 양성함으로써 유신운동을 좀 더 깊이 있게 추진하였다. 당시 개화파 인사들은 새로운 학당을 설립하였던바, 그 중 '만목초당(萬木草堂)', '시무학당(時務學堂)' 등이 영향이 컸다.

'만목초당'은 서기 1891년 강유위가 광주(廣州)에서 창립하였다. 학당의 명칭은 만목을 기르는 것에 비유하여 국가의 동량을 기른다는 뜻을 표현한 데 있다. 설립 당시 20명의 학생이 다음 해에는 40여 명으로 증가하였다. 그리고 3년째에는 100여 명으로 증가하였다. 그러나 동 학당은 서기 1894년 4년 만에 청 정부에 의해 해산되었다. 그러나 서기 1896년 또다시 강학활동을 시작했는데 서기 1898년 이후는 초당학생과 각지에서 청강하기 위하여 모여드는 구학자(求學者)는 천여 명에 달하기도 했다. 그 후 무술변법이 실패하자 만목초당은 정지되었다. 강유위는 '장흥학기(長興學記)'를 지어 학규로 하였던 바, 학교교육의 종지는 중서학설(中西學說)을 모두 알고 지·덕·체 여러 면에서 모두 발달한 유신지사(維新志士)를 양성하는 데 있다고 하였다. 그는 또한 전통적 교육양식을 반대하고 교육의 내용과 방법에 대해서도 개혁을 단행하였다.

학생들은 수강하는 외에 자기 독서, 서예, 수강필기 등이 중요한 것이었는데 매월 15일마다 1차 강유위는 수업부에 반영된 문제에 근거하여 의견을 표시하거나 또는 강해(講解)하여 학생들이 깊이 연구하도록 지도하였다. 이외로 '축덕록(蓄德錄)'을 두어 각자 자기 사상 감정의 변화를 기록하도록 하였다.

강유위는 자신이 초당의 총교수, 총감독이 되고 학생 중에서 학장(學長)을 선발하여 각 과에서 협조하도록 하였다. 그는 학생들과 같이 중국의 수천 년의 학술 원류와 역대의 정치 연혁과 득실, 그리고 서구 자본주의의 문화 지식을 연구하였다. 그리고 일정한 부분에 조예가 깊은 예컨대 양계초, 진천추(陳千秋) 등은 강유위의 저술을 도왔다. 유신변법의 중요한 이론서였던 '공자개제고(孔子改制考)', '신학위경고(新學僞經考)' 등은 모두 학생들이 참여하여 편집, 교열한 것들이다. 또한 만목초당에서는 많은 유신인사를 양성해 냈던 바, 그 중 양계초, 맥맹화(麥孟華), 서근(徐勤) 등의 영향은 아주 컸었다.

시무학당은 당초 호남의 유신파 인사 및 유신운동을 지지하는 관리였던 황준헌(黃遵憲), 담사동(譚嗣同), 강표(江標), 진보잠(陳寶箴) 등이 서기 1897년 장사(長沙)에서 창설한 학당이다. 창립 당시 총 지도자는 웅희령(熊希齡), 감독은 양자초(楊自超), 중문총교습(中文總敎習 : 중국어 수석교사)은 양계초, 서문총교습(西文總敎習 : 서양어 수석교사)은 이유격(李維格), 조교(助敎 : 교수) 당재상(唐才常) 등이었다. 처음 학생은 40명이었으나 2차 학생모집(청강생 포함)으로 학생과 교사는 200여 명에 달하였다.

양계초는 만목초당의 학규를 참조하여 '시무학당학약(時務學堂學約)' 10장(章)을 제정하였다. 즉 입지(立志), 양심(養心), 치신(治身), 독서, 궁리, 학문(學文), 악군(樂群), 섭생(攝生), 경세(經世), 전교(傳敎)를 기본으로 하고 교육 목적은 학생들로 하여금 유신변법에 대한 굳은 신념을 견지하고 고금 중외의 넓은 지식을 갖고 철저히 활용할 수 있는 전문적인 인재를 양서함에 있었다. 결국 이와 같은 학교의 목적은 구국운동의 일환이었다.

과정은 박통학(博通學)과 전문학(專門學)으로 나누었다. 전자는 제자학(諸子學), 공리학(公理學), 중외사지(中外史志) 및 격산제자학(格算諸子學) 등을 필수로 하였고 후자는 공법학, 장고학(掌故學), 격산학(格算學) 등으로 1과목을 선택하도록 하였다. 학생들은 강의 외에 매일 찰기(札記 : 독서하여 얻은 바나 생각, 견문 등을 기록한 글)를 쓰도록 하였다.

양계초는 시무학당에서 강의할 때 매일 4시간의 강의를 하고 밤이면 밤을 새다시피 학생들의 찰기를 검열하면서 유신변법사상을 적극적으로 선전하였다.[17] 사생들은 일면 강학과 일면 의정(議政)으로 민권을 고취하여 중국 근대 민주주의 사상을 전파하는 유력한 추진작용을 하였고 유신변법 사업을 위한 인재양성을 하였다.

시무학당은 당시 신사상을 선전하는 명성 있는 학교로서 그 장정(章程 : 방법)은 전성의 각지 서원의 모범이 되었으며 시무(時務)를 강의하고 서학을 배우는 것은 큰 바람을 일으켜 당시 장사성의 학풍을 크게 변화시켰다. 그러나 무술변법이 실패한 후 동 학당은 해산되어 서기 1899년 '구실서원(求實書院)'으로 바뀌었다.

엄복은 장원제(張元濟)를 도와 북경에서 '통예학당(通藝學堂 : 처음의 명칭은 西學堂)', 담사동은 호남에서 '류양산학관(瀏陽算學館)', 경원선(經元善) 등이 상해에 창립한 '경정여학(經正女學)'은 모두 당시에 중요한 영향을 주었고 많은 신식 인재를 양성하였다.

이 외로 장건(張謇)은 실업교육으로 국가를 진흥시킬 것을 주장하고 실업

---

17) 楊復禮, '梁啓超年譜', 戊戌變法(四), 참고.

활동에 종사하는 과정에서 시종 교육활동을 전개하였다. 그는 서기 1901년 이후 남통(南通) 등의 지역에서 통주사범(通州師範), 여자사범(女子師範), 남통방직전문학교, 남통의학전문학교, 유치원, 맹아학교, 박물관, 도서관 등을 창립하여 근대 농공상업과학기술과 실업을 중심으로 초, 중등, 고등교육을 포함한 학교교육과 사회교육체계를 형성하였다.

3) 학회건립과 세력의 확대

학당설립의 종지가 유신운동의 중견세력을 양성하는 데 있다면 학회결성은 사회적 세력의 확대로 유신운동이 더욱 광범위한 민중의 기초를 구축하는 데 있었다. 유신파 인사들은 하나의 풍조를 조성하려면 반드시 군중을 연합하여 "보다 크게 뭉친 후에 힘을 두껍게 해야 한다"고 하였다. 양계초는 서구 자본주의 열강이 강자로 등장한 것은 "민의(民意)"를 모으는 데 힘을 다한 데 있다고 하여 서방을 배우고 "그 위에 위로는 학교가 일어나고 아래로는 학회가 성립해야 한다."며 "학회를 일으키고 인재를 널리 양성하는 것"이 결국은 "국가를 진작시키는 것이다"라고 하였다. 그리하여 전국 각지(성, 부, 주, 현, 향 포괄)에 모두 학회 성립이 요망되었다.

유신인사들의 고무와 지도하에 서기 1895년 8월, 강유위, 양계초, 문정식(文廷式), 진치(陳熾), 원세계, 양예(楊銳) 등은 북경에서 '강학회(强學會)'를 조직하였다. 유신사조가 고조된 상황하에 학회도 통치계층 요인들의 지지와 찬조를 받았다. 장지동, 유곤일(劉坤一), 왕문소(王文韶) 등 관료들은 경비를 내거나 기타 관료들도 각종의 형식으로 지지를 보냈다.

강학회에서는 매월 10일마다 1차 모임을 갖고 강연을 하여 유신변법의 중요성을 천명하도록 규정하였다. 강유위는 '강학회서(講學會敍)'를 지어 학회의 종지를 밝혔다. 동년 11월 강유위는 '상해강학회' 조직을 발기하고 저명한 유신인사인 왕가년(汪康年), 황준헌, 장건(張謇) 등을 입회시켰다. 학회는 '역인도서(譯印圖書)', '간포보지(刊布報紙)', '개박물관(開博物館)' 등 다양한 방법으로 서학을 널리 전파하고 유신운동의 범위를 확대하기로 결정하였다.

강학회의 활동은 정부 고위관료층 중 보수 세력의 방해로 북경과 상해의 학회는 봉쇄되었다. 그러나 학회의 풍조는 방어할 수 없는 기세로 번져갔다.[18] 서기 1898년 북경에서는 보국회(保國會)가 조직되었다. 강유위는 '보국회장정(保國會章程)'에서 '보국(保國)', '보종(保種)', '보교(保敎)'를 그 종지로 하였다. 동 장정에서는 또한 북경과 상해에서 총회를 각 성·부·현 모두 분회를 설립할 것을 규정하였고 또한 총회와 분회의 조직, 권한, 영도 관계, 입회 절차, 회원권리 등을 규정하였다. 그러나 그것 역시 보수 세력의 반대에 직면하여 정지할 수밖에 없었다.

강학회, 보국회는 비록 금지되었지만 각 성의 유신인사들의 활동으로 각지에서 끊임없이 학회가 출현하였다. 예컨대, '남학회(南學會 : 호남)', '절학회(浙學會: 절강)', '협학회(陜學會: 협서)' 등이 바로 그것이다. 각지의 전문성 학회에서는 또한 예컨대 '무농회(務農會)', '성학회(聖學會)', '의학선회(醫學善會)', '몽학공회(蒙學公會)', '지심학회(知心學會)' 등을 계속적으로 조직하였다. 이러한 여러 유형의 학회들은 유신사상을 선전하고 사회 민중성 교육의 실체들로서 무술변법운동에 대하여 직접적인 추진 역할을 하였다.

3. 백일유신 중의 교육개혁

당시 청이 서구 열강에 의하여 분열 위기에 직면했을 때 강유위 등 유신파 인사들은 조정에 상소하여 구국을 위해서는 변법하지 않으면 안 된다고 주장하였다. 광서제(光緖帝)는 강유위 등의 상소를 받아들여 서기 1898년 6월 11일 "명정국시조서(明定國是詔書)"를 반포하여 유신변법을 선포하였다. 그러나 동년 9월 21일 자희태후(慈禧太后)를 위주로 한 구세력은 궁정정변(宮廷政變)을 감행하여 유신운동을 좌절시켰다. 이때까지의 103일간의 변법혁신을 이른바 '백일유신(百日維新)'이라고 하는바, 동 기간에 청 정부는 몇 가지 구법령을 폐지하고 신법령을 반포하였다. 이 중 교육 부분과 관련 있는 주요한 조치로는 다음과 같은 것이 있다.

---

18) 梁啓超, '强學會封禁后之學會學堂報館', 戊戌變法(四) 참고.

1) 경사대학당의 설립

경사대학당(京師大學堂)의 설립은 백일유신 기간 중 교육 부분에서 실시한 '신정(新政)'의 중대한 조치의 하나였다. 일찍이 서기 1896년 6월 개화기의 교육사조가 한창일 때 형부시랑(刑部侍郎) 이서분(李瑞棻)은 '청추광학교절(請推廣學敎折)' 중에서 처음으로 경서대학당의 설립을 건의한 바 있다. 그러나 그 후 강유위, 왕붕운(王鵬運) 역시 이미 이와 같은 것을 건의하였으나 혁흔(奕欣) 등의 반대로 실시하지 못하였다. 백일유신 시기인 동년 6월 26일 광서제(光緖帝)는 엄명으로 그 실시를 독촉하여 군기대신(軍機大臣)과 총리각국사무아문(總理各國事務衙門)은 신속히 협의하고 양계초가 일본과 서구의 학제를 참조하여 중국의 사정을 참작하여 초기장정(初期章程)을 작성하였다. 광서제는 동년 7월 3일 '경사대학당장정(京師大學堂章程)'을 비준함과 동시에 이부(吏部) 상서(尙書)를 파견하여 관학대신(官學大臣)과 함께 경사대학당의 사무를 관리토록 하였다.[19] 경사대학당의 설립은 중국 최초의 근대적 국립종합대학의 탄생을 의미한다.

'경서대학당장정'은 8장 54절로 구성되어 있는바 총강, 학생수업, 학생입학, 학성출신(學成出身), 교수 초빙, 설관(設官), 경비 등의 부분으로 되어 있다. 동 학당의 성격으로서는 전국 최초의 학부라고 규정하였다. 교육방침은 "중학을 체로 하는 것과 서학을 용으로 하는 것이다. 같이 요구되며 하나도 결할 수 없다." 교육내용은 "중·서를 병중(幷重)하여 정통하며 어느 것도 소홀히 해서는 안 된다."고 규정하였다. 과정은 보통학과 전문학으로 양분하여 전자는 경학(經學), 리학(理學), 중외장고학(中外掌故學), 제자학(諸子學)과 초급산학(初級算學), 격치학(格致學 ; 논리학), 정치학, 지리학 및 문자, 체조 등을 포괄하며 후자는 고등산학(高等算學), 농학, 광학, 공정학(工程學), 상학, 병학(兵學), 위생학 등을 포괄하였다. 보통학 과정은 1~2과목을 선택하도록 하였다. 이 외로 외국어(영, 독, 불, 러, 일) 중 1과목을 선택하여 반드시 보통과와 병승(幷習)하도록 했다.[20]

입학 후 학생들은 보통학을 먼저 학습하고 나서 전문학을 학습하였다.

---

19) 陳學恂主編, 中國近代敎育文選, 人民敎育出版社, 1983, 64~67면

20) 朱有瓛主編, 같은 책, 제1집, 下·冊, 656~657면.

학당은 또한 장서루(藏書樓), 의기원(儀器院), 편역국(編譯局), 중소학(中小學), 사학원(仕學院), 사범재(師範齋) 등을 부설기관으로 설치하였다.

동 학당은 서기 1898년 11월 개교 당시 100여 명의 학생에 불과하였으나 후에 200여 명으로 늘어났다. 그러나 서기 1900년 의화단 사건 발발로 일시 정지되었으나 1902년 다시 회복되어 장백희(張百熙)가 관학대신(管學大臣)을 계승하고 '흠정경사대학당장정(欽定京師大學堂章程)'을 반포하였다. 먼저 예비과를 설치하여 정(政), 예(藝) 2과로 나누고 속성과로서 사학(仕學), 사범(師範) 2관(館)을 설치하였다. 그리고 서기 1903년에 진사관(進士館 : 후에 사학관에 병합), 역학관(譯學館 : 경사동문관인 대학당에 편입되어 개칭) 및 의학실습관을 증설하였다. 서기 1907년에는 또 박물품실습과(博物品實習科)를 증설하였다. 서기 1910년에는 분과대학(分科大學)이 정식으로 설치되었으며 계속적으로 경·문·법정·격치(格致)·농·공·상 7개과를 설치하였다. 서기 1912년에는 '북경대학'으로 개칭되었다.

2) 3급 학당과 전문학교의 설립

경사대학당을 설립하는 동시에 광서제는 또한 명을 내려 각 성·부·청·주·현의 대·소의 서원을 일률적으로 중학(中學)·서학(西學)을 함께 배우는 학교로 개조하였다. 동시에 상응하는 서원 즉 성도(省都)의 대서원은 고등학당, 군성(郡城)의 서원은 중등학당, 주·현의 서원은 소학당으로 개조하도록 조치하였다. 지방이 독자적으로 건립한 사학(社學), 의학(義學) 등도 일률적으로 중·서학(中·西學)을 함께 배우도록 하였다. 민간 사묘(祠廟)에 대해서도 부재 사전자(祠典者)가 있는 경우는 관에서 민중에게 알려 일률적으로 학당으로 개조하였다. 각 성의 명사와 평민들이 의연금으로 학당을 설립하는 것을 장려하였다. 중·소학에서 읽어야 할 책은 모두 관에서 설치한 서국(書局)에서 중외서적을 편역하여 사용하도록 규정하였다.

그 외 각 성·부·현에서는 농무학당(農務學堂), 다무학당(茶務學堂), 잠상학당(蠶桑學堂) 등과 철도·광무(礦務)·의학·편역(編譯) 등 전문학당의 설립을 구비하도록 명하였다.

3) 팔고(八股)폐지와 과거제도의 개혁

광서제는 유신파 이사들의 팔고시첩해법취사(八股試帖楷法取士)와 과거의 변통(變通)에 관한 건의를 받아들여 서기 1898년 6월 23일 '상유(上諭)'를 반포하고 팔고취사(股股取士)는 만약 때에 따라 변통(因時變通)하지 않으면 실학을 격려하고 참다운 인재를 선발할 수 없다고 인정하고 그 개혁을 요구하였다. 동년 6월 30일 또 령을 공포하여 향시의 개혁을 단행했다.[21] 이러한 조령(詔令)은 당시 팔고취사(八股取士)에 대하여 단호히 폐지하려는 정책의 표명이었다 할 것이다.

동년 7월 '예부준의향회시상세장정소(禮部遵議鄕會試詳細章程疏)' 중에서 또 팔고를 폐지하고 과거제도를 개혁함에 대하여 집행 세칙을 제기하고 향·회시를 여전히 3장(場 : 회, 차)으로 규정하였다. 제1장은 논제 5도(道 : 5개 제목) 중국사사(中國史事), 본조정치(本朝政治)를 시험했으며 제2장 책제(策題) 5도(道)로서 천문, 지리, 학교, 재부(財賦), 병제, 상무, 공법, 형률, 격치(格致 : 청말 물리·화학 등 자연과학을 말함), 제조(制造), 성광(聲光), 화전(化電) 등 서구학문 영역에 관련되었다. 제3장은 '사서(四書)' 또 제2도(題二道)로서 먼저 '대학', '중용', '논어'이고 다음으로 '맹자'였다. '오경'은 의(義) 1도(道)였다. 논책(論策)은 "경제 실학을 강구하는 것"이었고 공언(空言)을 반대하는 것이었다. 이로 보면 과거시험 내용이 확대되었을 뿐만 아니라 시험 방법 면에서도 개선이 있었다는 것을 짐작할 수 있다. 예컨대 해법(楷法) 우열을 취사 기준으로 하지 않았다는 것과 같다.

백일유신 중의 교육개혁이 비록 구세력의 반대로 좌절되기는 하였으나 그 영향은 아주 다대하였다. 그것은 근대 중국이 교육영역에서 신문화의 일차적인 실험이었고 또한 개화기 교육사조의 구체적인 실천이었기 때문이다. 그것은 또한 전통교육에 대한 하나의 충격으로서 이후 신학제 수립의 사전의 준비 작업으로 되었다 할 것이다.

---

21) 金林祥 主編, 中國敎育制度通史 第六卷 : 淸代下, 山東敎育出版社, 2000, 222~223면.

4. 개화기 신교육제도의 건립

서기 1901년부터 시작된 약 10년간의 신정 기간 개화파들은 정권의 힘을 빌려 구교육 개혁의 주장을 점차 실천에 옮기게 되어 교육 근대화 추진 면에서 본다면 이는 하나의 역사적 의의가 있다고 하겠다.

1) 신교육제도의 건립

서기 1902년 8월 15일(광서 28년 7월 12일) 청 정부는 관학대신 정만희가 기초한 일련의 '학당장정(學堂章程)'을 공포하였다. 이에는 '경사대학당장정', '고선입학장정(考選入學章程)', '고등학당장정', '중등학당장정', '소학당장정', 그리고 '몽학당장정(蒙學堂章程)' 등이 포함되었다. 서기 1902년은 농력(農歷)으로 임인년(壬寅年)이므로 이를 '임인학제(壬寅學制)'라고 칭하며 '1902년 학제'라고도 한다. 이 학제의 원래 이름은 '흠정학당장정(欽定學堂章程)'이다. 동 학제는 중국 근대 최초의 국가가 정식으로 반포한 학교계통이었으나 실시되지는 않았다.

임인학제는 종적으로 보면 3단 7급으로 되어 있다. 제1단계는 초등교육으로서 다시 몽학당 4년, 심상(尋常) 소학당 3년, 고등 소학당 3년의 3급으로 나누어지며 동 규정에 의하면 아동은 6세부터 몽학교육을 받는다. 제2단계는 중등교육으로서 1급 중학당은 수업연한 4년이다. 제3단계는 고등학당 또는 대학 예과 3년, 대학당 3년으로서 다시 정·문·상·농·격치(格致)·공예·의 등 7개과, 대학원 연한을 정하지 않았는데 연구를 위주로 하고 과정이 따로 없었다. 대학원 학생은 보통 26세이며 전학제는 20년이었다. 횡적으로 보면 고등학당이 병행하는 것으로는 간이실업학당, 중학당과 병행하는 것으로는 중등실업학당과 사범학당, 고등학당과 병행하는 것으로는 고등실업학당, 사범관과 사학관(仕學館)이었다.[22]

임인학제로부터 국민의무교육이 제기되고 아울러 실업교육 면에서 간이, 중등 및 고등실업학당이 계통적으로 설립되었다. 이와 동시에 과거제도의 약

22) 舒新城編. 中國近代教育史資料, 中冊, 人民教育出版社, 1961, 497면.

간의 흔적을 보류하였는데 예컨대 각 급 학교 졸업생은 그에 상응하는 부생(附生), 공생(貢生), 거인(擧人), 진사(進士) 등의 칭호가 부여되었다. 이 시기에는 여자교육은 아직 학제에 반영되지는 않았다.

서기 1904년 1월 13일(광서 29년 11월 26일) 청 정부는 장백희, 장지동(張之洞), 영경중(榮慶重)이 새로 기초한 일련의 각급 학당장정을 공포하였다. 당년이 농력으로 계묘년(癸卯年)이었기에 '계묘학제(癸卯學制)'라 하고 '1904년 학제'라고도 하나 원명은 '주정학당장정(奏定學堂章程)'이라고 한다.

동 학제는 임인학제와 같이 중국의 최초의 근대 학제로서 국가가 정식적으로 공포한 점은 같으나 후자는 이 외로 전국적으로 실시된 학제란 점이다. 동 학제는 '초등소학당장정', '고등소학당장정', '중학당장정', '고등학당장정', '대학당장정', '몽양원 및 가정교육법', '초급사범학당장정', '우급사범학당장정', '초등농공상실업학당장정', '중등농공상실업학당장정', '고등농공상실업학당장정', '실업교원강습소장정', '역학관장정(譯學館章程)', '진사관장정(進士館章程)', '각 학당관리통칙', '학학당장려장정', '각 학당고시장정', '학무강요(學務綱要)' 등을 포괄하였다. 동 학제는 각급 각류 학교의 성질, 임무, 입학조건, 수업연한 및 그들 간의 연계 등을 규정하였던바 중국 근대의 비교적 완전하였으며 또한 실시를 보았던 학제였다.

계묘학제는 종적으로 보면 3단 7급으로 구성되었다. 제1단계는 초급 교육으로 몽양원(후에 유치원으로 개칭), 초등소학당과 고등소학당으로 나누어진다. 제2단계는 중등교육으로 단지 중학당 하나로 되었으며 제3단계는 고등교육으로 고등학원 또는 대학 예과, 분과대학과 통유원(通儒院)으로 되어 있다. 횡적인 면에서 보면 고등소학과 평행적인 것은 실업보습학당, 초등 농공상실업학당과 예도학당(藝徒學堂), 중학당과 평행적인 것은 초급사범학당과 중등 농공상실업학당, 고등학당과 평행적인 것은 우급사범학당, 실업교원강습소와 고등 농공상학당이다.

각급 교육의 구체적인 규정은 약한다.[23] 그리고 과정과 교재는 총체적으로 보면 서방의 선진과학기술을 더욱 많이 흡수하였다. 그러나 그 지도원칙은 여전히 "중체서용"이었다.

---

23) 朱有王獻 主編, 中國近代學制史料, 第二輯上冊, 華東師範大學出版社, 1987, 관련 부분 참고.

청말 신교육제도 발전에 따라 그 집행을 확보하기 위해서는 교육행정기구도 그에 상응하는 개혁이 단행되었다.

2) 교육행정기구의 개혁

청 말 신교육제도 발전에 따라 그 집행을 확보하기 위해서는 교육행정기구도 그에 상응하는 개혁이 단행되었다.

학부의 창설 : 중앙교육행정기구와 그에 소속된 관의 설치는 대략 다음과 같은 단계를 거쳤다.[24)]

· **제1단계** : 서기 1898년 중앙정부에 경사대학당이 설치되어 손가정(孫家鼎)을 관학대신(管學大臣)으로 명하고 지방 신식 학당도 관리케 하였다. 관학대신은 요즈음 대학학장 격이며 교육부장관에 상당했다. 동 직명은 "전국의 학부를 통괄한다."고 했지만 실제적으로는 신식학당을 전문적으로 관리했다.

· **제2단계** : 서기 1903년 청 조정에는 장지동(張之洞) 등의 건의를 받아들여 내각에 전문적으로 학무를 관할하는 총리학무대신(總理學務大臣)을 설치하여 전국의 학무를 관할케 하였다. 당시 임명된 학부대신은 장백희(張百熙)였다.

· **제3단계** : 광서 31년(서기 1955) 9월 산서(山西) 학정 보희(寶熙)는 학제 "變更伊始造碧宏大)"를 경사(京師 : 수도)에 학부를 설립하고 교육 관리의 완전 획일화로 "총휘지구(總彙之區)"로 할 것을 건의하였다. 동년 12월 6일 유령(諭令)으로 학부를 설립하고 아울러 그 위치를 예부 앞에 배치하고 국자감을 병합할 것을 규정하였다. 학부의 최고 책임자는 '상서(尙書)'라 하고 그 밑에 좌·우 시랑(侍郎)이 있는데 이는 모두 정무관이었다. 시랑 밑에 각 사무관을 두고 그 중에는 좌우승(左右丞)이 각각 있었으며 이들은 상서를 도왔다. 시랑은 학부를 관리하고 각 사(司)를 영도하였다. 또한 좌우참의(左右參議)를 각각 1명씩 두어 상서 시랑을 도와 법령장정을 제정하고 각 사의

24) 王鳳喈 編著, 中國敎育史, 臺北 : 正中書局, 1999, 321~322면 참고.

중요한 사무를 심의하였다. 그 일에 또한 참의관을 두어 사무를 보게 하였다. 첫 번째 학부상서는 관학대신이었던 영경(榮慶)이 승진하여 맡았다. 후에 장지동을 '관리학부사무대신'으로 더 파견하였다.

학부는 5사(司) 12과로 구성되었으며 각 사마다 랑중(郎中) 1인을 두고 각 과에는 원외랑(員外郎)을 두었다.

5개사와 12과를 소개하면 다음과 같다.

· 총무사(總務司) : 기요과(機要科)·안독과(案牘科)·심정과(審定科)
· 전문과(專門科) : 전문교무과·전문서무과
· 보통사(普通司) : 사범교육과·중등교육과·소학교육과
· 회계사(會計司) : 탁지과·건축과
· 실업자(實業司) : 실업교육과·실업서무과

이 외로 또한 편역도서국(編譯圖書局), 경사학무국(京師學務局), 학제조사국(學制調査局), 고등교육회의소(高等敎育會議所), 교육연구소(敎育研究所) 등을 설치하여 학부에서 사람을 파견하여 겸직케 했다. 또한 시학관(視學官)을 두어 각 성의 교육의 상황을 시찰케 하였다. 선통 원년에 전국을 12개 시학구(視學區)[25]로 나누어 각 학구마다 2명의 시학관을 파견하여 3년마다 1차례씩 시찰하도록 하였다.

제학사사(提學使司)의 설치 : 지방교육행정기관은 서기 1903년 처음으로 설치하였는데 당시 명칭은 학무처 또는 학무사(學務司)였다. 각 성은 서기 1905년 이전에 이미 임시교육행정기구를 건립하고 각 성의 학무를 전담케 하였다. 서기 1906년 각 성의 제독 학정 학무처(사) 등 성 급 교육행정기관을 폐지하고 별도로 제학사사를 설치하여 각 서의 교육을 전담토록 하였다. 제학사사는 제학사(提學使)를 장관으로 하고 그 밑에 학무공소(學務公所)를 설치하여 의장(議長) 1인, 의신(議紳) 4인을 두어 제학사의 사무를 돕게 하

25) 12개 시학구는 다음과 같다.
① 봉천(奉天), 길림(吉林), 흑룡강(黑龍江) ② 직예(直隷), 산서(山西) ③ 산동(山東), 하남(河南) ④ 협서(陝西), 사천(四川) ⑤ 호북(胡北), 호남(胡南) ⑥ 강소(江蘇), 안휘(安徽), 강서(江西) ⑦ 복건(福建), 절강(浙江) ⑧ 광동(廣東) ⑨ 광서(廣西), 귀주(貴州), 운남(雲南) ⑩ 감숙(甘肅), 신강(新疆) ⑪ 내·외몽고(內·外蒙古) ⑫ 청해(靑海), 서장(西藏)

였다. 학무공소에는 총무, 전문(專門), 보통, 실업, 회계와 도서 등 6개과를 설치하였으며 각 과에 과장, 부과장 각 1인, 1~3인의 과언을 배치하였다.

권학소, 교육관 연습소 및 교육회의 창립 : 권학소(勸學所)는 교육조사, 경비를 마련하여 흥학하는 것을 책임진 기구이다. 광서 32년(서기 1906), 학부는 '각 성 학무관제, 사무처리권한 장정(各省學務官制, 辦事權限章程)' 23조와 '권학소장정(勸學所章程)' 10조를 상주하여 정하였다. 그 후 전국 각 부, 청, 주, 현에서는 일반적으로 권학소를 설립하고 '장정'에 따라 일정한 구역 내에서 소학을 설립할 것을 권고하여 점차적으로 추진하고 교육을 보급시킬 것을 기대하였다. 각 청, 주, 현을 또한 몇 개의 학구를 설정하고 권학원(勸學員)을 배치하여 본 학구의 교육사업을 추진하였다.[26] 권학소는 서기 1909년 통계에 의하면, 전국 각 부, 청, 주, 현에 모두 1,588개소가 있었으며 권학원 23,645명이었으며 오직 20%의 주, 현만이 권학소가 설치되지 않았다.[27] 이것은 기층 교육을 추진하는 주역으로서 당시 지방 기층 신교육발전의 핵심적 작용을 하였다.

각 성에서는 학부 계통을 이어받아 장정에 따라 '교육관 연습소(教育官練習所)와 '교육회'를 설치하였다.

교육관 연습소는 총독, 순무가 감독하고 제학사가 본국 또는 외국의 교육에 정통한 관리를 초빙하여 교육과 강연에 임하게 했으며 교수는 교육제법(教育制法) 및 교육행정 시학제도 등을 관리하게 했다. '장정'에는 제학사 이하 모든 학무관원은 매주 학당에서 최소한도 3차례의 강연을 청강해야 했다.

교육회(教育會) 역시 학부에서 제의하여 설립된 것이다. 교육회 설립의 종지는 '장정'의 규정에 의하면 "교육행정을 보조하고 교육의 보급을 도모함에 있다"고 하였다. 설립 절차는 성회의 의신(議紳) 성시학 및 각 학당의 감독, 당장(堂長) 및 학계의 이름있는 사람이 발기하고 각 부, 주, 현은 학무총동(學務總董), 현시학(縣視學), 권학원(勸學員) 및 학당감독, 학장 및 학계에서 영향력 있는 자가 발기한다. 회장과 부회장은 모두 교육회에서 공거(公擧)로 정하며 제학사의 심사를 거쳐 비준을 받아야 한다. 임기는 3년이었다.

---

26) 舒新城 編, 近代中國教育史料, 第二冊, 上海 : 中華書局, 1933, 131면.

27) '第1次 中國教育年鑒', 甲編, 開明書店, 1934, 31면.

교육행정체계의 정형(定型), 학부의 설립은 중국 교육 근대화로 하여금 새로운 시기에 들어서게 하였다. 또한 이것은 교육 관리제도화, 규범화를 상징하였다. 종전의 교육은 예부에서 관리를 겸하였는데 국자감이 관리 직권을 행사하였다. 그러나 국자감은 행정기구일 뿐만 아니라 하나의 학교 실체였기 때문에 전국의 학무를 집결하여 다룬다는 것은 어려운 일이었다. 이리하여 행정체계의 정형화, 학부의 설립은 하나의 진보가 아닐 수 없다.

과거제도의 폐지 : 과거제도의 폐지도 새로운 교육제도 수립의 중요한 조치의 하나였다. 백일유신 중 이미 팔고고시를 폐지하고 책론(策論)으로 대체하였다.[28] 무술정변 후 한때 부활하기는 하였으나 새로운 대세를 거역할 수는 없었다. 서기 1901년 청 정부는 '신정(新政)'을 추진하기 위하여 팔고취사제의 폐지를 명하였다. 동년 장지동, 유곤일(劉坤一) 등은 과거취사의 정원을 줄이고 학당의 생원으로 보충할 것을 건의하였다.[29] 서기 1903년 장지동, 영경(榮慶), 장백희 등은 '주청체감과거주중학당절(奏請遞減科擧注重學堂折)' 중에서 과거 합격자 정원을 점차적으로 3분의 1로 줄이는 조치를 취하여 과거를 정지하고 학당을 운영하는 것을 과도기적으로 하여 결국에는 과거와 학교를 합일하도록 주장하였다.[30] 서기 1905년에는 원세계, 조이선(趙爾選), 장지동, 주복(朱馥) 등은 과거가 하루도 정지되지 않으면 사인(士人)들은 모두 요행심리를 갖게 되므로 학당이 흥기할 가망이 없다고 보고 한편으로는 황제에게 과거를 정리하고 학교를 흥기시킬 것을 간청하였다. 청 정부는 이러한 상황을 인식하여 동년 8월 "과거를 정지하고 학교를 광설(廣設)할 것"이라고 명령을 내렸다.[31] 이로써 1300여 년의 역사를 가진 과거는 완전히 막을 내리고 낡은 취사제도가 형식상으로 종말을 고하였다.

주지하듯 중국의 전통문화교육이 봉건사회에서 강대한 역량을 발휘할 수 있었던 것은 상당한 면에서 과거제도의 지지가 있었기 때문으로 생각된다. 과거제도의 폐지는 중국 전통교육에 대한 하나의 커다란 타격이었고, 또한 다른 면에서는 신식 학교제도가 아직 충족할 만한 힘을 구비하지 못한 상태

28) 舒新城, 같은 책, 34면.
29) 陳學恂, 中國近代敎育文選, 人民敎育出版社, 1983, 188면.
30) 陳學恂 主編, 中國近代敎育史敎學參考資料, 上冊, 人民敎育出版社, 1986, 575면.
31) 沈桐生輯, 光緒政要, 第31卷, 上海 崇文堂, 1909, 58~59면.

에서 신교육 정신의 보급을 담보할 수 있었다고 볼 수 있다. 따라서 과거제도의 폐지는 결국 중국 근대화 교육 전개상 하나의 장애물이 제거되었다고 볼 수 있을 것이다.

| 참고문헌 |

大學

中庸

論語

孟子

荀子

詩經

韓非子

老子

莊子

管子

墨子

尙書

禮記

左傳

春秋左氏傳

呂氏春秋

春秋繁路.

周禮

史記

漢書

后漢書

三國志

晋書

宋書

南齊書

梁書

陳書

魏書

北齊書

周書

舊唐書

宋史

遼史

金史

元史

新元史.

明史

清史稿

資治通鑑

續資治通鑑

通典

文獻通考

淸文獻通考

唐六典

貞觀政要.

宋大詔令集

元章典.

明會要

南雍志

明會典

淸會典

淸會典事例.

國語

奎潤等編, 欽定科場條例, 光緖十三年 折江書版國

南齊書

南雍志

大唐六典

大戴禮記

明太租實錄, 明憲宗實錄.

武山書院志

戊戌變法

范文正公集

蘇東坡全集

續自治通鑑

隋書

新唐書

禮部志稿

王廷珍 著, 欽定國子監則例, 道光, 刊本

魏書

戰國策

(淸)趙爾巽等撰, 淸史稿(校点本), 中華書局, 1976.

(淸)文廷起等編, 滌江書院志

(淸)宝筠等編, 奏辦夷務始末, 民國, 18年(929), 고궁박물관영인본.

淸史稿

(淸)張廷玉定玉等撰, 明史(校点本), 中華書局, 1974

淸朝文獻通考

欽定國子監志

欽定大淸會典

欽定八旗通志

康有爲, 大同書, 中華書局, 1956.

契丹國志.

顧樹森, 中國歷代敎育制度, 南京 : 江蘇人民出版社, 1981.

高時良著, 中國敎育史綱(古代之部) 人民敎育出版社, 1991.

高時良主編, 中國敎會學校史, 長沙 : 湖北出版社, 1994.

高時良, 中國敎育史綱(近代之部), 人民敎育出版社, 1990.

高時良編, 中國近代敎育史資料滙編, 上冊, 上海敎育出版社, 1992.

顧長聲, 傳敎士與近代中國, 上海人民出版社, 1981.

曲士倍, 中國大學敎育發展史, 山西敎育出版社, 1993.

敎育大辭典編纂委員會(8), 山東敎育出版社, 1991.

歐陽周著, 中國元代敎育史(中國全史68), 北京 : 人民出版, 1994.

郭齊家著, 中國遠古暨三代敎育史(中國全史8), 北京 : 人民出版社, 1994.

김경식, 교육사·철학신론, 교육과학사, 1999.

김원중, 중국문화사, 을유문화사, 2001.

唐大詔令集.

唐蘭, 西周靑銅器名文分代史徵, 中華書局, 1986.

대구대학교, 大丘史學37, 1970.

陶愚川著, 中國敎育史比較硏究, 古代部分, 近代部分, 山

東教育出版社, 1985.

童宝良, 中國教育史綱, 近代之部, 人民教育出版社, 1990.

東洋史學會, 概說東洋史, 서울 : 지식산업사, 1983.

羅爾綱著, 太平天國史料考釋集, 三聯書店, 1956.

劉海峰, 唐代敎育與選擧制度總論, 台北 : 文津出版社, 1991.

馬鏞著, 中國教育制度通史(第五 : 淸代上), 山東教育出版社, 2000.

文史第六輯, 中華書局, 1979.

毛禮銳・沈灌群著, 中國教育通史(1~6), 山東教育出版社, 1985.

毛禮銳外2, 中國教育史, 北京人民教育出版社, 2004

毛禮銳外2, 中國教育史, 人民出版社, 1989.

閔斗基, 中國近代史硏究, 一潮閣, 1973.

博物館刊, 中國歷史, 1980 제2기.

朴尙煥, 東洋史講論, 創文閣, 1993.

朴漢濟, 中國中世胡漢體制硏究, 一潮閣.

白新良, 中國古代書院發展史, 天津大學出版社, 1995.

傅樂成, 中國通史(上冊)(下冊), 臺北 : 中國圖書公司, 中國民國69年.

서울대 東洋史學會, 講座中國史(Ⅰ~Ⅶ), 지식산업사, 1989.

消川何雪艷, 中國秦漢教育史(中國全史28), 北京 : 人民出版社, 1994.

孫培靑, 李國鈞主編, 中國教育思想史, 華東師範大學出版社 , 1995.

孫培靑, 中國教育史, 上海 : 華東師範大學出版社, 1992.

孫培靑, 中國教育史(修正版), 華東師範大學出版社, 2000.

宋大川・王建軍著, 中國教育制度通史第二卷, 山東出版社, 2000.

宋豫秦, 夏文化探索評議, 1982-2.

宋元學案.

신승하 지음, 중국사, 대한교과서(주), 1998.

申採湜, 東洋史概論, 三榮社, 1994.

顔之推, 顔氏家訓.

楊孝濼, 中國社會思想史, 台北 : 五南圖書出版公司, 中華民國71年.

遠征著, 宋代敎育, 廣東高等教育出版社, 1991.

吳宣德, 中國教育制度通史(第四卷 : 明代), 山東教育出版社, 2000.

伍振鷟, 中國大學教育發展史, 臺北 : 國立教育資料館, 中華民國74年.

王貴民 ・ 從殷墟甲骨文論古代學校敎育 : 人文雜志, 1982, 二期.

王奇生, 中國留學生的歷史軌迹, 武漢 : 湖北出版社, 1992.

王德昭, 淸代科擧制度硏究, 北京 : 中華書局, 1984.

王炳照外, 簡明中國教育史, 北京師範大學出版社, 1994.

王鳳喈, 中國教育史, 台灣 : 國立編譯館, 1999.

王鳳喈, 中國教育史(修正本), 臺灣 : 國譯館, 中華民國73年.

王鳳喈, 中國教育史(修正版), 上海 : 華東大學出版社, 2000.

王壽南・陳水逢, 秦漢 魏晋南北朝教育史, 臺灣 : 商務印書館 , 中華民國67年.

王鐵崖編, 中外舊約章匯編, 三聯, 1957.

容宏, 西學東漸記, 湖南人民出版社, 1981.

熊賢君, 中國教育行政史, 武漢 : 華中理工大學出版社, 1996.

劉光華主編, 歷大職官小辭典, 甘肅省 甘肅出版社, 1989.

喩本伐・熊賢君著, 中國教育發展史, 華中師范大學出版社, 2000.

劉秀生・楊雨靑, 中國淸代敎育史(中國全史88), 人民出版社, 1993.

李國鈞・王炳照總主編, 中國教育制度通史(1~8권), 山東教育出版社, 2000.

李國鈞主編, 中國書院史, 長沙 : 湖南教育出版社, 1994.

李國鈞, 中國教育大系・歷代教育制度考, 武漢 : 湖北教育出版社, 1994.

李國鈞, 中國教育大系・歷代教育制度考(上), 湖北教育出版社, 1993.

李炳甲 엮음, 中國歷史事典, 학민사, 1995.

李肅風主編, 中國書院辭典, 浙江教育出版社, 1996.

李春植, 中國古代史의 展開, 藝文出版社, 1986.

李春植, 中國史序說, 教保文庫, 1991.

李恒寧, 法哲學概論, 搏英社, 1994.

李華興 外1 編, 梁啓超選集, 上海人民出版社, 1986.

張瑞璠, 中國教育史研究, 先秦分卷, 華東師大出版社, 1991.

張惠芬・金忠明編著, 中國教育簡史, 華東師範大學出版社, 1995.

丁鋼, 中國佛教教育-儒佛道教育比較研究, 成都 : 四川教育出版社, 1988.

程方平, 遼金元教育史, 重慶出版社, 1993.

丁淳睦, 中國書院制度, 文音社, 1990.

程舜英, 魏晉南北教育制度資料, 北京師範大學出版社, 1988.

曺佐鎬, 東洋史大觀, 明文堂, 1986.

朱啓新, 中國春秋戰國教育史(中國全史,8), 人民出版社, 1994.

周德昌外, 中國教育史鋼, 廣東高等教育出版社, 1998.

周德昌編, 康南海教育文選, 廣東高等教育出版社, 1989.

朱有瓛・高時良, 中國近代學制資料(第4輯), 華東師範大學出版社, 1986.

朱有瓛主編, 中國近代學制資料第1輯, 華東師範大學出版社, 1983.

中國史學會主編, 武戌変法, 上海人民出版社, 1957.

中國史學會編, 洋務運動, 上海人民出版社, 1961.

陳景磐, 中國近代教育史, 人民教育出版社, 1983.

陳谷嘉・鄧洪波主編, 中國書院資料(中冊), 浙江教育出版, 1988.

陳東原, 中國教育史, 台北 : 商務印書館, 1970.

陳靑之, 中國教育史, 臺灣 : 商務印書館, 中華民國 67年.

陳學恂主編, 中國近代教育文選, 北京 : 人民教育出版社, 1983.

陳學恂, 中國近代教育史 教學參考資料, 人民教育出版社, 1987.

(淸)鐘世楨編信江書院志, 淸同治六年刊本.

崔韶子, 東西文化交流史研究-明淸時代西學受容I, 三英社, 1987.

呑節平, 中國宋遼金夏教育史(中國全史58), 人民出版社, 1994.

何曉夏 外1, 教會學校與中國教育近代化, 廣州 : 教育出版社, 1996.

河忠禮, 科擧制度宋代文化, 歷史研究, 1990, 第五期

한국사학회, 史學研究25, 1975.

胡美琦, 中國教育史, 三民書局, 中華民國67年.

黃中, 我國近代教育的發展, 臺灣商務印書館, 民國 69年.

지은이

연정(延亭, 淵亭) 김경식(金璟植)

· 교육학 박사, 수필가

· E-mail : kskim0151@hanmail.net

지은이는 전주고등학교, 성균관대학교 법률학과, 전남대학교 교육대학원, 원광대학교 대학원(교육사철학 전공)졸업, 서기 2004년 2월 대학 교수 정년퇴직 후 동신대학교 초빙교수, 목포대학교 교육학과 외래교수를 역임했으며 현재 연정교육문화연구소 소장, 중국에서는 연변대학교 사범학원 객좌교수, 동북조선민족교육과학연구소 석좌교수로 있음.

학술문화 분야에서는 한국교육사학회 고문역임(제17대 학회장역임, 서기 2006년 11월 25일 한국교육사학회 탈퇴), 한국교육사상연구회 이사, 한국교육철학회 회원(감사역임)으로 있으며 서기 1997년에는 수필로 문단 데뷔.

집필한 책으로는 교육사철학강요(1985), 율곡의 향악과 교육사상(1986), 교육학개론신강(1988), 고창의 교육(1995), 고창의 전통과 생활사(2004), 재중한민족교육전개사(상)(하)(2004. 2005년 대한민국학술원 우수도서 선정), 중국교육전개사(2006. 2007년 대한민국학술원 우수도서 선정), 한민족교육문화사(2008. 2009년 대한민국학술원 우수도서 선정) 등 20여권이 있음.

논문으로는 '조선조 향약의 사회교화적 인식에 관한 연구'(박사학위논문) 외 30여 편 있음.

수필로는 '대련에서 만난 여인', '만추의 선운사를 거닐며', '하얀 목련이 필 때면', '이 가을을 거닐며' 등 40여 편이 있음

중국교육사략(상)

2009년 9월 25일 1판 1쇄 인쇄

2009년 9월 25일 1판 1쇄 발행

지은이 김경식

펴낸이 장석홍

펴낸곳 도서출판 장서원

서울시 용산구 남영동 7-1(201호)

전화 (02) 703-5362 팩스 (02) 797-5362

E-mail shjang1011@hanmail.net

등록 제 03-01213호

정가 20000원